100 BESTE KÖCHE
100 GENIALE REZEPTE

AUGUST F. WINKLER

Texte August F. Winkler, Vordernberg, Österreich

Foodfotografie Björn K. Iversen, Albersweiler

Ausführlicher Bildnachweis siehe S. 450–451.

Foodstyling Gastrologic

Alle Gerichte wurden auf Porzellan der Firma Rosenthal AG abgebildet.
Wir danken herzlich für die freundliche Unterstützung.

SOWEIT NICHT ANDERS VERMERKT SIND ALLE REZEPTE FÜR 4 PERSONEN AUSGELEGT.

Gestaltung und Satz die Basis – Kommunikation, Ideenwerk und Design, Wiesbaden

Covergestaltung Werbeservice Tüshaus, Mario Moths, Dorsten

Lektorat und Projektleitung Stefanie Simon

Herstellung Tatjana Beimler

Länderkarten Thorsten Trantow, Kenzingen

Reproduktion ditech OHG Medienmanagement, Viernheim

Druck und Verarbeitung Druckkollektiv GmbH, Gießen

Printed in Germany

ISBN: 978-3-86528-295-8

Besuchen Sie uns im Internet

WWW.UMSCHAU-BUCHVERLAG.DE

100 BESTE KÖCHE
100 GENIALE REZEPTE

AUGUST F. WINKLER

UMSCHAU

Es gab einiges zu entdecken und vieles zu genießen in den Tagen, an denen ich Köche besuchte, jene zwischen Handwerk und Kunst agierenden Frauen und Männer. Spannend war's und jedes Mahl ein Mittel, um sich gegen die Banalisierung des Alltags erfolgreich zur Wehr zu setzen.

An den Herden stehen Bauchmenschen wie Intellektuelle; die einen kochen eher fühlend, die anderen mehr denkend. Große Küche vereint beide Eigenschaften – und diese Doppelung löst aktuell einen Umbruch aus. Die gehobene Küche wird künftig weniger von Stilen à la französisch, mediterran, molekular, global oder regional bestimmt sein, sondern geprägt durch die persönliche Handschrift des Kochs. In diesem Zusammenhang ist auch festzustellen, dass es im Gegensatz zu früheren Jahren, als man praktisch keine Antwort auf die Frage fand, wo Schüler von Wohlfahrt, Dieter Müller, Winkler und Co. das Erlernte nicht nur umsetzen, sondern weiterführen, heute Köche gibt, die sich von den Großmeistern, ohne sie zu verraten, emanzipieren und viele neue Küchen erblühen lassen.

Jedenfalls hat es in Deutschland noch nie zuvor eine derart hoch entwickelte gastronomische Kultur gegeben. Dies gilt teils auch für das kulinarisch stark – und zu Recht – von seiner vielschichtigen K. und K.-Küche zehrende Österreich, wenngleich dort (noch) kein Koch von internationaler Strahlkraft auszumachen ist. Ähnliches lässt sich von Südtirol und der Ostschweiz sagen, wohingegen das gastronomisch traditionell starke Elsass etwas unschlüssig zwischen Klassik und Avantgarde schwankt.

Die Auswahl der 100 Köche war weder willkürlich noch konnte sie perfekt im Sinne von absoluter Gerechtigkeit sein. Die Gastronomie ist ja kein starres System, sondern ein höchst lebendiger Kosmos mit vollautomatisch eingebauten, rasch ablaufenden Wechseln zwischen Aufs und Abs. Noch während diese Seite gedruckt wird, kocht sich vielleicht ein Genie empor, das bislang im Verborgenen wirkte – oder stürzt ein Gerühmter ab.

Köche sind Individualisten, und umso inniger danke ich allen, die sich neben ihrer kreativen Arbeit und den unternehmerischen Aufgaben der Mühe unterzogen haben, an diesem Buch mit Rezepten und dem Ausfüllen des Fragebogens mitgewirkt zu haben. Dank gebührt auch Stefanie Simon, die im Verlag die organisatorischen Fäden zog und mit nicht erlahmender Energie nebst oberbayerischem Charme so manchen Koch doch dazu brachte, seine Hausaufgaben zu erledigen. Mein Dank gilt auch Nikola Hahn, der sprachlich subtil arbeitenden Lektorin, sowie Tatjana Beimler im Verlag und Jeanne van Stuyvenberg mit ihrem Team von der »Basis«, die das Geschriebene graphisch so schön flankierten.

Das Buch widme ich Gabriele, meiner Frau, die mich oft zu den Küchen begleitete und deren feinsinniger Geschmack mir eine Hilfe war, abgesehen davon, dass sie auf manches private Vergnügen verzichten musste, während ich an den Porträts schrieb.

August F. Winkler

DIE KOCHKUNST HANDELT NICHT NUR VON ETWAS, SIE IST ETWAS!

»Die Kunst geht nicht nach Brot, wie das Sprichwort sagt … Die Kunst geht nach Hummermayonnaise«

(VICTOR AUBURTIN)

DIE MACHT DER KÖCHE IST GROSS

Die Macht der Köche ist groß. Es ist eine friedliche Macht, eine, die glücklich macht, indem sie das schöne, ja trauliche Gefühl vermittelt, dass während des Genießens einer superb komponierten Variation von Jakobsmuschel, Thunfisch und Langostino mit Avocado und Vinaigrette von Herzmuscheln oder des ebenso originell erdachten wie perfekt umgesetzten gerösteten Tafelspitz' mit Morcheljus, glacierten Nierchen und Zitronenthymian-Gnocchi der Lärm der Welt draußen bleibt. Gewiss, im Laufe des Essens vergeht selbst die feinste Speise – wie der Schaum des Champagners verfliegt. Insofern ist das, was die Köche erschaffen, eine flüchtige Kunst. Aber wenn ein Meister am Herd steht, bleibt die Erinnerung an ein wunderbares Erlebnis, vergleichbar dem Hören von Musik.

Der praktizierende Gourmet kann sich zufrieden auf den Bauch klopfen, denn die gastronomische Landschaft blüht üppig wie nie zuvor. Was uns die 100 besten Köche in ihren Restaurants auftischen, das ist eine ebenso harmonische wie spannende Liaison zwischen Klassik und Moderne. Die Küche der Gegenwart ist nicht so gleißnerisch, schwer und unflexibel wie die von Auguste Escoffier um die Jahrhundertwende, aber auch nicht so kühl und geometrisch wie die »Nouvelle Cuisine« in ihrer Blütezeit in den Siebzigern. So frei von jeglichem Diktat ist noch nie gekocht worden. Der eine köchelt provenzalisch, der andere klassisch, neudeutsch, toskanisch, molekular, asiatisch inspiriert oder nach Großmutters Rezepten. Egal, dem aufgeschlossenen Feinschmecker ist alles recht, solange die Qualität stimmt.

Natürlich sind auch innerhalb dieser Freestyle-Küche gewisse Trends auszumachen. Deutlich – und fürs leibliche Wohl angenehm – ist die Reduzierung der Butter- und Sahnesaucen. Eine schwere Sauce im Menü ist genug, aber die darf, ja soll es sein. Ein Sterne-Lokal ist

schließlich keine Diätklinik. Ansonsten werden Fisch und Fleisch mit klaren Naturfonds angerichtet, aromatisiert durch Kräuter und einige Spritzer Wein oder Verwandtes. Eine deutliche Aufwertung erlebt das Gemüse, das nicht mehr nur mit linker Hand als schmückende Beilage gereicht, sondern eigener Kreationen für würdig befunden wird.

Beim Hauptgang führt kein Weg am großen Braten vorbei. Diese Wiederkehr der »grandes pièces« belegt die These, wonach der Fortschritt oft nichts anderes ist als ein mutiger Blick zurück in die Vergangenheit. Noch vor wenigen Jahren bekam man den Lammrücken oder die Entenbrust in fächerartig geschnittenen Scheiben als Tellergericht serviert. Neuerdings werden Geflügel und Fleischstücke wie Rücken von Hasen, Rind sowie Lamm bevorzugt als Ganzes gebraten und am Tisch des Gastes tranchiert. Und das ist das Schönste an der zeitgenössischen Küche: Sie ist durch und durch liberal, offen für alles künstlerisch Logische. Dazu zählen Exquisitessen der »Haute Cuisine«, die ich das Mundgeklöppelte nenne, aber auch die gastronomische Kleinkunst sowie Hausgemachtes. Eine Poularde, getrüffelt und in der Serviette in Bouillon gegart, ist nicht weniger ritzy als geschmorte Lammschulter, Kalbskopf in Vinaigrette oder das gute alte Pièce de Boeuf à la Bourguignonne.

Mit Deftigkeit haben solche Gerichte nichts gemein. Sie sind Ausdruck der modernen Küche, deren Hauptmerkmal die Individualität des Stils ist. Große Meister kochen unverwechselbar und sie machen das Handwerk zur Kunst, von der Marcel Proust schwärmte, sie mache uns eine Welt außerhalb der unsrigen zugänglich. Nun gibt es in der Küche keine letzte Wahrheit und hat es noch nie einen Messias gegeben, der im Auftrag eines Höheren mit kulinarischen Geboten auf die Erde gekommen wäre. Kochen ist keine Religion mit Anspruch auf Unfehlbarkeit, auch wenn es Köche gibt, die den Herd zu ihrem Altar machen und laut »Heureka!« rufen, nachdem sie ein Rezept aus dem Köchelverzeichnis von Escoffier ein bisserl abgewandelt haben oder unter PR-Getöse so tun, als hätten sie soeben das Wiener Schnitzel erfunden. Da ersetzt die Inszenierung die Bedeutung, doch für diese Art von mattem Plagiatismus gilt bestenfalls, dass Nachahmung die höchste Form des Kompliments ist. Ansonsten entlarvt die Nachahmer nichts so sehr wie das Unnachahmliche.

Vor dreißig Jahren, als die Cuisine sich sehr nouvellig gerierte, applaudierte man Köchen, die Hummer mit Kalbfleisch kombinierten und Enten mit Austern. Gastrokritiker wetteiferten in Lobpreisungen über so viel Kühnheit am Herd, übersahen jedoch, dass derart waghalsig anmutende Verbindungen bereits gegen Ende des 18. Jahrhunderts aufgetischt worden sind. Kürzlich las ich eine Huldigung an Gualtiero Marchesi. Der Mann praktizierte in seinem Ristorante eine elegante »neue italienische Küche«, doch die ihm als geniale Erfindung unterstellten Spaghetti mit Kaviar habe ich schon als Kind bei meiner Tante Therese geschätzt.

»Alles fließt«, sagt der Philosoph, und so ist es auch in der Küche, die vom Austausch der Informationen lebt und sich durch die Leistungen einzelner Meister schraubenartig nach oben entwickelt. Dabei wechseln sich Perioden der stumpfsinnigen Beharrung mit solchen des belebenden Fortschritts ab. Wie Musik, Malerei und Theater ist die Gastronomie einem steten Wandel unterworfen.

DIE DOMESTIZIERUNG DES FEUERS

Der Mensch hat seine erste Nahrung aus dem Leib der Mutter erhalten. Nahrung bestimmt das Leben von Geburt an. Sie ist in unser tiefstes Unbewusste eingegraben – und die Umstände des Essens spiegeln auch immer das jeweilige gesellschaftliche Lebensgefühl wider. Beim Essen verewigt der Mensch seine Geschichte. Nirgendwo anders als bei den Mahlzeiten, ob die als großes Menü wie eine kulinarische Oper angelegt sind oder als Kammerspiel im Rahmen einer Jause, lässt sich der historische Zeitbogen zwischen Krieg und Frieden, Aufschwung und Niedergang spannender nachvollziehen und erleben.

Zwischen der rohen Erdfrucht des Steinzeitlers und einer anmutig getrüffelten Poularde, wie sie etwa Heinz Reitbauer in seinem Wirtshaus Steirereck am Pogusch serviert, liegen viele Tausende von Jahren, in denen sich die kulinarische Evolution vollzogen hat, mal in kleinen Schritten, dann wieder in großen Schüben. Niemand weiß genau, wovon und wie sich die europäischen Ureinwohner ernährt haben. Unbekannt ist, ab wann es gelang, das Feuer zu nutzen, um Fleisch, Fisch und Gemüse zu garen, um Brot zu backen und Suppen zu sieden. Sicher hingegen ist, dass Kochen die älteste Kulturtat des Menschen ist, denn bevor er Hütten baute, musste er essen.

Die Domestizierung des Feuers war zum einen der Übergang vom Rohen zum Gekochten. Darüber hinaus ermöglichte es den entscheidenden kulturellen Schritt von der schieren, überlebenswichtigen Nahrungsaufnahme – Motto: der Leib muss geschmiert werden, wie, ist egal – hin zum kreativen Kochen mit der Folge einer sich langsam, doch stetig entwickelnden Verfeinerung der Techniken und Rezepturen, ergänzt durch neue Produkte, die, wie die Tomate, die Kartoffel und zahlreiche Gewürze, erst in der Neuzeit nach Europa kamen und hier so heimisch geworden sind, als wären sie geborene Europäer.

In diesem ungemein spannenden Prozess der sukzessiven Entwicklung von der niederen zur höheren Küche wirken naturgemäß viele Faktoren mit. Einiges, wie beispielsweise der illyrische und keltische Beitrag, ist weitgehend im Dunkel der Geschichte verborgen. Der Einfluss der Römer ist schon besser dokumentiert. Die Wanderungen der Stämme und Völker zwischen dem 4. und 6. Jahrhundert haben auch in der Küche gewisse Spuren hinterlassen. Türkische, slawische und orientalische Elemente fließen im Laufe der Jahrhunderte gemächlich in die diversen Volksküchen ein. Italienische und vor allem französische Köche prägen in der Renaissance, im Barock und der Neuzeit die Kochkunst. Bereichernd wirkten später die kosmopolitischen Erfahrungen und Neigungen der Touristen, flankiert von den Kochshows im Fernsehen und Signalen aus dem Internet.

»DIE DEKADENZ DER RÖMERINNEN«,
THOMAS COUTURE, 1874

ISS UND TRINK UND LIEBE

In vorchristlicher Zeit dominierte der einfach gedeckte Tisch. Den Assyrern waren Messer und Gabel fremd. Gegessen wurde bei ihnen mit kupfernen Löffeln und den Fingern, später auch mit Esshandschuhen zum Schutz vor den heißen Bratenstücken. Auf den Fürstentischen gab es Tafelgeschirr aus Kupfer oder Bronze, reich ziseliert mit Tierfiguren und Kampfes-Szenen. Die Trinkgefäße sind aus Glas, Alabaster oder Ton, und der Trinkspruch des Königs Assurbanipal kündet von der unbändigen Lust am Wohlleben: »Iss und trink und liebe, der Rest ist keine Bohne wert«.

Über die karg gedeckte Tafel in Sparta spottete alle Welt. Wenn Fleisch, klein geschnetzelt, auf den Tisch kam, wurde es mehr oder weniger elegant mit den Fingern transportiert, die man sich hinterher am Brot trocknete. Tischtücher waren noch unbekannt, die bedeckten erst zu Beginn der römischen Kaiserzeit die Platten, die bis dahin mit nassen Schwämmen gereinigt wurden. »Und sie erhoben die Hände zu locker bereitetem Mahle«, beschreibt Homer die Szene im Zelt des Achilleus, der grollte, doch in klassischer Gastfreundschaft den Griechenfürsten, die ihn zum Kämpfen gegen Troja überreden wollten, ein Mahl bereitete, indem er »... alles zerlegte mit Kunst und bohrte das Fleisch an die Spieße«.

Zu einer Art Trimmfeld der leiblichen Begierden wurde der Tisch unter den Römern. Während Tacitus über die Germanen, die immerhin schon Pastinake und Spargel, Fasan, Schnepfe, Auster, Stör, Forelle, Wild, Schaf und die Hausgans schätzten, verächtlich schreibt, sie trieben den Hunger ohne Aufwand aus, machten die Römer aus den Tafeln prächtige Altäre ihrer mitunter grotesken Neigung zu Pomp, Übertreibung und Opulenz auch bei Tisch.

Gaius Petronius schildert mit beißender Ironie die sündteuren Gelage des Emporkömmlings Trimalchio, Roms größtem Fresssack und Prasser. Doch er war ein genialer Regisseur von Festen. Wenn Trimalchio seine Freunde einlud, trugen hübsche, locker geschürzte Knaben und Mädchen einen riesigen, über und über mit Gold sowie Juwelen reich geschmückten Tisch in den Saal, auf dem gebratene Spanferkel, Hasen, Kälber und Pfauen lagen. Auf einen Wink des Hausherrn begann ein Vorschneider unter vielen Gaukeleien und im Takt der Musik die Speisen zu tranchieren, währenddessen sich plötzlich die Decke öffnete und Tausende von Rosen wie ein duftiger Blumenregen auf die Gäste herunterfielen.

Das von Petronius beschriebene Gastmahl des Trimalchio ist das berühmteste Essen in der Weltliteratur und zugleich Vorbild aller Erlebnisgastronomie. Zwar gab es davor und danach sagenhafte Schlemmereien, wie beispielsweise die aufwendigen Gelage, mit denen Kleopatra den Antonius verblüffte. Aber die intime Verquickung von Küche und Zirkus, von Wein und Allotria, kurz: das Essen als Theater, das ist die große historische Nummer des Trimalchio. Mit Rom ging dann allerdings auch der Tafelluxus unter.

MITTELALTERLICHES FESTMAHL, SPÄTES 11. JAHRHUNDERT
(AUSSCHNITT EINES WANDTEPPICHS)

ZIERLICH ESSEN MIT DREI FINGERN

Über die mittelalterliche Küche weiß man recht gut Bescheid. Erhalten gebliebene Speisezettel, handgeschriebene Aufzeichnungen, Dichtungen sowie mit kriminologischem Gespür analysierte Untersuchungen der Reste ausgegrabener Speisekammern und Latrinen ergeben ein ziemlich detailliertes Bild von den Kochtraditionen der Altvorderen. Soziale, kulturelle, politische, technische und wirtschaftliche Veränderungen hatten in der rund 700 Jahre währenden Epoche zwischen 800 und 1500 immer wieder eine Anpassung des Speisezettels nebst einer Änderung der Ernährungsgewohnheiten erzwungen. Einem roten Faden gleich zieht sich durch die gesamte mittelalterliche Küche der große Unterschied zwischen Herrenkost und Bauernspeise.

In der ersten Ritterzeit herrschte noch das Chaos der langen, schnell gezogenen Messer. Es war die Epoche der monströsen Fressgelage und schrecklichen, oft blutig endenden Besäufnisse. Totschlag bei Tisch war keine Seltenheit; stirnbekränzte Königstöchter tranken aus den Schädeln ihrer ermordeten Väter, der große Theoderich stieß über den Tisch hinweg seinem Gast Odoaker das Schwert ins Herz und in König Etzels Halle gab es das Todesmahl der Nibelungen, wie es Hollywood nicht grausiger hätte inszenieren können. Erst nach der Völkerwanderung entwickelte sich die Ess- und Tischkultur langsam zu neuen Formen. Stilbildend waren die Abtstafeln der Klöster und die fürstlichen Herrentische, die mit gestickter Leinwand geschmückt waren. Karl der Große aß seine Suppen noch an einem langen Eichentisch aus Vertiefungen, doch setzte sich zunehmend eine verfeinerte Tafelzucht durch.

Von Bestecken wurde indes wenig gehalten, man achtete auf zierliches Essen mit den drei ersten Fingern der Hand. Das wichtigste Requisit der Tafel war übrigens das große Salzfass – stets fest verschlossen und misstrauisch bewacht, damit keiner Gift hineinmogeln konnte. Pfeffer, der teurer war als Gold, galt nebst Muskat, Ingwer, Safran und Zucker als kulinarisches Nonplusultra zur Würzung der beliebten Pfauenbraten, die mitsamt dem glänzenden Gefieder aufgetragen wurden und auch bei Tisch Macht und Ansehen demonstrieren sollten. Mit Brot wurden die Fleischstücke zum Mund spediert und damit Saucen, so elegant es eben ging, aufgetunkt.

Die höfische Gesellschaft, in der die Frauen bereits in bunter Reihe mit den Männern am Tisch saßen, was die Manieren ungemein hob, legte Wert auf kostbares und prunkvolles Tafelgerät, reich bestickte Tischtücher und gepflegtes Benehmen, was damals hieß, dass man weder gierig essen, noch aus der Schüssel saufen, jedoch aufrecht sitzen, sich nicht ins Mundtuch schnäuzen und keinesfalls mit der nackten Hand in die gemeinsame Schüssel langen sollte. Als Flegel wurde verachtet, wer benagte Knochen auf den Tisch legte, den Wein vergoss, mit dem Messer in den Zähnen bohrte oder gar den Löffel des Nachbarn benutzte.

Die Gabel wurde bis weit über die Ritterzeit hinaus fast ausschließlich zum Tranchieren benutzt, der damals wichtigsten Disziplin der Tafelkunst. Die größten Meister des Vorschneidens waren die Italiener – allein für die Zerlegung eines Huhns waren, wie in den diversen fashionablen Tranchierbüchern aufgezeichnet, vierzehn exakte Schnitte erforderlich. Nur Kavaliere durften bei Tisch tranchieren und selbst Monarchen übten sich in dieser Kunst. Von König Artus hieß es bewundernd, dass er einen Pfau virtuos in so viele Teile zerlegte, wie Gäste an seiner berühmten Tafel saßen. Vollendet beherrschte ein Tranchiermeister sein Metier, wenn er das senkrecht auf eine Gabel gespießte Geflügel im Rhythmus der Musik in der Luft zerteilte und obendrein kniend, wenn es an einer Fürstentafel war.

Lange hat es gedauert, bis sich die Gabel durchsetzte. Im 11. Jahrhundert hörte man zwar von der Frau des venezianischen Dogen Orseolo II., einer Byzantinerin, sie lasse die Speisen von Eunuchen klein schneiden, um sie mit einer zweizinkigen Goldgabel in den Mund führen zu können, aber das wurde für lächerlichen Manierismus gehalten, bestätigt obendrein durch die Exaltiertheit jener Dame, sich nur im Tau zu waschen, den Diener jeden Morgen mühsam aufsammeln mussten.

Noch 1580 bekannte Montaigne, er gebrauche die Gabel nur wenig und bedauere vielmehr, dass man nicht allgemein das Beispiel befolgt, das die Könige geben, nämlich dass man die Servietten ebenso oft wechselt wie die Teller. In den Statuten der »Compagnia della Lesina« heißt es kategorisch: »Unsere Mitglieder mögen von ihrem Tisch Gabeln und Löffeln verbannen: Hat uns nicht Mutter Natur fünf Finger an jeder Hand geschenkt? Warum sie mit jenen dummen Instrumenten beleidigen, die eher dazu geschaffen sind, Heu aufzuladen denn das Essen?« Das Essen mit der Gabel galt schlicht als »idiotische Angewohnheit« und ein deutscher Reiseschriftsteller fragt in dem 1648 erschienenen Buch »Wunderbare und wahrhaftige Geschichten« entgeistert: »Wie kann Salat jemals ordentlich schmecken, wenn ich ihn nicht mit den Fingern esse?« Ludwig XIV. tat es hemmungslos und machte daraus ein ehrfurchtsvoll angestauntes Schauspiel.

Aber die Sitten ändern sich. Beim Frieden von Münster 1648, den Diplomaten und Köche gleichermaßen prägten, war bei Tisch die »heilige Sieben« en vogue: Teller, Löffel, Messer, Gabel, Handtuch, Trinkglas und Zahnstocher. Das dem Adel nacheifernde Bürgertum zog bald nach und so gehörten ab dem 18. Jahrhundert Besteck und Serviette zum selbstverständlichen Arrangement einer guten Tafel. Die letzten Jahre vor der französischen Revolution waren zudem eine Blütezeit der Gourmandise. Es gab eine neue Küche, leichter, raffinierter, ja geistreicher als die alte.

DIE POMPÖSEN GASTEREIEN AN DEN HÖFEN

Die »erlaubte Wollust des Leibs« hat der Mensch, sobald die Grundversorgung gedeckt war, von Anfang an ritualisiert, ausgeschmückt, veredelt. Bei Gast-, Fest- und Friedensmählern zeigte er sich als geselliges Wesen von seinen guten Seiten. Art und Umstände des Essens sind immer ein Stück Gesellschaftsspiegel. Jahrtausende hat der Mensch mit den Fingern gegessen und sich dabei glücklich gefühlt. Emotionen wurden in der Antike und bis tief ins Mittelalter hinein auch bei Tisch in ungezwungener Selbstverständlichkeit ausgelebt. Zur Rauhbeinigkeit der frühen Ritter gehörte der gleichsam instinktive Griff zum Messer. Wild und anderes Fleisch kam im Ganzen auf den Tisch, wo es unter beifälligem Gemurmel zerlegt wurde. Man hatte keine Scheu vor Blut und Tod, der erst später tabuisiert wurde. Je verfeinerter und prätentiöser die Sitten wurden, umso mehr entfernte sich der Mensch von der Natur: so wird das Wildbret in Renaissance und Barock zunehmend in der Küche tranchiert – vor allem, um den Essern die Erinnerung an das getötete Tier zu ersparen. Das Dekor war damals wichtiger als das Menü, die Maskerade wurde zu einem Stück Tischkultur.

Dass mit dem Essen auch eine visuelle Kultur verbunden war, zeigte sich an der Schwelle zur Neuzeit auf besonders drastische Weise bei den modischen Schauessen, wo neben den zum Verzehr gedachten Gerichten prächtig aufgeputzte und phantasievoll geformte Speisen mehr fürs Auge als für den Gaumen gerichtet worden sind. Der Koch veränderte durch seine bildhauerische Kunst Fleisch und Fisch bis zur Unkenntlichkeit: Lämmer, Kälber und ganze Hirsche wurden versilbert auf die Tische gestellt, Fasanen, Pfauen und Schwänen die Schnäbel vergoldet. Aus Tischbrunnen floß Rosenwasser und bei der Tafel Philipps des Guten von Burgund sprudelte zum Gaudium der Gäste aus den Brüsten einer nackten Frauenstatue purer Wein. Der Tisch wurde zur Bühne für bombastische Spektakel, das Essen als großes gesellschaftliches Theater inszeniert mit Tänzern, Musikanten und Zwergen, die nebst jungen Frauen aus hohlen Riesenpasteten auf die Tische hüpften und die Mächtigen amüsierten.

Im Mittelalter gang und gäbe war die »offene Tafel«: Der Fürst speiste vor Publikum, die gemeinen Bürger, sofern sie sich anständig, also in hoffähiger Aufmachung zu kleiden wussten, beobachteten das Spektakel hinter einer Barriere oder von einer Estrade aus. Man zeigte ungeniert, was man hatte und sich leisten konnte. Die Öffentlichkeit war als gierig gaffender, applaudierender und bettelnder Zaungast zugelassen und erwünscht. Die große Küche war damals ein Privileg der Aristokratie und derer, die reich genug waren, um den Adel zu imitieren. Das Essen war ein gesellschaftlicher Akt, bei dem Reichtum, Macht und Ansehen demonstriert wurden. Man ließ sich beim Tafeln auch gehen und fütterte das Volk mit den Resten. Jeder Fürst und reiche Kaufmann wollte den anderen an Pomp übertreffen.

Noch im späten Mittelalter sowie in der frühen Neuzeit kamen bei den Fürsten und Äbten ganze Berge von Fisch, Fleisch und Geflügel, gesotten, gespickt und gebraten, zu gleicher Zeit auf den Tisch. Es herrschte ein heilloses Durcheinander von süß, sauer und salzig. Ein Beispiel früheren Prassertums vermittelt das Protokoll eines Festessens im Jahre 1476 für den König von Neapel: Unter Trompetengeschmetter nahmen die Gäste Platz. Als Vorspeise bekam jeder ein Schüsselchen mit vergoldeten Kuchen aus Pinienkernen und einen Majolikanapf mit einer Milchspeise. Galantine von Kapaunbrust, mit Wappen und Sinnsprüchen geschmückt, folgte in silbernen Schüsseln. Auf dem riesigen Tisch stand ein Goldbrunnen, der Orangenblütenwasser versprühte.

Das Gelage ging weiter mit zwölf Fleisch-Gängen von Wild, Kalb, Schwein, Fasan, Rebhuhn, Kapaun und Huhn sowie dem beliebten, aus Milch, Mandeln, Reis und Fischfleisch bereiteten »Blancmanger«. Aus einer der großen Silberschüsseln flogen zahlreiche Vögel empor. Das obligate Schaugericht, das nur zum Ansehen gefertigt war, bestand aus zwei Pfauen, die wie lebendig Rad schlugen und in ihren Schnäbeln duftende Essenzen trugen. Dann kamen nochmals neun Gänge mit süßen Speisen, Torten, Marzipanen, Backwerk und so weiter. Der Nachtisch bestand aus Zuckerwerk in Schüsseln mit Deckeln aus Zuckerguss. Dagegen kommen einem die zeitgenössischen Menüs mager vor, wie diätetische Kompositionen für Hungerleider.

Viele Essensdarstellungen aus jener Zeit lesen sich wie Schlachtbeschreibungen: ganze Armeen von wohl ausgerüsteten Essbarkeiten ließ man gegen den Hunger los, bis sich Sattheit über das Schlachtfeld namens Tisch senkte. Merlin Cocai schildert in seinem »opus maccharonicum« (1521) die Gaumentüchtigen im Schlaraffenland als homerische Helden. François Rabelais, der diese makkaronische Literatur kannte und selbst ein erhabener Gourmand war, stellte die Stillung des Hungers mit verbalem Behagen dar. Gegen die asketischen Vorschriften der Mönche, die freilich mit kasuistischer Spitzfindigkeit die sättigenden Ausnahmen der Regel herausfanden (in der Fastenzeit wurden beispielsweise Ferkel in der Kirche auf den Namen Hering getauft – und somit als »Fisch« zur Speise freigegeben), predigte er mit komischem Eifer von den Freuden eines vollen Bauchs.

Im 15. Jahrhundert hatte die Neigung zu unterhaltenden Einlagen während der sich über viele Stunden hinziehenden Gastmahlereien stark zugenommen. Das war gastronomisches Entertainment. Musiker, Tänzer, Gaukler und Pantomimen unterhielten die Gäste; solche Tischopern mehrten den Ruhm des Gastgebers. Sehr beliebt waren die Riesenpasteten, die unter lauten Zurufen aufgeschnitten wurden. Unter dem Teig verbargen sich Musiker, Tänzer und Liebespaare. Anlässlich des Hochzeitsessens Wilhelms von Bayern im Jahre 1568 wurde beispielsweise eine gewaltige Pastete aufgetischt, in der ein Zwerg steckte, der, gekleidet in einen glänzenden Küraß, fähnchenschwingend und jeden Gast einzeln begrüßend, auf dem Tisch hin- und herging.

Im Februar 1453 ist während eines Festessens am Hofe Philipps des Guten von Burgund so etwas wie die erste Oper aufgeführt worden. Zwei Dutzend Diener schoben einen gewaltigen Teigberg in den Festsaal und als der Fürst mit seinem Schwert die Pastete anschnitt, kam unter der Krustenhaube ein komplettes Orchester zum Vorschein, das sofort mit der Musik begann. Die Kunst stand eben noch ganz im Dienst des Kulinarischen, egal, wie größenwahnsinnig die Mächtigen ihre Lustbarkeiten anlegten. Das Tafeln war ohne solche Spektakel nicht denkbar.

Ausgeprägt war auch die Vorliebe für mechanische Spielereien wie aus dem Orient abgeschaute automatische Tafelaufsätze. Tanzende Bären, Bier trinkende Hanswürste, bewegliche Schiffe sowie theatralische Szenen – Diana sitzt heftig rollenden Auges und bogenschießend auf dem Zentaur, um den herum Hunde mit den Köpfen wackeln – sollten das hingebungsvoll schmausende Publikum faszinieren.

An den Höfen herrschte zumal bei Festivitäten die schiere Völlerei, zu den Herrenspeisen zählten vor allem Wildbret, Fische, Geflügel, Kalb, Lamm, Pasteten und exotische Spezereien nebst damals sündteuren Gewürzen wie Safran, Pfeffer, Ingwer, Zimt, Muskatnuss & Co. Es finden sich Rezepte für Bärentatzen, Pfauen, Schwäne, Trappen und Schnepfen, ergänzt durch Gänseleber in Speck. Das Brot war aus weißem, fein gesiebtem, »semel« genanntem Weizenmehl gebacken. In den unteren sozialen Schichten kam Fleisch selten auf den Tisch. Hingegen drehte sich neben der Suppe, die es oft schon als Frühstück gab und abends ein weiteres Mal, in ländlichen Haushalten alles um Pfanne und Rührlöffel. Denn öfter noch als Brot, das in Notzeiten übrigens auch aus Hafer, Kastanien und dicken Bohnen zubereitet war, aßen Bauern, Bürger und Soldaten einen Brei aus Weizen, Gerste, Hafer oder Hirse, angerührt mit Wasser oder Milch. Der Kochlöffel war sozusagen ein fester Bestandteil seiner selbst, so wichtig war er für die Volksküche.

EINE DEUTSCHE KÜCHE, 2. HÄLFTE 17. JAHRHUNDERT

Es wundert also nicht, dass die Klagen über die Fress- und Schlucknarren in den moralischen Satiren der Renaissance und des Barock einen hervorragenden Platz einnehmen. So fragt Hanss Michael Moscherosch in seinem Buch »Gesichte Philanders von Sittewald«: »Thut es ein Stuck Rindfleisch, Speck und Saur-Kräut nicht mehr? Muß es alles mit Feldhünern, Wachteln, Krammetsvögeln, Austern, Schnepffen, Schnecken und Trecken verpfeffert sein? Muß es dan mit eitel Melonen, Citronen, Lemonen, Pomerantzen, Ragouts und Ollipotridos hergehen? Mit solchen Trachten, da mit einer jeden zwölff arme Mänschen hätten erhalten und gespeiset werden mögen.«

An den Tafeln der Reichen ist noch bis vor 100 Jahren weitaus üppiger gevöllt worden als heute, wie alte Menükarten belegen. Die Essensfolge beim Prinzen Friedrich August von Sachsen sah am 4. Juni 1889 beispielsweise so aus: Kraftbrühe mit Eiern; Caviar; Steinbutt mit Bearner Sauce; Rindslende mit jungem Gemüse; Auerhahn mit Cumberland Sauce; Metzer Hühner; Gurkensalat; Johannisbeeren; Stangenspargel; Halbgefrorenes von Haselnüssen; Käse; Erdbeeren; Nachtisch. Keineswegs weniger opulent ließ Prinz Heinrich von Preußen am 5. Mai 1889 im Schlosse zu Kiel bei der Taufe des Prinzen Waldemar auftragen: Kraftbrühe mit Geflügelbrötchen; Forellen mit Butter; Rinderfilet mit Gemüsen; Auflauf von Haselhühnern auf russische Art; Hummer mit Kräutersauce; Kapaunen gebraten; Eingelegte Früchte; Salat; Spargel mit Rahmsauce; Mehlspeise auf italienische Art; Butter, Käse, Radieschen; Gefrorenes; Nachtisch.

Kaviar, Kraftbrühe, Saibling, Rehrücken verziert, Brüsseler Hühner, Artischocken auf italienische Art, frischen Stangenspargel, Kastanienpudding, Gebäck, Früchte und verschiedene Käse aßen die Herrschaften bei einem Fest zur Eröffnung der Internationalen Ausstellung des Roten Kreuzes zu Leipzig am 4. Februar 1892, während die schlichte Mittagstafel beim Großherzog von Oldenburg – am 3. März 1878 – so aussah: »Schildkrötensuppe; Steinbutt Colbert-Sauce; Dammwildrücken à la Cumberland; Ochsenfilet deutsch, Morcheln; Chartreuse von Gemüsen; Austern in Aspic; Spargel mit Mayonnaisesauce; Poularden; Apricosen-Compot; Salat; Timbale von Ananas; Stilton- und Schweizerkäse; Gefrorenes von Nüssen und Himbeeren«.

Nach der Völkerwanderung setzte sich langsam eine verfeinerte Tischkultur durch. Man legte Wert auf prunkvolles Tafelgerät, hielt die Kunst des Tranchierens hoch und hatte unbändigen Spaß an sogenannten Schauessen, aber in der Küche gab es erst Ende des 13. Jahrhunderts ein höheres Niveau. Der große Neuerer hieß Guillaume Tirel, genannt Taillevant, der von 1310 bis 1395 lebte und als erster Starkoch des Abendlands gilt. Er vereinte Theorie und Praxis und erfand, bündig gesagt, die Kultur der Saucen, indem er alte verfeinerte und neue kreierte.

Zudem schrieb dieser Leibkoch der französischen Könige den »Viandier«, eine Sammlung von Rezepten. Dass darin eine deutsche Kraftbrühe enthalten ist, zubereitet aus Bouillon, Wein, Speck, Zwiebeln, Mandeln, Zimt, Ingwer, Nelke, Kardamon, Safran und Verjus, zeigt, wie international die Küche damals war. Es fand ein reger Austausch von Erkenntnissen statt, man beeinflusste sich gegenseitig. Rezepte wurden über die Grenzen hinweg übernommen. So findet sich in einer alten deutschen Kochschrift von 1345 ein Hinweis auf böhmische Erbsen, wogegen das deutsche Huhn in Lebkuchensauce in Frankreich auf begeisterte Zustimmung stößt. Ein Bestseller war die 1485 in Nürnberg gedruckte »Küchenmeisterei« mit Anweisungen für gebratenen Biberschwanz, gebackene Kalbslunge und gesottene Krebse.

Ebenfalls in ganz Europa wurde »De honesta voluptate« (»Ehrliche Wollust des Leibs«) gelesen, 1474 erschienen und verfasst vom italienischen Humanisten Platina di Cremona, der eigentlich Bartolomeo Sacchi hieß und päpstlicher Bibliothekar war. In diesem Standardwerk wird beispielsweise beschrieben, dass man Hasen braten und Wildschwein eingemacht servieren soll. Es gibt Rezepte, wie ein Kalbsmagen mit Käse, Eiern, Weinbeeren sowie Kräutern gefüllt wird und wie man eine Leber, gewürzt mit Fenchel, am besten im Netz gart. Besonders sein Streifzug durch alle Gebiete der Kochkunst stellte auf dem Buchmarkt ein Novum dar; das Buch hatte zahlreiche Neuauflagen, Übersetzungen und Bearbeitungen zur Folge.

Rezepte sowie Beschreibungen von Ess-Szenen leiten nicht nur zu den Quellen der Kochkunst; sie vermitteln auch ein Stück Ess- und Trinkkultur, was umso bedeutsamer ist, weil das Essen wie die Erotik als »niedrige Gegenstände« in der altvorderen Literatur lange Zeit von kirchlicher Seite tabuisiert war. Dabei war die Haltung der katholischen Kirche gegenüber der Todsünde der »Gola« stets ambivalent: einerseits propagierte sie die Askese, andererseits trugen ihre Diener viel dazu bei, die elementare Funktion der Nahrungsaufnahme zu kultivieren. Immerhin ist die Kochkunst der italienischen Renaissance, die richtungweisend für ganz Europa war, im Vatikan entwickelt worden, wo Ärzte, Köche und sogar Bibliothekare um das Essen für den Papst besorgt waren. Das berühmteste römische Kochbuch, entstanden um das Jahr 30 nach Christus als handschriftliche Sammlung von Rezepten, nicht geschrieben, sondern vermutlich nur herausgegeben vom vermögenden Apicius, unter dessen Namen es firmiert, ist in Klöstern aufbewahrt, dort oft kopiert und aus der Antike in die Neuzeit hinübergerettet worden.

Graz war ab Ende des 17. Jahrhunderts ein Zentrum für Kochbücher. Das erste gedruckte österreichische Kochbuch – »Koch- und Artzney-Buch«, herausgegeben zu Grätz 1686, Verfasser(in) unbekannt – gilt als weitgehend genutzte Vorlage für den international berühmten »Freywillig-auffgesprungenen Granat-Apffel« der Eleonora Maria Rosalia von Liechtenstein aus dem Jahre 1695 Die bis heute in rund 80 Auflagen erschienene »Süddeutsche Küche« der Katharina Prato ist erstmals 1858 in Graz gedruckt worden. Ein älterer Klassiker ist das 1790 in erster Auflage gedruckte, »durch Erfahrung geprüfte« »Grätzerisches Kochbuch« mit dem putzigen Untertitel »Eingerichtet für alle Stände«. Auf fast 500 Seiten werden Rezepte angeführt, auf die selbst moderne Köche stolz für ihre Kreativität sein würden.

Da findet sich eine Austern-Soß zu einem Kapaun, Rebhühner werden mit Muscheln kombiniert, eine Ochsenzunge wird mit Austern angerichtet und zu einer Kälberkeule eine Sardellensauce empfohlen. Ähnlich weltoffen ist die Abteilung für Fische. Karpfen, Hecht, Salm, Saibling, Aal, Forelle und Huchen kommen vor, daneben ein Rezept für »Neunaugen auf Französisch«. Hühner werden mit Streifen von Hering gespickt, Schildkröten in ihren Schalen gegart – inzwischen verpönt und verboten –, vom Stockfisch werden Pudding und Pastete gemacht, des weiteren ein »Lungenbraten von einem Karpfen«. Schnecken werden gekocht, Forellen »in Papier« gebraten und ein Hecht »in der Limoniesoß« beschrieben.

Die Rezepte der frühen Manuskripte und Druckwerke standen übrigens stark unter dem Aspekt der Medizin. Die älteste deutsche Pergament-Rezepthandschrift ist ein nur 24 Blatt umfassender, mehr gemalter als geschriebener Anhang eines Tierarzneibuches, betitelt: »Das Buch von guter Spise«. Philippine Welser war die erste Frau, die, gebildet, weltoffen und in Schloss Ambras bei Innsbruck lebend, Rezepte in Handschrift veröffentlichte. Bis ins 18. Jahrhundert repräsentierten die Kochbücher weniger die nationale Kochkunst als die Küche der Zeit, weshalb die häufigsten Titel denn auch lauten: »Ein neues Kochbuch«, »Allerneuestes Kochbuch«, »Le Nouveau Cuisinier«, »La Nouvelle Cuisine«.

Damals glaubte man noch an die Säftelehre des Hippokrates. Der Makrokosmos, das Universum, spiegele sich, wie man meinte, im Mikrokosmos – also dem Menschen – wider. Wie es vier Jahreszeiten gibt, so gäbe es vier Elemente im Universum und vier Körpersäfte im Menschen: Die Luft war gleich dem Blut des Menschen, das Feuer entsprach der gelben Galle, die Erde der schwarzen Galle, das Wasser dem Schleim. Die Eigenschaften des Blutes wurden als warm und feucht interpretiert, die der gelben Galle als warm und trocken, die schwarze Galle galt als kalt und trocken, der Schleim als kalt und feucht.

Die Gesundheit eines Menschen hing nun von der rechten Harmonie der Körpersäfte ab, die sich wiederum stets aufs Neue aus der Nahrung bildeten. Nahrung war also Medizin, denn auch die Ess- und Trinkprodukte entsprachen, je nach ihrer Herkunft und Art, den Qualitäten der Säfte. Weil jedem Individuum von Geburt an eine spezifische Säftemischung zu eigen war, mit dem Überwiegen eines der Säfte, ergab sich daraus sein Grundtemperament: Überwog das Blut (sanguis), war man Sanguiniker, hatte die gelbe Galle (chole) die Oberhand, war man Choleriker, beim Vorherrschen der schwarzen Galle (melanchole) war man Melancholiker und ein Übergewicht des Schleims (phlegma) ergab eben den Phlegmatiker.

Melancholikern empfahl man, vorwiegend saure und scharfe Speisen, denen erwärmende Eigenschaften beigemessen wurden, zu essen – »sauer macht lustig« hat hier seine Wurzel. Die Alten seien mit »warmer und trockener Speise« zu ernähren, bei Platina steht in der »eerlichen Wolust«, dass Schwermütige durch den Genuss von Holunderblüten fröhlicher werden. Das Überwürzen der Fische mit Essig, sauren Beeren, Ingwer, Pfeffer und Salz hatte seinen Grund darin, dass Fische als kalt und feucht angesehen wurden und deshalb einer wärmenden, trockenen Zutat bedurften, um dem Menschen nicht zu schaden. Aal in Wein mit Zucker und Zimt, ein Rezept aus dem 16. Jahrhundert, entspricht dieser Logik.

In den alten Kochbüchern, die fast ausschließlich für Köche des Adels bestimmt waren, fehlen naturgemäß so simple Produkte wie Kohl. Das arme Volk ernährte sich von Krautgerichten, Eintöpfen, Roggenbrei und dergleichen kulinarischen Banalitäten. Der Adel, die Klosterherren und das wohlhabende Bürgertum delektierte sich an – für die damalige Zeit – raffiniert zubereiteten Fischgerichten, an großen Braten, Pasteten und Suppen, übrigens einer deutschen Erfindung. Zahlreich sind die Rezepte für Süßspeisen, für Singvögel sowie Innereien vom gebratenen Herz bis zur gefüllten Milz.

Üblich war die Befehlsform. »Rupfets, schneidets, wuerzets, bratets und machtet eine Brueh darueber nach belieben«, heißt es etwa zu einem Huhn, das wie ein Rebhuhn zu braten sei. Den Kasernenton nahm niemand übel, denn im Spätmittelalter zu Beginn der Neuzeit war die Gesellschaft streng hierarchisch gegliedert und jedem war klar, wer oben stand und wer unten. Ein Koch war wohl keiner ziselierten Anrede würdig, also lautete die Schlussfloskel vieler Gerichte: »versaltz nicht, gibz hin.« Erst im 19. Jahrhundert setzt sich das harmlose »Man nehme« durch.

DER BEGINN EINES NEUEN KULINARISCHEN ZEITALTERS

Im Mittelalter hatten die gewürzten Ragouts dominiert. Die Renaissance war die Epoche der Schleckerei sowie der immer prätentiöser werdenden Tafelkultur. Als Katharina von Medici 1533 am Pariser Königshof eintraf, pikierte sie sich über die gastronomischen Sitten der Franzosen, die noch wild durcheinander aßen, was auf die Tische kam. Die Medici setzte wohl feinere Esskultur durch, doch war das nicht der Beginn eines neuen kulinarischen Zeitalters, wie oft behauptet wird.

Eine wirklich neue Küche entstand in den Jahrzehnten vor der französischen Revolution. Da krempelten geniale Köche die alte Praxis um, selbstverständlich gegen den erbitterten Widerstand der Traditionalisten. Man näherte sich, wenn auch behutsam, dem Ideal der einfachen Form und brachte eine klarere Linie in die Menüs. Ludwig XIV. war noch ein Fresser, der sich dabei bewundern ließ, doch Ludwig XVI. stellte sich, ganz im Sinne des Zeitgeists, selber an den Herd, um Lerchenpastetchen und Hühnchen mit Basilikum zu kochen. Damals durfte auch eine Sauce geistreich sein und in den Salons debattierten Dichter mit Fürsten über die Kunst des guten Essens.

So schundromanhaft die Französische Revolution phasenweise auch ablief, für die Kochkunst war die Wende vom 18. ins 19. Jahrhundert der Beginn einer neuen Epoche. Nie wieder hat es seither einen vergleichbar radikalen Umbruch in der Esskultur gegeben; selbst die »Nouvelle Cuisine«, die den Deutschen vor vierzig Jahren eine neue Küche bescherte, war dagegen nur ein Reförmchen. Was Professoren in ihrem Untalent, die Weltgeschichte auch ein bisschen durch die Bratröhre zu betrachten, übersahen, notierte das berühmte literarische Brüderpaar Goncourt: »Auf den Trümmern der Gesellschaft erblühte das neue Geschäft mit dem Essen und Trinken.« Und Grimod de la Reyniere, Feinschmecker und Ahnherr der Gastronomiekritik, schrieb, dass ein Reisender, der Paris im Jahre 1789 verlassen habe und erst 1800 wiedergekehrt sei, die Stadt durch eine Vielzahl von Cafes, Feinschmeckerläden und Restaurants total verändert vorgefunden hätte.

Anthelme Brillat-Savarin (1755–1826), Jurist und berühmter Verfasser einer 1825 erstmals veröffentlichten Bibel der Gourmandise, betitelt »Physiologie du goût«, nannte die Fortschrittlichen der Küche, die sich vor 200 Jahren beispielsweise an Kalbsbries mit Krebssauce, gefülltem Hecht und Champignonpüree delektierten, die »Helden der Gourmandise«, wogegen der Dichter Voltaire grimmig mäkelte, sein »Magen könne sich keineswegs an die neue Küche gewöhnen«. Ein Haschee aus Truthahn, Hase und Kaninchen, mit viel Pfeffer und Muskat gewürzt, galt Voltaire als Inbegriff der Gaumenlust. Das war die alte Küche, ganz und gar eine Sache des schweren Gefühls, des Bauches, während die neue eine des Intellekts war. Das deutsche Pendant von Brillat-Savarin – und dem absolut ebenbürtig – war Karl Friedrich von Rumohr (1785–1841), ein reflektierender Feinschmecker von hohem literarischem und gastrosophischem Grad, der in seinem 1822 erschienenen »Geist der Kochkunst« für die Echtheit des Geschmacks warb und dekretierte: »Überall, wo man der Schminke gebraucht, fehlt es an der Wesenheit.«

In der Politik ging es in Paris zwar noch drunter und drüber, aber für Frankreichs Küche war es der Beginn einer goldenen Zeit, in der Feinschmecker das Bein, auf dem das Feldhuhn im Schlafe stand, an seinem besonderen Geschmack erkannten. Napoleon, der gekrönte Plebejer, entließ keinen Diplomaten ohne den Rat, vor allem für eine feine Tafel zu sorgen, kulinarisch wie ästhetisch, wohingegen er selber kein Gourmet war, sondern gefürchtet für seine

hastige, ja lieblose Art der Nahrungsaufnahme. Beim Wiener Kongress waren die Gerichte des Genies Carême das Tagesgespräch, und die französischen Kochstars standen in der gesellschaftlichen Rangordnung so weit oben wie ehedem ihre Kollegen im alten Griechenland, wo es neben den sieben Weltweisen auch die sieben Weltköche gab, nach deren Kunst sogar die Götter sehnend sich verzehrten.

Die neue große Küche, die auch international ausstrahlte, entstand in den Restaurants. Bis etwa 1760 verstand man unter »Restaurant« lediglich eine Stärkung in Form von konzentrierten Fleischbrühen. Restaurants im heutigen Sinne gab es nicht, nur Schänken, Fleischer, Pastetenbäcker, Gasthäuser und – seit Ende des 17. Jahrhunderts – Kaffeewirte, deren Aufgaben zunftmäßig streng reglementiert waren. Ein Bratkoch durfte kein Ragout machen, was wiederum nur den sogenannten Stadtköchen erlaubt war, und die Wirtshäuser mussten sich das Essen von Garköchen, Fleischern und Pastetenbäckern holen. Restaurants im modernen Sinn kamen erst um die Wende vom 18. ins 19. Jahrhundert auf, als die Pariser Nationalversammlung die Innungen abschaffte, den Zünften ihre Privilegien kassierte und den neuen Restaurateuren erlaubte, Gerichte nach Belieben anzubieten. Köche, deren Herren auf dem Schafott landeten, emigrierten oder verarmten, wurden zu gastronomischen Unternehmern.

Das war die Geburtsstunde der modernen Gastronomie. Herrschaftslos gewordene Köche hatten in den Restaurants, die von nun an nach Belieben von der Suppe über den Braten bis zum Dessert alles im eigenen Hause kochen und anbieten konnten, ein ideales Arbeitsfeld. Auf den Speisekarten standen mindestens ein Dutzend Suppen, 24 Vorspeisen, an die 20 Rindfleischgerichte, 20 Speisen vom Lamm, 30 Geflügel- und Wildgerichte, 20 Zubereitungen von Kalbfleisch, 12 verschiedene Pasteten, 15 große Braten nebst jeweils 50 Zwischengerichten und Desserts. Diese Restaurants waren die gastronomisch zukunftsweisenden Bannerträger.

Die französische Küche hatte ihre Hochblüte erreicht, sie strahlte aus und wurde, schöpfend aus der volkstümlichen Küche der französischen Provinzen, zur ersten internationalen Küche von Rang. Sie war kompliziert und raffiniert angelegt, eine Hochküche als Ergebnis des Nachdenkens, Experimentierens und Reformierens. Die Leitfigur war Marie Antoine Carême, ein leidenschaftlicher Koch auf der Suche nach Perfektion, der mit dem Satz »Ich will Ordnung und Geschmack« eine innere Symmetrie in das Durcheinander der französischen Küche brachte – und sich obendrein als begabter gastronomischer Schriftsteller profilierte.

Lady Morgan, eine der »Grandes Dames« jener Zeit, als es diese stilvoll gebildete Spezies Frau noch gab, schwärmte nach einem Diner auf dem Landgut der Rothschilds, wo Carême gekocht hatte, über die Kunst des Meisters: »Keine scharfen Gewürze mehr, keine schweren Saucen, aber leichte Düfte und vollendeter Einklang in allem. Die Gemüse hatten ihre natürliche Farbe behalten, die Mayonnaise war eine Lust für das Auge, die Zunge und den Gaumen, das Speiseeis war süß und frisch. Ich bin davon überzeugt, dass ein Koch weniger Begabung braucht, um die bis zur Langeweile angesehenen Kunstwerke anzufertigen als eine verfeinerte Mahlzeit zu bereiten, wie man sie uns bei den Rothschilds servierte. Nur ein hervorragender Geist schafft das wirklich Gute. Wohlwollen, Verfeinerung und gesellschaftliche Vollkommenheit trifft man in Häusern, wo in der Küche ein hochstehender Koch das Zepter führt.«

KOCHKUNST ZWISCHEN TRADITION UND MODERNE

AUGUSTE ESCOFFIER (1846–1935)

Dass die Küche mit der Zeit gehen muss, hat Auguste Escoffier, Carêmes Nachfolger in der Chronik der großen Meister, dekretiert. Carême hat eine »Grande Cuisine« begründet, Escoffier hat sie um die Jahrhundertwende reformiert. Er setzte als erster Koch von Rang den russischen Servierstil konsequent um. Beim »Service à la russe«, der bis heute üblichen Methode, werden die Gerichte gangweise hintereinander aufgetragen, wohingegen beim französischen Service, wie ihn noch Carême kannte, pro Gang mehrere Speisen gleichzeitig auf den Tisch kamen. Die neue Service-Kultur hatte den enormen Vorzug, dass die einzelnen Speisen in idealer Temperatur und Konsistenz zu genießen waren und dadurch dem jeweiligen Produkt auch wahrhaft gerecht wurden.

Als weitere Reformtat von Escoffier, dessen Talent übrigens vom Pariser Hotelier Césare Ritz entdeckt und gefördert worden ist, gilt die heute selbstverständliche Praxis, nur essbare Stoffe zu kulinarischen Kompositionen zu verfeinern. Sein »Guide culinaire«, in Deutschland als »Kochkunstführer« aufgelegt, prägte die internationale Küche bis in die zweite Hälfte des 20. Jahrhunderts hinein, bis Fernand Point, in dessen »Pyramide« in Vienne etliche der Kochstars von Bocuse bis Troisgros lernten, begann, der immer noch kunstvoll angelegten Escoffier-Küche sozusagen die letzten Schnörkel wegzunehmen. Die Kunst des Kochs bestand für Point darin, den natürlichen Geschmack der Grundprodukte nicht zu verfremden, sondern zu erhalten, zu verfeinern und durch Beilagen sowie Saucen harmonisch aufeinander abzustimmen.

Das ist, in gebündelter Form, der Hauptparagraph der »Nouvelle Cuisine«, die, beginnend in den 60er-Jahren, erst wie ein Wirbelwind durch Frankreichs Küchen fegte und dann, etwa ab Anfang der 70er-Jahre, in Deutschland das Küchenwunder auslöste. Diese »Neue Küche« wurde zu einem Eckpfeiler der gehobenen gastronomischen Szene, in etwa vergleichbar mit dem Grundgesetz für die Bonner Demokratie. Zu den progressiven Vertretern jener Frühepoche der »Nouvelle Cuisine« gehörten Reformer wie Michel Guérard und vor allem Alain Chapel, weniger Paul Bocuse, der sich bauernschlau zwar zur populären Leitfigur aufschwang, aber weit weniger zum neuen Küchenstil beitrug als Chapel oder die Brüder Troisgros.

Auch wenn die »Nouvelle Cuisine« außer Mode und als Begriff heute im Archiv abgelegt ist: Ohne ihren Spirit gäbe es in Deutschland keine 241 Sterne vom Michelin und der Gault Millau käme mit sieben Seiten aus. Die »Nouvelle Cuisine«, ob man sie mochte oder nicht, war der Königsweg zur neuen Küche. Talentierte und dynamische Köche wie Witzigmann, Levy, die Brüder Müller, Bouley, Gartner, Bado, Winkler und Genossen waren im Geist der »Nouvelle Cuisine« angetreten, deren Siegeszug in den 70ern von niemandem aufzuhalten war. Wo noch in den 60er-Jahren die Diktatur der großen Portionen herrschte, Schnecken in Knoblauchbutter als Gipfel des kulinarischen Glücks galten und die Soßen tunkig sein mussten, tischten die Pioniere der neuen Küche plötzlich bundesweit Hunderte prächtiger Gerichte auf.

Freilich gab es etliche Scharlatane, die sich des Titels bemächtigten, ohne je die Botschaft begriffen zu haben. Unter »Nouvelle« lieferten Köche surreale Soli und irritierten die Gäste mit Nanoportionen sowie Gerichten, bei denen die Klarheit des Geschmacks auf der Strecke blieb. Damals gab es die kleinen Portionen auf den großen Tellern, den berüchtigten Klecks Hummermus, heiße Morcheln zum Lachs und groteskes Sorbet vom Camembert. Gemüse kam halbroh auf den Tisch, Saucen waren teils seicht, teils butterschwer, roter Pfeffer ersetzte die Fantasie. Die Absurditäten schlugen Purzelbäume.

Möglich waren diese Küchengrotesken, weil es in Deutschland keine nennenswerte gastronomische Tradition gab. Das hatte den Nachteil, dass sich die Köche der revolutionär um sich greifenden Nouvelle-Cuisine-Idee wie einer Ideologie hingaben, ungebremst und eifrig bis zum Fanatismus. Andererseits hatten die durch keinerlei Tradition belasteten Köche die große Chance, sich gewissermaßen austoben und auf experimentellem Weg neue kulinarische Ufer erreichen zu können. Tatsächlich folgte auf die Revolution mit ihren wilden Ausschlägen eine Phase der Besinnung, der Orientierung.

Das international hohe Niveau der deutschen Küche ist das Ergebnis dieses Reinigungsprozesses. Auf das Wirtschafts- und das Fräuleinwunder folgte also das deutsche Kochwunder. Das schöne Essen und Trinken wurde salonfähig wie die bildenden Künste, und gleichsam als soziologisch interessante Zuwaage sind die Köche, die früher mehrheitlich Angestellte waren, zu gastronomischen Unternehmern geworden. Das war eine weithin unterschätzte Wirkung der »Nouvelle Cuisine«.

VON NOUVELLE ZU MOLEKULAR: ES LEBE DER PERSÖNLICHE STIL

Im Biedermeier, als der Großvater noch die Großmutter nahm, hieß es, Essen und Trinken hielte Leib und Seele zusammen. Da sprach das Volk, tümlich und rhetorisch einfach gestrickt, aber wahr und gewissermaßen zeitlos, denn eine gute Tafel sorgt auch beim modernen Menschen für eine ausgeglichene Psychosomatik, wie sich ja an den grundsätzlichen Triebstrukturen seit Jahrtausenden nichts verändert hat. Der Mensch liebt und er hasst, er isst und er trinkt. Der Hunger ist neben dem Durst der getreueste Begleiter des Menschen seit altersher. Das Duo überlebt jede Sättigung, es regiert in höchstem Maße gerecht, ja urdemokratisch, denn es verschont keinen und quält jeden: den Dummen wie den Geistreichen, den Schwachen wie den Starken, das Kind wie die Frau und den Mann. Und das ist gut so, dass der Appetit nimmersatt ist, denn ewige Sattheit würde das Ende aller Hoffnung bedeuten und uns ebenso schöner wie faszinierender Geschmackserlebnisse berauben.

Traditionalisten und Modernisten werden die Frage, wie Essgenuss im 21. Jahrhundert ausgelöst werden kann, naturgemäß unterschiedlich beantworten. Die Neigung moderner Köche zur kulinarischen Globalisierung, indem sie beispielsweise französische Klassik mit asiatischen Würzmethoden mischen oder sich gleich kunterbunt durch alle ethnischen Töpfe köcheln – Stichworte: Crossover- und Fusionsküche –, wird von den Wahrern nationalen Küchenerbes scharf gegeißelt. Motto: Es ist nicht neu und wird nicht alt! Zitronengras zum Huhn sei ebenso wenig innovativ wie Erdbeermus mit Hummer oder ein mit Austern garnierter Entenbraten. Quelle horreur, klagen sie, alles schon mal da gewesen! Ein Wiener Schnitzel wird nicht mehr verbesserbar sein; es lässt sich nur gut, ausgezeichnet oder schlecht zubereiten, und das gilt für alle klassischen Rezepturen.

Völlig neue Gerichte sind nicht zu erwarten, solange es keine neuen Produkte gibt. Auch das noch so freche Kombinieren von Produkten ist für sich allein noch keine Kochkunst. Ernsthafter ist da schon, um ein Beispiel zu nennen, das Filet einer gegrillten Daurade Royal mit kleinen Makrelen und einer violetten Kartoffel an Olivenöl nebst Quitten und Zitronensaft. Kubismus auf dem Teller? Ja, es ähnelt einer Assemblage à la Picabia, aber es sieht nicht nur schön aus, sondern schmeckt auch und atmet liberalen Küchengeist. Ob die modische Freestyle-Küche, in der alles erlaubt ist, der rechte Weg zu einer neuen großen Küche ist, darf bezweifelt werden. Unter diesem Titel versteckt sich im Grunde nur eine kochtechnische Beliebigkeit, sozusagen gastronomische Collage. Es wird also schwer sein, Speisen zu komponieren, die geschmacklich so neu sind, dass man von ihnen sagen kann, so habe man sie noch nie gegessen.

Diesen hohen Anspruch erfüllt der schlicht als molekular firmierende Kochstil, der von Ferran Adrià publik gemacht wurde. Diese mehr im Kopf als im Bauch geborene Küche, die respektlos alles Dagewesene infrage stellt, die Heißes eisig auf den Tisch bringt, Kaltes erhitzt, Festes verflüssigt, Flüssiges kristallisiert, die artistisch mit Schäumen, Gelees und Emulsionen spielt, die radikal verfremdet und dabei Neuartiges schafft, stellt die klassische »Haute Cuisine« sozusagen auf den Kopf. Sie überwindet die Tradition und täuscht wie bei der Kunst des Trompe l'oeil den Essenden, indem das Auge etwas anderes signalisiert, als später der Gaumen wahrnimmt. Keine Frage: Adrià hat als Prophet selbstbewusst und kühn in seinem Restaurant namens El Bulli an der Costa Brava eine wahrhaft neue Küche entworfen.

Was der spanische Textur-Magier anrichtet, hat er zuvor mithilfe von chemisch und physikalisch denkenden Mitarbeitern sowie Wissenschaftlern in seinem Labor, wie er selber sein Koch-Atelier nennt, am Computer ausgetüftelt und getestet. Das Ergebnis ist, künstlerisch gesprochen, ein kulinarischer Dekonstruktivismus: bekannte Gerichte und Produkte werden in ihre Einzelteile zerlegt, analysiert und in anderer Form sowie Konsistenz und Temperatur zu völlig neuen Speisen geformt. Gewiss lässt sich fragen, ob eine Erbse noch eine Erbse ist oder ein Steinpilz noch ein Steinpilz, wenn das eine zu Schaum gerinnt und das andere flüssig serviert oder dem Gast als nitrogrüne Teekügelchen unter beängstigend dampfenden Wölkchen mit der fürsorglichen Mahnung in den Mund expediert wird, die Speise zwischen Zunge und Gaumen wirkungsvoll aufplatzen zu lassen.

Die nahrhafte Kooperation zwischen Wissenschaft und Küche hat schon vor Adrià begonnen – beispielsweise vor knapp 40 Jahren, als Nicholas Kurti vor dem Royal Institut eine Vorlesung über den Physiker in der Küche hielt und dabei beklagte, dass der Mensch wohl die Temperaturen an der Venus zu messen vermöge, nicht jedoch wisse, was im Inneren eines Soufflés ablaufe. Das hat sich inzwischen erledigt, denn dank der zunehmenden Liaison zwischen Naturwissenschaftlern – wie dem rührigen Hervé This – und avantgardistischen Köchen haben sich die Kenntnisse über die physikalischen und chemischen Prozesse des Kochens vertieft.

Wie stark die Technik zu einem Motor des Fortschritts am Herd geworden ist, demonstrieren auch andere Köche wie Juan Amador in Deutschland und speziell der weitgehend autodidaktische Heston Blumenthal (»Ich nenne es kochen«) in seinem »Fat Duck« im englischen Bray. Naturgemäß scheidet die Molekulargastronomie die Geister und dies recht schroff. Die einen bejubeln das Neuartige und sprechen von einem epochalen Sprung in der Entwicklungsgeschichte der Küche. Andere reagieren erschrocken auf die absichtlichen Verfremdungen und monieren, dass es 33 Gänge gegeben habe, doch weder Messer noch Gabel. Schon ist der neue Schlachtruf zu hören: Zurück zur Natur!

Ob man der molekularen Küche nun huldigt und ihr eine noch größere Zukunft prophezeit oder ob man sie für einen Trend hält, für ein vorübergehendes gastronomisches Geplänkel: fest steht, dass sich ein Koch wie Ferran Adrià bereits jetzt einen Logenplatz im Olymp der Köche gesichert hat. Der Katalane hat das Fenster zu einer neuen Küche weit geöffnet und damit jedem Koch die Möglichkeit geboten, sich stilistisch zu bedienen. Für Blumenthal, der, bevor ihn das Kochen faszinierte, als Vertreter für Kopierer sein Geld verdient hatte, gibt es am Erfolg der Molekularküche, die ihm immerhin drei Sterne vom Michelin eingebracht hat, sowieso keinen Zweifel. »Die ist«, sagt er, »ein wunderbares Werkzeug und wird ihren Weg machen wie die ›Nouvelle Cuisine‹.«

In der Gastronomie ist es ja wie mit der Philosophie: beide brauchen jugendliches Feuer, um nicht zu erstarren. Die Denker müssen alte geistige Welten einreißen, ehe sie neue aufbauen können. Und ein Kochkünstler, also einer, der sein Handwerk beherrscht, dem die Unschuld des Staunens ebenso gegeben ist wie das Genie, in kulinarischen Utopien zu denken, und der zudem in der Lage ist, das Gedachte oder gefühlsmäßig Erahnte am Herd phantasievoll umzusetzen, wird die Geschichte der Gourmandise immer wieder durch neue Kapitel ergänzen und dadurch dem Feinschmecker die Türe zu bislang nicht gekannten sinnlichen Welten aufstoßen. Da capo al fine, ihr Helden der Gourmandise!

Picobello, in tadellos gebügelter, blütenweißer Jacke mit elegant aufgesetztem Stehkrägelchen, wie es weiland die Offiziere des Zaren an ihren Galauniformen für angemessen gehalten haben, schreitet der Mann im Restaurant die Tische ab, hier einem Gast gnädig zuwinkend, dort ein Bussi hinhauchend und die Komplimente – »Ach, Sie haben ja wieder phantastisch gekocht« – »Großartig, Meister, hinreißend, was Sie in der Küche gezaubert haben« – so lässig wegsteckend wie die Kellner das Trinkgeld. Die Gäste senken jeden Abend artig Gabel und Messer, wenn er sich ihnen bei seinem Rundgang durchs Lokal nähert: ER, der Koch, der die Honneurs macht, wobei mit freiem Auge freilich nicht zu erkennen ist, wer eigentlich von wem Huldigung erwartet.

Ob man die Gastronomie nun dem Unterhaltungsfach zuordnet oder den schönen Künsten gleichsetzt: Köche, zumal die von Restaurantführern hoch dekorierten, sind Stars der Gesellschaft geworden. Kalbskopf in Safransud und getrüffeltes Täubchen werden wie Literatur rezensiert, in Illustrierten steht der Küchenchef neben dem Nobelpreisträger und wenn einer der Großen der Branche hüstelt, legen sich nicht wenige sogenannte Gastro-Kritiker mit Grippe ins Bett. Das zeigt deutlicher als jede noch so gescheit geschriebene soziologische Untersuchung, wie sehr die Spitzenköche zu Personen des öffentlichen Interesses geworden sind – mit all den positiven und negativen Seiten, die Popularität mit sich bringt.

Die einen verdienen das auf sie gerichtete Licht zu Recht. Sie sind Künstler, wahre Dirigenten übers Orchester der Aromatik. Andere spielen Genie in der Erwartung, auch als solches angesehen zu werden. Denen gelingen freilich auch in der Küche nur Schaumschläger. Schließlich gibt es noch jene Köche, die im Stillen arbeiten, von denen die Öffentlichkeit selten erfährt, die jedoch mit Liebe und Können ihrem Beruf zugetan sind. Diese Meister der Gourmandise, die eher eines Verdienstordens würdig wären als das Gros der Staatsdiener, beweisen täglich aufs Neue, dass gute Küche ein geschmackvolles Stück Erotik ist.

Das war nicht immer so. Noch Anfang der 70er-Jahre, die sogenannte »Nouvelle Cuisine«, begann sich zaghaft zu entfalten, standen die Köche in der sozialen Rangordnung ziemlich weit unten. Ihr Platz war im Dunst der Herde, basta. Für sie galt, was Josef Roth in einem kleinen Feuilleton auf den Punkt gebracht hat: »Von ungewöhnlicher Bedeutung, aber den meisten unbekannt, ja unsichtbar lebt in der Unterwelt des Hotels der Koch.« Im Gegensatz zu Frankreich, wo Spitzenköche traditionell gesellschaftliches Ansehen genießen, wurde in Deutschland der Beruf des Kochs nur gering geschätzt. Eher noch als einem Koch gab man seine Tochter dem Oberkellner zur Frau.

Heute sieht das ganz anders aus. Tischgespräche über die Melancholie des Steinbutts, die Vorteile des Garens in Folie und den Wert molekularer Techniken gehören zum fashionablen Salongeplauder. Mitglieder der Snobiety empfinden es als schick, im Restaurant vom Küchenchef geduzt zu werden. Köche treten im Fernsehen auf, werden von Party zu Party gereicht, von Frauen, denen es gar nicht um Rezepte geht, umschwärmt und von der Industrie verhätschelt. Autofirmen stellen den neuen, sogenannten Imageträgern Wagen der gehobenen PS-Klasse zur Verfügung; es regnet Einladungen zum Lachsfischen in Schottland, zu Wochenenden auf Schlösschen in der Champagne oder Weingütern in Bordeaux. Der eine wirbt für Bratenöl, ein anderer für Wurst oder Reis, der dritte kriegt für sein Gesicht neben einer Bratpfanne runde zehntausend Euro Honorar.

So ist es kein Wunder, dass etliche Köche der plötzlich auf sie hereinbrechenden Popularität psychisch nicht gewachsen sind. Sie glauben wirklich, dass sie etwas Besonderes sind, kurz: die Größten. Sie wollen – vor lauter Selbstglorifizierung – auf jeder Jagd der Hirsch und auf jeder Hochzeit die Braut sein. Kein Gag ist ihnen zu billig, keine Eskapade zu bunt, um in die Schlagzeilen zu kommen. Und sie imitieren ihre reichsten Gäste bis hin zur Parodie, dicke Havannas, schnelle Autos, Champagner, Seidenanzüge und flotte Mädchen inklusive.

Diese Köche kommen einem vor wie Popstars, die weder wirklich gut singen noch tanzen können. Aber neben einer bewundernswerten körperlichen Kondition haben sie ungeheuren Ehrgeiz, kein bisschen Bescheidenheit und vor allem enormes PR-Talent. Vergleichbares gilt für jene Köche, die 24 Stunden am Tag kreieren statt zu kochen, wobei sie unter Originalität vor allem die Kunst verstehen, Rezepte von anderen abzupausen und den Erfinder auf der Stelle zu vergessen. Solche Köche müssten vor sich selber geschützt werden, es wäre zu ihrem Vorteil.

Deren eitle Nabelschau könnte man getrost als Privatsache abtun, die niemanden was angeht, gäbe es nicht die Sorge des Bürgers Feinschmecker, die glorios verlaufene kulinarische Revolution, die den Deutschen eine bis vor kurzem für undenkbar gehaltene gastronomische Hochkultur beschert hat, könne einen Teil ihrer Kinder fressen. Anzeichen dafür gibt es bereits, denn einige jener Köche, die sich zu sehr im Gesellschaftlichen verlieren, leben von der Substanz, statt mit dem heiligen Eifer, den die Kochkunst erfordert, weiterzuarbeiten und nimmersatten Gourmets neue kulinarische Welten zu eröffnen.

So, das wäre das beim Thema Küche unvermeidliche Quantum Grausamkeit gewesen. Jetzt aber soll Hosianna gerufen werden in Richtung jener Köche, die unsere Sinne tänzeln lassen und uns bislang unbekannte kulinarische Welten eröffnen. Diese Spitzenköche sind nicht nur unsere Ernährer, wie Gustav Heinemann als Bundespräsident einmal schelmisch meinte. Dank ihrer Kunst verschönern sie denen, für die das Essen mehr als nur eine schikanöse Einrichtung der Natur zum Erhalt des Lebens ist, das Dasein. Ihnen gilt uneingeschränkt der große Applaus, verbunden mit der Hoffnung, dass sie nicht müde werden, auch künftig jeden Tag tausend neue wunderschmeckende Saucen erblühen zu lassen.

August F. Winkler

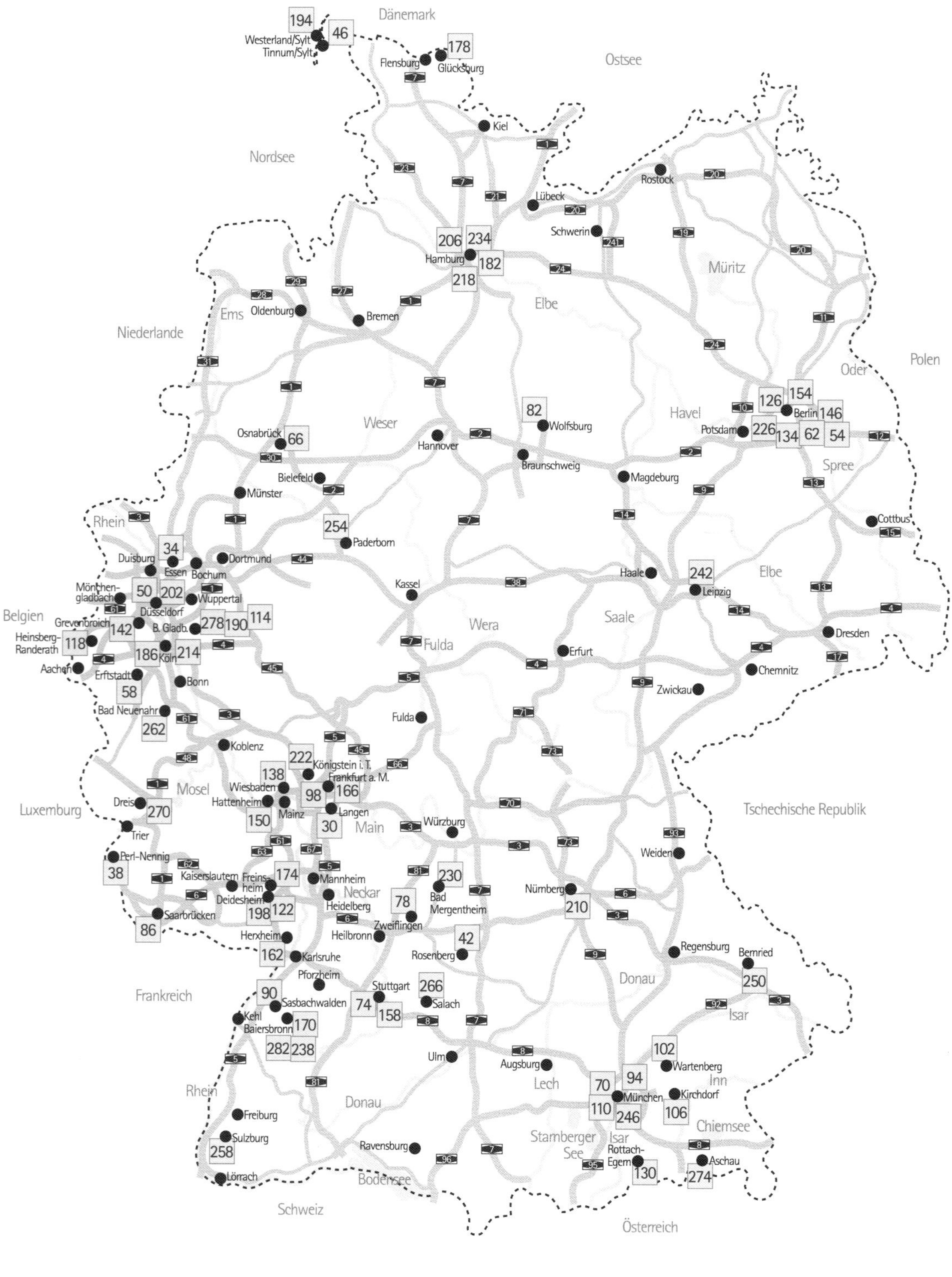

Dänemark
Ostsee
Nordsee
Niederlande
Polen
Belgien
Luxemburg
Frankreich
Schweiz
Österreich
Tschechische Republik
194
46
Westerland/Sylt
Tinnum/Sylt
178
Flensburg
Glücksburg
Kiel
Lübeck
Rostock
Schwerin
Müritz
206
234
Hamburg
182
218
Elbe
Ems
Oldenburg
Bremen
Weser
Oder
Havel
82
Wolfsburg
126
154
Berlin
146
Potsdam
226
134
62
54
Spree
Osnabrück
66
Hannover
Braunschweig
Magdeburg
Bielefeld
Münster
254
Paderborn
Cottbus
Rhein
34
Duisburg
Essen
Bochum
Dortmund
Mönchen-
gladbach
50
202
Wuppertal
Düsseldorf
Grevenbroich
142
B. Gladb.
278
190
114
Heinsberg-
Randerath
118
186
Köln
214
Aachen
Erftstadt
58
Bonn
Bad Neuenahr
262
Kassel
Haale
242
Leipzig
Elbe
Saale
Wera
Fulda
Erfurt
Dresden
Chemnitz
Zwickau
Fulda
Koblenz
222
Königstein i. T.
Frankfurt a. M.
138
Wiesbaden
98
166
Mosel
Hattenheim
Mainz
Langen
150
30
Main
Würzburg
Dreis
270
Trier
Perl-Nennig
38
Kaiserslautern
Freins-
heim
174
Mannheim
Deidesheim
Neckar
Heidelberg
198
122
78
230
Bad
Mergentheim
Nürnberg
210
Weiden
Saarbrücken
86
Herxheim
162
Karlsruhe
Heilbronn
Zweiflingen
42
Rosenberg
Regensburg
Bernried
250
Pforzheim
90
Sasbachwalden
Kehl
Baiersbronn
170
282
238
74
Stuttgart
266
Salach
158
Donau
Isar
Ulm
Augsburg
Lech
102
Wartenberg
Inn
70
94
München
Kirchdorf
110
246
106
Chiemsee
Rhein
Freiburg
Sulzburg
258
Lörrach
Donau
Ravensburg
Bodensee
Stamberger
See
Isar
Rottach-
Egern
130
Aschau
274

DIE ZAHLEN ENTSPRECHEN DEN SEITENZAHLEN DER PORTRÄTS IN DIESEM BUCH.

In der Gastronomie ist es wie mit der Philosophie: Beide brauchen jugendliches Feuer, um nicht zu erstarren. Die Denker müssen alte geistige Welten einreißen, ehe sie neue aufbauen können. Große Köche schaffen das durch ihre Kreativität. Wer nur gemütlich nach alten Rezepten kocht, mag seine Gäste auf geschmackvolle Weise sättigen, aber er wird sie nicht zu neuen kulinarischen Ufern führen. Gewiss ist die Pflege der Klassik wichtig. Der Feinschmecker will nicht sein Leben lang auf gefüllten Ochsenschwanz, Steinbutt mit Sauce Béarnaise, getrüffelte Poularde, Tafelspitz, Wiener Schnitzel und gegrillten Hummer verzichten. Doch ebenso gewiss will er teilhaben an der Entwicklung der Kochkunst, also dabei sein, wenn Spannendes, vielleicht sogar Unerhörtes geschieht.

Einer der derzeit brillantesten Küchenphilosophen heißt Juan Amador. Der Sohn spanischer Eltern, im Dezember 1968 geboren und im Schwäbischen groß geworden, ist Avantgardist im Sinne eines gastronomischen Vorreiters, der bewusst konventionelles Terrain verlassen hat und mit seiner auf molekularen Techniken basierenden Küche einen neuen Weg geht. Bei seinem innovativen Wirken hat sich Amador von Ferran Adrià inspirieren lassen, dem spanischen Obertüftler, der in seinem katalanischen »El Bulli« der staunenden Öffentlichkeit erstmals fernab des Gewohnten eine molekular angelegte Küche mit Speisen präsentierte, zu deren Genuss man, leger gesagt, weder Messer noch Gabel benötigt.

Die molekulare Technik ist von Chemikern aufgezeigt und von experimentierfreudigen Köchen praktisch umgesetzt worden (den Begriff molekular hat übrigens 1990 der französische Chemiker Hervé This geprägt). Ein wesentliches Prinzip ist die Denaturierung, was heißt, dass ein Produkt zerlegt und mit chemischen sowie physikalischen Techniken wie etwa Stickstoff bei -196 °C neu und vor allem anders zusammengesetzt wird. In so einem Küchenlabor werden Salatsaucen in Zuckerwatte verwandelt, Olivenöle zu Bonbons geformt, Gemüsegelees mit Holzkohlenöl gewürzt, Hühnersuppen als Eislutscher kredenzt, Drinks als Gel serviert, Schnäpse zu Eisperlen geformt und Tomaten oder Parmesan

WAS HABEN SIE ZU HAUSE IMMER IM KÜHLSCHRANK?
Jeslitoschinken und einen Krug Champagner.

WELCHE SPEISE HABEN SIE ALS KIND AM LIEBSTEN GEGESSEN?
Den Vanillepudding meiner Mutter.

GIBT ES EINEN TRAUM, DEN SIE SICH NOCH ERFÜLLEN MÖCHTEN?
Ich habe keine Träume, nur Ziele.

WELCHER BERUF (AUSSER DEM EIGENEN) WÄRE FÜR SIE INTERESSANT UND WARUM?
Pilot, wegen der Freiheit und den neuen Plätzen, die man sieht.

zu hauchdünnen Spaghetti gegossen. Die in der Lebensmitteltechnologie bekannte »Sphärifikation« erlaubt mit Alginat und Kalziumchlorid die Herstellung von »Kügelchen« aus Melonen, Paprika, Schinken, Rosenwasser & Co., die außen fest und innen flüssig sind: simpel in der Herstellung, suggestiv in der Wirkung.

Juan Amador ist als Koch freilich zu gut, zu eigenbrötlerisch und vor allem zu selbstbewusst, um eins zu eins zu imitieren, was andere erfunden haben. Er ist kein Kopist, denn die von Adrià experimentell gewonnenen Erkenntnisse nutzt er, um daraus nach seiner Facon zu kochen. Ähnlichkeiten sind erlaubt, teils wohl auch gewollt. In seinem aus zwei Dutzend kleinen Gängen komponierten Menü der Inspiration vereint er mit offenbar überbordender Kochfreude, auch gewürzt mit Lust an der Provokation und hart am Limit des für den Gast gerade noch Mitvollziehbaren. Aber stets ideenreich, technisch präzise, ästhetisch vollkommen und auf Kontraste bedacht, vereint er das Meer mit der Erde (spanisch »Mar y Muntanya«), das Knusprige mit dem Flüssigen, das Saure mit dem Süßen, das Warme mit dem Kalten, das Harte mit dem Schmelzenden, das Milde mit dem Scharfen.

Ein Essen beginnt mit Gamba und Schinken in krosser Brotkruste, Waldpilzschaum mit Arganöl oder karamellisierter Gänseleber mit Räucheraal und Holzkohleöl, gefolgt von falschen Parmesannudeln mit Trüffel, Jakobsmuscheln und Hühnerbouillon, einer Seezunge mit Mokka, Haselnuss und Entenleber, Schweinebauch mit Sepia und Mokka oder Kalbsbries mit grünem Apfelsirup, Sauerkraut und Herbstrauch. Als Hauptgang wird vielleicht ein Rehrücken mit gelierter Kokosmilch, Mango und »purple Curry« serviert. Der Nachtisch kann falsches Marzipan sein oder ein Lutscher mit weißer Schokolade und Trüffel. Juan Amador hat ein Gespür für Finesse, seine Gerichte sind eher zartherb als süßlich aromatisiert, und wenn man den passionierten Taucher und Hobbypiloten nach seinem Credo als Koch und Gastronom fragt, antwortet er: »Die Gäste sollen einfach nur kommen und sich überraschen lassen. Nichts erwarten, außer, dass sie staunen, lächeln und genießen werden.«

ÜBER DAS RESTAURANT

Im Fachwerkhaus aus dem 18. Jahrhundert hat sich Amador 2004 sein Kochtheater licht und schnörkellos eingerichtet. Victoria Amador leitet den Jungdamenservice aufmerksam, kompetent und hilfreich. Empfehlungen zur Handhabung der teils explosiv geladenen Speisen sind nämlich nötig, um Premierengäste in diese neue Art des Essens einzuführen und Patzer auf Kleid oder Jackett zu vermeiden.

KONTAKT

Restaurant Amador
Vierhäusergasse 1
D-63225 Langen

Fon: +49 (0) 61 03/50 27 13
Fax: +49 (0) 61 03/50 27 14
info@restaurant-amador.de
www.restaurant-amador.de

Öffnungszeiten:
Dienstag – Samstag
19.00 – 24.00 Uhr

Betriebsferien:
2 Wochen in den hessischen Sommerferien, Weihnachten

GIBT ES EIN PRODUKT, DAS SIE GAR NICHT MÖGEN?
Lachs.

IHR SCHÖNSTES KULINARISCHES ERLEBNIS?
Das erste Essen 1996 bei Ferran Adrià im El Bulli.

HABEN SIE EIN BEVORZUGTES KOCHBUCH, WENN JA WELCHES?
Escoffier 1968 (mein Geburtsjahr).

CREMA CATALANA »LEGER« MIT ANANAS & VANILLE-SAFRAN-EIS

CREMA CATALANA:
500 ml Milch
250 ml Sahne
1 Vanilleschote
1 Zimtstange
50 g Zucker
25 g Stärke
6 Eigelb
50 ml Milch
3 Blatt Gelatine
80 ml Apricot-Brandy
2 ISI-Patronen
1 ISI-Flasche

VANILLE-SAFRAN-EIS:
250 ml Sahne
250 ml Milch
30 g Glukose
50 g Zucker
Mark einer Vanilleschote (Tahiti)
1 Msp. Safranfäden
1 Msp. Safranpulver
2 Eier, 2 Eigelb
180 g weiße Kuvertüre
Crema de Cacao, hell

ANANAS:
1 Ananas, in Würfel geschnitten (3 x 3 cm)
200 ml Ananassaft (von den Resten)
1 Msp. Safranfäden
5 cl brauner Rum
etwas Speisestärke

1. **Crema Catalana:** Milch, Sahne, Vanilleschote, Zimtstange und Zucker in einem Topf zum Kochen bringen. Zwischenzeitlich die Gelatine in kaltem Wasser einweichen. Währenddessen die Stärke mit Eigelb und Milch verrühren. Sobald die Milch-Sahne-Mischung kocht, die Hälfte in das Eigelb-Stärke-Gemisch geben, verrühren und die gesamte Masse wieder in den Topf zurückgeben. Unter Rühren nochmals aufkochen lassen. Sofort danach passieren. Mit dem Stabmixer die eingeweichte Gelatine und mit dem Apricot-Brandy einmixen. Kalt stellen. Die kalte Masse noch einmal durchmixen, in den ISI-Siphon füllen und zwei Patronen eindrehen. Wichtig ist hier, nach jeder Patrone die Flasche kräftig zu schütteln. Für 6 Stunden kalt stellen.
2. **Vanille-Safran-Eis:** Sahne, Milch, Glukose, Zucker, Vanillemark und Safran in einem Topf zum Kochen bringen. Eigelb und Vollei in den Thermomix geben, mit der heißen Flüssigkeit auffüllen und bei 85 °C 8 Minuten bei mittlerer Geschwindigkeit mixen. Zum Schluss die Schokolade und Crema de Cacao dazugeben und durch ein Sieb passieren. Nun die Masse in der Eismaschine frieren.
3. **Ananas:** Die Ananaswürfel mit den restlichen Zutaten vermischen und über Nacht marinieren. Aufkochen, mit etwas angerührter Speisestärke binden und kalt stellen.
4. **Anrichten:** Crema Catalana in einen Tumbler sprühen, mit braunem Zucker bestreuen und mithilfe eines Bunsenbrenners karamellisieren. Mit Eis und Ananas servieren.

Je globaler und nicht selten verworrener, ja brüchiger die Weltlage wird, desto sehnsüchtiger orientiert sich der Mensch an Erinnerungen aus seiner Kindheit, die ihm heile Welt suggerieren: nach der Mutterbrust war und ist dies die Küche. Henri Bach, im Februar 1956 in Boppard am Rhein geboren und seit 1984 Chef in der Résidence-Küche, wo er mit Patron Berthold Bühler die kulinarischen Richtlinien bestimmt, glänzt naturgemäß nicht mit typischen Kindertellern. Aber bei einer Délice von der Gänsestopfleber mit Feigenconfit, dem in Pancetta gebratenen Kabeljau mit Auberginentatar und Seeigelbisque oder der gelackten Entenbrust in Tandoori-Honig mit geschmortem Weinbergspfirsich in Zitronenthymian kann auch ein Erwachsener kindselig vor Anker gehen und den Lärm der Welt draußen lassen.

Stilistisch ist Bach von der französischen Klassik geprägt, doch nimmt er sich auf dieser handwerklich perfekt beherrschten Basis die Freiheit, mit Elementen der mediterranen, auch regionalen und teils asiatischen Küche zu arbeiten. Letzterer galt in früheren Jahren seine besondere Wertschätzung, aber je inniger andere Köche mit asiatischen Effekten arbeiteten, umso konsequenter besannen sich Bach & Bühner auf ihre europäische Tradition, ausgenommen einige wenige Würzmittel à la Orient. Phantasie in der Komposition von Gerichten und Präzision bei deren Umsetzung am Herd sind weitere Zutaten, über die der Mann mit dem bubenhaften Äußeren verfügt, der im Gegensatz zu etlichen seiner Kollegen außerhalb des Restaurants kaum in Erscheinung tritt und gesellschaftliches Tamtam meidet.

Wenn er Kochen als »sinnliche Schwerstarbeit« beschreibt, so schwingt in diesem Bekenntnis neben dem Hinweis, dass die Arbeit am Herd ein ganzheitlicher Prozess ist, auch sein Anspruch mit, Gäste auf hohem Niveau einfallsreich zu beglücken (Originalton Bach: »Ein Menü ist wie eine Oper, sinnlich und leidenschaftlich«). Dies geschieht mit einer Küche, deren struktureller Aufbau logisch durchdacht ist. Obendrein sind die küchentechnisch stimmig und bis ins Detail genau angerichteten Speisen auch fürs Auge schön auf den Tellern drapiert. Ein charakteristisches Beispiel für den Stil der Küche, der Form zu huldigen

WELCHE 3 DINGE WÜRDEN SIE MIT AUF EINE EINSAME INSEL NEHMEN?
Gerstensamen, Hopfensamen, Gärbottich.

WELCHER VERSUCHUNG KÖNNEN SIE NICHT ODER NUR SCHWER WIDERSTEHEN?
Warmem Popcorn.

WAS SAMMELN SIE UND WARUM?
Turnierschleifen, natürlich selbst erritten.

GIBT ES EINEN TRAUM, DEN SIE SICH NOCH ERFÜLLEN MÖCHTEN?
2 Wochen durch Arizona reiten.

und parallel dazu den Inhalt pflegend zu würdigen, ist das geschmorte Schaufelstück vom Angus Beef mit Petersilienwurzelragout. Da vereinen sich Form und Funktion. Anstelle des als populärer und in der öffentlichen Achtung als edler geltenden Filets hat das Schaufelstück den Vorteil, weitaus schmackhafter zu sein. Man verzichtet zugunsten der Aromendichte auf einen vordergründig elitären Effekt. Die Wirkung wird zudem durch die klare Anrichtepolitik erhöht – eine Tugend, die übrigens auch für andere Hauptgerichte gilt wie das Hirschmedaillon mit Pfifferlingen und Kürbispüree in Hagebuttenjus, die Etouffé-Taube mit Artischocken, Lebercroûton und Gnocchi in Piment d'Espelettesauce, den kurz gebratenen Thunfisch in Zitronen-Pfeffer-Würze mit rotem Mangold und Pilzen oder dem Rücken nebst geschmortem Bäckchen vom Iberico-Schwein mit gebratener Blutwurst und Mayoranpfifferlingen.

Seine Seele tankt Henri Bach bei einem Möselchen, bei Jever und einer köstlichen rustikalen Vulgarität wie Linsensuppe mit Spätzle und Würstchen auf – oder in der Patisserie, denn die brilliert mit so aparten Näschereien wie Mousse von Pitahaya mit geeister Kokospraline und Ananas-Coulis, gebrannter Crème von der Guanajaschokolade mit Thymianpfirsich und Marzipaneis oder gelierter Waldmeisterbowle mit Himbeeren und Melonensorbet.

WELCHER BERUF (AUSSER DEM EIGENEN) WÄRE FÜR SIE INTERESSANT UND WARUM?
Trainer für Westernpferde.

GIBT ES EIN PRODUKT, DAS SIE GAR NICHT MÖGEN?
Synthetisches Trüffelöl.

MIT WEM WÜRDEN SIE GERNE EINMAL ZU ABEND ESSEN?
Königin Elisabeth von England.

ÜBER DAS RESTAURANT

Die dekorativen Elemente sind kühn und harmonisch gesetzt. Etwas Jugendstil, mehr Art Déco und ein Hauch von Orient geben dem Restaurant eine Atmosphäre von sozusagen spannungsgeladener Eleganz. Die Farben sind hell gehalten mit Hang zum Pastelligen. Edel gedeckt sind die Tische, die Menükarten zieren die Namen der Gäste, der Service ist von wohltuender Kompetenz und Freundlichkeit, was speziell für Alfred Voigt gilt, den kenntnisreichen Sommelier, dessen Rat man einholen sollte. Im Sommer wird übrigens auch auf der Terrasse serviert.

KONTAKT

Hotel Résidence
Auf der Forst 1
D-45219 Essen-Kettwig

Fon: +49 (0) 20 54 / 95 590
Fax: +49 (0) 20 54 / 82 501
info@hotel-residence.de
www.hotel-residence.de

Öffnungszeiten:
Dienstag – Samstag
ab 18.30 Uhr

Betriebsferien:
1. Woche im Januar,
3 Wochen in den NRW-Sommerferien

ROULADE VON ZANDER UND JACOBSMUSCHELN IN ZUCCHINI GEBRATEN MIT PAPRIKACREME

PESTO:
250 g Basilikum
4 zerdrückte Knoblauchzehen
50 g geröstete Pinienkerne
150 ml Olivenöl, 60 g Parmesankäse
Salz, Pfeffer

ROULADE:
1 Zander ca. 800 g
8 Jakobsmuscheln
1 große Zucchini
50 g Pesto
8 Confittomaten
Salz, Pfeffer, Olivenöl, Alufolie

PAPRIKASAUCE:
500 ml Fischfond
3 Schalotten, in Streifen geschnitten
2 rote Paprika, in Streifen geschnitten
50 g Butter
250 ml Weißwein
500 ml Sahne
Saft einer Limone, Salz, Pfeffer

1. **Pesto:** Die Zutaten im Mixer fein pürieren. Den Mixer nicht zu lange laufen lassen, damit das Pesto nicht warm wird. In ein Glas füllen und kühl aufbewahren.

2. **Roulade:** Den Zander ausnehmen, filetieren und entgräten. Die Haut entfernen. Die Zucchini der Länge nach in dünne Streifen schneiden (am besten mit der Aufschnittmaschine). Die Zucchinistreifen in der Breite der Zanderfilets überlappend nebeneinander legen. Mit dem Pesto bestreichen und das gewürzte Zanderfilet darauflegen. Die Muscheln aus der Schale lösen und den Rogen entfernen. In Scheiben schneiden und auf den Zander legen. Mit Salz und Pfeffer würzen. Mit den Confittomaten bedecken und in die Zucchini einrollen. Die Alufolie mit etwas Olivenöl bestreichen und die Roulade fest eindrehen. Anschließend im Ofen bei 180 °C ca. 8 Minuten braten.

3. **Paprikasauce:** Die Paprika- und Schalottenstreifen in Butter anschwitzen, mit Weißwein und Fischfond ablöschen und reduzieren. Mit der Sahne auffüllen und pürieren. Mit Limone, Salz und Pfeffer abschmecken.

Gemäß Konfuzius, dem altchinesischen Weisen, beginnt der Zerfall der Ordnung mit der Verwirrung der Begriffe. Die Gourmandise ist dafür ein gutes Beispiel. Wer jemals versucht hat, Köche und deren Stile in theoretische Gruppen zu fassen, sie zu fraktionieren, weiß, wie leicht man damit umherschlittert wie die Butter auf einem heißen Teller. Worte wie zeitgemäß, traditionell, reformerisch, klassisch, modern interpretiert und avantgardistisch lassen sich so leichthin aussprechen wie man beim Kuchenessen bröselt. Nur: Wie ist eine Küche konkret beschaffen, die solcherart definiert wird? Da liegt, kulinarisch gesprochen, der Hase im Pfeffer! Geschmack und Wert einer Speise lassen sich wohl beschreiben, aber letztlich gelingt dies so unzulänglich wie der Versuch, ein Adagio von Schubert in Worte zu fassen. Dennoch haben begriffliche Kategorien eine richtungweisende Funktion.

Restaurantgäste, die nicht gerade mit tauben Sinnen geschlagen sind, werden jedenfalls eine außergewöhnliche Küchenleistung zu würdigen wissen. Verfügen sie über einen absoluten Geschmackssinn und haben sie zudem reichlich Erfahrung, wird ihnen eine stilistische Einordnung gelingen, werden sie den Unterschied zwischen Handwerk und Kunst auch erschmecken können. Bei Gerichten wie den gegrillten Jakobsmuscheln mit Perlgraupen, Salpicon genannten Würfeln vom Kalbskopf, schwarzer Trüffel und Jus Crustacé oder dem »sanft gebratenen« Wolfsbarschfilet mit Austerntatar, leicht geräucherten Stampfkartoffeln, Kaviar, Brunnenkresse-Jus und geschäumtem Verjus du Périgord demonstriert Christian Bau große Küche, ja Kunst und zeigt, dass er sich von seinem berühmten und von ihm bis heute hochverehrten Harald Wohlfahrt emanzipiert hat. Prompt kürte ihn der »Michelin« 2005 zum jüngsten Dreisternekoch in Deutschland.

Fünf Jahre lang hat der 1971 in Offenburg geborene Bau bei Wohlfahrt gearbeitet, drei davon als Souschef. Das prägt, und so ist es nicht verwunderlich, dass sich die Handschrift seines Lehrmeisters in den ersten Jahren der Selbstständigkeit – im April 1998 zog Christian Bau als Chef in Schloss Berg ein – leitmotivisch durch's Küchenprogramm gezogen hat. Seine Küche bot von Anfang an Hochgenüssliches. Bau ist versessen

WELCHER VERSUCHUNG KÖNNEN SIE NICHT ODER NUR SCHWER WIDERSTEHEN?
Dem Lachen meiner Töchter.

WAS SAMMELN SIE UND WARUM?
Musik-CDs, Kochbücher und Krawatten.

WOMIT KANN MAN SIE VERFÜHREN?
Der einzigen Versuchung, der ich nicht widerstehen kann, sind die Bitten meiner Töchter.

GIBT ES EINEN TRAUM, DEN SIE SICH NOCH ERFÜLLEN MÖCHTEN?
Ein Besuch Japans.

auf erstklassige Produkte, am Herd ein Perfektionist und ein Ästhet in der Architektur der Teller. Bau bietet jederzeit Handwerkskunst in ihrer feinsten Ausprägung auf der Grundlage der französischen Hochküche mit mediterranen Tupfern.

Zum Kochkünstler avancierte Bau, als er schrittweise eine eigene gastronomische Diktion entwickelte, von ihm »progressive Tradition« tituliert, was sich als meisterlich praktizierte Balance zwischen der Klassik und einer gefühlvoll adaptierten Moderne interpretieren lässt. Er verbannte dekorative Elemente und legt die Kombinationen puristischer an. Mit erstarkendem Selbstbewusstsein adelt er rustikale Produkte durch feinfühlige Integration und geht beim Würzen bis an die Grenze. Bau orientiert sich kompositorisch am Wesentlichen: Jedes Teil eines Gerichts fügt sich wohlüberlegt zu einem harmonischen Ganzen.

Das erfüllen Bau-Speisen wie der »Blaue Hummer« (in Butter pochiert, flankiert von Maronen, kleinen Artischocken, konfierten Tomaten, schwarzer Trüffel und Jus Crustacé), die »Miéral-Taube« (Sauté vom Brüstchen und konfierte Keule, begleitet von Schwarzwurzeln, Kartoffelgnocchi mit Blutwurst und Taubenjus), die »Seezunge vom kleinen Boot« (Anglerfisch), bei Niedertemperatur gegart, mit Parmesan und Mie de Pain überkrustet, angerichtet mit kleinen Artischocken, Parmesanravioli und leicht gebundenem Sud aus Iberico-Schinken und Olivenöl. Sein Kochstil ist elegant, aber Bau weiß, dass das Verführerische auch in der Dichte der Aromen liegt. Nicht die flüchtige, sondern die intensive geschmackliche Begegnung macht den Esser glücklich. Das schafft Christian Bau mit souveräner Geschmackssicherheit.

ÜBER DAS RESTAURANT

Das idyllisch oberhalb der Mosel gelegene Schlösschen besticht durch gediegene Raumkultur mit teuren Materialien. Holzkassettendecke, warme Farben, weiches Licht, eleganter Tischschmuck, behagliche Stühle sorgen für Komfort. Die Weinkarte ist vorzüglich aufgebaut, sie umfasst neben den üblichen teuren Verdächtigen auch fair kalkulierte Nischen für den Kenner, ob Champagner, Burgund, Mosel, Spanien oder Bordelais. Der Service ist von liebenswürdiger Kompetenz, geleitet von Yildiz Bau.

KONTAKT

Victor's Gourmetrestaurant
Schloss Berg
Schlosshof 7
D-66706 Perl-Nennig

Fon: +49 (0) 68 66/79 118
Fax: +49 (0) 68 66/79 458
info@victors-gourmet.de
www.victors-gourmet.de

Öffnungszeiten:
Mittwoch – Sonntag
Küchenzeiten:
12.00 – 14.00 Uhr
19.00 – 21.30 Uhr

Betriebsferien:
3 Wochen im Juli, 1 Woche im Oktober, 2 Wochen im Januar

IHR SCHÖNSTES KULINARISCHES ERLEBNIS?
Seafood Market in Bangkok.

DREI WORTE ZU GENUSS?
Geschmack, Spaß, Stil.

MIT WEM WÜRDEN SIE GERNE EINMAL ZU ABEND ESSEN?
Papst Benedikt.

MÜRITZLAMM MIT LAMMSUGO IN ORIENTALISCHER WÜRZE / GEWÜRZJOGHURT UND SAFRAN-COUSCOUS

MÜRITZLAMM:
2 ausgelöste Lammkarrees
(Knochen sauber geputzt)
etwas Butter, Rosmarin, Knoblauch
1 Msp. Garam Masala

LAMMSUGO:
300 g Lammschulterfleisch, ausgelöst, pariert, fein gewürfelt (3 mm Kantenlänge)
1 Schalotte, fein gewürfelt
2 Knoblauchzehen, fein gewürfelt
1 Msp. Currypulver Madras
1 Msp. Raz el Hanout
300 ml dunkler Lammfond
1 EL gekochte Kichererbsen
1 EL gemischte, blanchierte Gemüsewürfel
Salz, Pfeffer aus der Mühle
Öl zum Braten

SAFRAN-COUSCOUS:
1/2 grüne Zucchino
je 1/2 rote und gelbe Paprika, geschält
150 g mittelfeiner Couscous
1 Msp. Safran
250 ml Geflügelfond
1 EL Olivenöl
1 Knoblauchzehe
1 EL geröstete Pinienkerne
1 TL gehackte, schwarze Oliven
1 TL Balsamico
1 Msp. Raz el Hanout
4 Blatt Pfefferminze, fein geschnitten
Salz, Pfeffer aus der Mühle
1 großer Artischockenboden, küchenfertig, geputzt
Öl zum Frittieren
Salz

GEWÜRZJOGHURT:
2 EL Naturjoghurt
1 Msp. Currypulver
4 Blatt Pfefferminze, fein geschnitten
Salz, Pfeffer
ein Hauch Knoblauch
1/2 TL Zitronensaft

1. **Sugo:** Schalotten und Knoblauch in Olivenöl anschwitzen, gewürfeltes Lammschulterfleisch beigeben, mit »wenig Farbe« anschwitzen. Lammfond aufgießen und etwa 2 Stunden am Herdrand bei schwacher Hitze köcheln. Mit den Gewürzen, Salz und Pfeffer abschmecken, eventuell leicht mit etwas Stärke abbinden. Als Einlage die Kichererbsen und die Gemüsewürfel hinzugeben.

2. **Lammkarree:** Karrees würzen und von allen Seiten anbraten, die Fettschicht langsam ausbraten lassen. Butter in der Pfanne schmelzen, Karrees mit Gewürzen, Kräutern und Knoblauch einlegen und im vorgeheizten Backofen bei 200 °C 7–8 Minuten braten. Dabei immer wieder mit der Butter übergießen. Vor dem Anschneiden an einem warmen Ort »abruhen« lassen.

3. **Couscous:** Zucchino und Paprika in feine Würfel schneiden. Couscous in eine Schüssel geben und nach und nach mit dem safranisierten Geflügelfond aufgießen. 4–5 Minuten ruhen lassen, bis der Fond aufgesogen ist. In einem Topf Olivenöl erhitzen, Knoblauch und Gemüse farblos, aber scharf anbraten, die Hitze reduzieren und den Couscous beigeben. Mit Salz, Pfeffer und Raz el Hanout würzen. Kurz vor dem Servieren die Minze, etwas Olivenöl sowie die Pinienkerne und Oliven beigeben.

4. **Gewürzjoghurt und Artischocke:** Für den Joghurt alle Zutaten miteinander verrühren und dezent abschmecken.

   Auf der Aufschnittmaschine den Artischockenboden dünn der Länge nach aufschneiden. Die Artischockenscheiben bei 160 °C in heißem Öl goldgelb frittieren.

5. **Anrichten:** Das auftranchierte Fleisch auf vorgewärmten Tellern anrichten. Daneben mithilfe eines Metallrings den Couscous anrichten und mit der frittierten Artischocke dekorieren. Auf die andere Seite eine Nocke vom Gewürzjoghurt setzen. Das Fleisch mit dem Sugo nappieren und den restlichen Sugo dazu servieren.

Der Hunger lehrt geigen, sagte man zu Luthers Zeiten. Das ist ein schlicht gedrechselter Satz, der so manchem Lehrer zur Predigt dient und an dem sich Asketen ein bisschen satt zu essen versuchen. Andererseits gibt es Esslustige. Irgendwo dazwischen sind jene Feinschmecker angesiedelt, die weder im Fasten noch in altrömischer Fressgier einen Sinn zur Verschönerung ihres Daseins sehen. Aber wenn sie essen und trinken, dann soll, bitte schön, der Zungenschlag des Genusses spürbar sein. Die Geschichte des Essens ist ja auch die Geschichte einer ungebändigten Lust. Und dieses, das Alltagsgrau sprengende Gefühl des Außerordentlichen beschert Josef Bauer auf ebenso intensive wie kultivierte Weise.

Das Problem bei Bauer ist allerdings, dass man beim Studium der Speisekarte erhebliche Mühe hat, sich zu entscheiden. Die Wahl fällt schwer, weil man am liebsten alles von oben bis unten und retour speisen möchte. Schon das Lesen der Karte macht Freude, vom geschmolzenen Schweinskopf mit Bachsaibling und Schalottenvinaigrette über den Gaisburger Marsch mit Kartoffelschnitz nebst Spätzle und die gekochte Rinderbrust mit Bouillongemüse bis hin zu Dorade Royal mit Sardellen-Cardamom, Artischocke plus Thunfischrisotto und dem Bauch vom Joselitoschwein mit Oktopus, in Orangenöl roh mariniertem Spargel und Schafsmilchjoghurt.

Jedes der knapp definierten Gerichte lockt durch seine Originalität, ist quasi schon geschriebene kulinarische Erbauung, doch der Gast, der erstmals hier einkehrt, reibt sich auch verblüfft die Augen. Gaisburger Marsch, Dorade und Schweinebauch mit Oktopus? Geht das denn zusammen? Und wie gut das geht! Josef Bauer, im November 1942 in das Haus hineingeboren, das bereits seit 1858 im Familienbesitz ist und ab 1972 von ihm und seiner Frau als kongenialer Partnerin geführt, brilliert geschmackssicher mit einer Küche von tiefsinniger Eleganz. Tradition und Avantgarde sind ihm keine Gegensätze, er behandelt die köstlichen Vulgaritäten der schwäbischen Regionalküche mit dem gleichen Ernst wie die Raffinessen der Hochküche.

Ob Saitenwürstle mit Alblinsen und Spätzle oder getrüffelter Schweinefuß mit Kartoffelpüree und gebackenem

WELCHE DREI DINGE WÜRDEN SIE AUF EINE EINSAME INSEL MITNEHMEN?
Meine Frau, meine Tochter und mein Fahrrad.

WELCHER VERSUCHUNG KÖNNEN SIE NICHT ODER NUR SCHWER WIDERSTEHEN?
Gutem Wein.

WOMIT KANN MAN SIE VERFÜHREN?
Mit einer interessanten Reise.

GIBT ES EINEN TRAUM, DEN SIE SICH NOCH ERFÜLLEN MÖCHTEN?
Mit dem Fahrrad durch Frankreich fahren.

Räucheraal: Bauer legt die Speisen nach den Prinzipien der großen Küche an, was unter anderem heißt, dass die Produkte von bester Herkunft sind und selbstverständlich frisch, dass es subtil gerührte Saucen, Jus und Emulsionen anstelle von Tunken gibt, dass jedes Gericht bis ins Detail mit präziser handwerklicher Sorgfalt zubereitet wird. Selbst Speisen, die einfach scheinen – wie etwa die rohe Jakobsmuschel mit Selleriepüree und Trüffelvinaigrette, die Entenbrust mit Entenfleischküchle, Blutsauce, Fingermöhren und Nudeln oder der Rehrücken mit Rehragout, Pfifferlingen, Kohlrabi und Heidelbeerküchle – werden unter der Hand des Meisters zu delikaten Finessen: geradlinig im Aufbau, dicht in der Aromatik, harmonisch in der Kombination.

Die Stilsicherheit von Bauer im kontrastreichen Umgang mit den Texturen, Aromen und Farben fasziniert. Schon legendär ist der geschmeidig fließende, wölkchengleiche Kartoffelschaum, den es mal zur Gänseleber, dann zu korrekt mit Kapern flankierten Königsberger Klopsen gibt. Ein Hochgenuss für Liebhaber und Kenner ist der mit Pistazien gefüllte Schweinefuß auf Kartoffelpüree und sanft geräuchertem Aal. Einheimische, die hier ihren Sonntagsbraten verzehren, sind keineswegs die einzigen, die sich am Tafelspitzsalat oder Kutteln in Riesling mit Spitzmorcheln delektieren. Auch und gerade gewieften Gourmets ist bei hausgemachtem Presssack und geschmelzter Maultasche schon eine Träne des Glücks in den Teller gerollt.

WIE ENTSPANNEN SIE SICH?
Beim Fahrradfahren und bei der Gartenarbeit.

WAS ZEICHNET EINEN GUTEN KOCH AUS?
Ein Koch lernt nie aus.

IHR LIEBLINGSGEWÜRZ?
Muskat.

WIE VIELE KOCHBÜCHER BESITZEN SIE?
Fünfzig.

ÜBER DAS RESTAURANT

So sinnlich wie die Küche sind die Farben. Dunkelrot, Yves-Klein-Blau, Flaschengrün und Schneeweiß kommunizieren fröhlich miteinander. Holzbohlen und ein Kruzifix bilden das ländliche Element, feinste Tischkultur mit Christofle und Kristallgläsern den eleganten Kontrapunkt. Den herzlich agierenden Damenservice leitet Marie-Luise Bauer, die ihren Josef als Internatsschülerin der Englischen Fräulein in München kennengelernt hat. Sie berät auch stilsicher bei den deutschen und internationalen, erfreulich moderat kalkulierten Weinen.

KONTAKT

Landgasthof Adler
Ellwanger Straße 15
D-73494 Rosenberg

Fon: +49 (0) 79 67 / 513
Fax: +49 (0) 79 67 / 71 03 00
info@landgasthofadler.de
www.landgasthofadler.de

Öffnungszeiten:
Mittwoch- und Donnerstagabends
Freitag – Sonntag mittags und abends

Für Hotelgäste bleibt das Restaurant jeden Tag geöffnet

Betriebsferien:
3 Wochen im Januar, 3 Wochen im August / September

KALTE ZWETSCHGENSUPPE, MOHNAUFLAUF UND KARAMELLEIS

ZUTATEN FÜR 10 PERSONEN

ZWETSCHGENSUPPE:
500 g Zwetschgen
500 ml Weißwein
1 Vanillestange
1 Zimtstange
100 g Zucker
1 Blatt Gelatine
Zwetschgenwasser

MOHNAUFLAUF:
100 g Butter
100 g Zucker
4 Eigelb
4 Eiweiß
150 g Blaumohn, gemahlen
25 g Biskuitbrösel
25 g Mehl
25 g Haselnüsse, gerieben

KARAMELLEIS:
250 ml Milch
250 ml Sahne
250 g Zucker
12 Eigelb

1. **Zwetschgensuppe:** Alle Zutaten miteinander aufkochen und anschließend 30 Minuten bei 80 °C ziehen lassen. Durch ein Tuch passieren und die eingeweichte Gelatine darin auflösen. Abschließend mit Zwetschgenwasser abschmecken und 6 Stunden kühlen.

2. **Mohnauflauf:** Butter, Zucker und Eigelb schaumig rühren. Mohn, Brösel, Mehl und Haselnüsse zur Eigelbmasse dazugeben und das vorher geschlagene Eiweiß unterheben. In gebutterte Formen (5 cm Ø) geben und im Wasserbad bei 200 °C 20 Minuten im Backofen backen.

3. **Karamelleis:** Zucker goldbraun karamellisieren. Anschließend mit Milch und Sahne aufgießen. Eigelb einrühren und im Wasserbad zur Rose abziehen. Sofort abkühlen und in einer Eismaschine gefrieren lassen.

HOLGER BODENDORF, GOURMETRESTAURANT BODENDORF'S IM LANDHAUS STRICKER, TINNUM AUF SYLT, DEUTSCHLAND

Wenn einem Künstler attestiert wird, sein Handwerk zu beherrschen, so ist dieses vermeintliche Lob meist ein barmherzig gemeinter Abgesang auf den ästhetischen Wert des von ihm geschaffenen Werks. Den Handwerker zeichnet das Wissen um die Fertigkeit seiner Hände aus, ideal gekoppelt mit einer Neugierde auf das zu bearbeitende Material und einer Neigung zur Perfektion. Er gilt als Macher, wohingegen dem Künstler auch Genie bescheinigt wird. Die Grenzen zwischen diesen Polen sind allerdings fließend. Sind ein Geigenbauer, ein Glasbläser, ein Möbeltischler auch Künstler? Und wie sieht es mit der Kocherei aus? Kann ein Koch über das Handwerk hinaus – und mag er dies noch so virtuos beherrschen – überhaupt ein Künstler und Genie sein?

Johann Wolfgang von Goethe hat hierzu ein Wort parat: »Die Kunst ist lang, das Leben kurz, das Urteil schwierig.« Nicht für Holger Bodendorf, der, im Juni 1967 in Heiligenhafen geboren, die Frage für sich bereits entschieden hat. Er sei Handwerker, sagt er ohne kokettes Lauern auf Protest. Der Hotelier mit der Passion zur Küche, der er an bestimmten Tagen in dem sinnig nach ihm benannten Mini-Restaurant frönt, überzeugt durch eine mediterran angelegte Küche von hoher Delikatesse und ästhetischem Liebreiz. Bündig gesagt: Bodendorfs Küche ist strukturell durchdacht und impressionistisch in der Form. Sie hat südländischen Charme, auch Finesse und zeugt von handwerklichem Können auf hohem Niveau.

Gerichte wie die Artischockentarte mit schwarzem Trüffel, Seeteufel und kross gebratener Poulardenhaut oder die sanften Blumenkohlravioli mit gebeiztem Steinbutt, Kaviar und einer Liaison von Wachteleiern künden von der Suche des Kochs nach Harmonie, die er freilich auch findet. Dabei neigt Bodendorf zu leicht süßlichen Akzenten, die durchaus in seinen eher an Poesie als Prosa orientierten Stil passen. In diesen Kontext einer Küche, die trotz gewisser Fisch-/Fleisch-Paarungen nur diskret mit wirklich spannungsvollen Kontrasten aufwartet, gehört auch der weitgehende Verzicht auf klassisch mit Butter oder Sahne gerührte Saucen. Bodendorf bevorzugt Vinaigrettes, Emulsionen und Fonds von ätherischer Leichtigkeit.

IHR LEBENSMOTTO?
Ehrlichkeit, Loyalität und Disziplin.

WAS BEFINDET SICH IMMER AUF IHREM FRÜHSTÜCKSTISCH?
Luftgetrockneter Schinken, Parmesan, Feigensenf, Vollkornbrot.

WAS SAMMELN SIE UND WARUM?
Uhren, immer am Puls der Zeit.

GIBT ES EINEN TRAUM, DEN SIE SICH NOCH ERFÜLLEN MÖCHTEN?
Mit der Harley durch Australien zu fahren.

Insofern durchbricht ein Gang wie das mit Thymianfond köstlich getränkte und von einer Gänsestopfleber nebst Schalottenconfit artig begleitete Bauernbrot in seiner erdigen Schwere mutig, ja geradezu kühn die Philosophie vom wohltönenden Zusammenklang der Produkte in einer Speise. Dies belegt wiederum das hocharomatisch gebratene und formal puristisch angerichtete Deichlamm. Auch beim gebratenen Kabeljau mit Polenta, Fenchelmarmelade und Süßholzessig, bei der perfekt konzentrierten Tomatenessenz und speziell bei der rosa gegarten Schulter vom Iberico-Schwein mit Schwarzwurzeln, glasierten Datteltomaten und einem Jus von schwarzen, eingelegten Walnüssen kommt das Bodendorf'sche Gesetz von der Harmonie als prägendem Element seiner Küche bestens zur Geltung.

In der Fraktion der süßen Näschereien setzt sich die auf Gleichklang bedachte Linie der Küche logisch fort. Ob es das mit Tahitivanille aromatisierte Soufflé von Quark mit glacierten Clementinen, Eis von Karamell und Fleur de Sel ist oder die etwas monströs als »Gateau von Manjari und schwarzem Olivenbisquit mit Moro-Orangenragout und Melassensorbet« annoncierte Köstlichkeit: Holger Bodendorf, der übrigens im Nadelstreifen, der Wind- oder der Kochjacke eine gleichermaßen schicke Figur macht, weiß, dass der letzte Gang eines Menüs von entscheidender Wirkung auf das Gesamtbewusstsein sein kann.

GIBT ES ETWAS, DAS SIE NIE ESSEN WÜRDEN?
Austern.

IHR LIEBLINGSGEWÜRZ?
Safran, Sternanis.

DREI WORTE ZU GENUSS?
Rotwein, Zigarre, Buch.

ÜBER DAS RESTAURANT

Dunkler Schieferboden, warme rote Wände, eine weiß getünchte Decke mit Holzbalken und elegante Wandleuchten prägen den kleinen Raum, der auch zum Frühstück – eines der besten in deutschen Hotels! – genutzt wird. Der Gast kann zum leckeren Gebäck aus je zwei Sorten Meersalz und Pfeffer wählen sowie sich vorab an einer feinen Petersilie-Kerbel-Emulsion oder einer pikant safranisierten Knoblauchmayonnaise laben. Der Service, mehrheitlich weiblich und mit bestimmendem Charme geleitet von Kerstin Bodendorf, verfügt über jene angenehme Mischung aus Zuvorkommenheit und fröhlicher bis legerer Ungezwungenheit, wie sie in ein Ferienhotel passt. Die Weinkarte ist gut aufgebaut und enthält für den Kenner auch preislich fair kalkulierte Nischen.

KONTAKT

Landhaus Stricker
Gourmetrestaurant Bodendorf's
Boy-Nielsen-Straße 10
D-25980 Tinnum/Sylt

Fon: +49 (0) 46 51/88 990
Fax: +49 (0) 46 51/88 99 499
info@landhaus-stricker.de
www.landhaus-stricker.de

Öffnungszeiten:
Donnerstag – Montag
19.00 – 24.00 Uhr

Betriebsferien:
6 Wochen im November/Dezember
6 Wochen im Februar/März

GETRÄNKTES BAUERNBROT MIT GEBRATENER GÄNSESTOPFLEBER, SCHALOTTENCONFIT UND TRÜFFELFOND

TRÜFFELFOND:
200 ml Kalbsfond, hell
60 g Butter
20 g Wintertrüffel
4 g Meersalz

SCHALOTTENCONFIT:
100 g Schalotten, geschält
30 g Zucker
200 ml Portwein, rot
100 ml Rotwein
1 Blatt Lorbeer
30 ml Olivenöl

BAUERNBROT:
2 Scheiben Bauernbrot mit
70% Roggenanteil
10 ml Olivenöl
60 g Shiitakepilze
1 EL Kalbsjus
1 Thymianzweig
50 g Kartoffelpüree

Fleur de Sel und Pfeffer aus der Mühle
4 Scheiben Gänsestopfleber à 60 g
etwas Mehl

1. **Trüffelfond:** Den Kalbsfond auf die Hälfte reduzieren und mit Butter anschließend zu einer leichten Bindung montieren. Die Trüffel schälen, würfeln und zugeben. Mit Meersalz abschmecken.

2. **Bauernbrot:** Das Brot in 2 cm dicke Scheiben schneiden und rund ausstechen (ca. 6 cm). Olivenöl in eine Pfanne geben und die Brotscheiben kurz goldbraun auf beiden Seiten backen, sodass sie in der Mitte noch weich sind. Die Shiitakepilze in feine Würfel schneiden (ca. 5 mm) und ebenfalls in Olivenöl anbraten, mit Salz und Pfeffer abschmecken und Kalbsjus und den Thymianzweig dazugeben. Dann das Brot halbieren und das Kartoffelpüree dünn auf die krossen Seiten aufstreichen. Die Pilzmasse auf das Püree auftragen und ein Brot auf das andere setzen.

3. **Schalottenconfit:** Den Zucker in einem Topf karamellisieren lassen und mit etwas Portwein ablöschen. Die fein geschnittenen Schalottenwürfel in Olivenöl dünsten und anschließend zusammen mit dem Lorbeerblatt zu der Zuckermischung geben, mit dem restlichen Portwein und dem Rotwein aufgießen und so lange reduzieren lassen, bis die Schalotten gar sind.

4. **Anrichten:** Die Leber auf beiden Seiten etwas mehlieren und kurz vor dem Servieren braten (ca. 2 Min. je Seite). Abschließend die gebratene Stopfleber mit Fleur de Sel und Pfeffer würzen.

   Zum Anrichten das Bauernbrot mittig in einen tiefen Teller geben, darauf die Leber setzen und dann das Schalottenconfit obenauf setzen. Den Fond angießen.

h. bodendorf

JEAN-CLAUDE BOURGUEIL, RESTAURANT IM SCHIFFCHEN, DÜSSELDORF, DEUTSCHLAND

Schöne Frauen, deren Schuhabsätze farblich mit dem Gürtel zum Kleid harmonieren, gehören zu Düsseldorf wie Banken und das Altbier. Diese Stadt lässt niemanden meinungslos, sie zieht als Klein-Paris an oder stößt als Dasseldorf ab. Seltsam ist, dass Düsseldorf keine gastronomische Großstadt ist; fürs schicke Outfit gibt man offenbar bereitwilliger Geld aus als für feine Küche. Der Schein gilt wohl mehr als das Sein. Die hochkarätigste Küche wird denn auch außerhalb geboten: im »Schiffchen« des famosen Jean-Claude Bourgueil in Kaiserswerth.

Bei Jean-Claude Bourgueil, dem Franzosen von der Loire, erleben selbst abgebrühte Gourmets den Zungenschlag neuer Genüsse. Ob es die Wachtel aus der Provence ist, die der Chef mit kandiertem Mango-Chutney, Gänseleber und einer Marinade von Taggiasca-Oliven auftischt. Ob es die dicke Schnitte vom Steinbutt mit Artischockenbrandade und confierten Menton-Zitronen plus frittierten Kräutern ist oder das gebratene Perlhuhn mit dem Kaffeeduft: seine Gerichte atmen französische Tradition, sie verknüpfen geschmackliche Tiefe mit raffinierter Struktur. Schon die Vorspeisen lassen erkennen, dass hier nicht nach Schema F gekocht, sondern eine große Küche geboten wird, die auf bester handwerklicher Perfektion basiert, verbunden mit Phantasie, die sich freilich nie spielerisch verzettelt.

Jedes Gericht aus der Küche dieses just am 1. Mai 1947 in Sainte Maure de Touraine geborenen Meisters ist ein kulinarisches Kabinettsstück von den in einem Ingweraufguss gedünsteten Austern über die gebratene Gänseleber mit Bitterchicorée in Sauternes-Jus bis zur Poularde mit der ungemein dichten Burgundersauce. Solche Speisen lassen sich genießen wie Musik. Ein Klassiker der Schiffchen-Küche ist der in Kamilleblüten oder Eisenkrautblättern gedämpfte bretonische Hummer. Nach erdiger Wärme und Würze duften die Früchte des Brachfeldes, eine Mitgift von der heimatlichen Loire als leckere Komposition aus Krebsen, Froschschenkeln, rund ausgestochenen Wachtelspiegeleiern, grünen Spargelspitzen und schwarzem Trüffel, alles gegart in einem komplex aromatisierten Kräutersud aus Petersilie, Sternanis, Lorbeer, Thymian, Kerbel, Dill, Knoblauch, Schnittlauch. Das Gericht

WAS SAMMELN SIE UND WARUM?
Bücher. Sie sind der Bauch und der Geist der Menschheit gleichzeitig.

WELCHE SPEISE HABEN SIE ALS KIND AM LIEBSTEN GEGESSEN?
Den Baba au rhum mit Mousse au Chocolat meiner Mutter.

GIBT ES EINEN TRAUM, DEN SIE SICH NOCH ERFÜLLEN MÖCHTEN?
Das Segelboot meiner Träume.

WELCHER BERUF (AUSSER DEM EIGENEN) WÄRE FÜR SIE INTERESSANT UND WARUM?
Dirigent, um die endlose Welt der Musik zu genießen.

-c. bourgueil

ist eine Erinnerung an seinen Großvater, der einfach lebte, ein geborener Gourmet war und bei Spaziergängen einsammelte, was ihm die Natur an Leckerbissen bot.

Die Liebe zum Kochen ist ihm mit der Muttermilch eingeflößt worden. Schon als Kind lief Jean-Claude zu Hause, bei der Großmutter und den Tanten, diesen unbesungenen Heldinnen der Gourmandise, die ohne Kochbücher aus der Tradition kochten, neugierig schleckend zwischen den Töpfen umher. Da versteht es sich eigentlich von selbst, dass die Frage »Was willst Du werden?« für ihn gar keine war. Außer Dirigent, um »die endlose Welt der Musik zu genießen«, gab es nur die Gastronomie, in die er mit 14 Jahren als Kochlehrling einstieg. Nach der Lehre arbeitete Bourgueil im berühmten »Horcher« in Madrid. Deutschland reizte ihn, weil er wissen wollte, wie die Deutschen sind, über die er so viel gelesen hatte. 1970 bekam er eine Stelle als Koch im Düsseldorfer »Hilton«, danach wechselte er in die »Walliser Stuben«, ein angesehenes Restaurant, bevor er sich schließlich 1977 im »Schiffchen« selbstständig machte.

Das war die Zeit des großen gastronomischen Umbruchs, des Aufbruchs deutscher Köche zu neuen Ufern. Den ersten Stern vom »Michelin« bekam Bourgueil bereits 1980, den zweiten schon 1983, den dritten Ende 1987 – wie bestellt zum zehnjährigen Jubiläum. Der dritte Stern ist ihm zwar kürzlich genommen worden, doch mit dessen Wiederkehr ist dringend zu rechnen. Seine Bühne ist die Küche und es klingt vertrauenerweckend, wenn er sagt: »Kochen ist die höchste Form des Daseins.« Außerhalb der Küche interessiert sich der Meister immer noch für die Historie; speziell das Leben an den Königshöfen mitsamt den Intrigen fasziniert ihn. Wenn ihm Zeit bleibt, segelt und fotografiert er gerne oder poliert den Orden der französischen Ehrenlegion, der ihm von Paul Bocuse für seine Verdienste als kulinarischer Botschafter Frankreichs in Deutschland überreicht worden ist.

ÜBER DAS RESTAURANT

Wer bei Jean-Claude Bourgueil französisch essen will, muss Treppen steigen. Das Restaurant liegt im ersten Stock des barocken Backsteinhauses (im Erdgeschoss ist das »Jean-Claude's« als Bistro etabliert, wo Klassiker der gastronomischen Internationale zwischen Sushi und Sauerbraten aufgetischt werden). In der Beletage sitzt es sich angenehm licht, das Mobiliar ist aus hellem Kirschholz, zwischen den Tischen ist ausreichend Platz für Flirtgespräche oder Business-Plaudereien. Edel ist die Tischkultur, distinguiert der Service und mit einer großen, sehr französisch bestückten Weinkarte zur Stelle, wenn Wünsche signalisiert werden.

KONTAKT

Restaurant
Im Schiffchen
Kaiserswerther Markt 9
D-40489 Düsseldorf

Fon: +49 (0) 2 11 / 40 10 50
Fax: +49 (0) 2 11 / 40 36 67
restaurant.imschiffchen@t-online.de
www.im-schiffchen.com

Öffnungszeiten:
Dienstag – Samstag ab 19.00 Uhr

Betriebsferien:
14 Tage im April (Osterferien)

IHR SCHÖNSTES KULINARISCHES ERLEBNIS?
Es waren so viele!

MIT WEM WÜRDEN SIE GERNE EINMAL ZU ABEND ESSEN?
Mit meiner Mutter.

WIE BESCHREIBEN SIE IHREN PERSÖNLICHEN KOCHSTIL?
Ein Koch hat heute die Freiheit sich in der Welt der Küche zu bewegen und seine Kunst anhand unzähliger Erlebnisse zu bedienen und so seinen eigenen Stil zu gestalten. Die Molekularküche ist ein Gag, der weder Kunst noch Geist erreicht.

BRACHFELDFRÜCHTE IN EINEM LEICHTEN KNOBLAUCH-SUD

SCHNECKENRAGOUT:
12 Weinbergschnecken
100 g Sellerie, fein gewürfelt
100 g Möhren, fein gewürfelt
10 g Schalotten, fein gewürfelt
1 Knoblauchzehe
2 Thymianzweige
1/2 Lorbeerblatt
100 ml Riesling
einige Reisblätter

FROSCHSCHENKEL-FLAN:
6 Froschschenkel
1/2 Eiweiß
1 EL Crème fraîche
Salz, Pfeffer

BRACHFELD-SUD:
200 ml Geflügelbrühe
4 Anissterne
8 Trüffelscheiben
2 Thymianzweige
50 g Pfifferlinge
20 g Spitzmorcheln
50 g Chanterelle-Pilze
50 g Butter
Koriander
Dill, Petersilie
1 Knoblauchzehe

4 Wachteleier

1. **Schneckenragout:** Gemüse und Gewürze anschwitzen. Die grob gehackten Schnecken hinzugeben und mit Weißwein ablöschen. Reduzieren und erkalten lassen. In Reisblätter verteilen, einrollen und frittieren.

2. **Froschschenkel-Flan:** Die Froschschenkel auslösen und mit den restlichen Zutaten in den Mixer geben. In vier gebutterte Förmchen füllen und im Wasserbad etwa 10 Minuten pochieren lassen.

3. **Brachfeld-Sud:** Aus der kochenden Brühe, der Knoblauchzehe, den Anissternen, den Trüffelscheiben und den Thymianzweigen einen Aufguss kochen. Die Pilze in dünne Scheiben schneiden und im Sud gar ziehen lassen. Passieren und mithilfe des Pürierstabs die Butter untermontieren, bis es schaumig wird. Die Pilze als Einlage wieder verwenden.

4. **Anrichten:** Den Sud auf vier Suppenteller verteilen und das Schneckenragout, den Froschschenkelflan und ein Wachtelspiegelei einsetzen. Den Anisstern als Dekoration dazugeben.

-c. bourgueil

Der jungengesichtige, blondgelockte Bobby Bräuer ist am Herd ein Cagliostro, ein Künstler, der ohne doppelten Boden zu zaubern vermag: Gänseleber und Berliner Eisbein mit Verjus und Gewürzlauch, Wildlachs mit zweierlei Kaviar, Kartoffelblinis und Kräutermayonnaise, an der Gräte gebratener Steinbutt mit Kalbskopfragout und Kräutern, Taube mit Pinienkernen, Kapern und Rosinen, Crème brûlée von Paprika mit Sardine oder eine Dorade rosé, partnerschaftlich flankiert von fein geschmorten Kalbsbäckchen und umspielt von einer pikanten, diskrete Süße mit sanfter Schärfe spannungsvoll verbindenden Vinaigrette aus Datteln und Chili. Sie alle dokumentieren den Stil des im großen Weinjahr 1961 geborenen Münchners, der nach dem Abitur ein Betriebswirtschaftsstudium begann – im Gefolge seiner akademisch gebildeten Eltern –, doch glücklicherweise für die Internationale Gemeinschaft der Feinschmecker bald seine Neigung für die Küche erkannte, die Lehrbücher wegschmiss und bei Otto Koch in dessen Münchner »Gourmet« eine Lehre antrat.

Es folgten Stationen bei großen Köchen wie André Jaeger (»Fischerzunft« in Schaffhausen), Dieter Müller (damals noch »Schweizer Stuben« in Wertheim), der ihn die Saucenpoesie lehrte, und bei Eckart Witzigmann (»Aubergine« in München). Zwischendrin schaute sich der eigentlich Martin getaufte, doch wohl wegen seines blendenden Aussehens und heiteren Naturells bald »Bobby« gerufene Mann im Süden um: im »L'Oasis« an der Côte d'Azur sowie im »La Casanova« in der Toskana. Dort lernte er die mediterrane Art des Lebens und des Kochens zu schätzen. Diese gewisse Leichtigkeit des Seins ist ein prägendes Element von Bräuer als Mensch wie als Koch, wobei sich in der Küche noch die altpreußische Tugend der Disziplin hinzugesellt. Bei aller sensibler Eleganz, die jede seiner Speisen charakterisiert: Am Herd lässt Bräuer keine Fünf gerade sein.

Technisch gesehen basiert die Bräuer-Küche auf der französischen Klassik mit deutlichen mediterranen Einsprengseln. Aber was bedeuten solche Einordnungskategorien heute, 100 Jahre nach Escoffier und 50 nach Fernand Point? Sie sind als Richtlinie zu verstehen, auch als hinweisender Verzicht auf molekulare Effekte, vor-

IHR LEIBSPEISE?
Ein schönes Stück Kabeljau.

IHR LEBENSMOTTO?
Leben und leben lassen und möglichst einmal am Tag wirklich lachen.

IHRE LIEBLINGSMUSIK?
Robbie Williams und Jacques Brel. Die Jungs in der Küche wundern sich, was der alte Mann noch so kennt …

WIE ENTSPANNEN SIE SICH?
In der Sonne, bei einem guten einfachen Essen vom Markt, bei spannenden Büchern und in der Familie. Im Alltag, beim Wurschteln auf der Terrasse – nachts um 2 Uhr.

dergründige asiatische Einlagen und das internationale Gemenge einer Fusionsküche. Bobby Bräuer arbeitet virtuos mit eigenen Kompositionen, dem harmonischen Wohlgeschmack verpflichtet, und individuell gesetzten Spannungselementen wie beispielsweise bei der in altem Balsam geschmorten Hochrippe (vom Tiroler Rind) mit Ziegenkäse und Schwarzkümmelknusper oder der mit Pfeffer, Holunder und gebratener Quitte zum Meisterstück erhobenen Wildhasenkeule.

Bräuer gibt den Speisen eine abgerundete Tiefe. Dabei legt er Wert auf geschmackliche Authentizität, indem er nichts verkocht und verwürzt, sondern das jeweilige Hauptprodukt respektvoll würdigt, das von Sauce und Beilage auf ätherische und gleichzeitig hocharomatische Weise begleitet und aufgewertet wird. Seine Küche ist leicht, was keinesfalls mit seicht verwechselt werden darf. Auch bekömmlich trifft nicht genau den Punkt, schließlich ist er kein Diätkoch. Es gelingt Bräuer, den Gourmet auf beglückende Weise zu befriedigen, ja zu sättigen, ohne dass ein Völlegefühl entsteht und der gequälte Ruf nach einem Magenbitter laut würde.

Sieben Jahre lang hat Bräuer im »Königshof« in München glanzvoll gearbeitet, danach zwei Jahre lang nicht ganz so glücklich im »Victorian« in Düsseldorf. In Berlin, wo er im Mai 2004 startete und 2007 zum »Meisterkoch« gekürt worden ist, bietet er, ganz auf der Höhe seiner Kunst, eine Erlebnisgastronomie für den anspruchsvollen Gaumen. Beim Menügespräch empfiehlt es sich, nach Extras zu fragen, denn Bräuer hat meist etwas Besonderes in Reserve wie etwa einen lauwarm marinierten Kalbskopf, einen Lachs »chinoise,« flaumige Marillenknödel mit Lavendeleis, mit Vanille aromatisiertes Kalbsbries oder eine hingebungsvoll geschmorte Poularde. Bobby M. Bräuer liebt Schmorgerichte und während er das sagt, beginnen seine Augen zu glänzen und kommt ein genüsslich klingender Schmelz in seine Stimme. Keine Frage, der Mann lebt seinen Beruf als Berufung.

ÜBER DAS RESTAURANT

Grüngold schimmern die mit gesteppten Wildleder bezogenen Wände, weicher Teppichboden dämpft die Schritte, Holzstühle von Frank Lloyd Wright unterstreichen die Art-Déco-Eleganz. Angemessen stilvoll ist der Tischschmuck. Mit souveräner Liebenswürdigkeit agiert der Service, zutiefst deutsch ist die Weinkarte mit einmaligen Auslese-Raritäten.

KONTAKT

Hotel Brandenburger Hof
Restaurant DIE QUADRIGA
Eislebener Straße 14
D-10789 Berlin

Fon: +49 (0) 30/21 40 50
Fax: +49 (0) 30/21 40 53 00
info@brandenburger-hof.com
www.brandenburger-hof.com

Öffnungszeiten:
Montag – Samstag
19.00 – 22.00 Uhr

Dienstag – Freitag
12.00 – 14.00 Uhr

Betriebsferien:
Die ersten 2 Wochen im Januar
Mitte Juli-Mitte August

WELCHE SÜNDE WÜRDEN SIE KEINEM KOCH VERZEIHEN?
Selbst nicht gern zu essen.

GIBT ES ETWAS, DAS SIE NIE ESSEN WÜRDEN?
Natürlich.

HABEN SIE EIN BEVORZUGTES KOCHBUCH, WENN JA WELCHES?
Immer das, was ich mir gerade unbedingt kaufen musste.

TAUBE, ARTISCHOCKE UND MEIN »VITELLO TONNATO«

TAUBE:
2 Bressetauben
100 g Mirepoix von roter Zwiebel, Stangensellerie und Lauch
je 1 Zweig Rosmarin und Thymian, gebunden
1 Zehe Knoblauch, mit der Schale angedrückt
1/2 EL Tomatenmark
100 ml Rotwein
50 ml dunkler Portwein
50 ml Madeira
250 g Butter, nussig geschmolzen
Salz, schwarzer Pfeffer, Olivenöl

ARTISCHOCKE:
2 große Artischocken, die Böden, geputzt
20 ml Olivenöl
1 Zweig Thymian
50 ml Weißwein
200 ml Geflügelbrühe
Salz, 1/2 Zitrone, Butter

MEIN »VITELLO TONNATO«:
100 g parierter Kalbsrücken
30 ml Olivenöl
1 Schalotte, blättrig geschnitten
1/2 EL Kapern mit Salz, eingeweicht
1/2 Sardellenfilet
50 g Thunfisch, in Olivenöl eingelegt
20 ml Weißwein
100 ml Geflügelbrühe
Salz, Pfeffer, Zitronensaft

CROSTINI MIT TAUBENINNEREIEN:
4 Scheiben Baguette, leicht getoastet
2 Taubenherzen und -lebern, fein gehackt
20 g Butter
1 Schalotte, in Brunoise geschnitten
1 TL alter Balsamessig
50 ml Taubenjus
glatte Petersilie, fein gehackt
Salz, Pfeffer

1. **Taube:** Taubenbrüste auslösen, von der Haut befreien und kalt stellen. Von den Innereien Leber und Herz beiseitelegen. Karkassen fein hacken und mit den Keulen in Olivenöl angehen lassen. Mirepoix und Aromate beifügen. Tomatisieren, mit dem Alkohol ablöschen und reduzieren. Diesen Vorgang zweimal wiederholen. Mit kaltem Wasser auffüllen, ca. 3 Stunden köcheln lassen. Die Sauce anschließend passieren und dann zur gewünschten Konsistenz einkochen. Nach ca. einer 3/4-Stunde die Keulen ausstechen, von Haut und Knochen befreien, fein zupfen.

2. **Artischocke:** Olivenöl in einer Kasserolle erhitzen. Die geputzten Artischockenböden und den Thymian beigeben. Salzen, mit Weißwein ablöschen und mit Geflügelbrühe aufgießen. Mit einem Deckel verschließen und im auf 160 °C vorgeheizten Backofen weich schmoren. Herausnehmen, mit etwas Butter und einem geringen Teil des Kochfonds glasieren. Mit Salz und Zitronensaft abschmecken.

3. **Mein »Vitello Tonnato«:** Kalbsrücken würzen, in Olivenöl anbraten und im auf 150 °C vorgeheizten Backofen rosa braten. Herausnehmen, kurz ruhen lassen und anschließend kalt stellen. In feine Streifen schneiden.

   Olivenöl in einem Sautoir erhitzen. Schalotte, Kapern und Sardelle angehen lassen. Thunfisch beigeben. Salzen und Pfeffern. Mit Weißwein ablöschen und mit Geflügelbrühe aufgießen. Weich kochen, in einen Pacojet-Becher füllen und zu einer homogenen Masse mixen. Mit Zitronensaft abschmecken.

4. **Crostini von Taubeninnereien:** Die Taubeninnereien in schaumiger Butter angehen lassen. Würzen. Schalottenbrunoise hinzufügen und mit Balsam ablöschen. Taubenjus angießen und reduzieren. Zum Schluss die Petersilie beifügen. Crostini mit den Taubeninnereien bestreichen.

5. **Anrichten:** Die Taubenbrüste würzen, von beiden Seiten kurz angehen lassen und in der auf 80 °C erhitzten Nussbutter rosa pochieren. Sauce mit dem gezupften Keulenfleisch in der Mitte des Tellers anrichten. Darauf die Taubenbrust legen, Artischocken seitlich versetzt anlegen, mit etwas Tonnatosauce bestreichen. Zum Schluss die Crostini anlegen.

Im Handbuch des Hotelbetriebs hat E. Max Hegenbarth 1897 konstatiert, der Deutsche, dessen bürgerlicher Familientisch als Nationalküche angesehen werden könne, leite seine feine Küche von der französischen ab. Dem stimmt Herbert Brockel, im August 1965 in der Eifel geboren und seit dem Frühsommer 1993 erfolgreich als Koch und gastronomischer Missionar in Erftstadt tätig, im Prinzip wohl zu, doch mit der wesentlichen Ergänzung, dass er die traditionell französisch geprägte Hochküche mit den »Besonderheiten des Rheintales« wie regionalen Produkten zu seiner »Interpretation einer neuen deutschen Küche vermählt«. Diese Ehe gebiert so delikaten Nachwuchs wie den Hummer auf dicken Bohnen oder die fein gebratene Taube mit Apfelgelee, Sauerkraut und Grießschnitte.

Regionalität hat am Herd von Brockel nichts mit üblicher Hausfrauenküche zu tun. Wenn er in der sprachlich ziemlich knapp gehaltenen Speisekarte einen Wildschweinrücken mit Pancetta, Selleriepüree und Ravioli annonciert, wird zwar einigermaßen komplett auf die Zutaten hingewiesen, doch noch nichts über die Zubereitung ausgesagt. Brockel bettet den Rücken in eine mit Kräutern sanftwürzig parfümierte Hülle aus gesalzenem, luftgetrocknetem Pancetta-Speck und vervollkommnet das Schwein-Ensemble überaus geschmackvoll mit geschmorter Backe, Selleriepüree und einem aromadichten Jus. Finesse zeigt auch eine Torte von Pilzen und Kalb mit einem Gänselebereis im Schokoladenmantel.

In der Regel bietet Brockel drei Speisefolgen an (Husarenmenü, Feinschmeckermenü, Saisonmenü), aus denen querbeet gewählt werden kann, was reizvoll ist, weil jedes Menü mit Gerichten von unterschiedlicher Stilistik bestückt ist. Das klein gehaltene saisonale Menü bietet zum Beispiel gebratene Scampi auf einer Currycreme mit Bruschetta und Kräutersalat oder ein in Wein gegartes Stubenküken mit einer Kartoffelrolle. Im Husarenmenü ist der regionale Aspekt besonders deutlich ausgeprägt: passierte rheinische Erbsencrèmesuppe mit geräucherter Wachtelbrust; Zander-filet auf Paprikaschaum mit Artischockenpizza; Pfälzer Lammrücken mit Kürbispüree und Trompetenpilzen; lauwarmer Schokoladenkuchen mit Vanillebirne. Ein

IHRE LEIBSPEISE?
Rinderroulade, von meiner Frau zubereitet.

WELCHER VERSUCHUNG KÖNNEN SIE NICHT ODER NUR SCHWER WIDERSTEHEN?
Süßigkeiten.

WELCHE SPEISE HABEN SIE ALS KIND ÜBERHAUPT NICHT GEMOCHT?
Eintöpfe jeglicher Art.

WIE ENTSPANNEN SIE SICH?
Nach dem Service alleine eine Runde mit dem Motorrad durch die Eifel fahren.

Feinschmeckermenü, bei dem sich Herbert Brockel recht konsequent an der französischen Küche orientiert, kann so aussehen: Auf den obligaten Gruß aus der Küche in Form einer Tomatenmousse mit Kräutergelee folgen eine Gänseleber mit eingelegten Kirschen und Baumkuchen, eine Topinambur-Consommé mit gefüllter Backpflaume im Kartoffelmantel, Austern mit lila Kartoffelsalat und Kresse, ein Sorbet von der Salatgurke auf Senfschaum, Eifeler Rehrücken auf Rotkohlsauce mit Nussbrioche und warmem Quittengelee. Rohmilchkäse mit hausgemachtem Früchtebrot und eine Nougatschnitte mit Cassisfeige und Kaffeeeis bilden das gastronomische Finale.

Der explizite Hinweis aufs Feinschmeckerische mag vordergründig diskriminierend gegenüber den beiden anderen Menüs klingen, aber Brockel wäre kein Gerechter der Küche, wenn er die mehr regional oder neodeutsch gefärbten Speisen nicht mit dem gleichen Engagement und der nämlichen Grandezza zubereiten würde. Das ist bei der Forelle mit dem Salat von Roter Bete und dem Kalbsgulasch mit Langostino in der Teigtasche auf Paprikaschaum gleichermaßen der Fall wie beim Steinbutt unter der Pfifferlingshaube und dem köstlichen Gemüsesud, dem in Kaffee und Sahne pochierten Filet von der Seezunge mit Kohlrabi sowie bei den gebratenen Jakobsmuscheln auf Tomatenpudding mit Balsamico oder dem mit einer Scheibe Räucherspeck gefüllten und glasig gegarten Heilbutt auf Bärlauchrisotto mit Schneckenravioli.

Herbert Brockel kocht ideenreich in der Konzeption und handwerklich präzise in der Realisierung. Behutsames Garen, leichte Fonds, sparsame, stets auf das Hauptprodukt abgestimmte Beilagen und feine, dabei aromendichte Saucen oder Jus gehören zu seiner Handschrift.

ÜBER DAS RESTAURANT

In dem rot geklinkerten kleinen Palais aus dem frühen 18. Jahrhundert haben sich Jutta und Herbert Brockel ihr Refugium in Rottönen mit Steinfußboden und liebevoll gedeckten Tischen idyllisch eingerichtet. Im Sommer wird auch auf der Terrasse aufgetischt. Madame leitet mit Verve und Charme den Service, während der Mann kocht. Stefan Krüger verwaltet als Sommelier eine ungewöhnlich umfangreiche Wasserkarte. Die preislich sehr moderat gehaltene Weinkarte ist durchweg deutsch gehalten, Champagner – gottlob – ausgenommen.

KONTAKT

Restaurant Husarenquartier
Schlossstraße 10
D-50374 Erftstadt

Fon: +49 (0) 22 35/50 96
Fax: +49 (0) 22 35/69 11 43
gourmetapassion@gmx.de
www.husarenquartier.de

Öffnungszeiten:
Mittwoch – Sonntag
ab 12.00 Uhr
ab 18.30 Uhr

Betriebsferien:
keine

IHR LIEBLINGSGEWÜRZ?
Muskatnuss.

DREI WORTE ZU GENUSS?
Genuss kann man nicht lernen.

MIT WEM WÜRDEN SIE GERNE EINMAL ZU ABEND ESSEN?
Mit dem Dalai Lama.

GLASIERTES STECKRÜBENGEMÜSE UND PÜREE VON DER STECKRÜBE MIT EIFELER HAUSSCHWEIN

ZUTATEN FÜR 4 PERSONEN
STECKRÜBE CA. 250 G PRO PERSON

STECKRÜBENPÜREE:
400 g Steckrüben
je 200 ml Sahne und Geflügelfond
Muskat
Salz, weißer Pfeffer aus der Mühle

STECKRÜBENGEMÜSE:
Steckrübenstreifen (ca. 8 x 0,5 cm)
2 Schalotten
25 g Butter
100 ml Geflügelfond
Zucker, Muskat
Streifen von glatter Petersilie
Salz, weißer Pfeffer aus der Mühle

STECKRÜBENSTROH:
1 Steckrübe
Fett zum Frittieren

GESCHMORTE SCHWEINEBÄCKCHEN:
4 Schweinebäckchen, ausgelöst, leicht gepökelt
2 EL Schweineschmalz
ca. 250 g Röstgemüse (Zwiebel, Möhre, Knollensellerie)
etwas Tomatenmark
Rosmarin, Thymian, 2 Knoblauchzehen, 2 Lorbeerblätter
750 ml Spätburgunder
250 ml Kalbsfond

GALETTE VOM SCHWEINSKOPF:
1/2 Schweinskopfmaske, gepökelt, gekocht
2 Schalotten
50 g Lardo
1 EL Schmalz
1 Lorbeerblatt
2 Nelken
Salz, weißer Pfeffer
scharfer Senf, Estragonessig
250 ml Jus
Kräuter (Majoran, Salbei, Estragon, glatte Petersilie)
Frühlingsrollenteig

KOTELETTE VOM JUNGSCHWEIN:
4 Kotelettscheiben à 100 g
Schmalz zum Braten
200 g Butter
Rosmarin, Thymian
100 g blanchierte Gemüsewürfel
250 g Mie de Pain

1. **Steckrübenpüree:** Steckrüben schälen, klein schneiden. Mit Sahne und Geflügelfond aufsetzen, abschmecken und weich kochen. In einem Sieb richtig ausdrücken, pürieren. Evtl. mit etwas Fond geschmeidiger machen. In einen Spritzbeutel füllen und warm stellen.
2. **Steckrübengemüse:** Schalotten in Butter glasig anschwitzen, Steckrübenstreifen dazugeben, Zucker und Gewürze hinzufügen und mit Geflügelfond ablöschen. Bis zur gewünschten Garstufe dünsten, glatte Petersilie zugeben und anrichten.
3. **Steckrübenstroh:** Steckrübe in feine Streifen schneiden, blanchieren, auf einem Tuch abtropfen und bei ca. 160 °C frittieren. Steckrübenstroh leicht salzen und als Garnitur verwenden.
4. **Geschmorte Schweinebäckchen:** Schweinebäckchen ca. 1 Stunde wässern, auf Küchenkrepp gut abtrocknen und in einem Bräter bei guter Hitze von allen Seiten goldgelb im Schweineschmalz anbraten und herausnehmen. Dann zuerst Zwiebeln, dann Möhre und Sellerie hinzugeben und Farbe nehmen lassen. Kräuter und zerdrückten Knoblauch zugeben, Tomatenmark kurz mitschwitzen und mehrmals abwechselnd mit Fond und Rotwein ablöschen und reduzieren. Die Bäckchen wieder zugeben und im Backofen bei 190 °C Ober- und Unterhitze schmoren, bis die Bäckchen weich sind. Das Fleisch herausnehmen und zur Seite stellen, den Rest durch ein Haarsieb passieren und das Gemüse gut ausdrücken. Den Fond mit etwas Rotwein einreduzieren.
5. **Galette vom Schweinskopf:** Maske, 2 Schalotten und Lardo in kleine Würfel schneiden. Lardo in Schweineschmalz ohne Farbe anschwitzen, Schalotten und Maske kurz mitschwitzen, Gewürze in einen Beutel zugeben und mit Essig, Senf und Jus auffüllen. Alles zu einer dicklichen Masse einkochen. Wenn die Masse leicht abgekühlt ist, frische Kräuter zugeben, in Klarsichtfolie zu Rollen formen (ca. 4 cm Ø) und kalt stellen, eventuell auch einfrieren. Wenn die Masse erkaltet ist, in 2 cm dicke Scheiben schneiden und mit Eiweiß bepinseln. Frühlingsrollenteig auf 4 cm Ø ausstechen und jeweils die obere und untere Seite der Schweinskopfscheiben damit belegen. Kalt stellen.
6. **Kotelette vom Jungschwein:** Koteletts in Schmalz anbraten und ca. 4 Minuten bei 170 °C im Ofen vorgaren. Butter zur Hälfte in Würfel schneiden, die andere Hälfte in einer Stielkasserolle schmelzen, salzen, Rosmarin, Thymian, Gemüsewürfel und Mie de Pain zugeben, bis eine fast trockene Masse entsteht. Mit Butterwürfeln zu einer cremigen homogenen Masse verrühren und auf die Koteletts verteilen.
7. **Fertigstellung:** Koteletts ca. 4 Minuten bei 170 °C im Ofen gratinieren. Bäckchen im Schmorsud erwärmen, Steckrübenstreifen heißlegen und dann Petersilie zugeben. Galette in Schmalz von beiden Seiten anbraten. Einen Turm aus Steckrübenstreifen bauen, Püree einspritzen, evtl. mit gebackener Petersilie garnieren. Je ein Kotelett mit einem Bäckchen und dem Galette auf Tellern platzieren. Mit Schmorsud nappieren.

MATTHIAS BUCHHOLZ, GOURMETRESTAURANT »FIRST FLOOR« IM HOTEL PALACE BERLIN,BERLIN, DEUTSCHLAND

Die Frage, was in einem Restaurant wichtiger ist, die Klasse der Speisen oder das Ambiente, hat unter engagierten Bürgern Kulinariens schon heftige Diskussionen ausgelöst. Küche oder Dekor? Die einen pfeifen, frivol gesagt, auf die Einrichtung und halten es mit dem klassisch gewordenen Spruch, wonach Kunst nach Brot kommt. Die andere Fraktion dreht erst einmal den Teller um und schaut, wovon gegessen wird. Denen ist die architektonisch gestaltete Atmosphäre mindestens so viel wert wie die Güte des Essens. Selbst der Gourmetführer »Michelin«, der mal gastrosophisch elitär vorgab, einzig die Küche und nicht das Drumherum zu bewerten, ist längst umgefallen und würdigt beim zweiten oder gar dritten Stern auch Tischkultur und Service.

Ideal ist selbstverständlich die Übereinstimmung von Küche und Ambiente. Sind Form und Inhalt gleichermaßen auf hohem Niveau angesiedelt, spricht man im kessen Jargon der Neuzeit von einem Gourmettempel. In solchen Restaurants wirkt allerdings auch die Atmosphäre oft wie in einem Gotteshaus: liturgisch, viel zu ernst, lachen verboten! Umso erfreulicher ist die im »first floor« inszenierte Dreierkombination aus delikater Küche, elegantem Ambiente und geschmeidigem Service. Großen Anteil am Erfolg hat der im Mai 1967 als Gastronomensohn im rheinischen Remagen geborene Matthias Buchholz, der nie etwas anderes als Koch werden wollte und seit zehn Jahren, als er die Küche von Rolf Schmidt quasi im fliegenden Wechsel übernahm, mit seiner konzentrierten und vor allem differenziert angelegten Aromenküche ein Berufsziel erreicht hat: »Ich will, dass es den Leuten schmeckt.«

Der Anspruch wird erfüllt, auch und vielleicht gerade, weil der Mann mit der kecken Stoppelfrisur kein Avantgardist ist. Bei ihm muss man nicht befürchten, mit waghalsigen Kompositionen konfrontiert zu werden. Gewiss hätten ihm ein mit Lardo gebratener Seeteufel auf Schneckenragout in einer Petersilienemulsion oder der gebratene Kabeljau auf einem Kartoffel-Limonenpüree mit confierten Tomaten und frittierten Kapern noch vor einigen Jahren den Ruf eines Modernisten eingebracht. Heute gelten derlei Gerichte als konventionell. Zwischenzeitlich hatte Buchholz kü-

IHR LEBENSMOTTO?
Freundlich, locker und stressfrei.

WELCHER VERSUCHUNG KÖNNEN SIE NICHT ODER NUR SCHWER WIDERSTEHEN?
Der Colorado-Mischung von Haribo.

WAS SAMMELN SIE UND WARUM?
Kochbücher, weil sie schön und »lecker« sind.

GIBT ES EINEN TRAUM, DEN SIE SICH NOCH ERFÜLLEN MÖCHTEN?
Australien.

chentechnisch wohl experimentiert, sich aber bald auf seinen klassischen Küchenstil mit besonderer Neigung zu Fischen, Meeresfrüchten, Schmorgerichten und fein austarierten Saucen besonnen. Letzteres hat er bei Hans Haas gelernt, als der noch Chef im »Brückenkeller« in Frankfurt war, bevor er ins Münchner »Tantris« wechselte.

Gerichte wie die Essenz vom Reh mit Marknocken und Maronen, das Carpaccio vom marinierten Pulpo mit weißer Tomatenmousse, Tomatensorbet und einer gebratenen Jakobsmuschel, der Salat vom Kalbsrücken mit Kalbskopf, Kapern und Artischocken, die gebratene Gänseleber mit Rosenkohl, Schwarzwurzeln und Maronen oder der Wildhasenrücken im Thymianbiskuit mit einem Steckrüben-Apfelchutney zeigen exemplarisch den Stil von Buchholz: orientiert an der französischen Klassik, aber leichter in der Ausführung und vor allem klarer, was Inhalt wie Form betrifft. Garniturenschnörkel sind verpönt (»Den Steinbutt muss ich nicht noch zu einem Zopf drehen.«), die Saucen und zumal die Emulsionen verfügen gleichermaßen über aromatische Tiefe und eine subtile Finesse.

Buchholz (»Kochen ist was Schönes.«) schmökert gerne in alten Kochbüchern, holt sich daraus Anregungen wie bei Alfred Walterspiel das mit Gänseleber und Kalbsbries gefüllte Kalbskotelett. Zu diesem Rippenstück hat Walterspiel, der größte deutsche Koch der ersten Hälfte des 20. Jahrhunderts, richtungweisend angemerkt: »Mancher wird fragen, ob es denn so schwierig sei, ein Kalbskotelett vollendet zuzubereiten. Ja! Erfolg werden Sie immer nur haben, wenn Sie diesem schönsten Stück des Kalbes besondere Aufmerksamkeit widmen.« Buchholz tut das mit der ihm eigenen Achtung vor dem Produkt.

WELCHER BERUF (AUSSER DEM EIGENEN) WÄRE FÜR SIE INTERESSANT UND WARUM?
Schreiner, handwerklich kann man auch kreativ arbeiten.

WAS ZEICHNET DEN GUTEN KOCH AUS?
Geschmack, verständnisvolle Ehefrau, Teamgeist.

DREI WORTE ZU GENUSS?
Ruhe, abschalten, schöner Abend.

ÜBER DAS RESTAURANT

Der Name des 1993 eröffneten Lokals mit der am Eingang integrierten Bar ist bereits ein Hinweis auf die Lage im Hotel. Die Täfelungen sind aus lackiertem Rosenholz, dicker Teppich dämpft die Schritte, die jugendstilig bemalte Glasdecke passt ins Dekor zu den blaugold bespannten Sesseln und macht Bilder überflüssig. Die Weinkultur wird – in klimatisierten Caveaus, auch mit Raritäten und Großflaschen – hochgehalten, freilich auch preislich, doch Sommelier Gunnar Tietz hat nischenpolitisch einige wenige Freuden für Kenner parat.

KONTAKT

Hotel Palace Berlin
Gourmetrestaurant »first floor«
Budapester Straße 45
D-10787 Berlin

Fon: +49 (0) 30/25 02 10 20
Fax: +49 (0) 30/25 02 11 19
hotel@palace.de
www.palace.de
www.firstfloor.palace.de

Öffnungszeiten:
Dienstag – Samstag
12.00 – 15.00 Uhr
18.30 – 23 Uhr

Küchenzeiten:
Dienstag – Samstag
12.00 – 14.30 Uhr
19.00 – 22.30 Uhr

Betriebsferien:
keine

GESCHMORTE KALBSBÄCKCHEN AUF EINER STEINPILZPOLENTA

KALBSBÄCKCHEN:
600–700g Kalbsbäckchen, pariert
100g Butterschmalz
2 Tomaten, geviertelt
3 Zwiebeln, geschält und gewürfelt
1 Stange Bleichsellerie, in 5mm dünne Scheiben geschnitten
100ml Rotwein
300ml Kalbsfond
kalte Butter oder Speise- oder Kartoffelstärke
Salz, Pfeffer, Lorbeerblatt, 10 Pfefferkörner

STEINPILZPOLENTA:
220g Steinpilze
150g Sahne
150g Milch
350g Geflügelfond
65g Polentagrieß
etwas Olivenöl
Salz, Pfeffer aus der Mühle
Muskat, Knoblauch, Thymian, Rosmarin

1. **Kalbsbäckchen:** Butterschmalz in einer Kasserolle erhitzen. Die Kalbsbäckchen salzen, pfeffern und rund herum gleichmäßig anbraten. Nach ca. 20 Minuten das Gemüse hinzugeben und mitrösten lassen bis es die gleiche Farbe wie das Fleisch hat. Dann mit Rotwein und anschließend mit Kalbsfond ablöschen. Das Ganze mit ca. 200ml Wasser aufgießen. Die Bäckchen bei 160°C im Backofen schmoren und regelmäßig mit dem Schmorsud übergießen. Nach ca. 1 Stunde mit einer Fleischgabel das Fleisch prüfen. Wenn es leicht von der Gabel gleitet, sind die Bäckchen gar. Die Bäckchen herausnehmen und den Sud durch ein feines Sieb passieren. Dann Lorbeerblatt und Pfefferkörner hinzugeben und die Sauce reduzieren lassen, dabei das sich absetzende Fett mit einer Kelle abschöpfen. Mit kalter Butter, Speise- oder Kartoffelstärke abbinden. Kurz vor dem Servieren mit Salz abschmecken.

2. **Steinpilzpolenta:** Die geputzten Steinpilze in einem Topf mit etwas Olivenöl anbraten. Diese nach dem Braten herausnehmen. Den Sud mit Sahne, Milch, Gewürzen, Kräutern und Geflügelfond auffüllen und langsam aufkochen. Anschließend passieren und den so gewonnenen Fond erneut aufkochen. Unter ständigem Rühren den Polentagrieß zufügen. Einmal aufstoßen und dann den Topf vom Herd nehmen und die Polenta für ca. 15 Minuten quellen lassen.

   Vor dem Servieren, die Polenta langsam erhitzen und zum Schluss die gebratenen Steinpilze vorsichtig unterheben. Je nach Geschmack salzen und pfeffern.

Nirgendwo anders als in der großen Küche muss die Leidenschaft täglich neu entfacht werden. Selbstzufriedene Köche sind dem Gourmet verdächtig. Wenn einer von Kopf bis Fuß auf Wohlwollen abonniert ist und seine Gäste ohne Fragezeichen mit einem »War's recht so« attackiert, kann man sicher sein, dass in dessen Küche das Herdfeuer temperamentlos brennt. Thomas Bühner steht für das Gegenteil, für Engagement, Hingabe, Begeisterung. Er ein Künstler, der auch ohne doppelten Boden mit den Küchenstilen zu spielen und zu zaubern vermag. Daraus entstehen Auge, Nase und Gaumen betörende Gerichte wie etwa die Langoustine in der Kroepoekkruste mit Curry, Kokos und Ingwer.

Kroepoek, Curry, Kokos, das klingt fernöstlich und ist auch ein Teil der Küchenmelodie, von der sich der Meister gerne inspirieren lässt. Im Gegensatz zu vielen Kollegen, die mit solchen Gewürzmethoden nur flirten, hat sich Bühner allerdings intensiv mit der asiatischen Küche befasst, auch die pazifische Aromenküche studiert. Er hat Ferran Adrià, dem spanischen Avantgardisten der spektakulären Molekularkunstküche, über die Schulter geschaut. Allerdings und das ist wesentlich: Bühner ist kein Adept, keiner, der unkritisch kopiert. Er plagiiert nicht einfach, sondern denkt nach, vereint die ihm sinnvoll erscheinenden Anregungen mit seiner auf französischer Klassik basierenden Kochtechnik, um daraus eine Küche von originärer Stilistik zu formen, die man zu Recht als Thomas-Bühner-Küche definieren kann.

Weitere Perlen aus der Menükette: Carpaccio vom Hummer mit Passionsfrucht, Erdnüssen und süßem Pesto – liest sich beim ersten Hinschauen etwas bizarr, doch dank des Bühner'schen Fingerspitzengefühls schmeckt es hinreißend gut. Gegrillter Loup de Mer mit einem Hauch von Bouillabaisse – raffiniert gedacht und perfekt umgesetzt. Steinbutt mit Petersilieninfusion, Tandoori-Kartoffelpüree und Extraktöl – die direkt ins Fleisch injizierte Petersilienessenz sorgt für innere Aromatisierung von subtiler Wirkung. Rehrückenfilet in milder Knoblauch-Korianderwürze mit karamellisiertem Rotkraut in Szechuan-Pefferjus – eine moderne Variante von hoher und reiner

IHR LEBENSMOTTO?
Glückliche Kühe geben mehr Milch.

WAS SAMMELN SIE UND WARUM?
Erfahrungen.

WAS HABEN SIE ZU HAUSE IMMER IM KÜHLSCHRANK?
Platz!

WOMIT KANN MAN SIE VERFÜHREN?
Mit einem Lächeln.

GIBT ES EINEN TRAUM, DEN SIE SICH NOCH ERFÜLLEN MÖCHTEN?
Eine Weltreise zu den besten Restaurants.

Geschmacksdichte. Hasenpfeffer mit Rosenkohl und Rote Bete – klingt vertraut und ist eine Hommage mit neuen Mitteln an die klassische Bürgerküche. Beim Coq au vin vom Bresse-Huhn mit Apfel und Balsamico demonstriert Bühner die Reform eines Klassikers, zeigt er mit Bravour, wie subtil und raffiniert er mit Kontrasten zwischen Rohem und Gegartem, Geschmortem und Gebratenem umzugehen versteht.

Der Mittvierziger, ein gastrosophischer Tüftler und Perfektionist von Rang, bietet eine Küche von persönlicher Stilistik mit spannungsgeladenen Kombinationen und reizvoller, vielschichtiger, schwerelos wirkender Aromatik. Kochkunst ist ja nicht, wie gemeinhin gerne angenommen wird, eine Art der Eingebung, von der niemand so recht weiß, woher sie kommt und praktisch wirkt. Nein, Kochkunst ist im Unterschied zum Handwerk das ebenso schöne wie atemberaubende und schließlich Genuss auslösende Ergebnis von Können, Engagement und Genie. Gut zu kochen ist keine Besonderheit, doch so gut zu kochen, dass jedes Essen zu einem unvergesslichen und unvergleichlichen Erlebnis wird, das ist Kunst und an Wertigkeit einem Gemälde oder einer musikalischen Komposition gleichzusetzen.

Ein gescheiter Mann hat einmal gesagt: »Eine Gesellschaft, die nicht mehr kocht, verliert den Verstand.« Thomas Bühner bewahrt uns vor einem solchen Schicksal.

ÜBER DAS RESTAURANT

Hinter der denkmalgeschützten Sandsteinfassade ist das licht und elegant gestaltete Reich von Thayarni Kanagaratnam, der grazil agierenden Gastgeberin und Dirigentin über ein Orchester von rund 900 Weinen & Champagner. In der Lounge kann man in gemütlichen Lederfauteuils erlesene Kaffeespezialitäten und rare Teesorten genießen, auch Cocktails und Zigarren. Im ersten Stock befinden sich Bankettträume.

KONTAKT

Restaurant
la vie
Krahnstraße 1–2
D-49074 Osnabrück

Fon: +49 (0) 5 41/33 11 50
Fax: +49 (0) 5 41/33 11 525
info@restaurant-lavie.de
www.restaurant-lavie.de

Öffnungszeiten:
Dienstag – Samstag
ab 19.00 Uhr

Betriebsferien:
1. Januarwoche, 3 Wochen Ende Juli – Anfang August

WIE ENTSPANNEN SIE SICH?
Beim Fahrradfahren und der Gartenarbeit.

IHR SCHÖNSTES KULINARISCHES ERLEBNIS?
Tamilisches Essen, wenn meine Frau es kocht.

STEINBUTTFILET MIT EINER PETERSILIENINFUSION UND TANDOORI KARTOFFELPÜRREE

600 g Steinbuttfilet (filiert und pariert)
feines Meersalz
150 g Extraktöl
2 Bd. Blattpetersilie
200 g Kartoffeln
Tandooripulver

EXTRAKTÖL:
500 ml Sonnenblumenöl
200 g Steinbuttgräten
(klein geschnitten)
Meersalz

1. Für das Extraktöl, die Gräten im Sonnenblumenöl bei ca. 65 °C 1 Stunde ziehen lassen. Anschließend das Öl passieren und zur Seite stellen.
2. Die Petersilie waschen, mit Stiel grob schneiden und in einem Rotormixer mit ein wenig Wasser so lange pürieren bis sie vollkommen flüssig ist. Den Saft durch ein Tuch geben und in einer Einwegspritze aufziehen. Anschließend die Petersilieninfusion vornehmen, indem man den Fisch mit dem Saft »spritzt«. Die Filets salzen und mit einigen Esslöffeln Extraktöl in einem Vakuumbeutel fest verschließen. Ca. 8–10 Minuten bei 53 °C im Wasserbad garen.
3. Die Kartoffeln mit Schale kochen und das Kochwasser anschließend aufbewahren. Die Kartoffeln pellen, durchpressen und mit dem Kartoffelwasser sowie dem Extraktöl zu gleichen Teilen glatt rühren. Salz und Tandooripulver nach Geschmack zugeben.
4. Zum Servieren das Püree in die Tellermitte geben, den Fisch daraufsetzen und mit ein wenig Öl nappieren. Auf Wunsch kann man noch frittierte Petersilie als Dekoration verwenden.

Wenn ein Koch sagt, die besten Ideen für Rezepte kämen ihm »immer und überall«, man müsse halt nur die Augen aufhalten, so ist das ein gutes Zeichen. Mario Corti, im Mai 1977 in Radolfzell geboren, ist so einer, der offenbar immer ans Kochen denkt. Wie schön, denn das schmackhafte Ergebnis solcher Hingabe ist ein mit Limonencrème mariniertes und mit Kaviar als noblem Salzersatz gewürztes Carpaccio von Langustinen. Feinfühlig abgeschmeckt ist der Steinbutt auf schwarzen Nudeln, grünem Spargel und dem, mit Zitronengras sanft parfümierten Hummer-Sud.

Corti ist kein Trommler seiner selbst. Er gehört zu den Köchen, die bescheiden auftreten und ihr Können am Herd zeigen, etwa an einem Sauerbraten von Rindsbacken mit gebratenen Möhren und einem delikat mit Olivenöl abgebundenen Kartoffelpüree. Beifall verdient das Cassoulet vom Stubenküken mit weißen Speckbohnen, gebackenen Selleriespänen und grünen Fisolen – farblich wie geschmacklich eine delikat abgerundete Kreation. Der confierte Saibling mit der Curry/Ingwer-Kruste und dem Schaum von Roter Bete signalisiert wie der Hirschrücken mit Rotkohlravioli und Maronen im Gewürzjus sowie der orientalisch aromatisierte Hummer die Vorliebe des Kochs für kühn gesetzte Würzungen.

Sein Kochstil basiert auf einer soliden klassischen Ausbildung mit Stationen im »Markgräfler Hof« in Freiburg, beim famosen Jean-Claude Bourgueil im »Schiffchen« in Düsseldorf sowie im »Marstall« in München, wo Christian Jürgens sich zwei Michelin-Sterne erkocht hatte, ehe er nach Wernberg ging und danach an den Tegernsee in die »Überfahrt«. Solcherart kochtechnisch versiert kam Corti im Oktober 2002 als Souschef ins »Mark's« zu Jürgen Benker, nach dessen Abschied er seit April 2004 als Küchenchef fungiert und seine Auffassung von einer zeitgemäßen Küche praktiziert, die der »Michelin« seit 2006 in Folge mit einem Stern honoriert, dem Symbol für »eine sehr gute Küche«.

Nummer eins im Grundgesetz der Corti-Küche ist die konsequente Verwendung erstklassiger Produkte. Als zweites Prinzip lässt sich neben der Liebe zu Gewürzen der respektvolle Umgang mit Gemüse feststellen. Corti unternimmt reizvolle kulinarische

WELCHER VERSUCHUNG KÖNNEN SIE NICHT ODER NUR SCHWER WIDERSTEHEN?
Guten Pralinen.

WAS SAMMELN SIE UND WARUM?
Speisekarten, um sie vielleicht einmal auszustellen.

GIBT ES EINEN TRAUM, DEN SIE SICH NOCH ERFÜLLEN MÖCHTEN?
In Frankreich zu kochen, um den letzten Schliff zu bekommen.

WIE ENTSPANNEN SIE SICH?
Mit Reisen.

GIBT ES EIN PRODUKT, DAS SIE GAR NICHT MÖGEN?
Deutscher Reis.

Ausflüge in die mediterrane Küche wie etwa bei der Rotbarbe auf Safranrisotto, confierten Tomaten und einem Basilikumfumet. Der Loup de Mer auf getrüffelten Schwarzwurzeln, das Delice vom Kaninchen mit Linsenravioli und Kräuterglace, die Variation vom Hummer mit Limonen-Crème-fraîche sowie die Samtsuppe mit Jakobsmuscheln und weißer Trüffel sind wie die Entenbrust auf glasiertem Chicorée und die transparente Tomatenessenz mit Estragonravioli und Riesengarnele aparte Zitate einer auf Leichtigkeit und Finesse abonnierten Küche. Seine Wertschätzung für Traditionelles zeigt sich wiederum beim Fleisch, das er als Hauptgang in der Regel achtungsvoll und frei von spielerischen Vignetten anlegt: Rehfilet in der Spekulatiuskruste mit Haselnussspätzle und Gewürzjus; Komposition von Kalbsfilet und Gänsestopfleber; das Feinste vom Bresse-Perlhuhn an Barolo-Schalottenconfit. Eher zurückhaltend operiert Corti mit Kontrasten. Dass er schon mal den Steinbutt mit Kalbskopf kombiniert, ist kein Wagnis, denn solche Fleisch-Fisch-Vermählungen gehören inzwischen zum Standardprogramm jedes guten Kochs – und sind keineswegs Ideen einer Avantgarde, wie ein Blick in uralte Kochbücher lehrt. Ente mit Austern, Lamm mit Huhn, Kalb mit Fisch ist alles schon im 18. Jahrhundert gekocht worden. Im »Grätzerischen Kochbuch«, 1804 bereits in achter Auflage erschienen, finden sich Rezepte, mit denen moderne Köche stolz für ihre Kreativität werben würden. Da gibt es eine Austern-Soße zu einem Kapaun, Rebhühner werden mit Muscheln kombiniert, eine Ochsenzunge wird mit Austern angerichtet und zu einer Kälberkeule eine Sardellensauce empfohlen. Hühner werden mit Streifen vom Hering gespickt, Schildkröten in ihren Schalen gegart – inzwischen verpönt –, vom Stockfisch werden Pudding und Pastete gemacht, des weiteren ein »Lungenbraten« von einem Karpfen. In einem Kochbuch aus dem 15. Jahrhundert wird ein »deutsches Huhn in Lebkuchensauce« beschrieben, das damals übrigens auch in Frankreich mit Begeisterung gekocht worden war. Für aufgeschlossene und ehrgeizige Köche wie Mario Corti ist die Welt der Küche also noch voller ungehobener Schätze.

IHR SCHÖNSTES KULINARISCHES ERLEBNIS?

1998 bei Haeberlin und 2007 Fat Duck bei Heston Blumenthal.

MIT WEM WÜRDEN SIE GERNE EINMAL ZU ABEND ESSEN?

Mit meinem alten Chef Jean Claude Bourgueil.

ÜBER DAS RESTAURANT

Über eine geschwungene Treppe gelangt man auf die Galerie ins Mezzanin, wo unter einer ziemlich niedrig gezogenen Decke mit Punktstrahlern elegant aufgetischt wird. Die runden und rechteckigen Tische sind in wohltuender Distanz voneinander platziert. Der Service agiert routiniert kompetent mit untadeliger Höflichkeit. Die Weinkarte ist international gut bestückt, auch mit halben Fläschchen und Magnums. Die Preise für Champagner und rote Grands Crus aus dem Bordelais verführen nicht zu rauschhaftem Genuss.

KONTAKT

Mandarin Oriental Hotel
Restaurant Mark´s
Neuturmstraße 1
D-80331 München

Fon: +49 (0) 89/29 09 88 75
Fax: +49 (0) 89/22 25 39
momuc-reservations@mohg.com
www.mandarinoriental.com

Öffnungszeiten:
Restaurant
Montag – Sonntag
12.00 – 14.00 Uhr
19.00 – 22.30 Uhr

Betriebsferien:
keine

LOUP DE MER MIT SCHWARZWURZELN, TRÜFFEL UND SCHAFSFUSSPILZEN

1 Loup de Mer, ca. 2 kg
20 g frische Trüffel
300 g fluffiges Kartoffelpüree

GEMÜSE:
10 Schwarzwurzelstangen
1 l Milch
8 Stangen grüner Spargel
8 Minimöhren
200 g Schafsfußpilze
175 g Butter
je 1 Lorbeerblatt, Knoblauchzehe und Thymianzweig
100 ml Noilly Prat
200 ml Geflügelbrühe
200 ml Sahne
1/2 EL Trüffelöl
Salz, Pfeffer aus der Mühle

1. **Gemüse und Sauce:** Schwarzwurzeln unter fließendem Wasser schälen, in ca. 4 cm lange Stifte schneiden und mit Milch bedeckt beiseite stellen. Spargel und Möhren putzen und in Salzwasser blanchieren. Abschrecken und beiseite stellen. Die Pilze von allen Stoppeln reinigen und in angemessene Stücke schneiden.

   100 g Butter schmelzen, abgegossene Schwarzwurzeln, Lorbeer, Thymian und Knoblauch dazugeben und ganz langsam andünsten. Mit dem Noilly Prat ablöschen und zur Hälfte einkochen lassen. Geflügelbrühe dazugeben und die Schwarzwurzeln weich kochen lassen. Das Gemüse herausnehmen und beiseite stellen. Fond etwas reduzieren, Sahne dazugeben und die restliche Butter. Dann das Trüffelöl ebenfalls hinzufügen. Kräftig mit einem Stabmixer mixen und mit Salz und etwas Pfeffer abschmecken.

2. **Loup de Mer:** Loup de Mer schuppen, ausnehmen, filetieren und Gräten ziehen. In 4 schöne Portionen schneiden. Anschließend in einer Pfanne kross braten, kurz vor dem Garpunkt die Schafsfußpilze dazugeben und mit etwas frischer Butter nachbraten.

3. **Anrichten:** Kartoffelpüree in der Tellermitte anrichten, Tranchen vom Loup de Mer daraufsetzen. Das Gemüse wieder in der Sauce erhitzen. Schwarzwurzeln, Spargel und Minimöhren auf dem Fisch drappieren. Sauce nochmals aufschäumen und alles schön mit dem Schaum nappieren. Etwas frische Trüffel darüber hobeln.

In seiner 1822 erschienenen Schrift »Geist der Kochkunst«, einem heute noch lesenwerten, gastrosophisch mindestens so wertvollen Buch wie die »Physiologie des Geschmacks« von Brillat-Savarin, beschreibt Carl Friedrich von Rumohr, worauf es beim Kochen ankommt: im Horazischen Sinn »miscere utile dulci«, also Nützlichkeit mit Anmut zu verbinden beziehungsweise, fülliger und präziser formuliert, »in den Naturstoffen, welche überhaupt zur Ernährung oder Labung der Menschen geeignet sind, durch Feuer, Wasser und Salz ihre nahrsame, erquickende und ergötzliche Eigenschaft« zu entwickeln. Dieser Lehrsatz ist nahezu 200 Jahre später das Leitmotiv jedes guten Kochs und jeder edlen Köchin, unabhängig von geographischer Herkunft, Tradition und Kochstil.

Bernhard Diers, 1959 im niedersächsischen Asendorf geboren, ist in diesem Sinne ein Schüler von Rumohr. »Das Kochen beginnt im Kopf«, sagt er mit Nachdruck. Recht hat der hochgewachsene Mann mit der Stoppelfrisur und der unauffälligen Brille, wenn er damit meint, dass lukullische Lustbarkeiten sozusagen als Hirnbilder entstehen, bevor sie am Herd ausprobiert, überprüft und bei Gefallen ins Menü aufgenommen werden. Andererseits weiß auch Diers, dass so manches köstliche Gericht einfach aus dem Bauch heraus entsteht, animiert durch ein Produkt, durch eine Stimmung, Sehnsüchte oder ein kulinarisches Erlebnis. Aber freilich, Klick macht es erst einmal im Kopf.

Für das Umsetzen der Ideen ist Diers handwerklich bestens gerüstet. Er hat unter anderem im »Colombi« in Freiburg gearbeitet, wo er mit einer Regionalküche auf hohem Niveau vertraut gemacht worden ist. Bei Dieter Müller – damals noch in den »Schweizer Stuben« in Wertheim – lernte er die subtile Saucenkunst kennen und von Eckart Witzigmann in dessen Münchner »Aubergine« die Intensivierung des reinen Geschmacks sowie die Bereitschaft, alles für die Küche zu geben – und alles von seinen Mitarbeitern zu fordern, sich also mit Haut und Haar zu engagieren. Und wer bei Witzigmann besteht, den belohnt das Leben am Herd.

Einem Blick in die Speisekarte ist unschwer zu entnehmen, dass Bernhard Diers engstens mit der französischen Küche verbandelt ist. Darunter darf

IHR LEBENSMOTTO?
Heute Leben und auf morgen freuen!

WELCHER VERSUCHUNG KÖNNEN SIE NICHT ODER NUR SCHWER WIDERSTEHEN?
Schokolade.

WELCHE SPEISE HABEN SIE ALS KIND ÜBERHAUPT NICHT GEMOCHT?
Hausgemachte Wurst.

WIE ENTSPANNEN SIE SICH?
In der Familie, beim Spazierengehen, Langlaufen oder Duschen und im Café.

allerdings nicht die Opulenz und Schwere der klassischen »Grande Cuisine« eines Auguste Escoffier verstanden werden, freilich auch nicht die teils surreal anmutende »Nouvelle Cuisine«. Diers bezaubert durch eine zeitgemäß interpretierte französische Küche. Die ist innovativ und persönlich geprägt mit Neigung zu mediterranen Akzenten, was auf dem Teller eine von hoher Sensibilität durchzogene Aromenküche ergibt.

Gerichte, die den Blick für das Können von Diers schärfen, sind beispielsweise: Taubenbrust mit geschmorten Aprikosen im Gänsestopflebermantel und Brioche-Chips; Essenz von der Pelatti-Tomate mit Mascarpone-Grießnocken; Mosaik von Hummer und Saint Pierre mit Fenchelpüree und Safrankartoffeln; Heilbutt mit Avocadocreme und Gemüsevinaigrette; Lammkeule mit Thymianjus und römischen Nocken. Die großen Braten werden erfreulicherweise klassisch angelegt, ohne neckische Verspieltheiten. Neben dem »Grand Menü« offeriert Diers noch ein mediterranes Fischmenü (Supreme vom Steinbutt, gefüllt mit Hummer auf Kohlrabigemüse mit gratinierten Pommes mousseline) sowie auf den Monat bezogene Impressionen. Der Gast kann eines der Menüs wählen oder daraus seine persönliche Speisenfolge basteln.

Was die Diers-Küche auszeichnet, das ist die Klarheit der Strukturen in Verbindung mit Aromenkraft und Finesse. Er schafft Gerichte, die durch Farben faszinieren, durch den Duft süchtig machen und durch die raffinierte Vielschichtigkeit der Aromen das schöne Gefühl des Außerordentlichen erzeugen. Bernhard Diers ist am Herd eben doch auch ein Denker!

ÜBER DAS RESTAURANT

Der erste Schritt in die Zirbelstube erfolgt auf honigfarbenem Parkett. Der Blick nimmt warme Töne wahr. Holzgetäfelte Wände, weich gepolsterte Sessel und Bänke in Nischen. Prachtvolle Blumenarrangements und edler Tischschmuck summieren sich zu einem behaglichen Ambiente mit einem charmanten Zug ins Biedermeierliche. Der Service, von Martin Michael Schropp souverän geleitet, ist kompetent und liebenswert, der Sommelier berät kundig aus der erlesen bestückten Karte.

KONTAKT

Hotel am Schlossgarten
Restaurant Zirbelstube
Schillerstraße 23
D-70173 Stuttgart

Fon: +49 (0) 7 11/20 260
Fax: +49 (0) 7 11/20 26 888
info@hotelschlossgarten.com
www.hotelschlossgarten.com

Öffnungszeiten:
Dienstag – Samstag
12.00 – 14.00 Uhr
19.00 – 22.00 Uhr

Betriebsferien:
1. bis ca. 10./14. Januar, 3 Wochen im Sommer (Sommerferien in Baden-Württemberg)

WELCHER BERUF (AUSSER DEM EIGENEN) WÄRE FÜR SIE INTERESSANT UND WARUM?
Porträt-Fotograf.

IHR SCHÖNSTES KULINARISCHES ERLEBNIS?
Das Hochzeitsessen mit meiner heutigen Frau.

IHR LIEBLINGSRESTAURANT?
Habe leider keins. Ich bin zu neugierig.

MIT WEM WÜRDEN SIE GERNE ZU ABEND ESSEN?
Tom Hanks.

BRETONISCHE ROTBARBE IN PAPRIKA-OLIVEN-VINAIGRETTE AN KARTOFFELPÜREE

DIESES GERICHT IST MEIN PERSÖNLICHES LIEBLINGSGERICHT. DIE ZUBEREITUNG SPRICHT FÜR MEINE LEBENSEINSTELLUNG. PURISTISCH MIT KLASSE!

BRETONISCHE ROTBARBE:
2 Bretonische Rotbarben à 280–300 g
Meersalz, Pfeffer aus der Mühle
etwas Mehl
etwas Butter
1 Knoblauchzehe
je 1 Zweig Thymian und Rosmarin
Saft einer 1/2 Zitrone
1 EL Petersilie, frisch gehackt

PAPRIKA-OLIVEN-VINAIGRETTE:
1 Schalotte, gewürfelt
je 1 rote, gelbe und grüne Paprika, geschält und in feine Würfel geschnitten
Saft einer Zitrone
1 Knoblauchzehe
12 Nizzaoliven, entkernt
Meersalz, Pfeffer aus der Mühle
Basilikum, frisch geschnitten
1 Tomate, gehäutet und fein gewürfelt
bestes Olivenöl

KARTOFFELPÜREE:
500 g mehlige Kartoffeln, ungeschält
400 g Kartoffeln, geschält
80 g Süßrahmbutter
110 ml Milch
Salz, Muskat

GETROCKNETE KIRSCHTOMATEN:
8 Kirschtomaten
je 1 Zweig Thymian und Rosmarin
1 Knoblauchzehe
Salz, Pfeffer aus der Mühle
Puderzucker
bestes Olivenöl

1. **Bretonische Rotbarbe:** Die Rotbarben waschen, schuppen und filieren. Die Gräten mit einer Pinzette ziehen und die Filets mit einem Küchentuch trocken tupfen. Die Filets mit Salz und Pfeffer aus der Mühle würzen, mit ein wenig Mehl bestäuben und in einer heißen Teflonpfanne nur auf der Hautseite knusprig braten. Die Filets auf einen vorgewärmten Teller legen. In derselben Pfanne ein Stück Butter leicht bräunen, angedrückten Knoblauch, fein gezupfte Thymianblätter und Rosmarinspitzen beigeben und mit einem Spritzer Zitronensaft ablöschen. Frisch gehackte Petersilie einstreuen, leicht knusprig werden lassen und über die Rotbarbenfilets nappieren. Die groben Kräuterzweige und den Knoblauch entfernen.

2. **Paprika-Oliven-Vinaigrette:** Die Schalotte in Olivenöl anschwitzen, Paprikawürfel und Knoblauchzehe beigeben, salzen, pfeffern und mit Zitronensaft ablöschen. Die Nizzaoliven zugeben und mit Olivenöl abschmecken. Frische Basilikumstreifen und Tomatenwürfel zum Schluss einschwenken.

   Tipp: Das Wichtigste an dieser Vinaigrette ist, dass sie schnell und konsequent zubereitet wird. Langes Kochen schadet der Frische.

3. **Kartoffelpüree:** Kartoffeln kochen, ausdämpfen und durch die Kartoffelpresse drücken. Um ein lockeres Püree herzustellen, die Milch mit der Butter und den Gewürzen aufkochen und in kleinen Schritten unter das Püree arbeiten.

4. **Getrocknete Kirschtomaten:** Die Kirschtomaten vom Zweig mit der Schere trennen, sodass der Blütenansatz an der Tomate bleibt. Oberfläche leicht einritzen und im kochenden Wasser kurz blanchieren. Sofort in Eiswasser abschrecken. Die Tomaten häuten und sorgfältig auf ein mit Olivenöl eingepinseltes Blech legen. Die Gewürze fein geschnitten darüber streuen und bei 80 °C für ca. 4 Stunden im Ofen bei offenem Zug trocknen.

5. **Anrichten:** Das Kartoffelpüree mithilfe eines Spritzbeutels (Lochtülle Nr. 9) auf den Teller dressieren. Die Vinaigrette ins Kartoffelpüree geben, die Oliven und die getrockneten Kirschtomaten auf die Ecken setzen. Die knusprig gebratenen Rotbarbenfilets auf die Vinaigrette legen und servieren.

Wie die anderen Künste, ob Musik oder Malerei, ist die Küche einem steten Wandel unterworfen. Sie lebt zwischen Tradition und Moderne und verändert sich zwischen diesen beiden Polen. Während die Avantgardisten Altes brechend nach vorne stürmen, um, falls erforderlich, auch gegen Tod und Teufel das Neue zu suchen, geht es den Traditionalisten, jedenfalls denen mit Sinn und Gespür für notwendige Reformen – nennen wir sie die kreativen Traditionalisten – um die behutsame Vermählung von Altem mit Neuem. Lothar Eiermann (»Wichtig ist, zu denken, bevor man kocht« – »Es ist sinnvoll, Leuten Freude zu machen«), 1945 im badischen Stühlingen geboren, gehört zu jenen Köchen, die sich als Bewahrer einer Kultur begreifen und sich Neuem gegenüber zugleich aufgeschlossen zeigen.

Zwar steht der hochgewachsene Mann mit dem markanten Gesicht und der dunklen Stimme, die nach ungefähr zehn Millionen filterlosen Reval klingt, nicht mehr täglich am Herd. Dort wirkt seit vielen Jahren Werner Fuchß, ein vorzüglicher, dem Chef loyaler Handwerker. Eiermann gibt als Direktor die gastronomische Linie vor und arbeitet mit seinem Küchenchef auch an neuen Gerichten. Stilistisch ist die Küche geprägt von der französischen Klassik, die freilich nicht mehr so gleißnerisch dargeboten wird wie noch vor zwanzig, dreißig Jahren, sondern anmutig modernisiert bis hin zu einigen kleinen, doch lebhaften Aspekten der molekularen Küche.

Spricht man von der Eiermann-Küche als einer mit Déjà-vu-Wert, so ist dies ein dickes Kompliment. In der gehobenen Gastronomie gibt es nur mehr wenige Köche, die nach den Kriterien einer neu interpretierten französischen Klassik kochen und dabei selbstbewusst auf modische Aperçus wie mediterrane Noten, asiatische Gartechniken und die beliebten Schäumchen verzichten. Bei Eiermann kann man eine perfekt gerührte Buttersauce genießen, bei ihm gibt es große Klassiker wie die Hochrippe vom Longhorn-Rind mit Sauce Béarnaise (!), werden Fische im Ganzen an der Gräte gebraten und Kalbsstelzen glasiert. Es ist eine Küche, die auch die Seele wärmt und in ihrer Würde nicht im Vorbeigehen konsumiert werden sollte.

WELCHER VERSUCHUNG KÖNNEN SIE NICHT ODER NUR SCHWER WIDERSTEHEN?
Zwei oder drei neue Hermeskrawatten zu kaufen, wenn die neue Kollektion rauskommt.

WAS SAMMELN SIE UND WARUM?
Ich habe einmal alte Kristallkaraffen gesammelt, weil die später, auf einem Dinnertable platziert, eine englische Wohngemütlichkeit ausstrahlen.

WAS HABEN SIE ZU HAUSE IMMER IM KÜHLSCHRANK?
Ein Rothaus Tannenzäpfle für den schnellen Durst.

GIBT ES EINEN TRAUM, DEN SIE SICH ERFÜLLEN MÖCHTEN?
Ich möchte den 2. Stern im Michelin zurückhaben, was allerdings kein Traum ist.

Stammgäste schwören, dass es nirgendwo anders eine bessere Nantaiser Ente gäbe, im Rohr gebraten und für zwei Personen in drei Gängen serviert, inklusive einer Essenz mit pochiertem Wachtelei. Auch das geschmorte Kalbsbries mit Rahmkohlrabi und einer hinreißend abgeschmeckten Trüffelsauce kann risikolos gerühmt werden, desgleichen die sautierten Jakobsmuscheln mit mariniertem Fenchel, Ingwergelee und Orangen-Kardamomjus, der Guglhupf von der Gänseleber mit braisiertem Chicorée und eingelegten Zitrusfrüchten, das glasierte Gemüse mit Estragonbutter und Tomaten-Bruschetta oder der Rücken vom Limousin-Lamm mit Gemüse-Couscous und Auberginenkaviar. Üppig gefächert ist der Dessertbogen zwischen dem Würfel von der Edelbitterschokolade mit Tahiti-Vanilleeis bis zum Papaya-Tatin mit Rosmarin-Karamell und Clementinen-Filets – Lothar Eiermann, der Gestrenge und Gerechte, hat, man hätte es dem kantigen Mann kaum zugetraut, auch mal in der Pâtisserie gearbeitet.

In Lothar Eiermann sind offenbar mehrere Temperamente vereint. Er ist weise, doch nicht leise. Angesichts einer Ungerechtigkeit und vor allem, wenn ihm Dummheit auch noch arrogant begegnet, kann er aus der Haut fahren. Ansonsten ist er, der, wenn es die familiären Verhältnisse erlaubt hätten, gerne studiert hätte – Chirurg oder alt-katholischer Pfarrer waren Jugendträume –, ein besonnener Mann, belesen und gebildet, der aufmerksam und als kritischer Beobachter durchs Leben geht, sich der Wahrheit verpflichtet fühlt und ohne Scheu auch dann Stellung bezieht, wenn es für ihn und andere unbequem wird.

ÜBER DAS RESTAURANT

Die Atmosphäre ist mit stilvoller Eleganz gerade recht beschrieben. Warme braune und goldene Farben, Lüster und Säulen sorgen für unaufdringliche Stimmung. Die Sessel sind breit genug, um ein Menü komfortabel zu genießen. Angenehm sind die großzügig bemessenen Räume zwischen den nobel gedeckten Tischen. Der Service, bestens geschult, agiert umsichtig und mit wünschenswerter Distanz, ohne steif zu sein. Die Weinkarte ist kennerisch bestückt, auch mit älteren Jahrgängen. Das Restaurant liegt idyllisch an einem Park mit uraltem Baumbestand. Angeschlossen ist ein Landhotel mit luxuriös eingerichteten Zimmern. Und der Digestiv im Salon oder an der Bar erhöht den Besuch zum Gesamtgenusswerk.

KONTAKT

Wald- und Schlosshotel
Friedrichsruhe
D-74639 Zweiflingen / Friedrichsruhe

Fon: +49 (0) 79 41 / 60 870
Fax: +49 (0) 79 41 / 61 468
hotel@friedrichsruhe.de
www.friedrichsruhe.de

Öffnungszeiten:
Mittwoch – Sonntag
Küchenzeiten:
12.00 – 14.30 Uhr
18.45 – 21.30 Uhr

Für Hotelgäste bleibt das Restaurant jeden Tag geöffnet.

Betriebsferien:
keine

WELCHER BERUF (AUSSER DEM EIGENEN) WÄRE FÜR SIE INTERESSANT UND WARUM?
Alt-Katholischer Pfarrer, weil man da auch eine tolle Botschaft hat, oder Chirurg (Gynäkologie), weil es dieses wunderbare Wesen Frau neben uns noch gibt.

WAS ZEICHNET DEN GUTEN KOCH AUS?
Absoluter Respekt vor allen Materialien, auch der Kartoffel.

IHR SCHÖNSTES KULINARISCHES ERLEBNIS?
Ein Mittagessen mit Gerhard und Tini Polt bei Hans Haas im »Tantris«.

GESCHMORTE REHSCHULTER

REHSCHULTER:
2 Rehschultern à 600 g
Olivenöl
Butter
400 g Röstgemüse (Karotten, Zwiebeln, Sellerie)
2 EL Tomatenmark
160 ml Rotwein
80 ml roter Portwein
800 ml Geflügelfond
1 Orange
20 schwarze Pfefferkörner
10 Wacholderbeeren
2 Lorbeerblätter
je 4 Zweige Rosmarin und Thymian
Salz, Pfeffer

SAUCE:
200 ml frisches Schweineblut
100 g Gänsestopfleberterrine, durch ein Sieb gestrichen
3 EL alter Balsamico
Salz, Pfeffer

BEILAGENGEMÜSE:
240 g Schwarzwurzeln
16 Rosenkohlköpfchen
40 g Karotten, in feinste Würfel geschnitten
40 g Speckwürfel
3 EL geschlagene Sahne
etwas Milch
geklärte Butter
etwas Butter
Salz, Pfeffer, Muskat

1. **Rehschulter:** Die Schultern salzen, pfeffern und in heißem Öl von allen Seiten scharf anbraten. Die Schultern herausnehmen und das Fett wegschütten. Butter aufschäumen lassen, Röstgemüse dazugeben und langsam goldbraun rösten. Tomatenmark zugeben und mitrösten. Wenn das Tomatenmark Farbe genommen hat, mit Rotwein und Portwein ablöschen und glasieren. Diesen Vorgang zweimal wiederholen, die Rehschultern wieder dazugeben und den Geflügelfond angießen. Langsam aufkochen und mit halb geschlossenem Deckel in den auf 120 °C vorgeheizten Ofen geben. Die Orange heiß abwaschen, vierteln und dazugeben. Nach 1 Stunde die Pfefferkörner, die Wacholderbeeren und die Lorbeerblätter dazugeben. Nach 1 weiteren Stunde den Rosmarin und Thymian dazugeben. Den Schmorfond öfter entfetten und abschäumen. Die Rehschultern langsam weichschmoren (Garzeit insgesamt ca. 4–5 Stunden). Wenn das Fleisch weich ist, herausnehmen, vorsichtig die Knochen herauslösen, das Fleisch in Klarsichtfolie einwickeln und beiseitestellen.

2. **Sauce:** Den Schmorfond passieren und langsam einkochen lassen. Dabei ständig abschäumen und entfetten. Wenn die Jus fertig reduziert ist, das Blut und die passierte Gänseleberterrine dazugeben und ca. 15 Minuten mitköcheln lassen. Die Sauce passieren und mit dem Balsamicoessig, Salz und Pfeffer abschmecken. Die Rehschulter portionieren und in der Sauce warmstellen.

3. **Beilagengemüse:** Die Schwarzwurzeln schälen und in Milch einlegen. Vom Rosenkohl die äußeren grünen Blätter abnehmen, bis man zum blassen Kern kommt. Für dieses Gericht finden nur die abgezupften Kohlblätter Verwendung. Die Kohlblätter in kochendem Salzwasser blanchieren und danach in Eiswasser abschrecken.
   Die Karottenwürfel ebenfalls blanchieren und abschrecken.

4. **Fertigstellen und anrichten:** Die Schwarzwurzeln aus der Milch herausnehmen und in schräge, nicht zu dünne Scheiben schneiden. Etwas geklärte Butter in einer Pfanne erhitzen und die Schwarzwurzeln langsam goldbraun braten. Kurz vor Ende der Garzeit ein frisches Stück Butter dazugeben und nussbraun werden lassen. Die Schwarzwurzeln mit Salz und Pfeffer abschmecken.

   In der Zwischenzeit Butter in einem Topf aufschäumen lassen. Die Speckwürfel und die Karottenwürfel darin anschwitzen und die Rosenkohlblätter dazugeben. Mit Salz, Pfeffer und Muskat würzen. Die geschlagene Sahne zum Rosenkohl geben und nochmals abschmecken.

   Die Schwarzwurzeln, die Rosenkohlblätter und die Rehschulter anrichten und mit der Sauce umgießen. Dazu passen sehr gut Schupfnudeln.

SVEN ELVERFELD, RESTAURANT AQUA IM HOTEL RITZ CARLTON, WOLFSBURG, DEUTSCHLAND

Die Geschichte der Menschheit wie des Einzelnen beginnt mit einem Traum, und bei Sven Elverfeld war und ist das der kreative Schaffensprozess, der ihn von Kindheit an faszinierte bis hin zum Wunsch des Künstlers nach unverwechselbaren Werken. Die Küche ist ein ideales Exerzierfeld für das Ausleben konkreter Fantasien in Form von Gerichten, wie es sie bis dato noch nie gab. Und wie so oft, war es der ansonsten meist beschwipste Zufall, der im Falle des jungen Elverfeld sinnvoll Regie führte, als er den Realschüler an einem hauswirtschaftlichen Kurs teilnehmen ließ, der dem Jungen die gestalterischen Elemente in der Küche aufzeigte. Danach folgten prompt Lehren als Konditor und Koch mit der Position des Küchenchefs im »AQUA« seit 2000 als vorläufigem Höhepunkt der Karriere mit zwei Sternen vom »Michelin«.

Der im November 1968 in Hanau geborene Elverfeld hat die traditionelle Küche von Dieter Biesler in der Schänke des Weinguts Schloss Johannisberg kennengelernt. Er ist im Frankfurter »Humperdinck« von Willy Tetz, dem früheren Souschef des zeitgleich mit Eckart Witzigmann, Franz Keller & Co. in Berlin aufkochenden Stars Henri Levy (»Maître«), mit französischer Küche und Prinzipien der »Nouvelle Cuisine« vertraut gemacht worden. Bei Doris-Katharina Hessler in Maintal gab es eine reformierte Regionalküche, zudem wurde Gemüse und Kräutern ein hoher Stellenwert eingeräumt. Stationen im Ausland rundeten die Ausbildung ab. Sein bedeutendster Lehrer war freilich Dieter Müller in Schloss Lerbach, nach dessen Kanon er einige Zeit danach auch gearbeitet hat. Inzwischen kocht Elverfeld emanzipiert. Er will Gerichte mit Erinnerungswert schaffen, wozu Speisen gehören, die sich in der Karte kompositorisch einfach lesen, doch auf dem Teller in Form wie Inhalt durch geschmackliche Vielfalt nebst Raffinesse begeistern: gelierte Kalbsschwanzessenz mit Kaviar; Jakobsmuschel in Gurkengelee; marinierte Makrele mit Birne, Aubergine und geräucherter Paprika; Kartoffel-Potaufeu mit Blattspinat, Eigelb und schwarzer Trüffel, Gänseleber mit Räucherforelle, Apfel und Meerrettich; Jakobsmuschel mit Mandarine und salzigem Kürbiskrokant; im Apfelweinsud zart geschmorter Schweinebauch mit Gänseleber

IHR LEBENSMOTTO?
Erreiche dein Ziel mit Engagement und Liebe zum Detail.

WELCHER VERSUCHUNG KÖNNEN SIE NICHT ODER NUR SCHWER WIDERSTEHEN?
Einem leckeren Croissant.

IHR LIEBLINGSGEWÜRZ?
Eine gute Currymischung.

WAS SAMMELN SIE UND WARUM?
CD und Platten, weil durch Musik auch immer Erinnerungen wiederkehren.

GIBT ES EINEN TRAUM, DEN SIE SICH NOCH ERFÜLLEN MÖCHTEN?
Ein Platz an der Sonne mit Meerblick.

und Apfelgel; Tranche vom Rinderfilet mit Ochsenschwanzkompott und mediterranem Gemüsesugo; Lammrücken »mit eigener Kruste«; Paprikachutney und Ricotta-Oliven-Cannelloni.

Dass seine Speisen individuell inszenierte Aromenspiele in mehreren Akten und im Gesamtakkord ausgereift und voller spannungsgeladener Harmonie sind, davon zeugen Kompositionen wie der Kabeljau mit »Mixed Pickles«, Bratkartoffeln und Speck. Das klingt verwunderlich und eigentlich schwer kompatibel, ist es aber doch, denn Elverfeld zerlegt einige Zutaten, um sie neu zusammenzusetzen. Das Gemüse wird teils als Gelee zubereitet, die hauchdünn geschnittenen Bratkartoffeln werden, gefüllt mit Speckschaum und gerösteten Speckwürfelchen, zu einem Turm geschichtet, die Sauce ist eine Marinade von eingelegtem Gemüse, Kartoffeln und charmiert mit Butter. Das ist Hohe Küche, durchdacht, innovativ und in bester handwerklicher Präzision feinstens zubereitet.

Elverfeld wirkt äußerlich gelassen, doch innerlich tourt er in hoher Umdrehung. Seine Kreationen beginnen als sublimer Denkprozess im Kopf. Zusammen mit anderen Kollegen um die Vierzig, wie Joachim Wissler, Nils Henkel, Jörg Sackmann, Thomas Bühner, Tim Raue, Juan Amador und Michael Hoffmann, gehört er zu jener Kochelite, die mittendrin ist im Aufbau einer neuen deutschen Kochschule. Lange Zeit hatte man sich ja gefragt, wo die vielen Schüler von Großmeistern wie Wohlfahrt, Winkler und Müller sind. Es gab ein Vakuum. Die Jungen kochten teils bis ins Detail so wie die Alten, bei denen sie gelernt hatten. Von einer kreativ vorwärts stürmenden Avantgarde war nichts zu sehen, schon gar nichts von einer Küchenrichtung, wie sie sich nun in den letzten Jahren so verheißungsvoll als eigenständige Form entwickelt hat und weiter reifen wird. Elverfeld ist ein Motor dieser Bewegung. »Fällt mir nichts Neues ein, bin ich unzufrieden«, hat er einmal gesagt. Nein, es muss nicht befürchtet werden, dass er nachts aufwacht, vom Alb der müden Routine geplagt. Er kocht nicht mehr à la französisch, mediterran, molelukar oder neoregional, sondern wie er, Sven Elverfeld.

WELCHER BERUF (AUSSER DEM EIGENEN) WÄRE FÜR SIE INTERESSANT UND WARUM?

Schauwerbegestalter oder PR, weil beide Berufe viel Kreativität und direkten Umgang mit Menschen vereinen – außerdem ist kein Tag wie der andere!

ÜBER DAS RESTAURANT

Die elegant von der Designerin Andree Putmann gestylte Gästebühne passt mit Art-Déco-Sesseln, warmem Rot, Glasgeschirr und der großen Glaswand mit dem Blick auf Terrasse, den Kanal, ein Kraftwerk und Frachter, zur modernen Küche. Der Service unter Maître Vedad Hadziabdic verwöhnt zuvorkommend und mit Charme. Die Weinkarte ist achtenswert, Sommelier Jürgen Giesel berät engagiert und mit einer Vorliebe für Gewächse abseits der klassischen Regionen.

KONTAKT

The Ritz-Carlton
Gourmetrestaurant AQUA
StadtBrücke
D-38440 Wolfsburg

Fon: +49 (0) 53 61/60 70 91
Fax: +49 (0) 53 61/60 80 00
ccr.wolfsburg@ritzcarlton.com
www.ritzcarlton.com

Öffnungszeiten:
Dienstag – Samstag
18.30 – 22.30 Uhr

Betriebsferien:
3 Wochen im Januar
3 Wochen in den niedersächsischen Sommerferien

KABELJAU MIT »MIXED PICKLES«, BRATKARTOFFELN UND SPECK

KABELJAU:
4 Kabeljau-Loins à 70 g
80 ml Kartoffelfond
40 ml flüssige, geklärte Butter
Zitronensaft, feines Meersalz

KARTOFFELESPUMA:
325 g festkochende Kartoffeln, gekocht
150 ml Kartoffelfond
20 ml ausgelassenes Fett vom Bauchspeck
185 ml Sahne
30 ml flüssige Butter
1 EL Räucheröl
Salz, Pfeffer, Zucker
weißer Balsamico

BRATKARTOFFELN:
4 Kartoffeln (Sorte »Roseval«)
geklärte Butter
Salz, weißer Pfeffer aus der Mühle
1 EL fein gewürfelter, ausgelassener, geräucherter Bauchspeck

GURKENGELEE:
150 ml passierten Gurkensaft von ca. 3 ungeschälten Salatgurken und 3 Gewürzgurken
4 g vegetarisches Gelatinepulver
1 TL fein geschnittenen Dill
2 EL sehr fein gewürfelte Salatgurke

ROTE-BETE-GELEE:
150 g geraspelte Rote Bete
40 g Zucker
200 ml Cidre-Essig
250 g ungeschälte Rote-Bete-Knolle
4 g vegetarisches Gelatinepulver

MIXED PICKELS:
50 g gewürfelter Staudensellerie
80 g gewürfelte Zwiebeln
1 EL Traubenkernöl
100 ml Gemüsefond
2 Zweige Dill
je 8 zerdrückte Wacholderbeeren, zerstoßene Pimentkörner und weiße Pfefferkörner
8 g Salz, 20 g Zucker, weißer Balsamico
je 4 geschnittene Stifte (3,5 x 1 cm) Senfgurke, Mini-Maiskolben, Steckrübe, weißer Rettich, Karotte
4 kleine geschälte Perlzwiebeln

SÜSS-SAUERE SAUCE:
100 ml Kartoffelfond
200 ml Gewürzfond (Mixed Pickels)
30 ml flüssige braune Butter
1 TL fein geschnittener Dill

1. **Kabeljau:** Kabeljau-Loins mit Salz würzen und mit Zitrone leicht säuern. In einen Vakuumbeutel legen, Butter und Kartoffelfond zugeben und versiegeln. Im Wasserbad bei 60 °C 6–7 Minuten pochieren. Vor dem Servieren nochmals mit Meersalz würzen.

2. **Kartoffelespuma:** Kartoffeln weich kochen und ausdämpfen und im Thermomix auf Stufe 4 bei 80 °C zu einer zähen Masse mixen. Dann Kartoffelfond, Sahne, Fett, Butter und das Räucheröl nach und nach einmixen. Mit Salz, etwas Zucker, Pfeffer und weißem Balsamico abschmecken. Fein passieren und in eine ISI-Espuma-Flasche einfüllen und mit 2 Gaskartuschen unter Druck setzen. In einem Wasserbad bei 50 °C warm stellen.

3. **Bratkartoffeln:** Kartoffeln waschen, mit Schale in Salzwasser kochen. Kartoffeln aus dem Wasser nehmen, wenn sie noch gut Biss haben. Pellen und in 0,5 cm dicke Scheiben schneiden. Die Scheiben in 4 x 4 cm große Quadrate schneiden und mittig mit einem runden Ausstecher ein Loch ausstechen. Vor dem Servieren in geklärter Butter braten.

4. **Gurkengelee:** Gurkensaft mit der Gelatine verrühren. Auf 95 °C erhitzen, Gurkenwürfel zufügen und einmal aufkochen. Dill unterrühren, in kleine Silikonformen füllen und kühl stellen. Nach dem Abkühlen aus der Form drücken.

5. **Rote-Bete-Gelee:** Geraspelte Rote Bete, Zucker, Essig mit 200 ml Wasser einkochen und passieren. Rote-Bete-Knolle waschen und in Alufolie im Ofen bei 220 °C 1,5 Stunden garen, bis sie sehr weich ist. Schälen, würfeln und mit 250 ml warmem Rote-Bete-Fond mixen, bis eine sämige Konsistenz entsteht. Passieren und 150 ml des Fonds mit der Gelatine verrühren, aufkochen und sofort in Silikonformen abfüllen. Kühl stellen und danach aus der Form drücken.

6. **Mixed Pickels:** Staudensellerie und Zwiebelwürfel in Traubenkernöl anschwitzen und mit Gemüsefond kurz dünsten. 1 kg Eiswürfel und Gewürze zugeben. Zu einem Gewürzfond auf 3/4 der Menge reduzieren, passieren und mit Balsamico abschmecken. Perlzwiebeln, Mini-Maiskolben-, Steckrüben-, Rettich- und Karottenstifte bissfest blanchieren und in Eiswasser abschrecken In Weckgläser nach Sorten verteilen, mit Gewürzfond angießen, sofort verschließen und 35 Minuten bei 85 °C dämpfen. Kühl stellen und mindestens 1 Tag durchziehen lassen.

7. **Süß-sauere Sauce:** Gewürz- und Kartoffelfond auf 150 ml einkochen und braune Butter untermixen. Mit Salz und Essig abschmecken und kurz vor dem Servieren den Dill zugeben.

8. **Anrichten:** Mixed Pickels, Rote-Bete- und Gurkengelee lauwarm auf Tellern arrangieren. Je 3 Bratkartoffelscheiben versetzt mit dem Loch mittig stapeln. Kartoffelespuma in die Löcher einspritzen und den ausgelassenen Bauchspeck darüberstreuen. Kabeljau-Loin auf die Teller geben und mit Sauce nappieren.

Als Klaus Erfort im März 2002 mit heldischem Schwung am eigenen Herd zu kochen begann, wollte er eigentlich nur fröhlich vor sich hin arbeiten, frei von Gedanken an irgendwelche Auszeichnungen und deshalb unbeschwert in seiner Schaffenskraft. Als der Restaurantführer »Michelin« ihn und so ziemlich alle gastronomischen Propheten 2008 mit dem dritten Stern überraschte, war Erfort gewiss nicht traurig. Kein Koch spuckt auf einen Stern und schon gar nicht auf drei als Symbol für eine Küche, die eine eigene Reise wert ist. Die Freude war selbstverständlich groß und es floss Champagner, aber es ist typisch für den im März 1972 in Saarbrücken geborenen Mann, dass er die Bodenhaftung behielt und tags darauf kochte wie eh und je.

Wenn einer bei Harald Wohlfahrt gearbeitet hat und nicht Gemüse geschnippelt, sondern Saucen gerührt hat, dann ist er als Koch schon geadelt. Von diesem Großmeister der Kochkunst hat Erfort fünf Merksätze mitbekommen, die er heute noch beherzigt: habe Achtung vor dem Produkt, arbeite präzise, scheue nicht vor Aromen, denke auch unorthodox, arrangiere den Teller wie ein Bild. Was aus der Küche getragen wird, entzückt denn auch Auge wie Gaumen. Da ist beispielsweise die zart geräucherte Rotbarbe, angerichtet auf Streifen von jungem Tintenfisch und umschmeichelt von einer Sauce Hollandaise mit der darin eingerührten Fischleber als aromatischem Aperçu. Wonnen bereiten das glasierte Kalbsbries mit gesalzenem Zitronengelee und Krokant-Spinatröllchen nebst einer Prise Erdnuss sowie die hauchdünn in Ananas gepackte, mit Pfeffer und geriebenen grünen Mandeln aromatisierte Gänseleber.

Küchentechnisch arbeitet Erfort nach den Prinzipien der französischen Hochküche, die er als Vorgabe benutzt und zeitgemäß mit persönlichem Akzent interpretiert. Wer je seine im Ganzen gebratene Seezunge mit der Entenstopfleber und den gerösteten Haselnüssen gegessen, das Côte de Boeuf mit Rotweinschalotten und den in Gänseschmalz gebackenen Kartoffeln genossen oder sich am Hummer mit Grapefruit und Estragon-Mayonnaise delektiert hat, weiß fortan Kochkunst zu definieren. Die

WAS HABEN SIE ZU HAUSE IMMER IM KÜHLSCHRANK?
Milch und Champagner.

WAS SAMMELN SIE UNS WARUM?
Rezepte, der Grund liegt auf der Hand.

WELCHE SPEISE HABEN SIE ALS KIND AM LIEBSTEN GEGESSEN?
Die Apfelpfannkuchen meiner Großmutter.

Langustinen mit Couscous, Ananas und Fenchel, das Tatar vom Thunfisch mit Limonengelee und einer Kartoffel-Schnittlauch-Crème sowie der Kabeljau mit Anchovis-Ravioli, Aubergine und einem finessigen Bouillabaisse-Fumet sind wie der Schweinebauch mit geschmorten süßen Zwiebeln und dem Senfschaum kreativ konzipierte und bis ins Detail präzise ausgearbeitete Speisen, die den Ideenreichtum von Erfort belegen.

Dank eines feinen, offenbar untrüglichen und auch unbeirrbaren Gefühls für geschmackliche Nuancen und dem Setzen der Aromen stimmt die Balance bei jedem Gericht. Das gilt auch für Kompositionen mit temperamentvoll und mutig kombinierten Zutaten. Die Harmonie ist, nach der an erster Güte orientierten Selektion, bei der Auswahl der Produkte und der Perfektion in der Zubereitung ein dritter Eckpfeiler seiner Küche. Wie schmeichlerisch und zugleich spannungsvoll Tradition und Moderne sich verbinden, zeigen Speisen wie der Potaufeu von Froschschenkeln mit Pfifferlingen im Sherrysud, der in gesalzener Butter poelierte Hummer mit Chicorée, Koriander und Passionsfrucht, das gebackene Ei mit Kaviar und Kartoffelschaum sowie die in der Salzkruste gegarte Taube mit Lauch und Trüffeljus.

Als sein eigener Küchenchef zeigt er nun, was er alles kann. In Gesellschaft gibt sich Klaus Erfort eher still und bescheiden, was freilich nicht mit Unsicherheit verwechselt werden darf. Er weiß genau, was er will, und umso führungswilliger ist er bei allem Teamgeist in der Küche. Das ist sein Reich, da blüht er auf, geht er aus sich heraus. Klaus Erfort, jung, begabt, engagiert und ehrgeizig, gehört zu jener Elite, die das Kochen über das Handwerk hinaus zur Kunst erhebt.

ÜBER DAS RESTAURANT

Der gerade mal 35 Gästen Platz bietende Raum in der palaisartigen Villa mit der sommers nutzbaren Terrasse und dem Teehaus für kleine Festivitäten im herrschaftlichen Park ist licht und modern eingerichtet. Der Service agiert mit ausgesuchter Liebenswürdigkeit, geschult und geführt von Maître Jérôme Pourchêre. Erfort, der drei Jahre lang im »Imperial« des Hotels »Bühler Höhe« als Küchenchef tätig war, hat den Franzosen von dort mitgenommen. Pourchêre berät auch kundig bei der Wahl der Weine aus der attraktiv bestückten Karte.

KONTAKT

GästeHaus Klaus Erfort
Mainzerstraße 95
D-66121 Saarbrücken

Fon: +49 (0)6 81/95 82 682
Fax: +49 (0)6 81/95 82 684
kontakt@gaestehaus-erfort.de
www.gaestehaus-erfort.de

Öffnungszeiten:
Dienstag – Freitag
12.00 – 14.00 Uhr, 19.00 – 22.00 Uhr
Samstag 19.00 – 22.00 Uhr

Betriebsferien:
3 Wochen im Januar,
2 Wochen im September

GIBT ES EINEN TRAUM, DEN SIE SICH NOCH ERFÜLLEN MÖCHTEN?
Zufriedenheit.

WAS ZEICHNET EINEN GUTEN KOCH AUS?
Leidenschaft, Ausdauer, perfektes Handwerk und Kreativität.

IHR SCHÖNSTES KULINARISCHES ERLEBNIS?
Die Apfelpfannkuchen meiner Großmutter und die Patisserie meiner Partnerin.

SIMMENTALER KALBSKOTELETT IM KRÄUTERMANTEL MIT GEBACKENEM KALBSBRIES UND ARTISCHOCKEN

TOMATENFILETS:
8 Tomatenfilets ohne Haut und Kerne
1 Prise Zucker
schwarzer Pfeffer aus der Mühle
4 EL Olivenöl
1 Knoblauchzehe
1 Thymianzweig

KALBSKOTELETT:
2 Kalbskoteletts à 350 g
2 EL Olivenöl
5 EL fein gehackte Kräuter (Kerbel, Petersilie, Basilikum, Thymian)
Salz, schwarzer Pfeffer aus der Mühle

ARTISCHOCKEN:
4 kl. Artischocken
2 EL Olivenöl
1 Knoblauchzehe
1 Thymianzweig

KALBSBRIES:
200 g geputzte Kalbsbriesröschen
2 EL Mehl
1 verquirltes Ei
80 g Mie de Pain
2 EL Butterschmalz
Salz, schwarzer Pfeffer aus der Mühle

GARNITUR:
100 ml Kalbsjus
4 TL Artischockenpüree (gekochte Böden mit etwas Sahne und Kochsud pürieren)
Fleur de Sel
frittierte Petersilie

1. **Tomatenfilets:** Tomatenfilets auf ein Blech legen. Salz, Zucker, schwarzen Pfeffer, Olivenöl, zerdrückte Knoblauchzehe und Blättchen vom Thymianzweig zu einer Marinade verrühren. Tomatenfilets damit begießen und im vorgeheizten Backofen bei 120 °C ca. 1 Stunde trocknen lassen.

2. **Kalbskotelett:** Kalbskoteletts vom Knochen lösen, mit Salz und Pfeffer kräftig würzen. Mit Olivenöl einreiben und gut mit den gehackten Kräutern ummanteln. Jedes Kotelett zuerst fest in Klarsichtfolie und dann in Alufolie einwickeln. Im Wasserbad bei 80 °C ca. 15 Minuten garen. Bei einer Kerntemperatur von 50 °C herausnehmen und 5 Minuten ruhen lassen.

3. **Artischocken:** Kleine Artischocken putzen und zusammen mit Olivenöl, Knoblauchzehe und Thymianzweig bei niedriger Temperatur garen. Dann halbieren und mit den Ofentomatenfilets füllen.

4. **Kalbsbries:** Briesröschen nacheinander in Mehl, Ei und Mie de Pain wenden. In Butterschmalz goldbraun backen und mit Salz und Pfeffer würzen.

5. **Anrichten:** Folien von dem Kalbskoteletts entfernen und das Fleisch der Länge nach durchschneiden. Mit grobem Pfeffer und Fleur de Sel bestreuen. Auf vorgewärmten Tellern anrichten und gefüllte Artischocken und Bries anlegen. Eine Nocke vom Artischockenpüree dazugeben und mit frittierter Petersilie garnieren. Zwei Streifen Kalbsjus auf jeden Teller träufeln.

Unter gastrosophischen Exegeten ist die Existenz einer deutschen Küche umstritten. Die Verneiner meinen, es gäbe keine deutsche Küche mit eigenständigen Rezepten. Das ist wohl etwas zu kurz gedacht. Zwar wird man nicht von einer deutschen Nationalküche sprechen können, die – wie die französische Hochküche oberhalb der regionalen Küchen – international ausstrahlt, aber es gibt eben doch eine Vielzahl von Gerichten mit spezifisch deutschem Charakter, die sich zu einer deutschen Bürgerküche bündeln lassen. Hinzu kommen aktuelle Trends zur Entwicklung einer neuen deutschen Küche aus zeitgemäß interpretierten gutbürgerlichen Rezepten. Darunter ist keine auf schick getrimmte Schmankerlküche zu verstehen, sondern eine mit kulinarischer Kreativität und handwerklichem Ernst gefasste Küche aus Speisen, die im gehobenen deutschen Bürgertum von jeher als eine Synthese der verschiedenen Landesküchen gepflegt worden sind.

Ein pralles Archiv an Rezepturen in diesem Sinne bietet die badische Landesküche, wie sie Gutbert Fallert zwischen Tradition und Innovation pflegt: Schweinskotelette mit Croustillant von Schweinsfüßen und dicken Bohnenkernen à la Crème; Zanderfilet mit Butterbröseln, Pfifferlingen und Limonen-Ricotta-Gnocchi; Parfait von Masthuhnleber mit Gewürztraminer-Gelee und Waldorfsalat; geschmorte Lammschulter mit Cassoulette von Bohnen und Tomaten; geschmortes Rehschäufele mit Pfeffersauce, Rotkraut und Serviettenknödel; Kalbskopf, Schweinebacken und Blutwurst mit Bratensaft, Apfel-Sauerkraut und Kartoffelpüree; badische Fleischküchle mit Bratensaft und Kartoffelsalat; Wiener Schnitzel mit Kartoffelsalat; Entenbrust mit Orangensauce, Blattspinat mit Pinienkernen, glasierte Feige und Kürbis-Gnocchi.

Das Konzept von Fallert, Jahrgang 1950, ist ein Mix aus originärer badischer Küche mit neu gefassten Rezepten der Bürgerküche und einer internationalen Küche auf bevorzugt mediterraner Basis. Diesen gastronomischen Spagat meistert die Küche galant in zwei Restaurants, dem »Fallert« und der »Badischen Stube« mit der Freiheit für den Gast, sich wechselweise aus den Karten zu bedienen. Dass ein Wiener Schnitzel, ein Schäufele und ein Zwiebelrost-

IHR LEBENSMOTTO?
Lebe den Tag!

WELCHE SPEISE HABEN SIE ALS KIND AM LIEBSTEN GEGESSEN?
Biffdeck mit Zwiwwle.

WELCHER BERUF (AUSSER DEM EIGENEN) WÄRE FÜR SIE INTERESSANT UND WARUM?
Hollywood-Filmregisseur – um einen tollen Film über Abenteuer, Köche etc. zu machen.

WANN UND WO KOMMEN IHNEN IDEEN FÜR NEUE GERICHTE?
Überall und zu jeder Zeit … wenn der Geist wach ist …

braten in ihrer traditionellen Machart angeboten werden, ist vernünftig, denn solche Klassiker lassen sich nicht verbessern. Kutteln hingegen werden beispielsweise in der urbadischen und einer toskanischen Version offeriert. Der Kalbskopf, kombiniert mit Langoustine und dicken Bohnen in Hummerfondue, das Gratin von Kalbsbries und Hummer mit grünem Spargel sowie die Spargelvariation mit Rotweinbutter und Parmesanschaum, der Glattbutt mit Safran, Tomatensugo, Langostino und Pulpo, die Morcheln in ihrem Jus nebst »ein wenig Sahne, Gröst'l von der Wachtelkeule, Pasta« oder das Kalbsfilet mit Pinienkernkruste und Estragon-Jus verweisen auf die Ausbildung von Fallert in der französischen Kochtechnik und seine Neigung zur Mittelmeerküche.

Fallert wäre also zu Recht beleidigt, würde man ihn auf die badische Schiene reduzieren. Die regionale Küche ist wohl seine Basis, ökonomisch wie kochmethodisch. Er pflegt die Tradition, wo es sinnvoll ist, und er nutzt sie für die individuelle Neufassung der Rezepturen. Das gelingt Fallert derart stilsicher, dass neue Gerichte entstehen, ohne dass deren Herkunft radikal verleugnet würde. Durch spannende Kombinationen und Würzpraktiken sowie die Reduzierung von Butter und Sahne zugunsten von leichter angelegten Säften verleiht er den Speisen ein neues Gesicht mit mehr Raffinesse, ja Esprit.

Dennoch, würde Gutbert Fallert der zeitgemäßen Reform und Weiterentwicklung der Regionalküche noch mehr Aufmerksamkeit widmen, also kühner und phantasievoller als bislang schon badische Rezepturen renovieren – und in diesem Sinne regionale Produkte stärker berücksichtigen –, so könnte man ihn inniger als Wegbereiter einer neuen deutschen Küche rühmen.

GIBT ES ETWAS, DAS SIE NIE ESSEN WÜRDEN?
Das würde sich zeigen, wenn es auf dem Teller liegt.

IHR LIEBLINGSGEWÜRZ?
Baharat – im Moment.

IHR SCHÖNSTES KULINARISCHES ERLEBNIS?
Die Besuche bei Eckart Witzigmann in den 80er-Jahren.

MIT WEM WÜRDEN SIE GERNE EINMAL ZU ABEND ESSEN?
Mit Freunden, die den Abend genießen können.

ÜBER DAS RESTAURANT

Holz ist in beiden Restaurants auf gut schwarzwälderisch das dominierende Material – dunkel gebeizt in der badischen Stube mit der Balkendecke, honigfarben im »Fallert«, wo Parkettboden und Kassettendecke mit eingelassenen Spots die insgesamt warm wirkende Atmosphäre mit der schönen Tischkultur elegant ergänzen. Im Sommer bietet sich der lauschige Gastgarten an. Die Weinkarte ist gut bestückt, auch mit romanischen Gewächsen. Das Frühstück wird mit badischen Exquisitessen à la Fleischküchle, Linsensalat, Kartoffelsalat, Ziegenfrischkäse & Co. würdig angereichert.

KONTAKT

Hotel Talmühle
Restaurant Fallert
Talstraße 36
D-77887 Sasbachwalden

Fon: +49 (0) 78 41 / 62 82 90
Fax: +49 (0) 78 41 / 62 82 999
info@talmuehle.de
www.hotel-talmuehle.de

Öffnungszeiten:
Badische Stube täglich
Restaurant Mittwoch – Sonntag

Betriebsferien:
3 Wochen im Februar

ROCHEN MIT KAPERN UND LAUCH

1 ganz frischer Rochenflügel
à 1,5–1,8 kg, filiert und in 4 Portionen
à 150 g geteilt
2 EL Kapern
Abrieb von 2 Limonen, Saft einer
Limone, 1 Limone in Filets geteilt
2 Tomaten, enthäutet, entkernt,
fein gewürfelt
1 Stange Lauch
Salz, Pfeffer
Olivenöl, etwas Butter

SAUCE:
2 Schalotten, fein gewürfelt
20 ml trockener Riesling
50 ml Noilly Prat
30 ml Fischfond
20 ml Sahne

1. **Lauch:** Den weißen und hellgrünen Teil der Länge nach halbieren, gut waschen und quer in feine Streifen schneiden. In Butter mit Salz und Pfeffer leicht bissfest garen.

2. **Sauce:** Schalottenwürfel mit Riesling, Noilly Prat und Fischfond einkochen, bis auf einen kleinen Rest. Mit der Sahne auffüllen und etwas einkochen lassen. Anschließend durch ein Sieb passieren und abschmecken.

3. **Rochen:** Die Rochenstücke salzen, pfeffern, leicht mehlieren und in einer Teflon-Pfanne mit einigen Tropfen Olivenöl auf beiden Seiten leicht braten, bis sie sanft gebräunt sind. Zum Schluss ein Stückchen Butter dazugeben und öfters übergießen. Am Herdrand warmhalten.

4. **Fertigstellung:** Die Sauce erhitzen, Limonensaft und abgeriebene Schale (vorsichtig dosieren!) zugeben, mit Salz und Pfeffer abschmecken. Mit dem Pürierstab aufmixen und etwas geschlagene Sahne dazugeben. Die Limonenfilets, Kapern und Tomatenwürfel hinzufügen und vorsichtig umrühren.

MARTIN FAUSTER, HOTEL KÖNIGSHOF, MÜNCHEN, DEUTSCHLAND

Der Superlativ geht gerne mit einem durch, rasch ist man als Kind des lauten Zeitgeistes mit dem Urteil zur Hand, soeben das beste Stück Fleisch, den feinsten Fisch, die genialste Vorspeise gegessen zu haben. Und subjektiv, aus dem Bauch und der Stimmung heraus, stimmt das auch. Es gibt kulinarische Entwürfe, bei denen selbst der abgefeimteste Gourmet seine Reserve verlässt und über ein Essen jubelt, das sich in Verbindung mit edlen Weinen zu einem Gesamtgenusswerk summiert hat. Dieses schöne Gefühl des Außergewöhnlichen stellt sich bei Martin Fauster ein, dem gastronomischen Zauberer von München.

Bereits ein erster Blick in die Speisekarte vermittelt eine Ahnung von den bevorstehenden Wonnen – und so kommt es dann auch. Was Fauster, der 1972 in der Obersteiermark geborene Küchenchef, eine kalte Bohnensuppe mit Lardo und gebeiztem Rinderfilet nennt, klingt schlicht, ja simpel und ist doch ein Gaumenschmeichler. Die pürierten Bohnen mit dem zarten Fleisch und dem Hauch von Räucherspeck machen aus dem vulgären Grundprodukt eine Delikatesse. Da treffen sich Kühnheit mit Raffinesse und es zeigt sich richtlinienmäßig, was den Mann am Herd auszeichnet: gastrosophisches Selbstbewusstsein, gepaart mit einem ungemein feinen Gefühl für die Erschaffung von Speisen mit zugleich dichter und subtil abgeschmeckter Aromatik.

Fauster ist ein Gerechter der klaren Linie mit Achtung vor dem Naturgeschmack. Sein sanft tomatisierter und mit Fingerspitzen gewürzter Thunfisch lässt Sashimi-Meister erblassen. Weitere Menü-Etappen zur kulinarischen Glückseligkeit: Grüne Mandeln zum glasig gedämpften Wolfsbarsch; Kürbis, Apfel und Szechuanpfeffer zum bretonischen Hummer, der saftig ist und kein bisschen zäh; die seltene Krause Glucke zur sautierten Seezunge; das den Gaumen wie zuvor bereits das Auge entzückende, mit Petersilienöl aromatisierte Mosaik aus Ochsenschwanz und Gänseleber; die von einer seidig glänzenden Sauce geschmeidig umspielten Rehmedaillons mit transparenten Ravioli und einem Blaukraut, das für sich allein Genuss beschert; die köstliche Zwetschgentarte mit Amarettini-Eis.

IHR LEBENSMOTTO?
»Höre nie auf anzufangen, fang nie an aufzuhören.«

WAS HABEN SIE ZUHAUSE IMMER IM KÜHLSCHRANK?
Senf, Wein.

WELCHE 3 DINGE WÜRDEN SIE AUF EINE EINSAME INSEL MITNEHMEN?
Ein Buch, ein Messer, ein Surfbrett.

WOMIT KANN MAN SIE VERFÜHREN?
Mit schönen Augen.

WIE ENTSPANNEN SIE SICH?
Musik hören. Pilze sammeln.

Der gute Koch ist ja daran zu erkennen, wie er die Produkte auswählt, einsetzt, kombiniert, verwertet und schließlich zur Wirkung bringt. Fauster ist kein Küchenmystiker, schon figürlich kein schmalhüftiges Nouvelle-Cuisine – Bürscherl, das die Menschheit mit fettfreier Magerkost zu einem höheren Geisteszustand führen will. Er hat keine Scheu vor kräftigen Tönen und weiß, dass gute Butter einer Sauce frommt, doch beherrscht er vollendet die Kunst, Kräuter, Gewürze und Fette – ob Sahne, Butter oder die von ihm besonders geschätzten Öle – so feinsinnig einzusetzen, dass sie einem Gericht wohl die nötige Struktur und Geschmackstiefe geben, doch nicht dominieren.

Entscheidende Impulse für seine Küche, die sich stilistisch als individuell und zeitgemäß interpretierte französische Klassik mit Einsprengseln der gehobenen gutbürgerlichen Küche beschreiben lässt, hat Fauster bei Olivier Röllinger im französischen Cancal sowie bei Hans Haas im Münchner »Tantris« mitbekommen. Inzwischen ist er dabei, eine Küche eigener, unverwechselbarer Stilistik zu entwickeln.

WELCHER BERUF (AUSSER DEM EIGENEN) WÄRE FÜR SIE INTERESSANT UND WARUM?
Landwirt – die Arbeit in der Natur.

WANN UND WO KOMMEN IHNEN IDEEN FÜR NEUE GERICHTE?
Nach wenig Schlaf.

MIT WEM WÜRDEN SIE GERNE EINMAL ZU ABEND ESSEN?
Mit meiner zukünftigen Frau.

ÜBER DAS RESTAURANT

Das im 1. Stock gelegene Lokal hat die gediegene Eleganz der Grandhotellerie. Die Tische sind mit Damast, Silber und Kristall gedeckt, dicker Teppich dämpft die Schritte, die Eichenholztäfelung und die Kassettendecke verleihen dem Raum in angenehm dosiertem Licht eine noble Gemütlichkeit. Begehrt sind die Plätze an der wandhohen Fensterfront, durch die man die Autos und Fußgänger am Stachus betrachten kann. Weinfreunde sind bestens aufgehoben, wofür schon die Brüder Geisel sorgen, die weinverliebten Hoteliers. Stéphane Thuriot berät gekonnt als Sommelier, während Manfred Friedel, der souveräne Maître, bei der Komposition des Menüs hilft. Und es ist eine Augenweide ihm zuzuschauen, wie elegant er die nach ihm benannte Erdbeerspeise oder die legendären Crèpes Suzette flambiert. Das ist angewandte Erlebnisgastronomie!

KONTAKT

Hotel Königshof
Gourmetrestaurant Königshof
Karlsplatz 25
D-80335 München
Fon: +49 (0) 89/55 13 61 42
Fax: +49 (0) 89/55 13 61 73
koenigshof@geisel-privathotels.de
www.geisel-privathotels.de

Öffnungszeiten:
Dienstag – Samstag
12.00 – 14.30 Uhr
18.45 – 22.30 Uhr
Oktober – Dezember
auch montags geöffnet

Betriebsferien:
1 Woche im Januar,
4 Wochen im August

SAUTIERTE LANGOUSTINEN MIT STACHELBEEREN

12 Langoustinen, ausgebrochen, und ihre Karkassen
je 10 rote und grüne Stachelbeeren
1 EL mildes Olivenöl
1 EL Holunderblütenöl
0,5 cm Vanilleschote
1/2 Zwiebel
1 kleines Stück Stangensellerie
1 Tomate
1 Zweig Thymian
1 Knoblauchzehe
1 EL Olivenöl
2 EL Butter
1/16 l weißer Portwein
Salz, Cayennepfeffer
kalte Butterwürfel

1. **Saucenansatz:** Die Karkassen zerstoßen und in Olivenöl und Butter leicht anbraten. Die Zwiebel und Stangensellerie klein schneiden und kurz mitrösten. Tomate klein schneiden und zusammen mit den Kräutern zugeben, kurz mitrösten und mit dem Portwein ablöschen.

2. **Stachelbeeren:** Die Stachelbeeren auskratzen und mit den Ölen und der Vanilleschote vermengen.

3. **Stachelbeersauce:** Einen Teil der Stachelbeerenhäute zu den Karkassen geben, mit Wasser knapp bedecken und ca. 1 Stunde leicht köcheln lassen. Anschließend passieren und mit kalten Butterwürfeln binden.

4. **Anrichten:** Die Langustinen in Olivenöl von beiden Seiten kurz anbraten und auf den Stachelbeeren anrichten. Das Gericht mit etwas Sauce nappieren.

Es ist eine Freude, ihm in der Küche zuzusehen. Faxenlos arbeitet hier einer mit Lust und hohem sittlichem Ernst. Man spürt, dass Kochen ein gehöriger Teil seines Lebens ist, eines Lebens, in dem, allgemein gemeint, Sieg und Niederlage nahe beieinander liegen. Wenn sich der Pianist um einen Ton vergreift, nimmt es nur Mozart im Himmel wahr oder schlimmstenfalls Joachim Kaiser von der »Süddeutschen« und ein Maler kann einen falschen Pinselstrich jederzeit mit einem Kleckser übertünchen oder einen Kunstkritiker finden, der einem staunenden Publikum beredt nachweist, weshalb gerade dieses Bild dem Zeitgeist entspricht. In der großen Küche kann nicht gepfuscht werden; jeder Fehler – und sei es der kleinste – liegt in diesem unbarmherzigen Live-Spektakel bloß zutage und dient auf der Lauer liegenden Gastrokritikern als willkommenes Fressen.

Alfred Friedrich, 1957 in Linz an der Donau geboren, weiß um die Höhen und Tiefen seines Berufs. Schon als siebenjährigen Knirps haben ihn die Vorgänge am Herd mehr fasziniert als die üblichen technischen Träume zwischen Lokführer und Pilot. Er wollte »Koch werden« und wurde es. Nach Fingerübungen in seiner Heimat ging Friedrich bald nach Deutschland, arbeitete und lernte in besternten Häusern und erkochte sich als Nachfolger von Hans Haas im »Brückenkeller« in Frankfurt seine eigenen zwei Sterne. Weitere Adressen danach waren das »Humperdinck« in Frankfurt und das »Marcobrunn« im Rheingauer Schloss Reinhartshausen, wo Friedrich furios aufkochte, doch Probleme bekam mit den Pfennigfuchsern im Hotelmanagement.

Einem bedeutungslos kurzen Seitensprung in die österreichische Provinz folgte ein Engagement als Küchenchef von Heinz Winkler in dessen »Residenz« in Aschau. Da trafen allerdings zwei Köche von ungefähr gleichrangigem Genie, doch unterschiedlichem Temperament aufeinander mit der automatischen Folge einer baldigen Trennung. Das bot die Chance für die von seinen zahlreichen Verehrern bejubelte Rückkehr nach Frankfurt, wo die Geschwister Hans Peter und Birgit Zarges ihr kleines kulinarisches Imperium an der sinnig »Fressgass« genannten Einkaufsmeile stilvoll ausbauten und Friedrich verpflichteten. Hier zeigt er nun seit Juli 2007 sein großes Können als Koch.

IHRE LEIBSPEISE?
Züricher Geschnetzeltes mit Rösti.

WELCHE SPEISE HABEN SIE ALS KIND AM LIEBSTEN GEGESSEN?
Topfenstrudel von meiner Mutter.

GIBT ES EINEN TRAUM, DEN SIE SICH NOCH ERFÜLLEN MÖCHTEN?
Ein Haus in der Provence.

WELCHER BERUF (AUSSER DEM EIGENEN) WÄRE FÜR SIE INTERESSANT UND WARUM?
Pilot, weil mich die Technik fasziniert.

Groß ist auch sein Herz, nicht minder ausgeprägt der unerbittliche Anspruch an die Güte des Produktes als Fundament einer strikt an der französischen Klassik orientierten Küche mit finessig gesetzten mediterranen Akzenten. In der Küche ist Friedrich selbstbewusst und skrupulös zugleich. Er weiß, was er kann, und verfügt über das zielführende Quent an Fantasie und auch Mut, um die in Mußestunden und bei Champagner, seinem Leibgetränk, erdachten, ja erfühlten Ideen in Rezepturen für neue Gerichte umzusetzen.

Das Ergebnis ist eine Küche sehr persönlichen Zuschnitts, deren Esprit sich unschwer an der klar formulierten Speisekarte ablesen lässt: Gänseleber mit Nougat und Zitrone; Hummer mit Wildkräutern und Gin Tonic; rosa Languste mit Kalbsbries und geschmortem Romana-Salat; Salat vom Rochenflügel mit Weinbergschnecken; Salat von glasiertem Kalbsbries und Jakobsmuscheln mit grünem Spargel und Nussbutterschaum; Filet vom St. Pierre mit Austernjus; Taube mit Blutwurst und gebackenem Schweinsohr; Rücken und Tafelspitzscheibe vom Wagyu-Rind mit geschmortem Trevisano; Rehrücken in pfeffrigem Café-Arabica-Jus.

Friedrich aromatisiert eine gebratene Gänseleber mit Pfeffer, Zimt, Gewürznelke und Muskat, reichert sie subtil mit der rauchigen Note des Lapsong-Souchong-Tees an und flankiert sie schließlich geschmeidig mit Wildfeige und einem fein abgestimmten Zitrusgelee. Beifall gebührt dem perfekt glasig gegarten Kabeljau mit der Kalbskopf-Vinaigrette. Er schafft beim Rücken vom Iberico-Schwein mit Quitten und Kartoffel-Pilz-Raviolo eine bestechende Balance zwischen Fleisch, Frucht und Gemüse von hoher kulinarischer Spannung. Gleiches gilt für den Wolfsbarsch mit Zitronenpolenta und Muscheln sowie das Sauté von Froschschenkeln mit cremig gerührtem Reis und Parmesanschaum. Keine Frage, Alfred Friedrich reiht sich mit seiner geschmacklich komplex und elegant angelegten Küche unter Verzicht auf modische Effekte würdigst ein in die Phalanx der Österreicher nach Eckart Witzigmann, die aktiv am deutschen Küchenwunder mitwirken.

GIBT ES EIN PRODUKT, DAS SIE GAR NICHT MÖGEN?
Tofu und Trüffelöl.

MIT WEM WÜRDEN SIE GERNE EINMAL ZU ABEND ESSEN?
Gerard Depardieu.

ÜBER DAS RESTAURANT

Das ungeniert in leuchtendes Rot getauchte, opulente Ambiente erzeugt Pariser Salonstimmung à la Fin de siècle. Über roten Teppichboden wird der Gast einige Stufen hinab ins Lokal geführt, wo ihn ein sachkundig arbeitender Service freundlich in Obhut nimmt. Die Weinkarte ist gut, nicht außergewöhnlich komponiert, bestückt mit einigen fair kalkulierten Bürgergewächsen, wohingegen namhafte Kreszenzen aus Burgund und dem Bordelais selbst aus durchschnittlichen Jahren kühn nach oben aufgerundet wurden.

KONTAKT

Zarges GmbH
Zarges Gourmetrestaurant
Kalbaecher Gasse 10
D-60313 Frankfurt am Main

Fon: +49 (0) 69 / 29 90 30
Fax: +49 (0) 69 / 29 90 33 88
info@zarges-frankfurt.com
www.zarges-frankfurt.com

Öffnungszeiten:
Dienstag – Samstag
12.00 – 14.00 Uhr
19.00 – 22.00 Uhr

Betriebsferien:
2 Wochen Anfang Januar
2 Wochen in den hessischen Sommerferien

EUROPÄISCHER HUMMER MIT OCHSENGAUMEN, WILDKRÄUTERN UND GRAUPEN

1 Hummer à 800 g
600 g Ochsengaumen, geputzt und pariert
2 l Gemüsefond
1 EL Hummerbutter

JUNGES GEMÜSE:
je 8 Karotten, Petersilienwurzeln und Lauchstangen
etwas Butter
etwas Gemüsefond

GRAUPEN:
100 g Graupen
500 ml Hummerjus
1 Knoblauchzehe
1 Zweig Thymian
1 Lorbeerblatt
Champagner-Essig, Olivenöl
Salz, Pfeffer
1 EL gehackte Kräuter, Estragon, Petersilie, Kerbel und Basilikum
Butter
100 g Wildkräuter

1. **Ochsengaumen:** Den Ochsengaumen über Nacht in Eiswasser wässern. Anschließend im Gemüsefond 2 1/2–3 Stunden weich kochen. Abschrecken, dann die Haut abziehen und das Fleisch in schöne, nicht zu kleine Würfel schneiden.

2. **Hummer:** Den Hummer nur kurz in kochendem Wasser abtöten und in Eiswasser abschrecken. Den Schwanz vom Körper abdrehen und mit einem Sägemesser in Medaillons schneiden. Den Darm mit einer Pinzette aus den Medaillons entfernen. Die Gelenke und Scheren im Kochwasser fertig garen (pro 100 g Lebendgewicht 1 Minute Garzeit). Dann abschrecken und ausbrechen.

3. **Gemüse:** Das Gemüse schälen, putzen, in Eiswasser blanchieren, in Butter anschwitzen und mit etwas Gemüsefond glasieren.

4. **Graupen:** Die Graupen im Hummerjus garen und die Ochsengaumenwürfel darin erwärmen. Zum Garen Thymianzweig, Knoblauchzehe und Lorbeerblatt zugeben. Mit Salz, Pfeffer, Champagner-Essig und Olivenöl abschmecken. Zum Schluss die gehackten Kräuter zugeben.

5. **Anrichten:** Die Hummermedaillons in Olivenöl und Hummerbutter braten und zum Schluss die Scheren und Gelenke kurz durchschwenken. Die Ochsengaumenwürfel mit den Hummerstücken anrichten. Mit der Graupenvinaigrette nappieren und die Wildkräuter darüberstreuen.

a. friedrich

JEAN-LUC GARNIER, RESTAURANT »BRÜNDLHOF«, WARTENBERG, DEUTSCHLAND

Decimus Junius Juvenal, der altrömische Dichter, berichtet, dass Kaiser Domitian seine Minister zusammentrommelte, um mit ihnen zu beraten, wie ein vor Ancona gefangener Riesensteinbutt am besten zuzubereiten sei (dass ein deutscher Kanzler im Kabinett ein Rezept diskutieren lässt, ist undenkbar). Die frühchristlichen Anachoreten, superfromm und wahre Giganten der Askese, begnügten sich täglich mit sieben Oliven – acht Stück empfanden sie als Völlerei, sechs als Hochmut. Zwischen der Reduzierung der Nahrungsaufnahme auf Oliven und der Hingabe an einen Butt liegen Welten, doch sie symbolisieren die Bandbreite menschlicher Leidenschaften zwischen schierer Beruhigung des Leibes und dessen lustvoller Befriedigung. Letzteres inkludiert auch die Vorfreude als eigenständigen Wert von tiefer Sinnlichkeit.

Ein Essen bei Jean-Luc Garnier vermag solche schönen Gefühle auszulösen. Um nun ein Missverständnis gar nicht erst aufkommen zu lassen: Garnier, im Oktober 1957 in Roanne geboren, ist kein Küchenmystiker, der mit Speisen von überirdischem Glanz kulinarische Wunder vollbringt. Man wird seine Küche auch nicht als groß im Sinne von einzigartig bezeichnen können. Aber eines kann man bei Garnier, dem sympathischen, bescheidenen, humorbegabten und am Herd gottlob selbstbewusst arbeitenden Koch, der 1989 während eines Praktikums bei den berühmten Brüdern Troisgros in deren gleichnamigem Gourmettempel in Roanne von der suggestiven Dreisterneküche infiziert worden war.

Garnier war begeistert und schwor sich, einen Stil anzustreben, der geschmackliche Tiefe mit Eleganz und einer Prise Esprit verbindet. Diesen hohen Anspruch erfüllt er nun seit knapp 20 Jahren. Die Anfangsjahre waren finanziell freilich riskant und seelisch hart. Immer wieder, wenn der Koch und Traudel, seine Partnerin im Leben wie im Restaurant, selber den Steinbutt, die Languste und die Gänseleber essen mussten, weil die Gäste ausblieben, kamen die Anfechtungen. Soll man aufgeben, den Küchenstil wechseln? Tafelspitz, Haxe und Knödel anstelle der Grande Cuisine? Das Paar hielt durch und kann heute, dank einer treuen Stammklientel, die nicht die Show, sondern erstklassige Gastronomie sucht, aufatmend sagen: Wir haben

IHR LEBENSMOTTO?
Die Feste feiern, wie sie fallen!

WELCHE 3 DINGE WÜRDEN SIE AUF EINE EINSAME INSEL MITNEHMEN?
Gitarre, Angelrute, Bier.

GIBT ES EINEN TRAUM, DEN SIE SICH NOCH ERFÜLLEN MÖCHTEN?
Tourneekoch bei Eric Clapton.

WELCHER BERUF (AUSSER DEM EIGENEN) WÄRE FÜR SIE INTERESSANT UND WARUM?
Holzfäller – Nähe zur Natur.

es geschafft. Essen wie in Frankreich und das in der bayerischen Provinz.

Die Küche ist eng der französischen Klassik verpflichtet. Modische Effekte, ob asiatisch oder gar molekular getönt, interessieren Garnier nicht. Er weiß, dass Mode so hässlich sein kann, dass sie alle paar Wochen geändert werden muss. Mediterranes blitzt in Produkten und Gartechniken auf, ist jedoch mehr an der Provence als der Toskana orientiert. Die Gäste werden mit herzhaft gezogenen Jus und delikat gerührten Saucen erfreut, die seidigen Glanz haben, ein dichtes Aroma und Finesse. Das Potpourri aus vier Fischen ist ein Gruß aus dem französischen Süden: Rotbarbe auf der Haut gebraten, gegrillter St. Petersfisch mit Thymian, safranisiertes Filet vom Wolfsbarsch, kurz erhitztes Lachsfilet – alles lecker umspielt von einem mit Butter schaumig angereicherten Fischfond.

Butter und Sahne sind in der Garnier-Küche wichtige Hilfsmittel, aber nicht alleinige Träger des Geschmacks. Für aromatische Komplexität sorgen auch Kräuter und Gewürze, die teils unkonventionell eingesetzt werden wie etwa beim Seezungenfilet, das mit einem Sud aus Flusskrebsen, schwarzem Tee, Paprika und Sternanis einen aparten orientalischen Hauch erhält. Originell ist die mit Blauschimmelkäse »Fourme d'Ambert« überbackene Hochrippe vom Kalb, eine Köstlichkeit das frittierte Ei auf Erbsenpüree mit schwarzer Trüffel. Unbedingt einen Löffel zum Schlecken benötigt der Gourmet bei Fleischgerichten wie dem jungen Täubchen, das auf einem Jus aus Innereien serviert wird. Das ist unverfälschte Naturküche, schnörkellos in der Anlage und meisterlich in der Zubereitung.

GIBT ES EIN PRODUKT, DAS SIE GAR NICHT MÖGEN?
Coca-Cola.

WIE VIELE KOCHBÜCHER BESITZEN SIE?
63.

DREI WORTE ZU GENUSS?
Wein, Weib und Gesang.

ÜBER DAS RESTAURANT

Der teilweise holzgetäfelte Speiseraum mit Deckenbalken, moderner Kunst, mintgrünen Stühlen, Kerzen, Terrakottaboden und den anmutig gesteckten Blumenarrangements wirkt gemütlich. Im Sommer wird der Garten einbezogen. Traudel Garnier, von Haus aus Gartenbauingenieurin, leitet mit liebevoller Umsicht den Service und hilft kompetent bei der Weinwahl aus der überschaubaren, französisch bestückten, überwiegend fair bepreisten Karte. Ein Erlebnis sind die Rollwagen, versehen mit Käse der eine, der andere mit verführerisch süßen Näschereien.

KONTAKT

Restaurant Bründlhof
Badstraße 44
D-85456 Wartenberg

Fon: +49 (0) 87 62 / 35 53
Fax: +49 (0) 87 62 / 32 47
info@bruendlhof.de
www.bruendlhof.de

Öffnungszeiten:
Donnerstag – Montag
12.00 – 15.00 Uhr
18.30 – 24.00 Uhr

Küchenzeiten:
Donnerstag – Montag
12.00 – 13.30 Uhr
18.30 – 22.00 Uhr

Betriebsferien:
3 Wochen im August
1 Woche nach Weihnachten

JUNGES TÄUBCHEN AUF EINEM JUS VON SEINEN INNEREIEN

2–4 junge Täubchen
(mit Herz und Leber)
500 ml Geflügelfond
Butter, Öl, Salz und Pfeffer
Thymian, Knoblauch und Schalotte

SAUCE:
Herz und Leber der Täubchen
1 Schalotte, fein gehackt
Petersilie, gehackt
Salz, Pfeffer
2 cl Olivenöl
1 cl Xérès-Essig
150 ml Kalbsjus

1. **Täubchen:** Die Tauben ausnehmen, dabei Herz und Leber für die Sauce reservieren, dressieren und 5 Minuten im Geflügelfond pochieren. Gut abtrocknen. Mit Salz und Pfeffer würzen und in einer Bratpfanne in etwas Butter und Öl zusammen mit Thymian, Schalotte und Knoblauch so lange braten, bis sie gut Farbe angenommen haben.
2. **Sauce:** Leber und Herz der Täubchen sehr fein hacken und in einer Pfanne mit etwas Öl anbraten. Mit Salz und Pfeffer würzen, mit Kalbsjus ablöschen und 10 Minuten köcheln lassen. Vor dem Servieren nochmals stark aufkochen. Olivenöl, Xérès-Essig, Schalotte und Petersilie hinzufügen und abschmecken.
3. **Anrichten:** Die Täubchen zerlegen und mit jungem Gemüse auf einem Saucenspiegel anrichten.

j.-l. garnier

CHRISTIAN F. GRAINER, CHRISTIAN'S RESTAURANT, KIRCHDORF, DEUTSCHLAND

Der Bayer und Weltmann Christian F. (Friedrich) Grainer ist ein kritischer Geist und als Mensch wie als Koch von geradliniger Art. Die Liebe zur Küche hat er gleichsam mit der Muttermilch eingesogen. Das war im elterlichen Betrieb, einem jener statiösen, für die Ewigkeit vis-à-vis der Kirche stehenden Gasthöfe, hinter deren dicken Steinmauern der Lärm der Welt draußen bleibt. Heute steht Grainer, 1964 in Haag neben Kirchdorf geboren, als Chef am Herd und erfreut seine Gäste mit einer Küche von verheißungsvollem Duft und geschmacklicher Tiefe. Grainer ist ein hochklassiger Koch, kreativ und begabt mit einem tiefgründigen Humor.

Die Kombination aus idyllischem Ambiente, herzlicher Gastfreundschaft, grandiosem Weinkeller und raffinierter Küche macht das Haus auch für gewiefte Gourmets zu einer lohnenden Adresse. Raffinement darf freilich nicht missverstanden werden. Grainer gilt unter Köchen wohl als Paradiesvogel – wegen seines unangepassten Lebensstils, weil er Musik von Richard Wagner liebt und Ludwig II., mit dem ihn eine gewisse Gesichtsähnlichkeit verbindet, in unerschütterlicher Verehrung zugetan ist. Dem Märchenkönig widmet er an dessen Gedenktagen auch feinsinnig inszenierte Feste. Aber am Herd ist der Mann ein harter Arbeiter, ein Berserker, der »das Beste geben« will, um seine Gäste zu beglücken. Das tut er denn auch mit Begeisterung.

Das Ergebnis lässt sich genussvoll erleben in Form eines Carpaccio vom Bachsaibling mit Tomaten-Concassé und Saiblingskaviar, einer mit Stopfleber gefüllten und perfekt gebratenen Wachtel auf pochierten Birnen und einem meisterlich reduzierten Sauternes-Sößchen, einer geschmeidig glänzenden Hummersuppe, einem außen kross und innen saftig gebratenen Steinbutt mit Artischockenrisotto und Rotweinbutter. »Was ich gerne esse, koche ich auch«, sagt Grainer, und wenn ihm ein Gericht besonders gut gelungen erscheint, erlaubt er sich einen fröhlichen Zungenschnalzer. Der kann einem Klassiker der »Grande Cusine« wie dem grandios im Rohr zelebrierten Wildhasenrücken »Royal« mit Apfel-Sellerie-Püree und Feigen-Blaukraut ebenso gelten wie der gutbürgerlich gefüllten Kalbsbrust oder einer Kreation à la Zanderfilet mit Briochekruste und Tomatenbutter.

IHR LEBENSMOTTO?
Lebe heute, denn du weißt nicht was morgen ist.

IHRE LEIBSPEISE?
Bauernente mit Blaukraut und Kartoffelknödel.

WELCHE 3 DINGE WÜRDEN SIE AUF EINE EINSAME INSEL MITNEHMEN?
Da will ich nicht hin. Dahoam is dahoam!

WAS SAMMELN SIE UND WARUM?
Wein, weil die Flaschen wie Kinder sind. Du machst mit ihnen alle Reifeprozesse mit und freust dich daran.

WAS ZEICHNET EINEN GUTEN KOCH AUS?
Permanent an sich zu arbeiten.

Es ist schwer, den Stil einer persönlich akzentuierten Küche bis in die letzte Zutatenprise hinein zu definieren. Worte sind für die Beschreibung von Geschmack sowieso unzulänglich. Wer in »Christian's Restaurant« schon gegessen hat, weiß, dass Grainer weder eine Esskonfektion noch eine jener prätentiösen Designer-Küchen macht, die allenfalls das Auge, doch nicht den Gaumen entzücken. Seine Küche orientiert sich am Hauptprodukt, um das herum mit sicherer Hand die Beilagen und Saucen komponiert werden. Grainer ist ein Gerechter des frischen und authentischen Produkts. Er kocht originär, und unverwechselbar ist sein Stil auch, wenn er regionale Rezepte neu fasst.

Wichtig ist ihm, dass die Speisen klar im Aufbau sind, über einen vollen und vielschichtig strukturierten Geschmack verfügen und über Anmut in der Präsentation. Die Leitworte der Grainer'schen Küche lassen sich so bündeln: kompositorische Logik, dichtes Aroma, Ästhetik auf dem Teller. Fragt man Christian Grainer, wie er seine Küche beschreibt, gibt er sich bescheiden: »Eine Küche soll es sein, die gut ist und aufs Land passt.« Das klingt sympathisch und ehrt einen Mann, der als seine Leibspeise eine Bauernente mit Blaukraut und Kartoffelknödel nennt. Selbstverständlich wird diese herzhafte Rustikalität auf Bestellung in Kirchdorf geboten, und dies so geschmackig, dass man meint, noch nie zuvor bei einer gebratenen Ente ein ähnlich inniges Glücksgefühl erlebt zu haben. So isst und ist der Christian F. Grainer: offen und bereit für alles, was schön, wahr, echt und gut ist.

ÜBER DAS RESTAURANT

Mächtig steht er da, der alte Gasthof mit der jungen Küche. Über Steintreppen kommt man ins Restaurant, vorbei an einer Richard-Wagner-Büste im Foyer, Ludwig-Zwo-Devotionalien und gerahmten Dokumenten großer Feste. Das holzgetäfelte und kerzenilluminierte Restaurant mit nur wenigen, elegant und wertvoll gedeckten Tischen vermittelt umgehend Geborgenheit. Grainer ist übrigens ein veritabler Weinkenner, weshalb es klug ist, sich von ihm auch bei den Getränken beraten zu lassen. Im Keller lagern prächtige Flaschen!

KONTAKT

Christians Restaurant
Dorfstraße 1
D-83527 Kirchdorf

Fon: +49 (0) 80 72/85 10
Fax: +49 (0) 80 72/83 04
info@christians-restaurant.de
www.christians-restaurant.de

Öffnungszeiten:
Mittwoch – Sonntag
12.00 – 14.00 Uhr (nur So.)
18.00 – 24.00 Uhr

Betriebsferien:
variabel

IHR LIEBLINGSGEWÜRZ?
Frische Kräuter.

IHR SCHÖNSTES KULINARISCHES ERLEBNIS?
Weinprobe von Hardy Rodenstock im Königshof in München.

WAS WÜRDEN SIE ESSEN UND TRINKEN AM VORABEND DES WELTUNTERGANGS?
Da gibt's so vieles. Ich glaube der Weltuntergang müsste warten.

MIT WEM WÜRDEN SIE GERNE ZU ABEND ESSEN?
Lebend: Papst Benedikt XVI.
Verstorben: König Ludwig II.

WALLER IM WURZELSUD AUF KARTOFFELSCHNEE MIT MEERRETTICHSAUCE

Den Waller kann man im Filet oder im Ganzen kaufen. Dabei ist zu beachten, dass das Schwanzstück dünner und damit eher gar ist, also immer so portionieren, dass man es früher herausnehmen kann. Beim Wallerkauf ist es wichtig, seinem Fischhändler vertrauen zu können, denn die Qualität des Gerichts hängt vom Produkt ab und ein mosliger Waller schmeckt auch bei vollendenster Zubereitung nicht, wobei ich die Rieslinge der Mosel in jedem Alter liebe.

WALLER:
1 Waller, portioniert à 200 g
1 l Wasser
200 ml Essig
Salz, Zucker
1 Lorbeerblatt
5 Wacholderbeeren, angedrückt
400 g Gemüsestreifen (Lauch, Sellerie, Karotten)

KARTOFFELPÜREE:
mehlig-kochende Kartoffeln
kalte Butterstückchen
Salz, Muskat
Schnittlauch, frisch geschnitten
etwas Nussbutter

MEERRETTICHSAUCE:
100 ml Sahne
100 ml Weißwein
Salz, Zucker
Speisestärke oder kalte Butter
frisch geriebener Meerrettich nach Geschmack (alternativ auch aus dem Glas)

FLUSSKREBSE:
8 Flusskrebse, gerne auch mehr
500 ml leichte Gemüsebrühe
1 Lorbeerblatt
je 10 Pfefferkörner und Wacholderbeeren, zerdrückt
1/2 Bund Dill

1. **Waller:** Wasser mit Essig und Gewürzen zum Kochen bringen. Die Wallerstücke in den Sud legen. Gemüsestreifen aus Lauch, Sellerie und Karotten dazugeben und mitziehen lassen, je nach gewünschten Garpunkt. Der Sud sollte ca. 75–80 °C haben, aber ja nicht kochen. Der Fisch sollte in der Mitte noch leicht glasig sein, dann ist er optimal.

2. **Kartoffelpüree:** Mehlige Kartoffeln kochen, schälen, durchdrücken und mit vielen kalten Butterstücken mit einem Kochlöffel senkrecht schlagen. Es soll kein zähflüssiger Brei werden. Mit Salz und Muskat würzen. Kurz vor dem Anrichten frisch geschnittenen Schnittlauch unterheben. Beim Anrichten kann über das Kartoffelpüree auch noch etwas Nussbutter gegeben werden. Dazu in einem Topf etwas Butter leicht haselnussbraun werden lassen und über das Püree geben.

3. **Meerrettichsauce:** Sahne mit Weißwein erhitzen und ca. auf die Hälfte reduzieren lassen. Mit Salz und Zucker abschmecken und mit Stärke oder kalter Butter binden. Zum Schluss den frisch geriebenen Meerrettich nach Geschmack dazugeben. Wichtig: Den Meerrettich erst ganz zum Schluss dazugeben, weil er sonst leicht bitter wird und die Sauce ruinieren würde.

4. **Anrichten:** Auf den Teller zuerst das Kartoffelpüree geben. Dann den Waller darauflegen und mit dem Gemüse garnieren. Zum Schluss nach Belieben die Sauce angießen.

Tipp 1: Alternativ zur Verfeinerung des Gerichts sind frische Flusskrebse etwas Besonderes. Dabei ist nur zu beachten, dass die Flusskrebse nach dem Garen nicht kalt abgeschreckt werden. Sie werden hart und werden auch nach nochmaligem Erwärmen niemals mehr die Konsistenz erreichen wie kurz nach dem Garen. Gleich ausgebrochen und nur noch leicht erwärmt sind sie am besten sofort auf dem Teller mit anzurichten.

Tipp 2: Bevor die Krebse in das kochende Wasser gegeben werden, sollten sie aus der Kühlung kommen. Das ist die schonendste Art, sie zu garen. Wichtig ist auch, dass der Topf groß genug ist und nicht zu viele Tiere hineingegeben werden, da sonst das Wasser zu stark abkühlt. Die Brühe zum Kochen bringen und die Flusskrebse darin ca. 3–4 Minuten kochen lassen, je nach Größe. Nach dem Kochen die Krebse komplett ausbrechen. Den Krebsschwanz am Rücken vorsichtig einschneiden und den Darm entfernen. Zusammen mit dem Waller auf dem Teller anrichten.

c. f. grainer

Essen ist eine Sprache aus Fleisch, Fisch, Eiern, Gemüse, Getreide, Kräutern, Gewürzen und Saucen – und dieses kulinarische Vokabular beherrscht Hans Haas wie ein Literat. Er spielt elegant mit den Texturen und Aromen und zeigt, dass große Köche nicht unsere Ernährer sind, wie Gustav Heinemann, der eher asketische Ex-Bundespräsident, einmal leutselig angemerkt hat. Köche dieses Formats machen aus der Pflicht eine Kür und öffnen ihren Gästen den Zugang zur genussvollen Erkenntnis, dass Essen eben weit mehr sein kann als der von der nicht immer perfekten Schöpfung auferlegte Zwang, die leibliche Maschinerie schmieren zu müssen.

Vom Temperament her liegt Haas, im April 1957 im tirolerischen Wildschönau geboren, zwischen seinen beiden berühmten Vorgängern. Eckart Witzigmann, der 1971 den Grundstein zur großen Tantris-Küche gelegt hatte, ist ein salzburgisches Charmebündel. Der Erde näher als dem Himmel, sozusagen ein gutgelaunter Nachdenklicher, das ist Heinz Winkler, der Südtiroler, der Ende 1977 als Chef ins »Tantris« einzog und 1991 das Küchenzepter an Haas übergab, der zuvor drei Jahre lang im »Brückenkeller« in Frankfurt aktiv war. Es muss nicht langmächtig nachgewiesen werden, dass der Nordtiroler keinen leichten Start hatte, denn er musste vom ersten Tag an gegen die beiden Kochlegenden bestehen.

Haas hat die Herausforderung glänzend gemeistert. Kochen ist ja ein wesentlicher Teil seines Lebens. Nach Lehr- und Wanderjahren im »Kellerwirt« von Wildschönau sowie dem »Bachmair« am Tegernsee und im »Erbprinz« in Ettlingen – damals einer der wenigen Leuchttürme gepflegter Küche in Deutschland – hat sich der ehrgeizige und ans harte Arbeiten gewöhnte Haas zwei Jahre bei Paul Haeberlin im Elsass in die hohe Kochkunst einweisen lassen und danach bei Witzigmann in dessen »Aubergine« in München von 1982 bis 1987 als Souschef sein Handwerk intensiv poliert. Inzwischen hat Hans Haas längst zu einem eigenen Stil gefunden. Der ist wie die Person: diskret, ja unspektakulär in der Präsentation, dabei selbstbewusst, diszipliniert, auch mutig, stets konzentriert auf das Wesentliche. Er definiert sein kulinarisches Prinzip so: »Klare, einfache, auf das

IHR LEBENSMOTTO?
Nicht alles zu ernst nehmen und weiterhin Gas geben.

WELCHER VERSUCHUNG KÖNNEN SIE NICHT ODER NUR SCHWER WIDERSTEHEN?
Ab und zu eine Tafel Schokolade auf einmal.

WAS SAMMELN SIE UND WARUM?
Ausgekochte Steinbuttkarkassen, um Skulpturen daraus zu machen.

GIBT ES EINEN TRAUM, DEN SIE SICH NOCH ERFÜLLEN MÖCHTEN?
Heliskiing in Canada.

Grundprodukt bezogene Küche mit kreativer und origineller Zubereitung, wo auch die heimischen Zutaten eine große Rolle spielen.«

Dass er die österreichische K.u.K.-Küche aus dem Effeff beherrscht und virtuos modifiziert, versteht sich qua Herkunft von selbst (seine klare Forellensuppe ist bis heute unerreicht!). Genauso souverän setzt er mediterrane Techniken ein und versteht sich auf die Grande Cuisine, die französische Hochküche. Wie fein seine Sinne entwickelt sind, zeigt Haas, wenn es darum geht, ein Gericht nuanciert auf ein Getränk abzustimmen; in dieser schwierigen Disziplin hat er schon so manchen runzlig gewordenen Rotwein oder müden Champagner durch spezielle Röstaromen oder Kräuter aufleben lassen. Haas ist aber auch vielseitig genug, um sich hocherhobenen Hauptes zu einem Rauchbier ein Karpfengelee mit Meerrettich oder zum Pils einen gebratenen Seewolf auf Lauchfond auszudenken.

Die Speisekarte ist selbstverständlich saisonal geprägt. Ein Spaziergang durch die Jahreszeiten kann ungefähr so aussehen: lauwarme Austern mit Crèmespinat und Curryschaum; Forelle mit Blumenkohl, Mandeln und Sultaninen oder auf Gartentomate mit Radieschenterrine; Hummer mit Ingwer-Spitzkraut, Shiitakepilzen und Krustentiercrème; Räucheraal und Kalbskopf im Ciabatta gebraten mit eingelegten Navetten; Seewolf mit Saubohnenravioli und Sauce Mignorette; rosa gebratene Entenbrust mit Kohlrabi und Pfifferlingen; Sauté vom Rehfilet mit Pilzen, Blaukraut und Topfenspätzle; leicht geräucherte Taubenbrust und Gänseleber mit Schwarzwurzel, Quitte und Topinambur; Kokossoufflé mit Mango; leicht gelierte Litschisuppe mit Waldbeerensalat.

Kochen, so hat Hans Haas einmal gesagt, böte ihm neben dem kreativen Schaffensakt auch die Möglichkeit, Genuss und Freude zu vermitteln. Das ist typisch für den ungemein sympathischen Tiroler, heldischen Skiläufer und laienhaften Bildhauer, dass er lieber gibt als nimmt.

ÜBER DAS RESTAURANT

Mit hummerroten Wandteppichen reizt der Raum zum Widerspruch zwischen ästhetischem Unbehagen und schierer Begeisterung. Die Tische bieten Ellbogenfreiheit, Verliebte brauchen nicht zu tuscheln. Die Tischkultur ist vom Feinsten. Eine Klasse für sich ist der Service, und der hat zwei Namen: Dominique Metzger als Maître und Paula Bosch als kundige Sommelière und Hohepriesterin des Weins. Sie ist, wenn man ihr nicht arrogant oder dümmlich kommt, ein Weinschatz, der bestens berät und keineswegs von vornherein in der sonst im »Tantris« gepflegten oberen Preiskategorie.

KONTAKT

Restaurant Tantris
Johann-Fichte-Straße 7
D-80805 München

Fon: +49 (0) 89/36 19 590
Fax: +49 (0) 89/36 19 59 22
info@tantris.de
www.tantris.de

Öffnungszeiten:
Dienstag – Samstag
12.00 – 15.00 Uhr
18.30 – 1.00 Uhr

Betriebsferien:
1. Woche im Januar

IHR SCHÖNSTES KULINARISCHES ERLEBNIS?
Ein wunderschönes Abendessen bei unserer Hochzeitsreise an der Côte d'Azur beim Sonnenuntergang auf der Terrasse.

WELCHER BERUF (AUSSER DEM EIGENEN) WÄRE FÜR SIE INTERESSANT UND WARUM?
Bildhauer, Maler.

MIT WEM WÜRDEN SIE GERNE EINMAL ZU ABEND ESSEN?
Gerhard Polt.

MARINIERTER SPANFERKELRÜCKEN MIT DÖRRPFLAUMEN UND RÄUCHERAAL

SPANFERKEL:
300 g Spanferkelrücken, ausgelöst, ohne Haut
Salz, Pfeffer
Öl zum Braten

MARINADE:
100 g Schalotten
1 EL Butter
50 g Noilly Prat
500 ml Rinderbrühe
1 mittlere geriebene Kartoffel (80–100 g)
1 EL Essig
250 ml Öl
Saft von 1/2 Zitrone
2 EL Dörrpflaumen, fein gewürfelt
4 EL Räucheraal, fein gewürfelt
2 EL Brotcroûtons
Salz, Cayennepfeffer

1 EL Frühlingszwiebeln, fein geschnitten

1. **Spanferkel:** Den Spanferkelrücken mit Salz und Pfeffer würzen, in einer heißen Pfanne auf allen Seiten kurz anbraten und herausnehmen. Anschließend auf ein Gitter legen (mit einem Blech darunter) und bei 160 °C für ca. 12–15 Minuten im Ofen garen, so dass er schön rosa ist.

2. **Marinade:** Schalotten in Butter angehen lassen, mit Noilly Prat ablöschen und mit Rinderbrühe auffüllen. Mit Salz und Pfeffer würzen. Kartoffel fein reiben, dazugeben und langsam köcheln lassen, bis es leicht sämig ist. Dann abpassieren.

   Den Fond mit Essig, Zitronensaft, Salz und Pfeffer würzen und lauwarm das Öl einrühren. Die Dörrpflaumen sowie den Räucheraal dazugeben und kurz vor dem Anrichten die Brotcroûtons.

3. **Anrichten:** Den Spanferkelrücken aus dem Ofen nehmen und auskühlen lassen. Dann auf der Aufschnittmaschine in dünne Scheiben schneiden. Auf einem Teller schön auflegen, kurz bei starker Oberhitze erwärmen (nicht zu heiß!!), herausnehmen, mit Salz und Pfeffer würzen und die lauwarme Marinade darübergeben. Zum Schluss die fein geschnittenen Frühlingszwiebeln darüberstreuen.

NILS HENKEL, RESTAURANT DIETER MÜLLER IM SCHLOSSHOTEL LERBACH, BERGISCH GLADBACH, DEUTSCHLAND

Mit freiem Auge ist zu sehen, dass in der Küche ein Ästhet steht. Nils Henkel begeistert durch die feinsinnige und zugleich kulinarische Spannung erzeugende Kombination von Produkten. Er beherrscht die Würzkunst auf subtile Weise und er löst auf dem Teller bereits das erste applauswürdige Erstaunen durch die schöne Optik aus. Die Form ist für Henkel ein wesentlicher Bestandteil seiner Arbeit, aber die Architektur auf dem Teller ist keineswegs pures Design, sondern die logische und konsequente Um- und Fortsetzung seiner Kochkunst mit den Mitteln der Ästhetik. Schlicht gesagt: so verheißungsvoll die Speisen aussehen, so paradiesisch gut schmecken sie auch.

Henkel, im Oktober 1969 in Kiel geboren, ist von schlanker, feingliedriger Gestalt und ein Typ, den Lubitsch einen Atomwissenschaftler hätte spielen lassen, jedenfalls einen, der mit filigraner Materie zu tun hat. Noch vor fünfzig Jahren hätte man ihn von seiner Figur her nicht für einen Koch gehalten, und dass er, der Arztsohn, noch dazu einer der talentiertesten jungen deutschen Herdkünstler ist, zeugt von einer neuen Generation der Köche. Henkel hat seine Ausbildung zum Koch in Eutin begonnen, gefolgt von Stationen im Hamburger Landhaus Scherrer und Averbecks Giebelhof, ehe er im September 1997 zu Dieter Müller nach Schloss Lerbach kam und bereits zwei Jahre danach zum Vize ernannt wurde. Im Januar 2004 ist er zum Küchenchef gekürt worden und war als Stellvertreter die absolute rechte Hand von Dieter Müller, dem er, der ihm alles beigebracht hat, was für große Küche nötig ist, kongenial zuzuordnen ist. Was freilich nicht heißt, dass Nils Henkel keinen eigenen Stil hätte. Der drückt sich u.a. in erfrischenden Ideen aus, die dann von beiden in kreativer Partnerschaft besprochen, bearbeitet und schließlich umgesetzt worden sind. Zwar arbeiten Müller & Henkel immer noch harmonisch miteinander, aber seit Anfang 2008 ist Nils Henkel auch amtlich alleiniger Regisseur in der Küche. Dieter Müller, von dem sein genialer Schüler dankend sagt, er habe die »Größe besessen, mir Freiräume für meine Entwicklung zu lassen«, hat ihm den Herd übergeben, bleibt dem Haus und den Gästen jedoch als »Patron-Gastgeber« weiterhin erhalten.

IHR LEBENSMOTTO?
Genieße den Tag!

WAS BEFINDET SICH AUF IHREM FRÜHSTÜCKSTISCH?
Viel frisches Obst, Cappuccino, Croissants und selbstgemachte Marmeladen.

WOMIT KANN MAN SIE VERFÜHREN?
Ein entspanntes Wochenende mit gutem Essen und ohne Verpflichtungen.

WELCHER BERUF (AUSSER DEM EIGENEN) WÄRE FÜR SIE INTERESSANT UND WARUM?
Innenarchitekt oder Winzer. Beide Berufe setzen kreatives Fingerspitzengefühl voraus und würden mir Spaß machen.

Wenn Henkel nun auch alleine ein Menü verantwortet, ist naturgemäß so etwas wie das gastrosophische Copyright von Dieter Müller zu erkennen, aber in Nuancen schimmerte schon länger ein Hauch von Henkel'scher Originalität durch, beispielsweise im Setzen der Aromaten von speziellen Pfeffersorten über grünen Anis bis hin zum Räuchern über Süßholz. Er hat ein Faible für Meerestiere, insbesondere für Tintenfische, Muscheln und Langostinos – die zartesten Vertreter ihrer Spezies. Außerdem liebt er Artischocken, frische Kräuter und Olivenöl, was bereits auf eine gewisse Neigung zur mediterran geprägten Küche deutet. Nils Henkel mag kräftige Aromen und nutzt das breite Spektrum an Gewürzen. Gäste brauchen jedenfalls nicht zu befürchten, eine plötzlich andere Küche zu erleben. Allerdings steht Henkel schon vom Alter her der Avantgarde näher als Dieter Müller, was sich stilistisch bereits bemerkbar macht.

Paragraph eins seiner Küchenpraxis lautet freilich so: »Für mich heißt Grande Cuisine, die besten und auch immer wieder neue Produkte zu finden und daraus kreativ Gerichte zu entwickeln, die den Gast überraschen und ihm ein Genusserlebnis bescheren, das lange in seiner Erinnerung bleibt.« So spricht ein Mann, dessen kochtechnisches Bewusstsein auf solider Basis gründet, gepaart mit der Fähigkeit, in kulinarischen Bildern denken und auch handeln zu können. Nils Henkel hat aus seiner Entscheidung, Koch zu werden, eine Berufung gemacht. Kochen ist zu einem seiner innigsten Lebensinhalte geworden, was er so beschreibt: »Für mich ist es ein ständiger Antrieb, Ideen umzusetzen, mich also mit dem Küchenteam täglich aufs Neue den Herausforderungen einer Dreisterneküche zu stellen. Das Kochen gibt mir zudem die Möglichkeit, im Rahmen dieses nie endenden schöpferischen Prozesses meine Persönlichkeit auszudrücken und, was ich sehr hoch schätze, unsere Gäste glücklich zu machen.«

IHR SCHÖNSTES KULINARISCHES ERLEBNIS?

Die großartigen Essen im »Louis XV« in Monaco, die ich ebenso wenig missen möchte, wie die hervorragende Tajine, zu der ich von einer marokkanischen Familie in Fees eingeladen wurde.

ÜBER DAS RESTAURANT

Die Anfahrt am Teich entlang durch den Park zum gründerzeitlich geprägten Schloss ist eine verheißungsvolle Einstimmung, wenngleich das Restaurant eher im Stil eines eleganten Landhauses gestaltet ist: cremige Farben, helle Dekore vor wandhohen Fenstern, bequeme Sessel, weicher Teppich. Der wintergartenähnlich gestaltete Hauptraum öffnet sich zur Terrasse hin, die an warmen Tagen benutzt werden kann. Als eine Art Enklave dient der »Bibliothek« genannte Nebenraum, in dem sich hinter einem Paravent der Zugang zur Küche befindet. Der Gast wird von Birgit Müller mit Charme und Herzlichkeit empfangen und danach so kompetent wie liebenswürdig umsorgt, als sei das Lokal exklusiv für ihn geöffnet. Großen Anteil am geradezu mit balletöser Eleganz arbeitenden Service hat André Thomann, der Maître als kongenialer Partner der Müllers.

KONTAKT

Schlosshotel Lerbach
Restaurant Dieter Müller
Lerbacherweg
D-51465 Bergisch Gladbach

Fon: +49 (0) 22 02/20 40
Fax: +49 (0) 22 02/20 49 40
info@schlosshotel-lerbach.com
www.schlosshotel-lerbach.com

Öffnungszeiten:
Dienstag – Samstag
12.00 – 14.00 Uhr
19.00 – 22.00 Uhr

Betriebsferien:
14 Tage Anfang Januar,
3 Wochen Juli/August

THUNFISCH UND GEWÜRZLACHS MIT KNUSPER-CANNELLONI UND GURKEN-WASABI-SORBET

100 g Thunfischfilet
100 g Gewürzlachs
Pinienkernöl

KNUSPER-CANNELLONI MIT KÖNIGSKRABBE:
2 Filoteigblätter
100 g Königskrabbenfleisch
1 EL Krustentiermayonnaise
1 EL Staudenselleriewürfel, blanchiert
Zitronensaft, Koriander
Salz, Piment d'Espelette

INGWERGELEE:
50 g Ingwersaft von rosa Ingwer
50 g Mirin (süßer japanischer Reiswein)
2 Blatt Gelatine

AVOCADOSALAT:
1 Avocado, reif
1 EL Korianderblättchen
1 EL Olivenöl
1 TL Limonenöl
1 TL Balsamico, weiß
1 Msp. Estragonsenf
1 Msp. Harissapaste
Salz und Pfeffer aus der Mühle
Zucker

GURKEN-WASABI-SORBET:
500 g Püree von entkernten Gurken
60 g Glukose
20 g Zucker
60 g Wasser
120 g Crème fraîche
35 g Honig
8 g Meerrettich
Wasabi, Zitronensaft
Salz und Pfeffer aus der Mühle

PAPAYA-RELISH:
1 Schalotte
2 Zitronengras-Stangen
3 Korianderstängel
1 Peperoncini
10 cl Geflügelfond
5 cl Mirin (süßer japanischer Reiswein)
2 cl Apfelessig
2 g Pektin
1 EL Senfkörner
1 Papaya, reif aber fest
5 cl Pinienkernöl
1 EL Koriander, gehackt
Salz und Pfeffer aus der Mühle

GARNITUR:
2 EL Algen-Mayonnaise
4 EL Papaya-Relish
Shisokresse
Tobiko-Caviar mit Wasabi
Fleur de Sel

1. **Das Thunfischfilet** in etwas Pinienöl von allen Seiten ganz kurz anbraten. Thunfisch und Gewürzlachs in je vier exakte Rechtecke schneiden.

2. **Ingwergelee:** Den Ingwersaft mit Mirin erwärmen und die eingeweichte Gelatine darin auflösen. Das Gelee durch ein feines Sieb in eine viereckige, kleine Form gießen. Das Gelee erkalten lassen, aus der Form stürzen und in Würfel schneiden.

3. **Avocadosalat:** Die Avocado schälen und die Hälfte in Würfelchen schneiden. Die andere Hälfte mit den restlichen Zutaten in der Moulinette fein mixen. Die Würfel unter die Avocadocrème heben.

4. **Knusper-Cannelloni mit Königskrabbe:** Den Filoteig über die ganze Breite in Streifen von 5 cm schneiden und dünn mit Pinienöl einpinseln. Die Streifen sauber auf Alurohre von 12 mm Ø aufwickeln, auf Silpat-Matten legen und bei 200 °C etwa 3–4 Minuten goldgelb backen. Vorsichtig von den Rohren abziehen und mit Salz, Pfeffer und Sesam würzen. Das Königskrabbenfleisch würfeln und mit Krustentier-Mayonnaise und Staudensellerie vermengen. Mit Zitronensaft, gehacktem Koriander, Salz und Piment d'Espelette würzig abschmecken. Kurz vor dem Anrichten mit einem Spritzbeutel in die Cannelloni füllen.

5. **Gurken-Wasabi-Sorbet:** Wasser, Glukose und Zucker aufkochen. Crème fraîche, Honig und geriebenen Meerrettich zufügen und mit dem Gurkenpüree mixen. Mit Wasabi, Zitronensaft, Salz und Pfeffer abschmecken und 15 Minuten ziehen lassen. Die Masse in einen Pacojet-Becher füllen und gefrieren. Nach Bedarf im Pacojet pacossieren.

6. **Papaya-Relish:** Die Schalotte würfeln und das Zitronengras fein schneiden, dann in etwas Pinienkernöl anschwitzen. Korianderstängel und Peperoncini zufügen. Mit Geflügelfond, Mirin, Apfelessig und Pektin einmal aufkochen. Etwa 10 Minuten ziehen lassen und durch ein feines Sieb passieren. Zwei Esslöffel der Marinade für die Krebse und den Bambus reservieren, den Rest mit den Senfkörnern aufkochen und langsam abkühlen lassen.

   Die Papaya schälen, entkernen und das Fleisch in feine Würfel schneiden. Die Papaya unter die Senfkorn-Marinade heben, das Pinienkernöl zufügen und mit Salz und Pfeffer abschmecken. Das Relish kühl stellen und kurz vorm Servieren den fein gehackten Koriander untermischen.

7. **Anrichten:** Den Avocadosalat als Rechteck auf einen ovalen Teller anrichten, darauf je ein Stück Lachs und Thunfisch platzieren. Die Knusper-Cannelloni links und rechts platzieren und mit Kräuterblüten, Shisokresse und Tobiko-Caviar dekorieren. Vorne und hinten je einen Streifen Papaya-Relish und Algen-Mayonnaise auftragen und je zwei Geleewürfel aufsetzen. Je eine kleine Nocke Gurken-Wasabi-Sorbet zwischen Thunfisch und Lachs platzieren und servieren.

 RAINER HENSEN, RESTAURANT ST. JAQUES IN DER BURGSTUBEN-RESIDENZ, HEINSBERG-RANDERATH, DEUTSCHLAND

Wenn es eine Muse der gehobenen Küche gibt, so trägt sie die Embleme der Raffinesse. Die Kunst der Verfeinerung ist es ja, aus Substanzen, die im Rohzustand häufig ungenießbar oder unbekömmlich sind, geschmackvolle Gerichte zu formen. Zwar wird die Frage, ob die Gabe, sehr gut kochen zu können, als Kunst oder nur als besondere handwerkliche Leistung eingestuft werden kann, selbst unter Köchen kontrovers behandelt. Aber als gewiss darf gelten, dass sich eine Speise als Kochkunstwerk werten lässt, die über ihre handwerkliche Qualität hinaus die Kraft hat zu beeindrucken, zu mystifizieren, vielleicht sogar zu beunruhigen und nachdenklich zu stimmen.

Beeindruckend sind jedenfalls Gerichte wie der St. Pierre auf einem Cassoulet von Meeresfrüchten, das im Olivensud zart pochierte Ochsenfilet mit der feinwürzigen Kräutervinaigrette oder die Nanteser Bauernente auf roter Zwiebelmarmelade mit glasierten Karotten und Polenta. Auch das Carpaccio von der Roten Bete mit knusprigen Zanderstücken und dem gleichzeitig finessig aromatisierenden wie geschmeidig harmonisierenden Hummerschaum vermag zu entzücken. Gleiches kann von den Flusskrebsen auf sautierten Steinpilzen und dem Lauchgemüse gesagt werden, vom Loup de Mer im Artischocken-Oliven-Fumet sowie von der Dorade Royal mit Safrangemüse und Pfifferlingen oder dem Glattbutt mit Schwarzwurzeln und Jakobsmuscheln – eine Kombination, die durch konfierten Chicorée und eine köstliche Trüffelsauce aromatisch auf raffinierte Weise verdichtet wird.

Rainer Hensen, 1961 in Randerath geboren, wo er heute, nach einer Lehre als Koch und Bäcker, mit seiner vom »Michelin« mit einem Stern geschmückten Jahreszeitenküche reüssiert, hat das ehemalige biedere Speisehaus, in dem er als Kind die üblichen Fritten aus der Tüte genascht hatte, vom »Pommes Jupp« im Frühjahr 1986 erworben und mit seiner Frau nach einer ersten Sanierung im September des gleichen Jahres eröffnet, bewundert von Kollegen ob seines Mutes und gleichzeitig auch mitleidig belächelt. Inzwischen lächeln nur mehr die Gäste – aber vor Freude – über eine exzellente Gastronomie auf Basis der französischen Hochküche, die im Sommer mit mediterranen Einsprengseln

IHR LEBENSMOTTO?
Lebe heute!

WELCHE 3 DINGE WÜRDEN SIE AUF EINE EINSAME INSEL MITNEHMEN?
Mineralwasser, meine Familie, Tomatenpflanzen.

WELCHER VERSUCHUNG KÖNNEN SIE NICHT ODER NUR SCHWER WIDERSTEHEN?
Dem Duft von frisch gebackenem Brot.

WAS SAMMELN SIE UND WARUM?
Bücher, weil ich gerne lese und alles, was ich gelesen habe, besitzen möchte.

GIBT ES EINEN TRAUM, DEN SIE SICH NOCH ERFÜLLEN MÖCHTEN?
Ein kleines Haus am Meer, mitten im Olivenhain.

versehen wird und im Winter auch mit regionalen Interpretationen in geschmacklich dichterer Form.

Der Hauptgang hat bei Hensen immer klare Konturen, unabhängig von der Saison: Variation vom Pauillac-Lamm auf feinem Cassoulet von Bohnen, Linsen und Buchweizen (ein andermal als Karree mit einem opulent angelegten Haschee aus Innereien und einer Terrine auf gerösteten Crostini); Medaillon vom Rehrücken und geschmorte Rehschulter, angerichtet auf Burgunderjus mit Kohlrabi-Möhren-Gemüse und Thymianpolenta (ein anderes Mal werden die Rehmedaillons im Speckmantel gegart und begleitet von einem geschmeidigen Johannisbeerjus nebst Polenta und einem feinen Kohlrabischaum); Crépinette vom Rebhuhn auf Champagnerkraut und Rosmarinpüree; Ochsenfilet und geschmorte Ochsenbacke mit Pommes Mousseline und glacierten Karotten.

Sein subtiles Gespür für erstklassige Produkte lässt ihn auf Zuchtfische zugunsten wilder Anglerware verzichten; die ist zwar teurer, doch geschmacklich besser. Das Gemüse bezieht die Küche von biologisch arbeitenden Landwirten. Die Kräuter stammen weitgehend aus dem eigenen Garten. Diese Hingabe an die Natur korrespondiert mit der Achtung vor den Produkten, die ohne Effekthascherei zubereitet werden. Er verzettelt sich nicht in modischen Aperçus. Übertreibung ist Hensen fremd. Er ist kein Poseur, weder privat noch in der Küche, und so mag es der sichere Instinkt des naturliebenden Mannes sein, dass er genau zwischen Sein und Schein zu unterscheiden vermag. Die Markenzeichen von Rainer Hensen sind Klarheit und Anmut, erkennbar etwa am Suprême von der Bresse-Taube mit Schnitzel und Terrine von der Gänseleber an einem Wildkräutersalat oder den elegant angelegten Jakobsmuscheln auf einem Püree von Roter Bete in Verbindung mit einem mild gewürzten Pastinakenschaum.

IHR SCHÖNSTES KULINARISCHES ERLEBNIS?
Gebratene Bachforelle aus einem eiskalten Gebirgsbach in Österreich 1987.

MIT WEM WÜRDEN SIE GERNE EINMAL ZU ABEND ESSEN?
Placido Domingo.

ÜBER DAS RESTAURANT

In einem lichten Wintergarten, erreichbar entlang einer Front verheißungsvoll gefüllter Weinklimaschränke, haben sich Rosemarie und Rainer Hensen ihr kleines Gourmet-Idyll namens St. Jaques mit edlem Tischschmuck (Geschirr von Paloma Picasso) eingerichtet; sommers wird auch die Terrasse genutzt. Im vorgelagerten »WIR« gibt es hochwertige Brasserie-Küche à la Tafelspitz, Kalbssülze, Wiener Schnitzel. Die kennerhaft komponierte Weinkarte enthält auch reife Jahrgänge aus Frankreich und Italien mit etlichen Raritäten.

KONTAKT

Burgstuben Residenz
Gourmetrestaurant St. Jacques
Feldstraße 50
D-52525 Heinsberg-Randerath

Fon: +49 (0) 24 53/802
Fax: +49 (0) 24 53/35 26
info@burgstuben-residenz.de
www.burgstuben-residenz.de

Öffnungszeiten:
Dienstag – Samstag ab 19.00 Uhr

Betriebsferien:
14 Tage über Karneval
14 Tage in den nordrheinwestfälischen Sommerferien

IN OLIVENÖL POCHIERTE PRALINE VOM SEETEUFEL MIT LANGOSTINO, ANGERICHTET AUF ARTISCHOCKENAROMATEN

SEETEUFELPRALINE:
320 g Seeteufel (fileyeur)
8 Langostinos, geputzt, entdarmt
500 ml Olivenöl extra virgine
20 g Artischocken, geputzt und fein gewürfelt
20 g Möhren, geschält und fein gewürfelt
20 g Sellerie, geschält und fein gewürfelt
20 g Schalotten, geschält und fein gewürfelt
20 g grüne Oliven, entkernt und gehackt
30 g getrocknete Tomaten, fein gewürfelt
4 Basilikumblätter
Meersalz, schwarzer Pfeffer aus der Mühle

GETROCKNETE TOMATEN:
150 g Kirschtomaten
je 1 Zweig Rosmarin und Thymian
1 Zehe Knoblauch
Salz, Pfeffer

ARTISCHOCKENGEMÜSE:
2 Artischocken
1 Zitrone für das Wasserbad
50 g getrocknete Tomaten, fein gewürfelt
10 g schwarze Oliven, entkernt und gehackt
1 Knoblauchzehe, geschält und fein gewürfelt
5 g gehackte Blattpetersilie
1 l Olivenöl
Meersalz, schwarzer Pfeffer aus der Mühle

ARTISCHOCKENSAUCE:
4 Artischocken
3 Zitronen
20 g getrocknete Steinpilze
20 g durchwachsener Speck
200 ml Geflügelfond
je 1 Zweig Rosmarin und Thymian
1/4 Stange Lauch
50 g Sellerie
1 Möhre
1 Knoblauchzehe
1/2 Zitrone
Zucker, Salz, Pfeffer
Olivenöl

1. **Getrocknete Tomaten:** Kirschtomaten in kochendes Wasser tauchen. Anschließend in Eiswasser abschrecken, häuten, vierteln und die Kerne entfernen. Auf ein geöltes Backblech legen. Knoblauch, Thymian und Rosmarin fein hacken und die Tomaten damit bestreuen. Mit Salz und Pfeffer würzen. Zum Schluss mit Olivenöl beträufeln und bei 90 °C 3–4 Stunden im Backofen trocknen.

2. **Artischockengemüse:** Artischocken in feine Scheiben schneiden und in Olivenöl goldgelb backen. Dann Knoblauch, Oliven und Tomaten zugeben, mit Salz und Pfeffer würzen und die Petersilie einschwenken.

3. **Artischockensauce:** Speck und Steinpilze in Olivenöl kurz anbraten. Artischocken putzen und die Böden in Zitronenwasser 10 Minuten garen. Die fleischigen Blätter mit Geflügelfond, Rosmarin, Thymian, Lauch, Sellerie, Möhre, Knoblauch, Speck und Steinpilzen ca. 1 Stunde leise köcheln lassen. Im Mixer pürieren, passieren, mit reichlich Olivenöl aufmontieren und anschließend mit Zucker, Salz und Pfeffer abschmecken.

4. **Seeteufelpraline:** Olivenöl in einer Pfanne erhitzen. Zuerst Artischockenwürfel, danach Sellerie-, Möhren- und Schalottenwürfel einschwenken. Einige Minuten garen. Gehackte Oliven und Tomatenwürfel dazugeben, mit Salz und Pfeffer abschmecken und auskühlen lassen. Vier Langostinos fein hacken und mit dem kalten Gemüse mischen. Daraus vier gleich große Kugeln formen. Seeteufel in vier gleich große Stücke schneiden und zwischen Frischhaltefolie ca. 3 mm dünn plattieren. Mittig auf jedes Stück erst ein Blatt Basilikum, dann die Gemüsekugel legen. Die überstehenden Ränder über die Kugel schlagen und zur Praline formen. Das Olivenöl in einer kleinen Sauteuse auf 70 °C erhitzen. Praline mit Salz und Pfeffer würzen und ca. 4 Minuten im Öl gar ziehen lassen (Praline muss mit Öl bedeckt sein). Restliche vier Langostinos mit Salz und Pfeffer würzen und 1 Minute vor Ende der Garzeit mit ins Öl geben.

5. **Anrichten:** Artischockensauce mittig auf den Teller geben. Das Gemüse auf der Sauce anrichten, die Praline aufsetzen und als Krönung die Langostinos auf die Praline legen.

r. hensen

ALEXANDER HESS, RESTAURANT FREUNDSTÜCK IM KETSCHAUER HOF, DEIDESHEIM, DEUTSCHLAND

Kochen ist die erste kreative Tätigkeit des Menschen gewesen. Ein vollkommen gelungener Braten ist bis heute ein Weltmodell, das nach menschlichem Ermessen keinen Fehler aufweist. In Verbindung mit einem sorgfältig ausgesuchten Getränk wird die von einem Meister entworfene und kunstfertig ausgeführte Speise zu einem Gesamtgenusswerk – einem Werk, das zwar verspeist wird und somit vergeht wie der Schaum des Champagners. Aber während dieses fliehenden Aktes erfreut und beglückt es uns, eröffnet es neue kulinarische Welten.

Dieses schöne Gefühl vermittelt Alexander Hess, der, 1974 im thüringischen Bad Salzungen geboren, die Zeit in den USA und vor allem bei Chefs wie Harald Wohlfahrt (Schwarzwaldstube im Hotel Traube Tonbach) und Lothar Eiermann (Schlosshotel Friedrichsruhe) klug genutzt hat, um sich mit den Kriterien der feinen Küche vertraut zu machen. Beschreibt man seinen Küchenstil als eine im Zaum gehaltene Avantgarde, so ist das nicht herablassend gemeint und schon gar nicht negativ. Hess zeigt sich als Meister der Harmonie. Er setzt respektvoll das Hauptprodukt in den Mittelpunkt eines Gerichts und flankiert es subtil abgestimmt mit zwei, maximal drei Zutaten in Form einer Beilage, Sauce oder Jus beziehungsweise Aromen.

Die Küchenphilosophie des Alexander Hess lässt sich leitmotivisch einfach bündeln: Er fasst bekannte Produkte und Rezepturen neu, tut dies mit solidem handwerklichem Können, gepaart mit kreativem Geist und unter Verzicht auf Manierismen. Die Hummerschaumsuppe mit gebratenem Kalbstatar und Wachtelei passt in dieses Bild ebenso wie der Wolfsbarsch mit Artischocken, grünem Spargel und Salbeignocchi, der rosa gebratene Rehrücken mit Holundersauce und geröstetem Spitzkohl oder – in der süßen Abteilung – das Quittentörtchen mit Haselnuss, Brioche und Malzbiereis. In köstliche mediterrane Gefilde weist der St. Petersfisch mit Langustinenravioli und Tomaten-Auberginenkompott.

Hess arbeitet mit Gegensätzen, kombiniert fein geschnittenen Kalbskopf mit Heilbutt, vereint Rinderfilet mit Pulpo und Jakobsmuschel mit Erbsen sowie Chorizo. Er aromatisiert

WELCHE 3 DINGE WÜRDEN SIE AUF EINE EINSAME INSEL MITNEHMEN?
Meine Frau, ein gutes Buch und eine Angel.

WELCHER VERSUCHUNG KÖNNEN SIE NICHT ODER NUR SCHWER WIDERSTEHEN?
Einem Doppelkopfspiel.

WELCHE SPEISE HABEN SIE ALS KIND AM LIEBSTEN GEGESSEN?
Muttis Rinderroulade.

GIBT ES EINEN TRAUM, DEN SIE SICH NOCH ERFÜLLEN MÖCHTEN?
Die »great ocean road« zu befahren und einen Urlaub auf Tasmanien.

feinsinnig, indem er die Taubenbrust mit Gänseleber durch ein Kartoffel-Mandelpüree und Kaffeejus zu einer delikat ausgetüftelten Komposition erhebt oder dem Thunfisch eine Zitronengras-Sauce beigesellt, was den Gaumen angenehm vor leiser Schärfe vibrieren lässt. Molekulare Elemente werden nur vignettenhaft eingesetzt, spielerisch, als wolle Hess zeigen: das kann ich auch! Ein reizvolles Geschmackserlebnis bietet das gebratene Rinderfilet im Verein mit der geschmorten Backe, dem sautierten Rettich und dem Kartoffel-Shiitake-Strudel.

Die architektonisch überaus elegant angerichteten Teller wirken wie die aufgehende Sonne und lassen schon durch den Augenschein auch in der tiefsten Pfalz ein heiteres, südländisch durchwobenes Gefühl aufkommen. Hess schafft eine Küche von sozusagen lichter Freundlichkeit. Seine Gerichte verfügen durchaus über Spannung, doch bei all seiner großzügigen Kombinierlust triumphiert in Hess letztlich das Harmoniebedürfnis über die Kühnheit zu gewagteren Kontrasten. Das kommt naturgemäß einer Klientel zugute, die wohl anders essen will als im angestammten Wirtshaus um die Ecke, aber vor zu viel ungewohnten bis fremden Akkorden auf dem Teller doch erschrecken würde. Hess ist freilich noch jung und am Beginn seiner Karriere, was die Vermutung erlaubt, dass er mit zunehmendem Selbstbewusstsein seinen Gästen, sobald er deren Vorlieben besser einzuschätzen weiß, mehr zutrauen wird.

WIE ENTSPANNEN SIE SICH?
Bei einem guten Buch, auf dem Mountainbike oder mit einem Golfschläger in der Hand.

WANN UND WO KOMMEN IHNEN IDEEN FÜR NEUE GERICHTE?
Wenn die saisonalen Angebote reinkommen, oft im Kühlschrank oder im Bett.

DREI WORTE ZU GENUSS?
Köstlich, grandios, Wahnsinn.

ÜBER DAS RESTAURANT

Das 2006 eröffnete Ensemble mit Restaurant, Bar, Lounge und Weinkeller ist nach der edlen Forster Lage »Freundstück« benannt. Die Marmorböden und wandhohen Fenster zum Innenhof runden sich mit den weinroten Lampenschirmen und dem alten Steingewölbe im hinteren Teil des Lokals zu einer eleganten Architektur. Die beigen Ledersessel bieten behagliches Sitzen an den edel gedeckten Tischen, die mit viererlei Arten Salz, zwei Olivenölen, Pfeffer und vier Brotsorten bestückt sind, bevor die – übrigens teils durch Glas einsehbare – Küche mit delikaten, saisonal wechselnden Amuse-Bouches grüßt. Sybille Herbst dirigiert mit Kompetenz und Charme ein kennerisch gestimmtes Weinorchester, in dem neben Pfälzer Flaschen im Schwerpunkt auch die klassischen europäischen Weinländer repräsentativ und mit reifen Jahrgängen vertreten sind.

KONTAKT

Ketschauer Hof Hotel &
Restaurant GmbH
Gourmetrestaurant Freundstück
Ketschauerhofstraße 1
D-67146 Deidesheim

Fon: +49 (0) 63 26 / 70 000
Fax: +49 (0) 63 26 / 70 00 99
info@ketschauer-hof.com
www.ketschauer-hof.com

Öffnungszeiten:
Dienstag – Samstag
Sonntag & Montag vor- oder an Feiertagen geöffnet
12.00 – 14.00 Uhr, 18.30 – 22.30 Uhr

Betriebsferien:
3 Wochen im Januar

ALLERLEI VON DER JAKOBSMUSCHEL MIT GRÜNER ERBSE UND CHORIZO

TERRINE:
200 g frische Zuckererbsen, blanchiert
1/2 Schalotte
je 100 ml Noilly Prat und Fischfond
300 g Sahne
4 Blatt Gelatine
1 mittelgroße Karotte
Abrieb einer Limone
je 1 Zweig frischer Koriander und Dill
20 g Rohrzucker, Fleur de Sel nach Geschmack
1 Stange Frühlingslauch
4 Pétoncles

SALAT VON ZUCKERSCHOTEN:
4 Jakobsmuscheln, ohne Rogen
2 Toastbrotscheiben, entrindet
Petersilie
4 getrocknete Chorizoscheiben
Salz, weißer Pfeffer aus der Mühle
100 g Zuckerschoten
je 20 g Radieschen- und Rote-Bete-Sprossen
Zucker, Salz, Limonenöl, weißer Balsamicoessig für das Salatdressing

MARINADE:
je 1 EL Chorizo und rote Paprika, fein gewürfelt
Sesam, geröstet
frischer Koriander, gehackt
Orangenöl, Limonensaft
Fleur de Sel, Bergpfeffer

CARPACCIO:
Salat mit Gartenkräutern, fein gezupft
2 Jakobsmuscheln
Salz, weißer Pfeffer aus der Mühle
1 Kartoffel
weißer Balsamico, Olivenöl

ERBSENMOUSSE IM GLAS:
4 Chorizoscheiben
2 Jakobsmuscheln
Zitronenmelisse, gehackt
Salz, Zucker, Limonensaft
70 g Chorizo
2,5 g Xanthan
Noilly Prat
200 ml Geflügelfond
1/2 Knoblauchzehe
je 30 g Karotte und Sellerie
1 Schalotte

1. **Terrine:** Schalotte fein würfeln und in wenig Butter glasig dünsten. Blanchierte Zuckererbsen zugeben und mit Noilly Prat ablöschen. Fischfond und die Hälfte der Sahne zugeben und alles fein pürieren. Gelatine in kaltem Wasser einweichen, gut ausdrücken und in der noch warmen Erbsenmousse auflösen. Restliche Sahne halbfest schlagen. Beginnt die Masse zu stocken, Sahne vorsichtig unterheben. Anschließend eine kleine dreieckige Terrinenform mit dünnen blanchierten Karottenscheiben so auslegen, dass jeweils die Enden überlappen. Erbsenmousse einfüllen und mit überhängenden Karotten verschließen. Terrine für 12 Stunden kalt stellen. Restliche Mousse aufbewahren. Nun die Pétoncle mit Limonenabrieb, frischem Koriander, Dill, Rohrzucker und Fleur de Sel für ca. 2 Stunden beizen. Frühlingslauch blanchieren, in 4 Streifen schneiden und Pétoncle damit umwickeln. Anschließend aus der Terrine 4 Scheiben schneiden und jeweils ein Loch (ca. 1 cm Ø) ausstechen. Die vorbereiteten Pétoncles in die Löcher drücken und auf Tellern anrichten.

2. **Salat von Zuckerschoten:** Toastbrotscheiben zusammen mit Petersilie und 4 getrockneten Chorizoscheiben im Cutter zu Weißbrotkrume verarbeiten. Die Jakobsmuscheln würzen, in der vorbereiteten Krume wälzen und in Olivenöl braten. Zuckerschoten in Salzwasser kurz blanchieren und sofort in Eiswasser abschrecken. Dann der Länge nach in dünne Streifen schneiden. Mit Radieschen und Rote-Bete-Sprossen vermengen. Den Salat mit Salz, etwas Zucker, Limonenöl und weißem Balsamicoessig abschmecken. Die gebratenen Jakobsmuscheln auf dem Salat anrichten.

3. **Carpaccio:** Für die Marinada Chorizo- und Paprikawürfel anschwitzen und abkühlen lassen. Nach dem Erkalten die restlichen Zutaten zufügen und abschmecken. Jacobsmuscheln in dünne Scheiben schneiden und in der Mitte der Teller drapieren. Marinade auf den Muscheln verteilen. Mit einem Kartoffelschneider dünne Fäden aus einer Kartoffel drehen. Diese vorsichtig über Backpapier auf einen Ring auflegen und frittieren, bis sie kross sind. Den Gartenkräutersalat mit Salz, Zucker, weißem Balsamico und Olivenöl abschmecken und einsetzen.

4. **Erbsenmousse im Glas:** Für den Espuma Schalottenbrunoise, Sellerie und Karottenwürfel, Knoblauch und Chorizo anschwitzen, mit Noilly Prat ablöschen und mit Geflügelfond auffüllen. Ca. 1 Stunde ziehen lassen. Flüssigkeit passieren, nochmals aufkochen, mit Xanthan abbinden (auf 350 ml Flüssigkeit, 2,5 g verwenden), abschmecken und im Sahnespender zum Espuma weiterverarbeiten. Für den Chip dünne Chorizoscheiben bei 140 °C beschwert mit etwas Backpapier, ca. 10 Minuten im Ofen garen und anschließend auskühlen lassen. Nun die aufbewahrte Zuckerschotenmousse mithilfe eines Dressiersacks auf den Boden von vier Gläsern spritzen. Aus Jakobsmuscheln einen Tatar herstellen, mit Zitronenmelisse, Salz, Zucker und Limonensaft abschmecken und auf der Erbsenmousse verteilen. Mit Espuma abschließen und den Chorizochip als Garnitur verwenden. Die Gläser ebenfalls auf den Tellern anrichten.

MICHAEL HOFFMANN, RESTAURANT MARGAUX, BERLIN, DEUTSCHLAND

Wer mehr als nur gut im Sinne von geschmackig kochen will, der muss selbstbewusst sein, jedenfalls an sich glauben. Verschüchterte Naturen sind auch am Herd zu zögerlich, ängstlich beim Würzen und zu furchtsam beim Kombinieren von Produkten. Michael Hoffmann, im Oktober 1967 in Dillenburg geboren, jahrgangsmäßig also kein junger Wilder mehr, aber noch weniger ein in Routine erstarrter Senior, plagen keine Skrupel bezüglich seines Könnens am Herd. Er weiß, dass er meisterlich und anders kocht als das Gros seiner Kollegen, nämlich differenzierter und geistreicher, ja philosophischer. Seit seinem Berliner Start im März 2000 hat der hochgewachsene Mann freilich gemerkt, dass er, der in Paris oder New York längst zum Weltstar avanciert wäre, in der Eisbein-Würstchen-Kapitale, wo Politiker & Beamte vor einem mit Mimolette-Käse und kandierten Tomaten aromatisierten Hummer erschrocken schaudern, bourgeoise Komplexe überwinden muss.

Die gastronomische Margaux-Arena hat er nach Lern-Stationen bei Eckart Witzigmann und Lothar Eiermann bezogen (»Da habe ich das Gespür fürs Kochen bekommen.«), nach Chefposten im »Le Canard« (bei Josef Viehhauser) sowie im »Haerlin«, dem Gourmetrestaurant des Hotels »Vier Jahreszeiten« in Hamburg. Geprägt ist Hoffmann durch die französische Küche, die er individuell weiterentwickelt hat. Das ist seine Basis, auf der er kunstvoll und innovativ bis hin zu avantgardistischen Läufen von verführerischer Raffinesse mit den liebevoll ausgesuchten Produkten arbeitet (»Mich interessiert, was hinter den Produkten steckt, woher sie stammen.«). Hoffmann: »Ich lasse auch Gemüse und Kräuter die Hauptrolle spielen.« Das gilt beispielhaft für seinen Salat Mimosa, ein großartiges Mixtum compositum aus Salaten, Wurzelgemüse, pochiertem Ei, Meerrettichcrème und Mandelöl.

Die persönliche Handschrift ist ein Markenzeichen wie die von ihm entworfene »Cuisine Avantgarde Classique«. Das Studium der Speisekarte gleicht der Lektüre eines spannenden Romans. Unter »Fenchel & Entenstopfleber« heißt es en detail: Fenchel in Meersalz gegart und mit Olivenöl mariniert, Salat von gegrillter Charantaise-Melone und Gartenkräuter, marinierte Entenstopfleber, gebratener Bronzefenchel

IHR LEBENSMOTTO?
Sich stets treu bleiben.

WELCHE 3 DINGE WÜRDEN SIE AUF EINE EINSAME INSEL MITNEHMEN?
Die »Jack Bauer«-Überlebenstasche, Sonnenbrille.

WAS SAMMELN SIE UND WARUM?
Füllfederhalter, weil ich gerne schreibe.

GIBT ES EINEN TRAUM, DEN SIE SICH NOCH ERFÜLLEN MÖCHTEN?
Ein Bauernhaus.

WELCHER BERUF (AUSSER DEM EIGENEN) WÄRE FÜR SIE INTERESSANT UND WARUM?
Fotograf, weil man da auch kreativ sein kann.

und ein Sorbet vom Fenchelholz. »Weißer Heilbutt«: Filet vom Heilbutt mit Curry poeliert, gegrillter Paprika, Rondini und Ananas, gewürzt mit Ingwer, Emulsion von Traubenkernöl mit frischen Koriandersamen, frittierte Artischocke. »Lomo di Iberico«: Rücken vom Eichelschwein mit Aromaten bei Niedertemperatur gegart, gedünstete Möhren mit Möhrenkraut, eingelegte Dattel in Erbsenvinaigrette mit Erbsencrème und Chorizo-Jus mit kandierten Zitronen, roten Zwiebeln und leichtem Sherryaroma.

Die kulinarische Exegese fällt leicht: Michael Hoffmann liebt das Extrem und den Kontrast, scheut auch nicht vor einer Provokation, aber seine Kreationen sind bis ins Innerste logisch durchdacht, grazil aufgebaut und von süchtig machender Vielschichtigkeit in der Aromatik. Ob es die im Salzteig gegarte »Taube mit Gewürzen« ist, ein bereits vor Jahren entwickelter Klassiker, ob es der »Homard bleu« ist in Form von halbrohem Hummerfleisch, akkordiert mit krossem Schweinebauch, Sauce Corail und Spinat à la crème, ob es der Wolfsbarsch mit Blutwurst, Entenstopfleber und Lavendelvinaigrette ist, oder mit 15 Gemüsen: Mit Eindimensionalität gibt sich Michael Hoffmann nicht zufrieden – und dieses Credo gilt für seine spielerisch inszenierte Avantgarde ebenso wie für seine nicht minder köstlich dargebotenen Mittagsgerichte der neuen deutschen Küche zu bescheiden kalkulierten Preisen von Königsberger Klops, Rinderroulade und Ochsenbrust bis hin zu Zander mit Löffelerbsen und Bauchspeck nach dem Leitmotiv: »Wir zerlegen die regionale Küche und definieren sie neu.«

IHR SCHÖNSTES KULINARISCHES ERLEBNIS?
Der selbst geangelte Fisch auf dem Grill.

DREI WORTE ZU GENUSS?
Genuss ist die einfachste Sinnlichkeit, die wir jeden Tag erfahren können.

MIT WEM WÜRDEN SIE GERNE EINMAL ZU ABENDESSEN?
Mit dem amtierenden Bildungsminister.

ÜBER DAS RESTAURANT

Wenn es so etwas wie eine prachtvolle Eleganz gibt, dann hier in Form von illuminierten Onyx-Säulen, schwarzem Marmorboden, Sesseln in rotem und senffarbenem Samt, antiken Spiegeln, bronzefarbenen Türen und einem Wandbild von expressiver Farbigkeit. Für noble und beschwingte Atmosphäre sorgen klare Linien und die edle Tischkultur mit eigens fürs Haus entworfenem Porzellan. Diskret und kompetent ist der Service, geführt von Maître Gesumino Pireddu, legendär seit seiner Zeit in der Münchner »Aubergine« und ein Meister im Tranchieren. Weltklasse weist die Weinkarte auf, Weltklasse haben auch die Preise, von einigen deutschen Biedergewächsen mal barmherzig abgesehen.

KONTAKT

Ac-Margaux GmbH
Restaurant Margaux
Unter den Linden 78/
Am Pariser Platz
D-10117 Berlin

Fon: +49 (0) 30/22 65 26 11
Fax: +49 (0) 30/22 65 26 12
info@margaux-berlin.de
www.margaux-berlin.de

Öffnungszeiten:
Montag – Samstag
19.00 – 22.30 Uhr

Betriebsferien:
keine

DICKE BOHNEN MIT BOHNENKRAUT IN GELEE VON BRESSE-GEFLÜGEL (VINAIGRETTE VON SCHWARZEM PERIGORD-TRÜFFEL, SALAT VON VERSCHIEDENEN BOHNEN UND CROQUETTES VON BRESSE-HUHN)

ZUTATEN FÜR 1 TERRINENFORM À 1,5 L

TERRINE:
3,5–4 kg Dicke Bohnen in der Schote
2 l Geflügelfond
30 g Karotten
80 g Lauch
40 g Knollensellerie
3 Zwiebeln mit Schale
200 g Bresse-Geflügelkeule, ausgelöst
9 Blatt Gelatine, eingeweicht
2 Bund Bohnenkraut
1 Eiweiß
grobes Meersalz, weiße Pfefferkörner, Haselnussöl, Fleur de Sel

VINAIGRETTE:
40 ml Geflügeljus, reduziert
10 ml Olivenöl
10 ml Haselnussöl
10 ml Balsam M
40 ml Saft von eingekochten Trüffeln
80 ml Madeira
80 ml weißer Portwein
150 g schwarzer Trüffel, fein gewürfelt

SALAT:
100 g Bobby-Bohnen
100 g Breite Bohnen
100 g Wachsbrechbohnen
3 Schalotten
1 Knoblauchzehe
100 g Mesclun (Bronzefenchel, Giersch, Sauerampfer, Schafgarbe)
Vinaigrette

CROQUETTES:
50 g Butter
100 g Schalotten
50 g Champignons
50 g Knollensellerie
200 g Poularde, pochiert
20 ml Jus de Volailles
40 g Sauce Béchamel
Meersalz, grüner Pfeffer aus der Mühle
Mehl
2 Eier
200 g Mie de Pain
Pflanzenfett zum Frittieren

1. **Terrine:** Die Bohnen aus der Schote schälen, blanchieren und danach pulen. Auf einem Tuch zum Trocknen auslegen.

   Das Gemüse schälen und in grobe Stücke schneiden. Die Zwiebeln mit der Schale halbieren und auf der angeschnittenen Seite in einer Pfanne dunkelbraun anrösten.

   Die Geflügelkeulen durch die grobe Scheibe des Fleischwolfes drehen und mit dem Gemüse, Bohnenkraut, Meersalz und Eiweiß vermischen. Den Geflügelfond zugießen und nochmals alles gut mischen. Anschließend alles unter ständigem Rühren langsam zum Kochen bringen und für ca. 3–4 Stunden bei kleiner Hitze köcheln lassen. Danach den Fond durch ein Teesieb passieren. Die eingeweichte Gelatine langsam in etwas Fond auflösen und anschließend zu dem restlichen Fond zugeben. Noch im warmen Zustand die Bohnen mit dem Fond vermischen und ca. 20 Minuten ziehen lassen. In der Zwischenzeit eine Terrinenform mit Klarsichtfolie auslegen, so dass keine Falten entstehen. Kurz bevor die Bohnen im Fond zu gelieren beginnen, langsam in die Terrinenform einschichten. Dann für 4–5 Stunden kalt stellen. Die Terrinenform stürzen und die Terrine von der Folie befreien und in Scheiben schneiden. Abschließend mit etwas Haselnussöl abglänzen und mit Fleur de Sel nachwürzen.

2. **Vinaigrette:** Madeira und Portwein jeweils auf 1/4 der Menge reduzieren. Geflügeljus, Balsam M und Trüffelsaft zugeben. Aufkochen und anschließend die Trüffel-Brunoise darin ziehen und auskühlen lassen. Zuletzt das Haselnuss- und Olivenöl einrühren. Die Vinaigrette in einem geschlossenen Weckglas ca. 1 Tag ziehen lassen. Zum Gebrauch noch einmal mit einem Schneebesen aufrühren.

3. **Salat:** Die Bohnen putzen und blanchieren. Bobby- und Wachsbrechbohnen der Länge nach vierteln. Breite Bohnen schräg in Streifen schneiden. Die Schalotten und den Knoblauch schälen, in Brunoise schneiden und in Butter anschwitzen. Die Bohnen zugeben, kurz erwärmen und auskühlen lassen. Den Mesclun zupfen, waschen und trocken schleudern. Alle Zutaten mit der Vinaigrette saftig marinieren.

4. **Croquettes:** Die Schalotten schälen, Champignons und Sellerie putzen und getrennt in Brunoise schneiden. Auch die pochierte Poularde in Brunoise schneiden. In der Butter zuerst die Schalotten anschwitzen, danach die Champignons und den Sellerie zugeben, zuletzt das Poulardenfleisch. Alles salzen und pfeffern und mit der Jus de Volailles ablöschen und diese vollständig einkochen lassen. Mit der Sauce Béchamel mischen und die Masse in einem flachen Geschirr auskühlen lassen. Anschließend kleine Kugeln von ca. 25 g formen. Mit Ei, Mehl und Mie de Pain panieren und in Pflanzenfett ausbacken.

CHRISTIAN JÜRGENS, GOURMETRESTAURANT ÜBERFAHRT IM SEEHOTEL ÜBERFAHRT, ROTTACH-EGERN, DEUTSCHLAND

Drei Sterne sah ich scheinen, drei Sterne schienen licht, sang Zarah Leander dunkelrauchig vor fünfzig Jahren. Deutschen Spitzenköchen werden bei diesem Lied die Augen feucht vor Sehnsucht, aber nicht, weil sie an die Heimat denken, sondern an den französisch gemanagten Restaurantführer »Michelin«, der für die höchste von ihm bewertete Kochkunst die drei Sterne vergibt. Christian Jürgens, zu seiner Zeit im »Kastell« der Burg Wernberg mit zwei Sternen geschmückt, will selbstverständlich mit seiner Küche nach ganz oben, also in den vom »Michelin« weltweit durch drei Sterne symbolisierten Köcheolymp. Das Selbstverständnis zeugt vom gesunden Ehrgeiz des 1968 in Unna geborenen Mannes und ist zugleich ein verheißungsvolles Signal für die Gäste, denn Jürgens ist noch hungrig nach Anerkennung und will mit jeder Speise zeigen, dass er dieser Auszeichnung würdig wäre und ist.

Der Beweis gelang ihm fulminant seit 2001 im »Kastell« und soll zur zweiten Jahreshälfte 2008 in der »Überfahrt«, seiner neuen Wirkungsstätte am Tegernsee, eine gloriose Fortsetzung finden. Bereits ein erster Blick in die saisonal abgestimmte Menükarte vermittelt eine Ahnung von den bevorstehenden Wonnen. Jürgens weiß, dass seine Gäste nicht nur gut essen, sondern die große kulinarische Oper erleben wollen. Die inszeniert Jürgens denn auch in mehreren Akten, wobei bereits das Vorspiel in Form kleiner Amuses Bouches genannter Gabelbissen von der feinen Hand des Meisters zeugt. Die Ouvertüre kann aus zärtlichen Blutwurst-Ravioli bestehen, aus einem subtil gefassten Vitello Tonnato, Rinderfilettatar mit Kaviar, einem köstlichen Kalbszünglein oder vier kühn komponierten Variationen von der Auster mit einer Gurkencreme, Orangen, Schalotten und Kaviar.

Die Delikatesse setzt sich ungebrochen bei den dramaturgisch perfekt gesetzten Akkorden des Menüs fort, ob es die originelle Kartoffelkiste mit Pfifferlingen und Petersilienmousseline ist, die auf belgischer Endivie gebratene Entenleber mit Himbeeren, das die Geschmacksnerven sinnlich vibrieren lassende Gelee vom Weidekalb mit Imperial-Kaviar, der bretonische Steinbutt auf Pulporagout oder das vom grünen Apfelschaum apart umspielte Selleriesorbet. Jürgens beherrscht vollkommen

IHRE LEIBSPEISE?
Omas Rehpfeffer.

IHR LEBENSMOTTO?
Es ist nicht Sinn des Lebens, keine Schwierigkeiten zu haben, sondern diese erfolgreich zu meistern.

WELCHER VERSUCHUNG KÖNNEN SIE NICHT ODER NUR SCHWER WIDERSTEHEN?
70 % Schokolade.

die Idee des Hauptgangs mit den unüberbietbaren, samtig glänzenden Prachtsaucen, demonstriert am »Rehpfeffer nach Oma Jürgens« sowie beim Rehrücken mit Preiselbeer-Pfeffersauce oder der fürsorglich im Salzteig gegarten Perlhuhnbrust mit Chorizo-Jus. In einem Jürgens-Menü findet sich der Dreiklang von französischer Kochtechnik, mediterraner Finesse und regionalem Reformismus auf höchstem Niveau.

Christian Jürgens, der übrigens je nach Stimmung die Krautwickel oder den Rehpfeffer seiner Großmutter als Leibgerichte nennt, begeistert mit einer jungen Küche, die auf drei Säulen steht: Können, Phantasie, Individualität. Gelernt hat er bei Altmeistern wie Eckart Witzigmann, Jörg Müller und vor allem Heinz Winkler, in dessen Aschauer Residenz er drei Jahre als Souschef gearbeitet hat, bevor er nach einem Seitensprung als Chef im Münchner »Marstall« auf die Burg Wernberg berufen wurde. Wenn er nach getaner Arbeit an den Tisch kommt, zeigt sich ein Mann, der weiß, was er kann und will, aber er zeigt es auf nachdenkliche, leise Art, bescheiden, kein bisschen überspannt. Auch in diesem Sinne hebt er sich wohltuend von einigen Kollegen ab, die vielleicht mal im Fernsehen auftreten und sich danach wie Genies aufführen.

Christian Jürgens beweist seine Meisterschaft am Herd – zum höheren Genuss seiner Gäste, von denen er sagt: »Ich will nicht, dass die Leute nachher sagen, beim Jürgens habe ich gut gegessen. Ich will, dass sie von einem außergewöhnlichen Erlebnis schwärmen.«

ÜBER DAS RESTAURANT

Der für die zweite Jahreshälfte 2008 geplante Wechsel von der Burg in die Moderne des Hotels Überfahrt kommt für Christian Jürgens nicht von ungefähr. Seine Entscheidung, die Offerte von Hotelier Thomas H. Althoff anzunehmen, in der legendären, doch gastronomisch blassen »Überfahrt« direkt am Tegernsee die Gourmetgastronomie zu übernehmen, war stark beeinflusst von der Überzeugung, an diesem Ort und dank Althoff eine bessere Voraussetzung als auf der Burg zu haben, frei in Richtung des ersehnten dritten Stern aufkochen zu können. Auf der Burg kocht ab Juni Thomas Kellermann (bislang »Vitrum« in Berlin).

KONTAKT

Seehotel Überfahrt
Gourmetrestaurant Überfahrt
Überfahrtstraße 10
D-83700 Rottach-Egern

Fon: +49 (0) 80 22 / 66 9-0
Fax: +49 (0) 80 22 / 66 91 000
info@seehotel-ueberfahrt.com
www.seehotel-ueberfahrt.com

GIBT ES EINEN TRAUM, DEN SIE SICH NOCH ERFÜLLEN MÖCHTEN?
Mit meiner Familie Neuseeland entdecken.

WANN UND WO KOMMEN IHNEN IDEEN FÜR NEUE GERICHTE?
Kreativität ist nicht planbar.

HABEN SIE EIN BEVORZUGTES KOCHBUCH, WENN JA WELCHES?
Die Rezeptsammlung meiner Oma.

DREI WORTE ZU GENUSS?
Atmosphäre, Aroma, Kultur.

GEFÜLLTE KARTOFFELKISTE AUF PETERSILIENPÜREE

KARTOFFELKISTEN:
4 große festkochende Kartoffeln
Salz
1/2 Eiweiß
1 EL Mehl, fein gesiebt
Öl zum Frittieren
4 Eigelb, sorgfältig getrennt

PETERSILIENPÜREE UND PFIFFERLINGE:
200 g krause Petersilie, gezupft
40 g glatte Petersilie, gezupft
Salz
1 Schalotte, geschält und fein gewürfelt
2 EL Olivenöl
400 g Schlagsahne
weißer Pfeffer aus der Mühle
Prise Zucker
frisch geriebene Muskatnuss
Zitronensaft
120 g kleine Pfifferlinge, geputzt, gewaschen und trocken getupft
1/2 Knoblauchzehe, ungeschält
1 TL Butter zum Anschwitzen
5 cl weißer Portwein
1 TL eiskalte Butter
Cayennepfeffer
weißer Portwein zum Abschmecken
reduzierter weißer Portwein
Kerbelblättchen und Blüten zum Garnieren

1. **Kartoffelkisten:** Aus den geschälten Kartoffeln etwa 4 cm große Würfel schneiden und von diesen jeweils einen etwa 4 mm dicken Deckel abschneiden. Die Würfel mit einem Kugelausstecher aushöhlen, sodass etwa 4 mm dicke Wände stehen bleiben. Diese Kisten und die Deckel über kochendem Salzwasser in einem Siebeinsatz in etwa 15 Minuten garen. Sie müssen weich sein.

2. **Petersilienpüree:** Die Petersilie in sprudelnd kochendem Salzwasser kurz blanchieren, in Eiswasser abschrecken, in einem Tuch gut ausdrücken und ganz fein hacken. Die Schalotte bei sanfter Hitze im Olivenöl andünsten, ohne Farbe nehmen zu lassen. Die Petersilie zufügen und 200 g Sahne einrühren. Kurz aufkochen und im Mixer ganz fein pürieren. Mit Salz, Pfeffer, Zucker, Muskat und Zitronensaft abschmecken, durch ein feines Sieb streichen und beiseitestellen.

3. **Pfifferlinge:** Die Pfifferlinge mit dem Knoblauch in der Butter kurz andünsten. Mit Salz und Pfeffer würzen, mit dem weißen Portwein ablöschen und diesen ein wenig reduzieren. Mit der restlichen Sahne aufgießen und einmal aufkochen lassen. Die Pilze herausnehmen und in einem Sieb abtropfen lassen. Die Sahnesauce um gut ein Drittel einkochen lassen und anschließend durch ein Sieb passieren.

4. **Fertigstellung:** Für die Kartoffelkisten Eiweiß und Mehl zu einem Brei verrühren. Die Kisten und die Deckel abtropfen lassen und trocken tupfen. Dann im 170 °C heißen Öl etwa 1 Minute vorfrittieren. Jeweils 1 Eigelb in eine Kiste gleiten lassen und die Ränder der Kisten sorgfältig mit dem Eiweiß-Mehl-Brei bestreichen. Die Deckel auflegen und leicht andrücken, damit sie »festkleben«. Die Kartoffelkisten im 170 °C heißen Öl in etwa 45 Sekunden goldbraun backen – das Eigelb soll dabei flüssig bleiben – und auf Küchenpapier abfetten lassen. Leicht salzen.

5. **Anrichten:** Das Petersilienpüree auf vier vorgewärmte Teller verteilen und die gebackenen Kartoffelkisten jeweils in der Mitte darauf anrichten. Die Sauce nochmals kurz erhitzen, mit der kalten Butter binden und mit Salz, Pfeffer, Cayennepfeffer, »frischem« und reduziertem weißem Portwein abschmecken. Die Kartoffelkisten verteilen. Die Sauce mit dem Stabmixer aufschäumen und über die Pfifferlinge träufeln. Die Kartoffelkisten nach Wunsch mit Kerbel und Blüten garnieren.

Tipp: Damit die Kartoffelkisten heiß und knusprig werden, das Eigelb aber flüssig bleibt, ist es wichtig, dass die Kisten vor dem Füllen und Frittieren warm, die Eigelbe aber kühlschrankkalt sind.

Sollten Sie das Petersilienpüree noch sanfter und geschmeidiger wünschen, heben Sie etwas geschlagene Sahne darunter.

Ein schlecht gespieltes Stück Theater hat den Vorteil, dass man mehr auf den Text achtet, während eine mitreißende schauspielerische Leistung leicht vom Inhalt ablenkt. Das gilt auch für Restaurants. Ein karges oder kühl gestyltes Ambiente schärft Sinn und Aufmerksamkeit für das Kulinarische, wohingegen ein bezauberndes architektonisches Umfeld den Gast so hübsch einlullen kann, dass sich die Küche getrost ein paar Fehler erlauben darf. Der suggestive Postkartenblick aus dem »Hugos« übers östliche Berlin wäre zur Entlastung der Küche geeignet, wenn Thomas Kammeier nicht ein Mensch und Koch von Moral wäre, mit dem Anspruch, die Gäste auch durch seine Küche zu erfreuen.

Natürlich war es ein Glücksmoment für den 1966 im westfälischen Schermbeck geborenen Mann, als er im März 2003 vom fensterlosen Parterre des Hotels in die 13., die oberste Dachetage umziehen konnte. Er hatte die jeden Koch begeisternde Chance bekommen, die Küche nach seiner Vorstellung einzurichten. Und der auch den Köchen gegönnte Weitblick wird die Stimmung am Herd gewiss beflügeln. Zwar kocht Kammeier, seit er dem Himmel näher gerückt ist, im Prinzip nicht viel anders als früher nahe der Erde, aber seine Küche ist facettenreicher geworden, auch etwas selbstbewusster beim Aromatisieren und kühner in den Kombinationen.

Zwei Aspekte sind besonders charakteristisch für den Küchenstil: Erstens ist es die klug überlegte und sensibel durchgeführte Auffrischung der Klassik mit modernen Akzenten. Darin eingeschlossen ist zweitens die Achtung vor dem Hauptprodukt, das im Rahmen des Zubereitungsprozesses nicht verfremdet, sondern behutsam nur so verändert wird, dass die geschmackliche Authentizität erhalten bleibt. Das zeigt sich ideal beim Hechtfilet, das sich mit Serrano-Schinken und dem mit Sago-Perlen geschmeidig gebundenem Wildkräutersud zu einem genussvollen Akkord addiert. Der Kabeljau glänzt saftig und erfährt mit Dijonsenf und Bouillongemüse eine delikate Vervollkommnung.

Der uneitle Verzicht auf kulinarische Gespreiztheiten beginnt schon bei der minimalistisch abgefassten Speisekarte, die ohne Präpositionen auskommt, wie sie andernorts beliebt sind von »an der Sauce«, »bei ihrem

IHR LEBENSMOTTO?
Mit guter Laune geht alles.

WELCHER VERSUCHUNG KÖNNEN SIE NICHT ODER NUR SCHWER WIDERSTEHEN?
Pommes Frites.

WIE ENTSPANNEN SIE SICH?
Beim Spielen mit meiner Tochter.

Jus« und »in der Kruste« bis hin »auf dem Gemüsebett«. Kammeier nennt im Titel das Produkt und fügt in einer Unterzeile die Zutaten und Aromaten hinzu. Basta! Das liest sich dann so: Jakobsmuschel-Carpaccio, Rapskernöl, Laospfeffer. Seezunge – Lauch, Orangen-Safransud, Estragonpistou. Spanferkel – Kürbis, Bäckchen, Sandwich, Bauch. Kalbsfilet – Trüffelkruste, Sellerie, Rosenkohl. Brandenburger Rehrücken – Spitzkohl, Preiselbeeren, Schwarzwurzel.

Das Summen der dampfenden Töpfe am mütterlichen Herd hat ihn schon als kleinen Bub fasziniert. Kammeier erinnert sich: »Das kam mir vor wie Musik aus einer Zauberwelt.« Seine Karriere startete er 1983 mit einer Bäckerlehre, was ihm jedoch auf Dauer zu langweilig und vor allem zu wenig kreativ dünkte, sodass er im Sommer 1988 eine Ausbildung zum Koch begann. Drei Jahre später heuerte er bei Wolfgang Dubs in Worms an, einem lebensfrohen Genießer, der ihn auch mit der illustren Welt des Weins vertraut machte. Es folgten Stationen im »Landhaus Scherrer« in Hamburg (1993–1995), im »Hummerstübchen« in Düsseldorf und 1996 als Souschef im »Hugos«, damals noch »Zum Hugenotten« genannt. Seit Januar 1998 ist er Küchenchef.

Mag sein, dass Thomas Kammeier den verwöhnten Gourmet nicht mit jedem Gericht auf bislang ungeahnte Höhen des Genusses hebt. Rundum gesehen ist seine akkurat am Produkt orientierte Küche von erfrischend klar strukturierter Art, fein an Geschmack, raffiniert in den Nuancen, jung und unverbildet im Ausdruck.

ÜBER DAS RESTAURANT

Der Weg ins Restaurant führt durch ein Entree mit schwerem Ledermobiliar und Weinklimaschränken. Die meisten Tische stehen an der begehrten Fensterfront mit dem Weitblick über Berlin. Maître Olaf Rode dirigiert mit eleganter Diskretion den vorwiegend mit charmanten Damen besetzten Service. Die Weinkarte ist international gut bestückt und preislich nach oben weit geöffnet.

KONTAKT

InterContinental Berlin
Hugos Restaurant
Budapester Straße 2
D-10787 Berlin

Fon: +49 (0) 30/26 02 12 63
Fax: +49 (0) 30/26 02 12 39
mail@hugos-restaurant.de
www.hugos-restaurant.de

Öffnungszeiten:
Montag – Samstag
18.00 – 22.30 Uhr

Betriebsferien:
2 Wochen im Januar
4 Wochen während der Berliner Schulferien

WELCHER BERUF (AUSSER DEM EIGENEN) WÄRE FÜR SIE INTERESSANT UND WARUM?
Winzer, würde gerne einmal einen guten Wein herstellen.

GIBT ES EIN PRODUKT, DAS SIE GAR NICHT MÖGEN?
Nieren.

DREI WORTE ZU GENUSS?
Leben, Liebe, Leidenschaft.

GESCHMORTES KALBSBÄCKCHEN MIT ROTE BETE UND PÉRIGORD-TRÜFFEL

KALBSBÄCKCHEN:
8 geputzte Kalbsbäckchen
50 ml Pflanzenöl
je 60 g Karotten-, Sellerie-, Lauchwürfel
100 g Schalottenwürfel
1 Knoblauchzehe
150 g Tomatenwürfel
je 375 ml Rotwein, roter Portwein
2 Nelken
6 schwarze Pfefferkörner
1 kleiner Thymianzweig
1 Rosmarinspitze
1 Lorbeerblatt

ROTE-BETE-PÜREE:
300 g Rote Bete, gekocht
2 Schalotten, gewürfelt
50 g Butter
100 g Sahne
Salz, Pfeffer, Muskat

ROTE BETE:
80 g Rote Bete
30 g Butter
50 ml Geflügelfond
Salz, Pfeffer, Muskat

PÉRIGORD-TRÜFFEL:
80 g Périgord-Trüffel
etwas Port- und Rotwein
200 ml Kalbsjus
kalte Butter

TRÜFFELSAUCE:
100 g Schalottenwürfel
3 Knoblauchzehen
500 g Champignons
60 g Butter
1 Fl. weißer Portwein
1,5 l Geflügelfond
100 g Périgord-Trüffel
750 g Sahne
100 ml Trüffelfond
weißer Aceto Balsamico
Salz, Pfeffer, Cayennepfeffer

1. **Geschmorte Kalbsbäckchen:** Kalbsbäckchen in Öl anbraten und wieder aus dem Bräter nehmen. Das Gemüse hineingeben, braun rösten und zum Schluss die Tomaten zugeben. Mit Alkohol ablöschen und reduzieren. Die Gewürze in ein Säckchen füllen und hinzugeben. Die Bäckchen wieder einlegen und mit Wasser oder Kalbsfond auffüllen. Zugedeckt bei 150 °C im Ofen etwa 2 1/2 Stunden schmoren. Danach die Sauce passieren, etwas reduzieren und abschmecken.

2. **Rote-Bete-Püree:** Die Schalotten in Butter anschwitzen, Sahne zugeben und mit der klein geschnittenen Rote Bete in den Mixer geben, würzen und fein laufen lassen.

3. **Rote Bete:** Rote Bete würfeln, in Butter anziehen lassen und mit Salz, Pfeffer und wenig Muskat würzen. Etwas Geflügelfond zugeben.

4. **Périgord-Trüffel:** Trüffel in Streifen schneiden, in Butter anschwitzen und mit je einem Schuss Port- und Rotwein ablöschen. Reduzieren und mit Kalbsjus auffüllen. Dann auf die Hälfte reduzieren und mit kalter Butter aufmontieren.

5. **Trüffelsauce:** Schalotten und angedrückten Knoblauch in 40 g Butter hell anschwitzen und Champignons zugeben, mit Portwein ablöschen und stark reduzieren. Mit Geflügelfond auffüllen und auf etwa 300 ml Fond reduzieren. Durch ein Sieb geben und Champignons ausdrücken. Trüffel fein würfeln und in der restlichen Butter anschwitzen, mit etwas Trüffelfond ablöschen und stark einkochen. Mit Sahne und Trüffelfond auffüllen, aufkochen lassen und in den Mixer geben, bis der Trüffel ganz fein geworden ist. Mit Balsamico und Gewürzen abschmecken.

6. **Anrichten:** Das Püree auf Teller geben, die Bäckchen daraufsetzen und mit etwas Kalbsbäckchensauce garnieren. Rote-Bete-Würfel dazugeben, mit Trüffelstreifen garnieren und kleine Tupfer 100 ml aufgeschäumter Trüffelsauce setzen. Mit Kartoffelstroh und Kerbel ausgarnieren.

Hat eine Ente eine Seele? Warum eigentlich nicht, wenn es angeblich mehr oder weniger glückliche Kühe gibt und wissenschaftlich belegt sein soll, dass Hühner bei swingender Musik von Fats Waller oder Jack Hylton mehr Eier legen. Seither ist das Geflügel nicht nur Jazzfreunden sympathischer geworden, aber wann ist ein Vogel wie die Ente glücklich? Vermutlich, wenn das Tier namenssynchron in der »Ente« seiner Bestimmung zugeführt, also von Michael Kammermeier beispielsweise ins Rohr geschoben, saftig gebraten und mit einem Beilagenensemble aus Spitzkohl, Leberwickel sowie Rotkrautsalat erst knusprig als Brust und im zweiten Gang als Keule mit getrüffeltem Wurzelgemüse serviert wird.

Als Kammermeier, im Juni 1978 in Kaufbeuren geboren, 1993 seine Kochlehre im »Neubrand's Stüble« in Bad Wörishofen startete, war die »Ente« längst eine nationale gastronomische Institution, mit Weitblick initiiert von Karl Nüser, dem Chef des Nassauer Hofs, und mit buntem Leben erfüllt von Hans Peter Wodarz, dem quirligen, notorisch von tausend Ideen heimgesuchten Koch, dessen eigentliche Profession die eines gastronomischen Impresarios war. Wodarz war es, der die »Ente« über Deutschland hinaus zu einer Drehscheibe für Feste und vor allem hochkarätige Weinproben gemacht hat. Gekocht hat das PR-Genie nur noch nächtliche Trüffelgerichte für Stammgäste. Als Wodarz ging, um seinen Gourmet-Zirkus aufzubauen, begann auch in der »Ente« eine neue Ära.

Nach Köchen wie dem Traditionalisten Herbert Langendorf und dem stark der asiatischen Kochtechnik zugewandten Gerd M. Eis führt nun Kammermeier, unterstützt von Klaus Mayer als Souschef, seit April 2006 die gastronomische Regie in diesem wahrhaft legendären Haus, in dem er bereits vier Jahre vor seiner Ernennung zum Chef als Vize tätig war. Er kocht mit Begeisterung und kennt in seiner Küche weder Stilzwänge noch Tabus. In den eineinhalb Jahren, die er bei Heinz Winkler in Aschau gearbeitet hat, ist er mit den Finessen eines puristischen Stils und der Maxime vertraut gemacht worden, dass weniger Zutaten in einer Speise ein Mehr an Wirkung erzielen. Letzteres

IHRE LIEBLINGSBLUME / -PFLANZE?
Mein Kaffeebaum.

WELCHE 3 DINGE WÜRDEN SIE AUF EINE EINSAME INSEL MITNEHMEN?
Sonnencreme, Schweizer Taschenmesser und Wunschfee.

WELCHER VERSUCHUNG KÖNNEN SIE NICHT ODER NUR SCHWER WIDERSTEHEN?
Augustiner Bier, Sweet Chilisauce, meine Frau.

GIBT ES EINEN TRAUM, DEN SIE SICH NOCH ERFÜLLEN MÖCHTEN?
Eine Weltreise und sich durch alle Länderküchen zu probieren.

scheint Kammermeier nicht sonderlich intensiv beeindruckt zu haben, denn er geht beim Aufbau und der Gestaltung seiner Speisen eher großzügig mit Produkten und Aromaten um. Ein Kennzeichen, ja geradezu ein Hoheitszeichen der Küche ist naturgemäß ein Produkt wie die Ente, der auch Kammermeier in diversen Variationen huldigt. Es gibt sie als Terrine (mit karamellisierten Haselnüssen, Apfel und geräucherten Fleischstreifen), als Consommé (mit gebratenen Steinpilzen und Gnocchi) und knusprig gebraten, je nach Saison mal serviert mit Topinambur, Quitte, Spitzkohl und Speckknödel, dann wiederum mit Rosenkohl und Semmelknödel oder mit Pfifferlingen und glasierter Mispel. Den Seeteufel kombiniert die Küche mit gebackenem Kalbskopf und einem mit Bohnenkraut anständig parfümierten Ragout von Bohnen. Der Glattbutt erhält Gesellschaft in Form von Champagner-Kutteln, Petersilienjus, Portweinzwiebeln und Trüffeltapenade. Die saftig gelungene Lammkeule wird mit Bohnenragout, Fenchelsamen, jungem Knoblauch und mit rotem Paprika angeschärften Würstchen aromenstark ergänzt. Thunfisch gibt es im Pfeffermantel mit Rettich und Kalbsbries. Der Schweinebauch, auf den auch Kammermeier wie so viele seiner Kollegen nicht verzichten mag, wird knusprig gebraten und mit geschmortem Kopfsalat angerichtet. Rochenflügel werden mit Himbeeressiggelee und Gänseleber serviert, Heilbutt in Marillenöl pochiert und mit gelben Rüben sowie leicht angeräucherten Mandeln offeriert. Eine Taubenbrust wird mit Gänseleber angereichert, von Pfirsich, Steinpilzen und weißem Bohnenpüree begleitet. Blutorange und Fenchel flankieren eine sanft gebratene Jakobsmuschel. Aus dem Vollen schöpft man bei der Gartenerbsensuppe mit Birnen, Krebsen, Speck und Minze sowie beim Paellarisotto mit Muscheln, Meerbarbe, Stubenküken und Garnele. Kammermeier neigt der mediterranen Aromenküche zu und lässt in seinen Gerichten drei Akzente erkennen: Er kombiniert gerne Fisch und Fleisch, baut relativ häufig Obst in die Kompositionen ein und schätzt Kräuter gegen die Langeweile auf dem Teller.

ÜBER DAS RESTAURANT

Das Ambiente ist mit nobler, konventionell geprägter Eleganz rasch definiert. Eine Besonderheit ist das Deckengemälde mit dem versteckten Playboy-Häschen im Gras. Die schmuck gedeckten Tische sind in angenehmer Distanz zueinander platziert, ob unten oder oben auf der Galerie. In den Lehnenstühlen sitzt es sich bequem. Der Service agiert zuvorkommend. Der Weinkarte gebührt nach wie vor Applaus; es gibt auch glasweisen Ausschank mit Empfehlungen von Sommelier Jan Buhrmann.

KONTAKT

Hotel Nassauer Hof
Restaurant Ente
Kaiser-Friedrich-Platz 3–4
D-65183 Wiesbaden

Fon: +49 (0) 6 11 / 13 30
Fax: +49 (0) 6 11 / 13 36 32
info@nassauer-hof.de
www.nassauer-hof.de

Öffnungszeiten:
Montag – Samstag
12.00 – 14.00 Uhr
18.00 – 22.30 Uhr

Betriebsferien:
1 Woche im Januar
2 Wochen im August

WELCHER BERUF (AUSSER DEM EIGENEN) WÄRE FÜR SIE INTERESSANT UND WARUM?
Gärtner. Mit Produkten zu arbeiten, die wachsen und leben.

GIBT ES EIN PRODUKT, DAS SIE GAR NICHT MÖGEN?
Tofu, Moorhuhn.

IHR SCHÖNSTES KULINARISCHES ERLEBNIS?
Urlaub mit Freunden in Ligurien auf einem Berg bei gutem Essen und Trinken.

MIT WEM WÜRDEN SIE GERNE EINMAL ZU ABENDESSEN?
Anthony Bourdain.

ZANDER MIT ROTE-BETE-NUDELN, GURKE, JOGHURT UND KAVIAR

400 g Zanderfilet
1 Gurke
150 ml Joghurt
200 ml Crème fraîche
100 ml Milch
2,5 g Agar-Agar
2 Blatt Gelatine, eingeweicht
500 ml Rote-Bete-Saft
20 g Kaviar
8 Stangen Frühlingszwiebel
Knoblauch
weißer Balsamico
Rotweinessig
Öl, Butter
Salz, Pfeffer, Zucker

NUDELTEIG:
250 g Mehl
1 Eigelb
2 Ei
500 ml Rote-Bete-Saft
(auf 50 ml reduziert)
1/2 TL Salz

1. **Nudelteig:** Das Mehl auf eine Arbeitsfläche sieben und eine Mulde hineindrücken. Die restlichen Zutaten hineingeben und alles langsam von außen nach innen vermengen. Wenn sich die Flüssigkeit so weit mit dem Mehl verbunden hat, dass sie nicht mehr verläuft, den Teig kräftiger kneten, bis ein elastischer Nudelteig entsteht. Im Kühlschank ruhen lassen. Nudeln auf einer Maschine ausrollen und in Spaghetti schneiden.

2. **Joghurtgelee:** Milch mit Joghurt, Crème fraîche erhitzen. Mit Salz und Zitronensaft abschmecken und eine angeschlagene Knoblauchzehe darin ziehen lassen. Agar-Agar und Gelatine hinzufügen, durch ein feines Sieb passieren und in eine flache Form gießen. Im Kühlschrank fest werden lassen.

3. **Rote-Bete-Sud:** Rote-Beete-Saft mit 1 EL Zucker und 1 EL Rotweinessig aufkochen und stark reduzieren.

4. **Joghurt-Gurkenwürfel:** Die Gurke schälen und auf einer Küchenreibe längs in Scheiben hobeln. Mit Salz, Zucker und weißem Balsamico würzen und ziehen lassen. Joghurtgelee in Würfel schneiden, in die Gurkenscheiben einwickeln und im Ofen bei 60 °C erwärmen.

5. **Frühlingszwiebeln:** Frühlingszwiebel putzen und in einer Pfanne mit Salz, Zucker, Butter und etwas Wasser glasieren.

6. **Zander und Anrichten:** Den Zander mit Salz und Pfeffer würzen und in einer beschichteten Pfanne mit etwas Öl auf der Hautseite anbraten. Nudeln im Salzwasser kochen, durch den reduzierten Rote-Beete-Saft schwenken und auf einem Teller anrichten. Den Zander in etwas Butter nachbraten und kurz auf die Fleischseite drehen. Zander auf den Nudeln anrichten, die gefüllten Gurken danebensetzen. Eine Nocke Kaviar auf die Gurken geben. Mit etwas Rote-Beete-Saft und aufgeschäumtem Fischfond verzieren.

kammermeier

Es gibt Tage, an denen man ohne erkennbaren Grund mit auf Halbmast baumelnder Stimmung aufwacht und fühlt, dass wieder mal nichts passieren wird außer dem üblichen Alltagseinerlei. Einen solchen melancholisch gefärbten Stöpsel bekommt man am besten aus der Seele gezogen, indem man spontan bei einem Koch seines Vertrauens einen Tisch bucht. Die Vorfreude ist stark genug, um die Stunden bis zum Mahl ohne weiteren Gemütsschaden zu überstehen. Und wenn diese kulinarische Therapie bei einem Meisterkoch wie Dieter L. Kaufmann gebucht werden kann, ist der Erfolg vollautomatisch vorhersehbar, denn ein Essen in der »Traube« zwischen dem mit Kaviar generös gewürzten Parfait vom Stör und der Taubenbrust im Kohlblatt mit Gänseleber und Trüffeljus, zwei schon legendären Kaufmann-Klassikern, ist das genussvollste Mittel gegen die Banalisierung des Alltäglichen.

Fernand Point, in der ersten Hälfte des 20. Jahrhunderts in der »Pyramide« in Vienne eine gastronomische Kapazität und maßgeblicher Wegbereiter einer neuen Küche nach Escoffier, hat gesagt, dass die große Küche einen heiligen Eifer erfordert. Das ist ein Anspruch, den Kaufmann erfüllt. Im Gegensatz zu manchen Kollegen, die fahrenden Gastronomen gleich auf allen Hochzeiten tanzen und es gesellschaftlich ihren reichsten Gästen gleichtun möchten, findet man Dieter L. Kaufmann von Dienstag bis Samstag in der Küche. Das, so meint er, sei er sich und seinen Gästen schuldig, und so legt er auch keinen Wert darauf, von einer gewissen Society, die es schick findet, einen Spitzenkoch zu duzen, als Dekoration bei deren Partys missbraucht zu werden. Lieber liest er in freien Stunden, hört klassische Musik, genießt ein Glas Champagner.

Klarheit und Harmonie sind im Leben wie in der Küche richtungweisende Leitmotive von Kaufmann, des 1937 in Grevenbroich geborenen Grandseigneurs der deutschen Köche. Er trennte schon früh, als die »Nouvelle Cuisine« noch in den Kinderschuhen steckte und traditionslos wild drauflos experimentiert worden ist, Sein von Schein. Statt surrealer Läufe à la Erdbeermus zu Hummer oder Sorbet vom Camembert hatte Kaufmann unbeirrbar nur eins im Auge: eine feine Küche, eine, die handwerkliche Präzision mit

WELCHE 3 DINGE WÜRDEN SIE AUF EINE EINSAME INSEL MITNEHMEN?
Meine Frau, Champagner und einen gute gefüllten Picknickkorb.

WELCHER VERSUCHUNG KÖNNEN SIE NICHT ODER NUR SCHWER WIDERSTEHEN?
Unseren selbst gemachten Pralinen.

WAS SAMMELN SIE UND WARUM?
Alte Kochbücher, weil es mich fasziniert, wie früher sehr oft ohne Maßangabe gekocht wurde.

höchster Sensibilität für Geschmack verbindet.

Angefangen hatte alles mit einer Konditorlehre im heimischen Grevenbroich. Weil ihm das Süße dann doch nicht als des Lebens innigster Sinn erschien, absolvierte Kaufmann hinterher gleich noch eine Lehre als Koch und die Hotelfachschule in Heidelberg. Danach, 1960, ging er ins berühmte »Savoy« nach London, wo zwei lebenswichtige Entscheidungen fielen. Erst lernte er – »wie die Nadel im Heuhaufen« – seine spätere Frau Elvira kennen, die im Bankfach praktizierte. Dann kam ein Anruf von zu Hause: »Die Traube ist zu kaufen.« Das war 1962 und Dieter L. Kaufmann 25 Jahre alt. Mit der ihm eigenen Beharrlichkeit – Resignation fehlt in seinem Wortschatz – kochte sich Kaufmann an die Spitze, schrittweise das Gute durch das Bessere ersetzend. Ein Blick in die Speisekarte offenbart rasch die aufs Wesentliche gerichtete Philosophie des Hauses. Kaufmann verzichtet auch bei der Beschreibung auf Schnörkel, doch verheißt jedes Wort Genuss wie die mit Kalbsbries gefüllte Wachtel, das Carpaccio von Wildlachs und Jakobsmuscheln mit geeister Tomatenessenz, das Trio vom Hummer in Form von Salat, Mousse und Sülze, die Terrine von Langustinen mit Kohlrabi-Ravioli, der lauwarm angerichtete Wildlachs mit der schmelzenden Kaviarbutter, die Rochenflügel im Sud von Bouchot-Muscheln, der geschmorte Kalbsschwanz mit schwarzer Trüffel und Sellerieschaum oder der fürsorglich in der Brotkruste gegarte Rehrücken mit Pfifferlingen, Apfeltartelette und Spätzle.

Seine Küche der Natürlichkeit ist die angewandte Kunst, nicht künstlich zu sein. Dieter L. Kaufmann ist »Koch aus Begeisterung« und findet es wunderbar, Gastgeber zu sein, insbesondere für Gourmets wie jenen Stammgast, der bei ihm noch nie eine Speisekarte gesehen hat, sich stattdessen einen Weintyp aussucht und sagt: »Kochen Sie mir heute was Schönes zu rotem Bordeaux.«

ÜBER DAS RESTAURANT

Man sitzt wie im Salon eines großen Landhauses. Gediegen ist die Einrichtung, durch die großen Fenster flutet die Sonne. Die klassische Tischkultur, perfekt gestaltet von Elvira Kaufmann, der genialen Gastgeberin, die auch umsichtig den Service leitet, erhöht die Freude an der Küche. Die Tische sind großzügig gestellt, so dass man nicht flüstern muss. Die Weinkarte ist ein grandioses Dokument der Trinkkultur und in einigen Abteilungen wie dem Champagner schlichtweg einmalig.

KONTAKT

Hotel-Restaurant Zur Traube
Bahnstraße 47
D-41515 Grevenbroich

Fon: +49 (0) 21 81/68 767
Fax: +49 (0) 21 81/61 122
zurtraube-grevenbroich@t-online.de

Öffnungszeiten:
Dienstag – Samstag
12.00 – 13.30 Uhr
19.00 – 20.30 Uhr

Betriebsferien:
Je 2 Wochen Ostern, Ende Juli, Weihnachten

WANN UND WO KOMMEN IHNEN IDEEN FÜR NEUE GERICHTE?
Bei Spaziergängen über gute Märkte und beim Reisen.

GIBT ES EIN PRODUKT, DAS SIE GAR NICHT MÖGEN?
Brokkoli.

IHR SCHÖNSTES KULINARISCHES ERLEBNIS?
1961 Covent Garden in London, ein indisches Restaurant, in das ich meine Frau zum 1. Mal ausführte.

IHR LIEBLINGSRESTAURANT?
Unser Haus in den Ardennen, wenn meine Frau kocht.

PARFAIT VOM STÖR MIT BELUGA-KAVIAR

FÜR 10 PERSONEN
1 geräucherter Stör, ca. 600 g
300 ml Fischfond
400 ml Sahne
30 g Weizenpuderstärke
5 Blatt Gelatine, weiß
150 ml Rieslingsekt
oder Champagner
Salz

FISCHGELEE:
Beluga-Kaviar, nach Wunsch
(ca. 30 g pro Person)
150 ml Fischfond
1,5 Blatt Gelatine

1. **Vorbereitung:** Den Fischfond mit 100 ml Sekt zum Kochen bringen und mit der in Wasser aufgelösten Weizenstärke zu einem festen Brei binden und kalt stellen. Danach Haut und äußere dunkle Seiten des Störs abschneiden und wegwerfen. Den Rest – es sollten noch mindestens 500 g sein – durch die feinste Scheibe vom Fleischwolf drehen und mit dem erkalteten Brei im Mixer zu einer homogenen Masse verarbeiten. Anschließend noch 30 Minuten durchkühlen lassen.

2. **Fischgelee:** Die Gelatine einweichen und den Fischfond erwärmen. Die Gelatine in der warmen Flüssigkeit auflösen. Ca. 20 g Kaviar in Champagnerschalen geben und mit dem Fischgelee einen dünnen Spiegel gießen. Die Gläser kalt stellen.

3. **Parfait:** Die Sahne schlagen. Gelatine auflösen und im Wasserbad mit 50 ml Sekt auflösen und warmhalten. Nun die geschlagene Sahne vorsichtig unter das Störmus heben, eventuell etwas nachsalzen und zum Schluss die flüssige Gelatine einrühren. Zügig die Masse zur Hälfte in die Champagnerschalen füllen und 2–3 Stunden kalt stellen.
Vor dem Servieren mit Kaviar garnieren.

IRANIAN CAVIAR
Net weight: 50 g . Keep cool ±3°

Von den Sinnesfreuden, die das ausgedehnte Tafeln in geselliger Runde bereitet, lassen uns die Bilder flämischer Meister, etwa Pieter Brueghels Gemälde einer Bauernhochzeit, etwas ahnen. Solche Gelage waren seit den Zeiten Homers immer festliche, verschwenderische Höhepunkte des Lebens. Doch auch im Alltag blieb das Essen in der Gemeinschaft lange die Regel; im Schloss wie im Kloster, in der Schänke und im gutbürgerlichen Esszimmer. Die Franzosen sagen »à la grace de Dieu«, also, wenn es Gott gefallen mag, dass sich Leute finden, deren Gesellschaft das Essen schöner macht. Es ist schon so: Einsam zu speisen macht leicht hart und roh. Inzwischen sind viele Menschen beim Essen gehetzt, dem Pillenwahn verfallen und dem Diätkult ergeben. Das ist Unkultur, denn tatsächlich haben Speisen, haben die Produkte psychopharmakologische Wirkungen. Man kann sich glücklich essen, wie Hirnforscher inzwischen bewiesen haben.

Michael Kempf ist in diesem Sinne Koch und Therapeut. Am Herd nutzt er virtuos Gewürze und Kräuter, um Speisen aromatisch zu intensivieren, ihnen dadurch ein Mehr an Raffinement zu geben. Ein weiterer positiver Effekt – egal, ob vom Küchenchef bewusst genutzt oder unbewusst erreicht – liegt in der Kraft der Spezereien, gut für Hirn und Herz zu sein. Der in Eisenkraut sanft gedämpfte Saibling mit Brunnenkresse erfüllt diese Aufgabe ebenso geschmackvoll wie die architektonisch ungemein hübsch angerichtete Terrine vom Felsenoktopus mit pikanter Tomaten-Chorizo-Marmelade und Gewürzfenchel. Auch die in Buttermilch pochierte Brust vom Perlhuhn mit der feinwürzig abgeschmeckten Salbeireduktion oder die von eingelegtem Gemüse bildschön umrahmte Makrele mit der Olivenemulsion sind gleichermaßen genussvoll wie bekömmlich.

Die Vorliebe der Küche für orientalische Gewürze und den Einsatz von Wildkräutern zieht sich wie der respektvolle Umgang mit Gemüse und die Bevorzugung von Aromaölen, Jus, Vinaigrettes und Emulsionen gegenüber Butter/Sahne-Saucen einem roten Faden gleich durch die Speisekarte. Die Beschreibung der Gerichte ist knapp und aufs Wesentliche bezogen: gefüllter Schweinefuß

IHRE LEIBSPEISE?
Schwäbischer Zwiebelrostbraten mit Spätzle.

IHR LEBENSMOTTO?
Hab immer ein Ziel vor Augen.

WELCHER VERSUCHUNG KÖNNEN SIE NICHT ODER NUR SCHWER WIDERSTEHEN?
Sport im Freien, bei schönem Wetter.

WAS SAMMELN SIE UND WARUM?
Turnschuhe, mein Faible sind stylische Turnschuhe.

GIBT ES EINEN TRAUM, DEN SIE SICH NOCH ERFÜLLEN MÖCHTEN?
Den New-York-Marathon zu laufen.

mit Steinpilz-Artischockenvinaigrette; Labskaus von mild geräucherter Ente und Aal; Hummer auf gebratenem Wurzelgemüse mit Minze und Kräuterreduktion; Wolfsbarsch mit knusprigen Herzmuscheln, Rahmspinat und Eigelb-Olivenölsauce; gebratene Gänseleber mit Jus von tasmanischem Pfeffer, Kompott von Roter Bete und Boskopapfel; St.-Petersfisch mit Couscous, Harissa und Minzöl; Rinderschulter mit Kartoffelravioli und Weinbergschnecken; geschmorte Lammschulter mit exotischem Lammsugo und Ackersenf; mit Tahiti-Vanille geschmorte Backe vom Bison mit Löffelerbsencrème.

Kempf, geboren 1977 in Sigmaringen, wollte laut eigener Aussage schon in jungen Jahren nur eines werden: Koch. Entsprechend zielgerichtet plante er seine Ausbildung. Nach der Lehre im Hotel Kleber-Post im Saulgau hat Kempf jeweils zwei Jahre bei Spitzenköchen gearbeitet, wie sie – menschlich und kochstilistisch – unterschiedlicher nicht sein könnten. Lothar Eiermann im Schlosshotel Friedrichsruhe hat ihn mit der klassischen französischen Hochküche vertraut gemacht. Bei André Jaeger (»Fischerzunft« in Schaffhausen) hat er die Ästhetik schön angerichteter Teller und vor allem dessen hoch entwickelte eurasische Kochkunst kennengelernt. Und Dieter Müller auf Schloss Lerbach hat ihn schließlich in die Hohe Schule der Raffinessen einer Dreisterneküche eingeführt, ihn menschlich zudem durch die nicht jedem Weltkoch eigene sympathische Übereinstimmung von Selbstbewusstsein und Bescheidenheit beeindruckt.

Als Michael Kempf im April 2003 im »FACIL« startete, war er eigentlich als Vize engagiert, doch weil der Chef wegen anderweitiger Pläne kündigte, wurde er zum ersten Mann befördert – ein Vertrauen, das der damals 26-Jährige glänzend rechtfertigte, getreu dem Lob von Dieter Müller, der an seinem Schüler neben dessen rascher Auffassungsgabe rühmte, der habe »alles mit Ehrgeiz und auch mit Liebe gemacht, schnell, sauber, präzise«. Und so wie Michael Kempf ist auch seine Küche: jung, adrett, modern.

WELCHER BERUF (AUSSER DEM EIGENEN) WÄRE FÜR SIE INTERESSANT UND WARUM?
Archäologe, weil ich ein absoluter Geschichtsfan bin.

WIE VIELE KOCHBÜCHER BESITZEN SIE?
38.

MIT WEM WÜRDEN SIE GERNE EINMAL ZU ABEND ESSEN?
Heidi Klum.

ÜBER DAS RESTAURANT

Die architektonische gläserne Klarheit des Atriums im fünften Stock wird durch honigfarbenen Natursteinboden, Marmor, Mahagoni, Leuchtsäulen aus Alabaster, Vasen aus Murano und vor allem die attraktive Glasdecke mit freiem Blick gen Himmel unterstrichen. Der Service, souverän geleitet von Manuel Finster, besticht durch kompetente Höflichkeit. Die Weinkarte ist mit Sachverstand komponiert, inklusive fair kalkulierter Schätzchen für Kenner. Felix Voges berät einfühlsam als Sommelier.

KONTAKT

The Mandala Hotel
Gourmetrestaurant FACIL
Potsdamerstraße 3
D-10785 Berlin

Fon: +49 (0) 30/59 00 51 234
Fax: +49 (0) 30/59 00 52 222
welcome@facil.de
www.facil.de

Öffnungszeiten:
Montag – Freitag
12.00 – 15.00 Uhr
19.00 – 23.00 Uhr

Betriebsferien:
die ersten 3 Wochen im Januar
letzte Woche im Juli & erste Woche im August

MAGURUTHUNFISCH MIT ORIENTALISCHEN GEWÜRZEN EINGELEGT, EMULSION VON WASSERMELONE, URTOMATE UND SAUERKLEE

THUNFISCH:
400 g Maguruthunfisch (Mittelstück)
1 TL geröstete Koriandersamen
1/2 TL Ducca (Gewürzmischung)
1 TL Sesam, geröstet
1 Msp. Fenchelsamen
1 Msp. Kreuzkümmel

MARINADE:
300 g Kejab Manis
200 g Sojasauce, salzarm
300 g Portwein, weiß
200 g Geflügelfond
150 g Oystersauce
200 g Lauch, das weiße Stück, fein geschnitten
2 Knoblauchzehen, fein geschnitten
50 g Ingwer, fein geschnitten
5 Zitronengrasstängel, fein geschnitten
2 Sternanis, fein gemörsert
1 Msp. getrocknete Chili, fein gemörsert
1 EL Sezchuanpfeffer, geröstet, fein gemörsert

EMULSION:
400 g Urtomaten, gewaschen, halbiert und entsaftet
200 ml Geflügelfond
1 Schalotte
1/2 Knoblauchzehe
1 Wacholderbeere
1 Lorbeerblatt
1 EL Olivenöl
1/2 EL Curry Mumbai
je 50 ml weißer Portwein, Noilly Prat, Weißwein und Bombay Gin
1/2 TL Rote Tandooripaste
1 g Xanthan
80 ml Olivenöl
Meersalz, Gin, brauner Zucker, weißer Pfeffer
100 g Wassermelone

1. **Thunfisch:** Gewürze in der Moulinette fein mixen und durch ein Haarsieb passieren. Thunfisch in rechteckige Stücke zerteilen und in einer Grillpfanne von allen Seiten stark angrillen. Die Gewürzmischung auf den Thunfisch streuen, vakuumieren und 5 Sekunden in kochendes Wasser legen. Herausnehmen und direkt auf Eis kühl stellen.

2. **Marinade:** Alle Zutaten aufkochen und mindestens 12 Stunden ziehen lassen. Anschließend den Thunfisch in gleichmäßige Scheiben schneiden, auf einen flachen Teller legen und mit der Marinade bepinseln. Mit Klarsichtfolie abdecken und bei 65 °C leicht erwärmen.

3. **Emulsion:** Tomatensaft und Geflügelfond zusammen mit Schalotte, Knoblauchzehe, Wacholderbeere und Lorbeerblatt reduzieren. Olivenöl leicht erwärmen, Curry Mumbai darin auflösen und mit der Flüssigkeit ablöschen. Um die Hälfte einkochen und zum Schluss die Rote Tandooripaste einrühren und durch ein feines Sieb passieren. Zum Tomatensaft dazugeben und auf 80 °C erhitzen. Xanthan und Olivenöl einrühren und mit den restlichen Gewürzen abschmecken. Anschließend die Wassermelone fein würfeln und in der Emulsion über Nacht einlegen.

4. **Anrichten:** Kichererbsencreme mithilfe einer Schablone auf den Teller streichen. Jeweils 3 Thunfischscheiben draufsetzen und mit der Marinade bepinseln. Emulsion aufrühren und gleichmäßig verteilen. Sauerklee auf der Emulsion anrichten.

Der moderne Mensch ist von Technik umzingelt, die ihm das Leben vereinfachen und mehr Muße bescheren soll. Denkste, das Leben ist komplizierter, die Menschheit gehetzter denn je. Kein Wunder, dass sich der an Elektronik reiche, doch an Gemüt arme Zeitgeist nach Geborgenheit sehnt, und die Mystik, diese dunkle Genossin des Unberechenbaren, feiert fröhliche Auferstehung, genährt durch jene unbestimmte Sehnsucht, die in vielen Köpfen nistet. Ein feines Mahl kann solche Runzeln der Seele glätten, wenigstens in den Stunden des Genießens und den Momenten der Erinnerung danach. So ein Wunder kommt schon mal lässig daher, sozusagen mit den Händen in den Hosentaschen, doch wurzelt das nicht im Übersinnlichen, sondern steht – wie im Kronenschlösschen – auf den soliden Füßen von Patrik Kimpel.

Der tritt bescheiden auf, doch man soll sich nicht täuschen: Kimpel, 1967 in Rüdesheim geboren, ist selbstbewusst. Er präsentiert jene neue Generation von Köchen, die genau weiß, was sie will. Kimpel wirkt, als könnte er auch Architektur studiert haben, Designer sein oder Manager in der Wirtschaft, vorausgesetzt freilich, es handelt sich um schöne Produkte. Immerhin hat er, gefördert vom Hausherrn HB Ullrich, das Hotel Kronenschlösschen, ein architektonisches Denkmal aus der Gründerzeit mit den weit und breit schönsten Suiten, zur besten kulinarischen Adresse im Rheingau gemacht. Seine Küche ist originell und ungekünstelt. Ein stilistisches Merkmal der Kimpel-Küche ist eine mediterrane Leichtigkeit, die um Gottes willen nicht als Seichtigkeit missverstanden werden darf. Unter Leichtigkeit ist neben der Transparenz beim Aufbau der Speisen vor allem deren geschmackliche Finesse und die farbliche Gestaltung auf dem Teller zu verstehen.

Die Küche orientiert sich an der Saison. Das Hauptprodukt dominiert und wird harmonisch von den subtil darauf abgestimmten Beilagen sowie Saucen begleitet. Kimpel hat eine feine Hand im Umgang mit Kräutern und Gewürzen. Lehrmeister wie Harald Wohlfahrt haben ihn geprägt, von ihnen lernte er die Zusammenstellung von Menüs, aber auch die Achtung vor dem Rohprodukt. Man kann auch sagen: die Demut – eine Einstellung, die wirklich guten Köchen zu eigen ist und in bemer-

IHR LEBENSMOTTO?
Ich will, ich kann.

WAS BEFINDET SICH AUF IHREM FRÜHSTÜCKSTISCH?
Sonntags ein Ei.

WELCHER VERSUCHUNG KÖNNEN SIE NICHT ODER NUR SCHWER WIDERSTEHEN?
Liebe.

WAS SAMMELN SIE UND WARUM?
Alles, was schön ist, weil es Freude macht.

kenswertem Kontrast zu etlichen TV-Köchen steht, die einen geradezu brutalen Umgang mit den Produkten pflegen und allein schon dadurch zeigen, wie gesellschaftlich erfolgreich Mittelmäßigkeit sein kann, wenn die nur konsequent und im Fernsehen praktiziert wird.

Will man die Küche des sympathischen Patrik Kimpel erfassen, muss man einige seiner Paradespeisen gegessen haben, beispielsweise den Langostinostrudel mit Jakobsmuscheln und Kürbiskompott, die Dorade im tomatisierten Fenchelsud, das Wachtelconfit zu weißen Bohnen und Pestosauce, den Hummereintopf mit Blumenkohl, die mit Scampi gefüllten Ravioli in der Paprikasauce, die »Taube in der Wachtel« mit Roter Bete und Trüffeljus, das Rinderfilet mit Speckmantel auf Steckrübenravioli im Kerbelsud oder den sinnlich mit Gänseleber gefüllten und behutsam geschmorten Kalbsschwanz.

Dass man gute Köche an ihren Saucen erkennt, an deren seidigem Glanz, geschmeidiger Textur und komplexem Geschmack, gilt auch für Patrik Kimpel. Er hält sich mit Butter und Sahne weise zurück, setzt auf Reduktionen und Auszüge. Jus oder Sud heißen seine Favoriten. Das gibt den Gerichten eine spielerische Eleganz, ohne dass es ihnen an Tiefe fehlt. Kimpel sagt dazu: »Ich will den Gästen ein Erlebnis bieten, wozu auch gehört, dass Gerichte am Tisch tranchiert werden. Essen ist etwas Emotionales.« Hinzu kommt, dass Kimpel, der den von seiner Mutter gebackenen Himbeerkuchen als sein Lieblingsgericht bezeichnet und sagt, dass Kochen auch Erotik bedeute, flexibel auf individuelle Wünsche seiner Gäste eingeht. Man kann auch sagen: Patrik Kimpel liebt seine Klientel.

IHR SCHÖNSTES KULINARISCHES ERLEBNIS?
Mit meiner Familie bei Harald Wohlfahrt zu speisen.

IHR LIEBLINGSRESTAURANT?
Die Küche meiner Mutter.

DREI WORTE ZU GENUSS?
Sehen, riechen, schmecken.

MIT WEM WÜRDEN SIE GERNE ZU ABEND ESSEN?
Dalai Lama.

ÜBER DAS RESTAURANT

Ein bisschen Nostalgie kommt auf, in Richtung Belle Epoque und Jugendstil. Es herrscht Salonatmosphäre. Absolut zeitgemäß agiert hingegen der mit jungen Kräften besetzte Service, dem es ein herzliches Anliegen ist, die Gäste an den elegant gedeckten Tischen mit freundlicher, doch nicht serviler Hingabe zu bedienen. Einer Schatzkammer gleicht die Weinkarte mit deutschen und internationalen Raritäten. Unter gleichem Dach befindet sich übrigens ein Bistro mit legerer Landhausküche und im Sommer wird auch unter alten Bäumen aufgetischt. Ein Tipp: Im Kochstudio, einem Labor der Kochkunst, bietet Patrik Kimpel Einsteigern und Fortgeschrittenen die Möglichkeit, sich fortzubilden.

KONTAKT

Hotel Kronenschlößchen
Rheinallee
D-65347 Eltville-Hattenheim

Fon: +49 (0) 67 23/640
Fax: +49 (0) 67 23/77 63
info@kronenschloesschen.de
www.kronenschloesschen.de

Öffnungszeiten:
Restaurant:
Täglich 19.00 – 22.00 Uhr,
sonntags auch 12.00 – 14.00 Uhr
Bistro: täglich 12.00 – 14.00 Uhr,
18.00 – 22.00 Uhr

Betriebsferien:
keine

VARIATION VON »GRAND CRU«-SCHOKOLADE

SCHOKOLADENAUFLAUF:
80g Butter
50g Zucker
2 Eigelb
60g Biskuitbrösel
60g Mandelgrieß
30g dunkle Kuvertüre
1 EL Kakao
2 Eiweiß
10g Zucker

SCHOKOLADENMOUSSE:
je 1 Ei
je 1 Eigelb
je 30g Zucker
je 2 Blatt Gelatine
je 4 cl Grand Marnier
300g dunkle Kuvertüre
100g Vollmilch-Kuvertüre
je 350g geschlagene Sahne

ANANAS-CHUTNEY:
160g Zucker
2 Nelken
1/2 TL Korianderkörner
Mark einer Vanilleschote
20g frischer Zitronenthymian
400ml Ananaspüree
125ml Orangensaft
20g Crèmepulver
1/2 Ananas, gewürfelt
1/2 EL Chilifäden

1. **Schokoladenauflauf:** Butter und Zucker schaumig schlagen, Eigelb hinzugeben und Biskuitbrösel und Mandelgrieß unterheben. Die Kuvertüre im Wasserbad mit Kochsensor erhitzen. Kakao und flüssige Kuvertüre unterrühren sowie das steif geschlagene Eiweiß vorsichtig unterheben. Die Masse in gebutterte und gezuckerte Formen füllen und im Ofen bei 200°C ca. 25 Minuten backen.

2. **Schokoladenmousse:** Ei und Eigelb mit Zucker über einem heißen Wasserbad aufschlagen. Die Gelatine in Grand Marnier auflösen und der Eischaummasse beigeben. Die Kuvertüre im Wasserbad mit Kochsensor erhitzen. Die flüssige, nicht zu warme Kuvertüre unter die Eimasse rühren und zum Schluss die geschlagene Sahne unterheben. Analog eine helle Mousse mit der Vollmilch-Kuvertüre herstellen.

3. **Ananas-Chutney:** Zucker karamellisieren lassen, die Gewürze sowie den Zitronenthymian zugeben und mit Orangensaft ablöschen. Das Ananaspüree ebenfalls dazugeben und aufkochen lassen. Nun die Fruchtsauce mit dem Crèmepulver abbinden, passieren und über die Ananaswürfel geben. Die Chilifäden hinzugeben.

p. kimpel

KOLJA KLEEBERG, RESTAURANT VĂU, BERLIN, DEUTSCHLAND

Es ist schon einige Jahre her, dass Kolja Kleeberg mit einigen Kompagnons als »Junger Wilder« in der Küchenlandschaft durchgestartet ist. Das Etikett hatten Gastro-Kritiker für einige ungewöhnliche Küchenkreationen vergeben und es galt zugleich Köchen mit bewusst gesetzten antibürgerlichen Vignetten im Aussehen. Der eine deutete sein Genie mit einer Art von Ziegenbart an, ein anderer schmückte sich mit Piratentuch oder spielte den proletarischen Polemiker wider die Normen des klassischen Kochhandwerks. Abgesehen davon, dass Kleeberg schon immer gut zu kochen verstand und die dunkle Haarpracht nach wie vor bis auf die Schultern fällt, ist er milder geworden, was zwar nicht unbedingt zahmer bedeutet, aber er streift sich kein Wolfsfell mehr über, um bourgeoise Naturen zu erschrecken.

Seine mediterran beeinflusste Küche sprüht vor Originalität und subtiler Raffinesse. Das war schon im Februar 1997 so, als er, empfohlen von Josef Viehhauser, dem damaligen hochkreativen Chef im Hamburger »Le Canard«, als Küchenchef ins »VĂU« einzog und ungebremst kühn aufkochte. Es gab mariniertes Thunfischsteak mit Couscous, Scheiben von der rohen Gänseleber, gewürzt mit körnigem Fleur de Sel, gebratenen Hummer, in zärtlicher Schärfe serviert mit Ingwer und Kürbis, Innereien von der Ente, confierte Keulen vom Täubchen, eine hingebungsvoll geschmorte Hirschschulter in dichter Sauce mit Rosenkohl und schwarzen Trüffeln oder den nicht minder geschmeidig geschmorten Ochsenschwanz in Madeira mit Trüffeln.

Stilistisch hat sich bis heute nicht viel geändert, allenfalls wird konsequenter und deutlicher als früher das Wesentliche an einem Gericht herausgearbeitet und das Hauptprodukt vielleicht stärker betont: Jakobsmuschel mit Roter Bete und Himbeere; Rehconsommé mit Rehtatar und Kartoffelbaumkuchen; gebratener Hummer mit Maronen, Egerlingen und Pancetta (alternativ mit Berglinsen, Kürbis, Pumpernickel und Lardo); kross gebratener Zander mit Bouillon-Senfgemüse und Feldsalat (alternativ serviert mit Schnecken, Ackersenf und geschmorten Perlzwiebeln); Rotbarbe im Sepiafond mit Löwenzahn; pochiertes Kalbsfilet auf geschmorten Artischocken; Allerlei von der Bressetaube mit Portwein-

IHR LEBENSMOTTO?
Kochen ist eine ernstzunehmende, aber keine ernste Angelegenheit.

WAS HABEN SIE ZU HAUSE IMMER IM KÜHLSCHRANK?
Sauren Hering aus Schweden.

WELCHER VERSUCHUNG KÖNNEN SIE NICHT ODER NUR SCHWER WIDERSTEHEN?
Gummibärchen.

WAS SAMMELN SIE UND WARUM?
Schuhe, weil ich gerne welche kaufe. Sie riechen so schön nach Leder.

WAS ZEICHNET EINEN GUTEN KOCH AUS?
Er muss Menschen mögen.

Trevisano; im Ofen gebratene Ente mit Paprika-Kürbis-Ragout und steirischem Kürbiskernöl; Schokoladen-Quittentarte mit Rotweineis; Variation von der Bitterschokolade. Originelle Köstlichkeiten sind seine Interpretationen klassischer Hausmannskost à la Sauerbraten vom Reh mit schwarzen eingelegten Nüssen, geschmortem Rinderscherzel mit Würzelpüree, Steckrübe und Roter Bete, Sauerbraten vom Rinderfilet mit Rosenkohl und Rosinen. Das klingt alles einfach, schmeckt jedoch vorzüglich und belegt überzeugend das Talent von Kleeberg, gutbürgerliche Standardgerichte mit Esprit aufzuwerten. Das ist Kreativität, auf gleichermaßen pfiffige wie raffinierte Weise geerdet. Die Fähigkeit, aus populären, doch eher schlicht wirkenden Produkten etwas Besonderes zu machen, belegt die im Mai 1964 in Köln geborene Frohnatur stilsicher auch in Form warm marinierter Eisbeinscheiben mit gerösteten Langostinos und Kohl. Eine Speise zum Streicheln schön ist der soufflierte Kartoffelschmarrn mit Kaviar als nobler Würzung.

Kleeberg ist privat wie gastronomisch das, was man unangepasst nennt. Dass ihm seine Auftritte im Fernsehen schon mal als Verrat an der VĂU-Küche vorgeworfen werden, ist Kleeberg bewusst und er weiß damit zu leben. Gewiss liegt ihm das Entertainment im Blut. Der Akademikersohn wollte eigentlich Tänzer und Schauspieler werden und hatte kleine Engagements am Stadttheater in Koblenz, bevor er sich für die Küche entschied und nach Übungen im Bonner »Le Marron«, beim Tranchierkönig Rino Casati in Köln sowie bei Eduard Hitzberger in der Schweiz nach Berlin zog. Wahr ist freilich auch, dass die TV-Shows nicht nur Gäste ins Restaurant ziehen, sondern ihm 2002 überhaupt erst die Übernahme des Restaurants mit hoher Monatsmiete und der Finanzierung von rund 30 Mitarbeitern ermöglichten. Jedenfalls beherrscht Kolja Kleeberg den gastronomischen Spagat zwischen Spitzenküche und Kommerz recht gut. Sein Sinn fürs Theatralische hat sich übrigens auf seine Mitarbeiter übertragen, überwiegend jugendliche Enthusiasten in der Küche wie im munter agierenden Service.

ÜBER DAS RESTAURANT

Der zeitlos klare Stil der Einrichtung mit viel Glas, Stahl, Birnbaumholz-Täfelungen, dunklem Nußbaumparkett, dem warmen Lichtdesign, goldenen Platztellern, weißen Kerzen, schwingenden Thonet-Sesseln und moderner Kunst ist von urbaner Eleganz und mehr Bistro als Gourmettempel. Im Sommer wird auch auf der Terrasse im Innenhof aufgetischt. Die Weinkarte ist angemessen bestückt, verwaltet von Claudia Albrecht mit Verstand und Charme.

KONTAKT

Restaurant VĂU
Jägerstraße 54/55
D-10117 Berlin

Fon: +49 (0) 30/20 29 730
Fax: +49 (0) 30/20 29 73 11
restaurant@vau-berlin.de
www.vau-berlin.de

Öffnungszeiten:
Montag – Samstag
12.00 – 14.30 Uhr
19.00 – 22.30 Uhr

Betriebsferien:
keine

WANN UND WO KOMMEN IHNEN IDEEN FÜR NEUE GERICHTE?
Kurz vor dem Einschlafen im Bett?

HABEN SIE EIN BEVORZUGTES KOCHBUCH, WENN JA WELCHES?
Paul Bocuse' Grundkochbuch, da steht eigentlich alles drin, was man braucht.

MIT WEM WÜRDEN SIE GERNE EINMAL ZU ABEND ESSEN?
Gérard Depardieu.

JAKOBSMUSCHELN MIT PAPRIKA UND VANILLE

JAKOBSMUSCHELN:
8 Jakobsmuscheln in der Schale, ausgebrochen
kaltgepresstes Olivenöl
Butter
1 Thymianzweig
Meersalz

JUS:
evtl. etwas Geflügelfond
Speisestärke
kaltgepresstes Olivenöl
1 Vanilleschote, das Mark ausgekratzt
Zitronensaft
Meersalz, schwarzer Pfeffer

PAPRIKA:
2 Paprikaschoten, rot
2 Zehen Knoblauch
3 Zweige Thymian
4 Zweige Salbei
1 Zweig Rosmarin
kaltgepresstes Olivenöl
Meersalz, schwarzer Pfeffer

1. **Paprika:** Paprika der Länge nach halbieren, entkernen und mit der geöffneten Seite nach unten in ein tiefes GN-Blech legen. Mit Knoblauch und den Kräutern belegen. Salz und Pfefferkörner darüber streuen, mit Olivenöl beträufeln und zugedeckt im 160–180 °C heißen Ofen ca. 25 Minuten garen. Auf dem abgedeckten Blech erkalten lassen und danach die Haut abziehen.

2. **Jus:** Den Sud im Blech auffangen und passieren, eventuell mit etwas Geflügelfond auffüllen, mit Stärke leicht abbinden und mit Olivenöl aufschlagen. Das Vanillemark einrühren und mit Zitronensaft, Salz und Pfeffer abschmecken.

3. **Jakobsmuscheln:** Die Jakobsmuscheln in einer heißen Pfanne mit wenig Olivenöl anbraten und salzen. Nach ca. 1 Minute umdrehen und leicht glasig fertig braten. Butter und einen Thymianzweig dazugeben und von der Flamme ziehen.

4. **Anrichten:** Paprika in etwas Sud erhitzen (Kombidämpfer) und anrichten. Mit je 2 EL vom Sud überziehen und die Jakobsmuscheln daneben anrichten.

k. kleeberg

Mit freiem Auge ist der Stattlichkeit von Vincent »Vinc« Klink anzusehen, dass hier nicht ein Magerkünstler die kulinarischen Richtlinien bestimmt, sondern ein Kochfürst wie aus der Renaissance, interessiert an Neuem, furchtlos, allem Schönen aufrichtig zugetan, ein galanter Geschichtenerzähler und vor allem ein Individualist hohen Grades. Die Lehrer waren schockiert und konnten nicht verstehen, dass der intelligente Vinc nicht studieren, sondern Koch werden wollte, ausgerechnet Koch! Damals, zu Beginn der 70er, waren die Köche noch keine Stars, wirkten sie mehr im Dunst der Herde als im Fernsehen. Aber für Vincent Klink, 1953 im tiefen Schwaben geboren, stand bereits im zarten Alter von fünf Jahren, als er seinen Vater, einen Tierarzt und barocken Feinschmecker, die Weihnachtsgans tranchieren sah, fest: Du wirst Koch und machst die leckersten Sachen der Welt.

Seine kulinarische Utopie hat sich erfüllt. Ob es die Kalbsstelze ist, der gebratene Loup de Mer mit Florentiner Spinat und Kartoffelstampf, der Steinbutt vom Grill mit Kartoffel-Oliven-Ragout oder alternativ mit Rotweinbutter, die herrlich gegrillte Kalbsleber mit Bohnengemüse, die gebratene Kalbsniere mit Pilzen, der hocharomatische Ochsenschwanz mit Selleriepüree oder das Ragout vom Wildhasen in Blutsauce mit Rosenkohl, ein Gericht von prachtvoller geschmacklicher Tiefe: Klink macht aus allem gleichermaßen traumhaft sicher ein Esserlebnis. Das gilt auch für Kutteln in Lemberger, das Reh mit Leberknöpfle, das geschmacksdichte Lammragout mit den köstlichen Trüffelofenschlupfern, die Brust und Keule vom französischen Landgockel mit Paprika-Schmandsauce und Nudeln, die marinierte Sardine mit Salat von frischen Mandeln und Arganöl oder die Jakobsmuscheln mit Meerrettich und Rote Bete – klingt grimmig gegenüber der feinen Muschel, ergänzt sich jedoch auf spannende Weise in Harmonie. Sein geröstetes Gemüse oder die diskret frittierten Kartoffelwürfel, eine quadratische Version von Pommes frites, sind Kabinettsstückerln von hohem kulinarischem Rang.

Sein Stil ist weder gleisnerisch noch streng, sondern voller natürlicher Kraft und Anmut selbst dann, wenn er einen seiner geliebten rustikalen Soloäufe hinlegt. Er hat einen

WELCHE 3 DINGE WÜRDEN SIE AUF EINE EINSAME INSEL MITNEHMEN?
Meine Frau, meine Querflöte und Thomas Bernhards »Auslöschung«.

WAS ZEICHNET DEN GUTEN KOCH AUS?
Naturverbundenheit.

WELCHER VERSUCHUNG KÖNNEN SIE NICHT ODER NUR SCHWER WIDERSTEHEN?
Marmelade löffelweise (gelernt von August F. Winkler).

WAS SAMMELN SIE UND WARUM?
Alte Literatur und Kochbücher, denn kennt man sich mit altem Zeugs aus, versteht man besser Gegenwart und Zukunft und wird vernünftig.

Hang zu Gerichten, die aus dem Ofen kommen. Er ist kein Koch wie viele andere. Wer ihn in Schubläden quetscht, hat sich bereits vergriffen. Dieser Mann entzieht sich jeglicher Schematisierung und ist stets für eine Überraschung gut – kochtechnisch wie menschlich. Klink ist musisch hochbegabt, er fotografiert, malt, spielt konzertant Querflöte, Trompete, auch Gitarre, schreibt Briefe von kalligraphischem Wert oder einen Essay über die Melancholie des Steinbutts. Er ist ein erklärter Romantiker, womit nicht die altmodische Romantik eines Eichendorff gemeint ist, der seinem Helden das Herz im Busen brennen lässt, sondern eine moderne mit durchaus gesellschaftskritischem Impetus.

Klink ist, wie er sich im Fernsehen gibt: gescheit, jovial, kritisch, witzig, selbstironisch und ketzerisch; mit ihm, der nach dem Kochen die Runde im Restaurant macht, kann man über Gott und die Welt und das Geheimnis eines guten Risotto (»Butter, Butter und noch einmal Butter«) plaudern. Kurzum, Vincent Klink ist ein Leckermaul mit Esprit und das kommt allen jenen zugute, die Freude an gutem Essen im Klink'schen Sinn haben, also an einer ungeschniegelten Küche abseits modischer Attitüden.

WANN UND WO KOMMEN IHNEN IDEEN FÜR NEUE GERICHTE?
Auf dem Markt und beim Kochen.

GIBT ES EIN PRODUKT, DAS SIE GAR NICHT MÖGEN?
Sommertrüffel.

HABEN SIE EIN BEVORZUGTES KOCHBUCH, WENN JA WELCHES?
Schwäbisches Kochbuch von 1769.

DREI WORTE ZU GENUSS?
Ohne wäre ich kein Mensch.

ÜBER DAS RESTAURANT

Die »Wielandshöhe« liegt hoch über Stuttgart, idyllisch umrahmt von Gärten und Weinbergen. Der Blick von einem der begehrten Fenstertische aus ist preiswürdig. Das Lokal ist modern eingerichtet, hell gestaltet, keine Schnörkel beleidigen die geradlinige und dabei kein bisschen kühle Eleganz. Das Dekor wechselt mit den Jahreszeiten. Elisabeth Klink hat viel Gespür für feine Tischkultur, sie regiert auf unprätentiöse, effektive und liebenswerte Art den Service, unterstützt auch von einem kundigen Sommelier. Das Restaurant ist ihr Salon. Nicht die Klinks gehen zu Freunden, die kommen zu ihnen. Und wenn der Chef in der Küche fertig ist, geht er ins Restaurant, um dort die Honneurs zu machen. »Unsere Heimat ist das Lokal«, sagt Vincent Klink, was seine Frau leise verstehend lächeln lässt.

KONTAKT

Restaurant Wielandshöhe
Alte Weinsteige 71
D-70597 Stuttgart

Fon: +49 (0) 7 11/64 08 848
Fax: +49 (0) 7 11/64 09 408
edition@vincent-klink.de
www.wielandshoehe.de

Öffnungszeiten:
Dienstag – Samstag
12.00 – 14.00 Uhr
18.00 – 21.00 Uhr

Betriebsferien:
keine

PERLHUHN IN BAROLO

ZUTATEN FÜR 2 PERSONEN

1 Perlhuhn
2 Schalotten, fein geschnitten
2 Knoblauchzehen mit Haut
1/8 l Geflügelfond
2 Zweige Thymian
1/8 l Barolo
1 TL kalte Butterflocken
Meersalz, schwarzer Pfeffer aus der Mühle

1. **Vorbereitung:** Dem Perlhuhn Brust und Keulen abtrennen. Karkasse kleinhacken und mit den Schalotten leicht anschwitzen. Keinerlei Gewürz kommt dazu. Mit Wasser bedecken und 1 Stunde kochen. Passieren und den Fond auf 125 ml einkochen.

2. **Perlhuhn:** Perlhuhnkeulen am Gelenk einschneiden, damit dadurch die Garzeit verkürzt wird. Perlhuhnbrüste und -keulen mit Salz und Pfeffer würzen und in einer Pfanne mit etwas Butter auf jeder Seite ca. 2 Minuten sanft anbraten. Dann für 5 Minuten in den 180 °C heißen (Umluft-)Ofen geben und halbfertig garen. Brüste herausnehmen und mit Alufolie abdecken, damit sich der Fleischsaft optimal verteilen kann. Die Keulen bleiben weitere 8 Minuten im Ofen und kommen dann auch zu den Brüsten, unter die Alufolie.

3. **Sauce:** In der Perlhuhnpfanne Schalotten und die leicht gequetschten Knoblauchzehen anschwitzen. Mit Geflügelfond ablöschen. Thymian zugeben und Barolo angießen. Diesen etwas einkochen lassen und die Sauce mit Butterflocken binden. Das Binden der Sauce funktioniert nur dann richtig, wenn der Fond so kräftig wie möglich kocht, so dass sich Butter und Flüssigkeit intensiv miteinander verwirbeln.

Tipp: Barolo ist ein ziemlich teurer Wein, deshalb zum Kochen mit Wein noch ein Tipp: Generell sollte man mit dem Wein kochen, den man dann auch trinkt. Klar, dass nicht alles in den Topf wandern darf, will man während des Essens nicht den restlichen Wein aus Fingerhüten nippen.

Sein Lachen ist gewinnend, der Blick ohne Scheu, der Händedruck fest und der Schritt von jenem federnden Schwung, der signalisiert, dass dort, wo der Mann hintritt, weiterhin Gras wächst. Karl-Emil Kuntz, 1958 in einen traditionellen Gasthofbetrieb hineingeboren, sieht mit seiner drahtigen Figur nicht gerade wie ein Bilderbuchkoch aus. Fellini hätte den Mann, der Marathon als Hobby in drei Stunden fünf Minuten läuft und frühmorgens schon an die 15 Kilometer rennt, in keinem seiner Filme einen Koch spielen lassen. Doch Kuntz ist keineswegs untypisch für einen neuen Typus von Koch, wie er seit den Achtzigern zunehmend in der gehobenen Gastronomie zu sehen ist: schlank, sportlich, fit.

In der Küche ist von Askese gottlob nichts zu merken. Im Gegenteil. Der Meister liebt die kulinarische Vielfalt bis hin zur Opulenz. Produkt-Monogamie ist ihm fremd, schlichte Sachlichkeit in Form von ätherisch strukturierten Gerichten nicht geheuer. Eines seiner Markenzeichen ist die thematisch aufgefächerte Variation von einem oder auch gleich zwei Produkten in einem Gang. Das liest sich auf der Speisekarte dann als Dialog, Komposition, Feines, Potpourri, Fantasie von … . Gäste applaudieren beispielsweise dem Besten vom Milchkalb oder einer Fantasie von der Gänseleber in fünferlei Gestalt als Terrine, Praline, Parfait, roh und Füllung eines Taubenkeulchens.

Wenn Kuntz nach einem ausführlichen Geländelauf in adrenaliner Hochstimmung ist, tischt er als Amuse-Gueule auch gleich zehn Schmankerln von der Mini-Rehroulade über einen klitzekleinen Saumagen in Würstchenform und ein Spargelmousse bis zum Wachtelbeinchen auf. Ein Glanzlicht ist sein Potpourri vom Charolais-Rind und Milchkalb auf cremiger Mousseline von Erbsen und eingelegtem Ingwer in Estragonjus und Kartoffelsoufflé. Die Variation vom Reh kommt als Dreisprung aus Kotelett in einer Walnusskruste, Roulade im Wirsingmantel und geschmorter Schulter auf den Tisch. Ein herrliches Gericht ist sein Törtchen von Wolfsbarsch und Kartoffeln auf Ragout vom Kalbskopf mit mildem Wasabischaum, bunten Linsen und glasierten Blutwurstravioli.

Von der schieren Lust am Kochen und dem leisen Hang zum Überfluss

IHRE LIEBLINGSBLUME?
Blühender Oleander.

WELCHER VERSUCHUNG KÖNNEN SIE NICHT ODER NUR SCHWER WIDERSTEHEN?
Zu Laufen.

WOMIT KANN MAN SIE VERFÜHREN?
Mit gutem Essen und guter Musik.

GIBT ES EINEN TRAUM, DEN SIE SICH NOCH ERFÜLLEN MÖCHTEN?
Den New-York-Marathon zu laufen.

GIBT ES EIN PRODUKT, DAS SIE GAR NICHT MÖGEN?
Avocado.

zeugt auch ein weiteres Paradegericht wie das Intermezzo mit Meeresfrüchten, weißem Tomatenschaum und dreierlei vom Hummer an confierten Zitronen und Brotsalat mit einem Hauch von Oregano. Das alles klingt ziemlich bombastisch und kann einen ungeübten Esser irritieren. Kuntz ist halt kein Purist, seine Neigung zu kleinen Schnörkelchen und aufgeschäumten Saucen weist ein bisschen in ein kulinarisches Rokoko. Sein Kochstil fußt auf der französischen Klassik mit mediterranen Einsprengseln und speziell auch regionalen Aspekten im Sinne von modern interpretierten Rezepturen der Pfälzer Bürgerküche.

Das gastronomische Rüstzeug hat sich Karl-Emil Kuntz beim »Ritter« in Durbach, dem »Erbprinz« in Ettlingen und bei Stucki in Basel (»Bruderholz«) geholt, glänzend aufpoliert durch ein viermonatiges Praktikum in der Münchner »Aubergine« von Eckart Witzigmann, als der noch zu den besten Köchen in Deutschland gehörte. Als Kuntz 1983 im elterlichen Betrieb anfing, herrschte dort, barmherzig gesagt, noch ein Koch der sehr alten Schule. Doch der Junge, dem der Vater anfangs nur eine Schickimicki-küche zutraute, setzte sich, zielorientiert und hartnäckig, wie er ist, bald durch und siehe da: Schon 1986 ging über dem Haus der erste Michelin-Stern auf, der ununterbrochen bis heute strahlt.

»Kochen ist meine Leidenschaft, mein Lebenselixier«, sagt Kuntz mit ernstem Gesicht. Dieses Bekenntnis ist mit Augen, Nase und Gaumen genüsslich überprüfbar. Ob Hummer, Gänseleber, Zander, Saumagen, Kalb oder Rindsroulade: Karl-Emil Kuntz versteht es, den Speisen durch raffiniertes Kombinieren des Hauptprodukts mit Saucen, Aromaten und aufwendig zubereiteten Beilagen eine dichte Spannung zu geben. Tradition und Innovation vereinen sich in der Kuntz-Küche aufs Trefflichste zu einem kreativen Akkord in Harmonie.

HABEN SIE EIN BEVORZUGTES KOCHBUCH, WENN JA WELCHES?
Von meiner Mutter und meiner Großmutter.

MIT WEM WÜRDEN SIE GERNE EINMAL ZU ABEND ESSEN?
Haile Gebrselassie.

ÜBER DAS RESTAURANT

Die Farben sind pastellig getönt, weich mit einem Schwerpunkt in Lachsrosa. Schöne Blumenarrangements und edler Tischschmuck addieren sich zu einem eleganten und zugleich heiter angelegten Ambiente (im Sommer wird auch auf der Terrasse eingedeckt). Der Service unter Martina Kuntz ist zu rühmen. Auf der gut bestückten Weinkarte ist die Pfalz naturgemäß prominent vertreten, aber auch Frankreich, Italien und insbesondere die Champagne sind namhaft präsent und überwiegend fair bepreist.

KONTAKT

Hotel-Restaurant zur Krone
Hauptstraße 62–64
D-76863 Herxheim-Hayna

Fon: +49 (0) 72 76/50 80
Fax: +49 (0) 72 76/50 814
info@hotelkrone.de
www.hotelkrone.de

Öffnungszeiten:
Die Pfälzer Stube ist täglich außer dienstags durchgehend geöffnet.

Kronen Restaurant:
Mittwoch – Sonntag
18.00 – 22.30 Uhr

Betriebsferien:
2 Wochen im Januar
2 Wochen in den rheinland-pfälzischen Sommerferien

FANTASIE VON BLUEFIN-THUNFISCH MIT MANGO-COUSCOUS, ALFALFASPROSSENSALAT UND GRÜNEM MEERRETTICHSCHAUM

MANGO-COUSCOUS:
40 g Couscous
60 g Geflügelbrühe
10 g Butter
1 Zweig Koriander
je 1 TL rote und gelbe Paprikabrunoise
1 TL blanchierte Gemüsebrunoise (Karotten, Sellerie, Zucchini)
1 EL Mangochutney (Asialaden)
Maldon Sea Salt, Pfeffer aus der Mühle

THUNFISCHTATAR:
80 g Bluefin-Thunfischfilet, fein gewürfelt
je 1 TL rote und gelbe Paprikabrunoise, gehäutet
je 1 TL Schalottenwürfel, Schnittlauchröllchen, Staudenselleriesalpikon, gehackter Koriander
je 1 TL weißer Balsamicosirup und Limettenöl
2 EL Olivenöl
Maldon Sea Salt, Pfeffer aus der Mühle

THUNFISCHTANDOORI:
120 g Bluefin-Thunfisch
1 EL Gewürzmischung (Tandoorigewürz und gemahlener Kreuzkümmel 4:1)

WEISSBROTRAVIOLI:
2 Scheiben Toastbrot
20 g Bluefin-Thunfischfilet (Abschnitte)
1 kleine Knoblauchzehe
je 1 TL süß-saure Sauce, Hoisinsauce und Mangochutney
je 1 TL gehackter Koriander und gerösteter weißer Sesam
3 g eingelegter Ingwer
1 Eiweiß zum Bepinseln
1 TL blanchierte Gemüsebrunoise (Karotten, Sellerie, Zucchini)
Salz, Pfeffer
Geklärte Butter zum Braten

ALFALFASPROSSENSALAT:
1 Schale Daikonkresse (Mix)
40 g Alfalfasprossen
20 g gelber Friséesalat

GRÜNER MEERRETTICHSCHAUM:
200 ml Sahne
Wasabipaste (Asialaden)
Saft einer 1/2 Zitrone
Salz

1. **Mango-Couscous:** Brühe aufkochen, gezupfte Korianderblätter untermixen, Couscous und eine Butterflocke dazugeben und gut verrühren. Das Ganze quellen lassen. Mangochutney, Paprika- und Gemüsebrunoise zugeben und mit Salz und Pfeffer abschmecken.
2. **Thunfischtatar:** Alle Zutaten vermischen und mindestens 1 Stunde kühl stellen. Mit Salz und Balsamicosirup abschmecken.
3. **Thunfischtandoori:** Thunfisch salzen und in der Gemüsemischung wälzen. In einer heißen Pfanne mit wenig Butter von allen Seiten scharf anbraten und im vorgeheizten Ofen etwa 3 Minuten garen. Nach dem Aufschneiden mit Meersalz würzen.
4. **Weißbrotravioli:** Toastbrot auf der Aufschnittmaschine in 2,5 mm dünne Scheiben schneiden. Restliche Zutaten vermischen und im Fleischwolf fein zermahlen. Masse mit Salz und Pfeffer abschmecken und Gemüsebrunoise zugeben. Die Brotscheiben mit Eiweiß bepinseln, ein wenig der Masse auflegen und das Brot zusammenklappen. Mit einem Ausstecher (Ø 4 cm) ausstechen. Die Brotraviolis in geklärter Butter knusprig braten.
5. **Alfalfasprossen:** Aus den Zutaten ein Salätchen machen und auf dem Tatar platzieren.
6. **Grüner Meerettichschaum:** Die Zutaten miteinander vermischen und Wasabi nach Geschmack zugeben. Die Masse in einen Sahnespender geben und 1 Stunde im Kühlschrank ruhen lassen.
7. **Anrichten:** In einen Ring (Ø 4 cm) Couscous einschichten und mit Tatar auffüllen. Den Ring entfernen und den angemachten Sprossensalat darauf platzieren. Ravioli und Thunfischtandoori anlegen, mit Wasabischaum nappieren und mit Fliegenfischkaviar und Shisokresse ausgarnieren.

MARIO LOHNINGER, RESTAURANT SILK & MICRO, FRANKFURT AM MAIN, DEUTSCHLAND

Von einem Koch, der sagt, als oberste küchenpolitische Wirkung seiner Arbeit wolle er die Gäste glücklich machen, ist einiges zu erwarten. Mario Lohninger, 1973 in Saalfelden geboren und zum Koch geworden, weil ein Unfall seinen ursprünglichen Jugendtraum, Skirennläufer zu werden, zerstörte, erfüllt diesen Anspruch. Die Neigung zur Kocherei hat er quasi mit der Muttermilch eingesogen: der Vater war bereits Koch und geht dem Sohn nun in Frankfurt zur Hand. Und beim Großvater, einem Bäcker, hat er durch den Duft frisch aus dem Ofen geholter Brötchen eine schwerelose Ahnung vom Mirakel veredelter Grundprodukte bekommen. Beim Produkt beginnt für Lohninger die Küche mit dem Ziel, daraus ein Maximum an Geschmack zu holen.

Das gelingt dem unkonventionell arbeitenden Mann mit einer raffiniert angewandten Fusionsküche, in der sich regionale Elemente – zumal solche seiner österreichischen Heimatküche – mit französischer Klassik, mediterraner Leichtigkeit, amerikanischer Ungeniertheit vor Traditionen und asiatischer Würztechnik nebst einer Prise Exzentrik aufs Beste ergänzen und, wie schön, miteinander harmonieren. Im »Cocoonclub«, wo Lohninger seit August 2004 hinter einer Glasfront mit 15 Köchen zwei Restaurants mit seinem kosmopolitischen Küchenstil pflegt, tischt er beispielsweise im »Silk« ein wöchentlich wechselndes, zehn Minigänge umfassendes Einheitsmenü von köstlichen Gaumenletzen auf.

Die choreographisch inszenierte Speisenfolge beginnt mit einem vierteiligen »Ballett vom Amuse«, anmutig drapierten Näschereien à la Lachs mit Rucola-Schaum, Knoblaucheis auf Linsen, Schwarzwurzeln mit Petersilienjus oder der Gänseleberpastete mit Puffreis. Darauf folgen vier klein portionierte und kreativ angelegte Gänge wie beispielsweise Jakobsmuschel mit Herbsttrompeten und gelber Currysauce, Lachs mit Gurkengelee, Steinbutt mit Trompetenpilzen und Räucherconsommé, Languste mit schwarzen Trüffeln und Mandelöl, das bei Niedrigtemperatur mit präzisen 62 Grad gegarte Bio-Ei mit Kartoffelschaum und schwarzem Trüffel oder ein dem Kobe-Rind gleichendes Wagyu-Beef mit weißem Kohl. Zum Finale lässt Lohninger mit Sinn fürs Theatralische einen Dessertwalzer tanzen. Herausragend

IHR LEBENSMOTTO?
Jeder Tag ist ein neuer Tag.

WAS BEFINDET SICH AUF IHREM FRÜHSTÜCKSTISCH?
Ristretto, Croissant, Apfel.

WELCHER VERSUCHUNG KÖNNEN SIE NICHT WIDERSTEHEN?
Gute Partys zu feiern.

WELCHER BERUF (AUSSER DEM EIGENEN) WÄRE FÜR SIE INTERESSANT UND WARUM?
Musiker, da sie Menschen inspirieren.

IHR SCHÖNSTES KULINARISCHES ERLEBNIS?
Kyoto, Restaurant Kiku Noi bei Chef Murata Yoshihiro.

sind neben den Variationen von der Gänseleber auch die Desserts: wahre Wonnewölkchen.

Rustikaler und legerer, doch nicht minder geschmackvoll geht es in der Micro-Bar zu, wo Mario Lohninger à la carte seine Lieblingsgerichte aus aller Welt zubereitet. Die Bandbreite reicht vom Tatar mit Dijon-Aioli und diversen Sashimi-Varianten sowie Sushi über Seeteufel mit geschmorten Salatherzen, Thun-Steaks mit Spinat, Wasabi und Kartoffelpüree bis hin zu Zwiebelrostbraten, Milchkalbsfilet mit Maine-Hummer und Gnocchi in Riesling-Estragonsauce und New Yorker Strip Loin »morgan ranch« mit Schalottenconfit, Pommes und Sauce Béarnaise. Es gibt auch vegetarische Gerichte, und wer abseits der Speisekarte Lust auf ein authentisches Wiener Schnitzel mit Gurkensalat, auf einen lauwarmen Erdäpfelsalat mit schwarzen Trüffeln, ein deliziöses Kalbsbackerlgulasch mit Topfenspätzle oder eine mit Ente, Datteln und Gänseleber gefüllte Krautroulade hat, wird erhört und genießt geschmackvollste neue Wiener Küche.

Den subtilen Umgang mit Gartechniken und Aromaten hat Lohninger bei großen Köchen wie den Brüdern Obauer in Werfen und Hans Haas im »Tantris« gelernt. Er hat bei Guy Savoy in Paris gearbeitet und mit Wolfgang Puck in dessen »Spago« in Los Angeles, der Luxuskantine von Hollywood. Vor seinem Auftritt im »Cocoonclub« war er Küchenchef im berühmten »Danube« in New York. Dort hat er übrigens Sven Väth kennen gelernt, den prominenten DJ, der sich mit dem »Cocoonclub« einen Traum vom Gesamtkunstwerk aus Diskothek, Küche, Musik und Theater erfüllte. Kurzum, Mario Lohninger (»Es ist schon Kunst, die wir hier machen«) ist gastronomisch versiert. Er hat keine Scheu vor globalen Produkten und Stilen, er mag Herausforderungen, ist auf der Suche nach Neuem, ohne gutes Altes zu verleugnen und setzt seine vielfältigen internationalen Erfahrungen am Herd ebenso gekonnt wie raffiniert um nach dem sympathischen Motto »Luxus ist Zeit für Genuss«.

WAS WÜRDEN SIE ESSEN UND TRINKEN AM VORABEND DES WELTUNTERGANGS?
Pizza mit Südtiroler Speck.

WIE ENTSPANNEN SIE SICH?
Auf dem Berg beim Skifahren.

GIBT ES EINEN TRAUM, DEN SIE SICH NOCH ERFÜLLEN MÖCHTEN?
Ich lebe meinen Traum.

ÜBER DAS RESTAURANT

Es ist das ungewöhnlichste und gewiss das suggestivste Restaurant-Ensemble. Im weiß-rosa gehaltenen »Silk«, auch das Bed-Restaurant genannt, sitzt oder liegt man ohne Schuhe – Satin-Slipper werden zur Verfügung gestellt – auf voluminösen weißen Polsterinseln mit Rückenlehne und sanft berieselt von seidiger Lounge-Musik. Das »Micro«, durch eine Glaswand vom »Silk« getrennt, besteht aus Lounge und Bar mit Blick in die Showküche. Elf quadratische, variabel zu positionierende Tische für jeweils acht Personen lassen sich flexibel ordnen bis hin zu Separées. Das dekorative Herzstück ist eine Fadenmatrix aus tausenden von der Decke herabhängenden Glasfaserschnüren. Licht- und Grafikprojektionen variieren und sollen mit Musik für Entspannung sorgen.

KONTAKT

Restaurants Silk & Micro
Carl-Benz-Straße 21
D-60386 Frankfurt am Main

Fon: +49 (0) 69/90 02 00
Fax: +49 (0) 69/90 02 02 90
reservierung@cocoonclub.net
www.cocoonclub.net

Öffnungszeiten:
Dienstag – Samstag

Silk: 19.00 – 1.00 Uhr,
Menüstart: 20 Uhr
Micro: 18.00 – 2.00 Uhr,
Küche: bis 23.00 Uhr

Betriebsferien:
die ersten 2 Wochen im Januar,
Ende Juli bis Mitte August

BLACK COD, JAPANISCHE CONSOMMÉ UND SHISO-KRESSE-SALAT

ZUTATEN FÜR 5 PERSONEN

800 g Black Cod

SOJA-MARINADE:
250 ml Mirin
125 ml Sake
250 ml Dashi
125 ml helle Sojasoße

MISO-PASTE:
500 g Miso-Paste, hell
100 g Mirin
50 g Sake
100 g Honig

JAPANISCHE CONSOMMÉ:
1 l Dashi
80 ml helle Sojasoße
50 ml Mirin
25 ml Sake
50 g Makrelenflocken

SHISO-KRESSE-SALAT:
4 Pckch. verschiedene Shiso-Kresse
1 Rettich
Ponzu
Yuzo

GARNITUR:
1 EL Frühlingslauch, fein geschnitten
2 Msp. Ingwer, frisch gerieben
Chilipulver

1. **Soja-Marinade:** Mirin und Sake einmal kurz aufkochen. Dann mit Sojasoße und Dashi mischen und kaltrühren.
2. **Miso-Paste:** Alle Zutaten gut verrühren, bis eine glatte Masse entsteht.
3. **Black Cod:** Black Cod gründlich schuppen, filetieren und in 70–80 g schwere Stücke portionieren. 24 Stunden in der Soja-Marinade marinieren.

   Zwei Stücke Black Cod pro Person mit der Miso-Paste bestreichen und für 2 Minuten mit der Hautseite nach oben bei voller Leistung unter den Grill geben. Danach bei 150 °C im Ofen ca. 3 Minuten garen.
4. **Japanische Consommé:** Dashi mit den Makrelenflocken aufkochen, abschöpfen und passieren. Sake, Mirin und Sojasoße hinzufügen und mit grobem Meersalz abschmecken.
5. **Shiso-Kresse-Salat:** Den Rettich schälen und so dünn wie möglich in Scheiben schneiden. Dann in 20 x 3 cm lange Streifen schneiden und zu einem Zylinder drehen. Die Kresse putzen und mit Yuzo und Ponzu marinieren und in den Rettichzylinder füllen.
6. **Anrichten:** Den Fisch in einen tiefen Teller geben. Fein geschnittenen Frühlingslauch, etwas geriebenen Ingwer und Chilipulver daraufgeben und die Consommé angießen. Den Rettich mit dem Kressesalat separat servieren.

n. lehninger

Die Seele swingte schon beim ersten Gang vor Vergnügen. Wer wie Tante Frieda sein Geld unter der Matratze versteckt, wird freilich nie die Wonne einer solchen Trilogie erleben. Das ist bei Claus-Peter Lumpp, dem 1964 im Ländle geborenen Mann mit dem hintergründigen Witz nichts Frivoles, sondern ein köstliches Dreigestirn aus Gänseleber. Dem folgte, nicht minder sinnlich, ein bretonischer Hummer mit »scharf gewürzten Tomaten«. Grandios das mit Balsamico glacierte Kalbsbries: ein Zeugnis perfekter Handwerkskunst. Subtiles Fingerspitzengefühl war beim Kingfisch zu schmecken, den Lumpp, angerichtet auf schwarzem Reis und Zitronensauce, zuvor mit Kaviar und Fleur de Sel mariniert hatte – nur das eine oder das andere hätte nicht diesen raffinierten Zungenschlag des Genusses ausgelöst! Delikat das Täubchen von der Bresse mit Spargel und Morchel. Von der Würde eines Hauptgangs im Sinne des Titels kündete schließlich das gebratene Lamm. Piano und delikat klang das Menü mit einem Vanille-Törtchen samt Erdbeeren aus.

Wie jedes absolut angelegte Bild hat natürlich auch die Aussage, in Küchen mit zwei Sternen könne man spannender essen als in manchen mit drei, seine Realitätstücke. Aber es ist schon was dran an diesem Satz und Lumpp hat es bewiesen: Zweisterneköche sind meist ehrgeiziger, sie wollen das große Ziel noch erreichen und kochen deshalb eher offensiv als defensiv. Lumpp hat den dritten Stern geschafft und thront seit 2008 im Olymp der Köche. Na endlich, jubelten die Stammgäste und seufzte überglücklich Hermann Bareiss, der Patron und geduldige Förderer.

Wenn man über das »Bareiss« berichtet, muss vollautomatisch auch der Namensgeber gewürdigt werden, also Hermann Bareiss, der Hotelier, der selber Koch gelernt hat und, falls bestgelaunt, Freunde zu später Stunde am Herd in die Mysterien eines perfekten Rühreies einführt. Bareiss weiß, dass ein dritter Michelin-Stern das Ansehen seines Hauses gewaltig hebt und auch kommerziell lohnt. Entsprechend zielgerichtet waren seit Jahren die Maßnahmen vom Umbau des Restaurants bis hin zur Personalpolitik. Bareiss hat an Lumpp geglaubt – phasenweise wohl etwas irritiert – und ihn regelmäßig zu den französischen Großmeistern

IHR LEBENSMOTTO?
Keinen Tag meinen, alles schon erreicht, mein Bestes schon gegeben zu haben.

WELCHER VERSUCHUNG KÖNNEN SIE NICHT ODER NUR SCHWER WIDERSTEHEN?
Ein schnelles Auto zu fahren.

WELCHE SPEISE HABEN SIE ALS KIND AM LIEBSTEN GEGESSEN?
Spätzle mit Soße.

WELCHER BERUF (AUSSER DEM EIGENEN) WÄRE FÜR SIE INTERESSANT UND WARUM?
Ein handwerklich-technischer Beruf, weil ich technikbegeistert bin.

der Zunft geführt, wartend auf den Moment, bis es in Lumpp klickt.

An den rein handwerklichen Fähigkeiten gab es bei Lumpp ja nie Zweifel, den das Kochen schon als Kind fasziniert hatte und der als Mann durch leibliche Rundungen auf sympathische Weise signalisiert, dass er selber gerne genießt. Seine Lehre absolvierte er im Hotel Bareiss, den Wehrdienst danach als Casino-Chef. Darauf folgte ein Engagement im Düsseldorfer »Victorian« als Saucier, einem Kernposten in der Küche. 1987 kehrte Lumpp nach Mitteltal zurück, machte seine Prüfung als Küchenmeister, bildete sich werkstattmäßig weiter bei Eckart Witzigmann, Heinz Winkler, Alain Ducasse in Monte Carlo und André Jaeger, dem feinsinnigen Artisten des asiatischen Stils in der »Fischerzunft« in Schaffhausen. Im Frühjahr 1992 war es dann so weit, zog Claus-Peter Lumpp als Chef in die Küche des »Bareiss« ein, wo er Finessen schuf wie beispielsweise gegrillte Jakobsmuscheln mit Kartoffelmousseline und Kaviar, eine Nantaiser Ente auf glaciertem Rotkraut oder ein Seeigel-Risotto.

Was den dritten Stern so lange verzögerte, hatte seinen Grund in der barocken Lebensfreude, mit der Lumpp kocht. Dagegen ist ja nichts einzuwenden, aber das Ergebnis war ein opulenter Stil mit aufwendig und schmuckvoll gestalteten Gerichten, denen es allerdings teils an klarer Linienführung gebrach bis hin zu allzu verspielt angelegten Hauptgängen. Kurzum: es fehlte an Genie. Aber auf einmal, als wäre ein göttlich inspirierter Blitz in die Küche und den Mann gefahren, besann sich Lumpp auf eine deutlich klarer strukturierte und geschmacklich differenziertere Küche. Lumpp kocht immer noch mit viel Herz und seine Speisen bestechen, wie schön, durch eine dicht gebündelte Aromatik, aber sie verfügen nun auch über eine kulinarische Spannung, die das Essen zum originären Erlebnis macht.

WELCHE SÜNDE WÜRDEN SIE KEINEM KOCH VERZEIHEN?
Kann denn Kochen Sünde sein?

IHR LIEBLINGSGEWÜRZ?
Mediterrane Gewürze, hocharomatische Wildkräuter.

DREI WORTE ZU GENUSS?
Nicht zu beschreiben.

ÜBER DAS RESTAURANT

Das 1983 offiziell eröffnete »Gourmet-Restaurant« ist zehn Jahre später komplett renoviert und ins »Bareiss« umgetauft worden. Der dem sogenannten »Gelsenkirchner Barock« eng verwandte »Schwarzwald-Stil« mit seiner üppigen, in keiner klassischen Stilkunde zu findenden, dunkel gehaltenen Ornamentik auf Holz, Messing und Schmiedeeisen ist 1993 durch ein leicht florales Ambiente von heller Freundlichkeit ersetzt worden. Die nun elegant anmutende Einrichtung und die festliche Tischkultur sind ein Rahmen, in dem der Gast genießend jegliche Erdenschwere vergessen kann. Die Atmosphäre ist unprätentiös, auf heitere Weise ungezwungen. Dafür sorgt auch Thomas Brandt, der als Maître auf stilvollen Service achtet, dabei über jene gewinnende Herzlichkeit verfügt, die hochpriesterlichen Ernst gar nicht erst aufkommen lässt. Und Jürgen Fendt, einer der besten Sommeliers weltweit, berät ebenso kompetent wie einfühlsam bei der Wahl aus der prächtig bestückten Weinkarte.

KONTAKT

Hotel Bareiss
Restaurant Bareiss
Gartenbühlweg 14
D-72270 Baiersbronn-Mitteltal

Fon: +49 (0) 74 42 / 470
Fax: +49 (0) 74 42 / 47 3-20
info@bareiss.com
www.bareiss.com

Öffnungszeiten:
Mittwoch – Sonntag
ab 12.00 Uhr, ab 19.00 Uhr

Betriebsferien:
2 Wochen im Januar,
4 Wochen im Juli/August

MOSAIK VON GÄNSESTOPFLEBER UND PÉRIGORD-TRÜFFEL

600 g Gänsestopfleber
Sauternes
Portwein, weiß
1 EL Honig
6 g Pökelsalz
Kunstdarm, Ø 60 mm
100 g Périgord-Trüffel, gegart
Salz, Pfeffer

PORTWEINGELEE:
175 ml Portwein, rot
250 ml Portwein, weiß
300 ml Sauternes
90 ml Madeira
100 ml Trüffelsaft
25 g Zucker
12 Blatt Gelatine

1. **Gänsestopfleber:** Die Gänsestopfleber von den Adern befreien und klein schneiden. Mit etwas Sauternes, Portwein, Honig, Pökelsalz, Salz und Pfeffer marinieren und über Nacht kühl stellen. Anschließend in den Kunstdarm füllen und bei 65 °C ca. 15 Minuten pochieren. Dann erneut einen halben Tag kalt stellen. Trüffel in 2 mm dicke Scheiben schneiden.

2. **Gelee:** Gelatine einweichen. Den Rest der Zutaten zusammen aufkochen. Die Gelatine ausdrücken und zu dem Fond geben. Anschließend durch ein Spitzsieb passieren und abkühlen lassen.

3. Die Kartoffeln mit Schale kochen und das Kochwasser anschließend aufbewahren. Die Kartoffeln pellen, durchpressen und mit dem Kartoffelwasser sowie dem Extraktöl zu gleichen Teilen glatt rühren. Salz und Tandooripulver nach Geschmack zugeben.

4. **Fertigstellung:** Von der pochierten Gänsestopfleber den Kunstdarm entfernen und mit der Aufschnittmaschine in 16 Scheiben à 4 mm schneiden. 12 Leberscheiben mit dem geschnittenen Trüffel belegen und zu Törtchen zusammenbauen. Auf die oberste Scheibe Gänsestopfleber eine schöne ausgestochene Trüffelscheibe legen und das Törtchen ein wenig zusammendrücken. Den Rand glatt streichen. Nun 1/4 des Portweingelees 2 mm dick in ein tiefes Blech eingießen und kalt stellen. Dann die Lebertörtchen auf das Blech setzen und einen Ausstecher (Ø 8 cm) darüber setzen. Nun die Lebertörtchen mit dem restlichen Gelee eingießen. Einen halben Tag kalt stellen, dann den Ring entfernen.

e.-p. lumpp

DIETER LUTHER, HOTEL-RESTAURANT LUTHER, FREINSHEIM, DEUTSCHLAND

Es gibt unterschiedliche Arten von Hunger. Der eine meldet sich – nach Tennis, Bergsteigen oder auch nach Schreibtischfron – direkt aus den Tiefen des Magens. Dem ist die Seele schnuppe, der will in erster Linie satt werden. Erst kommt das Fressen und dann die Moral, hat Bert Brecht so oder ähnlich schnörkellos formuliert. Lessing drückte es feiner aus, als er sagte, Kunst gehe nach Brot. Auch wenn der Hunger neben dem Durst zu den zwei großen Weltmächten gehört, die nimmersatt sind, so gibt es doch gastronomische Erlebnisse, bei denen Bauch und Kopf und Herz gleichermaßen gestreichelt werden.

Etwa bei Dieter Luther in der Pfalz. Der Mann ist ein Meister in der Kunst, zarte Töne anzuschlagen und die dann reich klingen zu lassen. Luther, 1953 im badischen Blumberg geboren, ist ein Vertreter des klaren Stils mit Achtung vor dem Naturgeschmack des Produkts. Weil die Natur nicht immer nach der anspruchsvollen Vorstellung des Kochs ist und Kunst in der Küche mit Veränderung zu tun hat, sei es durch's Marinieren, Braten, Sieden, Würzen, Aromatisieren und andere Techniken, hilft Luther dort, wo es erforderlich ist, geschmacklich nach. Dies tut er auf raffinierte Weise mit dem Ergebnis, dass auch Gerichte, die eigentlich ganz schlicht klingen, ein Maximum an Geschmack auszeichnet.

Ein Steinbutt erhält beispielsweise im Kräuterdampf ein apartes Aroma, der Taubenbrust wird durch Honig kulinarische Spannung verliehen und die Vanillesauce gibt der Vorspeise aus Krabben und gebratenen Artischocken den farblich wie geschmacklich reizvollen Effekt. Dann wiederum gart er den Steinbutt in einer Apfel-Ingwer-Sauce oder er serviert ihn mit einem Tomaten-Olivenkompott oder mit einer köstlichen Safranbutter. Der Salat von den sanft gebratenen Jakobsmuscheln wird von einer Orangenbuttersauce geschmeidig umgarnt und mit Lachskaviar gewürzt. Dem Rehrücken widmet die Küche ein delikates Holunderjus nebst sautierten Pfifferlingen und einem Kartoffel-Baumkuchen. Hochgenuss beschert auch das Artischockengelee mit Tatar vom Bachsaibling.

Bevor es um kompositorische Entscheidungen geht, wird sich der gute Koch um die Güte des Rohproduktes kümmern und bei der Gartech-

WELCHER VERSUCHUNG KÖNNEN SIE NICHT ODER NUR SCHWER WIDERSTEHEN?
Schweizer Schokolade.

WAS SAMMELN SIE UND WARUM?
Alte Kochbücher.

WOMIT KANN MAN SIE VERFÜHREN?
Sonntagabend mit Dittsche.

GIBT ES EINEN TRAUM, DEN SIE SICH NOCH ERFÜLLEN MÖCHTEN?
Eine Weltreise mit der Queen Mary 2.

nik, den Würzmethoden sowie den Kombinationen danach trachten, die natürlichen Aromen so gut wie möglich zu erhalten. Dieter Luther ist ein Koch, der diesem Ideal huldigt. Stilistisch orientiert sich die Küche an der französischen Klassik inklusive mediterraner Einsprengsel. Ersteres zeigt sich eindrucksvoll bei den Saucen, letzteres spürt man bei der Variation von Thunfisch und Flusskrebsen mit Pinienkernen und Orangenöl oder dem Risotto von der Roten Bete mit gebratenen Jakobsmuscheln und Zitronen-Fenchelconfit – beides göttlich leicht und zugleich geschmackstief.

Der lauwarme Kalbskopfsalat mit gebratenem Bries auf Champagnerlinsen und grüner Kräutersauce ist exemplarisch für die von Modischem freie Luther-Küche. Weitere Klassiker sind der Potaufeu vom Rehfilet mit Gemüse, der Loup de Mer auf Tomaten-Oliven-Kompott, die mit Koriander und Honig aromatisierte Entenbrust mit Vanilleschupfnudeln oder das Filet vom irischen Weideochsen mit Kartoffelstrudel und grünen Buschbohnen. Bei einem Mann dieses subtilen Fingerspitzengefühls überrascht nicht, dass die Desserts selbst promovierte Schleckermäuler in Verzückung zu versetzen vermögen. Das Delice – in Frankreich gebräuchliche Bezeichnung für »das Köstliche« – von Schokolade, warm und kalt, mit weißem Kaffee-Eis ist dazu geeignet.

Ein Kritiker hat mal bemängelt, dass die Küche ihren innovativen Schwung verloren habe. Richtig ist, dass Dieter Luther schon vor fünf, zehn Jahren kühn Gerichte kreiert hat, die für damalige Verhältnisse unkonventionell waren, aber: was früher Avantgarde war, ist heute Klassik. Und in diesem Sinne ist sich Dieter Luther auf hohem Niveau treu geblieben.

ÜBER DAS RESTAURANT

Das Gewölbe mit den vier statiösen Säulen war der Pferdestall aus dem 16. Jahrhundert. Jetzt ist der Raum weiß gemauert mit moderner Kunst an den Wänden. Die Tische sind edel gedeckt, der Service, geleitet von Frau Luther, ist liebenswürdig. An warmen Tagen wird auch im Innenhof serviert, wo man meint, die Zeit sei melancholisch stehen geblieben. Sehr gute Weinkarte, in der neben den Pfälzer Lokalheiligen speziell Portweine, Gewächse aus Spanien sowie reife Rote aus Burgund und dem Bordelais zu freundlichen Preisen locken.

KONTAKT

Luther Hotel & Restaurant
Hauptstraße 29
D-67251 Freinsheim

Fon: +49 (0) 63 53 / 93 480
Fax: +49 (0) 63 53 / 93 48 45
luther@luther-freinsheim.de
www.luther-freinsheim.de

Öffnungszeiten:
Montag – Samstag
ab 18.00 Uhr

Betriebsferien:
2 Wochen im Februar
1 Woche im Sommer

WELCHER BERUF (AUSSER DEM EIGENEN) WÄRE FÜR SIE INTERESSANT UND WARUM?
Garten- und Landschaftsgestalter würde mir richtig Spaß machen.

GIBT ES EIN PRODUKT, DAS SIE GAR NICHT MÖGEN?
Kalbskutteln.

WELCHEN DICHTER ODER SCHRIFTSTELLER SCHÄTZEN SIE BESONDERS?
Die spitze Feder von Wolfram Siebeck.

MIT WEM WÜRDEN SIE GERNE EINMAL ZU ABEND ESSEN?
Altbundeskanzler Helmut Schmidt, aber nur, wenn er auf die Zigarette verzichtet.

GEGRILLTE JAKOBSMUSCHELN MIT FENCHEL-ZITRONENCONFIT UND RISOTTO VON ROTEN RÜBEN AUF KORIANDERWURZELSAUCE

ZUTATEN FÜR 4 PERSONEN

12 frische Jakobsmuscheln, vorbereitet

FENCHEL-ZITRONENCONFIT:
Zesten von 4 Bio-Zitronen
240 g Zucker
1 TL Fenchelsamen

RISOTTO VON ROTEN RÜBEN:
50 g Acquerello Risotto Bio-Reis
2 Schalotten, fein gewürfelt
2 rote Rüben, gekocht, gewürfelt
Gemüsebrühe, Butterwürfel
Salz, Pfeffer, Olivenöl

KORIANDERWURZELSAUCE:
100 g frische Korianderwurzeln
grüner Koriander
4 EL Crème fraîche
100 ml trockener Silvaner
100 ml flüssige Sahne
Salz, Pfeffer, Muskat

1. **Fenchel-Zitronenconfit:** Die Zitronenzesten kurz blanchieren. Zucker und 60 ml Wasser auf 106 °C erhitzen, die Zesten dazugeben und ca. 10 Minuten leicht einkochen lassen. Zum Schluss den Fenchelsamen unterrühren.

2. **Risotto von roten Rüben:** Die Hälfte der Schalottenwürfel in etwas Öl angehen lassen, den Reis zugeben. Nach und nach Gemüsebrühe angießen, bis der Reis gar ist. Kalte Butter- und Rübenwürfel unterziehen, abschmecken.

3. **Korianderwurzelsauce:** Korianderwurzeln fein würfeln und mit den restlichen Schalotten kurz in Olivenöl angehen lassen. Mit Wein und Sahne ablöschen, etwas einreduzieren, passieren, mit der Crème fraîche aufmixen und abschmecken.

4. **Anrichten:** Jakobsmuscheln in einer Grillpfanne von beiden Seiten anbraten. Saucenspiegel auf Teller gießen, Risotto im Ring anrichten, gegrillte Jacobsmuscheln anlegen und mit dem Confit, Korianderblättern und Rübenchips garnieren.

DIRK LUTHER, RESTAURANT MEIEREI DIRK LUTHER IM HOTEL ALTER MEIERHOF, GLÜCKSBURG, DEUTSCHLAND

Selbst ernannte Intellektuelle gehen gerne mit gefurchter Stirn durchs Leben, ernst, als trügen sie die volle Verantwortung für den Gang der Welt. Auch wenn die Schöpfung ihre Schicksalsspiele nicht immer wunschgemäß inszeniert und das Happy End keinesfalls die Regel ist, so ist das noch lange kein zwingender Grund für die von diesen Pseudo-Denkern demonstrierte Lust an der Unlust. Dieser Typ Mensch ist unfähig zum Genuss. Hingegen hat sich der große Kant im Freundeskreis beim Essen jedes Gespräch über den Sinn des Seins verbeten; man plauderte artig über Kunst, das Reisen oder Banalitäten, scherzte und erzählte sich Tratsch. Ein prima Ort, um seinen Gehirnzellen nach diesem Rezept erholsamen Urlaub zu gönnen, ist die Küche von Dirk Luther.

Dort steht ein Mann am Herd, der unspektakulär eine feine Küche macht, ausgehend von saisonal ausgesuchten Produkten von kompromissloser Qualität, die mit präzisem handwerklichem Können und kreativem Talent veredelt werden. Gleichsam spielerisch zaubert Luther raffinierte Speisen wie ein Filet vom Kabeljau im Rieslingsud mit Austernhaschée und Brunnenkressesalat, wie sautierte Langoustinen in Kalbskopfnage oder – eine seiner gerühmten Spezialitäten – die gebratene Taube mit Treviso-Radicchio und Wirsing. Eine gelungene, genussvolle Spannung erzeugende und einander schließlich harmonisch ergänzende Zweierkombination ist das Filet von der Rotbarbe mit Kalbskopf.

Dirk Luther, im April 1970 in Hamburg geboren, hat bereits als Vize unter Thomas Martin im Hamburger »Jacob's« mit seinem elegantem Küchenstil aufhorchen lassen. Danach ging er als Küchenchef ins »Töpferhaus« nach Alt-Duvenstedt, wo er sich rasch einen zweiten Stern vom »Michelin« erkochte, ehe er in die »Meierei« nach Glücksburg wechselte und 2008 erneut mit zwei Sternen ausgezeichnet wurde. Zwei Sterne symbolisieren laut »Michelin« immerhin eine »hervorragende Küche« und sind einen Umweg wert! Luthers Gerichte haben aromatische Kraft, also jene Dichte, die der Volksmund immer noch als »Schmackes« bezeichnet. Das darf allerdings nicht mit opulent verwechselt werden. Luther setzt die geschmacklichen Akzente seiner auf der französischen

IHR LIEBLINGSGETRÄNK?
Ein gut gezapftes Bier.

WELCHE 3 DINGE WÜRDEN SIE AUF EINE EINSAME INSEL MITNEHMEN?
Meine Familie, einen Kompass und ein Gummiboot, um schnell wieder wegzukommen.

GIBT ES EINEN TRAUM, DEN SIE SICH NOCH ERFÜLLEN MÖCHTEN?
Ein Haus am Meer.

WELCHER BERUF (AUSSER DEM EIGENEN) WÄRE FÜR SIE INTERESSANT UND WARUM?
Arzt, um anderen Menschen zu helfen.

Klassik basierenden Küche inklusive einiger diskret mediterran und noch diskreter eingebauten regionalen Elemente mit feiner Hand.

Einige Beispiele aus dem Küchenprogramm mögen die Linie verdeutlichen: Jakobsmuscheln mit Nussbutterschaum und schwarzer Périgordtrüffel – lauwarmer bretonischer Hummer mit Schnittlauchschaum und Kräutersalat – Terrine von der Gänsestopfleber mit Rotwein-Apfelpüree – Essenz von Stubenküken mit kleinem Gemüse und Trüffelroyale – gebratenes Kalbsherzbries mit Périgordtrüffel und Artischocken – Filet von der Seezunge mit Flusskrebsen, Fenchelpüree und Blattspinat – geschmorte Backen vom Simmentaler Rind mit Périgordtrüffeljus und Selleriepüree – Pauillac-Lamm in Gremolatabutter gebraten mit Tomatenconfit.

Viererlei fällt an der Luther-Küche auf: Erstens die klare, geradezu herrisch kurze Diktion bei der Beschreibung der Gerichte. Zweitens eine Vorliebe für pürierte Beilagen. Drittens eine Neigung zu Edelprodukten wie Hummer, Gänseleber, Languste, Auster, Trüffel & Co. Viertens ist zu erkennen, dass Luther keine Scheu vor Kontrasten hat, was für die Zusammensetzung der Speisen ebenso gilt wie für deren farbliche Effekte. Er spielt mit den Produkten, Texturen und Aromen, doch tut er das nicht plakativ oder provozierend, sondern weise und mit der für ihn charakteristischen Stilsicherheit zur Erhöhung der kulinarischen Spannung.

Sein Perfektionismus zeigt sich auch bei den Desserts. Das Joghurtmousse mit Kokossorbet und Passionsfruchtaufguss oder der Champagner-Schneeball mit Thai-Mango und Himbeeren sind Verführungen der anmutigen Art – und die Naschkatzen jubeln.

IHR LIEBLINGSGEWÜRZ?
Muskat.

WIE VIELE KOCHBÜCHER BESITZEN SIE?
Zu wenige.

WELCHEN DICHTER ODER SCHRIFTSTELLER SCHÄTZEN SIE BESONDERS?
Wilhelm Busch.

ÜBER DAS RESTAURANT

Der Ausblick durch die wandhohen Fenster auf die Ostsee ist ein Superlativ. Holzbohlen, pastellige Farben, hochwertiges Porzellan, Tafelsilber, Leinen, Kristall und floraler Schmuck sorgen für stilvolle Eleganz. Der von Andreas Butzkamm souverän geführte Service agiert mit liebenswürdiger Kompetenz. Er verantwortet als Sommelier auch die Applaus verdienende, europäisch gehaltene Weinkarte mit Gewächsen von durchweg erstklassiger Herkunft, darunter bemerkenswert vielen reifen Weinen aus Burgund und dem Bordelais zu anständig kalkulierten Preisen.

KONTAKT

Hotel Alter Meierhof
Restaurant Meierei Dirk Luther
Uferstraße 1
D-24960 Glücksburg

Fon: +49 (0) 46 31/61 990
Fax: +49 (0) 46 31/61 99 99
info@alter-meierhof.de
www.alter-meierhof.de

Öffnungszeiten:
Dienstag – Samstag
18.30 – 21.30 Uhr

Betriebsferien:
2 Wochen im Januar
4 Wochen im Juli/August

GESCHMORTE RINDERBACKE MIT ENTENSTOPFLEBER UND SELLERIEPÜREE

RINDERBACKE:
4 Rinderbacken
300 g Schmorgemüse (Schalotten, Karotte, Sellerie)
2 Knoblauchzehen
200 ml Rotwein
100 ml roter Portwein
500 ml Kalbsfond
4 Tomaten, geviertelt
1 Lorbeerblatt
1 Zweig Thymian
100 g Butter
Salz, Pfeffer aus der Mühle

ENTENSTOPFLEBER:
4 Entenstopflebern (6 x 2,5 cm, 1 cm dick geschnitten)
1 EL Mehl
Salz, Pfeffer aus der Mühle

SELLERIEPÜREE:
400 g Knollensellerie
200 ml Milch
200 ml Geflügelfond
2 EL Butter
2 EL Sahne, geschlagen
Salz

GEMÜSE:
8 Mini-Möhren mit Grün
10 g Zucker
10 ml Geflügelfond
80 g Butter
12 große Buchenpilze
Salz, Pfeffer aus der Mühle

GARNITUR:
8 frittierte Petersilienblätter

1. **Rinderbacke:** Die Rinderbacken mit Salz und Pfeffer würzen und in einem halbhohen Topf rundherum kräftig anbraten. Anschließend die Rinderbacken herausnehmen und das Wurzelgemüse mit dem Knoblauch ebenfalls anbraten. Nun 50 g Butter hinzufügen und leicht aufschäumen lassen, mit 180 ml Rotwein und dem rotem Portwein ablöschen und auf 1/4 der Menge reduzieren. Die Rinderbacken auf das Gemüse legen und die Gewürze mit den Tomatenvierteln hinzufügen. Mit dem Kalbsfond auffüllen und zugedeckt im vorgeheizten Ofen bei 135 °C ca. 6 Stunden langsam weich schmoren. Die weichen Rinderbacken aus dem Topf nehmen und kalt stellen. Das Schmorgemüse durch ein feines Sieb gießen und die Sauce bis zur sämigen Konsistenz reduzieren. Die kalten Rinderbacken in ein längliches Rechteck schneiden und in der Sauce erwärmen. Kurz vor dem Servieren die Sauce mit 20 ml Rotwein und 50 g kalten Butterwürfeln verfeinern.

2. **Selleriepüree:** Sellerie schälen und in walnussgroße Würfel schneiden. Selleriewürfel mit Milch und Geflügelfond weich kochen, mit einem Mixer fein pürieren und mit Butter, Sahne und Salz abschmecken.

3. **Gemüse:** Grün der Karotten bis auf 1 cm abschneiden und in Form schneiden. Zucker in einem kleinen Topf unter Rühren hell karamellisieren, mit Geflügelfond ablöschen. Karotten und Butter hinzufügen. Karotten 8 Minuten dünsten und mit Salz abschmecken. Butter erhitzen, Buchenpilze darin andünsten und mit Salz und Pfeffer abschmecken.

4. **Entenstopfleber:** Die Entenstopfleber mit Salz und Pfeffer würzen und mit Mehl bestäuben. In einer vorgeheizten Pfanne bei mittlerer Hitze ca. 1 Minute auf jeder Seite braten.

5. **Anrichten:** Selleriepüree, Karotten und Buchenpilze auf vorgewärmten Tellern anrichten. Die Rinderbacken danebenlegen, mit Entenstopflebern belegen und mit der heißen Sauce umgießen. Mit frittierten Petersilienblättern garnieren.

THOMAS MARTIN, JACOBS RESTAURANT IM HOTEL LOUIS C. JACOB, HAMBURG, DEUTSCHLAND

Wenn ein Koch sagt, die besten Ideen für Rezepte kämen ihm am Herd, so klingt das wie ein inniges Bekenntnis zum Beruf und weckt auch Vertrauen in die schöpferische Kraft des Mannes. Der schon figürlich beeindruckende Thomas Martin, im Oktober 1966 in Mannheim geboren, macht denn auch kein Hehl aus seiner Liebe zum Kochen. Mit bereitwilligem Behagen und interessant für den Zuhörer kann er stundenlang über die Schönheit eines Hummers oder die weiße Bauchhaut als bestem Stück des Steinbutts sprechen. Fische, Meeresfrüchte und die dazu gerührten Saucen sind besondere Stärken seiner Kochkunst, beispielhaft demonstriert an einem gebratenen Ostseedorsch »Grenobler Art« mit Zitrone, Kapern, Petersilie und Stockfischbrandade oder einem bretonischen Steinbutt mit verheißungsvoll seidigem Glanz in einer köstlichen Beurre blanc.

Küchenstilistisch ist Martin gut einzuordnen. Seine technische und teils auch rezeptive Basis ist die klassische französische Küche, ergänzt um mediterrane Akzente. Hinzu kommt, wenn auch eher in Andeutungen, eine höfliche Huldigung an die hanseatische Bürgerküche in einer zeitgemäßen Interpretation. Die knusprig gebratene junge Vierländer Ente, am Tisch tranchiert und in zwei Gängen serviert, ist eine genüssliche Hommage an die Region. Die Brust wird mit Szechuanpfeffer-Jus, Rotkohl und Kartoffel-Steckrübenpüree aufgetischt, die Keule folgt mit rotem Mangold und einem Glasnudelsalat, der wohl nicht zum Alltag eines hanseatischen Mittagstisches gehört, aber von der Weltoffenheit des Kochs zeugt.

Die hat er sich bei großen Köchen erworben. Sein erster Lehrmeister war Peter Wehlauer, der, lange ist's her, auf der Burg Windeck im badischen Bühl beeindruckend und für die damalige Zeit recht fortschrittlich gewirkt hat. Der hat seine Kreativität gefördert. Bei Lothar Eiermann, Schloss Friedrichsruhe, hat Martin den respektvollen Umgang mit Produkten gesehen, von Eckart Witzigmann die Leidenschaft für große Küche mitbekommen. Dieter Kaufmann (»Traube« in Grevenbroich), wo er zuletzt war, bevor er 1997 in den Norden wechselte, hat ihm eine subtile Seite der Kochkunst nahe den Prinzipien der »Nouvelle Cuisine« aufgeschlagen.

IHR LEBENSMOTTO?
Den Tag bewusst genießen.

WELCHE 3 DINGE WÜRDEN SIE AUF EINE EINSAME INSEL MITNEHMEN?
Schlauchboot, Sonnencreme, Taschenmesser.

WELCHER VERSUCHUNG KÖNNEN SIE NICHT ODER NUR SCHWER WIDERSTEHEN?
Pralinen und Petit Fours naschen.

WOMIT KANN MAN SIE VERFÜHREN?
Mit einem schönen Abendessen mit Freunden.

Thomas Martin hat sich sukzessive weiterentwickelt und schließlich zu einem originalen Stil gefunden, für den zwei Elemente besonders bezeichnend sind: Erstens ist es seine Art, Raffinesse hinter schlicht klingenden Kompositionen zu verstecken. Manches Gericht klingt einfach im Titel, doch geschmacklich folgt auf die Überraschung die Begeisterung über eine komplexe Aromatik – wie beim Selleriepüree mit pochiertem Ei und schwarzer Trüffel oder dem pochierten Kalbsfilet im Steckrübensud mit Petersilienpesto und glasiertem Schweinebauch. Der Mann ist eben auch ein Meister des Seins. Ein zweites typisches Merkmal ist sein Fingerspitzengefühl beim Würzen. Martin hat keine Scheu vor Aromaten, doch meidet er Übertreibung und nutzt Pfeffer, Salz, Ingwer, Kräuter, Essig, Öl & Co. als Mittel zur Forcierung der Spannung.

Die gastronomische Bandbreite ist entsprechend groß. Sie reicht vom Potaufeu von Ochsenschwanz und Wirsing mit Rindertatar auf geröstetem Brot über Seeteufel mit orientalischen Gewürzen, Couscous und Arganöl sowie geschmorter Schulter vom Charolais-Ochsen mit Barolo-essigjus, Linsen und Ingwerkarotten bis hin zum Rehrücken mit Sauce Rouennaise, kleiner Kohlroulade und Muskatkürbis. Thomas Martin weiß zudem, dass viele hummerverwöhnte Gäste nach leckeren Vulgaritäten gieren. Also werden Wünsche auch abseits der Speisekarte erfüllt, wobei es sich für alle günstig trifft, dass eine Seezunge Müllerin oder gebackener und marinierter Kalbskopf mit Flußkrebsen nebst einer Vinaigrette von roten Zwiebeln, Artischocke und Sauce Gribiche (hart gekochtes, durchgestrichenes Eigelb wird mit Senf und Öl verwoben, mit gehacktem Kerbel, Estragon, Petersilie, Kapern und Streifen von hart gekochtem Eiweiß angereichert) zu den Lieblingsspeisen des Kochs gehören.

ÜBER DAS RESTAURANT

Der Blick auf die Elbe wird in diesem stilvoll eingerichteten Haus gratis mitgeliefert, was speziell für die sommers genutzte Terrasse gilt. Stuck, Lüster, florale Pracht, wandhohe Fenster mit Blick ins Grüne, pastellige Farben von geradezu cremiger Weichheit und noble Tischkultur charmieren den Gast. Der Service ist kompetent, aufmerksam und herzlich, doch ohne Liebedienerei. Kenntnisreich agieren die Sommeliers. Berühmt ist der zum Finale vorgeführte Dessertwagen mit Pralinen, Sorbets und anderen Näschereien.

KONTAKT

Hotel Louis C. Jacob
Jacobs Restaurant
Elbchaussee 401–403
D-22609 Hamburg

Fon: +49 (0) 40 / 82 25 5-0
Fax: +49 (0) 40 / 82 25 5-9 460
jacob@hotel-jacob.de
www.hotel-jacob.de

Öffnungszeiten:
Täglich
12.00 – 14.15 Uhr
18.30 – 21.45 Uhr

Betriebsferien:
keine

GIBT ES EINEN TRAUM, DEN SIE SICH NOCH ERFÜLLEN MÖCHTEN?
Mehr Zeit für die Familie.

IHR LIEBLINGSGEWÜRZ?
Piment d'Espelette.

DREI WORTE ZU GENUSS?
Mit meiner Familie am Kaminfeuer sitzen und lesen.

MIT WEM WÜRDEN SIE GERNE EINMAL ZU ABEND ESSEN?
Angela Merkel.

BRETONISCHE ROTBARBE MIT ZITRONENPESTO UND GLASIERTEM SCHWEINEBAUCH

BRETONISCHE ROTBARBEN:
2 Bretonische Rotbarben à 300–400 g, geschuppt und ausgenommen
Olivenöl
400 g frischer durchwachsener Schweinebauch am Stück
100 g geschnittene Schalotten, Möhre und Staudensellerie
1 Knoblauchzehe
2 Lorbeerblätter
100 ml heller Geflügelfond
100 ml brauner Geflügeljus
50 g kalte Butterwürfel
Meersalz, Thymian

ZITRONENPESTO:
1 Bund Basilikum
1/2 Bund Petersilie
20 g Parmesan
20 g geröstete Pinienkerne
100 ml Zitronen-Olivenöl (Feinkostladen)

1. **Zitronenpesto:** Basilikum und Petersilie zupfen, waschen und blanchieren. In Eiswasser abschrecken und ausdrücken. In einen schmalen, hohen Behälter geben und mit dem Pürierstab zusammen mit Parmesan, Pinienkernen und Zitronen-Olivenöl zu Pestokonsistenz pürieren.

2. Die Petersilie waschen, mit Stiel grob schneiden und in einem Rotormixer mit ein wenig Wasser so lange pürieren, bis sie vollkommen flüssig ist. Den Saft durch ein Tuch geben und in einer Einwegspritze aufziehen. Anschließend die Petersilieninfusion vornehmen, indem man den Fisch mit dem Saft »spritzt«. Die Filets salzen und mit einigen Esslöffeln Extraktöl in einem Vakuumbeutel fest verschließen. Ca. 8–10 Minuten bei 53 °C im Wasserbad garen.

3. Die Kartoffeln mit Schale kochen und das Kochwasser anschließend aufbewahren. Die Kartoffeln pellen, durchpressen und mit dem Kartoffelwasser sowie dem Extraktöl zu gleichen Teilen glatt rühren. Salz und Tandooripulver nach Geschmack zugeben.

4. Zum Servieren das Püree in die Tellermitte geben, den Fisch daraufsetzen und mit ein wenig Öl nappieren. Auf Wunsch kann man noch frittierte Petersilie als Dekoration verwenden.

Falstaff könnte ein geborener Kölner sein. Im weiten Rund um den Dom isst und trinkt man herzensfroh aus dem Vollen, denn der Kölner, weitaus saftiger veranlagt als etwa der milde Bonner oder der gespreizte Düsseldorfer, hält es mit der chinesischen Volksweisheit, dass der Himmel den Genießer liebt. Allerdings war es in Köln immer schon so, dass man eher etwas zum Trinken aß als umgekehrt. Wer Geld hatte, orderte zum »Schäumchen« Pikkolo ein Dutzend Austern, während Ärmere ihre Röggelchen zum Kölsch kauten. Es lässt sich zweitausend Jahre nach der Stadtgründung durch die Römer schwer orten, wie viel Lebensart von der ausgeprägten Selbstdarstellung, der stets wachen Lust am Spott und der Freude am Schwadronieren sich über die unzähligen Erbsprünge bis heute gehalten hat. Gleichwohl, irdische Lebenslust und der liebe Gott, mit dem der Kölner auf vertrautem Fuß steht, bestimmen sein Sein.

Diese weltlich-geistige Spannung wird in Kölns bester Küche geschmackvoll aufgelöst. Vincent Moissonier, von Geburt ein Elsässer und aus Neigung ein Prophet gehobener Esskultur, ist der Patron und Namensgeber des quirligen Bistros, in dem freilich nicht er, sondern Eric Menchon, der Provenzale mit dem gewinnenden Lächeln, seit 1987 am Herd steht und zeigt, dass sich hohe Kochkunst in legerer Bistro-Atmosphäre darstellen lässt. Menchon agiert bevorzugt hinter der Bühne, auf der wiederum Moissonier im Duo mit Ehefrau Liliane brilliert. Der sympathische, temperamentvolle und seine Gäste mit Fliege und Esprit charmierende Moissonier möchte die Welt am liebsten durch immer neue Rezepturen verbessern. Er ist der unrastige Ideengeber, auch der innerbetriebliche Antreiber. Menchon hingegen ist der ruhende Pol. Gemeinsam prägen sie die gastronomische Linie.

Die Küchenlinie ist ein gelungener Mix aus reformierter französischer Klassik mit neu interpretierten provenzalisch-regionalen Einsprengseln. Eric Menchon hat sich in seinen Kölner Jahren enorm weiterentwickelt und beherrscht heute eine individuell angelegte Aromenküche, deren Haupttugend eine präzise kontrollierte und raffiniert umgesetzte kulinarische Vielschichtigkeit ist. Die drückt sich beispielsweise im

IHR LEBENSMOTTO?
Sei du selbst!

WELCHER VERSUCHUNG KÖNNEN SIE NICHT ODER NUR SCHWER WIDERSTEHEN?
Einer schönen Wanderung durch die Berge.

WAS HABEN SIE ZU HAUSE IMMER IM KÜHLSCHRANK?
Yoghurt.

WELCHE DREI DINGE WÜRDEN SIE AUF EINE EINSAME INSEL MITNEHMEN?
Kinder, Ehefrau und einen Ofen.

GIBT ES EINEN TRAUM, DEN SIE SICH NOCH ERFÜLLEN MÖCHTEN?
Tauchsport.

WIE VIELE KOCHBÜCHER BESITZEN SIE?
Keins.

animierenden Zusammenspiel fester und flüssiger Substanzen aus. Diese moderne Lust an Schäumchen und Gelees, angerichtet in diversen Schälchen und den Teller mit dem Hauptprodukt begleitend, vermag ungeübte Gäste freilich zu irritieren, doch der Patron erklärt den tieferen Sinn solcher kulinarischer Wahlverwandtschaften, die nüchterne Naturen auch als Verzettelung deuten mögen.

Die phantasievoll ausgetüftelten Kombinationen »gegen die Langeweile« werden bereits in der Speisekarte detailfreudig beschrieben: »Langustinen in Jura-Wein-Marinade, gebraten auf Krustentiersauce mit Chardonnay, Bouchot-Muscheln mit Zitronen-Anis-Gelee, Nem von Garnelen und Chinakohl, dazu Tomatenjus mit Weißbier.« Was nach mehreren Gerichten klingt, wird als Ensemble serviert. Gleiches gilt für den »gebratenen Angel-Kabeljau in Soja-Honig lackiert auf Zitronengrasmilch, Roggen-Spaghetti mit Gurken-Jus und Miso-Consommé mit Süßholz und Messermuscheln« oder das gegrillte Kalbsbries, angerichtet auf Schokoladenjus und Zitruspulver, flankiert von »offener Ravioli von Gemüse auf Parmesanschaum und Kartoffelpüree mit Gremolata«. Eher prosaisch klingt dagegen der Steckbrief für die geschmorten Kalbsbäckchen und Frühlingszwiebeln in Curry mit Schweinebauch und Süßholz, Erdartischocken-Püree mit Parmesan und Möhren-Ingwer-Flan.

Die teilweise surrealistisch anmutende Speisen-Nomenklatur ist auf dem Teller die gelungene Vermählung der Grand-Mère-Küche aus modernem Geist mit aktueller Technik durch einen unverbildeten Koch, der keine Scheu vor Experimenten hat, sich auf teils kühne Wege wagt und in diesem Sinne alte Rezepte mit neuem Leben erfüllt.

WELCHER BERUF (AUSSER DEM EIGENEN) WÄRE FÜR SIE INTERESSANT UND WARUM?
Musiker oder Schreiner, um mit den Händen zu gestalten und kreativ zu sein.

IHR LIEBLINGSGEWÜRZ?
Kreuzkümmel.

MIT WEM WÜRDEN SIE GERNE ZU ABEND ESSEN?
Ray Charles.

ÜBER DAS RESTAURANT

Ein Bistro wie aus dem Pariser Bilderbuch, entstanden aus einer Bäckerei und dekoriert in Ocker und Grün à la Wiener Kaffeehaus von einem Kirchenmaler: große Wandspiegel, viereckige Säulen, jugendstilige Elemente, rot gepolsterte Bänke, Holzstühle, schlicht gedeckte Tische, Kugellampen, schwarz-weißer Boden, mächtige Theke. Man sitzt eng an eng, der Stimmenpegel kennt nur ein Niveau, nämlich höchste Lautstärke. Zarte Ohren erschauern, doch wer abschalten kann, genießt die Küche voller Überraschungen und Aromen und den flinken, allzeit bereiten Service vom Amuse-Bouche bis hin zum exzellent bestückten Käsetisch und den vielen offen ausgeschenkten Weinen.

KONTAKT

Restaurant
Le Moissonnier
Krefelder Straße 25
D-50670 Köln

Fon: +49 (0) 2 21/72 94 79
Fax: +49 (0) 2 21/73 25 461
www.lemoissonnier.de

Öffnungszeiten:
Dienstag – Samstag
12.00 – 15.00 Uhr
19.00 – 24.00 Uhr

Betriebsferien:
3 Wochen im Sommer,
10 Tage an Weihnachten

WILDSCHWEINBURGER

300 g Wildschweinfleisch
von der Keule
2 getr. Aprikosen
1 TL Sultaninen
10 ml Aquavit
1 TL Kapern
1 TL Senf
1 konfierte Tomate, geviertelt
12 Blätter Rucola
4 dünne Scheiben Baguette, getoastet
Olivenöl zum Braten
Salz, Pfeffer

1. **Vorbereitung:** Das Wildschweinfleisch, Kapern, Aprikosen und Sultaninen durch den Fleischwolf drehen. Mit Senf und Aquavit zu einer homogenen Masse binden. Mit Salz und Pfeffer abschmecken und zu kleinen Burgern formen, 30 Minuten kühl stellen.

2. **Wildschweinburger:** Anschließend mit etwas Olivenöl von beiden Seiten scharf in der Pfanne anbraten und 2 Minuten im vorgeheizten Backofen bei 220 °C fertig garen lassen. Auf vier vorgewärmten Tellern, je eine Scheibe Baguette legen, darauf die Burger, ein Viertel konfierte Tomate und eine Scheibe Baguette anrichten. Je drei Blätter Rucola auf jeden Burger verteilen.

3. **Anrichten:** Wir servieren den Wildschweinburger mit Nougatjus, Panisses, Parmaschinkenröllchen und Wachtelei in Rotweinsauce.

4. **Variation:** Man kann zu den Wildschweinburgern auch Tomaten mariniert in Olivenöl und Kräutern oder eine Curry-Béarnaise reichen.

 DIETER MÜLLER, RESTAURANT DIETER MÜLLER IM SCHLOSSHOTEL LERBACH, BERGISCH GLADBACH, DEUTSCHLAND

Es heißt, man erzählt im 21. Jahrhundert keine Märchen. Die Rationalisten sagen, Märchen passen nicht in die Welt des Computers, in das kühle, hetzige Lebenstempo, nicht zum Fax, nicht zur E-Mail, die den Brief verdrängt hat. Ein Liebesbrief, geschrieben mit einem edlen Füllhalter, wird gewiss anders lauten als einer aus dem Computer. Die Elektronik ist nützlich, keine Frage, aber zu viel Technologie frikassiert die Seele. Märchen hingegen sind Seelennahrung, und so ist es umso schöner, dass die Geschichte von der Karriere des Dieter Müller, diesem Göttergünstling unter den Köchen, märchenhaft beginnen kann.

»Dieter, Du wirst mal Schiffskoch«, hat ihm sein Lehrer prophezeit, und der Dieter dachte, fein, das ist wohl das Tollste überhaupt. Nun, aus dem badischen Jungen, 1948 in Auggen im Markgräflerland als Gastronomensohn geboren, ist einer der weltbesten Köche geworden, 1997 geadelt mit dem dritten Stern des »Michelin« und seither damit geschmückt. Ja, Dieter Müller ist kulinarisch rundum gesalbt. Er kocht originär, er hat seinen eigenen Stil entwickelt, den Dieter-Müller-Stil – und das ist es, was das Kochen über das Handwerkliche hinaus zur Kunst macht. Mode ist für den Tag gemacht. Sie taucht auf, blendet und vergeht, fluscherartig wie ein Komet. Kunst jedoch ist beständig. Und die Kochkunst wirkt – wie Literatur, Theater, Musik – auch nach dem Genuss fort. Ein noch so fein komponiertes Menü vergeht wohl während des Essens wie der Schaum des Champagners, aber es bleibt die Erinnerung an etwas Außerordentliches.

Ein Essen in dem nach Dieter Müller benannten Restaurant stellt denn auch das sozusagen öffentlich erlaubte Ausleben der Wollust des Leibes dar. Man bestelle und genieße das Jakobsmuscheltatar mit Kaviar auf Langoustinencarpaccio, delektiere den bretonischen Hummer mit Krustentier-Peperoni-Vinaigrette und Erbsenconfit, applaudiere der weltbesten Consommé von der Ente oder erfreue sich an der »mild geräucherten Etouffétaube mit Anis-Pfefferjus, Roter Bete und knusprigem Tauben-Tatar«. Die Speisen-Titel zeigen leitmotivisch einen Wesenszug der Küche: die Lust am Spiel mit Kontrasten und die Leidenschaft für Aromen à la Kräuter, Gewürze, Ge-

IHR LEBENSMOTTO?
Privat: Positives Denken!
Beruflich: Nur das Beste für den Gast.

WAS BEFINDET SICH AUF IHREM FRÜHSTÜCKSTISCH?
Selbstgemachtes Birchermüsli, frische Brötchen, selbstgekochte Marmeladen, Käse und manchmal auch Gewürzlachs.

GIBT ES EINEN TRAUM, DEN SIE SICH NOCH ERFÜLLEN MÖCHTEN?
Nach Alaska reisen, um Wildlachse zu fischen.

lees, Vinaigrettes. Mittags gönne man sich das grandiose Amuse-Bouche-Menü aus 18 kleinen Versionen und schwärme fortan hemmungslos von der Müller'schen Kochkunst.

Ein Koch, der in kulinarischen Utopien zu denken vermag und zudem in der Lage ist, das Gedachte oder gefühlsmäßig Erahnte am Herd konkret umzusetzen, wird dem Feinschmecker die Türe zu bislang nicht gekannten sinnlichen Welten aufstoßen. Dieter Müller ist unter den Köchen ein Erneuerer, ein Picasso der Kochkunst. Denn wie die Bilderwelt eines Picassos ist die Kochkultur von Dieter Müller ein Mittel, um sich gegen die Banalisierung des Alltags erfolgreich zur Wehr zu setzen. Bei allem ihm offerierten Ruhm ist Müller bodenständig geblieben. Er weiß um seine Sonderstellung, seine Bedeutung als Koch. Sein Ehrgeiz feuert ihn an, verbrennt ihn jedoch nicht. Er ist selbstbewusst, aber ohne Selbsterhöhung. Er meistert die Balance zwischen Bedeutung und Bescheidenheit.

Was ist nun das Besondere, das Einmalige an der Dieter-Müller-Küche? Gewiss ist es die Kunst, geschmackliche Dichte und Vielschichtigkeit mit der Ästhetik der Präsentation zu verbinden. Man staunt über die architektonisch präzise ausgetüftelte Form der Gerichte. Man ist fasziniert von der Raffinesse der Aromatik. Man ist begeistert über die Tiefe und die Länge des Geschmacks. Man ist hingerissen vom Duft. Man schmeckt und fühlt: Was Dieter Müller macht, das ist angewandte Kochkunst! Die wird auch nach der zu Jahresbeginn 2008 erfolgten offiziellen Übergabe des Küchenzepters an Nils Henkel zu genießen sein, denn Dieter Müller hat seinen langjährigen Küchenchef weitsichtig an die neue Aufgabe herangeführt. Zudem bleibt Dieter Müller dem nach ihm benannten Restaurant weiterhin in der Rolle eines »Patron-Gastgebers« erhalten. Müller: »Kochen ist eine Sucht.«

ÜBER DAS RESTAURANT

Cremige Farben, wandhohe Fenster, bequeme Sessel, weicher Teppich prägen den Landhausstil mit dem wintergartenähnlich gestalteten Hauptraum. Der Gast wird von Birgit Müller mit Charme und Herzlichkeit empfangen und so kompetent wie liebenswürdig umsorgt, als sei das Lokal exklusiv für ihn geöffnet. Großen Anteil am geradezu mit balletöser Eleganz arbeitenden Service hat André Thomann, der Maître als kongenialer Partner der Müllers. Sehr gut bestückte Weinkarte, kundig geführt von Sommelier Sebastian Georgi.

KONTAKT

Schlosshotel Lerbach
Restaurant Dieter Müller
Lerbacherweg
D-51465 Bergisch Gladbach

Fon: +49 (0) 22 02/20 40
Fax: +49 (0) 22 02/20 49 40
info@schlosshotel-lerbach.com
www.schlosshotel-lerbach.com

Öffnungszeiten:
Dienstag – Samstag
12.00 – 14.00 Uhr
19.00 – 22.00 Uhr

Betriebsferien:
14 Tage Anfang Januar,
3 Wochen Juli/August

WELCHE DREI DINGE WÜRDEN SIE AUF EINE EINSAME INSEL MITNEHMEN?
Die Familie, einen Grill und Papier mit Kugelschreiber.

WELCHER BERUF (AUSSER DEM EIGENEN) WÄRE FÜR SIE INTERESSANT UND WARUM?
Fotograf (mein Hobby), um schönste Motive und Augenblicke festzuhalten.

GIBT ES EIN PRODUKT, DAS SIE GAR NICHT MÖGEN?
Kiwi.

GEBRATENES STEINBUTTFILET UND GEBACKENER LANGOSTINO MIT FUMET VON ZITRUSFRÜCHTEN AUF MELONEN-PFEFFERZWIEBELN

4 Langostinos
1 Eiklar
4 EL Panierbrot
1 Korianderzweig
400 g Steinbuttfilet
1/2 Wassermelone, ohne Kerne
1 Zwiebel, weiß und mild
4 Basilikumblätter
1 cl Olivenöl
1 cl Limonen-Olivenöl
10 g Butter
Salz und Pfeffer aus der Mühle

MELONENGELEE:
100 ml Melonensaft, gemixt und passiert
1 EL Wassermelonen, fein gewürfelt
1 TL Schalottenwürfelchen, kurz blanchiert
1 g Agar-Agar
3/4 Blatt Gelatine, kalt eingeweicht
1 Prise Salz und 1 Spritzer Tabasco

GARNITUR:
20 Thaispargelstangen, blanchiert
25 Kartoffelkugeln, blanchiert

ZITRUSFRÜCHTE-FUMET:
6 cl Sauternes (reduziert auf 2 cl)
6 cl Noilly Prat (reduziert auf 2 cl)
2 cl Riesling
100 ml Zitrussaft (von je 2 Grapefruit, Orangen, Zitronen reduziert auf 3 cl)
500 ml Fischfond (reduziert und kräftig)
200 ml Sahne
6 cl Krustentier-Reduktion (nach Wunsch)
1 Spritzer Tabasco
1 EL Limonen-Olivenöl
1 TL Orangenöl
100 g Butterwürfel
Meersalz
Pfeffer

1. **Vorbereitung:** Von der Melone mit einem Ausstecher schöne, kleine Kugeln ausstechen.Die Zwiebel schälen und in gleichmäßige Würfelchen schneiden. Diese in kochendem Salzwasser 20 Sekunden blanchieren und kalt abschrecken. Das Steinbuttfilet in vier gleichmäßige Portionen schneiden. Die Langostinos aus der Schale brechen und den Darm ziehen. Mit Salz, Pfeffer und Korianderstreifen würzen und in Eiklar wenden. Die Langostinos in Panierbrot wenden und gut andrücken, zum Servieren 60 Sekunden bei 160 °C in Fett ausbacken.

2. **Melonen-Pfefferzwiebeln:** In einer heißen Sauteuse mit Oliven- und Limonenöl die Zwiebeln mit leichtem Biss anschwenken. Mit Pfeffer und Salz sehr würzig abschmecken, die Melonenstücke zugeben und zugedeckt etwa 5 Minuten gut warm halten.

3. **Melonengelee (Zubereitung am Vortag):** Melonensaft mit Agar-Agar gut verrühren, einmal gut aufkochen lassen (etwa 10 Sekunden) und ausgedrückte Gelatine einrühren. Melonen- und Schalottenwürfel dazugeben, mit Salz und Tabasco abschmecken. Diese sehr warme Flüssigkeit auf ein kleines Tablett oder großen flachen Teller gießen (2 mm dick) und stehen lassen. Durch das Agar-Agar ergibt sich schnell ein festes Gelee. Diesen dann abdecken und kühl stellen. Am besten einen Tag vorher zubereiten.

4. **Zitrusfrüchte-Fumet:** Fischfond, Sahne, Riesling und alle Reduktionen in einen Topf geben und 5 Minuten köcheln lassen. Butterwürfel und die Öle mit einem Pürierstab untermixen und mit den weiteren Zutaten sehr würzig abschmecken. Tipp: Diese leicht scharf, lieblich fruchtige Sauce passt sehr gut zu pochierten und gebratenen Fischgerichten, aber auch zu Krustentieren.

5. **Anrichten:** Die Steinbuttfilets in Olivenöl etwa 5–6 Minuten saftig braten. Basilikum in Streifen schneiden und unter das warme Melonen-Zwiebel-Sauté geben und nochmals mit Salz und Pfeffer abschmecken. Das Sauté auf vier heiße tiefe Teller verteilen. Den mit Salz und Pfeffer gewürzten Fisch mit je einem passenden Streifen Melonengelee belegen, den gebackenen Langostino und Steinbutt auf die Melonen platzieren, heiße Spargelstangen und Kartoffelkugeln platzieren und mit heißer, aufgeschäumter Sauce servieren.

Er ist ein großer Koch, einer der alten Schule. Um etwaige Missverständnisse gleich auszuschließen, wie sie einer auf Jugendlichkeit fixierten Gesellschaft unterlaufen können, sei sofort hinzugefügt, dass »alte Schule« bei Jörg Müller nichts, aber schon gar nichts mit veraltet zu tun hat, sondern als dienlicher Hinweis auf eine perfekte handwerkliche Ausbildung zu verstehen ist. Müller, 1947 im badischen Freiburg als Gastronomenkind geboren, hat in besten internationalen Häusern gelernt und gearbeitet, bevor er im April 1972 als Küchenchef in die »Schweizer Stuben« in Wertheim eingezogen ist, wo er elf Jahre lang maßgeblich am deutschen Küchenwunder mitgewirkt hat. Danach machte er sich in Westerland mit eigenem Restaurant und Hotel selbstständig und bekennt: »Kochen ist meine Leidenschaft.«

Müller beherrscht wie nur wenige die große Bratenküche ebenso traumhaft sicher wie die Techniken der französische Grande Cuisine. Entsprechend weit gefächert ist das Küchenprogramm dieses stillen Meisters, der nie Reklame für sich gemacht hat und trotzdem berühmt geworden ist. Er kocht halt, schlicht gesagt, so einmalig originär und gut, dass der Erfolg selbst bei der ihm eigenen Zurückhaltung unvermeidlich war. Klassiker der Müller-Küche sind beispielsweise das minutiös gebratene und dank fleißigen Begießens verheißungsvoll glänzende Ochsenkotelett mit dem seidigen Jus und den angerösteten Zwiebeln oder die Wachtelcrepinette auf Risotto mit Périgord-Trüffel. Da zeigt sich auch die Saucenkunst dieses hell strahlenden gastronomischen Nordsterns.

Nachschmeckbar ist die Klasse von Müller – übrigens der um ein Jahr ältere Bruder von Dieter, der in Schloss Lerbach ebenfalls groß, doch stilistisch unterschiedlich kocht – auch beim Steinbutt und Hummer mit den zwei Saucen, dem Kalbskopfsalat mit gebackenem Hahnenkamm, dem Potaufeu von bretonischem Hummer oder dem Sauté von Kalbsnieren und Bries in Champagner-Senfsauce. Das sind subtil aufeinander abgestimmte Gerichte, die in ihrer selbstbewussten Perfektion einen Meister des gastrosophischen Seins rühmen. Jörg Müller verzettelt sich nicht mit modischen Aperçus. Nix asiatisch, nix molekular, nix globaler Wirrwarr – im Gegensatz zu anderen Köchen,

IHRE LEIBSPEISE?
Frikadellen, von meiner Frau zubereitet.

WELCHE 3 DINGE WÜRDEN SIE AUF EINE EINSAME INSEL MITNEHMEN?
Angelrute, ein altes Kochbuch, einige Flaschen guten Bordeaux.

WELCHE SPEISE HABEN SIE ALS KIND ÜBERHAUPT NICHT GEMOCHT?
Dampfnudeln mit dicker Zuckerkruste und Zwetschgenkompott.

IHR LIEBLINGSGEWÜRZ?
Mediterrane Kräuter.

GIBT ES EINEN TRAUM, DEN SIE SICH NOCH ERFÜLLEN MÖCHTEN?
Ich habe das Glück, dass alle meine Wünsche und Träume in Erfüllung gegangen sind. Jetzt möchte ich noch ca. 20 Jahre älter werden und das Erreichte genießen.

die in ihrer Unsicherheit jeden Trend mitmachen, konzentriert sich Müller auf erstklassige, weitgehend regionale Produkte und deren ideale Ausformung zu Gerichten von begeisternder geschmacklicher Vielschichtigkeit.

Wonnen bereitet der gefüllte Schweinsfuß, eine köstliche Vulgarität, die in reizvollem Kontrast zum Guglhupf von der Gänseleber in Traminergelee steht. Sinnliches Vergnügen beschert die Sylter Makrele im Currymantel. Martialisch an Jörg Müller ist eigentlich nur der kühn geschwungene Schnurrbart. Er ist ein Kraftbündel und kann schon zupacken, aber drinnen, da schaut's sensibler aus, da schlägt ein einfühlsames Herz. Er, dessen Augen strahlen, wenn es seinen Gästen schmeckt, war neben Witzigmann einer der ersten Spitzenköche, die es wagten, eine Rustikalität wie den Kalbskopf auf die Karte zu setzen. Freilich kommt bei ihm auch dann etwas besonders Delikates heraus, wenn es sich um ein sogenannt einfaches Produkt handelt. Dann haftet selbst Bratkartoffeln nichts bieder Hausmannsköstlerisches mehr an. Das ist Souveränität oder, anders gesagt: Jörg Müller ist am Herd ein Essentialist!

WELCHER BERUF (AUSSER DEM EIGENEN) WÄRE FÜR SIE INTERESSANT UND WARUM?
Architekt oder Gärtner. Ich baue sehr gerne und habe immer viel gebaut. Ich bin mit der Landwirtschaft aufgewachsen und pflege noch heute meinen Gemüsegarten.

GIBT ES ETWAS, DAS SIE NIE ESSEN WÜRDEN?
Joghurt und gewisse Insekten.

HABEN SIE EIN BEVORZUGTES KOCHBUCH, WENN JA WELCHES?
In meiner Anfangszeit bis ca. 1970 A. Escoffier.

ÜBER DAS RESTAURANT

Unter Reetdach ist die Einrichtung licht gehalten. Warme cremige Pastellfarben mit Holzbalkendecke tun dem Auge wohl, die bequem gepolsterten Holzsessel dem Rücken. Elegant ist die Tischkultur mit weißem Tuch, Silber, Porzellan und Gläsern. Den Service regiert Barbara Müller mit herzlichem Charme. Großartig ist die Weinkarte, eine der besten in Deutschland. Jörg Müller ist ein gewiefter Weinkenner und es empfiehlt sich, sich von ihm oder seinem Sommelier beraten zu lassen, gipfelnd in dem Spiel, einen besonderen Wein zu wählen und den Meister zu bitten, danach zu kochen. Wen es nach eher gutbürgerlichen Gerichten lüstet, ist nebenan im Pesel-Bistro (Schollenfilet mit Krabben, geschmorte Ochsenbäckchen, Variation von der Ente, Bouillabaisse von Nordseefischen, Matjestatar) bestens aufgehoben.

KONTAKT

Hotel-Restaurant Jörg Müller GmbH
Süderstraße 8
D-25980 Westerland / Sylt

Fon: +49 (0) 46 51 / 27 788
Fax: +49 (0) 46 51 / 20 14 71
hotel-joerg-mueller@t-online.de
www.hotel-joerg-mueller.de

Öffnungszeiten:
Dienstag – Sonntag
18.00 – 24.00 Uhr

Betriebsferien:
letzte Woche im November – 20. Dezember,
Mitte Januar – Mitte Februar

MEERÄSCHE UND KAISERGRANAT MIT DICKEN BOHNEN

1,2–1,5 kg Meeräsche
500 g Kaisergranat
500 g dicke Bohnen
1 Bund Frühlingszwiebeln
Olivenöl
250 g Steinpilze oder Shiitakepilze
1 Fleischtomate
4 cl Noilly Prat
Salz

1. **Vorbereitung:** Meeräsche filetieren. Haut und Gräten entfernen. Danach in schöne Tranchen schneiden und kühl stellen.

   Die Bohnen aufbrechen und entkernen. Die Bohnenkerne kurz blanchieren, in kaltem Wasser abschrecken und aus der dicken Haut lösen.

   Frühlingszwiebeln waschen, den oberen Teil entfernen und in Olivenöl anbraten.

   Die Pilze putzen, eventuell kurz waschen und mit Küchenpapier trocken tupfen.

   Tomate kurz in kochendes Wasser tauchen, kalt abschrecken, häuten, das Fruchtfleisch entfernen und danach in kleine Würfel schneiden.
   Die Kaisergranatschwänze vom Körper lösen.

2. **Zubereitung:** Die Meeräschentranchen und Kaisergranatschwänze mit Salz würzen und in Olivenöl anbraten. Anschließend Pilze, Bohnenkerne und Tomatenwürfel zugeben und mit etwas Noilly Prat ablöschen und abschmecken.

3. **Anrichten:** Auf Tellern je eine Tranche von der Meeräsche mit den Kaisergranatschwänzen und dem Gemüse anrichten. Mit der Jus nappieren.

 STEFAN NEUGEBAUER, GOURMETRESTAURANT SCHWARZER HAHN IM HOTEL DEIDESHEIMER HOF, DEIDESHEIM, DEUTSCHLAND

Das Mahl im Gewölbekeller, dort, wo Helmut Kohl seinerzeit als Bundeskanzler seinen Staatsgästen den Pfälzer Klassiker namens Saumagen auftischen ließ, begann mit einer kunstvoll zylinderförmig gerollten Kombination vom Altrheinaal mit Roter Bete, flankiert von einem Apfel-Meerrettich-Cocktail im Glas und gekrönt von golden glänzendem Forellenkaviar. Der Kommentar des Gastes bestand aus einem genießerisch hingezogenen »Mmmh«, das jedwede gastronomische Rezension ins verbale Gerümpel verwies. Das gleiche Gefühl des Außergewöhnlichen lösten auch weitere Gänge aus wie die in Karamellöl hauchzart gebratenen Jakobsmuscheln mit Dattel-Couscous und Joghurt oder der in geräuchertem Steinpilzsud mit Blutwurst-Kartoffeltörtchen angerichtete Heilbutt.

Lange Zeit hatten selbst Gastro-Kritiker nicht erkannt, dass Stefan Neugebauer zu den Großen seiner Zunft zählt. Das lag vielleicht daran, dass Neugebauer zu Beginn seiner Karriere als Chefkoch sich stilistisch zu eng an seine beiden großen Lehrmeister gehalten hat: Dieter Müller und Heinz Winkler. Diese beiden Granden sind kochpolitisch zwar so weit auseinander, wie man es nur sein kann. Winkler ist Purist (sieht man von seiner notorischen Vorliebe für Trüffelöl ab), Müller der geniale Expressionist. Aber beide haben Neugebauer geprägt, bis den eines Abends blitzartig die Erkenntnis erhellte, sich rezeptiv von seinen Vorbildern lösen zu müssen, um aus eigener Schöpfungskraft kreativ zu kochen.

Das war der Beginn einer originären Küche, wie sie beispielsweise durch ein Gericht charakterisiert wird, das im Menü »Schwarzer Hahn Klassik« so annonciert wird: 30 Stunden gegarter Iberico-Schweinebauch mit Apfel-Ingwer-Chutney, Auster und Kaviar. Die vertikal in drei Schichten angelegte Komposition – das Schweinerne liegt unten, die Auster in der Mitte, der Kaviar obendrauf – lässt im Mund anfangs jedes Element für sich wirken, doch rasch ergibt sich eine Liaison von wahrhaft spannender Harmonie (lediglich die Auster vermag schon mal in ihrer Jodigkeit die übrigen Partner zu dominieren; vielleicht wäre eine geschmeidige Belon besser geeignet als die rassigere Sylter Royal).

IHR LEBENSMOTTO?
Stillstand ist Rückschritt.

WAS BEFINDET SICH AUF IHREM FRÜHSTÜCKSTISCH?
Kaffee, Semmeln, Müsli, Ei, Wurst und die Bestellliste vom Fischlieferant.

WAS HABEN SIE ZU HAUSE IMMER IM KÜHLSCHRANK?
Licht, Wurst und Käse, Butter.

WELCHER VERSUCHUNG KÖNNEN SIE NICHT ODER NUR SCHWER WIDERSTEHEN?
Kochen.

WELCHER BERUF (AUSSER DEM EIGENEN) WÄRE FÜR SIE INTERESSANT UND WARUM?
Beamter, denn dann hätte ich genug Zeit, meinem Hobby Kochen nachzugehen.

neugebauer

Stefan Neugebauer ist ein Koch, der nicht von der asiatischen Welle mitgerissen wird, sich weder von molekularen Effekten blenden lässt noch mediterran über Gebühr frömmelt, sondern in der Kombination von französischer Kochtechnik mit vorzugsweise regionalen Produkten sein gastronomisches Bekenntnis sieht. Sinnigerweise spricht er von seiner Küche als einer »Haute Cuisine de Pays«. Der Gast kann unter und aus drei Menüs wählen: »Regional« (Salmis vom Goldfasan mit Wacholderrahmsauce, Gewürzquitten und Maulbeeren im offenen Strudelblatt), »Schwarzer Hahn Klassik« (mit Steinpilzen gespickter Rehrücken an Marzipan-Blumenkohlmousseline und Lavendelhonig oder Saumagen »auf meine Art« mit Gänseleber und Trüffel in Spätburgundersauce), »Haute Cuisine« (gebratene Wildentenbrust mit Rote-Bete-Tahiti-Vanille-Mousseline und Mandelmilchschaum).
Der 1975 im hessischen Rotenburg geborene Neugebauer kocht, wie er ist: selbstbewusst, aber nicht arrogant, Neuem gegenüber aufgeschlossen, doch kritisch abwägend, nachdenklich, sensibel, begabt mit einem herzerfrischenden Zug ins Schelmische und am Herd ein Unruhegeist in schöpferischer Habachtstellung. Er spielt als Koch mit den Produkten so kreativ und elegant wie Erroll Garner auf dem Klavier. Ängstliche Schnitzelgemüter fühlen sich von manchen seiner kulinarischen Läufe, zumal den mitunter gewagten Zweier- und Dreierkombinationen, schon mal irritiert und vielleicht auch provoziert, aber der erfahrene Gourmet erkennt, was die Neugebauer-Küche auszeichnet: Raffinesse im Aufbau, Schönheit in der Form, Tiefe im Inhalt.

IHR SCHÖNSTES KULINARISCHES ERLEBNIS?
Einen selbst gefangenen Hummer am Strand von Kapstadt zu essen.

IHR LIEBLINGSRESTAURANT?
Zu Hause mit Freunden kochen und essen.

DREI WORTE ZU GENUSS?
Die wahre Probe des Genusses ist die Erinnerung.

ÜBER DAS RESTAURANT

Der teils holzgetäfelte und weiß gekalkte Gewölbekeller mit dem Cotto-Boden und den Eisenlüstern ist licht gehalten und bietet so etwas wie rustikale Eleganz, zudem viel Ellbogenfreiheit an den großzügig positionierten und mit feiner Tischkultur gedeckten Tischen.
In der Etage drüber gibt es in der im altdeutschem Stil mit viel Holz, Zinn und heiteren Genre-Bildern möblierten Bürgerstube »St. Urban« die gehobene Regionalküche. Im »Schwarzen Hahn«, wie das Gewölbe offiziell heißt, waltet souverän Andreas Weber. Der Maître fungiert kongenial zu Neugebauers Kochkunst auch als Sommelier mit großer Liebe für die neue Generation der Pfälzer Weine. Weber berät subtil und seine glasweise ausgesuchten Gewächse zu jedem Gang eines Menüs vervollkommnen die Küche zum Gesamtgenusswerk.

KONTAKT

Hotel Deidesheimer Hof
Gourmetrestaurant Schwarzer Hahn
Am Marktplatz 1
D-67146 Deidesheim

Fon: +49 (0) 63 26 / 96 870
Fax: +49 (0) 63 26 / 76 85
info@deidesheimerhof.de
www.deidesheimerhof.de

Öffnungszeiten:
Dienstag – Samstag
18.00 – 24.00 Uhr

Betriebsferien:
Januar und Juli

REHRÜCKEN BADEN-BADEN »AUF MEINE ART«

ZUTATEN FÜR 6 PERSONEN

6 Stück Rehrücken à 100 g
200 ml Rehsauce
Kräuter

BIRNENGELEE:
200 ml Birnensaft, frisch entsaftet
3 g Agar-Agar
1 Blatt Gelatine
50 ml Williams
Salz, Zucker, Zitronensaft

SÜSSKARTOFFELMOUSSELINE:
200 g Süßkartoffeln
30 g Marzipan
50 g Butter
80 ml Sahne
Salz, Pfeffer, Muskat

ROTKOHL-SELLERIECANNELLONI:
100 g Rotkohl, fertig gekocht
6 Scheiben dünner Knollensellerie
12 Schnittlauchstängel

PREISELBEERSABAYONE:
300 g Preiselbeeren
4 Eigelb
150 ml roter Portwein
Salz, Pfeffer

SPECKTRAUBEN:
12 halbierte kernlose Trauben
2 Scheiben Schwarzwälder Schinken
100 ml Traubensaft

1. **Rehrücken:** Das Fleisch bei 55 °C im Ofen ca. 30 Minuten temperieren, dann im heißen Fett nachbraten und die Kräuter zugeben.
2. **Birnengelee:** Birnensaft mit Agar-Agar aufkochen. Gelatine einweichen und mit dem Williams zum Saft geben. Mit Salz, Zucker und Zitrone abschmecken. In eine rechteckige Form ca. 1 cm hoch einfüllen und im Kühlschrank erkalten lassen.
3. **Süßkartoffelmousseline:** Kartoffeln schälen und grob zerkleinern. In Salzwasser halb garen, mit Sahne, Butter und Marzipan fertig kochen und pürieren. Mit Salz, Pfeffer und Muskat abschmecken und durch ein feines Sieb streichen.
4. **Rotkohl-Selleriecannelloni:** Sellerieschieben rechteckig schneiden und darin den Rotkohl einrollen. Mit Schnittlauch zusammenbinden und bei 60 °C im Ofen erwärmen.
5. **Preiselbeersabayone:** Preiselbeeren durch ein feines Sieb streichen und mit Eigelb und Portwein vermengen. Auf dem Wasserbad zur Rose abziehen und mit Salz und Pfeffer abschmecken.
6. **Specktrauben:** Schinken mit Traubensaft aufkochen. Trauben von der Schale befreien und 30 Minuten im Sud ziehen lassen.
7. **Anrichten:** Alles wie auf dem Bild arrangieren und mit etwas Rehsauce nappieren. Als Garnitur eignen sich gefüllte Waldchampignons, Preiselbeeren, Kerbel, Gewürzsalz, Birne und schwarze Nüsse.

Der vom Scheitel bis zur Sohle selbstbewusste, gleichzeitig aber auf sympathische Weise bescheidene Peter Nöthel ist als Mensch und Koch zielstrebig. Zwei Sterne schmücken seit 1991 seine Küche und über den dritten, der laut »Michelin« immerhin eine Reise rechtfertigt, würde er sich gemeinsam mit Peter Liesenfeld, seinem langjährigen Co-Koch und Freund, naturgemäß freuen. Der dritte Stern ist für jeden Koch so etwas wie der triumphale Einzug in den gastronomischen Olymp. Doch Nöthel, 1960 in Göttingen geboren und seit 1984 Patron im Hummerstübchen, ist bei allem jugendlichen Feuer, das noch in ihm brennt, weise genug, im Sinne von geläutert, um seinen Wert nicht mehr alleine am Erreichen dieses Ziels zu orten.

So spricht ein Mann, der erkannt hat, dass wahre Größe in der Küche die Einfachheit ist, wobei einfach selbstverständlich nicht mit simpel verwechselt werden darf. Gemeint ist die Reduktion auf das Wesentliche. Nöthel und der kongeniale Liesenfeld kochen mit gestiegenem Selbstwertgefühl nach diesem Prinzip. Solche vermeintliche Beschränkung ist wohl ein Wagnis, weil sich nicht wenige Gäste von einer aus edlen und entsprechend teuren Produkten, komplizierten Rezepturen und reicher Dekoration bestehenden Galanterieküche leicht beeindrucken lassen. Nöthel ist über derlei Effekthascherei freilich längst erhaben. Er kocht ohne Angst, einfach zu wirken. Er hat es nicht nötig, gefällig zu sein. Er muss nicht mehr zwingend kreieren, um sich zu profilieren.

Nöthel kann sich küchenpolitisch theoretisch wie praktisch auf Liesenfeld verlassen. Der ist, was den Anspruch an die Güte der Grundprodukte anbelangt sowie deren präzise Umsetzung auf dem Herd, mindestens so perfektionistisch veranlagt wie der Chef. Und das will was heißen! Außerdem besteht die Klientel mehr und mehr aus erfahrenen Gourmets, die das Essenzielle erkennen und würdigen. Man nehme beispielsweise die Hummersuppe mit Champagner, den eleganten, ungemein tiefgründigen Erzklassiker der Nöthel-Küche. Die Rezeptur für diese ultimative Essenz wird als Schatz gehütet. Erlaubt ist die Vermutung, dass eine Küche, in der jährlich um die 7000 Hummer verarbeitet werden, neben Herrschaftswissen über reich-

IHRE LEIBSPEISE?
Grünkohl mit Pinkel.

WELCHE 3 DINGE WÜRDEN SIE AUF EINE EINSAME INSEL MITNEHMEN?
Meine Freundin Christine, mein Hund Sally, Zigaretten.

WELCHER VERSUCHUNG KÖNNEN SIE NICHT ODER NUR SCHWER WIDERSTEHEN?
Nikotin.

lich gute Zutaten in Form von Hummerfleisch verfügt – und man weiß, dass des Hummers aromatischster Teil in dessen Kopf sitzt!

Eine Köstlichkeit der Küche ist das Ensemble von drei Suppen, hier verniedlichend »Süppchen« genannt: Hummersuppe, Rehconsommé, Velouté von Steinpilzen. Weitere Meisterstücke sind der bretonische St. Pierre auf Endivien-Risotto mit Rotweinschalotten und weißer Balsamicosauce, der Hirschrücken in der Olivenkrokantkruste auf Rosenkohlblättern mit Holunderchutney und das Carré vom Iberico-Schwein auf gebratenem Fenchel mit Schupfnudeln, Orangenpesto und Chorizojus. Im Hummermenü gilt dem Wappentier, subtil gebraten und serviert auf scharfem Erbsenschaum mit Kalbskopf-Safranjus, spezieller Applaus. Nöthel verwendet überwiegend kanadischen Hummer von 700 bis 800 Gramm, der ihm nicht schlechter dünkt als der teure und seltenere bretonische. Von Bedeutung ist die Zubereitung: man kocht den Hummer drei Minuten vor, bevor er im Kontext mit der Rezeptur in der Pfanne aromatisierend vollendet wird, mit dem würdigen Ergebnis, dass Hummer nirgendwo zarter und feiner schmeckt als eben im Hummerstübchen.

Typisch für Nöthel ist, dass er neue Rezepte so lange intern ausprobiert, bis er davon überzeugt ist. Der weitgehende Verzicht auf extravagante Effekte bedeutet nun keine Hinwendung zu einem radikalen Purismus. Ein bisschen Pracht erlaubt sich Nöthel schon, der bei Gerhard Gartner im damaligen »Gala« in Aachen entscheidende Weihen erhalten hat und seinen Küchenstil etwas untertreibend so beschreibt: »Leichte deutsche Küche mit mediterranen und regionalen Produkten.« Nöthel hat früh zu einem eigenen Stil gefunden und weiß, dass man »täglich drei Sterne kochen muss, um zwei zu behalten.« Das fordert heraus und belebt bei Nöthel & Liesenfeld vielleicht doch die Sehnsucht nach Vollkommenheit durch den dritten Stern.

ÜBER DAS RESTAURANT

In den drei idyllisch eingerichteten Speiseräumen dominieren pastellige Farben. Die noble Tischkultur ist mit den Vorhängen und Bildern stilsicher aufeinander abgestimmt und schafft eine angenehm uncoole Atmosphäre. Man sitzt wie in einem Salon und wird von den adretten Damen anmutig bedient. Beachtung verdient die von Susanne Fischer souverän und einfühlsam dirigierte Weinkarte.

KONTAKT

Hotel Fischerhaus
Restaurant Hummer-Stübchen
Bonifatiusstraße 35
D-40547 Düsseldorf

Fon: +49 (0) 2 11/59 44 02
Fax: +49 (0) 2 11/59 79 759
mail@hummerstuebchen.de
fischerhaus@aol.com
www.hummerstuebchen.de

Öffnungszeiten:
Restaurant
Montag – Samstag
18.00 – 22.00 Uhr

Betriebsferien:
27.12. – 06.01.
2 Wochen im Sommer

WAS SAMMELN SIE UND WARUM?
Leere Grand-Cru-Flaschen als schöne Erinnerungen.

GIBT ES EINEN TRAUM, DEN SIE SICH NOCH ERFÜLLEN MÖCHTEN?
Mehr Zeit zum Reisen.

WIE ENTSPANNEN SIE SICH?
Spaziergänge am Rhein mit meinem Hund.

BRETONISCHER HUMMER AUF GRÜNEN TOMATEN, MELONE UND MANDEL-CHILI-KROKANT

2 bretonische Hummer,
gekocht und ausgelöst
Olivenöl
1 Honigmelone,
in kleinen Kugeln ausgestochen
Kräutersalat und Dressing
Essbare Blüten

MANDEL-CHILI-KROKANT:
50 g weiche Butter
40 ml Orangensaft
50 g Sesamsamen
1 Msp. Sambal Oelek
25 g Mehl
80 g Puderzucker
Salz

TOMATENCONFIT:
4 grüne Tomaten
2 EL Zucker
1 EL Champagneressig
1 EL Butter
1 Schalotte, fein gewürfelt
1 Löffel Honig
Saft einer 1/2 Zitrone
Salz und Pfeffer

1. **Mandel-Chili-Krokant:** Alle Zutaten in einer Schüssel gut vermischen und im Kühlschrank fest werden lassen. Den Backofen auf 170 °C vorheizen. Mithilfe einer Schablone Rondelle von 10 cm Durchmesser dünn auf ein mit Backtrennpapier oder Silikonmatte ausgelegtes Blech streichen und 8 Minuten backen. Erkalten lassen und dann die Scheiben vorsichtig vom Blech lösen.

2. **Tomantenconfit:** Die Tomaten vierteln, die Kerngehäuse herauslösen, durch ein Sieb drücken und den Saft auffangen. Zucker und 2 EL Wasser erhitzen und zu einem leichten Karamell verkochen. Mit dem Essig ablöschen, die Butter und die Schalotten zugeben und kurz anziehen lassen. Honig, Tomaten- und Zitronensaft unterrühren und die Tomatenviertel in Streifen schneiden und dazugeben. Mit Salz und Pfeffer würzen, im 160 °C heißen Ofen weich schmoren und abschmecken.

3. **Anrichten:** Den ausgelösten Hummer in Olivenöl anbraten. Das Tomatenconfit mit je 8 Melonenkugeln auf jedem Teller zu einem Kreis auslegen. Darüber vorsichtig eine Mandel-Chili-Krokant-Hippe legen und den gebratenen Hummer darauf platzieren. Den Kräutersalat mit Dressing marinieren und auf dem Hummer anrichten. Mit Blüten garnieren und servieren.

Im Mittelalter wären selbst die schönsten Werke unserer Kochkünstler als fade verschmäht worden. Damals ergötzte man sich an immensen, reichlich gewürzten Fleischbergen. Die aus dem Orient importierten Spezereien waren, weil sündhaft teuer, ein Statussymbol der Reichen. Wer es sich leisten konnte, prunkte übertreibend mit Gewürzen. Pfeffer, Zimt, Muskat & Co waren Kultobjekte auf der Tafel der Oberschicht, die Gerichte teure Spice-Orgien. Hinter der Gier auf die Importe aus sagenhaften Ländern verbarg sich eine Sehnsucht nach fernen Welten, auch eine Flucht aus dem engen Alltag. Die Erfindung der Pfeffersauce war sozusagen ein aus Angabe gezeugtes Kind, und bis ins 17. Jahrhundert galt eine deutsche Kraftsuppe aus Fleischbrühe, Wein, Speck, Zwiebeln, Mandeln, Zimt, Ingwer, Nelke, Kardamom und Safran als kulinarischer Schlager.

Jede Esskultur hat ihren eigenen Umgang mit Gewürzen. Von den Sinneseindrücken, die beim Essen empfangen werden, sind es die Düfte, die wir am stärksten wahrnehmen und die uns den meisten Genuss verschaffen. Mit den Basis-Geschmäckern süß, sauer, salzig, bitter, den Empfindungen hart und weich, fest und flüssig, warm und kalt wäre Essen nur eine bescheidene Freude. Erst die Aromen machen es zum Erlebnis, sie streicheln unsere Sinne, sanft oder heftig. Einer, der das Spektrum der Gewürze in seiner ganzen Vielfalt erfasst und ausnützt, ist Wahabi Nouri. Der im Januar 1970 in Casablanca geborene Marokkaner gibt exotischen Gewürzen und frischen Kräutern prominente Rollen und schafft durch seine aromatisierende Zubereitungsmethode seit 2001 im »Piment« eine Küche von einzigartigem, weil unverwechselbarem Charakter.

Stilistisch bekennt sich Nouri zur französischen Klassik, die er mediterran akzentuiert und vor allem mit seiner marokkanischen Würztradition raffiniert anreichert. Die handwerkliche Basis hat er sich bei namhaften Köchen wie Roy Petermann, Franz Raneburger und Harald Wohlfahrt angeeignet. Sein gastronomischer Anspruch von der fortwährenden Perfektionierung der Gerichte zeugt von Ehrgeiz und dem Willen, den vom »Michelin« verliehenen Stern nicht nur zu behalten, sondern zu mehren. Gerichte wie die aromatisch fein zwischen süßlich, herb und scharf

IHRE LEIBSPEISE?
Zitronenhuhn marokkanisch.

IHR LEBENSMOTTO?
Immer glücklich sein.

WELCHE SPEISE HABEN SIE ALS KIND ÜBERHAUPT NICHT GEMOCHT?
Marokkanischen Erbseneintopf.

WELCHER BERUF (AUSSER DEM EIGENEN) WÄRE FÜR SIE INTERESSANT UND WARUM?
Restauranttester, weil ich gerne gut esse und trinke.

austarierte Gänsestopfleberschnitte auf Rote-Bete-Carpaccio mit Würfeln vom Meerrettich, die diskret in Zitronen-Olivensud pochierte Meeräsche mit Fenchelgrün, die zart in Rotwein geschmorte Ochsenschulter mit einer Safran-Zitronennage oder das deliziöse Eis vom Weinbergspfirsich mit Topfenschaum, Heidelbeeren und Holunderblütensud rechtfertigen solchen Traum.

Ein Gericht, das die Würzkunst von Wahabi Nouri ideal versinnbildlicht, ist der Lammrücken mit marokkanischer B'Stilla. Die Koteleletts mit der Kräuterkruste sind butterzart gebraten, die beigelegte B'Stilla (ein krosses Teigpäckchen, gefüllt mit geschmortem Lamm und Nüssen, aromatisiert mit der hauseigenen Gewürzmischung Ras al-Hanout, bestreut mit Puderzucker) löst am Gaumen eine Aromenexplosion von komplexer Ausgewogenheit aus, die symptomatisch ist für die gleichermaßen offensiv wie subtil eingesetzte Würzkunst von Wahabi Nouri. Die führt naturgemäß zu herzhaften Geschmackserlebnissen. Nouri lässt Speisen wie eine Curry-Zwiebelsuppe mit Gambacrostini, den Seeteufel mit Chicoreesud und grünem Apfel, die Rehkeule mit Himbeeressigsud, die mit Safran und Ingwer geschmorten Kalbsbacken oder die in Arganöl marinierte Rote Bete mit Kräutersalat selbstbewusst aus den Tellern duften, aber diese wie alle anderen Kreationen sind dank seines Fingerspitzengefühls nicht rustikal, gar derb, sondern von vielschichtiger Finesse. Wahabi Nouri bringt dank des raffinierten Einsatzes von Gewürzen die Aromen zum Leuchten. Vertrautes wird dabei reizvoll verfremdet, Fremdes zauberhaft vertraut gemacht. Ein schöpferischer Koch wie er betreibt eine Aromatherapie und bringt dem Gourmet einen Hauch vom verlorenen Paradies zurück, zumindest auf den Teller.

ÜBER DAS RESTAURANT

Ein langbeiniger Mensch schreitet das in warmem Rotbraun gehaltene Lokal mit zehn Schritten in der Länge und fünfen in der Breite ab. Wahabi Nouri ist das gerade recht, für mehr als 30 Gäste möchte der Perfektionist auch nicht kochen. Die Atmosphäre ist von herzerfrischender Ungezwungenheit, der Service zuvorkommend und kenntnisreich beratend. Die Weinkarte ist überschaubar, klug besetzt für Liebhaber, die nicht nach dem Etikett trinken (für die gibt es einen leckeren 1993er Mouton für 195 Euro).

KONTAKT

Restaurant
Piment
Lehmweg 29
D-20251 Hamburg (Eppendorf)

Fon: +49 (0) 40/42 93 77 88
Fax: +49 (0) 40/42 93 77 89
info@restaurant-piment.de
www.restaurant-piment.de

Öffnungszeiten:
Montag – Samstag
19.00 – 22.30 Uhr

Betriebsferien:
Anfang April & Mitte Juni
Anfang Oktober & Anfang Dezember

WANN UND WO KOMMEN IHNEN IDEEN FÜR NEUE GERICHTE?
Nach dem Service bei einem guten Glas Wein.

IHR LIEBLINGSGEWÜRZ?
Kreuzkümmel.

MIT WEM WÜRDEN SIE GERNE EINMAL ZU ABEND ESSEN?
Mit dem marokkanischen König.

GEFÜLLTER BABY-STEINBUTT MIT LANGOSTINOS UND GETROCKNETEN TOMATEN AUF ZUCCHINIFONDUE

8 Filets vom Baby-Steinbutt à 70 g
400 g getrocknete Tomaten
8 Langostinos
Basilikum
Saft einer 1/2 Zitrone
10 Schalotten, in feine Streifen geschnitten
200 ml Weißwein
Olivenöl
Salz, Pfeffer

ZUCCHINIFONDUE:
2 grüne Zucchini
100 ml Olivenöl
Saft einer 1/2 Zitrone
Salz, Pfeffer

1. **Baby-Steinbutt:** Die Fischfilets mit Salz, Pfeffer und Zitronensaft würzen. Viermal je ein Filet mit Basilikum, getrockneten Tomaten und Langostinos belegen und das zweite Fischfilet darüberlegen.

   Die Schalotten in Olivenöl anschwitzen, die Steinbutt-Schnitten hinzugeben, kurz anbraten und mit Weißwein ablöschen. Die Filets vorsichtig wenden und im Ofen bei 150 °C 5 Minuten garen. Dann mit Alufolie 2 Minuten ziehen lassen.

   Die Flüssigkeit abpassieren und reduzieren.

2. **Zucchinifondue:** Zucchini schälen, würfeln, leicht dämpfen, bis sie weich sind und dann mit Olivenöl, Zitronensaft, Salz und Pfeffer abschmecken. Anschließend pürieren.

3. **Anrichten:** Auf einen Teller ein wenig Zucchinifondue geben. Einen Spiegel von Fischfond darum herum gießen und das gefüllte Baby-Steinbuttfilet auf das Zucchinifondue geben.

Alle haben plötzlich Hunger auf Gesundheit. Feinschmecker, denen Kalbsstelzen & Buttersaucen gestern noch ein unbedenklicher Tafelgenuss waren, greifen heute zu Vollkorn, knabbern Möhren und schwärmen vom schwerelosen Essen. Das liebe Kräutlein, der süße Lauch! Seltsam ist zwar, dass einige jener militanten Ökoköstler saftlos wirken, verhärmt wie der personifizierte Verrat am Genuss. Aber wer in fleischloser Kost nicht sein alleiniges Heil sieht, sondern eine Einlage zwischendrin, kann durchaus genüsslich mal auf Rind & Co. verzichten. Die feine Küche ist auf der Basis von Haferschleim zwar undenkbar, und Salatbüffets sind so deplaziert wie Spinatsaft anstelle von Champagner. Aber Tatsache ist, dass Gemüse in den Tempeln der Gourmandise zunehmend gleichberechtigt mit Fisch und Fleisch behandelt wird.

Ein Meister in dieser Disziplin ist Yves Ollech, der partnerschaftlich mit Andree Köthe die Küche im »Essigbrätlein« führt und jedes Menü mit ein oder zwei Gemüsegängen schmückt. Das kann als Vorspeise ein Apfel mit Kartoffel und Grünkohlsaft sein oder eine Rote Bete mit Artischocken und Dillblüten. Wer nun meint, das auch zu können, irrt. Was so einfach klingt, ist in der Zubereitung aufwendiger als etwa Hummer in Sauternes. Die al dente gegarte Rote Bete steht zylindrisch geformt und mit frischen Dillblüten garniert in einem Püree von Artischocken. Frische, süße, würzige und erdige Elemente verbinden sich aufs Delikateste bei einer weiteren Rote-Bete-Variation, nämlich der mit Kümmelkaramell. Hier wird die Bete in eine mild gerührte Crème von Roquefort gebettet, mit einem Kräutersalat aufgefrischt und mit dem karamellisierten Kümmel raffiniert aromatisiert. Da erblasst die altbürgerliche Gemüseplatte vor Scham.

Der zweite Irrtum wäre die Annahme, die Küche sei vegetarisch ausgerichtet. Richtig ist, dass Ollech & Köthe das Gemüse nicht wie eine Trixie des Balletts in der dritten Reihe tanzen, sondern auch als Star auftreten lassen wie bei der geschmorten Rindsschulter auf Erbsenpüree, gebratener Ananas, Lakritzzucker, Cassis und Butterkaramell. Klassiker der Küche sind des weiteren der Schweinebauch mit Kakao, die mit Rucola, Nüssen, Feigen und einer diskret schokoladig unterlegten Olivensauce zubereite-

IHRE LIEBLINGSBLUME?
Knabenkraut.

WOMIT KANN MAN SIE VERFÜHREN?
Mit frischem Brot von meinem Lieblingsbäcker.

GIBT ES EINEN TRAUM, DEN SIE SICH NOCH ERFÜLLEN MÖCHTEN?
Sehr alt werden.

WELCHER BERUF (AUSSER DEM EIGENEN) WÄRE FÜR SIE INTERESSANT UND WARUM?
Bäcker, weil Brot lebt und leben ist.

te Taube. Einer geübten und feinen Hand beim Abschmecken bedürfen der Rochen auf schwarzen Bohnen mit Minzpesto und Ananascrème sowie der glasig gegarte Kabeljau mit Taubenleber und Algenfond. Einem raffinierten Aromenbündel gleicht der Calamaro auf Fenchel mit leicht angebratenem grünem Speck und kandierten Zitronenschalen.

Gourmets mit konventionell geschulten Zungen empfinden diese Küche wie das Durchbrechen einer Schallmauer. Gemüse, Kräuter und Gewürze dienen dem im Dezember 1970 in Wernigerode geborenen Ollech nicht nur zum schieren Flankieren oder aromatischen Aufwerten der Gerichte. Er zollt ihnen ernsthaften Tribut als gleichberechtigte Partner von Fisch und Fleisch. Im Gegensatz zu früher, als man im »Essigbrätlein« noch gerne und viel mit Gewürzmischungen gearbeitet hat, werden die Spezereien inzwischen singulärer und gezielter eingesetzt – mal pur, dann in Form von Ölen und Essenzen, mal zärtlich, mal leidenschaftlicher, wie es passt. Die Würze soll das Gericht bereichern, es geschmacklich erhöhen. Zu viel Parfüm wirkt breit, macht plump. Geht man mit der Würze nur ein Prozent zu weit, liegt man gleich um hundert daneben.

Seit 1997 amtiert Ollech als Küchenchef; zuvor war er im »Adler« in Asperg und bei Fritz Schilling, dem Feingeist der mediterranen Küche, in den »Schweizer Stuben« in Wertheim. Ihre Rollen haben Köthe und Ollech klug aufgeteilt. Zusammen wird die Speisekarte entworfen, dann jedoch getrennt operiert. Während Andree Köthe den Einkauf erledigt und als Außenminister die Gäste betreut, steht der eher bühnenscheue Ollech als Innenminister am Herd und pflegt seine finessig ausgetüftelte Küche mit den vielschichtigen und verheißungsvoll duftenden Aromen. Und das ist die erfreuliche Botschaft von Yves Ollech für den Rest des Jahrtausends: die leckere Allianz von großen Braten und Gemüse, von Fisch und Fleisch mit Kräutern und Gewürzen. Suum cuique, jedem das Seine.

ÜBER DAS RESTAURANT

Von außen käme niemand auf die Idee, dass hinter den alten Mauern und den Butzenscheiben derart fein gekocht wird, dass der »Michelin« 2008 auf zwei Sterne erhöhte. Der länglich geformte Saal mit den dunklen Deckenbalken ist altfränkisch, doch die Tische für 25 Gäste sind elegant gedeckt und die große Champagnerbowle signalisiert, dass sich der Gourmet nicht geirrt hat. Die umfangreiche und kundig bestückte Weinkarte wird von Ivan Jakir als Maître betreut. Zum Weinmenü gibt es die passenden Gewächse auch glasweise.

KONTAKT

Restaurant »Essigbrätlein«
Weinmarkt 3
D-90403 Nürnberg

Fon: +49 (0) 9 11 / 22 51 31
Fax: +49 (0) 9 11 / 23 69 885

Öffnungszeiten:
Dienstag – Samstag
12.00 – 13.30 Uhr,
19.00 – 21.30 Uhr
(Gästeannahme)

Betriebsferien:
die letzten 2 Augustwochen,
Weihnachten und Sylvester

GIBT ES EIN PRODUKT, DAS SIE GAR NICHT MÖGEN?
Seeteufel.

IHR LIEBLINGSGEWÜRZ?
Kreuzkümmel.

DREI WORTE ZU GENUSS?
Auch im Alltag!

ROTE BETE MIT KÜMMELKARAMELL

ROTE BETE:
12 Rote Bete
3 rote Zwiebeln
3 Thymianzweige
3 Streifen Orangenschale
1/2 TL gemahlener Kümmel
1 Lorbeerblatt
3 cl Olivenöl
Salz, Pfeffer, Zucker

ROTE-BETE-ESSENZ:
2 EL brauner Zucker
8 cl Balsamicoessig

ROQUEFORTCRÈME:
je 60 g Crème double
und Ziegenfrischkäse
1 EL Crème fraîche
20 g Roquefort
6 EL Milch
Salz, Chiliöl

KÜMMELKARAMELL:
6 EL brauner Zucker
3 EL Kümmel

2 handvoll frischer Kräutersalat
weißer Balsamicoessig
Salz, Pfeffer, Olivenöl

1. **Rote Bete:** Zwiebeln schälen, grob schneiden und in Olivenöl anschwitzen. Rote Bete in Form tournieren und dazugeben. Thymian, Orangenschale, Kümmel und Lorbeer zum Gemüse geben, mit Wasser bedecken, mit Salz, Pfeffer und Zucker würzen und bei niedriger Temperatur die Rote Bete leicht bissfest garen.

2. **Rote-Bete-Essenz:** Braunen Zucker karamellisieren, mit Balsamicoessig ablöschen und etwas einreduzieren lassen. Mit der Hälfte des Rote-Bete-Garfonds auffüllen und sirupartig einkochen lassen.

3. **Roquefortcrème:** Roquefort mit Milch erhitzen, bis sich der Käse auflöst. Kalt stellen. In einer kalten Schüssel Crème double, Crème fraîche und Ziegenfrischkäse glatt rühren. Die Roquefortmilch einrühren und mit Salz und Chiliöl abschmecken. Kalt stellen.

4. **Kümmelkaramell:** Braunen Zucker karamellisieren, Kümmel einrühren, auf ein Backpapier streichen und abkühlen lassen. Fein schneiden und im Tiefkühlfach aufbewahren.

5. **Anrichten:** Rote Bete in der Rote-Bete-Essenz glasieren. Kräutersalat mit Salz, Pfeffer, Chiliöl und weißem Balsamicoessig abschmecken. Die Roquefortcrème kreisrund auf den Teller streichen und die Rote Bete darauf anrichten. Den Kräutersalat zwischen die Rote Bete setzen und Kümmelkaramell seitlich als Streifen zum Eindippen anrichten.

y. ollech

Der Hunger als eine im Leben unstillbare Weltmacht ist von Nestroy, dem genialen österreichischen Wortezauberer, so beschrieben worden: »Wie das Volk den Speisenduft wittert, haben sie keinen Zorn, keine Rührung, keine Wut, keinen Gram, keine Lieb', keinen Haß, nicht einmal eine Seele haben's. Nix haben's als ein Appetit.« Das ist nüchtern formuliert, man kann den Appetit aber auch wie einen besonders sympathischen Menschen erwarten, denn er kündet vom Heimweh nach einer geliebten Speise. Und spätestens dann, wenn die Magensäfte so begehrlich wie herrisch schnurren, wird klar, dass es höchste Zeit ist für ein Mahl, das im »La Vision«, dem Gourmetlokal im »Wasserturm«, auf elegante Weise mit einer Variation von der Gänseleber seinen Anfang nehmen kann.

Wem die als Trio angelegt Foie gras – gebacken auf Mangoragout mit Chili, als Röllchen gefüllt mit Apfel-Ingwerkompott und Zartbitterschokolade, als Mousse auf geliertem Auszug von Birne und Lorbeer – zu mächtig erscheint, kann sich legerer an einer Essenz vom Perlhuhn mit Rilette-Ravioli, Markklößchen, Grießnocken und Wurzelgemüse delektieren.

Ein Sashimi vom rohen Thunfisch, gewürzt mit einer Paste von Bergpfeffer und Petersilie auf Zucchinikompott nebst roh marinierter Sardine mit Basilikum-Limonenöl auf einem feinen Kartoffel-Speck-Salat würde die Sinne ebenfalls für weitere Küchenstücke charmieren wie etwa die Jakobsmuscheln, die mit Steinpilzen und Kalbskopf (geschmolzen und gebacken) in einer geschmeidig gerührten Buttersauce angerichtet werden und eines Oscars in der Kategorie der Zwischengerichte würdig sind.

Hendrik Otto, im August 1974 in Wolfen geboren, führt seit März 2002 passioniert und ehrgeizig Regie in der Küche, die stilmäßig fest auf der französischen Klassik gründet, ergänzt durch mediterrane Akzente und aromatische Ausflüge in die orientalische Würztechnik. Die Form, also die Architektur der Speisen auf dem Teller, ist für Otto ein wesentlicher Bestandteil seiner Arbeit. Für ihn ist die Schönheit des Anrichtens kein pures, inhaltsleeres Design, sondern die Um- und Fortsetzung seiner Kochkunst mit den Mitteln der Ästhetik. Das hat er auch bei Harald Wohlfahrt gesehen, seinem großen

IHR LEBENSMOTTO?
Behandle Deine Mitmenschen so, wie Du selbst behandelt werden möchtest.

WELCHER VERSUCHUNG KÖNNEN SIE NICHT ODER NUR SCHWER WIDERSTEHEN?
Immer alles auszureizen und bis zum Maximum zu gehen.

GIBT ES EINEN TRAUM, DEN SIE SICH NOCH ERFÜLLEN MÖCHTEN?
Ein Jahr lang nicht arbeiten zu müssen und Zeit zu haben, die Dinge zu tun, für die ich sonst nie Zeit habe.

Lehrer in der Schwarzwaldstube des Hotels Traube im badischen Tonbach. Dort hat er auch ein himmlisch schmeckendes Gericht erlebt: die Rosette von Jakobsmuscheln auf mild geräuchertem Kartoffelschaum mit Seeigelsamtsauce und Kaviar als Salzersatz.

So animierend schön die Speisen präsentiert werden, so gut schmecken sie auch. Die Speisekarte bietet etliche Modelle: confierte Schulter vom iberischen Schwein mit Couscous, glasiertem Spinat und Langostino; Suprême von der bretonischen Seezunge mit Sauce Dugléré (Basis ist ein Fischfond mit Tomaten, Schalotten, Zwiebeln, Knoblauch und Petersilie), begleitet von einer Stockfischbrandade und braisiertem Staudensellerie; Filet vom Heilbutt mit Limonenpfeffer, Lardo-Speck, Paprika, Wildkräuter in einer Corailsauce; geschmorte Schulter und Rücken vom Lamm mit Kichererbsenpüree, Zwiebelmousseline und Olivensauce; Kompott von geschmortem Kalbsschwanz mit glasiertem Trüffel, mild geräuchertem Kartoffelschaum, Bouillongemüse und samtiger, tiefaromatischer Barolosauce; Champagnerparfait auf Mangoragout mit karamellisierter Ananas, Gelee von Limonenblättern und Zitronengras.

Ein Gericht, würdig es zu malen, ist das Filet vom Kalb, das Otto mit knusprigen Briesnüsschen und einer dünnen Scheibe Gänseleber belegt und mit Schwarzwurzeln, Rosenkohl sowie Rauchspeck anrichtet. Unter »Hummer Favorit« versteht der Koch eine Variation in vier Akten: gedämpfter Hummerschwanz mit Krustentierschaumsauce und schwarzem Trüffel; Potaufeu im Chorizosud; Salat mit Trauben, Kräutern und Rapsöl; als Eis. Hier zeigt der Koch, wie gut er die modisch gewordene spanische Chorizo-Wurst als würzendes Element einsetzt und zur Wirkung bringt. Hendrik Otto plustert seine Küche nicht mit vordergründigen Effekten auf. Er weiß oder ahnt, dass Kochen ein spannendes Spiel mit Produkten ist, mit Formen, Farben und Aromen, vor allem aber auch ein ewig währender Prozess zwischen Orientierung, Entdeckung, Erfindung und schließlich Erfüllung.

WELCHER BERUF (AUSSER DEM EIGENEN) WÄRE FÜR SIE INTERESSANT UND WARUM?
Fondsmanager. Strukturen von Unternehmen und Ländern einschätzen, Wachstumsmöglichkeiten bewerten und Voraussicht beweisen.

IHR LIEBLINGSGEWÜRZ?
Dillblüten.

MIT WEM WÜRDEN SIE GERNE EINMAL ZU ABEND ESSEN?
Harald Wohlfahrt.

ÜBER DAS RESTAURANT

Der verglaste Rundbau in der 11. Etage ist hell und elegant mit gedämpften Farbnuancen eingerichtet. Der Service agiert untadelig kompetent und freundlich. Besondere Beachtung verdient die von Sommelier Michael Walteich kundig verwaltete Weinkarte mit erstklassigen Gewächsen zu sehr erfreulichen Preisen von der Mosel, der Wachau, Burgund in Weiß wie Rot, dem Bordelais, von der Rhone und aus der Champagne. Auch Italien, Spanien und das Napa Valley sind repräsentativ vertreten. Es gibt viele halbe Flaschen.

KONTAKT

Hotel im Wasserturm
Restaurant »La Vision«
Kaygasse 2
D-50676 Köln

Fon: +49 (0) 2 21/20 08 0
Fax: +49 (0) 2 21/20 08 888
info@hotel-im-wasserturm.de
www.hotel-im-wasserturm.de

Öffnungszeiten:
Dienstag – Samstag
12.00 – 14.00 Uhr
19.00 – 22.00 Uhr

Betriebsferien:
2 Wochen ab Neujahr
4 Wochen während der nordrhein-westfälischen Sommerferien

FEUILLETINE NOUGAT MIT GELIERTEN ZWETSCHGENRÖSTERN UND GEWÜRZCANACHE AUF OLIVENBISKUIT, EXOTICSORBET UND CASSISJUS

CASSISJUS:
200 g Brombeeren
50 g Puderzucker
Cassis

FEUILLETINE NOUGAT:
300 g Mandelnougat
75 g weiße Kuvertüre
150 g Waffelbruch

ZWETSCHGENSAUCE:
300 g Zwetschgen
250 ml Rotwein
150 ml roter Portwein
10 Nelken
1/2 Stange Zimt
3 EL Rohrzucker
3 Sternanis
50 ml Williamslikör

ZWETSCHGENRÖSTER:
1 kg Zwetschgen
200 g Zwetschgensauce
9 Blatt Gelatine

GEWÜRZCANACHE:
400 ml Sahne
120 g Milch
360 g Nougat
300 g dunkle Kuvertüre
40 ml Rum
Zimt und weißer Pfeffer, gemahlen

CANACHE ZUM ÜBERZIEHEN:
120 ml Sahne
80 ml Milch
160 g Nougat
220 g dunkle Kuvertüre

EXOTICSORBET:
je 200 g Mango- und Passionsfruchtmark
je 200 g frische Ananas und Bananen
150 g Puderzucker
1 Blatt Gelatine

SCHOKOLADENBISKUIT:
5 Eier, 2 Eigelb
170 g Zucker
100 g Mehl
je 30 g Kakaopulver und Stärke
je 50 ml Milch und Öl

WEISSE SCHOKOMOUSSE:
1 Ei
10 g Rum
1 Blatt Gelatine
120 g weiße Schokolade von Valrhona
280 g Sahne, geschlagen

1. **Cassisjus:** Brombeeren mit Puderzucker mixen und passieren. Mit Cassis abschmecken.
2. **Feuilletine Nougat:** Mandelnougat mit weißer Kuvertüre schmelzen und mit Waffelbruch mixen. Rechteckig ausrollen und kühl stellen.
3. **Zwetschgensauce:** Rotwein und Portwein aufkochen und restliche Zutaten hinzufügen. Zwetschgen zugeben und 20 Minuten ziehen lassen. Gewürze entnehmen, nochmals durchmischen und die Sauce passieren.
4. **Zwetschgenröster:** Gewürfelte Zwetschgen mit etwas Zucker mischen und gleichmäßig in eine Pfanne geben, damit der Boden ganz bedeckt ist. Im Backofen bei 300 °C unter gelegentlichem Umrühren 10 Minuten karamellisieren lassen. Anschließend auf einem Blech auskühlen. Eingeweichte und ausgedrückte Gelatine in 200 g Zwetschgensauce auflösen und dann zu den Zwetschgen zugeben.
5. **Gewürzcanache:** Sahne und Milch aufkochen. Nougat, Kuvertüre und Rum zugeben. Zimt mischen, sieben und nach Geschmack hinzufügen. Mit weißem Pfeffer abschmecken.
6. **Canache zum Überziehen:** Sahne und Milch aufkochen. Nougat und Kuvertüre zugeben und temperiert lassen.
7. **Exoticsorbet:** Mango- und Passionsfruchtmark mit dem Puderzucker aufkochen. Frische Ananas und Bananen zugeben und mixen. Eingeweichte und ausgedrückte Gelatine vorsichtig darin auflösen, passieren und gefrieren lassen.
8. **Schokoladenbiskuit:** Eier, Eigelb und Zucker aufschlagen. Mehl, Kakaopulver und Stärke untermehlieren. Anschließend Milch und Öl unterheben. Dann die Masse auf ein mit Backpapier ausgelegtes Blech geben, ca. 0,5 cm hoch einfüllen und glatt streichen. Bei 180 °C im Backofen für 8 Minuten backen.
9. **Weiße Schokomousse:** Ei, Rum und eingeweichte und ausgedrückte Gelatine unter kräftigem Rühren warm aufschlagen. Dann die geschmolzene weiße Schokolade zugeben. Die Masse runterkühlen und anschließend die Sahne unterheben.
10. **Anrichten:** Feuilletine Nougat in eine rechteckige Form geben und die Zwetschgenröster fast geliert ca. 1 cm hoch einfüllen. Anschließend kalt stellen. Dann den Gewürzcanache ebenfalls ca. 1 cm hoch einfüllen und wieder kalt stellen. Anschließend in Riegel portionieren und mit Canache überziehen. Erneut kalt stellen. Den Schokoladenbiskuit in etwas größere Rechtecke schneiden und den kalt gestellten Riegel aufsetzen. Weiße Schokomousse rundum spritzen und mit Minze garnieren.

Das Fernsehen ist zu einem Tatort für kulinarische Grotesken geworden. Man nehme Johannes B. Kerner, den Moderator einer Koch-Show, der wie ein ahnungsloser Zirkusdirektor fünf Köche brutzeln lässt. Da wird Kochen als die größte Gaudi inszeniert, wogegen ja nichts einzuwenden wäre, wenn wenigstens die Rezepturen der Gerichte zu verstehen wären. Stattdessen gibt es Schaumschlägereien und viel Rede-Mus und man fragt sich, woran es liegt, dass in den Fernsehküchen das gastronomische Mittelmaß regiert. Privat wirken Mälzer, Zacherl, Lichter, Wiener, Lafer und Konsorten sympathisch, doch ihre Auftritte an den öffentlichen Herden fallen ins burleske Fach. Wahre Kochkünstler wie Dreisterneköche à la Heinz Winkler, Juan Amador, Dieter Müller, Harald Wohlfahrt, Joachim Wissler, Helmut Thieltges, Christian Bau haben in ihrem kleinen Finger mehr Genie als alle diese TV-Köche, den souveränen, auf hohem kulturellem Niveau kochenden Vincent Klink ausgenommen.

Eine weitere löbliche Ausnahme ist Christian Rach, ein feinsinniger Mensch und Koch, der im Fernsehen sozial aktiv ist, indem er Kollegen einen Weg zum besseren Kochen und Wirtschaften weist. Die ethische Ader des 1957 im saarländischen St. Ingbert geborenen, inzwischen längst zum Hamburger mutierten Mannes mit dem unkonventionellen Habitus resultiert aus seinem Studium der Philosophie. Das gastronomische Bewusstsein bildete sich parallel in seiner Zeit als Werkstudent in Küchen. Der Weg zum Koch war also vorgezeichnet, offen war, was Rach daraus machen würde. Heute weiß man es: Das 1989 im landschaftlich tristen Bahrenfeld eröffnete und 2004 als geografischer wie architektonisch attraktiver Zug an den Hafen transferierte Tafelhaus bietet eine der feinsten Küchen in Hamburg.

Ein Blick in die übersichtlich gestaltete und sprachlich so knapp wie klar gefasste Speisekarte zeigt eine Vorliebe für die leichte finessige Küche des Mittelmeers. Weil Christian Rach ein neugieriger Mensch im positiven Sinne ist, also einer, der nach vorne schaut und prüft, was ihn gastronomisch weiterbringt, flirtet er auch gerne

IHRE LEIBSPEISE?
Dibbelabbes (saarländisches Kartoffelgericht).

IHR LEBENSMOTTO?
Just do it!

WOMIT KANN MAN SIE VERFÜHREN?
Mit herzhaftem Lachen und gutem Essen.

GIBT ES EINEN TRAUM, DEN SIE SICH NOCH ERFÜLLEN MÖCHTEN?
Einmal 1. Klasse rund um die Welt reisen.

mit orientalischen Würzmethoden. Eine Taube wird mit Koriander und Curry-Öl angereichert, Thunfisch wird kurz gegrillt, mit Ingwer und Curry aromatisiert, mit Kohlrabinudeln serviert. Das rosa gebratene Reh akkompagniert Rach mit Dampfnudeln und einer raffiniert abgeschmeckten Süßholzsauce. Der Räucheraal mit den Zimtcroûtons putzt prächtig die Rieslingsuppe auf und weist auf reformerische Ansätze bei regionalen Produkten und Rezepturen hin.

Beim Iberico-Schwein mit karamellisierter Ingwersauce, Papayasalat, Gamba-Frühlingsrolle und Kokosreis beweist Rach seine Fertigkeit im kunstvollen Spiel mit den Aromen. Der Zander wird confiert und auf getrüffelten Schwarzwurzeln mit Petersilienschaum angerichtet. Den klassisch in der Folie gegarten Loup de Mer wertet eine Bouillabaisse-Sauce weiter auf.

Rach gilt als Meister der subtilen Abstimmung beim Aromatisieren. Seine Saucen sind denn auch mehr impressionistisch als expressionistisch angelegt, doch dicht und auch vielschichtig genug – wie bei der Pfeffersauce zur Rotbarbe, die großmütig von gebackenen Crevetten, Mangochutney und exotisch gewürztem Rotkohl begleitet wird und exemplarisch den verfeinerten mediterranen Kochstil belegt.

Generell lässt sich konstatieren, dass Christian Rach küchenpolitisch eher Equilibrist als Provokateur ist, mehr auf Harmonie bedacht als auf Kontraste. Das Credo seiner Küche klingt im Originalton am authentischsten: »Die Qualität des Kochens besteht darin, das Wesen des Produktes nicht zu verändern, sondern nur zu vervollkommnen.«

WELCHER BERUF (AUSSER DEM EIGENEN) WÄRE FÜR SIE INTERESSANT UND WARUM?
Schauspieler, weil man auch in diesem Beruf direktes Feedback bekommt.

MIT WEM WÜRDEN SIE GERNE EINMAL ZU ABEND ESSEN?
Mit Harald Schmidt, um ihn zu überzeugen, dass es noch mehr gibt als Bier und Frikadellen.

ÜBER DAS RESTAURANT

Unmittelbar am Hafen in einem modernen Glasbau mit wandhohen Fenstern zur Elbe hin gelegen, bietet das licht und klar eingerichtete Lokal einen grandiosen Ausblick auf den Schiffsbetrieb. Beispielhaft liebenswürdig und fern von steifem Protokoll agiert der Service. Die Weinkarte ist zumal mit deutschen Gewächsen gut bestückt, aber auch die ausländische rote Fraktion ist angemessen vertreten – Christian Rach liebt und sammelt Rotweine. Ein Tipp noch hintendran gehangen: In der Saison sollte man um den Salat von Matjes mit Bohnen, angerichtet in einem Windbeutel, bitten. Delikatesse zeigt sich oft im Einfachen.

KONTAKT

Restaurant Tafelhaus
Neumühlen 17
D-22763 Hamburg

Fon: +49 (0) 40/89 27 60
Fax: +49 (0) 40/89 93 324
anfrage@tafelhaus.de
www.tafelhaus.de

Öffnungszeiten:
Dienstag – Freitag
12.00 – 16.00 Uhr
19.00 – 24.00 Uhr

Samstag
19.00 – 24.00 Uhr

Betriebsferien:
keine

RINDERFILET IM SALZTEIG

1 kg Rinderfilet vom Mittelstück
1 Beutel Allgäuer Heu
400 g Mehl
400 g Fleur de Sel
300 g Wasser
Pfeffer
Butter

100 g Butter
3 Zweige Petersilie
frischer Pfeffer aus der Mühle
Abrieb einer halben Zitrone

1. Aus Mehl, Salz und Wasser einen Teig kneten, ruhen lassen und anschließend daumendick ausrollen. Das Rinderfilet von allen Seiten anbraten. Das Heu auf dem Salzteig verteilen und mit dem Rinderfilet einschlagen. Im vorgeheizten Backofen bei ca. 200 °C 15–20 Minuten backen.
2. Aus Butter, Zitronenabrieb, Pfeffer und gehackter Petersilie eine »Beurre noisette« (Nussbutter) herstellen.
3. Den Salzteig aufschneiden, das Rinderfilet vom Heu befreien und in vier Scheiben schneiden. Das Fleisch mit der »Beurre noisette« beträufeln und mit Fleur de Sel bestreuen.
4. Als Beilage empfehlen sich Salat und frisches Baguette.

CHRISTOPH RAINER, VILLA ROTHSCHILD, KÖNIGSTEIN IM TAUNUS, DEUTSCHLAND

Wundertätig ist die Liebe, die sich im Gebet enthüllt, sagt J. W. v. Goethe unter anerkennendem Nicken der Gläubigen. Nun, ohne Liebe geht auch in der Küche nichts. Wer lustlos am Herd steht, ungnädig im Topf rührend, murrend und grummelnd, dem gelingt allenfalls routinierte Konfektion von der Stange. Dagegen brennt in der Küche der Villa Rothschild das junge Feuer der Leidenschaft, täglich angefacht von Christoph Rainer, dem 1974 in Hanau geborenen Küchenchef, der alle Stile sowie Techniken kennt und beherrscht. Die klassische französische Hochküche, die Grande Cuisine, ist das stabile Fundament, auf dem Rainer virtuos auch mit mediterranen Elementen spielt, diskret ergänzt durch regionale Bezüge. Das Ergebnis ist eine Küche von geradlinigem, am Hauptprodukt orientiertem Wohlgeschmack.

Die Bandbreite seines schier unerschöpflichen Repertoires reicht von der fein marinierten Gänsestopfleber mit Zartbitterschokolade, Traubenbrioche und Sauternes-Eis über eine köstliche Bisque vom Hummer, Heilbutt in Oliven-Kartoffel-Emulsion mit lauwarmem Paprikasalat und geröstetem Pulpo sowie kross gebratenem Wolfsbarsch mit Brandadepüree, Cox-Orange-Apfel und geräuchertem Aal im Bohnensud bis hin zum warm geräucherten und pochierten Jungbullenfilet mit weißem Pfefferschaum, jungem Lauch und Steinpilzen. Eine Klasse für sich sind die Desserts, ob es das köstliche Delice von Kaffee und Banane ist, die Variation von Sao-Thome-Schokolade mit Kakaobohnen-Eis, das Sorbet von Zartbitterschokolade mit Pfefferminzschaum oder Dôme au chocolat mit Pistazien.

In mediterrane Gefilde weisen die bretonische Felsenrotbarbe in würziger Bouillabaisse mit Gemüse und Krustentierravioli sowie die Gemüseterrine mit Ratatouille-Vinaigrette und Olivencrostini. Gewürzige orientalische Anklänge finden sich im karamellisierten Kaisergranat in Zitronengras-Curryschaum mit Couscous. Auch der Wildlachs in Kaviarnage mit Erbsenmousseline ist ein würdiges Beispiel für die Lust des Kochs, mit Phantasie aus einem Standardprodukt ein attraktives Gericht zu formen. Gleiches gilt für die sanft gegrillte Jakobsmuschel mit Birne, Bohnen und Speck. Da zeigt sich Kreativität im besten

IHR LEBENSMOTTO?
Vor dem Erfolg kommen der Einsatz und die Geduld zum Tragen. Kein Erfolg ohne Team.

WELCHER VERSUCHUNG KÖNNEN SIE NICHT ODER NUR SCHWER WIDERSTEHEN?
Kompromisse einzugehen. Es fällt mir schwer, Sachen ungeklärt im Raum stehen zu lassen, obwohl es manchmal vielleicht besser wäre.

WELCHE SPEISE HABEN SIE ALS KIND ÜBERHAUPT NICHT GEMOCHT?
Ich mochte keinen Fisch.

WANN UND WO KOMMEN IHNEN IDEEN FÜR NEUE GERICHTE?
Viel Inspiration hole ich mir auf Reisen.

Sinne – eine Mitgift jener Meister, von denen Rainer wohl am meisten gelernt hat: Dieter Müller in Schloss Lerbach und Heinz Winkler in dessen gleichnamiger Residenz in Aschau. Positiv zu werten ist außerdem, dass große Braten wie das Entrecôte vom Bison in Banyuls-Schalottenbutter oder das Kotelette vom Milchkalb in Sauce Perigordine am Tisch tranchiert werden. Das ist angewandte Erlebnis-gastronomie, das Tranchieren zählt ja zu den attraktivsten Traditionen der Servierzunft.

Er weiß, was er kann, der Christoph Rainer, und er regiert in seinem Küchenreich mit entsprechendem Selbstbewusstsein. Das ist gut so und davon profitieren die Gäste, denn ein Koch, der an sich zweifelt, ist auch am Herd allenfalls ein Hamlet mit halbem Genie. Selbstvertrauen – nicht zu verwechseln mit Überschätzung – und eine daraus sprießende Kühnheit für Neues sind eine wesentliche Voraussetzung für den schöpferischen Umgang mit Produkten, was vor allem das Vermählen der einzelnen Bestandteile sowie das Aromatisieren der Gerichte betrifft.

IHR SCHÖNSTES KULINARISCHES ERLEBNIS?

In Kinderzeiten war es Pflicht, am Sonntag bei den Großeltern zu essen. Das möchte ich genauso wenig missen wie ein Amuse-Bouche-Menü im Restaurant »Dieter Müller«.

GIBT ES EIN PRODUKT, DAS SIE GAR NICHT MÖGEN?

Ja, Trüffelöl.

MIT WEM WÜRDEN SIE GERNE ZU ABEND ESSEN?

Christoph Maria Herbst.

ÜBER DAS RESTAURANT

Die Villa ist eigentlich ein Schlösschen mit luxuriös eingerichteten Zimmern, stilvollen Bankettsälen, einer Bar und holzgetäfelter Vinothek, in der die Rothschilds, die sich 1888 die Villa zum Sommersitz inmitten eines großzügigen Parks ausbauen ließen, als Flaschen prunken mit so entzückenden Etiketten wie Mouton & Lafithe. Das Restaurant ist in einem modernen Anbau in Form eines lichten Glaspavillons untergebracht. Das Ambiente ist sachlich, klar, elegant mit weichem Licht und gemütlichen Sesseln. Der Service agiert freudig, die Weinkarte ist schwerpunktmäßig an Frankreich orientiert.

KONTAKT

Villa Rothschild
Im Rothschildpark 1
D-61462 Königstein im Taunus

Fon: +49 (0) 61 74/29 08
Fax: +49 (0) 61 74/29 08 888
info@villa-rothschild.com
www.villa-rothschild.com

Öffnungszeiten:
täglich außer samstagmittags
12.00 – 14.00 Uhr
18.30 – 21.30 Uhr

Betriebsferien:
1. August – 1. September mittags geschlossen

GATEAU VON JAKOBSMUSCHEL UND GEWÜRZAPFEL MIT APFEL-INGWERGELEE UND KORIANDERVINAIGRETTE

ZUTATEN FÜR CA. 8 PERSONEN

18 Jakobsmuscheln, ausgebrochen, geputzt

GATEAU:
200 g angeschlagene Sahne
5 Blatt Gelatine
2 EL Granny-Smith-Apfelwürfel, blanchiert
1 TL gehackte Korianderblätter
Saft von 1/2 Limone
Salz, Pfeffer aus der Mühle
1 Gateaurahmen 26 x 26 cm/2 cm hoch

SAFRANSCHALOTTEN:
2 Schalotten, fein gewürfelt
etwas Traubenkernöl
300 ml Noilly Prat
1 Msp. Safranpulver

BEURRE BLANC:
250 g Schalotten, feine Streifen
je 150 ml Noilly Prat und Weißwein
150 ml Fischfond
100 ml Crème double
50 g Butter
5 g Meersalz, Pfeffer aus der Mühle

APFEL-INGWERGELEE:
500 g grünes Apfelpüree (Boiron)
150 g Apfelsaft und 100 g Cidre
1/2 TL Korianderkörner, zerstoßen
10 g eingelegter Ingwer, fein geschnitten
1/4 Bd. frischer Koriander
evtl. etwas Saft vom eingelegten Ingwer
Saft einer Limone
8 Blatt Gelatine

KORIANDERVINAIGRETTE:
150 g reduzierter Apfelsaft (von 300 g)
150 g Geflügelfond
100 ml Apfelessig
Saft einer Limone
200 ml Traubenkernöl
100 ml Avocadoöl
Salz, Zucker, weißer Pfeffer
1 Msp. Xantana
1 EL fein geschnittenen Koriander

GEWÜRZAPFEL:
2 Granny-Smith-Äpfel
1 EL Honig
je 100 ml weißer Portwein und Noilly Prat
1 Sternanis, 10 Pfefferkörner
je 1/2 TL Korianderkörner und Curcuma
1 Lorbeerblatt

GARNITUR:
Wildkräutersalat, Sakura Kressemix, Zwiebelsprossen, Apfeljulienne

1. **Beurre blanc und Safranschalotten:** Schalotten in Öl farblos anschwitzen. Mit Alkohol ablöschen und sirupartig einkochen. Mit Fischfond auffüllen und um 1/3 reduzieren. Crème double und Butter beigeben. Beurre blanc einmal aufkochen, würzen und passieren. Für die Safranschalotten Schalotten in Traubenkernöl anschwitzen. Mit Noilly Prat und Safranpulver ablöschen. Schalotten so lange weich garen, bis die Flüssigkeit verkocht ist.

2. **Gateau:** 300 g Beurre Blanc auf 80 °C erhitzen. Gelatine einweichen, gut ausdrücken und in der noch warmen Beurre blanc auflösen. 10 Jakobsmuscheln mit Salz und Pfeffer würzen und ca. 6 Minuten bei 80 °C Umluft glasig garen. Gegarte Jakobsmuscheln etwas auskühlen lassen und in feine Würfel schneiden. Jakobsmuschelfleisch, 1 EL Safranschalotten und Apfelwürfel mit der Beurre blanc vermengen und kalt stellen. Beginnt die Masse zu gelieren, Sahne und Koriander behutsam unterheben. Den Gateaurahmen mit der Masse füllen, glatt streichen und 2–3 Stunden kalt stellen. Gestockte Jakobsmuschelmousse in gleichmäßige Gateaustücke (8 x 4 cm) schneiden.

3. **Apfel-Ingwergelee:** Alle Zutaten (außer Gelatine) aufkochen und ca. 1 Stunde ziehen lassen. Eingeweichte Gelatine gut ausdrücken und im noch warmen Apfelfond auflösen. Apfelgelee durch ein feines Sieb passieren und auf ein vorgekühltes Rahmenblech (2 cm Randhöhe) gießen. Kalt stellen. Vor dem Anrichten das Gelee in Würfel (2 x 2 cm) schneiden.

4. **Apfel-Koriandervinaigrette:** Geflügelfond mit reduziertem Apfelsaft, Salz und Zucker aufkochen und runterkühlen. Mit Limonensaft, Apfelessig und den Ölen verrühren und mit Pfeffer würzen. Zum Schluss das Xantana und den Koriander mit dem Pürierstab einmixen.

5. **Gewürzapfel:** Äpfel waschen, schälen und in 0,5 cm dicke Scheiben schneiden. Apfelscheiben rund (Ø 4 cm) ausstechen. Kerngehäuse und Apfelabschnitte durch die Saftpresse drücken und kalt stellen. Honig in einem flachen Topf vorsichtig karamellisieren. Mit Alkohol ablöschen, um 1/3 reduzieren und mit frischgepresstem Apfelsaft auffüllen. Gewürze beigeben, einmal aufkochen und Apfelscheiben damit übergießen. Gewürzäpfel 1 Tag marinieren.

6. **Gegrillte Jakobsmuscheln:** Die Oberfläche von 8 Jakobsmuscheln hauchdünn mit einem Bundmesser abschneiden, so dass ein typisches Grillmuster entsteht. Die Muscheln mit Salz würzen und bei milder Hitze in einer beschichteten Pfanne von beiden Seiten goldgelb anbraten. Aus der Pfanne nehmen und warm stellen. Kurz vor dem Anrichten die Jakobsmuscheln in leicht gebräunter Butter nachbraten.

7. **Anrichten:** Gateau in der Tellermitte platzieren. Links und rechts vom Gateau (2 cm Abstand) das Apfelgelee anrichten. Apfelgelee mit einer Zwiebelsprosse garnieren. Wildkräuter mit Apfel-Koriandervinaigrette marinieren und zu einem Bouquet zusammenstecken. Bouquet auf die rechte Hälfte des Gateau setzen und mit Apfeljulienne verzieren. Die Gewürzapfelscheibe auf die linke Seite des Gateau setzen. Mit Koriandervinaigrette einen sauberen, geraden Faden vor und hinter das Gateau ziehen. Die gegrillten Jakobsmuscheln auf die Gewürzapfelscheibe setzen.

Was gute Köche immer schon fuchst, hat vor Jahren der Pariser Kochstar Alain Senderens laut gesagt, als er ein Urheberrecht für Rezepte forderte. Das kulinarische Stehlen sei unmoralisch, wetterte der Küchenmaestro wider die Plagiatioren. »Heute werden in vielen Restaurants ähnliche Speisen serviert, überall wird kopiert.« Nun wird es zwar schwierig sein, die Sünder juristisch zu packen. Werden Staatsanwälte künftig, als harmlose Gourmets getarnt und Saucen mit hohem sittlichem Ernst löffelnd, ermitteln? Im Namen des Volkes, wer ertappt wurde, Tim Raues Languste mit Rosengelee und Liebstöckelsalat klammheimlich nachzukochen, muss zur Buße jeden Freitag Currywurst braten. Oder wie? Tatsache ist, dass viele Gastronomen frech nach dem Motto arbeiten: Originalität ist die Kunst, sich Rezepte zu merken und zu vergessen, von wem sie sind.

Dass Tim Raue die Kopisten verachtet, leuchtet sofort ein, denn er ist ein Koch mit besonders hohem Originalitätspotenzial. Auch wenn es nicht befriedigt, so mag es ihn doch beruhigen, dass nichts die Nachahmer so sehr entlarvt wie das Unnachahmliche. Wer eine Speise wie die Flusskrebse mit dem Erbsendip (mit Minze und Tabasco aromatisiert, durch Crème fraîche geschmeidig gerundet) und den Kreuzkümmelchips oder den auf Niedrigtemperatur bei 69 °C bis zu acht Stunden lang mit Kakao, Datteln und Trüffeln hingebungsvoll bis zur mürben Vollendung geschmorten und raffiniert mit einem Pflaumenweingelee servierten Ochsen halbwegs gelungen nachkochen will, muss wie Raue tradierte Geschmackswege verlassen, was vor allem auch heißt, alte Rezeptwelten einzureißen und neue zu entwickeln. Anders gesagt und konkreter: original Raue zu sein schafft nur Raue selbst!

Der im März 1974 in Berlin-Kreuzberg geborene Mann ähnelt in seinem kulinarischen Absolutheitsanspruch ein wenig Joel Robuchon, der in seiner ersten Zeit als Pariser Dreisternekoch wie auch heute nicht den Gästen nach deren Mund kochte und kocht, sondern unabhängig vom Breitengeschmack seine Vorstellung von großer Küche verwirklicht. Raue folgt dieser Philosophie in seinen Gerichten gleichermaßen konsequent individuell und modern in Form von Kompositionen, wie

WAS HABEN SIE ZU HAUSE IMMER IM KÜHLSCHRANK?
Häagen Dazs Eis.

WELCHER VERSUCHUNG KÖNNEN SIE NICHT ODER NUR SCHWER WIDERSTEHEN?
Nachts zu essen.

WELCHE SPEISE HABEN SIE ALS KIND AM LIEBSTEN GEGESSEN?
Omas Stullenplatte und ihren »Falschen Hasen«.

WELCHE SPEISE HABEN SIE ALS KIND ÜBERHAUPT NICHT GEMOCHT?
Salat.

WELCHER BERUF (AUSSER DEM EIGENEN) WÄRE FÜR SIE INTERESSANT UND WARUM?
Designer oder Architekt, um gestalten zu können!

man sie nirgendwo anders sieht. Ein zentrales Element seines komplex gegliederten Küchenkonzeptes sind die Aromen. Deren enorme Bandbreite zwischen sauer und süß, mild, bitter und scharf lotet er kühn »bis zum Letzten aus«, tut dies jedoch so gekonnt und stilsicher, dass sich die der chinesisch-thailändischen Würzkunst nahen Elemente zusammen mit den Farben, Texturen, Temperaturen und anderen Geschmackskräften in seinen Speisen zu spannungsvollen Harmonien summieren.

Der Saibling, mariniert in Olivenöl, gesalzen und im Ofen langsam gegart, wird mit Anisöl und Sternanis-Tomaten serviert. Den von Haus aus nicht sonderlich geschmacksdichten Seeteufel parfümiert Raue mit dem Öl der Bergamotte, flankiert ihn mit Krümel von Staudensellerie und Granatapfel, würzt diskret mit Zitrone sowie Himbeeressiggelee und vollendet mit einer geschmeidig angelegten Aubergine, die mittels Pistazien, eingelegten Rosinen und der Raz al Hanout genannten marokkanischen Gewürzmischung einen speziellen aromatischen Effekt erhält. Eine durch Seeigel parfümierte Buttersauce umfasst geschmeidig mit einem finessigen Essiggelee nebst grünen Bohnen, Koriander und Trüffel den Wolfsbarsch. Ein Kalbsrücken wird komplett durch Pfeffer, Chili, ein Jus vom Kalbsfuß und einen Mini-Salat von Birne und Kohlrabi. Eine Besonderheit des mehr chinesisch als französisch orientierten Küchenstils ist der Verzicht auf Stärke in Form von Reis, Kartoffeln, Nudeln, Brot und weißem Zucker.

Aufs Kochen als Mittel, seine Persönlichkeit darin auszudrücken, ist Raue angeblich aufmerksam geworden, als er, in einem nicht gerade feinschmeckerisch orientierten Lokal arbeitend, in einem Gourmet-Magazin ein schön fotografiertes Gericht sah und auf seine Frage, wie man das so edel mit der Kelle anrichten könne, zur Antwort bekam: »Die richten das mit dem Löffel an.« Raue wechselte, solcherart inspiriert, den Arbeitsplatz und kochte sich fortan unangepasst und unaufhaltsam mit handwerklicher Meisterschaft, Phantasie und preußischen Tugenden wie Disziplin, Effizienz und Führungsqualität weit nach oben.

ÜBER DAS RESTAURANT

Der verglaste, asiatisch gestaltete gastronomische Komplex namens »MA« im Innenhof des »Adlon« ist ab Juni 2008 die neue Wirkungsstätte von Tim Raue, bislang »Restaurant 44«. Im »Uma« wird unzeremoniell japanisch aufgetischt, im »MA Tim Raue« kocht der Chef, assistiert von Mirco Keller, seine Hommage an die große chinesische Küche als konsequente Fortsetzung seines im »44« bereits eingeführten Stils. Im »Krug Room« wird es zu einem speziellen Menü nur die Champagne-Cuvées von Krug geben. Die Regie im Service führt Marie-Anne Raue.

KONTAKT

MA Restaurants
Adlon Residenz
Behrenstraße 72
D-10117 Berlin

info@ma-restaurants.de
www.ma-restaurants.de

Öffnungszeiten:
Montag – Samstag
Uma: 18.00 – 24.00 Uhr
MA: 18.00 – 23.00 Uhr
Shochu Bar: 18.00 – 02.00 Uhr

GIBT ES EIN PRODUKT, DAS SIE GAR NICHT MÖGEN?
Physalis.

MIT WEM WÜRDEN SIE GERNE EINMAL ZU ABEND ESSEN?
Mit all unseren Freunden und unserer Familie in unserem Restaurant.

HEILBUTT IN NUSSBUTTER GEBRATEN MIT KUBEBENPFEFFER, FOND, CRUMBLE VON STAUDENSELLERIE UND APFEL, LIMONEN-BASILIKUMGELEE

HEILBUTT:
4 Heilbuttfilet à 160 g
4 EL Nussbutter
1 TL gemörserter Kubebenpfeffer
Maldon Sea Salt

SAUCE:
100 ml Apfelsaft
100 ml entsafteten Staudensellerie
1 Zitronenblatt
Maizena

CRUMBLE:
2 EL feinste Apfelwürfel
2 EL feinste Staudenselleriewürfel
1 EL grüne Chilisauce
1 Spritzer Limonensaft

4 TL Limonen-Basilikumgelee

GARNITUR:
Estragonblätter

1. **Heilbutt:** In einer Teflonpfanne die Fischfilets von beiden Seiten in der Nussbutter jeweils 2 Minuten braten. Auf ein Küchenblech geben, pfeffern und salzen und im Ofen bei 100 °C 6 Minuten garen.

2. **Sauce:** Die Säfte mit dem Zitronenblatt aufkochen. Mit Maizena abbinden bis eine seidige Konsistenz entsteht.

3. **Crumble:** Alle Zutaten miteinander vermengen und abschmecken.

4. **Anrichten:** Die Heilbuttfilets in einen tiefen Teller geben und mit der Sauce angießen. Etwas Apfel-Staudensellerie-Crumble auf jedes Filetstück geben und mit Estragonblättern garnieren. Auf den Tellerrand etwas Limonen-Basilikumgelee geben.

HUBERT RETZBACH, RESTAURANT ZIRBELSTUBE IM HOTEL VICTORIA, BAD MERGENTHEIM, DEUTSCHLAND

Sollte einmal eine Geschichte der modernen Regionalküche geschrieben werden, wird man Hubert Retzbach um einen Leitartikel bitten. Gastrosophische Exegeten winden sich zwar wie Eiertänzer um die Antwort auf die Frage nach dem zentralen Kern einer regionalen Küche und ob die auch als neue deutsche Küche firmieren dürfe. Kann, streng gefasst, nur dann von einer Regionalküche gesprochen werden, wenn die Zutaten exklusiv landsmannschaftlicher Herkunft sind? Ist eine deutsche Regionalküche noch regional, wenn mit Olivenöl und Trüffeln gekocht wird? Retzbach, im August 1956 in Bad Mergentheim geboren, ficht derlei Wortgeklimper nicht an, er kocht wacker aus heimischen Produkten so delikate Speisen wie Zander in Knoblauch-Specksauce auf geschmortem Spitzkraut.

Schon vor Jahren hat sich Retzbach jeglicher Kategorisierung in Schubläden entzogen und seinen Kochstil als »klassisch-neuzeitlich« bezeichnet. Das war eine gute Definition, denn damals reichte das gastronomische Programm dieses in allen Stilen gebildeten Kochs von der französischen Klassik über reformierte Rezepte der Bürgerküche bis hin zu Gerichten mit deutlichem mediterranem Einschlag. Inzwischen zeigt der von ihm entworfene Speisen-Kanon konsequent und klar in eine zeitgemäß reformierte Regionalküche mit Produkten, die überwiegend aus der nachbarschaftlichen Umgebung stammen und teils auch danach benannt sind wie der Mäusdorfer Landgockel, das Hohenloher Rind und Taubertäler Lamm. Daraus macht Retzbach eine Küche von hoher sensorischer Klasse, die nichts, aber schon wirklich nichts mit jenen erbärmlichen Gerichten in Form von zerkochtem Gemüse, fettigen Mehlsaucen, lederhäutigen Salzkartoffeln, in Essigwasser fließenden Salaten und zermatschten Pürees gemein hat, die immer noch als deutsch gelten. Retzbach, der in den 25 Jahren seiner Küchenkarriere im »Victoria« immer wieder küchenpolitisch nachgedacht, experimentiert und reflektiert hat, entwickelte auf der Basis seiner handwerklich ausgefeilten Kochtechnik eine gastronomische Linie, die den nationalen Rahmen sprengt und als eigenständige Version einer auch international gültigen Spitzenküche angesehen werden kann.

WELCHE 3 DINGE WÜRDEN SIE AUF EINE EINSAME INSEL MITNEHMEN?
Meine Frau, Taschenmesser und Streichhölzer.

WELCHER VERSUCHUNG KÖNNEN SIE NICHT ODER NUR SCHWER WIDERSTEHEN?
Schnelles Autofahren.

WAS SAMMELN SIE UND WARUM?
Erfahrungen, fürs Leben.

Reformierte Regionalität hat in diesem Sinne nichts mit Provinzialismus zu tun, sondern steht für fantasievoll entworfene Kompositionen, die technisch präzise und mit subtilem Feingefühl für Aromen umgesetzt werden. Der sanft auf Rebholz angeräucherte Waller, serviert mit einem milden Kartoffel-Lauch-Püree, gewürzt mit einem Apfel-Balsamessig und geschmacklich arrondiert durch rohen, hauchdünn geschnittenen Wildschweinschinken, repräsentiert den Retzbach'schen Stil wie auch die im Rieslingsud fein gegarte Bachforelle mit den in Essig eingelegten Gänseblümchen – ein aparter Effekt für Auge und Gaumen. Ein Klassiker ist sein Cassoulet vom Landgockel (Keulenstücke, Innereien, Hahnenkamm) mit Löwenzahnherzen, geräuchertem Speck und herzhaft gewürzt mit Bohnenkraut.

Auf andere, nicht minder köstliche Art wird das Huhn in einer leicht süßlichen, mit Eiswein angereicherten Sauce und Petersilienpüree aufgetischt oder in Form von Streifen mit einem Leber-Sellerietörtchen und Löwenzahn in einer Trüffelvinaigrette präsentiert. Vom Waller gibt es ein mit Balsamessig lecker aromatisiertes Gulasch, der Zander wird gebraten und mit einer Beurre blanc nebst Artischockenravioli zubereitet. Ein Bachsaibling, warm und kalt geräuchert, wird mit Alb-Linsen, Roter Bete und einer Meerrettich-Creme aufgetischt. Das Filet vom Hohenloher Weideochsen pochiert Retzbach in Gewürzrotwein und serviert es auf einem Kompott vom Ochsenschwanz mit Bubaspitzle. Flusskrebse werden mit gebackenen Hahnenkämmen und Petersilien-Ravioli (alternativ mit Erbsen-Tortelloni in weißem Tomaten-Minze-Fond) gewürdigt.

Die Renaissance der Bürgerküche; wie sie von Retzbach verstanden und praktiziert wird, hat auch eine kulturgeschichtliche Bedeutung. Sie schafft eine nationale gastronomische Identität und bietet anderen Köchen, die stilistisch noch unschlüssig sind, die Idee für neue Kreativitäten. Alle Küche hat schließlich im Regionalen begonnen – und dahin, zu ihren Wurzeln, ist Hubert Retzbach zurückgekehrt.

WOMIT KANN MAN SIE VERFÜHREN?
Mit gutem Rotwein.

WELCHER BERUF (AUSSER DEM EIGENEN) WÄRE FÜR SIE INTERESSANT UND WARUM?
Gartenarchitekt.

MIT WEM WÜRDEN SIE GERNE EINMAL ZU ABEND ESSEN?
Sepp Meier.

ÜBER DAS RESTAURANT

Es lässt sich trefflich streiten, ob es so etwas wie rustikale Eleganz gibt. Ein geeignetes Anschauungsobjekt ist die Zirbelstube mit honigfarbener Holztäfelung, dickem, die Schritte schluckenden Velours, imposantem Kachelofen und stilvoller Tischkultur. Der Service ist präsent und freundlich. Thomas Minderop führt als Sommelier kundig durch die attraktive Weinkarte mit fairen Preisen und etlichen Nischen für den Kenner (wie den Clos de la Coulée de Serrant, den charakterstarken Weißwein von der Loire).

KONTAKT

Hotel Victoria
Restaurant Zirbelstube
Poststraße 2–4
D-97980 Bad Mergentheim

Fon: +49 (0) 79 31/59 3-0
Fax: +49 (0) 79 31/59 3-5 00
info@victoria-hotel.de
www.victoria-hotel.de

Öffnungszeiten:
Dienstag – Samstag
18.00 – 24.00 Uhr

Küchenzeiten:
Dienstag – Samstag
18.30 – 21.00 Uhr

Betriebsferien:
1. Januar – 15. Februar
15. Juli – 31. August

KALBSKOPF-TORTELLONI MIT FLUSSKREBSEN UND GRÜNEM SPARGEL

1/2 Kalbskopf, geputzt und gepökelt (vom Metzger vorbereiten lassen)
1 Schalotte
1 Lorbeerblatt
1 Nelke
5 Pfefferkörner
80 g Gänsestopfleber
Cognac, Madeira
1 Ei
Mehl, Salz, Pfeffer

16 Flusskrebse
400 g grüner Spargel
20 g Butter
Salz, Kümmel

KREBSSAUCE:
Krebskarkassen
2 EL Öl
150 g Röstgemüse (Karotten, Staudensellerie, Schalotten, Lauch)
1 Lorbeerblatt
1/2 Knoblauchzehe
5 Tomaten
1 EL Tomatenmark
2 cl Weinbrand
2 cl Madeira
1/8 l Weißwein
1/4 l Fischfond
100 ml Crème double

NUDELTEIG:
6 Eigelb
200 g Mehl
1 Prise Salz

1. **Nudelteig:** Die Zutaten zu einem glatten Teig verarbeiten und für 1 Stunde zugedeckt kalt stellen.

2. **Tortelloni-Füllung:** Kalbskopf unter fließendem Wasser waschen und in kaltem Wasser aufsetzen. Alle Gewürze (Schalotte, Lorbeer, Nelke, Pfefferkörner) dazugeben und 1–1,5 Stunden kochen. Den Kalbskopf herausnehmen, kurz abkühlen lassen und das Fleisch noch warm vom Knochen lösen. Anschließend in kleine Würfel schneiden.

   Die Gänseleber würfeln. Mit Salz, Pfeffer, Cognac und Madeira abschmecken und mit dem Ei und unter die Kalbskopfwürfel mischen.

3. **Tortelloni:** Den Nudelteig zu einem großen Rechteck dünn ausrollen. Mit Ei bestreichen und die Füllung in nussgroßen Portionen im 6-cm-Abstand darauf verteilen. Den Teig in Quadrate schneiden, über Eck zusammenfalten, um die Füllung herum gut andrücken und die linke und rechte Ecke des Dreiecks übereinanderlegen. Auf einem bemehlten Blech etwa 30 Minuten trocknen lassen. Vor dem Anrichten in Salzwasser kurz kochen, herausnehmen und zum Abtropfen auf ein Tuch legen.

4. **Flusskrebse und Spargel:** Die Flusskrebse in Salz-Kümmel-Wasser ca. 4 Minuten kochen. Danach in Eiswasser abschrecken und ausbrechen. Den Spargel putzen, in Salzwasser kurz blanchieren und in Butter anbraten.

5. **Krebssauce:** Die Krebskarkassen klein klopfen und in Öl anbraten. Das Röstgemüse dazugeben und kurz mitrösten. Die frischen Tomaten, Tomatenmark, Lorbeerblatt und Knoblauchzehe unterrühren, mit Weinbrand, Madeira und Weißwein ablöschen und die Flüssigkeit fast vollkommen einkochen lassen. Mit dem Fischfond aufgießen und bei reduzierter Hitze ca. 30 Minuten köcheln lassen. Durch ein feines Sieb passieren und auf ca. 100 ml einkochen und mit Crème double verkochen.

h. retzbach

CHRISTOPH RÜFFER, RESTAURANT HAERLIN IM FAIRMONT HOTEL VIER JAHRESZEITEN, HAMBURG, DEUTSCHLAND

So eine Küche ist ein wundersamer Ort. Da wird Leben genommen und Leben neu geschaffen. Hummer sterben im kochenden Wasser, Geflügel wird entbeint, Fische werden entgrätet und filetiert, Enten ins Rohr geschoben, Fonds angesetzt, Pilze geputzt, Kartoffeln geschält, Salate sortiert, Gemüse gedünstet, Kalbsbries frisiert, Austern geöffnet. Kundige Hände parieren Gänseleber, enthäuten Fleisch und rühren Marinaden. Der gute Koch lässt Saucen erblühen und veredelt seine Grundprodukte wie ein Juwelier, der aus Gold und Steinen schmucke Stücke fügt, zu kulinarischen Pretiosen. Die in der Küche entstandenen Kunstwerke sind zwar kurzlebig, vermögen den Feinschmecker aber gleichwohl in freudige Spannung zu versetzen.

Einer, der den Produkten – teils biologischer Herkunft – achtungsvoll deren Wert belässt und aus ihnen auf der Basis der französischen Küchentechnik mit regionalen Bezügen kreativ Speisen von bemerkenswerter Finesse formt, ist Christoph Rüffer. Der Kochstil des 1973 im Sternzeichen des Fisches in Essen geborenen Mannes widerspiegelt seine Persönlichkeit und lässt sich mit drei Worten ziemlich genau beschreiben: gezügeltes, kontrolliertes Temperament. Leidenschaften sind ihm gewiss nicht fremd und vielleicht fährt er schon mal zornig aus seiner Haut. Öffentlich gibt sich Rüffer jedenfalls zurückhaltend. Am Herd lebt er wohl auf und sich auch aus, aber selbst hier, inmitten seiner ureigenen Domäne, erlaubt er sich keine gastronomischen Abenteuer, gar Eskapaden.

Im »Haerlin« als guter Stube hanseatischen Großbürgertums mag die Tradition einen Koch eher belasten als forcieren, weil er meint, seine Klientel nicht überfordern zu sollen. Die Mehrzahl der Gerichte liest sich in diesem Kontext eher konservativ als avantgardistisch: Kaviar »klassisch« mit Schnittlauchblini und Crème fraîche, sautierter Hummer mit grünen Bohnen und Thymianrahm, in der Salzkruste gegarter Wolfsbarsch mit Artischockengemüse und Kapern-Limonen-Buttersauce, Rindsfilet mit Perlgraupenrisotto und Trüffeljus, hübsch knusprig gebratene Ente (am Tisch tranchiert) mit karamellisiertem Rotkohl, Selleriepüree und Calvadosäpfeln.

IHR LEBENSMOTTO?
Träume nicht Dein Leben, sondern lebe Deinen Traum.

WELCHE SPEISE HABEN SIE ALS KIND AM LIEBSTEN GEGESSEN?
Paprikagemüse mit Hackbällchen von meiner Mutter.

WELCHER BERUF (AUSSER DEM EIGENEN) WÄRE FÜR SIE INTERESSANT UND WARUM?
Konditor, weil dies ein ebenso kreativer, handwerklicher Beruf ist wie Koch.

IHR LIEBLINGSGEWÜRZ?
Vanille, Tasmanischer Pfeffer, Ingwer.

WOMIT KANN MAN SIE VERFÜHREN?
Mit allen schokoladenhaltigen Speisen.

Ein Seeteufel, aufgetischt mit einem kleinen Ragout von geschmortem Kalbsschwanz und Karottenbutter, wirkt in diesem Umfeld schon ein bisschen übermütig.

Konservativ darf freilich nicht mit althergebracht oder gediegen und schon überhaupt nicht mit langweilig verwechselt werden. Das wäre ein Missverständnis und Unrecht gegenüber einem Koch, der dem Traditionsgeschmack der Stammgäste freundlich entgegenkommt – und dies auf handwerklich höchstem Niveau. Zudem gibt es gegen einen perfekt gegarten Kabeljau im Gemüsemantel mit Fenchelpüree und Ratatouillevinaigrette, einen lauwarm servierten Hummer mit Blumenkohl-Couscous oder einen mit Pecorino gratinierten Lammrücken nebst Gemüsetörtchen und Salsa Verde nichts einzuwenden. In ihrer tadellosen und Genuss bereitenden Zubereitung wirken solche Klassiker auf manchen, durch avantgardistische Exaltiertheiten überspannten Gaumen wie heilsamer Urlaub.

Den ernsthaften und zugleich raffinierten Umgang mit Lebensmitteln hat Rüffer bei Lehrmeistern wie Henri Bach (»Residence« in Essen), Heinz Wehmann (»Landhaus Scherrer« in Hamburg) und vor allem dem großen Harald Wohlfahrt (»Schwarzwaldstube« in Baiersbronn) gelernt. Vor seinem Engagement als Küchenchef im »Haerlin« hat Rüffer im Fährhaus Munkmarsch auf Sylt einige Jahre mit Alessandro Pape zusammen gearbeitet. In dieser Art Doppelspitze hatte sich Rüffer bevorzugt den Fischen und Saucen als der besonders sensiblen Küchenfraktion gewidmet.

Sein Können zeigt Christoph Rüffer nun auch als alleiniger Chef auf unspektakulär leise, fast hintergründige Weise. Er versteht es meisterhaft, ein Produkt als Hauptdarsteller eines Gerichts auftreten zu lassen. Seine Speisen sind klar im Aufbau und von komplexer Aromatik. Der feinfühlig gebratene Steinbutt in der subtil safranisierten Muschelnage und dem Spinatpüree ist ein Beispiel für den mehr von impressionistischer Anmut als expressionistischer Wildheit erfüllten Stil des Kochs. Rüffer besticht durch eine Küche, die auf drei Säulen steht: Handwerk, Fantasie, Individualität.

ÜBER DAS RESTAURANT

Parkett, bequeme Stühle, Gobelins, Bilder und eine breite Fensterfront zur Binnenalster hin sind neben der kostbaren Tischkultur wesentliche formale Attribute dieses nach der Gründerfamilie benannten Restaurants. Der Service zeigt tadellose Schule, ist soigniert und dabei seit jeher von einer unverkrampften Politesse ohne die geringste tempelhafte Steifheit. Die Weinkarte ist bestens bestückt, grand allerdings auch bei den Preisen.

KONTAKT

Fairmont Hotel Vier Jahreszeiten
Restaurant Haerlin
Neuer Jungfernstieg 9–14
D-20354 Hamburg

Fon: +49 (0) 40 / 34 94 33 10
Fax: +49 (0) 40 / 34 94 26 00
hamburg@fairmont.com
www.fairmont-hvj.de

Öffnungszeiten:
Dienstag – Samstag
18.30 – 21.30 Uhr

Betriebsferien:
keine

WAS WÜRDEN SIE ESSEN UND TRINKEN AM VORABEND DES WELTUNTERGANGS?
Nudeln mit Hackfleischsauce, weil das meine Kinder am liebsten essen.

IHR SCHÖNSTES KULINARISCHES ERLEBNIS?
Chili-Crab-Essen im Seafood Center in Singapore.

MIT WEM WÜRDEN SIE GERNE EINMAL ZU ABEND ESSEN?
Mit Jean-Luc Naret.

GEBRATENE JACOBSMUSCHELN MIT GESCHMOLZENER GÄNSELEBER IN ORANGEN-INGWERBUTTER UND FENCHELPÜREE

JACOBSMUSCHELN UND GÄNSELEBER:
8 Jacobsmuscheln
1 Limone
2 EL Olivenöl
8 Scheiben rohe Gänseleber
Salz, Pfeffer aus der Mühle
Fleur de Sel

FENCHELPÜREE:
2 Knollen Fenchel
100 ml Sahne
100 ml Geflügelfond
25 g Butter
Pernod
Salz, Pfeffer aus der Mühle

ORANGEN-INGWERBUTTER:
50 g Zucker
12 g Butter
50 g Fenchel, gewürfelt
40 g Schalotten, gewürfelt
30 g Ingwer, gewürfelt
2 g Safran
50 g kalte Butterflöckchen
25 ml Sahne
50 ml Fischfond
je 50 ml Noilly Prat und Weißwein
150 ml Orangensaft
Salz, weißer Pfeffer
Limonensaft

1. **Jacobsmuscheln und Gänseleber:** Jacobsmuscheln aus der Schale brechen, säubern und mit Salz und Pfeffer würzen. Beidseitig in heißem Olivenöl glasig braten und mit etwas Limonensaft beträufeln. Rohe Gänseleberscheiben auf die Jacobsmuscheln auflegen, schmelzen lassen und mit Fleur de Sel würzen.

2. **Fenchelpüree:** Fenchel waschen, putzen und sehr fein schneiden. In Butter anschwitzen, mit Pernod ablöschen und mit dem Geflügelfond und der Sahne ablöschen, bis der Fenchel komplett bedeckt ist. Salzen, pfeffern und 20 Minuten köcheln lassen. Die Flüssigkeit muss vollständig reduziert und der Fenchel weich sein. Anschließend alles in der Moulinette pürieren und durch ein Sieb streichen.

3. **Orangen-Ingwerbutter:** Zucker in einem Topf karamellisieren lassen, mit Orangensaft ablöschen und auf 1/3 reduzieren. Fenchel, Schalotten und Ingwer in Butter anschwitzen, mit dem Alkohol ablöschen, Fischfond, Safran und Sahne zugeben und auf 200 ml reduzieren. Die Orangenreduktion zugeben und mit Salz, Pfeffer und Limonensaft abschmecken. Die kalten Butterflöckchen einmixen und die Orangen-Ingwerbutter durch ein Sieb passieren.

4. **Anrichten:** Warmes Fenchelpüree mithilfe eines Ausstechers auf einen länglichen Teller platzieren, die Jacobsmuscheln mit der Gänseleber aufsetzen. Orangen-Ingwerbutter aufmixen und angießen. Mit etwas Kräutersalat und Basilikumöl garnieren.

Auf Unerklärliches reagiert der Mensch gerne mit der Flucht aus der Realität. Seufzend sucht er Trost bei Klassikern, etwa beim unerschöpflichen Shakespeare, der ihm prompt hilft: »Es gibt Dinge zwischen Himmel und Erde, Horatio, von denen sich Eure Schulweisheit nichts träumen lässt«, heißt es im Hamlet. Und das gilt auch für die Gourmandise, wo es Fragen ohne Antworten gibt wie jene, weshalb Jörg Sackmann nicht längst den zweiten Stern vom »Michelin« bekommen hat. Kochen kann der Mann jedenfalls für drei!

Der 1960 in eine Gastronomenfamilie geborene Sackmann verkörpert den Typus eines Kochs, der gesalbt ist mit den Erkenntnissen und Gesetzen der Tradition, zugleich jedoch erfüllt und angetrieben wird von einer unbändigen Neugierde, die ihn einerseits vor Erstarrung in Routine bewahrt und ihn mit an Kühnheit grenzendem Mut zu Speisenkombinationen führt, die wahrhaft neu sind und wert, in einen ewig gültigen Kanon der Kulinarik aufgenommen zu werden. Seine Kreativität am Herd scheint grenzenlos, aber die ist bei aller angewandten Phantasie durchdacht und niemals von jener Originalitätsmanie befallen, die um ihretwillen und selbst auf Kosten der Harmonie zum Lockendrehen auf der Glatze verführt.

Sackmann kontrolliert und beherrscht souverän die Vielfalt der Produkte, Strukturen und Aromen. Was er auf dem Teller zusammenführt, das ist logisch durchdacht und handwerklich meisterlich umgesetzt. Immerhin hat er bei Harald Wohlfahrt gelernt, dem er bis heute freundschaftlich verbunden ist und der schon früh das schöpferische Talent des Nachbarjungen erkannt hat. Weitere Inspirationen holte sich Jörg Sackmann im »Berliner Maître«, wo Henri Levy damals als Grandseigneur des Charmes und der Einfälle wirkte. Nach Stationen im »Brenner's« in Baden-Baden sowie bei Eckart Witzigmann in dessen Münchner »Aubergine«, wo er mit jener kompromisslos, nur der Sache verpflichteten Leidenschaft fürs Kochen infiziert wurde, für die Witzigmann berühmt und berüchtigt war, ging Sackmann, nun technisch rundum aufgeklärt, zurück nach Baiersbronn, wo die Familie

IHR LEBENSMOTTO?
Wer genießt, der lebt!

WELCHER VERSUCHUNG KÖNNEN SIE NICHT ODER NUR SCHWER WIDERSTEHEN?
Champagnertrüffel.

WELCHE SPEISE HABEN SIE ALS KIND AM LIEBSTEN GEGESSEN?
Fondue.

WELCHE SPEISE HABEN SIE ALS KIND ÜBERHAUPT NICHT GEMOCHT?
Fisch mit Gräten.

GIBT ES EINEN TRAUM, DEN SIE SICH NOCH ERFÜLLEN MÖCHTEN?
Weltreise.

ein nettes Ferienhotel betrieb und ihm ein eigenes Gourmetrestaurant etablierte.

Das war 1989 und seither brilliert Sackmann mit einer individuell angelegten Küchenkunst auf höchstem Niveau. Man fragt sich, rätselnd und begeistert, woher der Mann, der bei einem Beruferaten ohne Kochjacke optisch als irgendein Gewerbetreibender durchgehen würde, diese Impulse nimmt. In seinem Güte vermittelnden Gesicht wirkt selbst der Schnäuzer bieder und allenfalls die vor Temperament und Begeisterungsfähigkeit strahlenden Augen signalisieren etwas von dem Feuer, das in Sackmann brennt und ihn Gerichte von überirdischer Eleganz und Geschmacksdichte zaubern lässt.

Schon die mit Zuckerwatte leicht ironisch flankierte Gänseleber auf Physaliskompott und Kubebenpfeffer kündet wie die Froschschenkel mit Karottenjus und Süßholzcrustade von der Lust des Meisters am Zusammenwirken mehrerer Elemente – ein Spiel, das er traumhaft sicher beherrscht. Prächtige Aromenakkorde zeugen auch beim Seeigel mit pochiertem Ei und Sternanis, bei der Basmatireis-Emulsion mit warmer Olivencreme, Curry und Sockey-Wildlachs; beim sensationell guten Kabeljaufilet auf Traubensenfjus mit Piment und Cocobohnen oder dem einmalig delikaten, drei Zentimeter dicken und von einem zarten Fettmantel bedeckten Kalbskotelette mit Kräutersaitlingen, Lorbeersauce, Beta Sweet und gebackenen Zwiebeln von einer unverwechselbaren Küche mit Gerichten, die man anders, doch nicht besser entwerfen und inszenieren kann.

Manche Ereignisse verblassen in der Erinnerung und dies selbst dann, wenn sie im Moment des Erlebens als besonders empfunden worden sind. Andere Erlebnisse wiederum bleiben, ja verstärken sogar noch ihre Wirkung, werden sozusagen unsterblich, zumindest ein Menschenleben lang. Dazu gehört ein Menü bei Jörg Sackmann, der es versteht, gastronomische Akkorde von tiefer Tönung anzuschlagen.

ÜBER DAS RESTAURANT

Goldgelbe Farbtöne an den Wänden und ein roter Teppichboden prägen das Bild, flankiert von eleganter Tischkultur mit Silber und Kristall. Üppige Blumenbuketts runden das Ambiente ab, das in seiner leicht schnörkeligen Verspieltheit wohl dem romantischen Komfortbedürfnis der meisten Gäste dienen mag, doch nicht die Weltklasse der Küche repräsentiert. Der Service agiert liebenswürdig und kompetent. Man fühlt sich wohl, auch weil die Weinkarte klug aufgebaut ist, überschaubar und ohne Übertreibungen.

KONTAKT

Hotel Sackmann
Gourmetrestaurant Schlossberg
Murgtalstraße 602
D-72270 Baiersbronn-Schwarzenberg

Fon: +49 (0) 74 47/28 9-0
Fax: +49 (0) 74 47/28 9-4 00
info@hotel-sackmann.de
www.hotel-sackmann.de

Öffnungszeiten:
Mittwoch – Sonntag
ab 18.30 Uhr

Betriebsferien:
2 Wochen im Januar
3 Wochen im Juli/August

WELCHER BERUF (AUSSER DEM EIGENEN) WÄRE FÜR SIE INTERESSANT UND WARUM?
Pilot, um die Welt kennen zu lernen.

WAS WÜRDEN SIE ESSEN UND TRINKEN AM VORABEND DES WELTUNTERGANGS?
Büffelmilch-Mozzarella mit Tomaten und einer Flasche Sassicaia.

MIT WEM WÜRDEN SIE GERNE EINMAL ZU ABEND ESSEN?
Woody Allen.

SEETEUFEL IN SCHWARZEM OLIVENÖL GEBRATEN MIT ALICI, CHORIZO-EMULSION UND CHILI KARTOFFELN

SEETEUFEL:
600 g Seeteufelfilet
150 g luftgetrockneter Schwarzwälder Pfeffer-Speck
1 TL schwarzes Olivenöl
Salz, bunter Pfeffer

CHORIZO-EMULSION:
300 g Chorizo
3 Schalotten, fein gewürfelt
2 gelbe Paprika, geschält, fein geschnitten
50 g Butter
40 ml Noilly Prat
100 ml Weißwein
1 Msp. Chilischote, fein geschnitten
400 ml Fischfond
200 ml Sahne
1 Thymianzweig, 2 Lorbeerblätter
50 ml Olivenöl
Salz, Zitronensaft

SCHWARZES OLIVENÖL:
100 g geräucherte schwarze Oliven, fein gemixt
6 EL Olivenöl

ALICI-SCHMELZE:
je 70 g Chorizo und Alici
100 ml Olivenöl
1 Msp. Piment d'Espelette
1 Msp. Rosmarin, fein geschnitten
Pfeffer aus der Mühle

GEMÜSESAUTÉ:
je 120 g gelbe und rote Paprika
60 g getrocknete Tomaten
60 g weiße Zwiebeln
50 g Butter
Meersalz

EINGELEGTE CHILI-KARTOFFEL:
4 Agria-Kartoffeln (je ca. 150 g)
200 g Zwiebeln, grob gewürfelt
180 g Speck, grob geschnitten
1 Msp. Chilischote, fein geschnitten
2 Sternanis
1 Prise Fenchelsamen
1 l Pflanzenfett
je 1 EL geschnittenen Thymian und Rosmarin
4 Zweige Blattpetersilie
1 l Geflügelfond
100 ml Olivenöl
150 g Bergkäse (Hartkäse)
Salz, Cayennepfeffer

1. **Seeteufel:** Für das schwarze Olivenöl Oliven gemeinsam mit Olivenöl zu einer dicken Paste mixen. Anschließend den Seeteufel auslösen und die Enden gleichmäßig zuschneiden. Den luftgetrockneten Speck in möglichst dünne Scheiben schneiden und direkt auf ein mit Klarsichtfolie ausgelegtes Blech zu einer Matte 25 x 40 cm auslegen. Kühl stellen. Das Seeteufelfilet würzen, längs auf die Speckmatte geben und einrollen. Nochmals fest in Alufolie einrollen und fixieren. 2 Stunden kalt stellen. Anschließend Folie entfernen und in ca. 2 cm dicke Scheiben schneiden. In die Mitte des Medaillons 1 TL schwarzes Olivenöl geben. Seeteufel in heißem Olivenöl goldbraun anbraten, wenden und ca. 3 Minuten gar braten.

2. **Chorizo-Emulsion:** Schalottenwürfel in Butter farblos anschwitzen, gelbe Paprika zugeben, mit Alkohol ablöschen und reduzieren. Chilischote zugeben und mit Thymianzweig und Lorbeerblättern würzen. Chorizo und Fischfond zugeben. Wenn die Paprika weich gekocht ist, die Sahne angießen, grob mixen und durch ein feines Sieb passieren. Mit Olivenöl aufschäumen.

3. **Alici-Schmelze:** Chorizowurst in Olivenöl anschwitzen, mit Piment d'Espelette, Rosmarin und Pfeffer würzen. Abkühlen lassen und die Alici in kleinen Stücken hinzugeben.

4. **Gemüsesauté:** Paprika schälen und entkernen. Zwiebeln, Paprika und Tomaten in 2 cm lange Streifen schneiden. Anschließend Paprika und Zwiebeln in einer kleinen Pfanne mit Butter anschwitzen und würzen. Zum Schluss die getrockneten Tomatenstreifen unterschwenken.

5. **Eingelegte Chili-Kartoffeln:** Zwiebeln und Speck in Olivenöl farblos anschwitzen. Kräuter und Gewürze hinzugeben, mit Geflügelfond auffüllen und etwas reduzieren. Kartoffeln vierteln und die Schnitze quer ca. 1 mm dick einschneiden. Die Kartoffeln in eine Kasserolle geben, mit Fond übergießen und im Ofen ca. 17 Minuten bei 180 °C mit Heißluft auf den Punkt garen. Im Fond auskühlen lassen. Kartoffelstücke gut abtropfen und in heißem Fett knusprig ausbacken. Bergkäse fein hobeln, in einer Pfanne ohne Fett goldbraun anrösten, auskühlen lassen. Mit Salz und Cayennepfeffer abschmecken und die gebackenen Kartoffelstücke damit würzen.

6. **Anrichten:** Den gebratenen Seeteufel in der Mitte der Teller platzieren. Die Chili-Kartoffeln an die Medaillons setzen, das Gemüse am Rand des Tellers verteilen und mit Alici-Schmelze und Chorizo-Emulsion beträufeln.

Von Andy Warhol, der stets traurig dreinblickenden Pop-Ikone, ist das Bekenntnis überliefert, die ideale Mahlzeit stelle er sich in einem »Restaurant for the Lonely Person« so vor, dass der Gast mit seinem Tablett in einer Einzelkoje sitzt und dort fernsehen darf. Armer, einsamer Warhol, aber bitte: mit solchen Thesen wurde er unsterblich über den Tod hinaus. Abgesehen davon, dass es Stimmungen gibt, in denen man gerne Solo speist, gewinnt ein Essen nicht nur durch dazu passende Weine, sondern auch durch angenehme Gesellschaft. Selbst kulinarische Kunststückerl hinterlassen, allein in sich hineingelöffelt, leicht einen schalen Geschmack der Einsamkeit.

Im »FALCO« stellt sich das Thema aus zwei Gründen etwas differenzierter dar. Erstens mag das attraktive Ambiente mit dem imposanten Blick aus dem 27. Stockwerk fehlende Gesellschaft schon mal zu ersetzen. Vor allem jedoch ist es die an Überraschungseffekten reiche Küche wie beispielsweise die zärtlich »Annika Maria« getaufte Languste, die sowieso die volle Konzentration des Gastes erfordert, will man ihr gerecht werden. Diese »Annika Maria« ist auf dem Teller eine in fünf Schichten übereinander gelagerte Komposition mit einer hauchdünnen Scheibe Lardo-Speck als Basis, auf der Peter Maria Schnurr farblich heiter und geschmacklich bewegend hochstapelt: Tranche von Langoustine, Streifen von grünem Apfel, Crème fraîche, Kaviar.

Schnurr, im Juli 1969 in Forbach im Schwarzwald geboren, hat nach seiner Lehre beim famosen Gutbert Fallert in Sasbachwalden, bei Meistern der klassischen französischen Küche gearbeitet, wie Hans-Paul Steiner (»Hirschen« in Sulzburg), Helmut Thieltges (»Sonnora« in Dreis), Rolf Schmid (»first floor« in Berlin), Jean-Claude Bourgueil (»Schiffchen« in Düsseldorf), wo er sich reichlich fachliches Rüstzeug angeeignet hat, um seit Sommer 2005 als Küchenchef einen eigenen Stil auszuarbeiten, den er sich, seiner selbst und der Werbewirkung bewusst, als »Cuisine Passion Légère« auch gleich patentieren ließ.

Als ein gewisses stilistisches Element der Küche kann die Vorliebe

WAS HABEN SIE ZU HAUSE IMMER IM KÜHLSCHRANK?
Champagner, Heinz Ketchup.

WELCHE 3 DINGE WÜRDEN SIE AUF EINE EINSAME INSEL MITNEHMEN?
Meine Frau, meine Tochter und Ohrstöpsel.

GIBT ES EINEN TRAUM, DEN SIE SICH NOCH ERFÜLLEN MÖCHTEN?
Schlagzeug spielen.

WIE ENTSPANNEN SIE SICH?
Seit Jahrzehnten in Kaffeehäusern.

ausgemacht werden, Grundzutaten in unterschiedlichen Metamorphosen zu präsentieren. Da wird ein Bresse-Huhn aus der renommierten Sibell-Zucht als Suppe, Frikassee und gebratene Brust in kleinen Portionen nebeneinander serviert. Ein anderes Mal frönt Schnurr dieser Neigung beim Kalb, dessen Fleisch in roher, gelierter, gedämpfter und gerösteter Form mit Wildkräutersalat und einer kalten Trüffel-Melange angerichtet wird. Der in Meersalz gegarte Wolfsbarsch wird in zwei Gängen offeriert: mit belgischer Endivie und schwarzer Trüffel sowie in einem Kochsud von roten Zwiebeln mit Tomaten, Mango und Chili. Das Lamm bietet Schnurr in einem Duo aus gebratenem Sattel und sautierter Brustrippe an, begleitet von Bohnen, jungem Knoblauch, Piment und eingelegter Amalfi-Zitrone.

Zu den von ihm extra als »meine Gerichte« ausgewiesenen Speisen zählen der Hummer mit Blumenkohl, Koriander und geliertem Krustentier-Tee »oriental« sowie der confierte Schweinebauch mit Austern, Kaviar, Salbei und kaltem Apfelbrei. Die Entenstopfleber wird mit einem gestockten Saft von grünem Paprika flankiert, der Zander mit Haselnussmilch, Mangold und einer Limonencrème umschmeichelt. Dem gebackenen Steinbutt gesellt die Küche jungen Knoblauch und ein Flusskrebs-Tatar in einer safranisierten Krustentier-Bisque bei, wohingegen der Kabeljau geradezu puristisch mit Pfifferlingstatar und einem Petersilienpüree kombiniert, die Taube mit Thymianblüten und geräuchertem Auberginen-Kaviar finessig parfümiert wird.

Peter Maria Schnurr demonstriert mit jedem Gericht, dass er keine Scheu vor Aromen hat und die auch furchtlos mehrfach auf einem Teller bündelt. Dem »Michelin« war seine Küche bereits 2007 einen Stern wert und es darf unterstellt werden, dass Schnurr, der sich sehr bewusst von anderen Küchen abheben will, in Zukunft mehr erwartet.

ÜBER DAS RESTAURANT

Transparenz, ein schnörkelloses Design und ein grandioser Ausblick über die Stadt sind attraktive Attribute, ergänzt durch einen makellos arbeitenden Service unter Ingo Sperling. Die Weinkarte wird allenthalben gerühmt; teils zu Recht, denn sie ist weltweit gefächert. Dass etliche alte Jahrgänge von Lafite, Mouton & Co. längst verblichen sind, aber dennoch mit ihnen zu stolzen Preisen geprunkt wird, ist ein anderes Kapitel und so grotesk wie der Preis von genau 12 882 Euro für einen 1971er Romanée-Conti.

KONTAKT

The Westin Leipzig
Gourmetrestaurant FALCO
Gerberstraße 15
D-04105 Leipzig

Fon: +49 (0) 3 41 / 98 82 727
Fax: +49 (0) 3 41 / 98 81 741
info@falco-leipzig.de
www.falco-leipzig.de
www.westin-leipzig.com

Öffnungszeiten:
Dienstag – Samstag
19.00 – 23.00 Uhr

Betriebsferien:
Sommer- und Winterpause

WELCHER BERUF (AUSSER DEM EIGENEN) WÄRE FÜR SIE INTERESSANT UND WARUM?
Kopfgeldjäger, wegen dem Adrenalin.

IHR SCHÖNSTES KULINARISCHES ERLEBNIS?
Wurstsalat der Mutter und Holzofenbrot.

MIT WEM WÜRDEN SIE GERNE EINMAL ZU ABEND ESSEN?
Robert de Niro.

LANGOUSTINE »ANNIKA MARIA«

4 Langoustinen »royale«
4 Scheiben Lardo
4 Granny-Smith-Äpfel, 3 Stück entsaftet, 1 Stück in hauchdünne Julienne geschnitten
50 g Crème fraîche natur (z. B. von Échiré)
80 g Imperial Kaviar
Gelatine nach Apfelsaftmenge (auf 1 Liter Apfelsaft 6 Blatt Gelatine geben)
etwas Limonenolivenöl
Zucker, Salz, Pfeffer

1. **Langoustinen:** Langoustinen ausbrechen, Darm ziehen und vom Rücken her etwas nach links und rechts aufschneiden. Leicht zuckern, salzen und pfeffern und mit wenigen Tropfen Limonenolivenöl beträufeln. Dann 15 Minuten marinieren lassen.

2. **Apfelgelee:** Aus dem gewonnenen Apfelsaft mit der eingeweichten Gelatine ein Apfelgelee zubereiten und leicht geliert mit den Apfeljulienne vermischen.

3. **Anrichten:** Die Lardo-Scheiben auslegen und je eine Langoustine daraufsetzen. Den Apfelgelee auf die Langoustinen geben. Crème fraîche aufspritzen und mit Kaviar vollenden.

Weinempfehlung:
2005 Saint Veran
»En Crèches«
Domaine Daniel & Martine Barraud
Mâconnais

Der bayerische Tausendsassa Alfons »Fonse« Schuhbeck ist kein krachlederner Koch, auch wenn seine Diktion danach ist. Er lässt gerne »die Post abgehen«, sicherheitshalber noch »mit voll gezündeten Raketen« und »krachend« obendrein. Von schnörkeligem Sprach-Rokoko hält der Koch und Unternehmer nichts, der neben seinem am 10. Februar 2003 eröffneten Restaurant auch noch eine Kochschule, einen Partyservice, ein Bistro, einen Gewürzladen und eine Edelschokolateria mit rund 100 Angestellten betreibt und dem FC Bayern als Leibkoch dient. Das diplomatische Jein missfällt Schuhbeck so sehr wie anderen ein Rotweinfleck auf der weißen Hemdbrust; für den Workaholic, der bekennt, »zu viel Dampf im Körper« zu haben, gibt es entweder ein Ja oder ein Nein, basta und punktum – eine Haltung, die ihm seinerzeit von Eckart Witzigmann, seinem Lehrmeister und Freund, den Spitznamen »Don Krawallo« eingebracht hat.

Das martialische Idiom täuscht, denn es suggeriert Deftiges, wo dann keines ist: nämlich auf dem Teller. Schuhbeck gibt sich erzrustikal und ist es wohl auch auf herzliche Art, etwas selbstdarstellerische Schau inklusive und die kokett jener Schickeria vorgespielt, die, das, was sie als urig missversteht, umso aufregender findet. Aber die Schuhbeck'sche Küche, die ist fein. Und sie ist es trotz weitgehendem Verzicht auf sogenannte Edelprodukte. »Auch die Kartoffel kann ein Ereignis sein«, sagt der im Mai 1949 geborene Traunsteiner, lächelt vergnügt und tischt eine süßsauer eingelegte Lachsforelle mit Röstkartoffeln auf, deren goldbrauner Glanz dem einer Stradivari ähnelt.

In seinen Gerichten lässt Schuhbeck ein Grundprodukt dominieren, um das herum mit sicherem Gespür für Geschmacksharmonien die Beilagen drapiert werden. Das kann eine meisterlich geschmorte Kitzkeule auf Speckwirsing sein, eine knusprig gebratene Wachtel mit Artischocken, ein saftig in Orangenlimettenöl gegarter Loup de Mer mit Jakobsmuscheln, ein Heilbutt auf Olivenrisotto, kross gebratener Zander mit milder Sauerkrautterrine, lauwarme Forelle mit Apfelingwer und grünen Mandeln, die resch gebratene Bauernente mit mariniertem Kohlrabi und Kürbis oder die aromendicht

IHR LEBENSMOTTO?
Leben und leben lassen.

WAS HABEN SIE ZU HAUSE IMMER IM KÜHLSCHRANK?
Ingwer für mein Mineralwasser.

WELCHE 3 DINGE WÜRDEN SIE AUF EINE EINSAME INSEL MITNEHMEN?
Einen großen Topf, ein Schweizer Taschenmesser und eine weißblaue Fahne.

WOMIT KANN MAN SIE VERFÜHREN?
Mit einem glänzenden Apfel, gereicht von der richtigen Frau.

GIBT ES EIN PRODUKT DAS SIE GAR NICHT MÖGEN?
Grünkohl. Und ich mach mir im Allgemeinen nichts aus Süßem.

gebratene Milchkalbsbrust, deren Jus kapriziös und köstlich mit einem Hauch von Orange und Ingwer abgeschmeckt worden ist. Zart gerät die sorgsam geschmorte Kalbshaxe mit den herrlichen Ofenkartoffeln.

Was Schuhbeck unter seiner »ehrlichen Küche« versteht und von seinen engsten Mitarbeitern wie dem 2004 vom Münchner »Tantris« übergewechselten Patrick Raaß kongenial auch dann umgesetzt wird, wenn der Chef mal nicht da ist, hat nichts mit einer auf schick getrimmten Schmankerlküche zu tun. Presssack vom Spanferkel, saftige Rahmsülze von geräucherten Süßwasserfischen, mitsamt der Haut gebratene Renke auf Schmorgurken, Rindsbouillon mit Weißwurstnocken, Lammlaiberl mit Speckbohnen, mit Eis gefüllter Bratapfel und seine schon legendären Brezenknödel mit kess gebratenen Blut- und Leberwürstchen sind das erfolgreiche Bemühen, regionale Gerichte neu zu fassen, wobei er sich klassischer alpenländischer Rezepturen bedient, die im besten Sinne reformiert, also zeitgemäß leichter und raffinierter in Struktur und Geschmack konstruiert werden. Angefangen hatte Schuhbeck 1980 in Waging am See wie viele seiner Kollegen mit Lachs in Sauerampfer, Hummer, Gänseleber, bleistiftdünnen Böhnchen aus Kenia und dem üblichen Import-Potpourri. Die ersten Jahre waren hart. Unter den wenigen Gästen, die sich in die Provinz verirrten, waren welche, die aßen aus Unkenntnis den Panzer der Flusskrebse mit. Der Geschirrspüler konnte sich an Hummer und Loup de Mer satt essen. Finanziell überleben konnte Schuhbeck nur durch günstige familiäre Umstände. Aufwärts ging es im dritten Jahr, als der »Michelin« einen Stern aufleuchten ließ, doch der große Erfolg stellte sich ein, als Alfons Schubeck seine neue bayerische Küche als persönliches Markenzeichen entwickelte und Gerichte schuf wie die Brezenknödel oder eines Nachts für Stammgäste spontan die mit Kartoffelpüree und Morcheln gefüllten Maultaschen. Weitere Kreationen auf der Basis einer feinsinnig modifizierten Regionalküche folgten. Insofern wird er einmal als Geburtshelfer einer neuen Küchenlinie gelten. »Man reift mit dem, was man tut«, sagt er, der seinen Stil gefunden hat.

ÜBER DAS RESTAURANT

Das Zirbenholz glänzt honigfarben. Stuck, damastene Tischdecken und weißes Porzellan geben den Räumen einen gutbürgerlichen Charakter, unterstrichen noch durch floral bespannte Lehnstühle, in denen es sich kommod sitzen lässt. An die Zeit, als das Schuhbeck's noch die betuliche Südtiroler Weinstube war, erinnern nur die leeren Flaschen in den beleuchteten Glasregalen. Heute gibt es auch Weine aus anderen Regionen. Dem wohltuend herzlichen, doch nicht liebedienerischen Service geht der Steirer Wolfgang Hirn voran.

KONTAKT

Schuhbeck's in den
Südtiroler Stuben
Platz 6 – 8
D-80331 München

Fon: +49 (0) 89/21 66 900
Fax: +49 (0) 89/21 66 90 25
info@schuhbeck.de
www.schuhbeck.de

Öffnungszeiten:
Montag ab 18.00 Uhr
Dienstag – Samstag
12.00 – 14.30 Uhr, ab 18.00 Uhr

Betriebsferien:
die ersten 2 Wochen im Januar

WAS ZEICHNET EINEN GUTEN KOCH AUS?

Ein Koch braucht vor allem eines: Passion für seine Arbeit. Wer ohne Leidenschaft kocht, kocht lieblos und damit fad.

IHR SCHÖNSTES KULINARISCHES ERLEBNIS?

Die schönsten kulinarischen Erlebnisse sind die, bei denen Anlass und Essen perfekt passen. Ein Kas-Brettl auf der Alm, ein feiner Fisch am Meer oder ein großer Rotwein an der festlichen Tafel.

BÖFFLAMOTT

BEIZE:
750 ml kräftiger Rotwein
4 cl Weinbrand
1,5 kg flache Rinderschulter

SCHMORBRATEN:
100 g Knollensellerie
150 g Zwiebel
80 g Möhre
2 EL Öl
4 TL Puderzucker
1 EL Tomatenmark
1 l Geflügelbrühe
1/2 TL Pimentkörner
1/2 TL schwarze Pfefferkörner
2 Zacken Sternanis
1 cm einer Zimtstange
5 Wacholderbeeren
1 Lorbeerblatt
1 halbierte Knoblauchzehe
2 Scheiben Ingwer
1 Streifen unbehandelte Zitronenschale
1 Streifen unbehandelte Orangenschale
50 ml Rotweinessig
40 g kalte Butterstückchen
Salz
1 Prise Zucker

1. **Beize:** Von der Rinderschulter das Fett und die äußeren Sehnen entfernen, in ein passendes Gefäß geben und mit Rotwein und Weinbrand bedecken. 3 Tage an einem kühlen Ort darin beizen lassen.

2. **Schmorbraten:** Das Gemüse schälen und in gut 1 cm große Würfel schneiden. Das Fleischstück aus der Marinade nehmen und trocken tupfen. Die Marinade in einem weiten Topf auf 1/3 einköcheln lassen. Aufsteigenden Schaum mit einer Schaumkelle abnehmen. Inzwischen den Backofen auf 160 °C vorheizen.

   Die Rinderschulter in einem Bräter im Öl bei mittlerer Hitze rundherum kurz anbraten und wieder herausnehmen. 2 TL Puderzucker darin hell karamellisieren lassen und mit 1/3 der Beize ablöschen, das Tomatenmark hineinrühren und sämig einköcheln lassen. Mit der übrigen Beize und der Brühe auffüllen. Anschließend das angebratene Fleischstück wieder einlegen, das Wurzelgemüse dazugeben. Den Deckel so auflegen, dass noch ein Spalt frei bleibt, 3–4 Stunden im Ofen schmoren lassen, bis es weich ist und gelegentlich darin wenden.

   20 Minuten vor Ende der Garzeit, Piment, Pfefferkörner, Sternanis, Zimtstange, angedrückte Wacholderbeeren und Lorbeer einlegen.

3. **Sauce:** Das Fleisch aus der Schmorsauce nehmen. Die Sauce durch ein Sieb gießen, dabei das Gemüse etwas ausdrücken und die Sauce um etwa die Hälfte einköcheln lassen. Knoblauch, Ingwer, Zitronen- und Orangenschale einlegen, einige Minuten darin ziehen lassen und wieder herausnehmen.

   In einer Pfanne bei milder Hitze den übrigen Puderzucker hell karamellisieren, mit Essig ablöschen und sirupartig einköcheln lassen. Die Butter in die Sauce rühren und mit der Essigreduktion, Salz, einer Prise Zucker und Cayennepfeffer abschmecken.

4. **Anrichten:** Das Böfflamott in Scheiben schneiden und mit der Sauce überziehen.

ERICH SCHWINGSHACKL, GOURMETRESTAURANT SCHWINGSHACKL'S ESS-KUNST IM REBLINGER HOF, BERNRIED, DEUTSCHLAND

Es gibt Köche, die bleiben ihr Leben lang zweiter Mann, begnügen sich mit der Rolle des Souschefs, wie der Vize genannt wird. Das hat nicht zwingend was mit mangelndem Talent zu tun. Nicht wenige Souschefs haben ihren Chefs, während die in blütenweißer Jacke im Restaurant die Honneurs machen und Bestellungen entgegennehmen, die begehrten Sterne, Hauben, Punkte und dergleichen Auszeichnungen erkocht. Meist ist es mangelnder Ehrgeiz, Scheu vor Verantwortung, Angst vor finanzieller Pleite oder schlicht auch nur Temperamentlosigkeit, die den Vize lebenslang in der zweiten Position verharren lässt.

Erich Schwingshackl war so ein zweiter Mann. Zehn Jahre lang hat er als rechte Hand von Heinz Winkler in dessen Residenz in Aschau fungiert und in der Anonymität des Herdes gewiss nicht unmaßgeblich am Küchenruhm des Großmeisters mitgewirkt. Man dachte schon, der sympathische, stets gelassen und besonnen wirkende Erich würde auf ewige Zeiten der ruhende Pol in der Winkler-Mannschaft sein, zufrieden mit dem Vize-Titel. Aber siehe da, auf einmal erhob sich der baumlange Südtiroler und machte sich selbstständig. Die Initialzündung kam vom mitunter charmant beschwipsten Zufall, der es funkend fügte, dass Katharina Krauß, die im Service arbeitende Hotelierstochter, sich in den Küchenchef verliebte und umgekehrt.

Im November 2005 war es dann so weit, stieg der 1970 geborene Koch als Gesellschafter ins Hotel Reblingerhof der Familie Krauß hoch droben im Bayerischen Wald ein, übernahm als Primus inter pares der Familien-GmbH die Rolle des Küchenchefs und erfüllte sich mit der liebenswürdigen Katharina deren beider Traum von einem eigenen Gourmet-Restaurant, das schlicht und würdig in »Schwingshackl's ESS-Kunst« getauft wurde. Nomen est omen, das Konzept war auf Anhieb erfolgreich. Schwingshackl konnte mit seiner zeitgemäß leicht angelegten französischen Küche die Idee einer »entschlackten französischen Klassik mit vielen regionalen und mediterranen Einflüssen« umsetzen: »Ich bin es gewohnt, auf höchstem Niveau zu kochen, das möchte ich hier fortsetzen.«

Dass seine Küche klar angelegt ist, merkt man schon an den Beilagen,

IHR LEBENSMOTTO?
»Tu es ce que tu manges!«

WAS HABEN SIE ZU HAUSE IMMER IM KÜHLSCHRANK?
Südtiroler Speck und ein paar schöne Weine.

WELCHE 3 DINGE WÜRDEN SIE AUF EINE EINSAME INSEL MITNEHMEN?
Meine Frau, Champagner, Kochbuch.

WELCHER VERSUCHUNG KÖNNEN SIE NICHT ODER NUR SCHWER WIDERSTEHEN?
Hausgemachten Pralinen.

die nicht, wie vielfach andernorts, willkürlich oder bestenfalls nach farblichem Kalkül ausgewählt werden, sondern das Hauptprodukt geschmacklich fein ergänzen. Jedes Teil eines Gerichts behält seinen Eigengeschmack und fügt sich doch zu einem harmonischen Ganzen, ob es die weiß getrüffelten Nudeln zur gebratenen Jakobsmuschel sind, die Artischocken zum Hummersalat, die weiße Basilikumsauce zum Steinbutt, die Tomaten mit Pistousauce zum perfekt glasig gegarten Seeteufel, das Champagnerkraut mit Trauben und Speck zum Fasan. Ein weiteres Merkmal für die Ess-Kunst von Schwingshackl ist die Ästhetik der Präsentation.

Seine Gerichte haben aromatische Kraft, also jene Dichte, die der Volksmund immer noch als »Schmackes« bezeichnet. Das darf freilich nicht mit opulent verwechselt werden. Schwingshackl setzt die kulinarischen Akzente mit feinfühligem Sinn für Details, was sich geradezu programmatisch beim Cassoulette von Pfifferlingen und Lauch zeigt, bei den süßsauer marinierten Kirschen zur gebratenen Gänseleber oder, auf besonders köstliche Weise, bei der schon in der Winkler-Küche erfolgreich kreierten Kapern-Rosinen-Sauce zu den Jakobsmuscheln. Noch vor dem ersten Gabelbissen bietet dieses Gericht eine herrliche Attacke auf den Geruchssinn.

Erich Schwingshackl, der auf ebenso sympathische wie genüssliche Art die berüchtigte Insel-Frage so beantwortete, dass er seine Frau, Champagner und ein Kochbuch dorthin mitnehmen würde, orientiert sich beim Kochen nicht nach dem Neuesten, sondern nach dem Besten – und das charakterisiert am treffendsten das Credo dieses Kochs.

GIBT ES EINEN TRAUM, DEN SIE SICH NOCH ERFÜLLEN MÖCHTEN?
Einen Michelin-Stern zu bekommen.

IHR SCHÖNSTES KULINARISCHES ERLEBNIS?
Ein Abendessen bei Joachim Wissler.

WELCHEN DICHTER ODER SCHRIFTSTELLER SCHÄTZEN SIE BESONDERS?
Wilhelm Busch.

MIT WEM WÜRDEN SIE GERNE EINMAL ZU ABEND ESSEN?
Alain Ducasse.

ÜBER DAS RESTAURANT

Auf den ersten Blick ist hinter der Landhotelfassade kein Gourmetlokal zu vermuten, schon gar nicht eines von der Klasse eines Schwingshackl. Doch vorbei an bayerischen Devotionalien gelangt der Gast in ein neu, licht und elegant gestaltetes Lokal mit wandhohen Fenstern, das mit seinen silbrigen und weißen Tönen nebst der schönen Tischkultur zum Genießen einstimmt. Die Weinkarte ist ausbaufähig, und wer statt Steinbutt oder Hummer lieber ein Stück aus der klassischen Alpenküche essen möchte, wird vom liebenswürdig persönlich agierenden Service unter der Leitung von Katharina Krauß wohl erhört, denn nebenan im Kaminzimmer gibt es eine süddeutsche Regionalküche vom Feinsten, die hausgemachten Hirschbratwürste von Tieren eigener Zucht inklusive.

KONTAKT

Reblinger Hof
Gourmetrestaurant Schwingshackl´s
ESS-Kunst
Rebling 3
D-94505 Bernried-Rebling

Fon: +49 (0) 99 05 / 555
Fax: +49 (0) 99 05 / 18 39
willkommen@reblingerhof.de
www.reblingerhof.de

Öffnungszeiten:
Mittwoch – Sonntag
18.00 – 23.00 Uhr
Sonn- und Feiertage
12.00 – 14.00 Uhr

Betriebsferien:
2 Wochen Januar / Februar,
2 Wochen im November

JACOBSMUSCHEL MIT WASABISAUCE, ROTE BETE UND GRANNY-SMITH-APFEL

4 Jakobsmuscheln à 50 g
140 g Rote Bete
40 g Granny-Smith-Apfel
30 g Imperial-Kaviar
Salz, Pfeffer, Kümmel
etwas Öl
etwas Rotweinessig
Puderzucker

WASABISAUCE:
200 g Weißwein
100 g Noilly Prat
500 g Fischfond
100 g Sahne
50 g Butter
2 g Wasabipaste
1 Spritzer Zitronensaft

GARNITUR:
Sauerampfer
Blutampfer
Kerbel
Apfeljulienne

1. **Rote Bete:** Rote Bete im Salzwasser mit Kümmel kochen, auskühlen lassen und abschälen. Danach in gleichmäßige Würfel schneiden und mit Salz, einem Spritzer Rotweinessig, gehacktem Kümmel und Öl würzen.

2. **Rote-Bete-Chips:** Eine Rote Bete schälen und im rohen Zustand in dünne Scheiben schneiden. Danach auf eine Silpat-Matte legen und mit Puderzucker bestreuen. Anschließend 2 Stunden bei 80 °C trocknen lassen. Ab und zu wenden.

3. **Wasabisauce:** Weißwein und Noilly Prat aufkochen und Fischfond dazugeben. Danach reduzieren, bis die Sauce kräftig schmeckt. Anschließend Sahne und Butter dazugeben und 10 Minuten kochen lassen. Mit dem Pürierstab gut aufmixen. Die Sauce mit Wasabipaste und Zitronensaft verfeinern.

4. **Jacobsmuscheln:** Die Jacobsmuscheln säubern und in einer Pfanne anbraten. Die goldgelb gebratenen Jakobsmuscheln leicht salzen und in der Tellermitte anrichten.

5. **Anrichten:** Die Rote-Bete-Würfel rund um den Teller verteilen, eine kleine Apfelscheibe darauflegen und mit Kaviar ausgarnieren. Die aufgeschäumte Sauce leicht um die Jakobsmuscheln geben und das Gericht mit Apfeljulienne, Blutampfer, Römischem Sauerampfer, Kerbel und einem Rote-Bete-Chip ausgarnieren.

chwingshackl

Er weiß, was er kann, der Elmar Simon, und er regiert in seinem Küchenreich mit entsprechendem Selbstbewusstsein. Das ist gut so und davon profitiert der Gast, denn ein Koch, der an sich zweifelt, ist auch am Herd kein wahrer Gott. Selbstvertrauen – nicht zu verwechseln mit Überschätzung – und eine daraus sprießende Sicherheit, ja Kühnheit im kreativen Kombinieren von Produkten sowie im Setzen der Aromen ist eine wesentliche Voraussetzung für eine Küche von eigenständigem Profil. Küchentechnisch arbeitet Simon, im Oktober 1963 in Paderborn geboren, im französischen Stil, ergänzt durch regionale Einschübe, was Produkte und die Modernisierung landsmannschaftlicher Rezepte betrifft.

Im Balthasar kann man das Menü konventionell mit einem Parfait von der Gänseleber in Trüffelvinaigrette beginnen oder neu fassoniert mit einem Hummer in Cognacvinaigrette, Orangenfenchel und geräuchertem Matjesfilet. Die Rotbarbe mit den Safran-Karotten, der geschmeidigen Buttersauce und der seit Kurzem überaus beliebten spanischen Chorizowurst als Würze weist in die klassische Abteilung, wohingegen das marinierte und gebackene Eisbein, mal originell mit Veilchenvinaigrette serviert, dann wiederum mit Pfeffersauce, Spitzkohl, Meerrettich und einer Kräuter-Gemüse-Vinaigrette mit Kapern von der Lust der Küche am Verlassen konservativer Pfade kündet. Auch der Sauerbraten mit Rosinenjus, Orangenfenchel und Gnocchi sowie die Königsberger Klöße nebst Schwarzwurzeln zum gebratenen Hummer in einer sanften Bisque sind eine gelungene Liaison zwischen französischer und deutscher Küche.

Ursprünglich wollte Simon Ernährungswissenschaften oder so was studieren und danach als Lehrer oder Journalist arbeiten. Glücklicherweise für die Kulinarik hat er nach dem Abitur im Rahmen eines Küchenpraktikums seine Neigung fürs Kochen entdeckt. Dass Simon exzellent kochen kann, hat er vor Jahren bereits im »Rockendorf's« in Berlin bewiesen, wo er als Küchenchef zwei Sterne vom »Michelin« holte. Der Umzug nach Paderborn erwies sich danach als goldrichtig, denn der westfälischen Provinz rund ums Erzbistum fehlte bis dahin eine wirklich gute Gourmet-

WAS HABEN SIE ZU HAUSE IMMER IM KÜHLSCHRANK?
Ketchup.

WELCHE 3 DINGE WÜRDEN SIE AUF EINE EINSAME INSEL MITNEHMEN?
3 Feuerzeuge.

GIBT ES EINEN TRAUM, DEN SIE SICH NOCH ERFÜLLEN MÖCHTEN?
Eine Weltumsegelung.

WELCHER BERUF (AUSSER DEM EIGENEN) WÄRE FÜR SIE INTERESSANT UND WARUM?
Testfahrer für Porsche.

adresse. Außerdem ist es kein süßes Geheimnis, dass Prälaten und andere Kleriker neben ihrem Glauben, einem guten Buch und Barockmusik auch Rotwein und ein leckeres Mahl zu schätzen wissen – Freuden, die sie sich mangels kostspieliger Freundinnen locker leisten können.

Auf den ersten Blick scheint Simon eine einfache Küche zu praktizieren: Gemüseterrine mit schottischem Lachs in Senf-Dillsauce, Lachskaviar und Salat von roten Zwiebeln; Loup de Mer in Beurre blanc auf gerösteten Schwarzwurzeln; Steinbutt in leichter Safransauce auf einem Ragout von Bouchot-Muscheln; in brauner Butter gebratenes Kabeljaufilet mit Belugalinsen und handgeschabten Spätzle; Lammkotelett in Rosinen-Mandeljus auf Zitronenpüree mit Rahmwirsing; pochiertes amerikanisches Rinderfilet in Thymianjus mit Sojatomaten und Pak Choi (alternativ im Gewürzsud mit geschmortem Chicorée und Schalottenconfit). Das liest sich flüssig und erweist sich auf dem Teller doch als hohe Kochkunst, klar in der Form, vielschichtig im Inhalt. Unter seiner Hand bekommen selbst Spätzle und ein Zwiebelsalat einen Hauch von Geist.

Simon hat zum einen ein sicheres Gespür für Kombinationen, also für das Vermählen von Zutaten. Miteinander kontrastierende Produkte ergänzen sich auf dem Teller in spannungsvoller Harmonie. Zum anderen sorgt er als Aromenmagier für eine Konzentration des Geschmacks. Bei aller Experimentierfreude verzettelt sich die Küche nicht, sie bleibt geradlinig. Die Speisekarte wird regelmäßg neu geschrieben; gekocht wird, was in die Saison passt und dem Chef gerade in den Sinn kommt. »Man sollte kochen, was man selber gerne isst«, lautet das sympathische Leitmotiv von Elmar Simon, der übrigens hart zu arbeiten versteht, aber auch nach dem Lustprinzip lebt und mit dem Team nach getaner Arbeit gerne feiert.

ÜBER DAS RESTAURANT

Der Name passt ins katholische Erzbistum. Belsazar, wie er auch genannt wird, war einer der legendären drei Heiligen Könige. Doch der lebensfröhliche Simon und Frau Annekatrin hatten bei der Lokaltaufe auch eine Großflasche vor Augen, die zwölf Liter fasst und in der Champagne sinnig »Balthasar« genannt wird. Der in helle Pastellfarben getauchte Raum mit dem großen Bullauge zur Küche hin wird atmosphärisch bestimmt durch Frau Simon und dem von ihr so elegant wie charmant geführten Service.

KONTAKT

Restaurant Balthasar
Warburger Straße 28
D-33098 Paderborn

Fon: +49 (0) 52 51/24 448
Fax: +49 (0) 52 51/24 458
schlotzig@restaurant-balthasar.de
www.restaurant-balthasar.de

Öffnungszeiten:
Dienstag – Freitag und Sonntag
12.00 – 14.00 Uhr
ab 19.00 Uhr
Samstag ab 19.00 Uhr

Betriebsferien:
1 Woche im Januar

WANN UND WO KOMMEN IHNEN IDEEN FÜR NEUE GERICHTE?
Im leeren Kühlhaus.

IN WELCHEM WERBESPOT WÜRDEN SIE AUF GAR KEINEN FALL MITWIRKEN?
Für alkoholfreies Bier.

MIT WEM WÜRDEN SIE GERNE EINMAL ZU ABEND ESSEN?
Mit dem Papst.

HIRSCHKALBSRÜCKEN UNTER DER PUMPERNICKELKRUSTE IN HOLUNDERBEERJUS MIT KARTOFFELTERRINE

HIRSCHKALBSRÜCKEN:
800 g Hirschkalbsrücken, pariert, portioniert
200 g Pumpernickel, im Ofen getrocknet
4 Eigelb
60 ml Rotwein
100 g Butter
Salz, Pfeffer

HOLUNDERBEERJUS:
250 ml Holundersaft (aus dem Reformhaus)
50 ml Rotwein
1 TL Tapiokamehl (Asialaden)
20 g kalte Butter
Salz, Pfeffer, etwas Zucker

KARTOFFELTERRINE:
7 mittelgroße Kartoffeln (z. B. Cilena)
je 125 g Sahne und Crème fraîche
30 g Schalottenwürfel, in Butter angeschwitzt
1 EL Meaux-Senf
3 Eier
2 Eigelb
Salz, Muskat

1. **Hirschkalbsrücken:** Rotwein in einem Topf einkochen lassen, bis er fast komplett verdunstet ist. In der Zwischenzeit Pumpernickel sehr fein hacken und mit der Butter (Zimmertemperatur) sowie den restlichen Zutaten und dem Rotwein verkneten. Die Masse auf die angebratenen Hirschrückenmedaillons verteilen und bei ca. 180 °C 8–10 Minuten im Ofen rosa garen.

2. **Holunderbeerjus:** Holundersaft und Rotwein auf ca. 1/3 einkochen lassen und mit in etwas Wasser angerührtem Tapiokamehl abbinden. Kalte Butter einrühren und mit Salz, Pfeffer und Zucker zu einer leicht süßlichen Sauce abschmecken.

3. **Kartoffelterrine:** Kartoffeln schälen und in 3 mm dicke Scheiben schneiden. Diese kurz mit Salzwasser überbrühen. Die restlichen Zutaten in einer Schüssel miteinander verquirlen und mit Salz und Muskat kräftig abschmecken. Eine längliche Kuchenform mit Klarsichtfolie auslegen, die Kartoffelscheiben darin nach und nach einschichten, dabei immer wieder mit der Sahnemischung angießen, bis das Ganze bedeckt ist. Mit Klarsichtfolie abdecken und im Wasserbad bei 120 °C im Ofen ca. 2 Stunden garen. Kurz auskühlen lassen und noch warm schneiden.

Mode ist etwas Tagesaktuelles. Sie wird für den Augenblick gemacht, sie tritt mit Pomp auf, blendet oder verwirrt und verlischt bald danach wie ein Komet. Die Kunst hingegen ist beständig; sie vermag ebenfalls zu irritieren, uns betroffen und nachdenklich zu machen, aber sie kann auch anregen, trösten und den Zugang in neue Welten eröffnen. Dies gilt gleichermaßen für die bildende Kunst wie jene der Küche, die man »Haute Cuisine« oder »Grande Cuisine« nennt und die im 19. Jahrhundert in Frankreich als nationale Hochküche entstanden ist und von dort aus ihren globalen Siegeszug angetreten hat.

Hans-Paul Steiner ist ihr Prophet. Der im Mai 1942 in Stuttgart geborene Koch aus Leidenschaft arbeitet selbstverständlich nicht sturgläubig nach dem 100 Jahre alten Kanon von Auguste Escoffier, dem letzten, 1935 gestorbenen König der »Grande Cuisine«, der küchenpolitisch die Zeit um die Wende vom 19. ins 20. Jahrhundert bestimmt hatte. Steiner hat die Rezepturen seines großen Vorbildes reformiert, sie vom damals üblichen Zierat ebenso befreit wie von den schweren Saucen. Seine Küche ist nicht so prätentiös, dafür schlanker, leichter und bekömmlicher, doch keineswegs seichter, sondern immer noch französisch bis hinein ins letzte Saucentröpferl, das der Gourmet mit Freuden vom Teller tunkt.

Gut leben war für Steiner der Hauptgrund, sich schon früh für die Küche zu interessieren. Nach der Lehrzeit in einem badischen Haus folgten Stationen im Baseler »Metropol«, dem Londoner »Hilton« sowie im »Lancaster« in Paris, wo ihn das Schicksal in Form von Mademoiselle Claude beglückte, seiner künftigen Frau, die ihn animierte, gemeinsam in Deutschland und nicht in Paris ein Restaurant zu betreiben. »Ein Deutscher«, so die kluge Claude, »hat es in Frankreich schwer.« Die Folgen sind erfahrenen Gourmets geläufig: 1980 wurde der »Hirschen« übernommen, bereits 1981 strahlte über der Küche der erste Stern, bald darauf und bis heute der zweite.

Steiner gehört zu jener ersten Generation von Köchen, die der deutschen Schnitzelküche Adieu sagten und mit damals revolutionärem Elan französisch kochten. Was der Meister in die Hand und dann vom Herd

WELCHE 3 DINGE WÜRDEN SIE AUF EINE EINSAME INSEL MITNEHMEN?
Brennglas, Messer, Angel.

WAS SAMMELN SIE UND WARUM?
Moderne Kunst, sie gibt mir Ablenkung vom Alltag.

WELCHE SPEISE HABEN SIE ALS KIND ÜBERHAUPT NICHT GEMOCHT?
Erbsen und Karotten.

WIE ENTSPANNEN SIE SICH?
Beim Golfen.

WELCHER BERUF (AUSSER DEM EIGENEN) WÄRE FÜR SIE INTERESSANT UND WARUM?
Opernsänger, ich liebe Opern und den Auftritt vor Publikum.

nimmt, es ist eine Hommage an die klassische französische Kochkunst. Ein verheißungsvoller Spiegel dieses unbedingten Engagements ist die großformatige Speisekarte: Variation von der Gänseleber mit Brioche; Kartoffeltörtchen (Sorte La Ratte, der Kipfler verwandt) mit Kaviar und Sauerrahm; Ragout von Kalbsbries und Kalbskopf in Krustentiersauce nebst gebackener großer Langustine; Salat vom Taubenbrüstchen und Entenleberschnitzel mit marinierten Schwarzwurzeln und schwarzen Trüffeln; Medaillon von der Lotte mit Schwarzwurzeln und Trüffelglace; Schnepfe mit Schnepfendreck und Entenleber in Trüffelsauce, Cremewirsing und Sahnepüree; Lammkarree mit Rosmarinkruste, Lammjus, Gemüsetimbal und Polenta.

Bei Speisen wie etwa dem Carpaccio von Jakobsmuscheln und Perigordtrüffeln mit Rapsöl und Piment d'Espelette, dem pochierten Ei im Glastöpfchen mit Basis von schwarzer Trüffel und einer Gänseleber-Portweinschaumsauce, dem Delice vom bretonischen Hummer mit grünem Erbsenschaum und Ochsenschwanzkrusteln oder den mit Gewürzen glacierten Steinbuttwürfeln auf Gemüse nebst Kalbsglace und Kräutersalat darf die führende Hand von Udo Weiler vermutet werden, dem Schwiegersohn, der mit Frau Douce 1997 offiziell die Küchenregie übernommen hat. Die offenbar funktionierende Arbeitsteilung sieht vor, dass der Senior noch die klassischen Gerichte betreut, die Jungen für die moderneren Kreationen verantwortlich zeichnen.

Weiler hat als Vize in der »Schwarzwaldstube« in Baiersbronn gearbeitet und dort, wie sinnig, seine ebenfalls als Köchin ausgebildete Frau kennen- und lieben gelernt. Im Hirschen gibt sie speziell den Desserts à la Crème brûlée mit Bourbon-Vanille, Herzkirschen in Portwein und Basilikumeis den edelsüßen Esprit. Wenn Hans-Paul Steiner (»Der Koch ist für mich der Fackelträger der Kultur«) mit lebensfroh rosig angehauchtem Gesicht noch an den Tisch tritt, wird gerne über küchenpolitische Themen geplaudert und man merkt, dass er seine Kochkunst nicht als rückwärts gewandtes Beharren begreift, sondern als gastronomischen Konservatismus, der lebt, sich weiter entwickelt und die Kochmoden souverän überdauern wird.

ÜBER DAS RESTAURANT

Es gleicht dem Salon eines französischen Bürgerhauses. Viel Holz, geschmackvolle Blumenarrangements und zahlreiche Bilder sowie Stiche vermitteln eine ungekünstelte Behaglichkeit, die durch das ebenso charmante wie dominante Dirigat von Madame Claude Steiner und ihren Damen im Service unterstrichen wird. Besondere Beachtung verdient die exzellent bestückte Weinkarte mit vielen reifen Gewächsen aus Frankreich, darunter halbe Flaschen. Madame berät mit profunder Kennerschaft.

KONTAKT

Hotel-Restaurant »Zum Hirschen«
Hauptstraße 69
D-79295 Sulzburg

Fon: +49 (0) 76 34/82 08
Fax: +49 (0) 76 34/67 17
hirschen-sulzburg@t-online.de
www.hirschen-sulzburg.de

Öffnungszeiten:
Mittwoch – Sonntag
12.00 – 15.00 Uhr
18.00 – 24.00 Uhr

Betriebsferien:
2 Wochen im Januar
2 Wochen im August

IHR SCHÖNSTES KULINARISCHES ERLEBNIS?

1945, als ich von einem Amerikaner Schinken, Brot und eine Dose Ananas bekam.

MIT WEM WÜRDEN SIE GERNE EINMAL ZU ABEND ESSEN?

Mit guten Freunden.

ROULADE VON LOTTE DE MER MIT HUMMER GEFÜLLT IN SAFRANSAUCE MIT GEBRATENEM FENCHEL

4 Lotte-de-Mer-Filets à 60 g
4 Hummermedaillons vom Schwanz à 25 g
4 schöne ausgebrochene Hummerscheren
2 große Lauchblätter, blanchiert
4 TL Hummerfarce
4 Minifenchel, halbiert und blanchiert
200 ml Fischfumet
100 ml Weißwein
1 Msp. Safranfäden
70 g kalte Butter
Salz, Piment d'Espelette (Chilipulver aus Frankreich), Zucker
1 EL Traubenkernöl
1 TL flüssige Hummerbutter

1. Jedes Lotte-Filet zu einer Platte 15 x 4 cm schneiden und leicht plattieren. Mit Salz und Piment d'Espelette würzen, jeweils mit einem TL Hummerfarce bestreichen und ein Hummermedaillon einrollen. Jede Roulade in ein Lauchblatt einrollen und mit Klarsichtfolie verpacken. Anschließend in Alufolie einrollen und 5 Minuten in siedendem Wasser pochieren und herausnehmen.
2. Fischfumet auf die Hälfte reduzieren, einige Safranfäden und den Weißwein zugeben und abermals reduzieren, so dass etwa 100 ml Flüssigkeit verbleiben. In den kochenden Fond die kalte Butter mit dem Stabmixer einmixen und mit Salz, Piment d'Espelette und einer Prise Zucker würzen.
3. Den Fenchel mit Salz und Zucker würzen und mit etwas Traubenkernöl auf der Schnittfläche anbraten.
4. Die Roulade von den Folien befreien und die Enden abschneiden. In der Mitte des Tellers anrichten und je eine Hummerschere, Fenchel und etwas grünes Fenchelkraut anlegen. Die Safransauce beigeben, einige Safranfäden auf die Sauce streuen und die Hummerbutter tröpfchenweise auf die Sauce träufeln.

HANS STEFAN STEINHEUER, RESTAURANT »ZUR ALTEN POST«, BAD NEUENAHR-HEPPINGEN, DEUTSCHLAND

Die eckenlose Figur wirkt vertrauenerweckend. So schaut einer aus, der selber gerne isst und die Küche heiteren Sinnes auch als Trimmfeld leiblicher Begierden nutzt. Dabei schlägt Hans Stefan Steinheuer am Herd feinfühlige Töne an, etwa, wenn er den Eifeler Rehbock mit einer Gewürzkruste überzieht, einen Fisch behutsam auf Petersiliengelee bettet oder das Lammkarree raffiniert auf einem subtil geschmorten Lammherzenragout serviert, flankiert von Orangen-Thymian-Gnocchi und Saubohnen. Da trifft sich das Mediterrane aufs Geschmackvollste mit dem Regionalen. Steinheuer mag Kontraste, er nutzt virtuos die weite Welt der Gewürze und schätzt auch Mehrfachkombinationen, doch jede seiner Produkt-Ehen zwischen französischer Klassik, neu interpretierter Regionalküche und Ansätzen von molekularer Technik ist sensibel austariert und zeitgenössisch umgesetzt. Sein Motto: »Ich will auf dem Teller die Dinge zusammenbringen, die füreinander geschaffen sind, statt durch Gegensätze zu verblüffen.«

Bereits ein erster Blick in die Speisekarte des knappen Endvierzigers von der Ahr, der sich zwei Sterne vom Michelin erkocht hat – Fortsetzung folgt –, vermittelt eine Ahnung von bevorstehenden Wonnen. Perfekt ist das Carpaccio von der Entenbrust mit Gänseleber und Trüffelvinaigrette – eine Vorspeise wie geschaffen, um die Sinne fürs Weitere zu charmieren. Die von einer Linsen-Vinaigrette apart umspielten Scheiben von den Kalbskopfwangen nebst Bries mit mediterran gefüllten Calamares sind wie der knusprig gebratene Waller im Majoran-Kartoffel-Sud und Pancetta eine nächste Etappe zum vollkommenen kulinarischen Glück. Berühmt ist Hans Stefan Steinheuer für seinen im Gewürzteig gegarten Hirschrücken mit Ingwer-Karotten-Krapfen und der sensationell köstlichen Sauce auf der Basis von Spätburgunder, Portwein, Bitterschokolade, Kakaosplittern, Gewürzen und einem Schuss Cognac – ein Klassiker. Unauslöschlich im Geschmacksgedächtnis verankert ist einem der Fünf-Kilo-Steinbutt, den Steinheuer auf Wunsch grillt und mit einer Sauce Béarnaise nebst Salzkartoffeln anrichtet.

Über die Kochkunst, so kann man in einem »Kochkunst und Tafelwesen« betitelten Journal aus dem späten

IHR LEBENSMOTTO?
Es kommt nicht darauf an, etwas Besonderes zu leisten, sondern Dinge zu tun mit der Überzeugung von ihrem Wert. (Pierre Teilhard de Chardin)

WAS BEFINDET SICH AUF IHREM FRÜHSTÜCKSTISCH?
Mango, Ananas, Kiwi, Beeren und Naturjoghurt, evtl. ein Omelette.

WELCHE 3 DINGE WÜRDEN SIE AUF EINE EINSAME INSEL MITNEHMEN?
Familie, Golfschläger, Wein, Bratpfanne.

WOMIT KANN MAN SIE VERFÜHREN?
Gummibärchen von Haribo.

GIBT ES EINEN TRAUM, DEN SIE SICH NOCH ERFÜLLEN MÖCHTEN?
Ab nach Australien, in die Weingebiete.

19. Jahrhundert lesen, sie sei »die einzige Kunst, die der allgemeinen Menschheit zum wirklichen Bedürfnis geworden ist und ohne welche das Dasein schier unerträglich werden würde«. Das ist wohl ein wenig umständlich formuliert, doch stimmig auch in der Fortsetzung, wenn der Autor schreibt: »Beim Armen und Reichen, am einfachen Familientisch und an der Fürstentafel, im soliden Bierlokal sowie im luxuriösen Weinrestaurant, überall ist diese schöne Kunst imstande, ein göttliches Gefühl inneren Wohlbehagens auszulösen.«

Darin, genau darin zeigt sich die Macht eines großen Kochs. Es ist eine friedliche Macht, uns als Gäste glücklich zu machen. Und die Kochkunst eines Hans Stefan Steinheuer lässt die Erinnerung an das verlorene Paradies aufleben und uns wenigstens für die Dauer des Essens die Zeit auf ebenso anmutige Weise vergessen wie aufs Schönste verschwenden. Realität ist ja bekanntlich eine Illusion, die durch Mangel an feiner Küche mit gutem Wein entsteht. Dank Meisterköchen wie Steinheuer, der übrigens zu den wenigen Spitzenköchen mit intimer Weinkenntnis zählt und in der Küche auch darauf achtet, dass die Speisen weinkompatibel sind, wird dem Gast in der Post zu Heppingen dieser schreckliche Zustand erspart. Und geht es dem Leib gut, dann beginnt sich auch die Seele wohlig zu räkeln.

WELCHER BERUF (AUSSER DEM EIGENEN) WÄRE FÜR SIE INTERESSANT UND WARUM?
Pilot, dieser Beruf bringt mich in die weite Welt!

WAS ZEICHNET DEN GUTEN KOCH AUS?
Sensibles Abschmecken und Würzen.

WANN UND WO KOMMEN IHNEN IDEEN FÜR NEUE GERICHTE?
Im Gespräch mit meinen Mitarbeitern.

WELCHE SÜNDE WÜRDEN SIE KEINEM KOCH VERZEIHEN?
Jeder Mensch macht Fehler.

ÜBER DAS RESTAURANT

Premierengäste sollten sich von der biederen Außenhaut des nahe Bad Neuenahr an der Heppinger Hauptstraße gelegenen Lokals nicht irritieren lassen. Zur feinen Haute Cuisine kommt man durch einen Seiteneingang in ein licht und in apartem Blau gestaltetes Restaurant. Da hocken die Gäste nicht wie auf einer Hühnerleiter eng aneinander, man hat Platz und kann seiner Liebsten spätestens nach der Vorspeise zuflüstern, wie schön das Leben doch sein kann. Gabi Steinheuer, die charmante Ehefrau, bietet mit Anmut einen liebenswürdigen, effektiven Service und hat ein gerüttelt Maß Anteil am Erfolg des Hauses Steinheuer. Tipp: Gleich neben dem Gourmetrestaurant betreibt Steinheuer einen Landgasthof, wo gutbürgerliche Speisen in erstklassiger Güte angeboten werden.

KONTAKT

Steinheuers Restaurant
»Zur Alten Post«
Landskroner Straße 110
D-53474 Bad Neuenahr-Ahrweiler / OT Heppingen

Fon: +49 (0) 26 41 / 94 86-0
Fax: +49 (0) 26 41 / 94 86-10
info@steinheuers.de
www.steinheuers.de

Öffnungszeiten:
Donnerstag – Montag
12.00 – 14.00 Uhr
18.30 – 22.00 Uhr

Betriebsferien:
Erste Woche im Januar,
3 Wochen Juli / August

GEBRATENER RHABARBER-GRIESS-CANNELLONI MIT HIMBEEREN UND LANDMILCHEIS

250g Himbeeren

RHABARBER GRÜN:
500g Rhabarberstangen
250g Zucker
je 1 Vanille- und Zimtstange

RHABARBERMASSE:
50g Himbeermark
270g Rhabarbermark
100g Rhabarber als Einlage (Würfel ca. 3mm)
2,5 Blatt Gelatine
3 g Metyl-Cellulosepulver

GRIESSMASSE:
50ml Sahne
180ml Milch
45g Zucker
2 Vanilleschoten, aufgeschnitten
15g Grieß
2 Eigelb
2 BlattGelatine
3 cl Grand Marnier
4 g Metyl-Cellulosepulver

BRICKTEIG:
2 Brickteigblätter
40g brauner Zucker, fein gemahlen

MUSVOCADO-ZUCKERSTREUSEL:
je 40g Butter, Muscovado-Zucker, Mehl Typ 405, Mandelgrieß

LANDMILCHEIS:
500ml Milch
20g Honig
18 g Glucose
2 Eigelb
20g Zucker

CHANTILLY MANDEL:
30g Mandelmilch
1 TL Glucose
10g Invertzucker
30g weiße Kuvertüre
100g flüssige Sahne

CRÈME-FRAÎCHE-NOCKEN:
50g Crème fraîche
10g Puderzucker

1. **Rhabarber grün:** Rhabarberstangen im Ofen zugedeckt bei ca. 100 °C 35 Minuten garen. Anschließend die Stangen in dünne 8cm lange Scheiben schneiden. Die restlichen Zutaten mit dem Saft mixen und passieren.

2. **Cannelloni:**

   a) Himbeer- und Rhabarbermark mixen. Rhabarberwürfel in Rhabarbermixtur einmal aufkochen. 2,5 Blatt Gelatine einweichen und im Rhabarbermark auflösen.

   b) Kaltes Rhabarbermark mit Metyl mixen und 24 Stunden ruhen lassen. Metyl wird beim Mixen schaumig und setzt sich erst nach 24 Stunden ab. Daher am Tag vorher zubereiten. Am 2. Tag beide Massen mischen.

3. **Grießmasse:** Milch mit Sahne, Zucker und Vanilleschoten aufkochen. Dann die Schoten entfernen, Grieß einrühren und quellen lassen. Achtung, er muss dabei heiß bleiben. Eigelb mit Zucker aufschlagen, aufgelöste Gelatine und Grand Marnier dazugeben. Metyl im kalten Zustand dazumixen.

4. **Muscovado-Zuckerstreusel:** Butter und Zucker schaumig schlagen, Mehl und Mandelgrieß einstreuseln lassen. Auf einem mit Backpapier ausgelegten Backblech verteilen und bei 150 °C etwa 35 Minuten backen. Nach dem Erkalten als Taler ausstechen.

5. **Landmilcheis:** Milch mit Honig aufkochen und auf 200ml reduzieren. Glucose, Eigelb und Zucker vermischen Die Masse zur Rose abziehen und in der Eismaschine gefrieren.

6. **Chantilly Mandel:** Mandelmilch und Sahne mit Glucose und Invertzucker aufkochen. Masse auf die weiße Kuvertüre geben, abkühlen lassen. Flüssige Sahne zugeben und ca. 6 Stunden durchkühlen lassen. À la minute aufschlagen.

7. **Crème-fraîche-Nocken:** Crème fraîche mit dem Puderzucker leicht aufschlagen.

8. **Rhabarbercannelloni:** Die Rhabarbermasse in 2 Stücken à 25 x 12cm auf Klarsichtfolie aufstreichen. Die Grießmasse im Spritzbeutel mit einer Tülle von 2cm Durchmesser glatt mittig auftragen und den Rhabarbercannelloni zusammenrollen. Mit Spannung in Alufolie wickeln. Im kochenden Wasser zehn Minuten ziehen lassen, aus der Folie nehmen, in Brickteig einschlagen und in Pflanzenöl ringsum anbraten. In 4 Stücke à 8cm Länge und 4 Stücke à 4cm Länge schneiden. Mit braunem Zucker bestreuen und mit dem Bunsenbrenner abflämmen.

9. **Anrichten:** Rhabarberscheiben exakt in die Tellermitte legen, die Himbeeren marinieren und verteilen. Aufgeschlagene Chantilly jeweils neben den Himbeeren aufspritzen. Muscovadotaler links setzen und je eine Crème-fraîche-Nocke daraufgeben. Mit getrocknetem rotem Rhabarberchip garnieren. Karamellisierte Rhabarbercannelloni auf die Rhabarberscheiben setzen und eine Landmilcheiskugel danebengeben. Mit einer Zuckerspirale garnieren.

Ein guter Vize muss nicht automatisch ein guter Chef sein. So mancher zweite Mann hat nach seinem Aufstieg zum ersten Mann enttäuscht, sei es aus Mangel an Führungskraft, Zielstrebigkeit, Teamgeist, schöpferischem Elan oder anderen Tugenden, die nötig sind, um eine Küchenmannschaft erfolgreich zu leiten und immer wieder neu zu Höchstleistungen anzuspornen. Rolf Straubinger hingegen, der bei einem der besten Köche der Welt, nämlich Harald Wohlfahrt, als rechte Hand arbeitete – im Fachjargon Souschef genannt –, ist auch als Küchenchef im Familienbetrieb auf der hoch über den schwäbischen Niederungen gelegenen Burg Staufeneck erstklassig. Und mehr noch: Er hat die an der französischen Hochküche namens Haute Cuisine orientierte Linie von Meister Wohlfahrt verlassen – nicht verraten! –, um einen eigenständigen Küchenstil zu entwickeln.

Straubinger, 1962 in Göppingen geboren, spricht von einer modern interpretierten schwäbisch-mediterranen Küche. Das ist stimmig und doch zu wenig aussagekräftig. Der Mann mit den wachen, Begeisterung und auch hintergründigen Witz ausstrahlenden Augen arbeitet wohl gerne und viel mit heimischen Produkten, scheut freilich auch nicht den Umgang mit Meeresfrüchten und Salzwasserfischen, aus denen er eine originale Bouillabaisse fertigt, die klassisch mit Sauce Rouille und gerösteten Knoblauchcroûtons aufgetischt wird und so gut schmeckt wie die Besten an der Côte d'Azur. Er schätzt die am Puren und Finessigen orientierte Küche, die gemeinhin als mediterran firmiert. Insofern lässt sich schon von einer ungemein gelungenen Liaison aus Regionalem mit Esprit sprechen.

Das belegen Gerichte wie das mit Kalbskopf überkrustete Bries, angerichtet auf Petersilienwurzeln mit Oliven und getrockneten Tomaten, das Zanderfilet mit gepökeltem Schweinebäckchenragout und Spargel, die raffiniert mit einer Korianderkruste ummantelte und von einem Thymianjus flankierte dicke Rippe vom schwäbisch-hällischen Schwein oder, klassisch und gediegen ohne Girlanden angelegt, ein Rehrücken mit Rahmwirsing, Selleriepüree und handgeschabten Spätzle. Das Ragout von behutsam geschmorten Schweinebacken mit

WELCHER VERSUCHUNG KÖNNEN SIE NICHT ODER NUR SCHWER WIDERSTEHEN?
Gummibärchen.

WELCHE SPEISE HABEN SIE ALS KIND AM LIEBSTEN GEGESSEN?
Spätzle mit Kartoffelsalat.

GIBT ES EINEN TRAUM, DEN SIE SICH NOCH ERFÜLLEN MÖCHTEN?
Haus oder Wohnung am Tegernsee.

Kartoffelstampf und Sauerkraut rühmt den Koch ebenso wie eine hautlos knusprig gebratene Blutwurst, die als runde Scheibe mit glacierten Birnenspalten und einem hinreißend delikaten Erbsenpüree auf den Teller kommt.

Weil Rolf Straubinger ein Mann von hintergründigem Schalk ist, gibt es bei ihm als Amuse-Gueule, Gaumenhappen, Vorgericht oder erstem »Gruß aus der Küche« schon mal eine frittierte Leberwurst auf Sauerkraut oder ein bisschen Fischsülze im Eierbecher. Der in Rotwein köstlich geschmorte Ochsenschwanz fällt ebenso klar ins schwäbische Fach wie die säuerlich angelegten Kalbskutteln mit gerösteten Spätzle und die mit Kräutern gefüllten »Maultaschen in der Brühe«. Aber man darf den regionalen Aspekt nicht zu eng sehen. Straubinger ist viel zu kreativ, um der Hochküche untreu zu werden, und so geraten auch die schwäbisch klingenden Gerichte zu Meisterstücken einer großen Küche: kompromisslos in der Qualität der Produkte, aufwendig in der Herstellung, klar in der Architektur. Das zeugt von einem selbstbewussten Koch, der seinen Stil gefunden hat und erhobenen Hauptes am Herd wirkt. Raffinement und Präzision kennzeichnen auch die süße Abteilung. Ob es die anmutige Variation von Quitte und Quark ist oder die nicht minder reizvolle Studie von »Milch und Aprikose«: Es gilt das Leitmotiv von »interessant kombiniert, leicht gekocht«. Rolf Straubinger ist von der Anciennität her kein junger Wilder der Küchenszene; was er jedoch anrichtet, das ist eine große Küche, in der das Feuer junger Leidenschaft brennt.

ÜBER DAS RESTAURANT

Eine Burg hat immer ihren speziellen Reiz, besonders, wenn sie einen gloriosen Ausblick bietet. Das ist im Burgrestaurant der Fall, sofern man einen der begehrten Fenstertische zum Filstal hin bekommt. Die Tische sind elegant gedeckt, der weibliche Service verbindet Kompetenz mit Charme. Besonderes Lob gebührt der Weinkarte, die von Klaus Schurr dirigiert wird, dem Schwager von Straubinger und Sommelier aus Neigung.

KONTAKT

Restaurant
Burg Staufeneck
D-73084 Salach

Fon: +49 (0) 71 62 / 93 34 40
Fax: +49 (0) 71 62 / 93 34 455
info@burg-staufeneck.de
www.burg-staufeneck.de

Öffnungszeiten:
Dienstag – Sonntag
12.00 – 14.00 Uhr
18.30 – 21.30 Uhr

In den Sommermonaten
ist Sonntagabend geschlossen

Betriebsferien:
1. Januar – 5. Januar

WELCHER BERUF (AUSSER DEM EIGENEN) WÄRE FÜR SIE INTERESSANT UND WARUM?
Golfprofi, aber nur unter den Top 20 der Welt.

GIBT ES EIN PRODUKT, DAS SIE GAR NICHT MÖGEN?
Gänse.

DREI WORTE ZU GENUSS?
Kultur, Freude, sich Zeit nehmen.

MIT WEM WÜRDEN SIE GERNE EINMAL ZU ABEND ESSEN?
Sonja Kirchberger.

ORANGENTHYMIANRÖLLCHEN MIT GRAND-MARNIER-KERN UND SCHOKOLADEN-KUMQUATSORBET

ORANGENTHYMIAN-MOUSSE:
250g Milch
1 Bd. Orangenthymian
400g weiße Kuvertüre
500g geschlagene Sahne
15g Gelatine

HONIGGELEE:
100g Thymianhonig
50g Zucker
5g Gelan
1 Bd. essbare Blüten

ORANGENBISKUIT:
200g Tant pour Tant
110g Eigelb
100g Mehl
30g Orangensaft
100g Zucker
210g Eiweiß
Abrieb von 2 Orangen

ORANGEN-GRAND-MARNIER-KOMPOTT:
80g Zucker
400ml Orangensaft
200ml Grand Marnier
2 g Gelan
8 g Gelatine

FEIGENMARMELADE:
8 Feigen
50g Zucker
50g Grand Marnier
100ml Portwein
4 g Pektin

ORANGENTHYMIAN-SCHOKOLADENHIPPEN:
je 100g Mehl, Zucker, Eiweiß
40g Grue de Cacao
etwas Orangenthymian, gehackt

SCHOKOLADEN-KUMQUATSORBET:
1 l Orangensaft
je 100g Zucker, Kakaopulver
400g Kuvertüre
2 Blatt Gelatine
15 Kumquats
Abrieb einer Orange

1. **Orangenthymian-Mousse:** Milch aufkochen, Orangenthymian hinzugeben und 15 Minuten ziehen lassen. Nochmals aufkochen und eingeweichte Gelatine zugeben. Langsam über die geschmolzene weiße Kuvertüre geben und glatt rühren. Die Sahne unter die Schokoladenmasse geben, auf ein mit Klarsichtfolie ausgelegtes 1/1 Gastronormblech mit 0,5cm hohem Rand gießen und kühl stellen.
2. **Orangenbiskuit:** Tant pour Tant und Eigelb aufschlagen. Mehl und Wasser zugeben. Eiweiß mit Zucker steif schlagen und unter die Eigelbmasse heben. Orangenabrieb unterrühren und bei 240°C 10 Minuten hellbraun backen. In acht 3 x 10cm lange Stücke schneiden.
3. **Orangen-Grand-Marnier-Kompott:** Zucker karamellisieren und mit Orangensaft und Grand Marnier ablöschen, aufkochen und abkühlen lassen. Gelatine einweichen und Gelan unter den Karamellfond geben. Gelanflüssigkeit aufkochen und ausgedrückte Gelatine hinzufügen. Die warme Flüssigkeit in Plastikschläuche (Ø 11mm) gießen. Sobald die Masse erhärtet ist, diese mit einem ISI-Bläser aus dem Schlauch pusten. Orangen-Grand-Marnier-Kern vorsichtig auf die kürzere Seite der Mousseschicht legen und 1,5cm Platz zum Mousserand lassen. Mousse vorsichtig über den Kern einrollen, kurz übereinanderschlagen und abschneiden. Die Rolle vorsichtig auf eine neue Klarsichtfolie geben und fest eingerollt kalt stellen.
4. **Honiggelee:** 500ml Wasser, Zucker und Honig aufkochen. Auf Zimmertemperatur abkühlen lassen und Gelan zugeben. Nochmals aufkochen und auf eine vorgewärmte Matte gießen. Die Blüten daraufstreuen und gelieren lassen. Die Mousserolle aus der Folie lösen, auf das Gelee setzen und mithilfe der Matte vorsichtig einrollen. Überhang sauber abschneiden.
5. **Feigenmarmelade:** Portwein und Grand Marnier vermischen. Feigen auskratzen und das Mark zum Alkohol geben. Zucker mit Pektin mischen, Flüssigkeit zugeben und 3–4 Minuten kochen.
6. **Orangenthymian-Schokoladenhippen:** Butter schmelzen. Alle anderen Zutaten miteinander vermischen und flüssige Butter unterrühren. Bei 220°C zu 3 x 10cm großen Hippen ausbacken.
7. **Schokoladen-Kumquatsorbet:** Kumquats klein schneiden und mit Orangensaft weich kochen. Anschließend pürieren und mit Zucker und Kakaopulver aufkochen. Gelatine auflösen und in die Masse rühren. Die heiße Masse über die gehackte Kuvertüre geben und zu Sorbet gefrieren lassen.
8. **Anrichten:** Je 4 Biskuitstücke mit Feigenmarmelade bestreichen und mit einem weiteren Biskuitstück belegen. Dann je 3 Stück der aufgeschnittenen Orangenthymianrolle darauflegen und mit einer Hippe belegen. Anschließend auf eine Seite der Hippe eine Nocke Schokoladensorbet geben und auf die andere ein Schokoladendekor setzen. Zur besonderen Garnierung die Teller noch mit einem Blumenmuster aus Schokolade bemalen.

Seit gesottene Kalbsköpfe wie Literatur rezensiert werden, was grundsätzlich begrüßt werden kann, weil die große Küche auch große Kultur ist, spielen manche Köche Genie in der Erwartung, als solches angesehen zu werden. Vor lauter Selbstglorifizierung halten sie den Mittelpunkt für die ihnen angemessene Position in der Gesellschaft. »Alles Licht auf mich« lautet die Devise derer, die in jeder Oper der Tenor und auf jeder Hochzeit die Braut sein wollen. Nicht so Helmut Thieltges vom Jahrgang 1955. Er gehört zu den stillsten Köchen in Deutschland und ist zugleich einer der besten. Vermutlich ist er der unbekannteste Dreisternekoch, und das ist ein großes Kompliment, denn ihm ist die Küche wichtiger als gesellschaftlicher Ruhm. Ihn findet der Gast am Herd und nicht im Fernsehen, auf Partys oder sonstigen Jahrmärkten der Eitelkeit.

Dem Mann aus der Eifel mit dem vom Vater geerbten trockenen Witz mangelt es nicht an Selbstbewusstsein. Das braucht man, um am Herd mutig zu sein und Neues auszuprobieren. Wer sich nichts zutraut, leistet nichts. Nun, Helmut Thieltges weiß, dass er was kann und kokettiert nicht mit falscher Bescheidenheit, aber er posaunt beileibe nicht in alle Welt hinaus, wie gut er ist. Delikat ist die rohe Gänseleber, dünn auf getoastetes Graubrot gelegt und mit grobem Meersalz, Fleur de Sel, gewürzt – steht zwar nicht auf der Karte, aber der Meister ist flexibel und geht auf Gästewünsche ein.

Thieltges hat zu seinem eigenen Stil gefunden. Der basiert kompromisslos auf der französischen Grande Cuisine, die modern interpretiert wird, was heißt: weniger schwer, nicht so verziert, doch voll tiefer, von Raffinesse umspielter Aromatik. Das Besondere der Thieltges-Küche muss man erleben, um es zu erfassen. Worte sind kein Ersatz für das Gefühl des Außerordentlichen, das sich im Sonnora quasi vollautomatisch auch dann einstellt, wenn Thieltges sich an gratinierten Bauch und geschmorte Bäckchen vom Jungschwein heranwagt, das Gericht freilich mit einem Honig-Kümmel-Jus so überaus delikat zubereitet, dass aus dieser rustikalen Vulgarität plötzlich ein Geschmackserlebnis von aromatischer Dichte und Raffinesse wird.

IHR LEBENSMOTTO?
Widme Dich der Liebe und dem Kochen mit wagemutiger Sorglosigkeit. (Dalai Lama)

WAS HABEN SIE ALS KIND AM LIEBSTEN GEGESSEN?
Hähnchen mit Erbsen-Möhren Gemüse.

WELCHER BERUF (AUSSER DEM EIGENEN) WÄRE FÜR SIE INTERESSANT UND WARUM?
Landwirt mit Viehwirtschaft. Dann könnte ich Produkte nach meinen Vorstellungen herstellen.

h. thieltges

Weitere Beispiele aus dem Kanon seiner Kochkunst mögen eine Ahnung vom Genuss vermitteln, den diese Küche bietet: gebratene Jakobsmuscheln in Curry-Ingwer-Würze mit Gemüsen à la Chinoise; Chartreuse von Périgord-Gänsestopfleber mit Nüssen auf Gewürztraminergelee; gebratener Seeteufel auf Kartoffelpüree mit Scampi in Olivenölmarinade; Loup de Mer mit Hummer und Spinattortellini in Trüffelsauce; Sauté von Kalbsnieren und Bries in Schalotten-Balsamicosauce mit Tomaten; Supreme (das feinste Stück, Brust) vom Bresse-Täubchen »Blanc et Noir« im Sellerieschiffchen mit Trüffelscheiben und glaciert mit altem Madeira; ganze Challons-Ente mit Gewürzkruste auf Limonen-Ingwersauce; Rehrücken mit Korinthenkruste; warme Apfeltarte auf Rumsahne mit Rosineneis. Ein überaus köstlicher Gaumenletzen ist das von Thieltges geschaffene dreistöckige Tatar von Rind, Langostino und Lachs mit Kaviar als Salzersatz!

Kein Wunder also, dass die Internationale der Gourmets zu ihm in die Waldeinsamkeit hoch über der Mosel pilgert und ergriffen staunt über das, was der Meister in der Küche zuwege bringt: ein Feuerwerk an »Amuse-bouche«, dramaturgisch perfekt gefolgt von kulinarisch perfekt ausgetüftelten Speisen als einem Augen- und Gaumenschmaus der Extraklasse.

ÜBER DAS RESTAURANT

Schwerer als eine Beschreibung der Küche fällt die Interpretation des Ambientes. Es ist ein Stück Venedig in der Eifel oder, anders gesagt: ein bisschen Palazzo, wie es sich ein echter Eifeler wie Vater Vinzens Thieltges vorstellt. Zarte Girlanden, pastellige Farben, kristallene Leuchter und ein wenig glänzender Nippes schmücken, gewiss liebevoll arrangiert, das Restaurant. Damit muss ein an klare Linien orientierter Ästhet leben, wenn er die Küche genießen will. Untadelig ist die feine Tischkultur, eine Herzenssache des liebenswürdig agierenden Service unter der Leitung von Ulrike Thieltges, einer Frau mit Charme und Können, die sich auch in der großen und subtil komponierten Weinkarte mit dem naturgemäß großen Mosel-Schwerpunkt gut auskennt.

KONTAKT

Waldhotel Sonnora
Auf'm Eichelfeld 1
D-54518 Dreis

Fon: +49 (0) 65 78/406
Fax: +49 (0) 65 78/14 02
info@hotel-sonnora.de
www.hotel-sonnora.de

Öffnungszeiten:
Mittwoch – Sonntag

Betriebsferien:
Januar, 2 Wochen im Juli

IHR LIEBLINGSGEWÜRZ?
Ingwer.

IHR LIEBLINGSTIER?
Tiger.

WIE ENTSPANNEN SIE SICH?
Wenn ich morgens ausschlafen kann.

GIBT ES EINEN TRAUM, DEN SIE SICH NOCH ERFÜLLEN MÖCHTEN?
Bin mit meinem Leben derzeit wunschlos glücklich.

TÖRTCHEN VOM RINDERFILET-TATAR MIT PERSISCHEM KAVIAR AUF KARTOFFELRÖSTI

300 g schieres Rindfleisch
1 mittelgroße Schalotte, fein gehackt
20 Kapern, fein gehackt
1 TL Petersilie, frisch gehackt
2 Eigelb
ca. 4 EL Creme fraîche
etwas persischer Kaviar

Salz, Pfeffer aus der Mühle
Muskat
2 große Kartoffeln
(für 250 g Kartoffelröstimasse)

1. **Rösti:** Die Kartoffeln mit der Reibe fein raspeln und mit Salz, Pfeffer und Muskat würzen.

2. **Tatar:** Rinderfilet von Hand zu Tatar schneiden (nicht hacken!) und mit den restlichen Zutaten (außer Creme fraîche und Kaviar) vermischen. Abschmecken.

   Tatar portionsweise formen, wobei die Form beliebig rund, quadratisch oder dreieckig gewählt werden kann. Mit Creme fraîche und etwas Kaviar bestreichen und kühl stellen.

3. **Anrichten:** Die Kartoffelröstimasse in derselben Form wie das Tatar in einer Pfanne goldgelb ausbacken. Das Tatar jeweils auf ein Rösti setzen und sofort servieren.

Über Heinz Winkler zu schreiben heißt, dass jedes Wort Bewunderung ausdrückt und jeder Satz der These dient, dass Kunst von Kochen kommt. Das Vokabular der Küche besteht aus Fisch, Fleisch, Gemüse, Kräutern, Eiern, Saucen und Fonds sowie Gewürzen, und wenn ein Meister diese älteste Sprache der Menschheit benützt, entsteht ein Gesamtgenusswerk, das während des Essensaktes zwar vergeht, aber in der Erinnerung unauslöschlich haften bleibt. Die Winkler-Küche ist von puristischer Klarheit fernab jeglicher Spitzenklöpplerei. Sie hat Tiefe und begeistert durch Esprit. Es gilt das Prinzip der Reduktion auf das Wesentliche, also auf ein Hauptprodukt, das durch eine Sauce, eine Vinaigrette, durch Aromata oder Gewürze flankiert und bereichert, doch niemals verfremdet wird.

Den guten Koch erkennt man daran, wie er sein Material einsetzt, es verwertet und zur Wirkung bringt. Heinz Winkler (»Das Klare, Eindeutige ist für mich wichtig«) beherrscht als Philosoph am Herd vollkommen die Gabe, den Speisen gleichzeitig eine sinnliche Dichte und ätherische Finesse zu verleihen. Gerichte wie das Lamm im Brotteig mit Thymianjus, der im Salzteig gegarte Rehrücken, das Cassoulet vom grünen Spargel mit Kaviar, das Carpaccio von Langostinos mit der Sauce von einmaliger Geschmeidigkeit oder der Hummer mit Sternanisgelee und Fenchelmousse zählen zu jenen Speisen, die es verdienen, in einem gastronomischen Köchelverzeichnis festgehalten zu werden. Befremdlich scheint deshalb die Neigung in der Küche, Speisen schon mal mit Trüffelöl zu parfümieren – dieses Maggi der Sterneküche hat einen ordinären Gout, aber bitte, wenn's der Gast mag?!

Generell weiß der auf bescheidene Weise selbstbewusste Winkler, was miteinander harmoniert. Er kann stundenlang an einem neuen Gericht tüfteln und überlegen, wie er eine Speise zu einem bestimmten Wein anlegen muss – eine selbst unter Spitzenköchen rare Begabung. Heinz Winkler ist zutiefst erfüllt vom Glauben an das Machbare. Ängstliche Worte wie »Das geht nicht« oder »Das haben wir noch nie so gemacht« fehlen in seinem Vokabular. Immerhin hat er eine gut dotierte Stelle als Küchenchef im Münchner »Tantris« aufgegeben, um

IHR LEBENSMOTTO?
Man muss sich im Leben etwas zutrauen.

WELCHE 3 DINGE WÜRDEN SIE AUF EINE EINSAME INSEL MITNEHMEN?
Viel Champagner, Regenschirm, mindestens 3 Frauen.

WAS SAMMELN SIE UND WARUM?
Antiquitäten, weil sich in diesen Stücken ein Mensch verwirklicht hat.

WELCHER BERUF (AUSSER DEM EIGENEN) WÄRE FÜR SIE INTERESSANT UND WARUM?
Architekt. Ich habe mein Haus nach meinen Vorstellungen gebaut und eingerichtet.

in Aschau seine Residenz aufzubauen. So wurde der Koch – allen Unkenrufen zum Trotz – vom Angestellten zum erfolgreichen Unternehmer, gewürdigt übrigens als erster Koch in Deutschland mit dem Bundesverdienstkreuz.

Begonnen hatte die Geschichte vom Aufstieg des 1949 in Brixen geborenen Bauernburschen zum weltberühmten Dreisternekoch und Hotelier alles andere als märchenhaft verklärend. Die Familie war arm und kinderreich, der Junge erlernte früh das Handwerk des Kochens im heimischen Meran, gefolgt von Stationen wie dem »Palace« in St. Moritz, dem »Schloßhotel« in Pontresina sowie bei Paul Bocuse nahe Lyon. Als im Herbst 1977 das Angebot kam, im Münchner »Tantris« die Nachfolge von Eckart Witzigmann, dem damals noch unbestrittenen Gottvater der deutschen Kochszene, anzutreten, war Heinz Winkler gastronomisch bereits rundum gesalbt.

Er feilte an seinem eigenen Stil. Das ist ihm bravourös gelungen, und Unverwechselbarkeit ist ja auch in der Küche das Maß für Größe. Bereits 1981 empfing Winkler, damals 32 Jahre alt, den dritten Stern vom Restaurantführer »Michelin« und war somit der weltweit jüngste Küchenchef mit dieser Auszeichnung. »Das Essen soll beflügeln, nicht belasten«, lautet sein Credo am Herd. Er nennt diesen Stil, mit dem er auch international Furore macht, sinnig »Cuisine vitale«, was praktisch eine Kombination aus Wohlgeschmack und Bekömmlichkeit bedeutet.

ÜBER DAS RESTAURANT

Barocke Lebensfreude war das Leitmotiv, nach dem Heinz Winkler sein Haus gestaltete. Davon ist etwas zu spüren, wenn man – durch das großzügige Hotelfoyer und an der Bar vorbei – das Restaurant betritt. Die beiden Räume mit der großen Fensterwand zur Terrasse und dem Blick auf die mächtige Kampenwand wird durch helle Töne bestimmt und eine Art älplerische Lüftlmalerei, ergänzt um mediterrane Bilder. Die Atmosphäre ist behaglich, sie inspiriert eher zu Mozart im Mai als Beethoven im November. Ein Genuss ist das Frühstück. Dazu gehören nebst warmen Laugenbrezeln und delikat mariniertem Presssack auf Wunsch auch Weißwürste, frisch geholt und preisgekrönt von der famosen Metzgerei Angermann vor Ort.

KONTAKT

Residenz Heinz Winkler
Kirchplatz 1
D-83229 Aschau

Fon: +49 (0) 80 52 / 17 99-0
Fax: +49 (0) 80 52 / 17 99-66
info@residenz-heinz-winkler.de
www.residenz-heinz-winkler.de

Öffnungszeiten:
Täglich

Betriebsferien:
Keine

WANN UND WO KOMMEN IHNEN IDEEN FÜR NEUE GERICHTE?
Meistens dann, wenn ich die alten nicht mehr sehen kann.

GIBT ES EIN PRODUKT, DAS SIE GAR NICHT MÖGEN?
Schnecken.

MIT WEM WÜRDEN SIE GERNE EINMAL ZU ABEND ESSEN?
Catherine Zeta-Jones.

JUNGES REBHUHN MIT FEIGEN AUF WIRSING

WIRSING:
1/2 Wirsingkopf
4 Scheiben durchwachsener Speck
4 EL Sahne
Salz, Pfeffer, Muskatnuss

REBHUHN:
4 junge Rebhühner
Salz
Wacholderstaub
4 große Scheiben fetter Speck
4 EL Öl zum Braten

TRÜFFELSAUCE:
10 g Trüffel
30 g Butter
Salz
100 ml Madeira
je 200 ml heller
und brauner Geflügelfond
5 cl Trüffeljus (aus der Dose)

GARNITUR:
4 reife blaue Feigen
20 g Butter

Feigen sind kein gewöhnliches Obst: Es handelt sich nämlich nicht um Früchte, sondern um Blüten mit besonders fleischigen Blättern, die als solche allerdings nicht mehr erkennbar sind. Am intensivsten schmecken die blauen Feigen, die vor allem im Spätsommer und Herbst aus Italien und Südfrankreich zu uns kommen.

1. **Wirsing:** Die Strünke und dicken Blattrippen des Wirsings entfernen. Die Blätter in 4 x 4 cm große Quadrate schneiden. In kochendem Salzwasser blanchieren, in Eiswasser abschrecken und auf einem Tuch gut abtropfen lassen.

   Den Speck in kleine Würfel schneiden und ebenfalls kurz blanchieren. Abgießen und in einer Sauteuse ein wenig anschwitzen, Sahne zugeben und alles auf die Hälfte reduzieren. Den Wirsing hinzufügen und mit Salz, Pfeffer und Muskat leicht abschmecken.

2. **Rebhühner:** Die Vögel ausnehmen, wenn nötig abflämmen, mit Salz und Wacholder würzen. Jedes Rebhuhn mit einer Scheibe Speck bedecken und in Form binden. Die Rebhühner mit dem Öl in eine Sauteuse geben und im vorgeheizten Ofen bei ca. 190 °C 10 Minuten langsam braten. Herausnehmen, Speck entfernen und nochmals 3–5 Minuten im Ofen garen. Dabei mehrfach mit heißem Fett übergießen.

3. **Trüffelsauce:** Die Trüffel klein schneiden, in etwas Butter ansautieren und salzen. Mit Madeira ablöschen und mit beiden Geflügelfonds auffüllen. Trüffeljus zugeben und um ein Drittel der Menge reduzieren. Die Butter in kleinen Stückchen einrühren. Mit Salz abschmecken.

4. **Fertigstellung:** Die Feigen in ca. 5 mm dicke Scheiben schneiden. Mit etwas Butter in einer Pfanne erhitzen. Zusammen mit dem Wirsing auf vorgewärmten Tellern anrichten und das Rebhuhn darauf platzieren. Die Sauce getrennt dazu servieren.

JOACHIM WISSLER, RESTAURANT VENDÔME, GRANDHOTEL SCHLOSS BENSBERG, BERGISCH GLADBACH, DEUTSCHLAND

Joachim Wissler, 1963 in Nürtingen geboren, auch der Avantgardist genannt, weil er gleichermaßen phantasievoll wie logisch durchdacht Klassiker reformiert und eine Weltküche schuf, kann mit seiner Kochkunst die Nerven empfindsamer Feinschmecker jederzeit ins glückliche Schwingen bringen. Der Mann mit dem blonden Bürstenhaarschnitt überrascht seine Gäste immer wieder mit Gerichten, die man zu kennen glaubt und die dann doch in Nuancen anders schmecken. Er ist gastrosophisch sattelfest in jeglicher Hinsicht, seine Küche ist originär, sie verbindet Geschmacksdichte mit Raffinesse – und dies in vollendeter Schönheit. Man kommt sich wie ein Bilderschänder vor, sobald die Gabel in die Speise sticht.

Ein typisches Menü von Wissler kann so komponiert sein: bretonische Langoustine mit Thunfischschinken, weißem Pfirsich und Chili; marmorierte Mascarponeravioli mit Spitzmorcheln und Jabugo Bellota-Schinkenfumet; Felsenrotbarbe mit frischem Mandel-Couscous, Koriander-Tomaten und Kokosschaum; Suprême vom Freilandschwein mit Liebstöckel, Pfifferlingen und Bohnenkernen; Müritz-Weidelamm mit Bockshornklee, Fenchelsamen, Paprikaconfit und Ricottagnocchi; Gänseleberschnee und Mandelbeignets mit schwarzem Trüffel, grünem Apfel und Lakritzjus; Aprikosenkrapfen mit Wildkräutern, Waldbeersalat, Fichtensprossenkaviar und Ziegenquarkeis!

Wissler bekennt sich als »großer Anhänger der klassischen französischen Küche«. Das ist die Basis und auf der spielt er dann seine eigenen kulinarischen Soli. Etwa, wenn er Bachkrebse mit Jakobsmuscheln vereint und die Sauce mit Ingwer anreichert. Aufregend gut schmeckt das Kinn vom Schwein (Goder im Süddeutschen) mit getrockneter und pulverisierter Schwarte und vielleicht vermählt mit einer Meeresfrucht, himmlisch ist die mit Kakao gratinierte Bresse-Taube nebst Rouennaiser Sauce, einmalig auch die Jakobsmuscheln in Seeigelvelouté oder der auf der Haut gebratene Kabeljau mit Blutwurstsalat und gebundenem Muskatblütensud. Sensationell, ja eine Reise wert ist die Eigelb-Praliné im gestockten Schinkensaft mit weißem Trüffel und Nussbutterschaum. Wissler: »Ich versuche, eigene Akzente zu setzen und traditionelle Gerichte mit neuen Kombinationen

IHR LEBENSMOTTO?
Sei immer du selbst.

IHR SCHÖNSTES KULINARISCHES ERLEBNIS?
Eine 1-wöchige Gourmet-»Tour de France« mit meinem Freund Carlo Wolf.

WELCHE 3 DINGE WÜRDEN SIE AUF EINE EINSAME INSEL MITNEHMEN?
Einen Austernöffner, ein Lunch-Paket und Riesling von J.J. Prüm, ein Boot für die Rückreise.

WELCHE SPEISE HABEN SIE ALS KIND AM LIEBSTEN GEGESSEN?
Apfelpfannkuchen mit Vanillesauce.

GIBT ES EIN PRODUKT, DAS SIE GAR NICHT MÖGEN?
Lollo-Rosso-Salat.

jünger zu machen.« Oft grübelt er Stunden an einem neuen Rezept, um es letztlich zu verwerfen, weil er am Herd zur Einsicht gelangt, dass man »bei aller Kreativität manche Gerichte besser nicht verunstalten sollte.« Wer so spricht, ist weise geworden. Seine gastronomische Reife darf freilich nicht mit Abgeklärtheit verwechselt werden. Das wäre ein arges Missverständnis. Joachim Wissler, der »für mein Leben gerne kocht« und seine Freizeit nutzt, um anderen Kochgrößen in die Töpfe zu schauen, brennt geradezu vor Leidenschaft. Er ist kompromisslos, was die Qualität betrifft. Vorgefertigte Produkte kommen ihm ebenso wenig in die Küche wie tiefgefrorenes Gemüse, vorfiletierte Fische oder ausgelöstes Geflügel. Und bei Fischen wie dem Wolfsbarsch wird er darauf achten, dass der mit der Angel und nicht im Schleppnetz aus dem Wasser geholt wurde, weil letzterer, im Netz eingequetscht, weniger saftig ist. Daraus zaubert er eine Prachtspeise: der Fisch wird gegrillt und mit einem Safran-Chorizo-Sud serviert, bei dem der spezielle Effekt – Copyright J.W.! – durch ein tiefgekühltes Olivenöl ausgelöst wird, das auf dem Teller verheißungsvoll schmilzt.

Für Joachim Wissler beginnt die große Küche bei der Güte des Materials. Daraus formt er auf seine kreative, alle Zubereitungsmöglichkeiten und Kombinationen präzise, doch zugleich skrupulös überdenkende Art und mit virtuoser handwerklicher Sicherheit eine Küche, die heute schon Weltgeltung hat und von der es später einmal heißen wird, sie habe einen neuen Stil begründet. Menschliche Schwächen verzeiht dieser Perfektionist, der zu den liebenswürdigsten Vertretern seiner Zunft gehört, doch in seinem Küchenreich duldet er keine Nachlässigkeit und schon gar keine Fehler. Wie sympathisch!

WELCHER BERUF (AUSSER DEM EIGNEN) WÄRE FÜR SIE INTERESSANT UND WARUM?
Ein Beruf in Verbindung mit Sport (Leichtathletik), oder Landwirt.

MIT WEM WÜRDEN SIE GERNE EINMAL ZU ABEND ESSEN?
Mit meiner Frau in meinem Restaurant an einem Donnerstagabend.

ÜBER DAS RESTAURANT

Auf dem Weg ins Restaurant kann der Gast durch ein breites Fenster einen Blick in die Küche werfen, bevor er vom Maître in komfortables Gestühl komplimentiert wird. Der pastellig wie in Dessertfarben getauchte Raum mit den Hinterglasbildern vom namenspendenden Pariser Place Vendôme an den Wänden ist großzügig dimensioniert, die angenehm weit auseinander stehenden Tische erlauben auch Flirtgeflüster. Der Service, umsichtig, elegant und erfreulich unprätentiös von Miguel Angel Calero Novillo geleitet, umhegt den Gast, der sich weinmäßig auf die temperamentvoll agierende Sommelière Romana Eichensperger und deren Neigung zu terroir-geprägten Gewächsen verlassen kann.

KONTAKT

Grandhotel Schloss Bensberg
Gourmetrestaurant Vendôme
Kadettenstraße 2–4
D-51429 Bergisch Gladbach

Fon: +49 (0) 22 04 / 42 19 41
Fax: +49 (0) 22 04 / 42 981
vendôme@schlossbensberg.com
www.schlossbensberg.com

Öffnungszeiten:
Mittwoch – Samstag
ab 12.00 Uhr, ab 19.00 Uhr

Betriebsferien:
2 Wochen im Februar
3 Wochen in den nordrhein-westfälischen Sommerferien

HASENRÜCKEN MIT WINTERTRÜFFELN GRATINIERT, SAUCE ROUENNAISE UND GÄNSELEBER-PALATSCHINKEN

ZUTATEN FÜR 4–6 PERSONEN

100 g Périgordtrüffel
40 g Weißbrotbrösel
4 Wacholderbeeren
Salz, weißer Pfeffer
60 g Butter
2 Zweige Rosmarin,
1 Zweig Thymian
2 Hasenrücken mit Knochen
1 EL Butterschmalz

GÄNSELEBER-PALATSCHINKEN:
65 ml Milch
60 ml Sahne
je 50 g Mehl und Butter
3 Eier
Salz, weißer Pfeffer, Prise Zucker
200 g frische Gänseleber
100 ml Portweinjus

SCHWARZWURZELGEMÜSE:
4 Schwarzwurzeln
1 EL Butterschmalz
1 Scheibe Schweinebauch, geräuchert
Salz, weißer Pfeffer
200 ml Geflügelbrühe
Honigessig
1 Flocke Butter, kalt

ROSENKOHLGEMÜSE:
150 g Rosenkohlblätter
40 g Butter
Salz, Muskatnuss, weißer Pfeffer
20 g Bauchspeckwürfel, geräuchert

ROTE-BETE-PÜREE:
3 Rote Bete, ca. 500 g
500 g Meersalz, grob
200 g Salzbutter
1 TL Kreuzkümmel, gemahlen
Himbeeressig
weißer Pfeffer, Zucker, Salz

SAUCE ROUENNAISE:
1 Schalotte, fein gewürfelt
6 weiße Champignons
3–4 EL Kalbsblut
50 g Gänseleberterrine, durch ein Sieb gestrichen
20 g Butter
je 2 cl Cognac und Madeira
1/2 Lorbeerblatt, frisch
5 Wacholderbeeren, zerdrückt
300 ml Wildjus
8 cl schwarzer Trüffelsaft

1. **Hasenrücken mit Trüffelkruste:** Trüffel, Weißbrotbrösel und 2 gemahlene Wacholderbeeren fein zerkleinern. Mit Salz und Pfeffer würzen. Butter in einem Topf mit 1 Zweig Rosmarin und Thymian aufschäumen und nussbraun werden lassen. In die Trüffelmasse abseihen, alles gut vermengen und die Masse zwischen Pergamentpapier 5 mm dick ausrollen. Im Papier in 5 x 20 cm lange Streifen schneiden und kalt stellen.

   Hasenrücken von Haut und Sehnen befreien und in Butterschmalz rundherum anbraten. Im Backofen bei 200 °C Umluft mit 1 Rosmarinzweig und 2 zerdrückten Wacholderbeeren auf dem Knochen ca. 10 Minuten braten. Mehrmals mit Bratfett übergießen. Mit Alufolie abgedeckt ruhen lassen.

2. **Gänseleber-Palatschinken:** Milch, Sahne und Mehl zu einem glatten Teig rühren. 30 g Butter schmelzen und Eier, Salz, Pfeffer und Zucker zugeben. Alles durch ein feines Sieb gießen und 1 Stunde kaltstellen. In einer Pfanne mit wenig Butter hauchdünne Crêpes goldgelb ausbacken. Diese mit aufgeschnittener Gänseleber (2–3 mm) ohne Zwischenräume belegen. Mit Salz und Pfeffer würzen. Die Crêpes jeweils 2-mal zusammenklappen und mit Portweinjus deckend einpinseln. Im Backofen bei 120 °C Umluft auf 40 °C Kerntemperatur erhitzen.

3. **Schwarzwurzel- und Rosenkohlgemüse:** Schwarzwurzeln schälen, in Stifte à 6 cm und 8 x 8 mm schneiden. In Butterschmalz anbraten. Schweinebauch zugeben, salzen und pfeffern. Mit Geflügelbrühe aufgießen. Abgedeckt weich dünsten. Sobald das Gemüse die gewünschte Garung hat, aus der Restflüssigkeit nehmen. Diese mit einem Schuss Honigessig einkochen. Mit einer Flocke kalter Butter binden und die Schwarzwurzeln zugeben.

   Rosenkohlblätter in kochendem Salzwasser 2 Minuten garen. In Eiswasser abkühlen. Butter in einem Topf nussbraun bräunen. Gut abgetropfte Blätter dazugeben, mit Gewürzen abschmecken und Bauchspeckwürfel zugeben.

4. **Rote-Bete-Püree:** Rote Bete waschen. Auf einer 5-cm-Meersalzschicht auf einem Backblech mit Alufolie abgedeckt im Backofen bei 180 °C Umluft, je nach Größe, 2–2,5 Stunden weich garen. Noch heiß schälen. Mit Salzbutter (auf 100 g Rote Bete 40 g Salzbutter) zu einem stückigen Püree verarbeiten. Mit Gewürzen und Essig abschmecken. Abgedeckt warm stellen.

5. **Sauce Rouennaise:** Schalotte und Champignons putzen und klein schneiden. Das Kalbsblut mehrmals fein passieren. Gänseleberterrine durch ein Sieb streichen und beiseite stellen. Das Gemüse in Butter farblos anschwitzen, mit Alkohol ablöschen. Mit Gewürzen und Wildjus aufgießen. 15 Minuten ziehen lassen. Kurz vor dem Servieren mit Trüffelsaft, Kalbsblut und Gänseleber binden und durch ein feines Sieb passieren. Die Sauce darf maximal 55 °C Temperatur haben!

6. **Anrichten:** Hasenfilets entlang des Rückgrats auslösen und in einer Pfanne mit schäumender Butter kurz schwenken. Trüffelkruste vom Papier abziehen und auf die Filets legen. Im vorgeheizten Ofen mit maximaler Grillstufe gratinieren. Temperierte Gänselebercrêpes mit Portweinsauce einpinseln und längs anschneiden. Filets schräg gegen die Faser in 4 Stücke schneiden. Gemüse und Crêpes auf 4–6 Tellern anrichten. Filetstücke dazwischen legen. Sauce Rouennaise separat reichen.

HARALD WOHLFAHRT, GOURMETRESTAURANT SCHWARZWALDSTUBE IM HOTEL TRAUBE TONBACH, BAIERSBRONN, DEUTSCHLAND

Wenn Harald Wohlfahrt, der Rot als seine Lieblingsfarbe angibt – vor zehn Jahren war es Königsblau, über das Kochen spricht, kommt besonderer Glanz in seine Augen, strafft sich die schlanke Figur. Kochen ist sein Leben, und bei diesem Bekenntnis schwingt nicht die Koketterie eines Stars mit, der er in der Küche ist, sondern die Ernsthaftigkeit des Künstlers. Gut kochen kann ja bald einer, aber so gut kochen, dass einem im Moment des Genießens die Welt drumherum klein erscheint, als schaue man verkehrt durch ein Fernglas, das ist Kochkunst, wie sie Wohlfahrt seit nunmehr nahezu 30 Jahren schafft: auf höchstem Weltniveau und seit 1992 mit drei Sternen im »Michelin«!

Was Wohlfahrt mit seinen Köchen macht – alles schlanke Kerle wie der Chef, der mit seinen 180 Zentimetern gerade mal 154 Pfund wiegt, denn ein Dicker würde nicht zwischen die schmalen Gänge um die Herde und Arbeitstische passen –, das ist eine originäre, unverwechselbare Persönlichkeitsküche auf Basis der klassischen französischen Grande Cuisine. Wie er beispielsweise das Erdige einer schwarzen Trüffel mit der durch Dünsten zart süßlich werdenden Schalotte in Harmonie vereint, ist mit Worten so unzulänglich zu beschreiben wie eine Fuge von Bach oder ein Bild von Matisse. Legendär sind seine Amuse-Bouche-Kreationen, himmlisch die Desserts; man spare also beim Brot, auch wenn dieses Accessoire, wie alles in der Schwarzwaldstube, mit außergewöhnlich noch gnädig beschrieben ist.

Unter den Händen dieses sensiblen Kochs bekommt auch das scheinbar Verwegene eine Logik, wie überhaupt der Kochstil von Harald Wohlfahrt durch klaren, architektonisch geradlinigen Aufbau gekennzeichnet ist. Die Variation vom Kalbskopf, die Rosette vom Hummer, das konfierte Rotbarbenfilet auf Oktopusrisotto, die mitsamt der Gräte gegarte und von einer Estragon-Buttersauce geschmeidig flankierte Steinbuttschnitte, das mit Aromaten ebenso kühn wie stilsicher angereicherte Lammkarree oder das Kompott vom Ochsenschwanz mit Kartoffelschaum sind geschmackliche Meisterwerke wie die mit Aprikosen, Mandeln und Portweingelee marinierte Gänseleber, das hinreißend schöne Mosaik von Jakobsmuscheln und pochierten Austern nebst Kaviar oder die mit

IHR LEBENSMOTTO?
»Nimm dir die Zeit zu kochen, es ist die Quelle des Glücks.«

WELCHE 3 DINGE WÜRDEN SIE AUF EINE EINSAME INSEL MITNEHMEN?
Angel, Axt, Taschenmesser.

WELCHE SPEISE HABEN SIE ALS KIND AM LIEBSTEN GEGESSEN?
Pfannkuchen mit Mirabellenkompott.

GIBT ES EINEN TRAUM, DEN SIE SICH NOCH ERFÜLLEN MÖCHTEN?
Einen Marathon zu laufen.

Kalbsbries, Entenleber sowie geschmorten Kalbsbäckchen gefüllte und getrüffelte Kartoffeltorte.

Dank seines handwerklichen Könnens und seiner mit einem untrüglichen Gespür für kulinarische Spannung und kompositorische Harmonie gekoppelten Phantasie ist Wohlfahrt kein Nach-, sondern ein Neukocher, also einer, der jeden Tag mit Engagement an Rezepten tüftelt und alle vier bis sechs Wochen die Speisekarte erneuert. Entspannen kann er sich beim Sport oder zu Hause bei den Kindern und seiner Frau, bei Eintopf und geschmortem Huhn, einem Paradestück der Gemahlin. Auf welche drei Dinge er in seinem Leben nie verzichten möchte? Abgesehen von Frau und Familie sind es die vier Jahreszeiten, Sport und generell »außergewöhnliche Dinge«. Gottlob ruht Wohlfahrt nicht auf seinen Lorbeeren aus. Er brennt noch vor junger Leidenschaft, ohne die es keine große Küche gibt, und er gehört zu jener Handvoll deutscher Köche, die nicht nur ein Teil ihrer Epoche sind, sondern diese gastronomisch mitprägen.

WELCHER BERUF (AUSSER DEM EIGENEN) WÄRE FÜR SIE INTERESSANT UND WARUM?
Architekt, weil mich Architektur begeistert.

IHR LIEBLINGSGEWÜRZ?
Safran.

IHR SCHÖNSTES KULINARISCHES ERLEBNIS?
Ein Geisha-Restaurant in Hongkong.

MIT WEM WÜRDEN SIE GERNE EINMAL ZU ABEND ESSEN?
Anke Engelke.

ÜBER DAS RESTAURANT

Es sitzt sich kommod in der postbarocken Schwarzwaldstube. Farben und Licht sind von wohltuender Zurückhaltung, dicker Velour dämpft die Schritte, kostbar ist die Tischkultur aus Silber, Seide, Kristall und Porzellan. Die Fürsorge beginnt bereits am Eingang in dieses gastronomische Paradies mit dem herrlichen Blick durch große Panoramafenster ins Murgtal hinein. Man hat das wohlige Gefühl, schon lange erwartet worden zu sein. Ein Amuse-Bouche oder zwei, als »Gruß der Küche« apostrophiert, sind obligat, Extrawünsche werden ohne hochgezogene Augenbrauen umgesetzt. Weinfreunde sind bestens aufgehoben dank einer erstklassig besetzten Karte, die von Stephane Gass, dem kundigen Sommelier aus dem Elsaß, mit feinem Gespür für die Kombination von Speise und Wein und die Bedürfnisse sowie das finanzielle Wollen des Gastes dirigiert wird.

KONTAKT

Hotel Traube Tonbach
Gourmetrestaurant
Schwarzwaldstube
Tonbachstraße 237
D-72270 Baiersbronn

Fon: +49 (0) 74 42/49 26 04
Fax: +49 (0) 74 42/49 26 92
info@dieschwarzwaldstube.de
www.dieschwarzwaldstube.de

Öffnungszeiten:
Mittwoch – Sonntag
ab 12.00 Uhr
ab 19.00 Uhr

Betriebsferien:
3 Wochen im Januar, 3 Wochen Juli/August

MOSAIK VON SANKT-JAKOBSMUSCHELN UND FELSENAUSTERN AN LIMONENVINAIGRETTE UND IMPERIALKAVIAR

12 große Jakobsmuscheln
16 Felsenaustern
100 g Imperialkaviar
1 Bund Schnittlauch
1 Hummerkorail
Salz, Pfeffer aus der Mühle

MARINADE:
Saft von 1 Limone
Saft von 1/2 Zitrone
150 ml Olivenöl
geriebene Schale einer Limone
geriebene Schale einer Zitrone
Meersalz

1. Austern mit dem Austernöffner aufbrechen und das Austernwasser auffangen und durch ein Sieb gießen. Austernfleisch auslösen, ohne es zu beschädigen. Das Austernwasser erwärmen. Die Austern 30 Sekunden in dem Austernwasser gar ziehen lassen.

   Ganz wichtig: Das Austernwasser darf nicht kochen.

2. Flache Seite der Jakobsmuscheln auflegen. Mit dem Küchenmesser die Muscheln von der Schale trennen und den Deckel abheben. Muschelfleisch vorsichtig aus der Schale lösen. Das Muschelfleisch darf dabei nicht verletzt werden. Äußere Schleimhäute der Jakobsmuschel entfernen und die Muschel unter fließendem, kaltem Wasser sauber spülen. Danach mit Küchenkrepp abtrocknen.

3. Hummerkorail in leicht gesalzenem Wasser 5 Minuten gar ziehen lassen, aus dem Wasser nehmen und erkalten lassen. Mit der Gabel fein zerdrücken.

4. Schnittlauch in feine Röllchen schneiden.

5. **Anrichten:** Die Jakobsmuscheln in dünne Scheiben schneiden. Die Austern der Länge nach halbieren. Beide Muscheln wie ein Mosaik auf dem Teller anrichten, leicht mit Meersalz und Pfeffer bestreuen und mit der Limonenmarinade bepinseln. Mit den Schnittlauchröllchen und dem Hummerkorail bestreuen. Um das Ganze den Kaviar anrichten.

h. wohlfahrt

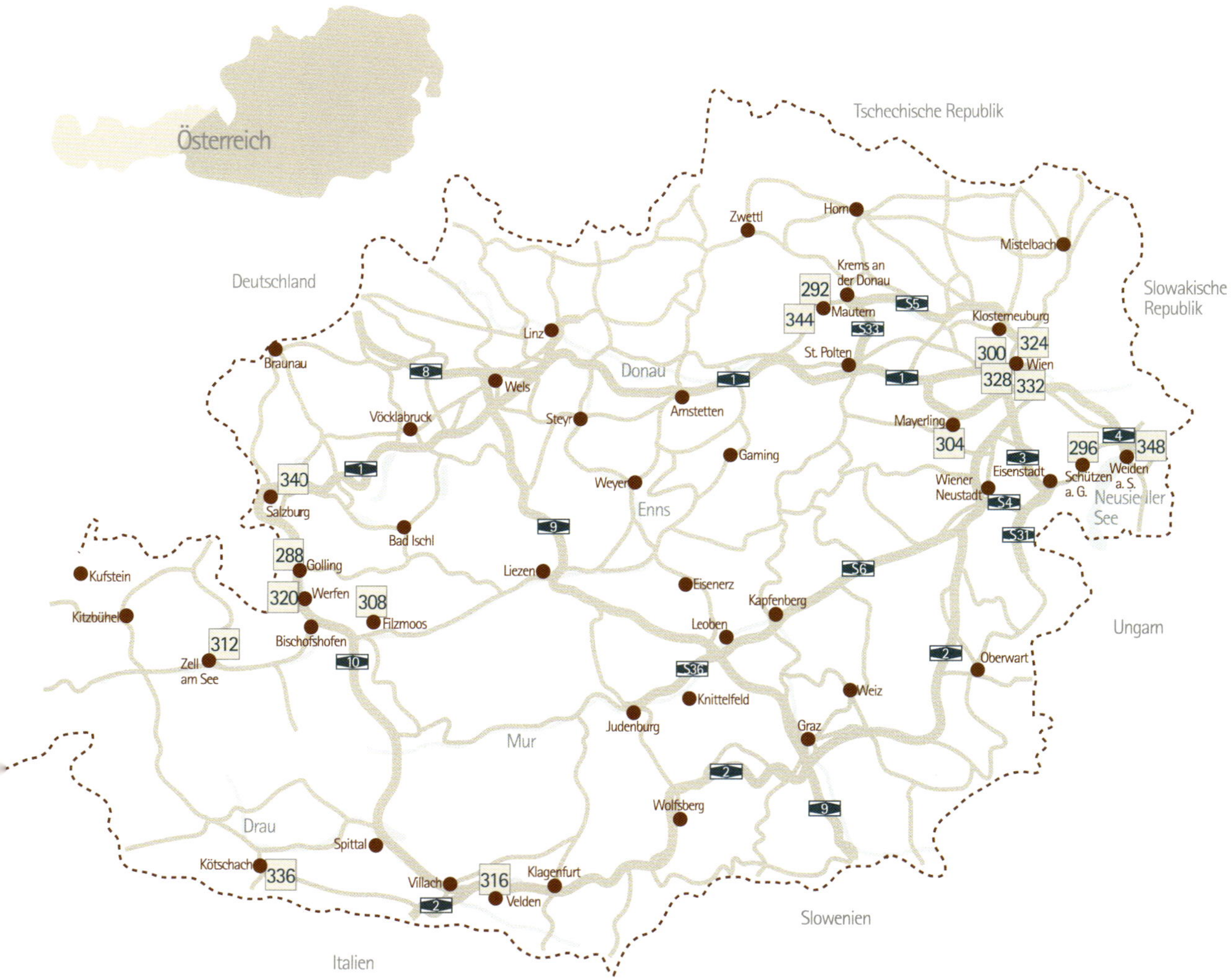
Österreich
Tschechische Republik
Deutschland
Slowakische Republik
Ungarn
Slowenien
Italien
Donau
Enns
Mur
Drau
Neusiedler See
Zwettl
Horn
Mistelbach
Krems an der Donau
292
344
Mautern
Klosterneuburg
324
300
Wien
328
332
Linz
Braunau
Wels
St. Pölten
Amstetten
Vöcklabruck
Steyr
Mayerling
304
296
348
Gaming
Eisenstadt
Schützen a. G.
Weiden a. S.
Wiener Neustadt
340
Salzburg
Weyer
Bad Ischl
288
Golling
Liezen
Kufstein
Eisenerz
320
Werfen
308
Filzmoos
Kapfenberg
Kitzbühel
Leoben
312
Zell am See
Bischofshofen
Oberwart
Knittelfeld
Weiz
Judenburg
Graz
Wolfsberg
Spittal
Kötschach
336
Villach
316
Velden
Klagenfurt
8
1
9
10
2
S5
S33
3
4
S4
S31
S6
S36

DIE ZAHLEN ENTSPRECHEN DEN SEITENZAHLEN DER PORTRÄTS IN DIESEM BUCH.

Dass Essen und Trinken Leib und Seele zusammenhalten, war schon unseren Altvorderen geläufig. Der menschliche Körper muss, wie jede andere Maschine auch, regelmäßig geschmiert werden. Aber während für den Leib die Hauptsache ist, dass er zu essen und zu trinken bekommt, sobald es ihn danach verlangt, will die Seele anspruchsvoller bedient werden – sie will gut essen und trinken. Da wird aus der existenziellen Pflicht zum schieren Leben und Überleben die Kür in Form von Esskultur.

Aber was ist das: gut essen und trinken? An dieser Frage scheiden sich nicht wenige Geister. Für die einen fängt das gute Essen erst bei Gänseleber und Trüffel an, wohingegen andere eher an Sauerbraten und Rippchen denken. Für den wahren Feinschmecker existieren derlei Gräben nicht. Bei der Frage, was eine gute Küche ausmacht, geht es nicht um eine Kontraststellung zwischen raffiniert und rustikal, zwischen französischer Haute Cuisine und deutscher Hausmannskost. Lecker kann das eine wie das andere sein. Entscheidend ist die Qualität der Zutaten und selbstverständlich das Können sowie die Moral des Kochs. Ein Täubchen aus der Bresse, artig getrüffelt und gefüllt mit Gänseleber, löst ebenso den Zungenschlag des Genusses aus wie eine saftig gekochte Ochsenbrust oder eine marinierte Sülze mit perfekten Bratkartoffeln.

Andreas Döllerer, 1979 in Hallein geboren und aufgewachsen im elterlichen Ensemble aus Gasthaus, Weinhandlung und Metzgerei, gehört zu jenen ungestüm vorwärts stürmenden Jungköchen, denen solche gastronomische Nomenklatur ohnehin wenig bedeutet. »Ich sehe meinen Kochstil als moderne, kreative Küche mit Bodenhaftung«, sagt Döllerer, der die entscheidenden kochtechnischen Impulse während seiner Zeit bei Dieter Müller in Schloss Lerbach erhalten hat und seit 2004 als Küchenchef die gastronomische Richtlinie bestimmt. Die besteht aus zwei Fraktionen in getrennten Räumen: gutbürgerlich zwischen Gulasch, Krautfleckerl, Bachsaibling im Kürbisfond, Kalbsnieren im Ganzen, Backhendl und Zwiebelrostbraten im »Wirtshaus« und innovativ mit Langoustine Royal (gegrillt, serviert mit Berglinsen, Spinat und mit Blutwurst gefülltem Apfel nebst Jus von Krustentieren),

IHR LEBENSMOTTO?
Immer positiv denken!

WELCHER VERSUCHUNG KÖNNEN SIE NICHT ODER NUR SCHWER WIDERSTEHEN?
Frisch gebackenem Brot.

WAS ZEICHNET EINEN GUTEN KOCH AUS?
Gefühl, Geschmackssinn, Intelligenz.

Variation von der Gänseleber, Zander mit Kalbskutteln, Morcheln und Erdäpfelschaum sowie geschmorten Ochsenbacken mit Bergkäsetortellini und Balsamico-Sauce im sogenannten »Genießerrestaurant«. Der Gast, um dessen Beglückung sich im Hause Döllerer alles dreht, ist also fein heraus, denn er kann wählen, wonach es ihn kulinarisch gerade gelüstet.

Die Abteilung für den an Neuem interessierten Gourmet lässt unschwer erkennen, dass der Mann mit den nachdenklichen Augen das Ungewöhnliche als seine tägliche Herausforderung liebt. Er vermählt gerne wechselweise Produkte und Aromen, die sich nicht gleich beim ersten Blick als naturgegebene Partner anbieten. Unter Innovation versteht Döllerer eine Küche, die technisch auf der französischen Schule fußt, doch infolge seiner teils kecken Kombinationslust stark individualistisch geprägt ist. Vom modischen »Stickstoff-Getue« der Molekularküche hält er nichts. Hinzu kommt seine Vorliebe für regionale Bio-Produkte, die freilich mit mediterranen und auch orientalischen Garmethoden sowie Würznoten auf eine, seine spezielle Geschmacksebene gehoben werden. Was nach internationalem Techtelmechtel klingt, löst sich auf dem Teller in spannungsgeladener Harmonie auf, was selbst für einige spielerische Touren ins Feld des Manierismus gilt.

Wenn Döllerer einen Frischkäse mit Sardinen, getrockneter Tomate und Erdbeermark mischt, eine Bohnensuppe mit Rosmarin und Tahitivanille aromatisiert, einer Gänseleber im Gewürzrauch ihre Finesse verleiht, eine Bachforelle in Olivenöl brät und mit einer Paprika-Ananascreme nebst geschmorten Schalotten und Zucchini anrichtet oder einen Schweinebauch erst in gesalzenem Wasser butterweich drei Stunden lang behutsam gart, dann knusprig grillt und mit Selleriecreme sowie einer gehaltvollen Banyulsreduktion die letzte Weihe hin zur Vollkommenheit gibt, dann erlebt man die Handschrift eines Koch, der gleichermaßen selbstbewusst wie sensibel ist.

ÜBER DAS RESTAURANT

Die Ästhetik der Küche hat ihre Parallele im Restaurant, das im eleganten Landhausstil gestaltet ist: licht und schnörkellos, doch farbenfroh und mit edler Tischkultur. Gleich nebenan, abgetrennt nur durch eine hüfthohe Wand, ist das »Wirtshaus«, in dem neben regionaler Küche klassische Innereien als Spezialität aufgetischt werden. Die Weinkarte ist exzellent bestückt: Döllerer Senior ist ein Kenner hohen Grades, seine außerhalb des Ortskerns gelegene Vinothek lohnt gleichfalls einen Besuch.

KONTAKT

Restaurant
Döllerer
Am Marktplatz 56
A-5440 Golling

Fon: +43 (0) 62 44/42 200
Fax: +43 (0) 62 44/69 12 42
office@doellerer.at
www.doellerer.at

Öffnungszeiten:
Dienstag – Samstag
12.00 – 13.30 Uhr
18.00 – 21.30 Uhr

Betriebsferien:
variabel

GIBT ES EINEN TRAUM, DEN SIE SICH NOCH ERFÜLLEN MÖCHTEN?
Den Jacobsweg zu gehen.

IHR LIEBLINGSGEWÜRZ?
Kümmel, Vanille.

MIT WEM WÜRDEN SIE GERNE ZU ABEND ESSEN?
Alain Ducasse.

GRAVENSTEINER APFEL, BLUNZEN UND LANGOUSTINE ROYALE

ÄPFEL:
4 Äpfel (Gravensteiner)
30 g Feinkristallzucker
250 ml Apfelnektar
4 cl weißer Balsamico
1/2 Sternanis
1/4 Zimtstange

BLUNZENFÜLLE:
1 Schalotte
Olivenöl
120 g Blunzen
1 Knoblauchzehe
frischer Majoran
Salz, schwarzer Pfeffer

KRAUT:
250 g Spitzkraut
Salz
1 rote Zwiebel, geschnitten
1 Knoblauchzehe, angedrückt
1 EL Bauchspeck, fein geschnitten
2 cl Olivenöl
50 ml Weißweinessig
50 ml Rindsuppe
Kümmel, Pfeffer

LANGUSTINEN:
4 große Langustinen
Olivenöl
1 TL kalte Butter
4 Thymianzweige
Meersalz
2 cl kräftiges Olivenöl

Ein richtiges Herbstgericht, der Gravensteiner Apfel hat einen relativ hohen Säuregehalt, die Blutwurst eine gewisse Süße, das passt sehr gut zusammen.
Die gegrillte Langustine muss wirklich groß sein, damit das Verhältnis Meeresgetier-Apfel stimmt. Deftig und doch elegant – eine extravagante Gratwanderung.

1. **Äpfel:** Die Äpfel schälen und entkernen. Daraus Ringe mit ca. 4 cm Durchmesser und 5 cm Höhe ausstechen. Zucker karamellisieren, mit Apfelnektar und Balsamico ablöschen und die Gewürze zugeben. Aufkochen lassen und die Apfelringe damit übergießen. Das Ganze mindestens 1 Stunde durchziehen lassen.

2. **Blunzenfüllung:** Die geschnittene Schalotte in etwas Olivenöl anschwitzen lassen, geschnittene Blunzen und angedrückte Knoblauchzehe dazugeben. So lange rösten, bis die Blunzen ganz weich ist. Knoblauch wieder entfernen und mit frischem Majoran und eventuell Salz und Pfeffer abschmecken. Blunzenmasse in die Apfelringe füllen und im Ofen bei 170 °C 10 Minuten backen.

3. **Kraut:** Kraut salzen und 1 Stunde ziehen lassen. Zwiebel, Speck und Knoblauch in Olivenöl anschwitzen, mit Essig und Suppe ablöschen und auf das Kraut gießen. Kümmel und Pfeffer zugeben. Eine Stunde ziehen lassen und gegebenenfalls nochmals etwas nachwürzen.

4. **Langustinen:** Langustinen bei milder Hitze in Olivenöl anbraten, Butter und Thymian zugeben und in etwa 1 Minute fertig garen. Dabei immer wieder mit der aufschäumenden Butter übergießen. Mit Meersalz würzen und auf den Apfelringen platzieren. Etwas kräftiges Olivenöl darüberträufeln.

THOMAS DORFER, LANDHAUS BACHER, MAUTERN / WACHAU, ÖSTERREICH

»Der Schöpfer nötigt den Menschen zu essen, um zu leben, er fordert ihn dazu durch den Appetit auf und belohnt ihn durch das Vergnügen, das er dabei empfindet.« Dieser wohlgedrechselte, wenngleich altmodisch ziselierte Satz steht – als Paragraph fünf – in der Vorrede zu Brillat-Savarins Buch über die Physiologie des Geschmacks. Und diese liebevoll aus Erfahrung sowie Erwartung gesponnene Kombination, der wohl ein »So-sollte-es-Sein« zugrunde liegt, kann man im Landhaus Bacher erleben, wo Thomas Dorfer als Küchenchef an der Seite von Lisl Wagner-Bacher, seiner Schwiegermutter, fungiert und sozusagen als Mitgift neue Ideen einbrachte, die am Herd mit bestechender Technik und einer von traditionellen Zwängen befreiten Kreativität umgesetzt werden. In der Gastronomie ist es wie mit der Philosophie: beide brauchen jugendliches Feuer, um nicht zu erstarren. Die Denker müssen alte geistige Welten einreißen, ehe sie neue aufbauen können. Köche nehmen Leben und kreieren neues, indem sie aus Fleisch, Fisch und Gemüse prachtvolle Speisen schaffen. So konnte der Küche, abgesehen vom Menschlichen, nichts Besseres passieren als die Einheirat des 1975 im kärntnerischen Spittal an der Drau geborenen Dorfer ins Wagner'sche Familienunternehmen. Zuvor hat er in renommierten Küchen gearbeitet – wie Jöhri's Talvo in St. Moritz und als Vizechef im Bareiss in Baiersbronn – und sich bei Zunftgrößen wie Hans Haas (Tantris, München), André Jäger (Fischerzunft, Schaffhausen) Joachim Wissler (Vendome, Bergisch-Gladbach) sowie Juan Mari Arzak umgeschaut, der in San Sebastian seine neue baskische Küche (Ei mit Trüffelblume in Gänseschmalz und Chorizo-Wurst) mit Molekulareffekten schuf.

Stilistisch ist Dorfer von der französischen Cuisine geprägt, doch nimmt er sich auf dieser Basis die Freiheit für eine persönlich akzentuierte Küche mit bevorzugt mediterranen Elementen. Ein Schwerpunkt der Küchenlinie gilt der zeitgemäßen Reform der Wiener Küche. Einige Beispiele aus der wöchentlich wechselnden Karte, die in mehrere Menüs gegliedert ist, aus denen der Gast sich auch seinen individuellen Speisezettel komponieren kann, mögen besser als Definitionen den gastronomischen Pas

WELCHER VERSUCHUNG KÖNNEN SIE NICHT ODER NUR SCHWER WIDERSTEHEN?
Guter Schokolade.

WAS SAMMELN SIE UND WARUM?
Speisekarten, als Erinnerung.

WIE ENTSPANNEN SIE SICH?
Mit Musik oder auf dem Golfplatz.

WELCHE SPEISE HABEN SIE ALS KIND AM LIEBSTEN GEGESSEN?
Fritattensuppe.

WOMIT KANN MAN SIE VERFÜHREN?
Marillenknödel.

de deux von Lisl Wagner und Thomas Dorfer erklären, die miteinander harmonieren und sich ergänzen, als hätten sie sich zeitlebens gesucht und nun über die Tochter quasi auch dynastisch gefunden.

Schon das Röllchen vom Sashimi-Thunfisch auf einem Gelee von Gartengurken mit Sauerrahm und marinierter Kresse löst einen ersten Zungenschlag des Genusses aus. Die Cremeschnitte von Erbsen mit Erbsenschotensalat und Petersiliendressing aus dem vegetarischen Menü ist subtil abgeschmeckt und kündet von der Achtung der Küche vor Gemüse und der Liebe zum Detail. Da bekommen selbst grüne Bohnen als Partner eines gefüllten Artischockenbodens mit Schmortomaten dank einem Olivenölsud einen Hauch von Esprit. Um den Geschmack dreht sich bei Dorfer alles, den will er klar, unverfälscht und dicht strukturiert auf den Teller bringen – wie beim Heilbutt im leicht gebundenen Paellasud, dem Zander auf glacierten Salatherzen mit Nussbutterschaum oder der geschmorten Ochsenschulter mit Saubohnenragout und Knusper-Kartoffeln.

Otto Nebelthau, der Koch und Literat, hat in den 30er-Jahren des 20. Jahrhunderts einen Satz formuliert, der bündig beschreibt, was gute Küche ist: »Den Grundstoff saftig und unberaubt seiner Kräfte auf den Tisch zu bringen, an ihn, den reinen und unverfälschten, die Zunge wiederum zu gewöhnen, das muß unser Ziel sein.« Das ist ein Credo, das auch von Dorfer stammen könnte. Dass man gute Küche an den Saucen erkennt, gilt selbstverständlich auch für ihn. Er hält sich dabei mit Butter und Sahne zurück, setzt lieber auf Reduktionen und Auszüge. Jus oder Sud heißen seine Favoriten. Das gibt den Gerichten eine spielerische Eleganz, ohne dass es an ihnen an Tiefe mangeln würde. Thomas Dorfer verfügt über eine stupende handwerkliche Präzision und darüber hinaus über den für eine Haute-Couture-Küche artisanalen Schliff.

GIBT ES EINEN TRAUM, DEN SIE SICH NOCH ERFÜLLEN MÖCHTEN?
Einmal nach Japan reisen.

DREI WORTE ZU GENUSS?
Lebensfreude, Zeit, gutes Essen.

MIT WEM WÜRDEN SIE GERNE EINMAL ZU ABEND ESSEN?
Tiger Woods.

ÜBER DAS RESTAURANT

Ja, es ist ein Landhaus wie aus dem Bilderbuch von lichter Eleganz und großen Fenstern hin zum Garten mit den alten Laubbäumen. Klaus Wagner Lisls weinverliebter Mann, hat eine Weinkarte geschaffen, die sich zwischen Wachauer Raritäten, italienischen Klassikern und Bordelaiser Kreszenzen für Kenner so spannend und verheißungsvoll liest wie anspruchsvolle Literatur. Das von Haus aus schon vorzügliche Frühstück mit besten Brötchen und Kipferln, im Sommer auf der Terrasse aufgetischt, wird durch Schmankerln aus der Küche ergänzt. Und es empfiehlt sich ein heiteres Beratungsgespräch mit Frau Johanna, der liebenswürdigen Seele des Hauses, die ein schlichtes Spiegelei mit shakespear'scher Dramatik annonciert!

KONTAKT

Landhaus Bacher
Südtirolerplatz 2
A-3512 Mautern/Wachau

Fon: +43 (0) 27 32/82 937
Fax: +43 (0) 27 32/74 337
info@landhaus-bacher.at
www.landhaus-bacher.at

Öffnungszeiten:
Mittwoch – Samstag
11.30 – 14.00 Uhr
18.00 – 21.00 Uhr

Sonntags
durchgehend 11.30 – 21.00 Uhr

Betriebsferien:
Januar und Februar

OFFENE TOMATENGELEE-RAVIOLI MIT CALAMARI UND LANGOSTINOS IM PARMASCHINKENFOND

8 Langostinos, geschält und entdarmt
200 g gesäuberte Calamari, längs in Streifen geschnitten
Limonenolivenöl
Salz
getrocknete Tomaten

NUDELTEIG:
250 g Hartweizengrieß
50 g griffiges Mehl
ca. 10 Eigelb
2 EL Wasser
1 EL Olivenöl
Salz

TOMATENGELEE:
500 ml Natur-Tomatensauce
3,5 g Agar-Agar
Salz, Cayennepfeffer, etwas Sherryessig

PARMASCHINKENFOND:
100 g mehlige Kartoffeln
1 kleine Schalotte
1 Knoblauchzehe
etwas Thymian
Olivenöl
ca. 600 ml Geflügelfond
Parmaschinkenabschnitte
1 EL Parmaschinkenpulver
Salz, Cayennepfeffer

AUBERGINENPÜREE:
500 g Auberginen
Olivenöl
2 Knoblauchzehen
1 Zweig Thymian
etwas Noilly Prat
250 ml Geflügelfond
Salz, Chili aus der Mühle
abgeriebene Schale einer Zitrone
getrocknete Tomaten, fein gewürfelt

1. **Parmaschinkenfond:** Kartoffeln, Parmaschinkenabschnitte, Schalotte und Knoblauch klein schneiden und in Olivenöl angehen lassen. Mit Geflügelfond aufgießen, weich kochen, mixen, würzen, Thymian auflegen und ziehen lassen. Anschließend durch ein Haarsieb abgießen und mit erstklassigem Olivenöl montieren. Erst kurz vor dem Servieren das Parmaschinkenpulver einstreuen!

2. **Nudelteig:** Alle Zutaten in eine Schüssel geben und langsam zu einem geschmeidigen Teig kneten. Sobald sich alle Zutaten gut zusammengemischt haben, den Teig auf einer leicht bemehlten Arbeitsfläche weiterkneten, bis der Teig schön homogen und flexibel ist. Vor der Weiterverarbeitung den Teig ca. 20 Minuten ruhen lassen. Anschließend den Nudelteig dünn ausrollen, ausstechen (Durchmesser ca. 12 cm) und die Hälfte der Nudelteigrondelle mittig mit einem 3-cm-Durchmesser-Ausstecher ausstechen.

3. **Meeresfrüchte:** Calamari und Langostinos sautieren, mit Limonenolivenöl, Salz und getrockneten Tomaten würzen.

4. **Tomatengelee:** Tomatensauce aufkochen, Agar-Agar einstreuen, kurz durchkochen und mit Salz, Sherryessig und Cayennepfeffer würzen. Dann ca. 5 mm hoch in eine Form gießen und kühl stellen. Anschließend rund ausstechen.

5. **Auberginenpüree:** Die Auberginen schälen und die Schale aufbewahren. In walnussgroße Stücke schneiden, in Olivenöl scharf anbraten, Knoblauchzehen und Thymianzweig dazugeben und mit Noilly Prat ablöschen. Mit Salz und etwas Chili aus der Mühle würzen und mit dem Geflügelfond aufgießen. Im Rohr bei 180 °C zugedeckt weich dünsten. Nach ca. 25 Minuten alles in ein feines Sieb geben und etwas abtropfen lassen, im Thermomix schnell sehr fein pürieren, etwas Zitronenschale, getrocknete Tomatenwürfel und die frittierte, fein gehackte Auberginenhaut ins Püree rühren.

6. **Anrichten:** Nudelteig kochen und mit Auberginenpüree und Gelee füllen. Fertigstellen wie auf dem Foto.

Wenn eine Philosophie ihre Haut abwirft, kommen die Nachahmer und schlüpfen in sie hinein. Diese Erkenntnis eines klugen Kopfes trifft auf vielen Gebieten zu – in Kunst, Literatur, selbst in der Politik nähren sich Epigonen noch lange von den Ideen der Vordenker, die freilich in aller Regel schon einen Schritt weiter sind. Walter Eselböck, 1957 in Wien geboren und als Burgenländer aufgewachsen, hat sich als Koch klarerweise so manches abgeschaut – von nichts kommt nichts, sagt der Rheinländer mit entwaffnender Logik! –, zumal er als gastronomischer Autodidakt keine Lehre im klassischen Sinn absolviert hat. Aber er ist nach rund zwanzig Jahren am Herd kein Adept, keiner, der kopiert oder gar unkritisch übernimmt, was andere entworfen haben. Dafür ist er zu gescheit und auch zu ehrgeizig.

Dass Eselböck nie Küchenlehrling war, geriet ihm einerseits zum Vorteil, denn dadurch konnte er seine Kreativität unbehindert durch schulische Vorgaben ausleben. Ihm hat niemand die drei erzkonservativen Beharrungsprinzipien eingetrichtert: »Das haben wir noch nie so gemacht« – »Das haben wir schon immer so gemacht« – »Da könnte ja jeder kommen«. Die Initialzündung für seine Kochkarriere war ein Essen bei Eckart Witzigmann, das ihn, der als Kneipier bis dahin die Küche für eine zwar notwendige, doch unspannende Dreingabe eines Wirtshauses hielt, derart stark beeindruckt, ja gefesselt hat, dass er nur noch ans Kochen dachte und schließlich am Herd »eine künstlerische Ausdrucksform für mich« fand. Nach dieser Infektion durch große Küche (»Da spielten sich Sachen am Teller ab, die ich bis dahin überhaupt nicht gekannt habe«) hat sich Eselböck bei großen Meistern umgeschaut, Kochkurse besucht, Bücher studiert, viel nachgedacht und mit zunehmendem Enthusiasmus gekocht.

Sein Intellekt hat ihn in Verbindung mit Phantasie angetrieben. Er kennt in der Küche keine Tabus, er experimentiert und probiert, was ihm interessant dünkt. Stilistisch ist er ein Freigeist, der Wert darauf legt, in keine kochtechnische Schublade gelegt zu werden. Freilich gerät mangels solider Ausbildung manches, was als originell annonciert wird, nur banal – ein als Amuse-Bouche serviertes »Frankfurter Würstl« schmeckt wie ein solches, wirkt jedoch in seiner

IHR LEBENSMOTTO?
Genieße und erkenne die Faszination des Augenblicks.

WELCHER VERSUCHUNG KÖNNEN SIE NICHT ODER NUR SCHWER WIDERSTEHEN?
Einem guten Essen mit meiner gesamten Familie.

WELCHE SPEISE HABEN SIE ALS KIND AM LIEBSTEN GEGESSEN?
Cevapcici.

WOMIT KANN MAN SIE VERFÜHREN?
Mit einer Reise nach Paris.

gemusten und dann spiralförmig getrockneten Form in Verbindung mit dem geeisten Senf wie pseudomolekulare Küche und erinnert an ein unseliges Schinkenmus aus der Nouvelle-Cuisine-Zeit. Da wird die Gastronomie leicht zur Gastrokomik.

Abgesehen von solchen Scherzartikeln, die einem Individualisten im Zwang, immer wieder aufs Neue originell und anders sein zu sollen, unterlaufen, ist die Eselböck-Küche mutig, kreativ, in ihren Zweier- und Dreierpaarungen mitunter provokant, auch frech bis surreal, eigentlich nur selten dissonant, gar langweilig (wie die Champignoncreme mit pochiertem Ei). Die Bandbreite reicht von der »gebeizten Lachsforelle auf Mango-Fenchelsalat« und »Wels aus dem Rotweinvakuum mit Schalotten und gebratenem Kitzbauch« sowie einem »Limetten-Vodka-Sorbet« bis zum »Filet vom Angusrind auf Wurzelpüree mit Ochsenzunge in Petersilie-Emulsion und doppelter Cannelloni«. Von eher biederer Güte sind die Desserts, was wohl am gebremsten Interesse des Meisters an der Patisserie liegt.

Hingegen gibt Eselböck den Speisen zumindest phasenweise gerne eine gewisse Süße mit, etwa, indem er einen Braten mit einer Honigsoße flankiert und auch das dazu gehörige Püree lieblich anlegt. Damit huldigt die Küche einem modischen Trend. Man mag es, zumal wenn es als Kontrast auch kulinarische Spannung erzeugt. Ansonsten kann das Karamellisieren wie ein allzu üppiger Einsatz exotischer Früchte und süßlicher Aromaten auch aufdringlich wirken. Gottlob muss bei Walter Eselböck, dem kochenden Intellektuellen mit der sympathischen Ausstrahlung, nicht befürchtet werden, dass er nächtens hochfährt, schweißgebadet, weil träumend, dass ihm der »Michelin« einen Stern weggenommen hat. Ihm sind die Eitelkeiten der Welt nicht fremd; er genießt sie, tut sie jedoch ab mit der augenzwinkernden Koketterie desjenigen, der weiß, dass er gut ist und im Ernstfall das Sein vom Schein zu trennen vermag. Eselböck ist eben kein Koch wie viele andere.

ÜBER DAS RESTAURANT

Mit Sinn für modernes Design und Kunst ist aus einem Bauernhaus ein attraktives Lokal-Ensemble zwischen Eleganz und Heimeligkeit entstanden. Den Sommer über wird auf der Terrasse serviert, doch Vorsicht: die Holzbohlen mit den breiten Fugen sind rabiate Fallen für Stöckelschuhe. Das Bild vom »Taubenkobel« wäre freilich unvollkommen, würde man nicht Eveline würdigen, die Dame des Hauses, die den Service und den Weinkeller mit einer Vorliebe für suggestiv gemachte Rotweine dirigiert, zuweilen allerdings der Neigung nachgibt, so genannte »VIPs« gegenüber anderen Gästen zu bevorzugen.

KONTAKT

Restaurant Taubenkobel
Relais & Chateaux
Hauptstraße 33
A-7081 Schützen

Fon: +43 (0) 26 84 / 22 970
Fax: +43 (0) 26 84 / 22 97 18
restaurant@taubenkobel.at
www.taubenkobel.at

Öffnungszeiten:
Mittwoch – Freitag:
18.00 – 23.00 Uhr
Samstag – Sonntag:
12.00 – 22.00 Uhr

Betriebsferien:
Januar

WELCHER BERUF (AUSSER DEM EIGENEN) WÄRE FÜR SIE INTERESSANT UND WARUM?
Architekt, Baumeister, Bildhauer.

IHR LIEBLINGSGEWÜRZ?
Kümmel, Sternanis, Pfeffer.

MIT WEM WÜRDEN SIE GERNE EINMAL ZU ABEND ESSEN?
Mit Helmut Schmidt auf eine Zigarette.

MARINIERTE ENTENLEBER MIT SAIBLING, SELLERIE UND BALSAMICO

200 g Bachsaiblingfilet
200 g Entenstopfleber
6 EL Zitronenolivenöl
3 EL Apfelbalsamessig
schwarzer Pfeffer, geschrotet
Fleur de Sel
1 EL Pinienkerne

PESTO:
120 g Basilikum
4 Knoblauchzehen
1 EL Pinienkerne
1/2 TL Salz
50 g geriebener Parmesan
150 ml feinstes Olivenöl

SELLERIESTROH:
1/2 Sellerieknolle
Pflanzenöl
Salz

GARNITUR:
1 EL Pinienkerne

1. **Pesto:** Basilikum waschen, trocken tupfen, Blättchen von den Stielen zupfen und fein schneiden. Knoblauch schälen und grob hacken. Mit Pinienkernen, Salz und Parmesan in einem Mörser zermahlen. Olivenöl einarbeiten. Pesto in luftdicht verschließbare Gläser füllen und mit Olivenöl beträufeln. Pesto im verschlossenen Glas gekühlt aufbewahren.

2. **Selleriestroh:** Sellerie schälen und feinblättrig schneiden oder hobeln. Selleriescheiben in hauchdünne Streifen schneiden. Selleriestreifen kurz in leicht gesalzenem Wasser kochen. Mit Küchenhangerl gut abtrocknen. Pflanzenöl erhitzen und Selleriestreifen darin frittieren. Selleriestroh aus dem Öl heben, auf Küchenkrepp abtropfen lassen und leicht salzen.

3. **Garnitur:** Die Pinienkerne für die Garnitur in einer Pfanne ohne Fett leicht rösten.

4. **Marinierte Entenleber mit Saibling:** Saiblingsfilet und Leber in hauchdünne Scheiben schneiden. Aus Zitronenolivenöl und Apfelbalsamessig eine Marinade rühren. Teller mit der Marinade bestreichen und Saiblingsfilet- und Entenleberscheiben daraufsetzen. Saibling und Leber mit Pfeffer und Fleur de Sel bestreuen. Einen Streifen Pesto auf den Saibling ziehen. Auf die Entenleber Creme de Balsamico ziehen. Selleriestroh auf die Leber setzen. Auf jeden Streifen Selleriestroh 3 Pinienkerne setzen.

w. eselböck

Einer Stadt kann man auf zweierlei Weise näher kommen: flanierend, indem man sie erwandert. Das kann beeindruckend sein, aber auch strapaziös. Essend, indem man in ihre Küchen hineinschmeckt. Das kann langweilig sein, aber auch genussvoll. Jede Stadt hat ihren eigenen Duft. Der von Wien ist eine spannende Melange aus Tradition und Moderne, aus Oper und Kaffeehaus, Beisl und Gourmettempel. In tausend Kochtöpfen erlebt die Monarchie mit ihrer reichen Vielvölkerküche täglich ihre appetitlichste Wiederauferstehung. Auf besonders raffinierte Weise geschieht dies in der Beletage des Feinkosttempels namens Meinl, wo Joachim Gradwohl, 1969 in Wiener Neustadt geboren, als Meister der kulinarischen Feinabstimmung kocht.

In seiner Küche werden keine Locken auf Glatzen gedreht, wie es manche Küchenmystiker tun, zumal jüngere, die wie neue Wilde der Küche ihren Arbeitsplatz mit einer Galerie für groteske Kunst verwechseln. Gradwohl, der Stille und Feinsinnige – im Leben wie am Herd – hält es mit klaren Strukturen. Girlanden auf dem Teller sind ihm ein Gräuel, und ebenso wenig kann er der technologischen Molekularküche mit deren Verfremdung von Naturgeschmack und Textur abgewinnen, was er herzerfrischend sympathisch so erläutert: »Eine Karotte, die in ganz normaler Erde unter ganz normaler Sonne herangereift ist, finde ich wesentlich spannender.« Sprichts und begeistert mit einer perfekt gerösteten Kalbsleber, finessig angereichert mit Kapern, Pinien und Schnittlauchpüree, gefolgt von einem ebenfalls ideal gegarten Steinbutt, den er mit diskret geschmortem Pulpo präsentiert und raffiniert aromatisiert mittels einer Honig-Malz-Madeira-Liaison. Der in einer Rotwein-Port-Sauce geschmorte Pulpo mit Pilzen und jungen Bohnen ist ebenfalls ungemein spannend komponiert, desgleichen der in Tomatenöl pochierte und in einer Avocadovinaigrette angerichtete Wolfsbarsch sowie der auf den Punkt gebratene Lammrücken auf ligurischem Gemüse mit Zitronen-Couscous.

Die Küchentechnik von Gradwohl, der bei Eckart Witzigmann gearbeitet hat und im Wiener Steirereck, ehe er die Regie im Meinl übernahm, basiert auf der klassischen Schule, doch die aromatischen Effekte holt

WELCHE 3 DINGE WÜRDEN SIE AUF EINE EINSAME INSEL MITNEHMEN?
Viele gute Bücher, meine Messer, Feuerzeug.

WOMIT KANN MAN SIE VERFÜHREN?
Mit gutem Essen in netter Gesellschaft.

GIBT ES EINEN TRAUM, DEN SIE SICH NOCH ERFÜLLEN MÖCHTEN?
3 Sterne.

WELCHER BERUF (AUSSER DEM EIGENEN) WÄRE FÜR SIE INTERESSANT UND WARUM?
Regisseur.

GIBT ES ETWAS, DAS SIE NIE ESSEN WÜRDEN?
Ja, eine Menge.

sich der Meister bei der auf Frische mit viel Gemüse, Kräutern, Gewürzen, Ölen und Vinaigrettes abonnierten mediterranen Küche. Die Flusskrebse im Verein mit lauwarm marinierter Forelle im Karottenfond mit Kren (Meerrettich für Norddeutsche) oder der Zander mit geschmorten Frühlingszwiebeln, Pfifferlingen und geräucherten Erdäpfeln signalisieren, dass Gradwohl eine kreative Phantasie hat, doch eine, die auf solidem Grund steht. Er macht auf originäre, unverwechselbare Weise eine Küche von subtiler Perfektion, die reich ist an Überraschungseffekten. Gradwohl ist furchtlos im Umgang mit Gewürzen und anderen Aromaten: unorthodox, dabei freilich stilsicher.

Das spricht für den Meister, der übrigens große Auftritte scheut und trotz seiner Erfolge in der Gastrokritik bescheiden geblieben ist. Das schönste literarische Kompliment für die Kochkunst von Joachim Gradwohl findet sich ausnahmsweise nicht bei Thomas Mann, der bekannt geistreich übers Essen und insbesondere die Wonnen eines Frühstücks geschrieben hat, sondern beim großen Nestroy: »Die schönste Gegend ist ein gedeckter Tisch.«

IHR LIEBLINGSGEWÜRZ?
Anis.

IHR SCHÖNSTES KULINARISCHES ERLEBNIS?
Essen in der »Aubergine« bei meinem Vorstellungsgespräch.

MIT WEM WÜRDEN SIE GERNE EINMAL ZU ABEND ESSEN?
Alain Ducasse.

ÜBER DAS RESTAURANT

Der Weg ins Restaurant mit den elegant gedeckten Tischen, dem bequemen Gestühl und der großen Fensterfront zum Graben hin, einem der attraktiven Wiener Plätze, ist gesäumt mit Versuchungen, denn er führt durch einen Teil des Feinkostladens. Die Tischkultur ist, wie man so sagt, vom Feinsten. Kompetent und wohltuend diskret, dabei kein bisschen dienerisch und stets für einen Spruch gut ist der von Hermann Botolen souverän geleitete Service. Dienlich ist noch der Hinweis, dass sich neben wahren Gourmets auch die mittelständische Wiener Schickeria im Meinl trifft, um bei einem Salätchen und einem Glas Champagner gesehen zu werden, zu tratschen und sich darüber auszutauschen, was dick macht und was nicht, Amen!

KONTAKT

Julius Meinl am Graben GmbH
Meinl's Restaurant
Am Graben 19
A-1010 Wien

Fon: +43 (0) 1/53 23 334-60 00
Fax: +43 (0) 1/53 23 334-12 90
restaurant@meinlamgraben.at
www.meinlamgraben.at

Öffnungszeiten:
Montag – Samstag
8.30 – 24.00 Uhr

Betriebsferien:
keine

ST. PETERSFISCH (IM GANZEN) MIT SCHWARZEN NÜSSEN AUF SELLERIE

1 St. Petersfisch
1 Knollensellerie
1 Kartoffel, gerieben
5 schwarze Nüsse
100 g Walnüsse
Pommery-Senf
Geflügelfond
Zitronensaft
Olivenöl, Butter
Thymian, Basilikum
Salz, Pfeffer, Cayennepfeffer

1. **Sellerie:** Sellerie schälen, in grobe Stücke schneiden und im Geflügelfond weich kochen.

   Den Sellerie herausnehmen und den Fond mit einer geriebenen Kartoffel binden, mit Salz, Pfeffer und Zitronensaft abschmecken und durch ein feines Sieb passieren.

2. **St. Petersfisch:** Den St. Petersfisch auf beiden Seiten einschneiden, salzen und pfeffern. Mit Thymian und Basilikum füllen und auf beiden Seiten anbraten. Anschließend bei 160 °C im Backofen je nach Größe ca. 10 Minuten garen.

3. **Schwarze Nüsse:** Die schwarzen Nüsse mit kaltem Wasser abwaschen, fein hacken und die Walnüsse ebenfalls fein hacken. Den St. Petersfisch aus dem Backrohr nehmen, mit Pommery-Senf bestreichen und mit den Nüssen bestreuen. Dann ein wenig Butter zerlassen und über den Fisch gießen. Kurz im Backofen gratinieren lassen.

4. **Anrichten:** Den Fisch auf eine Servierplatte geben. Das Selleriegemüse dazugeben und mit dem Selleriefond angießen. Dazu passen Farfalle-Nudeln.

j. gradwohl

HEINZ HANNER, RELAIS & CHATEAUX HANNER, MAYERLING, ÖSTERREICH

Die große Küche ist, wie Musik, Malerei und Theater, zwischen Tradition und Moderne einem steten Wandel unterworfen. Ludwig XIV. war noch ein pompöser Fresser, der sich bei seinen zeremoniell inszenierten Mahlzeiten, die er im Solo einnahm, von den Hofschranzen gebührend bewundern ließ, doch schon Ludwig XVI. stellte sich selber an den Herd, um Leberpasteten und Hühnchen mit Basilikum zuzubereiten. Köche die damals kurz vor der Französischen Revolution und dem Beginn eines neuen Zeitalters auch für die Grande Cuisine, Kalbsbries mit Krebssauce, gefüllten Hecht mit Champignonpüree oder Ente mit Austern auftischten, wurden von Anthelme Brillat-Savarin, dem Verfasser einer gastronomischen Bibel namens »Physiologie des Geschmacks«, als »Helden der Gourmandise« gefeiert, wohingegen der Dichter Voltaire grimmig mäkelte, sein Magen könne sich »keineswegs an die neue Küche gewöhnen«. Ein Haschee aus Truthahn, Hase und Kaninchen, reichlich mit Pfeffer und Muskat gewürzt, galt ihm als Inbegriff der Gaumenlust.

Aber die Küche lebt und verändert sich. Dabei galt und gilt es, Altes mit Neuem mutig und doch sinnvoll zugleich zu vermählen. Heinz Hanner, der 1963 in Wien geborene Gastronomensohn, verschmelzt auf geniale Weise traditionelle Küchenwerte (sprich: modern übersetzte französische Klassik) mit avantgardistischen Akzenten der Molekularküche zu einer Küche von Weltrang. Dass Hanner nach ersten Erlebnissen in der Wiener Küche von Mutter Cäcilia unüblicherweise bei keinem Meister gearbeitet hat, gab ihm, von Kochschulen weder geprägt und schon gar nicht gebremst, die Freiheit zur Suche nach Neuem. Wohl hat er zahlreiche Koch-Koryphäen besucht und notiert, was ihm interessant schien. Daraus formte er sukzessive und quintessenziell seinen individuellen Hanner-Stil, der, nebenbei angemerkt, keineswegs so molekularträchtig ist, wie ihm von Gastro-Kritikern stempelhaft aufgedrückt.

Seinem neugierigen Naturell folgend nutzt Hanner die Techniken der Molekularküche in Form von Essenzen, Extrakten, Schäumchen, Räuchereffekten und Stickstoff, wie er alles, was weltweit küchenpolitisch geschieht, wachsam registriert und prüft, ob es übernehmenswert ist.

WELCHE 3 DINGE WÜRDEN SIE AUF EINE EINSAME INSEL MITNEHMEN?
Meine Frau Brigitta, Salz und Zucker.

WAS SAMMELN SIE UND WARUM?
Bin Jäger, kein Sammler!

WELCHE SPEISE HABEN SIE ALS KIND AM LIEBSTEN GEGESSEN?
Marillenpalatschinken.

GIBT ES EIN PRODUKT, DAS SIE GAR NICHT MÖGEN?
Affenhirn.

GIBT ES EINEN TRAUM, DEN SIE SICH NOCH ERFÜLLEN MÖCHTEN?
Einen schönen langen Urlaub in den USA!

Das Molekulare findet bei ihm eher in spielerischer Form statt, quasi als Aperçu zum Hauptprodukt oder eigentlichen Gericht. So macht er aus einer Erbse – von Haus aus eines der feinsten Gemüse – ein Esserlebnis, indem die Erbse gemust und auf siebenerlei Art geschmacklich geimpft wird: mit Parmesan, grobem Pfeffer und Tomatenöl, mit Spargelsauce, Estragonöl und karamellisierten Pinienkernen, mit Minze und Schinken, mit Paprikacreme und pochiertem Bries, mit frittierten Zwiebeln und Sojasauce, mit Hummer (oder Krebsen) und Pilzen, mit Sardine und Olivenöl-Mayonnaise.

Exemplarisch für die aufwendige Arbeit in der Küche ist die Taube vom Grillblech. Die Taubenbrust wird gebraten und naturell belassen, während die Keulen geschmort und dadurch geschmacklich intensiviert werden. Dazu gibt es ein leicht geräuchertes und mit Eukalyptus parfümiertes Auberginenpüree nebst einem mit Innereien-Ragout (à la Schnepfendreck) belegtem Crostino. Exquisit ist auch seine in Armagnac, Port, Salz und Pfeffer marinierte Entenleber mit Aprikosen, die, gezuckert und mit Zitronensaft beträufelt, zuvor im Rohr getrocknet worden sind. Das Gericht wird in Blätterteig gepackt, mit einem Bunsenbrenner gratiniert und schließlich mit Mandeln (gezuckert, gesalzen, geröstet und geschrotet) sowie einer Sherry-Reduktion serviert.

Applaus verdienen auch Speisen wie: geschmorter Schweinebauch mit Birnenkaviar, Entenzungen im Lavendelrauch, Hecht mit Gurken und Pfifferlingen. Und allein schon eine Reise wert ist sein Potpourri vom Biomilchkalb, verheißungsvoll solcherart auf der Karte annonciert: Filet & Junglauch, Bries & Spinat & Eierschwammerl, Leber & Rösti, Wangerl & Erdäpfelpüree. Nicht minder die Sinne charmierend sind die Desserts wie etwa die Variationen von der weißen bis schwarzen Schokolade, vom Patissier feinsinnig mit rotem Rübensaft, Chiliöl, Trüffel oder Oliven aromatisiert. »Das Essen«, erklärt Heinz Hanner mit seinem gewinnenden Lächeln, »muss den Kopf füllen, nicht den Magen.« Der Mann ist ein kreativer Unruhegeist, selten zufrieden mit dem Erreichten, der selbst im Sitzen den Eindruck erweckt, permanent auf dem Sprung nach vorne zu sein.

ÜBER DAS RESTAURANT

Holz und Glas sind die bestimmenden Elemente der drei großzügig gestalteten Restaurants. Im Sommer wird auch auf der Terrasse eingedeckt, am rechteckigen Wasserbecken mit den Kois und beschaulichem Blick auf die Idylle des Wienerwalds. Kunst in Form von Bildern und Skulpturen im Haus wie in der Gartenwelt mit dem Schwimmteich zeugen von der Kultur des Hausherrn und von Brigitta Lashofer, seiner Partnerin im Leben wie im Geschäft, wo sie, schlank und schick, den Service führt und auch bei der grandiosen Weinkarte berät.

KONTAKT

Relais & Chateaux Hanner
A-2534 Mayerling 1

Fon: +43 (0) 22 58/23 78
Fax: +43 (0) 22 58/23 78 41
hanner@hanner.cc
www.hanner.cc

Öffnungszeiten:
täglich
12.00 – 14.00 Uhr
18.00 – 22.00 Uhr

Betriebsferien:
31. Januar – 15. Februar

WELCHER BERUF (AUSSER DEM EIGENEN) WÄRE FÜR SIE INTERESSANT UND WARUM?
Priester – mein Helfersyndrom könnte damit am besten behandelt werden.

DREI WORTE ZU GENUSS?
Liebe, Freiheit, Freude! (Ich genieße alle.)

MIT WEM WÜRDEN SIE GERNE EINMAL ZU ABEND ESSEN?
Dalai Lama.

HECHT AUS DEM MONDSEE MIT WALDPILZEN UND PETERSILIE

1 Filet vom Mondsee-Hecht à 2 kg (oder zwei kleine)
etwas Mehl
50 g Butter
2 EL Olivenöl
1 Knoblauchzehe
je 1 Zweig Thymian und Rosmarin
1 Zitronenscheibe
Salz, Pfeffer

PETERSILIENPÜREES:
125 g weiße Petersilienwurzel
40 g Butter
1/8 l Wasser oder Fischfond
2 Bd. Petersilie
3 EL Olivenöl
Salz, Pfeffer

WALDPILZE:
200 g Waldpilze (Herbsttrompeten, Totentrompeten, Steinpilze, Eierschwammerl etc.)
30 g Butter
Salz, Pfeffer

Nicht nur lassen sich die Gräten beim großen, 6 – 10 kg schweren Hecht aus den österreichischen Seen mit dem V-Schnitt leicht herausschneiden, auch die Qualität ist bei diesen Riesen einzigartig und der Geschmack hält jedem Vergleich mit edlen Meeresfischen stand!

1. **Hechtfilet:** Hechtfilet schuppen und entgräten. Mit Salz und Pfeffer würzen und auf der Hautseite mit Mehl bestreuen. In einer Pfanne Butter und Olivenöl erhitzen. Hechtfilet mit der Hautseite nach unten einlegen und langsam bei mittlerer Hitze braten. Dabei immer wieder mit einem Löffel mit Butter-Olivenöl-Mischung übergießen. Gegen Ende der Bratzeit Knoblauch, Thymian- und Rosmarinzweig sowie die Zitronenscheibe einlegen und mitziehen lassen.

2. **Petersilienpürees:** Die Petersilienwurzeln schälen, klein schneiden und weich kochen. Mit 1/16 l Wasser und Butter in einen Mixer geben und fein pürieren. Mit Salz und Pfeffer würzen und durch ein feines Sieb streichen.

   Die Petersilie abzupfen, in Salzwasser blanchieren und mit Eiswasser abschrecken. Mit dem restlichen Wasser und dem Olivenöl im Mixer fein pürieren. Mit Salz und Pfeffer würzen und durch ein feines Sieb streichen.

3. **Waldpilze:** Die Waldpilze putzen, kurz in Butter anschwitzen, mit Salz und Pfeffer würzen.

4. **Anrichten:** Waldpilze auf Tellern anrichten, mit Hechtfilet belegen und mit den beiden Petersilienpürees servieren.

Weinempfehlung:
Pinot Blanc, Schafler, Traiskirchen: frischer Duft nach Äpfeln, am Gaumen elegant und mit Aromen von weißen Manden.

Das irdische Optimum ist für Johanna Maier die Liebe nach dem Essen. Dabei lacht die grazile Frau im weißen Leinendirndl unwiderstehlich wie ein Mädchen, das auch mit 50 Jahren auf geheimnisvolle Weise die Gnade der ewigen Jugend genießt. Ihr Küchenstil ist mit den üblichen Begriffen wie französisch, mediterran oder regional nur unzulänglich zu beschreiben – andere Definitionen wie etwa Crossover, Fusion oder die Molekularküche kommen gar nicht infrage. Begonnen hat Johanna Maier französisch, angelehnt an die Küche von Dieter Müller, von dem sie viel mitbekommen hat. Nach Lernprozessen entwickelte sie eine eigene Küche von originärer Qualität, basierend auf der französischen Klassik mit mediterranen und regionalen Einsprengseln, dabei stets apart im Stil, aromatisch dicht, ästhetisch in der Darstellung.

Sie gilt zu Recht als eine der weltbesten Köchinnen und brilliert in Filzmoos mit Saibling, Rehrücken mit Gewürzkruste, Dreierlei vom Kalbskopf (mariniert, gebacken, als Torte) oder Taube in Barolo und der »Ente Oma Maier«. »Schnickschnack gibt's bei mir nicht«, sagt die Frau, die Schokolade und trockenen Weißwein als Versuchungen angibt, denen sie nur schwer widerstehen kann, falls überhaupt. Sie ist eine Meisterin der Kunst, Tradition mit Kreativität genial zu verbinden und mit Esprit zu erfüllen. Das ergibt Speisen von puristischer Grandezza und ätherischer Finesse à la bretonischer Hummer mit Limetten-Chili-Creme und Octopus-Salat, Entenconfit mit Pilzknödel und Apfel, gratinierter Loup de Mer im Safransud, Hummer und Krebserl im Nudelteig mit Hummernage, Rehbock mit Schwammerl und Banyulssauce, Berglamm mit Kräutergratin, Polenta und Gemüse, Creme de Café. Was so lüstern klingt, schmeckt auch so, und wenn Dietmar Maier, ihr zum Schalk neigender Mann, als Maître mit der achtbaren Weinkarte anrückt, ist die kulinarische Vollkommenheit perfekt.

Die Liebe zum Detail ist jedem Gericht anzumerken; Johanna Maier ist eine Perfektionistin, freilich eine mit Kopf und Seele. Ihre Akkuratesse gilt denn auch den Beilagen. Was sie schlicht als frittiertes Gemüse tituliert, ist ein Lehrstück im Umgang mit einer Produktfamilie, die ansonsten leider oft stiefmütterlich behandelt wird. Selbst unter nam-

WAS HABEN SIE ZU HAUSE IMMER IM KÜHLSCHRANK?
Tomaten.

WAS SAMMELN SIE UND WARUM?
Kochbücher, Gewürz- und Kräuterbücher aus aller Welt, Teddybären.

WOMIT KANN MAN SIE VERFÜHREN?
Mit Tanz und Musik.

WELCHER BERUF (AUSSER DEM EIGENEN) WÄRE FÜR SIE INTERESSANT UND WARUM?
Sozialpädagogin, weil ich es liebe mit Kindern zu arbeiten.

haften Köchen gibt es nicht wenige, die betrachten Gemüse in erster Linie als dienstbare Zutat – wie ein Choreograph Trixie als dritte von links im Ballett tanzen lässt. Doch die Magierin aus Filzmoos schafft es, Gemüse so luftig zu frittieren, dass es wölkchenleicht gerät und somit zu einem kulinarischen Ereignis.

Ein Essen bei ihr macht klar, dass Kunst von Küche kommt! Mode ist für den Tag gemacht. Sie taucht auf, blendet und vergeht, fluscherartig wie ein Komet. Kunst jedoch ist beständig. Und die Kochkunst wirkt auch nach dem Genuss fort. Ein noch so fein komponiertes Menü vergeht während des Essens wohl wie der Schaum des Champagners, aber es bleibt die Erinnerung an etwas Außerordentliches. Ein bravourös in einer Liaison aus Olivenöl und Wein im Ganzen gedünsteter Steinbutt oder eine keck getrüffelte Poularde sind nicht nur sinnliche Wonnen. Sie vermitteln Gelassenheit, Stärke und das angenehme Gefühl, dass der Lärm der Welt im Moment des Genießens draußen bleibt. Große Küche ist ein privates Weltereignis. Dieses schöne Empfinden schafft Johanna Maier mit ihrer Kochkunst.

ÜBER DAS RESTAURANT

So elegant wie allmächtig Johanna Maier in der Küche regiert, so eindeutig prägt sie auch den Stil der Einrichtung. Ihr Einfluss drückt sich in Farben von impressionistischer Suggestion ebenso aus wie in der noblen Tischkultur mit den schmucken Accessoires zwischen subtil gesteckten Blumen, Kristall, Silber und Porzellan.

KONTAKT

Hotel Hubertus
Am Dorfplatz 1
A-5532 Filzmoos

Fon: +43 (0) 64 53 / 82 04
Fax: +43 (0) 64 53 / 82 046
info@hotelhubertus.at
www.hotelhubertus.at

Öffnungszeiten:
Mittwoch – Freitag ab 18.30 Uhr
Samstag, Sonntag ab 12.00 und ab 18.30 Uhr
Feiertags immer geöffnet

Betriebsferien:
November & März

GIBT ES EIN PRODUKT, DAS SIE GAR NICHT MÖGEN?
Austern.

IHR SCHÖNSTES KULINARISCHES ERLEBNIS?
1998 in New York.

MIT WEM WÜRDEN SIE GERNE EINMAL ZU ABEND ESSEN?
André Heller.

MARINIERTER SAIBLING MIT WASABICREME UND GARTENGURKE

4 Saiblingsfilets, portioniert
1 Gartengurke, der Länge nach in feine Streifen geschnitten

ÖLMARINADE FÜR DIE SAIBLINGSFILETS:
Natives Olivenöl
Thymian, Basilikum, Petersilie, Estragon
weitere Kräuter nach Geschmack und Vorlieben

MARINADE FÜR DIE GURKEN:
1/8 l Rindsuppe
1/8 l Maiskeimöl
Salz und Pfeffer aus der Mühle
20 g Weißweinessig
20 g Balsamicoessig, weiß
Zucker nach Geschmack

WASABICREME:
75 g Crème fraîche
125 g Sauerrahm
2 Blatt Gelatine
1–1,5 Mokkalöffel Wasabipaste (aus der Tube)
75 ml Sahne
Salz, Pfeffer
Saft von 1/4 Zitrone

1. **Gurkenmarinade:** Alle Zutaten für die Marinade kräftig verrühren und abschmecken. Dann die Gurkenstreifen für 2 Stunden darin einlegen. Anschließend die marinierten Gurken in eine mit Klarsichtfolie ausgelegte Terrinenform legen und kühl stellen.

2. **Saiblingsfilets:** Saiblingsfilets von den Gräten und der Haut befreien und in ca. 5 cm große Stücke schneiden. Alle Zutaten für die Ölmarinade verrühren und die Saiblingsfiletstücke für ca. 3 Stunden darin einlegen. Dann die Stücke aus der Marinade nehmen und im Ofen bei ca. 80 °C 3 Minuten erwärmen.

3. **Wasabicreme:** Crème fraîche und Sauerrahm in eine Schüssel geben und mit Salz, Pfeffer, Zitrone und Wasabipaste abschmecken. Die Gelatine in kaltem Wasser einweichen (ca. 1 Minute). Dann gut ausdrücken und in einer Stielkasserole mit der Sahne erwärmen, bis sich die Gelatine aufgelöst hat. Anschließend die Sahne in die Sauerrahmcreme einrühren und die Masse in die Terrinenform mit den Gurken füllen. Eine Stunde kühl stellen. Zum Schluss die Terrine stürzen und aufschneiden.

j. maier

ANDREAS MAYER, RESTAURANT MAYER'S IM HOTEL SCHLOSS PRIELAU, ZELL AM SEE, ÖSTERREICH

Für Karl Friedrich von Rumohr, den Kunsthistoriker und hochgelehrten Gastrosophen, der, im Juli 1843 frühstückend vom Schlage getroffen, angeblich mit den Worten »Betet für mich« starb, gab es nur drei Kochstile: einen strengen, einen anmutigen und einen gleißenden. Diese, in seinem »Geist der Kochkunst« zu lesende, gescheit getroffene Einteilung ist heute noch gültig, egal, ob bürgerlich, neudeutsch, französisch, international, mediterran, crossover oder molekular gekocht wird. Bei Andreas Mayer tut man sich mit der Zuordnung nicht schwer. Sein Kochstil ist klar, doch nicht streng. Auch nicht gleißend, was als »blendend« im Sinne von mehr scheinen als sein zu verstehen ist. Anmut hat seine Küche, ja, doch ist mehr dahinter: Raffinesse, gepaart mit Aromendichte.

Im Mai 2004 haben Anette und Andreas Mayer das Haus übernommen, in dem zuvor Jörg Wörther die gastronomischen Akzente gesetzt hatte, und prompt hörte man die Bedenkenträger raunen, der Neue werde sich schwer tun mit dem Erbe. Dazu muss man wissen, dass Wörther seinerzeit als einer der besten Köche, wenn nicht als bester in Österreich galt und, wie es Eckart Witzigmann, sein alter Lehrmeister, erfahren haben will, den dritten Stern vom Michelin erhalten hätte, wäre er nur Koch in Prielau geblieben.

Der Start von Andreas Mayer, dem 1966 im bayerischen Raublingen geborenen Witzigmann-Schüler, war freilich nicht gerade ruhmvoll. Was er anfangs bot, war handwerklich solide, doch ohne Esprit. Der Schatten des Vorgängers dürfte nicht bremsend auf die Kreativität gewirkt haben, denn Mayer ist nicht nur vom figürlichen Gardemaß her ein selbstbewusst auftretender Mann. Eher ist zu vermuten, dass er stilistisch noch ein Suchender war und zu behutsam die Bedürfnisse seiner für ihn ja noch fremden Gäste auslotete. Inzwischen kocht er mit Verve persönlich akzentuierte Speisen, basierend auf der französischen Klassik mit mediterranen Vignetten und einer spielerischen Neigung zu modernistischen, aus Pipetten zu trinkenden Schäumchen. Er arbeitet restriktiv mit Butter und Sahne, bevorzugt Gelees, Vinaigrettes und eben Schäume auch auf dem Teller.

WELCHE 3 DINGE WÜRDEN SIE AUF EINE EINSAME INSEL MITNEHMEN?
Meine Frau und meine beiden Kinder.

WELCHE SPEISE HABEN SIE ALS KIND ÜBERHAUPT NICHT GEMOCHT?
Pellkartoffeln.

GIBT ES ETWAS, DAS SIE NIE ESSEN WÜRDEN?
Bananen.

GIBT ES EINEN TRAUM, DEN SIE SICH NOCH ERFÜLLEN MÖCHTEN?
Den Pilotenschein für den Hubschrauber.

Gerichte wie das Duo von Tintenfisch und Kalbskopf mit Gemüsegelee sowie der gebratene Kabeljau auf Ochsenschwanzsauce mit Senfkohlrabi, der gratinierte Rochenflügel mit Jakobsmuschel und Kräutern oder der Rücken vom iberischen Schwein mit Backerl, Bauch und Räucherfisch sind symptomatisch für den Stil der Küche. Zwar sind die Speisen in ihrer Zusammensetzung nicht von sensationell neuer Erscheinungsform. Nahezu jeder Koch dieser jüngeren Generation arbeitet mit Kontrasten wie jenen aus Fisch und Fleisch. Aber Mayer schafft mit subtil gesetzten Noten eine Küche von durchaus eigenständigem Format, bei der nicht zuletzt die ästhetische Präsentation das Auge begeistert und dadurch sogar ein wenig die anderen Sinne korrumpiert.

In der Regel hat der Gast die Wahl aus vier Menüs, unterteilt in »Mayer's Empfehlung«, »Mayer's Cross Over«, »Mayer's Klassisch« und »Mayer's Vegetarisch« (Paprikaterrine mit Kräutersalat und Parmesaneis, klare Trüffel-Ravioli mit Wirsing und Trüffelessenz, grüner Spargel mit Rahmmorcheln und gebackenem Bio-Ei). Zusätzlich werden Gerichte für zwei Personen angeboten wie beispielsweise ein gebratener Seeteufel mit geschmortem Spitzkohl und Eierschwammerl, ein Ochsenbackerl mit Steinpilzen und hausgemachten Nudeln, ein Rinderfilet und Gänseleber mit Selleriepüree und Burgundersauce oder ein geschmortes Zicklein mit Zitrone, Kräutern und Perlzwiebel-Lauchgemüse. Die vier »Mayers« signalisieren, ob gewollt oder nicht, einen Koch, der sich seiner Leistung bewusst ist. Andreas Mayer macht eine Küche von schwereloser Finesse, die sich ideal für ein Flirtessen eignet.

IHR LIEBLINGSGEWÜRZ?
Safran.

IHR SCHÖNSTES KULINARISCHES ERLEBNIS?
Rahmspinat mit Spiegelei und weißen Trüffeln.

DREI WORTE ZU GENUSS?
Überraschend, spannend und bewegend.

MIT WEM WÜRDEN SIE GERNE EINMAL ZU ABEND ESSEN?
Anne Will.

ÜBER DAS RESTAURANT

Schloss Prielau gehört zum Besitz der Familie Dr. Wolfgang Porsche, eines praktizierenden Gourmets. Im Erdgeschoss des Schlösschens gibt es eine rustikale Küche, die gastronomische Kür findet im ersten Stock eines Anbaus statt. Das lichte Ambiente mit Steinboden, halbhoher Holztäfelung und rot bezogenen Stühlen atmet ländlichen Schick ohne Übertreibung. Der Damenservice ist kompetent und liebenswürdig. Die Weinkarte ist österreichisch erstklassig besetzt, doch mit jüngeren Jahrgängen. Champagner ist teuer, dito Bordeaux selbst in kleinen Jahren.

KONTAKT

Hotel & Restaurant Schloss Prielau
Gourmetrestaurant MAYER's
Hoffmannsthalstraße 10
A-5700 Zell am See

Fon: +43 (0) 65 42 / 72 91 10
Fax: +43 (0) 65 42 / 72 91 111
info@schloss-prielau.at
www.schloss-prielau.at

Öffnungszeiten:
Montag, Mittwoch – Freitag nur abends
Samstag und Sonntag auch mittags

Betriebsferien:
November

KALBSFILET IM SPECKMANTEL AUF TAPIOKARISOTTO UND THAISPARGEL

PUTENFARCE:
300 g Putenbrust
1,5 l Sahne
Salz, Pfeffer aus der Mühle

KALBSFILET IM SPECKMANTEL:
2 Kalbsfilets à 120 g
4 EL Putenfarce
400 g Thaispargel
2 große Scheiben Carréspeck
Salz, Pfeffer aus der Mühle

TAPIOKAPERLEN MIT THAISPARGEL UND PFIFFERLINGEN:
120 g Tapioka
120 g Pfifferlinge
2 Schalotten
20 Stangen Thaispargel
30 ml Olivenöl
1 Zitrone
1 TL gehackten Kerbel
Salz, Pfeffer
500 ml Gemüsebrühe
nach Geschmack: Schwarzer Trüffel

1. **Putenfarce:** Putenbrust in kleine Stücke schneiden, in der Moulinette unter ständiger Zugabe von eiskalter Sahne zu einer cremig-bindenden Farce verarbeiten. Farce durch ein feines Sieb streichen und abschmecken.

2. **Kalbsfilet im Speckmantel:** Den Thaispargel waschen und ca. 30 Sekunden in kochendem Salzwasser blanchieren. In Eiswasser abschrecken und abtropfen lassen. Den Spargel in der Länge der Kalbsfilets von den Spitzen trennen.

   Die Karréscheiben mit der Farce bestreichen und die Spargelstiele gleichmäßig auf dem Speck verteilen. Dann die Spargelstiele ebenfalls mit der Farce bestreichen.

   Die Kalbsfilets waschen und mit Salz und Pfeffer würzen. Auf die Spargelstiele legen und vorsichtig einrollen. Darauf achten, dass der Spargel sich gleichmäßig um die Filets verteilt und der Speck am Ende übereinanderliegt. Die Speckenden aufeinanderdrücken.

   In einer Pfanne die Kalbsfilets im Speckmantel auf der Nahtstelle scharf anbraten, damit sich die Rolle nicht öffnet. Bei 160 °C im Ofen rosa garen. Zum Anrichten die Rollen halbieren.

3. **Tapiokoperlen mit Thaispargel und Pfifferlingen:** Die Topioka in 2 l wallendem Wasser 8 Minuten kochen. In einem feinen Sieb mit kaltem Wasser abschrecken und beiseite stellen.

   Die Pfifferlinge mit einem feuchten Tuch abwischen und in 5 mm große Würfel schneiden, die Schalotten schälen und ebenfalls in Würfel schneiden. Den Thaispargel waschen und in ca. 5 cm lange Stücke schneiden, 1–2 Minuten in Salzwasser blanchieren und kalt abschrecken.

   Die Schalotten und Pfifferlinge in Olivenöl anschwitzen und mit dem Saft der Zitrone ablöschen. Die Tapioka dazugeben und mit der Hühnerbrühe aufgießen, leicht einkochen und mit Salz und Pfeffer würzen. Zum Schluss den Kerbel und den Spargel unterheben und in einem tiefen Teller anrichten.

a. mayer

Jede Zeit hat ihre Sitten und ihre Moden, die freilich oft so töricht sind, dass sie gottlob häufig gewechselt werden. Das Leben gleicht ja streckenweise einer rasenden Berg- und Talfahrt durch fashionable Lüste und Torheiten, und nicht anders ist es in der Küche. Lange Zeit waren Rotbarbe und Loup de Mer das fischige Nonplusultra der gehobenen Gastronomie, derzeit sind im Gefolge einer reformierten Regionalküche auch Süßwasserfische wie Zander und Huchen obenauf. Die Schwarzwurzel feiert fröhliche Auferstehung – eine gute Tat, denn das winterliche Gemüse, das bereits Friedrich von Rumohr in seinem 1825 erschienenen Büchlein vom »Geist der Kochkunst« als fein und lieblich pries, hat unter ihrer schwarzbraunen Borke erhebliche kulinarische Qualitäten. Die Buttersaucen sind teils von Emulsionen, Jus und Olivenöl-Vinaigrettes abgelöst worden, molekulare Techniken allenthalben en vogue und insbesondere die jüngere Generation der Köche beschreibt ihre Speisen mit der Akribie von Doktoranden.

Bei Silvio Nickol, 1975 im sächsischen Hoyerswerda geboren, liest sich das so: Feines von Sankt-Jakobsmuscheln und Trüffeln an Sellerie-Ahornemulsion – Leichter Sud vom mild geräucherten Huchen auf Limonen-Korianderflan und Langustinen-Kaviar-Ei – Poeliertes Filet vom Rochenflügel auf Lauch-Estragonschaum an Kapern-Rosinensauce – Tranchen vom heimischen Rehrücken auf Quitten-Guavenchutney mit Briochepudding an Rouennaisersauce – Wildentenbrust mit tasmanischem Pfeffer lackiert an karamellisiertem Rotkohl, Haselnussblini und Wacholderrahmsauce – Leichter Kartoffel-Fourme-d'Ambertschaum mit Birnen-Wacholderkompott und Château Rieussec – Tartintarte von herbstlichen Früchten auf Zimtsable und einem Cappuccino von Tahiti-Vanilleeis.

Die poetisch angehauchte Nomenklatur hat für den Gast den Vorteil, dass er, abgesehen von speziellen küchenlateinischen Begriffen, ziemlich präzise erfassen kann, was ihn erwartet. Außerdem erlaubt die detaillierte Beschreibung der Gerichte erhellende Hinweise auf deren stilistischen Aufbau. Der praktizierende Gourmet erkennt mediterrane Einsprengsel, findet asiatische Würzeffekte und eine

IHR LEBENSMOTTO?
Man sollte nie mit dem Erreichten zufrieden sein.

WELCHE 3 DINGE WÜRDEN SIE AUF EINE EINSAME INSEL MITNEHMEN?
Freundin, Kochgeschirr, Heißluftballon (falls es mir nicht mehr gefällt).

WELCHE SPEISE HABEN SIE ALS KIND AM LIEBSTEN GEGESSEN?
Eisbein, Sauerkraut, Bautzener Senf.

WELCHE SPEISE HABEN SIE ALS KIND ÜBERHAUPT NICHT GEMOCHT?
Rührei mit Rahmspinat.

Neigung zu Kontrasten. Er nimmt regionale Produkte wahr und sieht darüber hinaus, dass an der Klasse der Zutaten nicht gespart wird. Man registriert den Verzicht auf molekulare Technik und staunt ergriffen über die Lust des Kochs am vielfältigen Spiel mit Aromen, die er gekonnt auf dem Teller bündelt. Die köstliche Kapern-Rosinensauce weist auf ein kurzes Training bei Heinz Winkler in Aschau hin, vor allem jedoch zeigt sich die Meisterschaft von Harald Wohlfahrt, bei dem Nickol immerhin fünf Jahre als Vizechef gearbeitet hat und dessen Schule er weder verleugnen kann noch will. Freilich personalisiert er das Gelernte auf dem Weg zu einem eigenen Stil.

Nickol ist ein Tüftler, der gerne drei- bis vierschichtig kombiniert wie bei den geschmeidig angelegten »Ravioli von der Gänseleber auf Zwetschgenragout mit Spekulatiusschaum«, der im Mund schmelzenden »cremigen Polenta mit Wachtelspiegelei und Scorzonitrüffeln« oder der »gefüllten Fasanenbrust im Weinblatt auf braisiertem Chicorée und Süßkartoffelpüree an Albuferasauce«. Um nun kein Missverständnis aufkommen zu lassen: Nickol weiß um die Bedeutung eines Hauptdarstellers in einem Gericht. Er stellt Fisch, Fleisch und Krustentier galant in den Vordergrund seiner Kreationen, verniedlicht sie also nicht durch Aromenspiele, aber er hält es eben für interessant, diverse Geschmacksnoten zusammenzuführen: »Der Gast soll ein Erlebnis haben, ein Gericht muss am Gaumen auch explodieren.«

Mit dieser engagierten küchenpolitischen Einstellung hat es der blonde Hüne immerhin schon im ersten Jahr seiner Amtszeit als Küchenchef – im März 2007 ist der »Schlossstern« neu eröffnet worden – bereits zu einem Stern im »Michelin« gebracht. Silvio Nickol verfügt neben seinem Kochtalent über genügend Selbstbewusstsein, das nötig ist, um eine große Küche zu schaffen. Die Sterne, so darf ohne Risiko gemutmaßt werden, stehen günstig für den Mann, der außer Koch auch gerne Autorennfahrer geworden wäre, weil er die Geschwindigkeit liebt.

GIBT ES EINEN TRAUM, DEN SIE SICH NOCH ERFÜLLEN MÖCHTEN?
Einmal ins Weltall.

WELCHER BERUF (AUSSER DEM EIGENEN) WÄRE FÜR SIE INTERESSANT UND WARUM?
Rennfahrer, da ich die Geschwindigkeit liebe.

IHR SCHÖNSTES KULINARISCHES ERLEBNIS?
Zu Hause bei der Mama schmeckt es immer am besten.

ÜBER DAS RESTAURANT

Der am Wörthersee thronende Prachtbau im Stil der Neorenaissance hatte es in den Neunzigern auch Gunter Sachs angetan, der dann allerdings die Lust daran verlor, bis eine Bank das Objekt übernahm und es Horst Schulze übergab, der daraus das erste Haus einer »a Capella« genannten Luxushotellerie schuf. Das im ersten Stock etablierte, in zwei Räume unterteilte Restaurant mit Balkon, der im Sommer einige Tische mit Blick aufs Wasser bietet, wirkt mit Parkett und dunkelgold gehaltenen Tapeten etwas düster was die Küche herausfordert, eigene Glanzlichter zu setzen. Die seelische Aufhellung gelingt auch der Patisseuse, die zum Dessert mit einem Wagen voller Pralinen die Runde macht. Wer das besondere Weinerlebnis sucht, ist bei Ondrej Kovar, dem Maître und Sommelier, bestens aufgehoben.

KONTAKT

Schloss Velden
Gourmetrestaurant Schlossstern
Schlosspark 1
A-9220 Velden

Fon: +43 (0) 42 74 / 52 00 00
Fax: +43 (0) 42 74 / 52 00 05 037
info.velden@capellahotels.com
www.schlossveldencapella.com

Öffnungszeiten:
In der Nebensaison
Mittwoch – Samstag 18.30 – 22.30 Uhr
Sonntag 11.30 – 14.30 Uhr
In der Hauptsaison
7 Tage die Woche abends geöffnet

Betriebsferien:
2 Wochen im Januar
2 Wochen im März

SYMPHONIE VOM KANADISCHEN HUMMER

ZUTATEN FÜR 6 PERSONEN

3 Hummer
2 Eier
150 ml Hummeröl
15 Blatt Estragon
1 1/2 Bund Koriander
1/2 Chilischote, rot
Sojaglace
Kataifiteig
Limonenvinaigrette
20 g Knollensellerie
1 Karotte
1/2 Bund Schnittlauch
2 reife Avocados
1/2 reife Thai-Mango
70 g Zuckerschoten
2 Limonen, 1 Zitrone
Sellerie und Karotte
70 ml Olivenöl
250 ml Hummerbisque
250 ml Fischfond
250 ml Muschelsud
5 EL Koriandercoulis
12 Blatt Gelatine
Dayon, Curry
Pfeffer, Gewürzsalz
Cayennepfeffer, kandierter Ingwer
Chicken Sweet Chili Sauce
150 ml Speiseöl

1. **Hummer vorbereiten:** Die Hummer am Bauch zusammenbinden und in Salzwasser 3 Minuten kochen, anschließend in Eiswasser abschrecken, die Scheren aber noch 2 Minuten nachkochen. Anschließend die Hummer vorsichtig ausbrechen, bei den Scheren das Chitinblatt ziehen und bei den Schwänzen den Darm. Die Unterteile der Scheren fein hacken und in eine Schüssel geben.

   Nun ein Ei mit dem Hummeröl zu einer Mayonnaise aufmixen und zu den gehackten Hummerstücken geben, anschließend den Estragon, 15 Blatt Koriander und die Chilischote fein hacken und ebenfalls unter die Masse heben. Mit Gewürzsalz, Koriander aus der Mühle, Cayennepfeffer und Dayon abschmecken.

2. **Hummercannelloni:** Nun jeweils 4 Blatt Gelatine in kaltem Wasser einweichen. In der Zwischenzeit Hummerbisque, Fischfond und Koriandercoulis sowie den Muschelsud getrennt aufkochen. Die Gelatine ausdrücken und in die jeweils vorbereiteten Fonds einrühren. Die Hummerbisque und den Koriandercoulis auf Bleche gießen und auskühlen lassen. Wenn sie erkaltet sind, in 1 cm dicke Streifen schneiden und abwechselnd mit einem Abstand von 1 cm auf ein Blech auflegen. Danach den Muschelsud bei Zimmertemperatur vorsichtig auf das Blech gießen und erneut kalt stellen. Wenn das Gelee ausgekühlt ist, kann es portioniert werden, um die zuvor hergestellte Hummermasse aufzudressieren und zu einem Cannelloni zu rollen.

3. **Hummerscheren in Kataifiteig:** Nun die Scheren mit Sojaglace bestreichen und in Kataifiteig (ca. 10 cm lang) einwickeln. Diese dann kurz vor dem Servieren ausfrittieren.

4. **Hummerschwanzrosette mit zweierlei Dip:** Die Hummerschwänze werden in 2–3 mm dicke Scheiben geschnitten und zu einer Rosette zusammengelegt. Nun den Sellerie und die Karotte zu Brunoise schneiden, blanchieren und in eine Schüssel geben. Ebenfalls den fein geschnitten Schnittlauch und etwas gehackten Koriander dazugeben. Die Limonen und Zitronen auspressen und mit dem Olivenöl sowie und den anderen Zutaten verrühren und mit Salz, Pfeffer sowie Koriander aus der Mühle abschmecken. Anschließend die Hummerschwanzrosette mit der Mischung bestreuen.

   Nun eine Avocado und die Mango schälen und mit Chicken Sweet Chili Sauce aufmixen, mit Gewürzsalz, Zitronensaft und Cayennepfeffer nachschmecken. Die zweite Avocado schälen, in feine Würfel schneiden und zusammen mit dem Avocado-Dip verrühren.

   Das andere Ei anschlagen und mit dem Speiseöl zu einer Mayonnaise aufziehen. Anschließend den restlichen Koriander fein hacken und unter die Mayonnaise heben und mit Dayon, Cayennepfeffer, geriebenem kandiertem Ingwer, geriebenem Knoblauch, Salz, Curry und Sojaglace abschmecken.

   Zuletzt die Zuckerschoten in Julienne schneiden, in Salzwasser blanchieren, abschrecken und rund um die Rosette auslegen.

Jede Küche hat im Regionalen begonnen – und insofern gehen die Brüder Karl und Rudolf »Rudi« Obauer ganz fortschrittlich zurück in die Zukunft, indem sie neben Gerichten der französischen Klassik regionale Rezepturen neu interpretieren. Auf der Speisekarte stehen auch Hummer und Steinbutt, gibt es Trüffel, Kaviar und Gänseleber – unvermeidliche Pretiosen der Grande Cuisine –, aber mit der gleichen Liebe, ja vielleicht noch einem Quentchen mehr widmet sich die Küche regionalen Produkten wie Waller, Forelle, Lamm, Pilzen, Kalbsleber & Co., mit denen Gerichte von unerhört dichtem Aroma geschaffen werden. Das Credo des Brüderpaars, das jeden Tag im Restaurant zum Frommen der Gäste werkt, ist denn auch deren Leitmotiv: »Ein österreichischer Koch soll ein Globetrotter sein, der wissen muss, wo er daheim ist.«

Das ist ein philosophisch gewobener Satz, der präzise das gastronomische Sein der Obauers beschreibt, die in knapp 30 Jahren durch Talent, Ehrgeiz, Disziplin, weltoffene Neugierde und heimatliche Verwurzelung aus einem schlichten Dorfwirtshaus sukzessive ein hochdekoriertes Restaurant gemacht haben. Wenn man Lourdes nachsagt, es sei das Pilgerziel der Kranken und Beladenen, so ist Werfen gewiss der Wallfahrtsort der fröhlichen und genießenden Gourmets. »Was ausschließlich zählt«, sagt Rudi Obauer, der in der Küche regiert, während Karl, der Ältere, das Restaurant managt und auch in der Rolle des Maître überzeugt, »sind Frische und Geschmack der Produkte.« Daraus formen die Obauers eine Küche mit Herz und viel Seele, die obendrein durch ihre Duftigkeit nach dem Auge und vor dem Gaumen die Nase besticht.

Otto Nebelthau, der Koch und Literat, hat in den 30er-Jahren des 20. Jahrhunderts einen Satz formuliert, der bündig beschreibt, was gute Küche ist: »Den Grundstoff saftig und unberaubt seiner Kräfte auf den Tisch zu bringen, an ihn, den reinen und unverfälschten, die Zunge wiederum zu gewöhnen, das muss unser Ziel sein.« Dieser Satz könnte auch von den Obauers stammen. Umgesetzt wird er in Gerichten wie beispielsweise solchen: Rochen mit Hummer und Räucherforelle; Schnittlauchsuppe mit Kaninchensülz; Paprikakutteln mit Bergkäse

WELCHE 3 DINGE WÜRDEN SIE AUF EINE EINSAME INSEL MITNEHMEN?
Karl: Machete, Angel, Feuerzeug.
Rudolf: Meine Familie, Fernrohr, Brot.

WAS SAMMELN SIE UND WARUM?
Karl: Steine aus aller Welt sind für mich das schönste Andenken!
Rudolf: Kräuter, Kochbücher.

GIBT ES EINEN TRAUM, DEN SIE SICH NOCH ERFÜLLEN MÖCHTEN?
Karl: Nicht nur einen!
Rudolf: Gesund alt werden.

und Venusmuscheln; Steinbutt mit Zitronenschalotten; Waller mit Avocado und Safran-Kalbsfond; Wallergröstl mit Balsamico; Forellenstrudel, die köstliche Obauer-Kreation; geschmorte Rindswade mit Polenta und Zwiebelmarmelade; Lammleber mit Steinpilzlinsen und Gänseleber; Topfenknödel mit Minze.

Dass man gute Küche am Glanz der Saucen erkennt, gilt selbstverständlich auch für die Obauer-Küche; man hält sich dabei mit Butter und Sahne zurück, setzt lieber auf Reduktionen und Auszüge. Jus oder Sud heißen die Favoriten. Das gibt den Gerichten eine spielerische Eleganz, ohne dass es an ihnen an Tiefe mangeln würde.

WELCHER BERUF (AUSSER DEM EIGENEN) WÄRE FÜR SIE INTERESSANT UND WARUM?
Karl: Hotelmanager, weil ich meinen Kochberuf als Basis dazu einsetzen könnte.
Rudolf: Bauer, weil man mit der Natur lebt. Oder Fußballtrainer.

IHR LIEBLINGSGEWÜRZ?
Karl: Vanille aus Tahiti.
Rudolf: Safran.

MIT WEM WÜRDEN SIE GERNE EINMAL ZU ABEND ESSEN?
Karl: Mit einem Lebensretter.
Rudolf: Didi Mateschitz oder Tobias Moretti.

ÜBER DAS RESTAURANT

Eine halbe Autostunde südlich von Salzburg nahe der Tauernautobahn lässt sich in lichter Atmosphäre – sommers im idyllischen Gastgarten unter Obstbäumen – behaglich speisen. Die Einrichtung à la Alpen-Rokoko empfinden Puristen des klaren Stils als putzig, doch bitte: der Service ist wohltuend herzlich und kompetent, so dass konstatiert werden kann: Ein Essen bei den Obauers ist eine Reise wert. Ein Tipp für jene, die in den hauseigenen Zimmern übernachten: Das köstliche Frühstückspotpourri mit feinen Tees und Schmankerln wird – auf Wunsch – gekrönt mit dem weltbesten Rührei.

KONTAKT

Restaurant-Hotel
Karl & Rudolf Obauer
Markt 46
A-5450 Werfen

Fon: +43 (0) 64 68/52 12-0
Fax: +43 (0) 64 68/52 12-12
ok@obauer.com
www.obauer.com

Öffnungszeiten:
mittags & abends
Ruhetag variabel

Betriebsferien:
variabel

REHSCHLEGEL MIT MISPELN UND BROMBEEREN

800 g Rehschlegel, ausgelöst
100 g Brombeeren
6 Mispeln
3 Knoblauchzehen
Rosmarin
Brombeergelee oder -konfitüre
körniger Senf
4 cl Gin
250 g Sahne
Butter
Erdnussöl
Zucker
schwarze Pfefferkörner
Salz
120 g schmale Bandnudeln

1. **Rehschlegel:** Rehschlegel auf der Innenseite mit Senf bestreichen und mit ein wenig gehacktem Rosmarin bestreuen. Fleisch zusammenklappen und mit Küchengarn nicht zu straff binden. Außen mit Salz und gemahlenem Pfeffer würzen. In einer Pfanne Erdnussöl erhitzen und den Rehschlegel rundherum anbraten. Abgezogenen Knoblauch zum Fleisch in die Pfanne geben und das Fleisch im Backofen bei 240 °C ca. 20 Minuten braten.
2. **Mispeln und Brombeeren:** Mispeln entkernen und in Spalten schneiden. Brombeeren putzen. 1/8 l Wasser mit 3 EL Zucker kochen, bis der Zucker aufgelöst ist. Mispeln und Brombeeren darin erwärmen.
3. **Bandnudeln:** Die Bandnudeln in gesalzenem Wasser bissfest kochen. Anschließend in Butter schwenken und nachschmecken.
4. **Anrichten:** Fleisch aus der Pfanne heben. Bratensatz mit Gin ablöschen. 1 TL gemahlenen Pfeffer und 2 TL Brombeergelee oder -konfitüre in die Pfanne geben. Sahne zugießen, aufkochen und so viel Butter einmixen, dass es eine sämige Sauce ergibt. Mit Salz abschmecken.

   Fleisch in Scheiben schneiden und mit Sauce, Mispeln und Brombeeren neben den Bandnudeln anrichten.

Es war schon ein gescheiter Mann, der einmal gesagt hat, Österreich liege mentalitätsmäßig fein ausbalanciert zwischen der Pickelhaube des Nordens und der Narrenkappe des Südens. Die Botschaft ist klar: Deutscher Ordnungssinn trifft auf balkanische Lässigkeit, was naturgemäß zu Reibungen führt sowie zu Funkenschlägen des Genialischen. Letzteres gebar Mozart, Schubert und die Küche mit ihren delikaten Stückerln vom Tafelspitz bis hin zu den verführerischen Mehlspeisen. In Wiens Küche herrscht denn auch die Maxime vom starken Geschmack, was man in der schnörkellosen Sprache des Volkes ungefähr so ausdrücken kann: »In der Pappn muaßt was hab'n.« Solche leiblichen Wonnen stellen sich im statiösen Palais Coburg ein, wo Christian Petz, Jahrgang 1963, eine Symbiose aus französischer Klassik und reformierter Wiener Küche mit klug gesetzten mediterranen Effekten bietet.

Seine behutsam langatmig geschmorte Kalbsschulter ist ein geschmackskapitaler Braten von hoher Küchenerotik. Schon die Düfte, die aus der Kasserolle und nach dem Tranchieren vom Teller dringen, sorgen für erste Glücksmomente und man ahnt, dass dort, wo der Sonntagsbraten aufgetischt wird, auch die Familienharmonie noch intakt ist. Die erste Pflicht eines Bratens ist, saftig zu sein. Zweitens: er muss eine feste, knusprige Rinde von appetitlich goldbrauner Farbe haben. Im »Lexikon der Küche«, dem sogenannten »Hering«, benannt nach Richard Hering, dem Küchendirektor, wird »Gebratenes« (französisch: rôties) technisch schlicht so definiert: »Nur mit fetter Substanz (Butter, Öl, Schmalz usw.) in der Röhre, in offener Pfanne oder am Spieß unter häufigem Begießen gargemacht.« Das klingt einfach, ist es aber nicht, denn es bedarf großer Erfahrung, exakt die rechte Röstdauer eines Geflügels oder Fleischstückes herauszufinden. Das ist eine Frage des Instinkts.

Lange genug, zu lange, galt speziell in der Sterne-Küche der Braten wegen seiner schieren Größe als verpönt. Was man in den Zeiten der »Nouvelle Cuisine« servierte, das waren Rind, Geflügel und Lamm, hauchdünn in Scheiben geschnitten und fächerartig auf dem Teller angerichtet. Das sah bildschön aus, aber das Aroma hatte sich bereits weitgehend auf dem Weg von der Küche

WELCHER VERSUCHUNG KÖNNEN SIE NICHT ODER NUR SCHWER WIDERSTEHEN?
Am Wein zu riechen, bevor die anderen das Glas heben.

WELCHE SPEISE HABEN SIE ALS KIND AM LIEBSTEN GEGESSEN?
Krautnockerl.

WELCHE SPEISE HABEN SIE ALS KIND ÜBERHAUPT NICHT GEMOCHT?
Rahmsuppe.

GIBT ES EINEN TRAUM, DEN SIE SICH NOCH ERFÜLLEN MÖCHTEN?
Reise nach Japan.

zum Gast verflüchtigt. Dabei war der Braten von jeher der Höhepunkt eines festlichen Menüs. Homer beschreibt in der Odyssee detailliert und genüsslich die Wonnen des Spießbratens, und im alten Rom durften sich die besten Brater, die Rôtisseure, Erzköche nennen. Sie verdienten ein Vermögen, wohingegen Köche, die nichts taugten, gnadenlos verprügelt wurden. Bei den großen Gelagen der Fürsten und Äbte im Mittelalter ertönten die Fanfaren, wenn der Braten aufgetragen wurde.

Weitere Klassiker von Petz, der sich seine Weihen unter anderem bei Eckart Witzigmann in dessen Münchner »Aubergine« geholt hat, sind die Kalbsschwanzessenz mit Palatschinkenroulade, die Seezunge auf Linsen, die geschmorten Kutteln mit Roter Bete und Kaviar, die karamellisierte Gänseleber mit Estragonmarillen und Mandeln, der Seeteufel in Krustentiersauce, der Lammrücken mit Polenta, kleinen Artischocken und Römersalat, der Rehrücken mit getrockneten Sauerkirschen, Pak-Choi und Brezenknödel und aus der süßen Abteilung die soufflierte Topfentorte mit Minzschaum und Erdbeeren oder die Guinea-Schokotarte mit Portwein und Kirschen.

Wenn Petz in Form ist und selber am Herd steht, gelingen ihm kulinarische Kostbarkeiten. Mitunter, wenn es einem Gericht an Esprit fehlt, ein anderes nur halbes Genie aufweist, fragt sich der Gast allerdings, ob der Meister mit Management-Aufgaben so stark beschäftigt ist, dass ihm zu wenig Muße als Küchenchef fürs Gourmet-Restaurant der Coburg bleibt. Dann wiederum, bei Safrankutteln mit Chorizo und Meeresschnecken, dem in Riesling angesetzten Kalbsbeuscherl mit Pfifferlingen und Topfen-Serviettenknödel oder der dezent geräucherten Taube blitzt das Können von Christian Petz auf und es ist zu spüren, dass hier keine Esskonfektion von der Stange gemacht wird, sondern eine junge Küche.

ÜBER DAS RESTAURANT

Erst nach Durchqueren der mächtigen marmornen Hotellobby und der Fahrt im Lift nach oben, steht man im Restaurant, einem lang hingezogenen Rechteck, dem es irgendwie an gefühltem Charme mangelt. Der Service ist von untadeliger Präsenz, doch auch hier gilt, dass es an einem Patron fehlt, der die architektonische Kühle mit Herzlichkeit ausbalanciert. Grandios hingegen ist die Weinkarte, die zu den weltbesten zählt, wofür der Coburg-Sanierer verantwortlich ist: Peter Pühringer, ein Finanzmogul, der die verrottende Trutzburg mit hohem Aufwand restaurierte und als bekennender Weinfreund seinen Sommeliers die Chance gab, bei Auktionen hemmungslos mitzubieten.

KONTAKT

Palais Coburg
Gourmetrestaurant Coburg
Coburgbastei 4
A-1010 Wien

Fon: +43 (0) 1/51 81 88 00
Fax: +43 (0) 1/51 81 88 18
restaurant@palais-coburg.com
www.palais-coburg.com

Öffnungszeiten:
Dienstag – Samstag
(außer Feiertags)
18.30 – 22.30 Uhr

WELCHER BERUF (AUSSER DEM EIGENEN) WÄRE FÜR SIE INTERESSANT UND WARUM?
Sommelier, das erklärt sich wohl von selbst.

DREI WORTE ZU GENUSS?
Sonne, Freunde, Kulinarik.

WAS WÜRDEN SIE ESSEN UND TRINKEN AM VORABEND DES WELTUNTERGANGS?
Gulasch und Bier.

MIT WEM WÜRDEN SIE GERNE EINMAL ZU ABEND ESSEN?
Alain Ducasse.

KALBSKUTTELN MIT VONGOLE UND GRÜNEM PFEFFER

1 Zwiebel
60 g Butter
50 g Mehl
250 ml Riesling
500 ml Geflügelfond
1 Lorbeerblatt
Kümmel
1 TL Kapern
125 ml Crème fraîche
3/16 l Schlagobers
500 g Kalbskutteln, gekocht und in Streifen geschnitten (müssen evtl. beim Metzger vorbestellt werden)
Dijonsenf, Champagneressig
Salz, Pfeffer
Petersilie, Basilikum
Grüner Pfeffer

NUDELTEIG:
200 g griffiges Mehl
2 Eier
1 EL Olivenöl

FÜLLUNG:
1/2 Zwiebel
500 g Vongole
1 Knoblauchzehe
Petersilie
1/16 l Weißwein
1 Scheibe Toastbrot
Olivenöl, Butter, 1 EL Mehl
100 ml Schlagobers
1 Zweig Estragon
Zitronensaft, Salz
Cayennepfeffer

1. **Für den Nudelteig** alle Zutaten glatt verkneten, in Folie einschlagen und ca. 2 Stunden rasten lassen.

2. Zwiebeln schälen, klein schneiden und in Butter anschwitzen. Mehl einrühren und kurz rösten. Mit Wein und Fond aufgießen, Lorbeerblatt und eine Prise Kümmel einrühren und ca. 10 Minuten köcheln. Lorbeerblatt entfernen, Kapern, Crème fraîche und 125 ml Schlagobers einrühren. Alles aufkochen, mit einem Mixstab pürieren und durch ein Sieb streichen.

3. **Kutteln** mit der Sauce aufkochen. Mit 2 TL Senf, Essig, Salz und Pfeffer würzen. Kräuter hacken und jeweils 1 TL voll unter die Kutteln rühren. Restliches Schlagobers steif schlagen und 2 EL davon unter die Kutteln heben.

4. **Für die Raviolifüllung** Zwiebel schälen und fein schneiden. Vongole gut waschen. In einem Topf 1 EL Öl erhitzen. Knoblauch, Zwiebeln, Petersilie und Vongole zufügen, mit Wein ablöschen und Topf zudecken. Die Vongole dünsten, bis sie geöffnet sind. Dies dauert ungefähr 4 Minuten. Achtung: Alle Muscheln, die sich nicht öffnen, aussortieren. Anschließend die übrigen Muscheln in ein Sieb schütten und den Fond auffangen.

5. **Vom Toastbrot** die Rinde abschneiden und das Brot in kleine Würfel schneiden. Im Backrohr bei 180 °C rösten. Toastbrotwürfel kalt stellen. 1 EL Butter bis zum Aufschäumen erhitzen. Mehl einrühren, kurz anschwitzen, mit Muschelfond aufgießen. Masse dick einkochen, mit Obers aufgießen, nochmals aufkochen und abkühlen lassen.

6. Estragonblättchen hacken, ca. 1 EL voll. 20 Vongole für die Garnitur reservieren. Restliche Vongole auslösen. Ausgelöste Vongole mit Sauce, Toastbrot und Estragon vermischen, mit Zitronensaft, Salz und Cayennepfeffer abschmecken. Die Masse kalt stellen.

7. **Den Nudelteig** dünn ausrollen. Einen Teigstreifen häufchenweise mit Füllung belegen, einen zweiten Streifen darauflegen. Teig zwischen der Füllung zusammendrücken. Die Ravioli ausstechen und Teigränder festdrücken.

8. **Ravioli** in gesalzenem Wasser ca. 3 Minuten kochen. In einer Pfanne 1 EL Butter erhitzen, Ravioli und unausgelöste Vongole darin schwenken. Kutteln mit Ravioli und Vongole servieren. Mit grünen Pfefferkörnern bestreuen.

Im Gegensatz zu manchen deutschen Köchen, zumal den sogenannten »Jungen Wilden«, die Hummer garen, aber keine Kalbshaxe mehr glacieren können, beherrschen die Österreicher weitgehend auch das Handwerk der Bürgerküche wie den Nierenbraten, das steirische Wurzelfleisch, das berühmte Backhendl, das Salonbeuschel und natürlich die zwei Dutzend Variationen vom gesottenen Rindfleisch mit dem Tafelspitz als dem populärsten Stück. Von einem in seinem vollen Ornat servierten Tafelspitz, was heißt: artig begleitet von Knochenmark, Brühe, Gemüse, Apfelkren oder Schnittlauchsauce und Bratkartoffeln – auf gut österreichisch »Geröstete« – im typischen Schönbrunner Goldgelb vermag so viel ruhige Entspannung auszugehen, dass man sich im Moment des Genießens weit abseits jeglichen Alltags fühlt.

Österreich ist zu Recht berühmt für seine einzigartige Rindfleischküche, eine ernsthaft gepflegte Kultur, zum heiligen Akt erhoben in der Wiener Küche. Der Kruspelspitz mit Knochen vom Schulterblatt (was für Kenner), das magere Hieferscherzl aus der Keule (hierzulande Schlegel oder Schlögel genannt), das mürbe Hieferschwanzl, der saftige Kavaliersspitz (sitzt unterm Schulterblatt), das köstliche Beinfleisch aus dem Vorderviertel, das fettarme Meisel von der vorderen Schulter oder das aromatische Schulterscherzl mit dem gallertartigen Kern – der gelernte Gast kennt sich in der Aromen-Geografie des Rinds bestens aus. Das Beiried, ein Teil des Roastbeefs, wird gedünstet, das beste Gulasch stammt vom Wadschinken, und wenn Ewald Plachutta sich des Rindes annimmt, gibt es vielleicht ein »Krenfleisch von der Fledermaus«, was Kenner sofort als gut durchzogenes, saftiges Stück vom oberen Teil des Schlögels orten.

Das von Ewald Plachutta, diesem 1940 in Wien geborenen, doch in der gebirgigen Obersteiermark aufgewachsenen Großmeister des Siedefleischs und der zeitgemäß interpretierten Wiener Küche, geführte »Hietzinger Bräu« nahe Schönbrunn ist denn auch ein Elysium des Rindfleischs (Filialen namens Plachutta werden in der Wollzeile sowie in Nussdorf geführt). Dort pflegt man den Kult um Rind & Kalb, übrigens aus rein österreichischer Zucht, so hingebungsvoll wie es einst in der

IHRE LEIBSPEISE?
Alles außer Austern.

WELCHE 3 DINGE WÜRDEN SIE AUF EINE EINSAME INSEL MITNEHMEN?
Meine Familie, meine Gitarre, Kochutensilien.

WELCHER VERSUCHUNG KÖNNEN SIE NICHT ODER NUR SCHWER WIDERSTEHEN?
Schokolade.

GIBT ES EINEN TRAUM, DEN SIE SICH NOCH ERFÜLLEN MÖCHTEN?
Besser musizieren zu können.

Kaiserzeit im legendären »Meissl & Schadn« am Hohen Markt geschah. Plachutta verrät das Geheimnis eines perfekten Tafelspitz', der übrigens aus dem besten Teil der oberen Keule feinfaserig, wohlgerundet mit apartem Fetthäubchen und spitz zulaufend geschnitten wird: Nicht kochen, nur schwach wallen lassen, und das – je nach der Größe – drei bis vier Stunden lang mit Suppengemüse, angerösteten Zwiebelhälften, Knochen und Meersalz.

Die schönste Ode an den »Spitz« schrieb Joseph Roth im Radetzkymarsch, dem Roman über den Untergang der Monarchie: »Das Auge des Bezirkshauptmannes liebkoste zuerst den zarten Speckrand, der das kolossale Stück Fleisch umsäumte, dann die einzelnen Tellerchen, auf denen die Gemüse gebettet waren, die violett schimmernden Rüben, den sattgrünen ernsten Spinat, den fröhlich hellen Salat, das herbe Weiß des Meerrettichs, das tadellose Oval der jungen Kartoffeln, die in schmelzender Butter schwammen und an zierliche Spielzeuge erinnerten ... sein Schönheitssinn verzehrte vor allem den Gehalt der Speisen, gewissermaßen ihr Seelisches.«

Weitere Dokumente der klassischen Wiener Küche, die ja im besten Sinne ein kulinarisches Konglomerat des ehemaligen Vielvölkerstaats darstellt, sind das Wiener Schnitzel vom »besten Teil des Kalbs«, der Lungenbraten in feiner Senf-Krenpanier mit Erdäpfelsalat, der gebackene Kalbskopf mit Sauce Tartare, die geröstete Kalbsleber, der Zwiebelrostbraten mit Salzgurke und Erdäpfelpüree. Es gibt auch Fischgerichte und Steaks, aber im Zentrum des Plachutta-Universums steht glorios das Rind in gesottener und gebackener Form. Bei solchen Speisen verewigt der Wiener seine Biedermeierkultur. Wenn der Suppenduft verheißungsvoll aus den Küchen dringt, ahnt auch der Tourist, der wegen der Oper, des Theaters, der Festwochen oder einfach nach Wien gekommen ist, um sich Renaissance, Barock und Jugendstil anzuschauen, wie eng in dieser Stadt das Gestern mit dem Heute verwoben ist. Das gilt auch für Ewald Plachutta, der mit seiner Kunst fortschrittlich zurück in die Zukunft geht, getreu dem Motto: Der Kaiser ist tot, es lebe die Monarchie der Rezepte.

WELCHER BERUF (AUSSER DEM EIGENEN) WÄRE FÜR SIE INTERESSANT UND WARUM?
Musiker. Musik ist für mich die schönste Form der Kunstausübung.

IHR LIEBLINGSGEWÜRZ?
Majoran.

MIT WEM WÜRDEN SIE GERNE EINMAL ZU ABEND ESSEN?
Mit Alain Ducasse.

ÜBER DAS RESTAURANT

Durch ein großes Tor betritt der Gast das palaisähnliche Haus mit dem licht und wohltuend sympathisch eingerichteten Lokalensemble. Sommers wird auch im lauschigen Innenhof eingedeckt. Die Weinkarte ist schwerpunktmäßig österreichisch bestückt, was ja kein Fehler ist, denn zu Tafelspitz & Co. gibt es nichts Passenderes als einen geschmeidigen Weißen aus der Wachau wie beispielsweise einen Grünen Veltliner Smaragd von Emmerich Knoll oder den kapitalen Lamm von Schloss Gobelsburg.

KONTAKT

Eva und Ewald Plachutta GesmbH
Restaurant Plachutta Hietzing
Auhofstrasse 1
A-1130 Wien

Fon: +43 (0) 1/87 77 087
Fax: +43 (0) 1/87 77 08 722
hietzing@plachutta.at
www.plachutta.at

Öffnungszeiten:
Wochentags
11.30 – 15.00 Uhr
18.00 – 23.30 Uhr
Samstag, Sonn- und Feiertage
11.30 – 23.30 Uhr

Betriebsferien:
Mitte Juli – Mitte August

TAFELSPITZ

ZUTATEN FÜR 6–8 PERSONEN

ca. 2 kg Tafelspitz
1 Zwiebel, mit Schale, halbiert
10–15 schwarze Pfefferkörner
250 g Wurzelwerk, geschält
(Karotte, Gelbe Rübe, Sellerie und Petersilienwurzel zu gleichen Teilen)
1/2 Lauchstange, halbiert und gewaschen
Brühe, gekörnt, bei Bedarf
Schnittlauch, geschnitten
(zum Bestreuen)
Salz

1. **Vorbereitung:** Zwiebel samt Schale in einer mit Alufolie ausgelegten Pfanne ohne Fett an den Schnittflächen sehr dunkel bräunen. Fleisch kurz lauwarm waschen, abtropfen lassen.

2. **Tafelspitz:** Ca. 3,5 l Wasser aufkochen, Fleisch einlegen und schwach wallend kochen lassen. Aufsteigenden Schaum ständig abschöpfen, Pfefferkörner und Zwiebel beigeben und ca. 3–3 1/2 Stunden garen. Ca. 25 Minuten vor dem voraussichtlichen Garende Wurzelwerk, Lauch und, falls gewünscht, gekörnte Brühe beifügen.

   Gekochtes Fleisch aus der Suppe heben. In fingerdicke Scheiben schneiden, anrichten und mit Salz und Schnittlauch bestreuen. Suppe abseihen und mit Salz abschmecken.

3. **Anrichten:** Wurzelwerk in Scheiben, Lauch in Stücke schneiden und gemeinsam mit dem geschnittenen Fleisch in der Suppe servieren. Zuerst entnehmen Sie bei Tisch die Suppe und als zweiten Gang das Fleisch.

   Tipps: Zu gekochtem Rindfleisch passen am besten klassische Beilagen: Schnittlauchsauce, Apfel-, Essig- oder Semmelkren, Rösterdäpfel, Cremespinat, Dillfisolen, Kochsalat mit Erbsen, Kohl nach Wiener Art, Dillkürbis oder eingemachter Kohlrabi.

Apropos Wien! Für die Liebenden und die Wissenden hatte die Stadt immer ihre Reize – ein bisserl verschlafen, morbide, zugleich auf unbeschreibliche Weise sexy. Und mittendrin steht so attraktiv wie idyllisch das Steirereck im Stadtpark, geführt von der Familie Reitbauer, geborenen Gastgebern. Heinz Reitbauer junior bestimmt hier die Richtlinien der Küchenpolitik und das macht er auf so zeitgemäß elegante Weise, dass jeder und jede, der oder die einen Stöpsel in der Seele spürt, dorthin gehen sollte, um zu speisen und sich vom famosen Adi Schmid weinmäßig beraten zu lassen. Gleich danach schrumpft der Alltag dank einer gloriosen Küche und dem umhegenden Service.

Um das Essen bis in alle Nuancen zu genießen, lohnt sich ein sorgfältiges Studium der Speisekarte. Dabei entdeckt man, dass hier ein Kochkünstler am Werk ist, der sein Angebot klug und variantenreich strukturiert mit dem schönen Ergebnis, dass die Magensäfte bereits beim Lesen der Speisekarte mit den detailliert beschriebenen Gerichten begehrlich zu schnurren beginnen. Am liebsten möchte man alles querbeet essen und hat Mühe, sich zu entscheiden. Reitbauer beherrscht dank profunder Ausbildung die Hohe Schule der Grande Cuisine genauso traumhaft sicher, wie er die köstlichen Vulgaritäten der Wiener Küche meistert, die er, intelligent und sinnlich wie kein anderer, zeitgemäß neu interpretiert. Seine perfekt dargebotene Liaison aus ebenso kühn wie gekonnt reformierter altösterreichischer Küche mit klassischen französischen sowie mediterran inspirierten Gerichten ist die wahre Fortsetzung der Wiener Hochküche im 21. Jahrhundert.

Der 1970 geborene Reitbauer wuchert mit dem Rezeptefundus aus der alten Monarchie, mit Delikatem wie Semmelauflauf mit Morcheln und Kümmelsaft, Almochsenfleisch mit Polenta, Hummer mit Kürbis, Taube und Holundersauce, Kalbszunge und Krake (leicht gepökelte Kalbszunge und marinierte Krake mit Hagebutten-Schalotten). Der Waller wird mit Thymian gebraten, mit Steinpilzen (sautiert und roh mariniert) plus einer Erdäpfelwurst in einem Steinpilz-Kalbsfond-Saft serviert. Genuss verheißen Speisen wie die Altwiener Hochzeitssuppe oder der in Olivenöl und Meersalz sanft gegarte Steinbutt mit der Kür-

IHR LEBENSMOTTO?
Der Wert eines Menschen wird daran gemessen, wie wertvoll er für andere ist.

WELCHE 3 DINGE WÜRDEN SIE AUF EINE EINSAME INSEL MITNEHMEN?
Hängematte, Fernglas, Restaurantführer.

WAS SAMMELN SIE UND WARUM?
Wildkräuter für unsere Küche.

WIE ENTSPANNEN SIE SICH?
Mit meiner Familie Zeit auf unserer Alm verbringen.

bis-Vinaigrette. Unvergesslich ist der Hauptgang, der bei Reitbauer fast immer klar konturiert ist: Rehrücken mit pikant eingekochten Quitten, Datteln, Feigen sowie Marillen, aromatisiert mit einem Hauch von Kakao, angereichert mit einem Gelee von Sternanis und einigen Löffeln Natursaft. Butter und Sahne spielen kaum eine Rolle, es dominieren Jus und Sud, natürlich gewonnen, ergänzt durch raffiniert abgeschmeckte Vinaigrettes.

Reitbauer ist viel zu intelligent, ja intellektuell, viel zu weltoffen und neugierig, um sich mit neu gefassten Rezepturen zu begnügen und seien die noch so raffiniert. Er erlaubt sich auch strukturelle Inszenierungen wie etwa bei der warm geräucherten Taube, die er mit mariniertem Thunfisch plus Rollgersten-Popcorn in einer Taubensuppe mit Romanesco auftischt. Ob lauwarmer Artischockensalat oder die gebratene und mit soufflierten Blutwurst-Erdäpfeln angerichtete Schweinsbacke nebst Honigmelone und knusprigen Chips: alles ist perfekt, ohne steril zu sein, alles kunstvoll inszeniert, ohne künstlich zu wirken. Über der Reitbauer-Küche – es ist eine, die von innen her strahlt – leuchtet ein Aphorismus von Nietzsche: »Alles Gute ist leicht. Alles Göttliche läuft auf zarten Füßen.«

Dies lässt sich auch vom Service unter der Regie der ebenso selbstbewusst wie anmutig agierenden Birgit Reitbauer sagen. Ihr zur Seite stehen zwei altbewährte Kämpen, nämlich die Brüder Adi und Herbert Schmid, beide souverän und schmähbegabt. Während Adi als Chef des mit österreichischen Edelgewächsen bestsortierten Kellers geschmackssicher und mit fürsorglichem Blick auf die Brieftasche des Gastes den passenden Wein zu jedem Gang empfiehlt, berät Herbert Schmid mit gleicher müheloser Grandezza beim Rohmilchkäse.

WELCHER BERUF (AUSSER DEM EIGENEN) WÄRE FÜR SIE INTERESSANT UND WARUM?
Landwirt, um mit der Natur zu leben. Architekt, um bleibendes zu schaffen.

WELCHE SÜNDE WÜRDEN SIE KEINEM KOCH VERZEIHEN?
Wer ohne Sünde ist, werfe den ersten Stein.

MIT WEM WÜRDEN SIE GERNE EINMAL ZU ABEND ESSEN?
Al Gore.

ÜBER DAS RESTAURANT

Wer als Gast aufzutreten gedenkt, nähere sich neugierig, denn er betritt die Bühne eines eleganten, leicht futuristisch gestalteten Tempels der Gastronomie mit hohen Glaswänden zur Terrasse hin, wo es sich sommers höchst angenehm dinieren oder den Apero genießen lässt. Restaurants wie diese sind ja die Theater des Jahrhunderts – zum Sehen und Gesehenwerden. Begeisternd edel und kostbar gedeckte Tische sollten auch den Gast zu gepflegter Kleidung animieren. In der »Meierei« gleich nebenan kann man in lichter Atmosphäre den ganzen Tag über genussvoll frühstücken, gibt es Tee, Kaffee, Schokolade, Milch, Käse, Schinken und aparte Wiener Schmankerlküche.

KONTAKT

Steirereck im Stadtpark
Restaurant Steirereck
Am Heumarkt 2a
A-1030 Wien

Fon: +43 (0) 1/71 33 168
Fax: +43 (0) 1/71 33 16 82
wien@steirereck.at
www.steirereck.at

Öffnungszeiten:
Montag – Freitag
11.30 – 15.00 Uhr
ab 18.00 Uhr

Feiertags geschlossen

Betriebsferien:
variabel

MEERES-KOPFSALAT MIT STEINPILZEN UND MARINIERTER GÄNSELEBER

ZUTATEN FÜR 4–5 PERSONEN

GÄNSELEBER-GEWÜRZ (REICHT FÜR CA. 100 PORTIONEN):
200 g Steinsalz
12 g Korianderkörner, mittelfein gemahlen
14 g Ingwer, gemahlen
6 g Macis, mittelfein gemahlen
3 g Zimt gemahlen
1 g Cayennepfeffer
5 g Pfeffer weiß, mittelfein gemahlen

ROULADE:
100 g frische Meeres-Kopfsalatalgen (Lettuce du Mer)
100 g frische Wakame-Algen
1 Gelbe Rübe
400 g Steinpilze, gesäubert und geputzt
1 Zweig Thymian
Maldon Sea Salt
Sonnenblumenöl zum Braten
250 g Gänseleber, geputzt

VINAIGRETTE:
Sonnenblumenöl
300 g Steinpilze, in 0,5 cm große Würfel geschnitten
50 g Schalotten-Brunoise
1 Zweig Thymian
Salz, weißer Pfeffer
1 EL Zweigelt Essig (Rotwein-Essig max. 6 %)
1/4 l Steinpilzfond
100 g frische Wakame-Algen
1 EL kalt gepresstes Walnussöl (z. B. Fandler)

1. **Gänseleber-Gewürz:** Für das Gänseleber-Gewürz alle Zutaten miteinander vermengen. Im Einmachglas luftdicht verschlossen, kann es gelagert werden.

2. **Roulade**: Für eine Roulade die kurz blanchierten Lettuce-du-Mer-Algen auf eine Frischhaltefolie (26 x 10 cm) leicht überlappend auflegen. Die Wakame-Algen ebenfalls blanchieren und einen 2–3 cm breiten Streifen der Länge nach auf die Lettuce-du-Mer-»Matte« legen. Die Gelbe Rübe schälen und hauchdünn der Länge nach aufschneiden. In Salzwasser weich blanchieren, abtropfen und auf den Wakame-Streifen legen.

   Die geputzten Steinpilze in 1 mm dicke Scheiben schneiden und diese auf einem Pergamentpapier nebeneinander auflegen. Mit Salz und Thymian würzen, mit Sonnenblumenöl besprühen und mit dem Papier langsam in einer großen Pfanne oder am Grill garen. Die gebratenen und noch heißen Steinpilze auf die Gelben Rüben überlappend aufschichten. Die geputzte Gänseleber mit dem Sparschäler in dünne Scheiben schneiden, mit einer Pinzette evtl. Adern herauszupfen und mit dem Gänseleber-Gewürz marinieren. Anschließend auf die warmen Steinpilzscheiben legen, und mithilfe einer Palette kompakt wie eine Zigarre einrollen.

3. **Vinaigrette:** Zeitgleich sollte die Steinpilz-Vinaigrette zubereitet werden. Dafür das Sonnenblumenöl in einer Sauteuse erhitzen, die Steinpilz- und Schalottenwürfel darin kurz sautieren und mit Salz, Pfeffer und Thymian würzen. Mit Zweigelt Essig ablöschen und mit Steinpilzfond aufgießen. Einmal aufkochen lassen und die blanchierten, gewürfelten Wakame-Algen mit dem Walnussöl zugeben.

4. **Anrichten:** Die Ränder der Roulade zurechtschneiden und die ca. 24 cm lange Rolle auf einem Teller anrichten. Mit ein oder zwei gebratenen Steinpilzscheiben, Maldon Sea Salt und Thymianblüten garnieren. Die Vinaigrette en bas servieren.

SISSY SONNLEITNER, LANDHAUS KELLERWAND, KÖTSCHACH-MAUTHEN, ÖSTERREICH

Schätzungsweise 99 Prozent aller Spitzenköche zwischen Tokio, München, Paris und New York sind aus tiefstem Herzensgrund der Überzeugung, dass Frauen an den Herd gehören, nur: der häusliche soll es, bitte schön, sein. Tatsächlich ist der größte Widerspruch in der Gastronomie weiblichen Geschlechts. Frauen, die in der bürgerlichen Küche große Leistungen vollbringen, spielen in den Gourmettempeln nur eine bescheidene Rolle. Die feine Küche ist ein maskulines Geschäft. Freilich ist denkbar, dass Männer die Küche als eine der letzten Zitadellen des Patriarchats verteidigen. Wie auch immer: In Deutschland steht in der absoluten Spitzenküche keine Frau am Herd. Hingegen geben in der Wirtshausküche, die ja nicht weniger anstrengend ist, viele Frauen den Ton an und die italienische Mamma-Küche wäre – der Name drückt es aus – ohne Frauen verloren.

Sissy Sonnleitner belegt mit ihrer »Alpen-Adria-Küche«, dass Frauen nicht nur lustbringend kochen, sondern auch kühn komponierte Menüs entwerfen und kulinarische Anmut mit Modernität verbinden. Ihr ist eine köstliche Liaison der friulianischen Meeres- und Ölküche mit der kärntnerischen Berg- und Schmalzküche gelungen. Aus überwiegend regionalen Produkten komponiert sie hocharomatische und zugleich subtil strukturierte Gerichte. Sie macht aus einer Rindssuppe oder Kalbsstelze gleichermaßen traumhaft sicher ein Esserlebnis wie aus einem im Ganzen gebratenen Zander mit Schalotten und Speck im Rieslingsaft oder der gebratenen Kalbsleber in Portweinsaft mit Schwarzbrot, Nüssen und Pfefferfeigen.

Zu den Spezialitäten der gestandenen Kärntnerin, die Rosmarin zu ihrem Lieblingsgewürz zählt und Hingabe als wesentliche Ingredienz guten Kochens bezeichnet, zählen ihre Risotti à la Saison sowie die saisonal wechselnden »Classic«-Gerichte mit so aparten und augenblicklich Appetit anregenden Titeln wie Kalbskopfcrostini mit Wildgarnele, Züngerlsuppe mit Dill, Sommergemüsesuppe mit Tomaten und Marillen, Agnolotti von Drautaler Frischkäse mit Oliven, Tomaten und Sardellen, marinierter Oktopus mit Zitrone und Olivenöl, pochierter Kärntner Lachs auf Erdäpfelpüree

IHRE LEIBSPEISE?
Linseneintopf meiner Mutter.

WELCHE 3 DINGE WÜRDEN SIE AUF EINE EINSAME INSEL MITNEHMEN?
Meine Zither, die Bibel und meinen Mann.

WELCHER VERSUCHUNG KÖNNEN SIE NICHT ODER NUR SCHWER WIDERSTEHEN?
Den ganzen Tag im Garten oder in der Natur zu verbringen.

mit Zitronenöl, Petersilöl und Fenchel, gebratene Goldbrasse mit Orangentomaten, Tafelspitz mit seinen klassischen Saucen, gebratene Ente in Löwenzahnhonigsaft mit Palffyknöderln und Kohlrabi, Keule und geschmorte Schulter vom Gailtaler Reh mit Haselnusskruste, Selleriepüree und Erdäpfel-Pilzroulade, Pfirsiche in Chianti mit Mandelobers, Marillenknödel, Dattelstrudel mit Zwetschgenkompott.

Dabei ist die Gastwirtstochter nicht gerade mit Bravour als Köchin gestartet. Sie habe, sagt sie herzerfrischend offen, eine eher »lustlose Koch-Kellner-Lehre« im elterlichen Betrieb absolviert, und als sich herausstellte, dass keine ihrer drei Schwestern den Familienbetrieb übernehmen würde, sei sie mit ihrem Mann, einem Techniker, in die Bresche gesprungen. Kochseminare bei der wunderbaren Elfie Casty in der Schweiz und bei Koryphäen wie Dieter Müller, Harald Wohlfahrt und Otto Koch hatten sie schließlich auf den Geschmack und hin zum Erfolg als eine der besten deutschsprachigen Köchinnen gebracht – inzwischen tatkräftig von vier Töchtern unterstützt.

ÜBER DAS RESTAURANT

Ländlicher Schick ist schwer zu beschreiben, doch bei Sissy Sonnleitner in Form eines klar und licht strukturierten Raums mit viel Holz, gemütlichen Korbstühlen und edel gedeckten Tischen in Weiß und Bleu zu besichtigen. Ein Tipp: Die Köchin gibt Kochseminare von Basiskursen bis zur großen Bratenküche. Ihre Spezialität: die Aromaküche mit Pasta, Gemüse und Fisch.

KONTAKT

Restaurant und Landhaus
Kellerwand
A-9640 Kötschach-Mauthen 24

Fon: +43 (0) 47 15/269
Fax: +43 (0) 47 15/26 916
info@sissy-sonnleitner.at
www.sissy-sonnleitner.at

Öffnungszeiten:
Mittwoch – Sonntag
12.00 – 14.00 Uhr
18.30 – 21.30 Uhr

Betriebsferien:
3 1/2 Wochen vor oder nach Ostern
3 1/2 Wochen vor Weihnachten

WAS SAMMELN SIE UND WARUM?
Erinnerungen in Form von Fotos und Alben, weil sie den Reichtum des Lebens dokumentieren.

GIBT ES EINEN TRAUM, DEN SIE SICH NOCH ERFÜLLEN MÖCHTEN?
Ein Gewächshaus.

WELCHER BERUF (AUSSER DEM EIGENEN) WÄRE FÜR SIE INTERESSANT UND WARUM?
Gärtner – leben mit der Natur.

GIBT ES EIN PRODUKT, DAS SIE GAR NICHT MÖGEN?
Schnecken und Austern.

GAILTALER SAIBLING IM GEMÜSEMANTEL AUF KALTER SCHNITTLAUCHSAUCE

4 Forellenfilets
Salz, Zitrone
2 Zucchini
1 große Karotte
etwas Weißwein
etwas Fischfond
gehackte Schalotten
Butter zum Belegen

FARCE:
150 g Saiblings- oder Forellenfleisch
1 Eiweiß
Salz
Curry, Cayennepfeffer
100 ml kalter Rahm

KALTE SCHNITTLAUCHSAUCE:
1 Semmel
2 hart gekochte Eier
150 ml Sonnenblumenöl
wenig Rindssuppe
Essig
weißer Pfeffer
Schnittlauch

1. Zucchini längs in dünne Scheiben schneiden. Die Karotte schälen, kochen und ebenfalls in dünne Scheiben schneiden.

2. **Farce:** Forelle in grobe Stücke schneiden, salzen, mit Eiweiß übergießen und ins Tiefkühlfach stellen. Sobald der Fisch leicht gefroren ist, mit Rahm in der Moulinette eine Farce herstellen. Diese durch ein Sieb streichen und mit Curry und Cayennepfeffer würzen (Immer auf eine kühle Bearbeitung achten!).

   Zucchini- und Karottenstreifen dachziegelartig auslegen und dünn mit Farce bestreichen. Saiblings- oder Forellenfilet mit Salz und Zitrone würzen, auf die Farce legen und mit dem Gemüse einrollen.

3. Die Semmel in Wasser einweichen, ausdrücken und mit Ei, Suppe, Essig und Senf kräftig mixen. Mit dem Öl wie eine Mayonnaise aufschlagen und mit den restlichen Zutaten abschmecken.

4. **Anrichten:** Die Fisch-Gemüse-Röllchen mit etwas Weißwein, gehackten Schalotten und Fischfond auf eine Platte geben, mit Butterflocken belegen und bei 120 °C im Backofen ca. 15 Minuten garen. Anschließend einmal schräg durchschneiden und auf einen Schnittlauchsaucenspiegel setzen. Nach Belieben mit gebratenen Erdäpfelwürfelchen servieren.

Das zeitgenössischer Kunstkritik entlehnte Etikett vom »Jungen Wilden« wird Roland Trettl wie im Abonnement umgehängt und er genießt es. Jung wird man den im Juli 1971 in Bozen geborenen Musterschüler von Eckart Witzigmann gewiss noch nennen dürfen. Sein Habitus zwischen schwarzem Kochdress, stets sehr modisch und sehr akkurat gestylter Frisur inklusive dem kecken, scharf, schmal und vertikal angelegten Oberkinnbärtchen à la Freibeuter lässt konservative Gemüter leicht erschauern. Sein ungenant zur Schau getragenes Selbstbewusstsein mag Sensibilissimi einschüchtern. Zudem ist der Mann ziemlich unangepasst, einer, der selber denkt und lenkt und Hierarchien eigentlich nur mag, wenn er selber oben steht oder sich des Respekts der beruflich über ihm Thronenden gewiss sein kann.

Was aber soll an seiner Küche wild sein? Putzt er etwa die Teller expressionistisch und in grellen Farben auf, provoziert er mit noch nie da gewesenen Kombinationen, irritiert er die Gäste mit fremd anmutenden Experimenten, würzt er wie ein Wesen von einem anderen Stern? Nichts von alledem stimmt und doch ist nahezu alles richtig, denn Trettl ist ein Küchenchef wie kein anderer. Das gastronomische Konzept sieht nämlich so aus, dass im Monatsrhythmus jeweils nach den Vorgaben eines internationalen Starkochs gearbeitet wird. Trettl fliegt um die Welt, studiert den Stil des Gastkochs und kocht dann im Ikarus dessen Gerichte und Menüs nach. Das ist nicht Kunst, doch Handwerk auf höchster Ebene, denn Koriphäen wie Dieter Müller, Mario Lohninger, Marc Haeberlin, Jean-Georges Vongerichten, Marc Fosh, Jean-Georges Klein, Juan Amador und Genossen erwarten, dass ihre Kreationen inhaltlich wie formal präzise umgesetzt werden.

Roland Trettl hat die einmalige Chance, den berühmtesten Köchen über die Schulter schauen zu können. In diesem Sinne ist er der genialste Nachkocher weltweit. Um nicht als noch so legitimer Plagiator letztlich doch zu verkümmern, kann er einen Monat lang komplett nach seiner Fasson kochen. Darüber hinaus entwirft Trettl auch in den anderen Monaten jeweils ein sogenanntes Ikarus-Menü. Damit kann er sich kochtechnisch verwirkli-

IHR LEBENSMOTTO?
Egal, was man macht, sei glücklich!

WELCHE 3 DINGE WÜRDEN SIE AUF EINE EINSAME INSEL MITNEHMEN?
Eine eingerichtete 600-m²-Villa, Essen und Trinken, Jessica Alba.

WELCHE SPEISE HABEN SIE ALS KIND AM LIEBSTEN GEGESSEN?
Gute Pizza.

WELCHE SPEISE HABEN SIE ALS KIND ÜBERHAUPT NICHT GEMOCHT?
Schlechte Pizza.

chen, zeigt er, was er kann – und das ist viel. Der von ihm verantwortete Fünf-kilo-Steinbutt, im Ganzen mitsamt der Rückengräte gebraten und umschmeichelt von einer deliziös gerührten Thymianbutter, lässt sich von der Zunge geradezu liebkosen. Über Esprit verfügen die Flusskrebse mit den Kutteln im geräucherten Tomatensud. Wonnen bereiten die gebratene Seezunge mit Venusmuscheln und Safranfenchel, die behutsam sautierten Jakobsmuscheln mit Mais und schwarzem Trüffel oder das in der Pfefferkruste gebratene Bisonfilet mit gegrillter Melone aus Cavaillon und Pata Negra.

Seit September 2003 erfüllt Trettl nun schon in Salzburg unermüdlich die Vision einer kulinarischen Weltreise, indem er die Rezepturen von Kochpersönlichkeiten zwischen Singapur und San Francisco, Sidney, Tokio, Paris, Stockholm und New York interpretiert. Gewiss genießt er es, nach eigenen Worten »immer wieder in eine neue Welt einzutauchen«, binnen weniger Jahre einige der besten Köche der Welt kennenzulernen und teils auch in deren Küchenkosmos zwischen mediterran und molekular einzutauchen.

Kein anderer Koch absolviert eine solche, zudem wohl hoch bezahlte Schule. Und dennoch wird sich Roland Trettl mitunter fragen, wie lange er noch elf Monate pro Jahr quasi »Ghost-Koch« spielen und damit sein originäres Genie unter den Scheffel stellen soll, statt zwölf Monate im Jahr losgelöst von jeglichem Diktat nach seinem Kanon zu kochen.

ÜBER DAS RESTAURANT

Der transparente Glaspalast, schlicht »Hangar 7« genannt, könnte genau so auch in New York stehen und bietet neben der Gastronomie plus Bar vor allem historischen Flugzeugen eine moderne Heimstatt. Die Tischkultur ist elegant, der von Manuel Lechner kompetent und mit generösem Charme geführte Service arbeitet mit routinierter Präzision. Die Weinkarte ist international mit den üblichen Verdächtigen plus einigen wenigen Besonderheiten bestückt, insgesamt aber nicht gerade Weltniveau.

KONTAKT

Red Bull Hangar-7
Restaurant »Ikarus«
Wilhelm-Spazier-Straße 7A
A-5020 Salzburg

Fon: +43 (0) 662/21 97 77
Fax: +43 (0) 662/21 97 37 86
ikarus@hangar-7.com
www.hangar-7.com

Öffnungszeiten:
Täglich (Küchenzeiten)
12.00 – 14.00 Uhr
18.00 – 22.00 Uhr

Betriebsferien:
22. Dezember – 3. Januar

WOMIT KANN MAN SIE VERFÜHREN?
Mit der besten Pizza.

GIBT ES EINEN TRAUM, DEN SIE SICH NOCH ERFÜLLEN MÖCHTEN?
Ich werde nie aufhören zu träumen.

WELCHER BERUF (AUSSER DEM EIGENEN) WÄRE FÜR SIE INTERESSANT UND WARUM?
Fotografie, Architektur, Design – alles was mit Kreativität zu tun hat.

MIT WEM WÜRDEN SIE GERNE EINMAL ZU ABEND ESSEN?
Leonardo da Vinci.

TAGLIOLINI OLIO-AGLIO UND MEERESFRÜCHTE

GELBER NUDELTEIG:
500 g Mehl
100 g Hartweizengrieß
250 g Eigelb
125 g Vollei
75 g Olivenöl
Salz

OLIO-AGLIO:
100 g Olivenöl
2 Knoblauchzehen, fein geschnitten
100 g Frühlingslauch, fein geschnitten
4 Tomaten, geschält, entkernt und gewürfelt
1 Chilischote, fein gehackt

MEERESFRÜCHTE:
je 16 Herz-, Venus- und Miesmuscheln, von der Schale befreit, geputzt und blanchiert
100 g Calamaretti, geputzt
4 Jakobsmuscheln ohne Schale, geputzt und gewürfelt
2 Oktopusarme, gekocht und in dünne Scheiben geschnitten
8 Garnelenschwänze (am besten rote Garnelen aus dem Mittelmeer), frisch und in Stücke geschnitten

GARNITUR:
2 EL Petersilie, fein gehackt

1. **Tagliolini:** Das Mehl auf eine Arbeitsfläche sieben und eine Mulde hineindrücken. Den Hartweizengrieß hineingeben und erneut eine Mulde bilden. Die restlichen Zutaten hineingeben und alles langsam von außen nach innen vermengen. Wenn sich die Flüssigkeit so weit mit dem Mehl verbunden hat, dass sie nicht mehr verläuft, den Teig kräftiger kneten, bis ein elastischer Nudelteig entsteht. Vor der weiteren Verarbeitung mit der Nudelmaschine sollte der Teig mindestens 20 Minuten ruhen. Anschließend den Teig portionieren und so lange walzen, bis das Teigblatt noch eine Stärke von 1–2 mm hat. Für die Tagliolini die Teigblätter in 0,2 cm breite Streifen schneiden und 100 g pro Person zur weiteren Verarbeitung bereitlegen.

2. **Olio-Aglio:** Frühlingslauch, Knoblauch, Tomaten und Chili in Olivenöl anschwitzen. Die rohen Tagliolini dazugeben und nach und nach mit etwas Wasser begießen, ähnlich einem Risotto. Der Vorteil bei dieser Methode ist, dass die Stärke im Gericht vorhanden bleibt und nicht im Kochwasser zurückbleibt. Kurz bevor die Tagliolini gar sind, die Meeresfrüchte und Muscheln dazugeben. Mit etwas gehackter Petersilie verfeinern.

Es beginnt mit einem sehnsuchtsvollen Geschmack im Mund und steigert sich zu einer Erregung im ganzen Körper, wie ein Verlangen nach Liebe. Plötzlich ist ganz klar: Du musst in die Wachau, und zwar sofort. Der Riesling gedeiht so prächtig wie am Rhein. Voll dichter, würziger Frucht ist der Grüne Veltliner, die Leitrebe der Region. Kein Ober wispert einem in Verschwörerpose etwas von Hummer auf Erdbeermus ins Ohr. Hier triumphiert eine graziös reformierte K.u.K.-Küche mit mediterranen Einsprengseln und Signalen französischer Klassik. Damit hat sich Elisabeth »Lisl« Wagner im »Bacher« in Mautern in die europäische Spitze vorgekocht. Auf ihrer Karte stehen Hummer und Gänseleber traulich neben Rindersuppe mit Einlage, gebratenem Kalbshirn und paniertem Junghenderl. Lammrücken, Steinbutt und Seezunge paaren sich mit Backhendl und lauwarm serviertem Kartoffelsalat.

Die Köchin ist kreativ, sie verjüngt, modernisiert und verfeinert mit künstlerischer Anmut, was sie in alten Kochbüchern liest und was sie, die Wirtshaustochter, von den Altvorderen übernommen hat. Sie ersinnt neue Kombinationen, die mitunter frivolen Charme haben (wie ihr Austern-Carpaccio oder das inzwischen weltberühmte gebackene Kaviar-Ei), doch stets unverwechselbar sind. Liebhaber von Steinbutt – und welcher Gourmet wäre das nicht?! – mögen diesen Prachtfisch am liebsten im Ganzen gegart mitsamt der starken Rückengräte und der herrlich schmeckenden weißen Bauchhaut. Bei der Lisl kann man dieses Nonplusultra eines Steinbutts auf Vorbestellung erleben, etwa mit einer Sauce Béarnaise. Voraussetzung für den wahren Genuss ist die Größe des Fisches – um die fünf, sechs Kilo sollte er schon schwer sein. Solcherart ungekünstelt zubereitet lässt sich der Steinbutt, auch der Melancholiker des Meeres genannt, in seiner klarsten und tiefsten Geschmacklichkeit genießen. Dagegen wirken die üblichen Zubereitungsarten in Form von Filets wie billige Drucke gegenüber einem originalen Gemälde, und wer einen Steinbutt souffliert, begeht sowieso kulturellen Frevel.

George Bernard Shaw, dem allein nur solch ein Titel einfallen konnte, hat den »Wegweiser für die intelligente Frau zum Sozialismus und

IHR LEBENSMOTTO?
Genieße den Tag!

WAS HABEN SIE ZU HAUSE IMMER IM KÜHLSCHRANK?
Eingelegte Artischocken, Obst.

GIBT ES EINEN TRAUM, DEN SIE SICH NOCH ERFÜLLEN MÖCHTEN?
Ein »Dornröschen Hotel« in der Wachau eröffnen.

WELCHE SÜNDE WÜRDEN SIE KEINEM KOCH VERZEIHEN?
Tagliatte mit weißen Trüffeln und Trüffelöl.

Kapitalismus« geschrieben. Aus dem Titel ließe sich locker schließen, dass Shaw der Ansicht war, bei nicht intelligenten Frauen sei sowieso Hopfen und Malz verloren. Aber das wäre ungalant, und so soll gleich in Richtung Lisl Wagner die Anregung losgeschickt werden, einen Wegweiser für die Frau zur gehobenen Küche zu verfassen. Sie wäre eine würdige Autorin, denn was sie kann – und das ist sehr viel – hat sie sich weitgehend selber erarbeitet. Köche wie Lisl Wagner-Bacher werden nicht gemacht, sondern geboren! Und wenn man Lourdes nachsagt, es sei das Pilgerziel der Kranken und Beladenen, so ist das Landhaus Bacher gewiss das Mekka der Fröhlichen und Genießenden, wo die Lisl im Verein mit ihrem Schwiegersohn Thomas Dorfer in der Küche und dem Ehemann sowie den beiden Töchtern im Service seit Jahren aufs Schönste demonstriert, dass man sich glücklich essen kann.

Rund um das Landhaus Bacher und in der gesamten Wachau ist jedenfalls schon etwas von der Leichtigkeit des Südens zu spüren. Laubengänge, Sgrafitto-Häuser, holzbedachte Stiegen, Erker, deren seitliche Spionierfenster die bürgerliche Neugierde befriedigen, sowie eine Blumenpracht lassen einen bereits am Tage träumend durch die Gassen gehen. Es ist wie ein Flanieren der Seele und man spürt, dass in der Wachau die Realität unversehens zum Märchen werden kann – und umgekehrt.

HABEN SIE EIN BEVORZUGTES KOCHBUCH, WENN JA WELCHES?
Altes »Ruhm-«Kochbuch von meiner Mutter.

MIT WEM WÜRDEN SIE GERNE EINMAL ZU ABEND ESSEN?
Thomas Hampson.

ÜBER DAS RESTAURANT

Ja, es ist ein Landhaus wie aus dem Bilderbuch von lichter Eleganz und großen Fenstern hin zum Garten mit den alten Laubbäumen. Klaus Wagner, Lisls weinverliebter Mann, hat eine Weinkarte geschaffen, die sich zwischen Wachauer Raritäten, italienischen Klassikern und Bordelaiser Kreszenzen für Kenner so spannend und verheißungsvoll liest wie anspruchsvolle Literatur. Das von Haus aus schon vorzügliche Frühstück mit besten Brötchen und Kipferln, im Sommer auf der Terrasse aufgetischt, wird durch Schmankerln aus der Küche ergänzt. Und es empfiehlt sich ein heiteres Beratungsgespräch mit Frau Johanna, der liebenswürdigen Seele des Hauses, die ein schlichtes Spiegelei mit shakespear'scher Dramatik annonciert!

KONTAKT

Landhaus Bacher
Südtirolerplatz 2
A-3512 Mautern / Wachau

Fon: +43 (0) 27 32 / 82 937
Fax: +43 (0) 27 32 / 74 337
info@landhaus-bacher.at
www.landhaus-bacher.at

Öffnungszeiten:
Mittwoch – Samstag
11.30 – 14.00 Uhr
18.00 – 21.00 Uhr
Sonntags
Durchgehend 11.30 – 21.00 Uhr

Betriebsferien:
Januar und Februar

GEBACKENES KAVIAREI MIT SAUERRAHMSAUCE

4 Freilandeier
Mehl, Ei, Weißbrotbrösel zum Panieren
Erdnussöl

SAUERRAHMSAUCE:
250 ml Sauerrahm
3 EL Obers
Salz, Pfeffer
Worcestersauce

GARNITUR:
300 g Erdäpfelpüree
100–200 g iranischer Kaviar, am Besten Ocietra-Kaviar
2 Dillzweige

1. **Eier:** Eier anstechen und in ca. 5 1/2 Minuten wachsweich kochen. In Eiswasser abschrecken, vorsichtig schälen und etwas abtrocknen. In Mehl, Ei und Bröseln panieren und in heißem Erdnussöl schwimmend ausbacken.
2. **Sauerrahmsauce:** Alle Zutaten miteinander verrühren und abschmecken.
3. **Anrichten:** Mit der Sauce einen Spiegel auf den Teller ziehen. Heißes Erdäpfelpüree mit einem Dressiersack rund aufspritzen. Von den Eiern die Kappen abschneiden, ein Nockerl Kaviar auf die untere Hälfte setzen und die Kappe wieder daraufsetzen. Die Eier auf das Püree setzen, mit Dill garnieren und servieren.

Mein persönlicher Tipp: Da die Garzeit von Eiern stark von ihrer jeweiligen Größe und Temperatur abhängt, sollten Sie auf alle Fälle zuerst ein Probeei kochen.

Wer das Burgenland vor etwa zehn Jahren das letzte Mal besucht hat, reibt sich heute erstaunt die Augen. Ob es die Qualität des Weins von rot bis edelsüß ist oder die Gourmandise: Diese pannonisch durchwirkte ostösterreichische Region aus Wein und strohgedeckten Heurigen, aus Mais, Paprika, Gulasch, Strudelvarianten, Sterz-Etüden, Würsten, Federvieh, Karpfen und Zander, hier Fogosch genannt, aus 300 Sonnenstunden, behäbig dösenden Dörfern und Melancholie ist gastronomisch erwachsen geworden. Gab es früher im Grunde nur eine austauschbare Melange zwischen rustikaler, mit einem Hauch von Pusztaromantik verkitschter Einrichtung und entsprechend schematisierter Küche à la Rostbraten, gefülltem Paprika, Karpfen & Co, so überraschen die Köche heute auch mit nuancierten Kreationen zwischen raffiniert modernisierter Regionalküche und internationalem Schick aus französisch bis hin zur molekularen Kunstküche.

Letzterer huldigt mit einer Mischung aus Ernst und frivolem Charme, teils auch ein wenig verspielt Alain Weissgerber mit karamellisierter Gänseleber plus Jungaal und Granny Smith, mit glasiertem Lammbries samt Radieschen, mit Flusskrebsen, Melone, Serrano-Schinken und Melonen-Kaviar, mit kalter Lauchsuppe, Kokos und Miesmuscheln sowie einer geeisten Artischockensuppe mit Kalbsbries, in der Weissgerber winzige Eis-Aromaten umherflitschen lässt, die dann wohlig am Gaumen explodieren und den gewünschten Aha-Effekt auslösen. Der 1967 im Elsass geborene und in die gastronomische Eselböck-Dynastie eingetretene Koch offeriert freilich auch Klassiker der K.u.K.-Küche wie Gesottenes vom Ochsen mit eingemachtem Gemüse nebst Apfelkren, Backhendl und original Wiener Schnitzel, korrekt serviert mit einem Erdäpfel-Vogerlsalat, angemacht mit Kürbiskernöl.

Das sind Gerichte, wie sie bereits die Großmutter kannte. Weissgerber ist intelligent und kultiviert genug, um diesen Klassikern den nötigen Respekt zu erweisen, indem er sie nicht verfälscht. Bei anderen traditionsreichen Bürgergerichten wiederum ist er küchenpolitisch gottlob viel zu engagiert und auch zu ehrgeizig, um sie punktgenau zu übernehmen. Er modernisiert und

WAS BEFINDET SICH AUF IHREM FRÜHSTÜCKSTISCH?
Cappuccino und »Le Figaro«.

WAS HABEN SIE ZU HAUSE IMMER IM KÜHLSCHRANK?
Käse, eingelegte Paradeiser, Unmengen von Joghurt.

WELCHE 3 DINGE WÜRDEN SIE AUF EINE EINSAME INSEL MITNEHMEN?
Meine Frau, meine Kinder und meine Badehose.

GIBT ES EINEN TRAUM, DEN SIE SICH NOCH ERFÜLLEN MÖCHTEN?
3 Sterne.

interpretiert neu, indem er beispielsweise ein schlichtes Rinderfilet mit einem gefüllten Ochsenschwanz, Zitronenschalotten, Lauchsalat und Gänseleber zu einer Speise kombiniert, nach deren Genuss der Gast beglückt sagt, so habe er das noch nie gegessen. Oder er glasiert ein Steinbuttfilet mit Gewürzfenchel, Haselnüssen, Artischocken und Romanaherzen; oder eine Rotbarbe mit Fenchelnage, Artischocken und eingelegten Oliven.

Schon an den Produkten ist unschwer eine Vorliebe des Kochs für die mediterrane, speziell südfranzösische Küche zu erkennen. Das Schöne daran ist, dass Weissgerber die Finessen dieser Sonnenküche traumwandlerisch sicher beherrscht. Sein Tomatendessert, eine reizvolle Liaison aus Tomatensorbet mit Gurken, die püriert, mit Zitronensaft aromatisiert, danach zu Saft gepresst und geliert werden, ist ein köstliches Beispiel für seine exzellente Küche, mit der er sich an die pannonische Spitze kreiert hat. Alles fließt, sagt der Philosoph, und so ist es auch in der Küche, die wie jede andere Kulturdisziplin vom Austausch der Informationen lebt und sich durch Reformen sowie die Leistungen einzelner Meister schraubenartig nach oben entwickelt. Das Zauberwort heißt: erfinderische Tradition! Alain Weissgerber ist ein Koch, dem die Unschuld des Staunens ebenso gegeben ist wie das Genie, sich mittels der Phantasie vergangene Welten zu erschließen und daraus einen neuen kulinarischen Kosmos zu formen.

ÜBER DAS RESTAURANT

Das idyllisch am See gelegene Haus mit der attraktiven Terrasse, sommerlichem Mückenalarm inklusive, hat Barbara Eselböck in hellen Tönen und mit gediegenem Komfort ausgestattet. Die Patrone leitet den sympathisch agierenden Service und führt kundig durch die Weinkarte, die neben furchtlos nach oben dotiertem Champagner und den bekannten Regionalgewächsen auch eine Kollektion elsässischer Weine enthält.

KONTAKT

Restaurant »Zur Blauen Gans«
A-7121 Weiden am See

Fon: +43 (0) 21 67/75 10
restaurant@blaue-gans.at
www.blaue-gans.at

Öffnungszeiten:
Donnerstag – Montag
11.30 – 14.00 Uhr
18.00 – 22.00 Uhr

Betriebsferien:
Im Januar

WELCHER BERUF (AUSSER DEM EIGENEN) WÄRE FÜR SIE INTERESSANT UND WARUM?
Sänger, weil ich ein leidenschaftlicher Sänger bin.

IHR LIEBLINGSGEWÜRZ?
Verveine.

WIE VIELE KOCHBÜCHER BESITZEN SIE?
Unzählbar.

MIT WEM WÜRDEN SIE GERNE EINMAL ZU ABEND ESSEN?
Immer wieder mit meiner Frau.

SALADE »FAÇON NIÇOISE«

OFENPARADEISER:
5 reife Paradeiser
10 Kirschparadeiser
Meersalz
2 Knoblauchzehen
je 2 Zweige Rosmarin und Thymian

SALAT:
je 2 gelbe und rote Paprika
4 Schalotten
4 Knoblauchzehen
5 EL Olivenöl
Saft einer Zitrone
Meersalz, Pfeffer
1 Eisbergsalat
1 Karotte, mit dem Sparschäler in Streifen geschnitten
1 Gelbe Rübe, mit dem Sparschäler in Streifen geschnitten
1 Zucchini, blanchiert und geschnitten
20 Keniabohnen, gekocht
3 Paradeiser, in Scheiben geschnitten
8 Wachteleier, 2,5 Minuten gekocht
8 schwarze Oliven
frische Kräuter

1. **Ofenparadeiser:** Die Paradeiser schälen, vierteln und entkernen. Auf ein Backblech legen und mit Meersalz und den Kräutern bestreuen. Im Ofen bei 50 °C ca. 3 Stunden trocknen lassen.

2. **Salat:** Rote und gelbe Paprika waschen, vierteln, mit Meersalz und Olivenöl marinieren und im vorgeheizten Backofen bei 220 °C 5–8 Minuten braten. Danach herausnehmen, häuten und einrollen.

   Schalotten und Knoblauch schälen und in 2 EL Olivenöl weich dünsten. Zitronensaft und 3 EL Olivenöl dazugeben und mit Meersalz und Pfeffer aus der Mühle würzen. Den Eisbergsalat in dicke Scheiben schneiden und darin marinieren. Abtropfen lassen und dann in der Marinade das restliche Gemüse samt den Ofenparadeisern und den Paprikaröllchen kurz wenden und auf dem Salat anrichten. Mit Wachteleiern, Oliven und Kräutern garnieren.

Deutschland
370
Schaffhausen
4
7
Bodensee
Winterthur
1
366
St.Gallen
378
Zürich
Appenzell
Wattwil
Zürichsee
52
13
3
Österreich
53
Liechten-
stein
382
Bad Ragaz
13
Chur
354
Davos
Ftan
362
Fürstenau
Schweiz
358
La Punt-
Chamues
374
St. Moritz
Champfèr

DIE ZAHLEN ENTSPRECHEN DEN SEITENZAHLEN DER PORTRÄTS IN DIESEM BUCH.

Über Schiller haben wir in der Schule staunend erfahren, dass ihn der Geruch faulender Äpfel, die er als Nasendoping angeblich stets in einer Schublade zum Herausziehen präsent hatte, beim Dichten beflügelte. Johann Wolfgang von Goethe, der größere Genießer, trank Wein und den nicht zu knapp: »Andere verschlafen ihren Rausch, meiner steht auf dem Papier.« Boris Benecke erlebt den Musenkuss beim Studium von Kochbüchern, mitunter auch spontan und aktiv handelnd am Herd.

Das delikate Ergebnis solcher Inspiration sind Speisen wie der lauwarm mit marinierten Artischocken und einer konzentrierten Balsamico-Trüffelvinaigrette angerichtete Hummersalat, die gegrillte Seezunge mit Romanesco und Blattspinat oder der mit mediterranem Gemüse und glasierten Kartoffeln artig flankierte Wolfsbarsch, dem durch die Garung in der Salzkruste sowohl Saft als auch sein Naturaroma bewahrt werden. Dem Geschmack förderlich ist die Idee, den Seeteufel am Stück und mitsamt der Gräte zu braten, wie es Benecke tut. Dieser bei Köchen schon wegen seines unkomplizierten Charakters beliebte Fisch bedarf zur besseren geschmacklichen Entwicklung einer kräftigen Röstung. Benecke geht noch einen Schritt weiter und verstärkt mit Szechuan-Pfeffer das Aromenspektrum. So macht er aus einem von Haus aus nicht gerade geschmacksintensiven Produkt eine attraktive Speise.

Ob es die französische Klassik ist oder reformierte Regionalküche, ob es mediterrane Vignetten sind oder moderne Techniken: Boris Benecke beherrscht alle Stile und Kochpraktiken mit traumwandlerischer Sicherheit, und er nutzt dieses Können selektierend für die sukzessive Entwicklung einer eigenständigen, personalisierten Küche. Dabei achtet Benecke penibel auf die Güte der Produkte und deren handwerklich präzise Umsetzung. Erfreulich unspektakulär ist die Präsentation auf dem Teller. Klarheit ist für ihn ein wichtiges Prinzip und geht ihm über Effekthascherei. Dass er manchen Klassiker wie den im Nudelblatt gegarten Steinbutt mit dem weißen Trüffelschaum wiederholt auf die Karte setzt, verdient Zustimmung, denn es gibt Gerichte, die bei ihm halt am besten schmecken. Stammgäste brauchen sich deshalb nicht zu

IHR LEBENSMOTTO?
Niemals vergessen, dass man nur einmal lebt.

WAS HABEN SIE ZU HAUSE IMMER IM KÜHLSCHRANK?
Oliven.

WOMIT KANN MAN SIE VERFÜHREN?
Schokolade und Pralinen.

GIBT ES EINEN TRAUM, DEN SIE SICH NOCH ERFÜLLEN MÖCHTEN?
Ein Haus bauen.

WELCHER BERUF (AUSSER DEM EIGENEN) WÄRE FÜR SIE INTERESSANT UND WARUM?
Polizist, um jeden Tag etwas Neues zu erleben.

langweilen, denn der junge Meister hat genügend kreativen Geist, um das Küchenprogramm zwischen einem deliziös mit Mango-Chutney und Kräutersalat umspielten Hummercarpaccio und dem opulent mit gebratener Entenleber, Steinpilzen und Rotweinjus garnierten Rinderfilet abwechslungsreich zu gestalten.

Wenn ein Koch sagt, die Wünsche seiner Gäste spielten eine große Rolle, muss das nicht zwingend heißen, dass es ihm an Selbstbewusstsein gebricht. Darüber verfügte in hohem Maß ein Großmeister wie Joel Robuchon, der, bevor er in Paris sein Dreisternelokal aufgab, ebenso überirdisch wie exklusiv nach seiner Façon gekocht hat. Dem waren Gästewünsche zwar nicht schnuppe, aber auch kein Gesetz. Generell lebt allerdings jede Küche von der Zufriedenheit ihrer Gäste – und in gewissem Maß wohl auch vom Urteil der Kritiker, die Lob oder Tadel nach draußen tragen. Eher ist anzunehmen, dass Benecke hier noch die Stimme von Eduard Hitzberger, seinem Vorgänger und langjährigen Mentor, im Ohr hat, für den der Kunde eben König war. Boris Benecke, im Oktober 1976 in Flensburg geboren, war der Meisterschüler von Hitzberger, der inzwischen andere Aufgaben in der Hotellerie übernommen hat.

Bevor Benecke 2002 zu Hitzberger kam, hat er immerhin bei Küchengrößen wie Heinz Winkler, Harald Wohlfahrt und Dieter Müller gearbeitet, jeder drei Michelin-Sterne schwer. Hitzberger verfügte über zwei Sterne, die Benecke, als er im Frühling 2007 offiziell dessen Nachfolge antrat, nahtlos übernahm. Auffallend an seiner Küche ist zum einen eine Neigung für aufgeschäumte Saucen. Zum anderen verpackt er Fleisch und insbesondere Fisch gerne – wie den St. Petersfisch in einen Lauchmantel, den Wolfsbarsch in die Salzkruste, den Steinbutt ins Nudelblatt. Für Boris Benecke ist jeder Kochtag noch eine Herausforderung und jedes Gericht, mag er es auch schon tausendmal gekocht haben, eine Premiere. »Wir servieren Liebeserklärungen an Ihren Gaumen«, lässt er die Gäste wissen – eine Verheißung, die wahr wird durch einen Mann, der sich, wie sympathisch, mit einem Glas Rotwein beim Schmökern in alten Kochbüchern entspannt.

ÜBER DAS RESTAURANT

Licht und modern gestaltet ist das »La Bellezza« mit gerade mal 20 Plätzen – das architektonische Gegenstück zur rustikalen Zirbenholzstube »Stiva Paradis«. Unter dem Titel »Lightstyle« werden im Hotel auch Speisen mit maximal 300 Kalorien und Tee als Getränk zubereitet. Eine großzügige Fensterfront gibt den Blick auf die Berglandschaft frei. Der Service ist untadelig freundlich, die Weinkarte umfangreich mit teils drastisch nach oben aufgerundeten Preisen und entsprechend wenigen Nischen für Kenner & Liebhaber.

KONTAKT

Hotel Paradies
Gourmetrestaurant La Bellezza
CH-7551 Ftan / Engadin

Fon: +41 (0) 81 / 86 10 823
Fax: +41 (0) 81 / 86 10 809
info@paradieshotel.ch
www.paradieshotel.ch

Öffnungszeiten:
Mittwoch – Sonntag
19.00 – 22.00 Uhr

Betriebsferien:
November

GIBT ES EIN PRODUKT, DAS SIE GAR NICHT MÖGEN?
Fenchel.

HABEN SIE EIN BEVORZUGTES KOCHBUCH, WENN JA WELCHES?
Kräuterbuch von 1643, mit Gewürzen und Kräutern, die interessant für jede Krankheit sind.

DREI WORTE ZU GENUSS?
Entspannung, Überraschung, Glückseeligkeit.

MIT WEM WÜRDEN SIE GERNE EINMAL ZU ABEND ESSEN?
Cameron Diaz.

MILLE FEUILLE VON DER GÄNSELEBER

ZUTATEN FÜR 6 PERSONEN

MILLE FEUILLE:
120 g Gänseleber
25 g schwarze Nüsse
150 ml Sauternesgelee
ca. 2 mittelgroße Walnüsse

SAUTERNESGELEE:
750 ml Sauternes
5 Blatt Gelatine

BRIOCHE (ERGIBT 110 STÜCK):
375 g Butter
25 g Salz
1100 g Mehl
120 g Zucker
160 g Milch
90 g Hefe
250 g Vollei
100 g Eigelb, zum Bestreichen

CHUTNEYS:
Apfelmus
Feigenchutney

6 Plastik- oder Metallringe (Ø 5 cm, Höhe 16 cm), mit Folie ausgelegt

1. **Sauternesgelee:** Sauternes auf ca. 400 ml einreduzieren und die eingeweichte Gelatine unterziehen. Auskühlen lassen.

2. **Mille feuille:** Die Gänseleber zwischen zwei Lagen Backpapier auf ca. 0,5 cm Dicke ausrollen. Dann ca. 30 Minuten einfrieren. In 3 x 6 runde Plättchen von ca. 3,5 cm Durchmesser ausstechen.

   Die schwarzen Nüsse in 3 x 6 Scheiben schneiden und mit der Gänseleber schichten und mit Nussscheiben abschließen.

   Mit einer Rouladennadel das Lebertörtchen aufspießen und möglichst mittig in den Ring einsetzen. Mit dem leicht gekühlten Sauternesgelee bis zur Hälfte des Törtchens auffüllen und dann kühl stellen. Nach 5 Minuten den Rest auffüllen und das Törtchen leicht mit Gelee bedecken. Kühl stellen.

3. **Brioche:** Mehl in eine Schüssel sieben, eine Mulde hineindrücken, Hefe, Zucker und lauwarme Milch hineingeben und alles zu einem Vorteig verkneten. Diesen 10 Minuten an einem warmen Ort gehen lassen. Die Butter schmelzen und lauwarm zusammen mit den restlichen Zutaten zum Vorteig geben. Alles zu einem geschmeidigen Hefeteig verkneten. Zugedeckt an einem warmen Ort gehen lassen, bis der Teig das doppelte Volumen bekommen hat. Anschließend den Teig in Stücke teilen und aus jedem Stück eine kleine und eine große Kugel formen. Brioche-Förmchen buttern und mehlen, die große Kugel hineinlegen. Mit dem Daumen ein Loch in die große Kugel drücken, die kleine Kugel hineinsetzen. Mit Eigelb bestreichen und im vorgeheizten Backofen bei 170 °C ca. 25 Minuten backen, bis sie goldbraun sind.

4. **Anrichten:** Ein Mille feuille auf einen Teller setzen und anschneiden. Dazu ein Brioche mit einem Klecks Marmelade setzen. Von beiden Chutneys etwas auf den Teller geben.

Der Mann ist agil und von schlanker Statur, und so überrascht es nicht, wenn Daniel Bumann bekennt, die besten Ideen für neue Rezepte fielen ihm »beim Joggen« ein. Ein imposanter Bauch wirkt zwar immer noch vertrauensfördernd, aber er gilt längst nicht mehr als einziger Ausweis für Kochkunst. Wenn Bumann in Richtung Sils Maria rennt, kommt er an einem Haus vorbei, in dem Friedrich Nietzsche zwischen 1881 und 1888 die Sommerfrische verbracht hat. Das heutige Museum birgt einen Gedenkstein mit einem Nietzsche-Aphorismus, der gut zu Bumanns Küche passt: »Alles Gute ist leicht. Alles Göttliche läuft auf zarten Füßen.«

Daniel »Dani« Bumann, 1958 in Basel geboren, doch in Saas-Fee aufgewachsen und dort, in der elterlichen Gästepension, von Kindesbeinen an mit der Kocherei konfrontiert, wird für seine filigran angelegte Küche gerühmt. Unter seinen Händen formen sich die Zutaten zu kulinarischen Pretiosen wie etwa beim Seeigel-Parfait mit Shrimps und dem Muschelsalat. Schon von der Farbe her originell ist das lauwarm gegarte und mit Roter Bete kombinierte Zanderfilet, das durch etwas Meerrettich und ein grünes Apfelgelee sowohl farblich wie geschmacklich spannungsvoll bereichert wird. Stilistisch konzentriert sich die Küche auf das Hauptprodukt, ohne die Beilagen zu vernachlässigen. Frische, Aroma und schnörkellose Klarheit sind die drei Leitworte von Bumann, deren praktische Umsetzung ihm 1997 den ersten Stern vom »Michelin« bescherte und 2004 den zweiten.

Einen Ruf wie Donnerhall hat Bumann mit seiner Safran-Küche bekommen, was kein Zufall ist, denn seine Frau, Inga Bumann-Jossen, stammt aus Mund, jenem kleinen Ort im oberen Wallis, in dem wundersamerweise Safran bester Güte wächst. Als das Paar am 1. Juni 1995 die Chesa Pirani übernahm, war gleichsam vollautomatisch der Plan eingebaut, jedes Jahr den Beginn der Safran-Saison im Spätherbst mit einem speziellen Menü zu feiern. Also pilgern die Gourmets von weither an, um die hauchdünnen Kalbfleischravioli mit Safran zu genießen, das Kalbskotelett mit Safransabayon, den Hummer mit Mango, Chili und der safranisierten Emulsion, das

IHR LEBENSMOTTO?
Täglich das Beste zu geben.

WAS HABEN SIE ZU HAUSE IMMER IM KÜHLSCHRANK?
Joghurts, Trockenfleisch aus dem Wallis und Käse.

WELCHER BERUF (AUSSER DEM EIGENEN) WÄRE FÜR SIE INTERESSANT UND WARUM?
Fußballtrainer.

Huhn mit der Safranbutter oder zum Finale ein ungewöhnlich pikantes Safraneis. Bei diesen Speisen erfüllt sich der Anspruch der Küche, »pures Essvergnügen« zu garantieren.

Der Safran symbolisiert auch heute noch Wünsche und Fantasien. Bis in die Neuzeit hinein hat man Safran mit Gold aufgewogen und wer protzen wollte, traktierte seine Gäste im Übermaß mit safranisierten Speisen und Getränken. Keine Pastete und kein Püree, keine Suppe, keine Sauce und kein Dessert kam ohne das Würzgold auf den Tisch. Fisch und Fleisch wurden damit parfümiert, das Huhn in Safranbrühe war ein Küchenklassiker des 18. Jahrhunderts. Safran verleiht Speisen ein Goldgelb von jener intensiven Leuchtkraft, wie es auch von Heiligenscheinen gotischer Ikonenmaler prangt. Und das Gewürz ist durch nichts zu ersetzen, will man eine Paella Valencia machen, eine provenzalische Bouillabaisse oder ein Risotto alla Milanese perfekt hinbekommen.

Aber bei Preisen, die je nach Marktlage und Gütestufe zwischen 3.000 und 6.000 Euro pro Kilo liegen, wird das »rotes Gold« genannte Gewürz auch bei Daniel Bumann im Gegensatz zu den Safranorgien früherer Zeiten gezielter eingesetzt. Seine Bedeutung als Färbemittel hat es weitgehend verloren, aber in der gehobenen Küche gibt es für Safran nach wie vor keinen Ersatz. Spitzenköche verwenden das Gewürz gerne für Fischsaucen. Freilich muss man mit diesem starken Gewürz kultiviert umgehen. Zu viel Safran macht Speisen bitter und wirkt leicht ordinär. Daniel Bumann hat selbstverständlich das routinierte Gefühl für die rechte Dosierung zwischen Genuss und Verdruss. Und himmlisch schmeckt seine fein mit Safran parfümierte Essenz. Die weckt Tote auf, dem Safran sei Dank.

WIE VIELE KOCHBÜCHER BESITZEN SIE?
Meine Familie sagt, es sind zu viele.

MIT WEM WÜRDEN SIE GERNE EINMAL ZU ABEND ESSEN?
Otmar Hitzfeld.

ÜBER DAS RESTAURANT

Das stattliche Engadiner Bürgerhaus von 1750 besticht schon beim Eintritt durch ein Gewölbe mit Säulen, von denen man meint, sie stünden hier seit römischen Zeiten. Gespeist wird in mehreren Stuben mit Zirbentäfelungen und schmucker Dekoration. Ingrid Bumann-Jossen leitet mit temperamentvollem Charme den Service. Die Weinkarte ist schwerpunktmäßig auf Schweizer Gewächse abonniert, speziell solchen aus dem Wallis und Graubünden. Die Preise wertete ein Gastro-Kritiker als angemessen, was immer das in St. Moritz heißen mag.

KONTAKT

Gourmetrestaurant Chesa Pirani
Hauptstraße
CH-7522 La Punt-Chamues
bei St. Moritz / Engadin

Fon: +41 (0) 81 / 85 42 515
Fax: +41 (0) 81 / 85 42 557
bumann@chesapirani.ch
www.chesapirani.ch

Öffnungszeiten:
Dienstag – Samstag
11.30 – 13.30 Uhr
ab 18.30 Uhr
In der Hochsaison täglich geöffnet

Betriebsferien:
ab Ostern – Anfang Juni
Mitte Oktober – Anfang Dezember

SEEZUNGE AUS VANDÉE MIT ZUCCHETTI UND SAFRANZITRONENSAUCE

ZUTATEN FÜR 6 PERSONEN

1 Seezunge à 1 kg, filetiert
4 Zucchetti, nicht zu dick
1/3 Scheibe Toastbrot
1 Zitronengrasstängel
3 Zitronenblätter
2 unbehandelte Zitronen
20 ml trockener Weißwein
10 ml Noilly Prat
10 ml Rahm
5 ml Olivenöl, kalt gepresst
160 g Butter
30 ml Fischfond
Salz, Pfeffer aus der Mühle,
ein Stäubchen Cayennepfeffer,
Safran

1. **Seezunge:** Die Gräte der Seezunge vom Fischhändler mitgeben lassen, um einen Fischfond anzusetzen. Zucchetti mit der Aufschnittmaschine der Länge nach in 2 mm dicke Tranchen schneiden und im Salzwasser kurz blanchieren. Die Tranchen auf ein mit Klarsichtfolie ausgelegtes Tablett leicht übereinanderlegen. Die Anschnitte der Zucchetti in kleine Würfelchen schneiden und zwischen zwei Seezungenfilets geben, diese kräftig mit Salz und Pfeffer würzen und auf die ausgelegten Zucchettitranchen legen und einrollen. Die Rolle in 3 gleich große Stücke schneiden und auf einen Teller geben, mit Klarsichtfolie abdecken. Die Seezungenstücke im vorgeheizten Ofen auf der mittleren Schiene bei 70 °C ca. 40 Minuten langsam garen.

2. **Sauce:** Den Fischfond mit Weißwein und Noilly Prat um die Hälfte einkochen. Zitronengras und Blätter in ganz kleine Würfelchen schneiden und mit dem Rahm dazugeben, erneut etwas einkochen lassen. Zuletzt Safran beigeben, würzen und 80 g Butter darunter mixen. Zitronensaft beigeben und fertig abschmecken.

3. **Garnitur:** Toastbrot zu kleinen gefälligen Pastetchen schneiden und in Butter goldgelb ausbacken. Eine Zitrone in dünne Scheiben schneiden und zwischen zwei Backpapieren im Ofen bei 45 °C zu Chips trocknen. Die restlichen Zucchetti in kleine Streifen schneiden und mit etwas Olivenöl und Zitronensaft marinieren, würzen und auf die Zitronenscheiben verteilen. Diese wiederum auf die gewärmten Pastetchen geben und mit einem Spieß auf dem Fisch befestigen.

4. **Anrichten:** Die Seezungen in einem tiefen Teller anrichten, die Pastetchen daraufsetzen und mit reichlich Sauce umgießen.

d. bumann

»Im Anfang war die Tat«, lässt Goethe seinen Faust und Helden sagen, woraus folgert, dass nicht die Sprache, sondern das Machen am Anfang der Schöpfung stand. Das Lob der Tat entsteht regelmäßig auch am Herd, wo ein genialer Koch immer wieder Neues schafft, hin- und hergerissen zwischen einer Idee und deren praktischer Umsetzung, zwischen Zweifel und Bestätigung, Verneinung oder Bejahung, Niederlage und Triumph. Andreas Caminada ist so ein Faust der Küche, grüblerisch und herausfordernd in einem auf der Suche nach dem kulinarisch Wahren und durch die Kraft der Kreativität zum Macher werdend.

Der Mann, im Mai 1977 in Ilanz geboren, gilt als gastronomisches Wunderkind. Namhafte Köche wie Beat Bolliger und Hans-Peter Hussong waren seine Lehrmeister; auch Claus-Peter Lumpp, Küchenchef im schönen »Bareiss« und seit 2008 selig über seinen dritten Stern, hat das Naturtalent gefördert. Nun weiß man ja, dass nicht wenige Talente welkten, noch bevor sie richtig erblüht waren. Caminada hingegen startete seine Karriere furios. Im Dezember 2003 hat er mit seiner Partnerin Sieglinde Zottmaier die Regie auf Schloss Schauenstein übernommen – schon 2005 gab es den ersten Stern vom »Michelin« und bald danach den zweiten für »schmackhafte zeitgemäße Kreationen«.

Schmackhaft und zeitgemäß ist sachlich korrekt definiert, aber buchhalterisch nüchtern und unzulänglich. Um Caminada als Koch zu verstehen, muss man auf seinen achtungsvollen und gewissenhaften Umgang mit Produkten hinweisen, muss man seine handwerkliche Präzision bis ins letzte Detail hinein beschreiben, muss man seine schier überbordende Fantasie rühmen, seinen Hang zur Perfektion preisen und vor allem eine Tugend hervorheben: die leidenschaftliche Liebe zur Küche. Die zeigt sich auch in einer gewissen Andacht zum vermeintlich Kleinen, wenn er einen Rettich mariniert und zum gegrillten Thunfisch reicht, Radieschen (!) mit Limone zu Flusskrebsen und Saibling kombiniert, Kopfsalat schmort und mit Pinienkernen, Gewürztomate und Balsamessig zu einer aparten Vorspeise formt. Küchentechnisch ist Caminada geprägt von der französischen

IHRE LEIBSPEISE?
Ein geiles Linsencurry.

WELCHE 3 DINGE WÜRDEN SIE AUF EINE EINSAME INSEL MITNEHMEN?
Sackmesser, Samen, warme Kleider.

WELCHER VERSUCHUNG KÖNNEN SIE NICHT ODER NUR SCHWER WIDERSTEHEN?
An einem Golfplatz vorbei zu fahren.

WAS SAMMELN SIE UND WARUM?
Pluspunkte, die sind lebensnotwendig.

GIBT ES EINEN TRAUM, DEN SIE SICH NOCH ERFÜLLEN MÖCHTEN?
Mit 50 in Frühpension gehen und jeweils ein halbes Jahr die Welt bereisen.

Klassik, die er auf seine Weise liberal interpretiert und dabei eine klare natürliche Linie bevorzugt, die leicht als einfach unterschätzt wird, aber auf dem Teller durch eine Mischung aus struktureller Logik und vielschichtigem Raffinement im Geschmack begeistert. Er liebt es, Produkte themenhaft zu betrachten und als gastronomische Oper in mehreren Akten abzuhandeln. Wenn er etwa Heilbutt und Thunfisch annonciert, bekommt der Gast in Tellern und Schälchen roh marinierten Thun mit Auberginenpüree und Limone, sanft geräucherten Heilbutt mit Peperoni, eine Thun-Terrine mit Tatar und Rouille, ein Thunfischröllchen, gefüllt mit Ratatouille und gebettet in ein Gelee vom Apfelessig. Der Crèmesuppe von geröstetem Knoblauch wird ein Thunfisch auf dreierlei Art beigefügt.

Die Langustine, sein erklärtes Lieblingsprodukt, lässt der Koch in zwei Gängen servieren: sekundengenau gebraten und begleitet von Avocado mit Peperoni in der ersten Tracht, flankiert von einem Tatar in einer geschmeidigen Bisque, gefolgt von einem transparenten Carpaccio und in einer weiteren Version zart gebacken auf Ananas, rohem Schinken und Kokos. Eine schlicht »Wildessenz« betitelte warme Vorspeise wird mit Wildterrine, Hirschkalbscarpaccio und geräuchertem Rehfilet angeboten. Ungemein delikat sind die in schäumender Salbeibutter servierten Schmorbratenravioli. Der im Ofen gegarte Rehrücken wird mit einem Gewürzjus idealisiert, der geschmorte Schweinebauch mit Ananas, Entenleber und schwarzem Trüffel entzückt durch die Dichte der Aromen.

Andreas Caminada lotet kulinarische Grenzen aus, indem er spannungsvoll mit unterschiedlichen Gartechniken, Temperaturen und Texturen arbeitet. Er vermählt kreativ und kontrastreich Produkte und kreuzt Aromen. Er ist Poet und Tatmensch zugleich, und es darf vermutet werden, dass ihm Frau Zottmaier Muse ist und schärfste Kritikerin.

DREI WORTE ZU GENUSS?
Lebensnotwendig, macht Freude, Zeit haben.

MIT WEM WÜRDEN SIE GERNE EINMAL DIE WELT BEREISEN?
Roger Federer, Tiger Woods.

ÜBER DAS RESTAURANT

In stilvoller, kein bisschen übertünchter Eleganz wird im kleinen Schlosssaal – sommers auch im Garten – für rund zwei Dutzend Gäste eingedeckt: ein Traum für jeden Koch, um qualitativ perfekt aufkochen zu können. Der kompetent geführte Service arbeitet aufmerksam und liebenswürdig. Passable Weinkarte mit viel Schweiz und Italien, Spitzen aus der Wachau, feinen weißen Burgundern und roten Bordelaisern überwiegend mittlerer Jahre zu grotesk hohen Preisen.

KONTAKT

Hotel & Restaurant
Schloss Schauenstein
CH-7414 Fürstenau

Fon: +41 (0) 81/63 21 080
Fax: +41 (0) 81/63 21 081
kontakt@schauenstein.ch
www.schauenstein.ch

Öffnungszeiten:
Mittwoch
ab 19.00 Uhr
Donnerstag – Sonntag
12.00 – 13.30 Uhr
ab 19.00 Uhr

Betriebsferien:
4 Wochen nach Ostern
4 Wochen im November

LANGOUSTINE MIT MELONE UND BÜNDNER ROHSCHINKEN

LANGOUSTINE IM TEIG:
8 Langoustinenschwänze
2 Blatt Frühlingsrollenteig
4 Blatt Basilikum
etwas Eiweiß

8 dünne Scheiben Bündner Rohschinken

MELONE:
2 Cavaillon-Melonen, in schöne Stücke zugeschnitten (Achtung: Abschnitte aufbewahren)
weißer Portwein
Butter
Staubzucker
weißer Balsamico
Melonensaft oder Brühe
Estragon

LIMONENSAUCE:
2 Eigelb
100 ml Reisessig
1 EL Sojasauce
1 TL Honig
1/4 Stange Zitronengras, sehr fein geschnitten
1 Chilischote, sehr fein gewürfelt
200 g Distelöl
3 EL Sesamöl
Salz, Pfeffer
Abrieb einer Limone
1 EL Limonensaft
1 EL Crème fraîche

1. **Langoustine im Teig:** 4 Langoustinenschwänze mit je einem Basilikumblatt belegen und in Frühlingsrollenteig einschlagen. Dann in heißem Fett ausbacken.

2. **Langoustine mit Rohschinken:** Die restlichen 4 Langoustinenschwänze würzen und kurz anbraten. Alles auf einem Teller anrichten und mit Rohschinken belegen.

3. **Melone:** Melonen portionieren. Butter mit Staubzucker leicht karamellisieren, mit Balsamico und Brühe ablöschen und die Melonen damit glasieren. Mit Estragon parfümieren.

   Die Abschnitte mit ein wenig weißem Portwein, evtl. Honig und einer Prise Salz mixen. Dann durch ein Tuch passieren und den klaren Fond auffangen. Den Saft eisgekühlt zum Gericht servieren.

4. **Limonensauce:** Eigelb, Reisessig, Sojasauce, Honig, Zitronengras und Chilischote vermengen und mithilfe eines Stabmixers die beiden Öle während langsamen Zugießens zur Crème hochziehen. Anschließend die restlichen Zutaten beigeben und abschmecken.

Fragt man Köche, weshalb in der gehobenen Gastronomie so wenige Frauen tätig sind, erhält man Antworten, die nicht immer mit Gold aufzuwiegen sind. Der große Bocuse verweist auf die Gefahr, dass Frauen die Männer ablenken, verwirren, deren Kreativität also nicht steigern, sondern dämpfen. Na ja! Andere Küchenchefs meinen, dass die Arbeit zu stressig sei, was schon beim Heben von Zwanziglitertöpfen beginne. Da ist schon was dran, zudem fehlt für artige Gesten – »Herr Kollege, hätten Sie die Liebenswürdigkeit, mir den Topf mit dem Rinderfond auf die Seite zu stellen« – in der täglichen Schlacht am Herd die Zeit. Vreni Giger ist über derlei Probleme erhaben. Sie packt als Bauerntochter aus dem Appenzeller Land auch fröhlich zu.

Sie war 23 Jahre jung und gastronomisch noch nicht fertig ausgebildet, als sie, nach einer Station bei Roland Jöhri in St. Moritz, 1996 als Küchenchefin im »Jägerhof« einstieg und mit der ihr eigenen Charaktermischung aus Neugierde, Ernst und Heiterkeit schrittweise, sich Jahr für Jahr verbessernd, eine Küche von klar strukturierter Anmut schuf. Vreni Giger pflegt eine klare Linie. Auf ablenkende, gar nur schmückende und somit überflüssige Garnituren wird ebenso bewusst verzichtet wie auf Produktpaarungen, die vielleicht modern wirken, doch letztlich dem Geschmack nicht dienen. Und um den Geschmack dreht sich in ihrer Küche alles, den will sie pur, unverfälscht und dicht auf den Teller bringen.

Das gelingt ihr auch mühelos mit der kalten Kartoffelsuppe und dem eingelegten Fisch-Tatar oder der Stelze vom Zicklein, auf der Karte für deutsche Augen putzig »Gitzihaxe« genannt, die in Bier und Kalbsfond geschmort und mit Gemüse nebst Ofenkartoffeln serviert wird. Eine Bodenseeforelle wird sanft auf der Haut gebraten, mit goldbraun gebratenen Kartoffeln, wildem Fenchel und einer klassisch gerührten Sauce Hollandaise aufgetischt. Kalbsbries erfährt eine delikate Ergänzung durch Knusperspeck und gedünstete Endivie. Diskret karamellisierte Frühlingszwiebeln begleiten ein Filet vom warm geräuchertem Zander nebst einer kleinen Tarte Tatin. Eine wunderbar flaumige Näscherei ist das Mohnsoufflé mit Marzipanglace.

IHRE LIEBLINGSBLUME?
Gartenrose, ganz stachlige.

WELCHE 3 DINGE WÜRDEN SIE AUF EINE EINSAME INSEL MITNEHMEN?
Buch, gute Schokolade und mein Bett.

WELCHER VERSUCHUNG KÖNNEN SIE NICHT ODER NUR SCHWER WIDERSTEHEN?
Chips von Pringles.

WAS SAMMELN SIE UND WARUM?
Alle meine gelesenen Bücher. Ich kann keines wegwerfen.

GIBT ES EINEN TRAUM, DEN SIE SICH NOCH ERFÜLLEN MÖCHTEN?
Das Nordkap sehen und die Mitternachtssonne.

Die Köchin beschränkt sich in ihren Kombinationen weise auf zwei, maximal drei Geschmackselemente in einem Gericht. Mehr würde leicht zu einer Ermüdung der Sinnesorgane führen, abgesehen davon, dass sie nichts davon hält, beim Kochen »jedes Lebensmittel zehn Mal in die Hand zu nehmen«. Sie sagt das in ihrer herzerfrischenden Art ohne die bei manchen Köchen anzutreffende Arroganz, den Gast belehren und bevormunden zu wollen: »Ich koche nur das, was mir selbst wirklich gefällt – und glücklicherweise ähnelt mein Geschmack dem der Gäste.«

Diese Übereinstimmung stellt sich übrigens schon zu Beginn eines Menüs bei den mehrstimmig aufgetragenen Amuses-Bouches von delikater Finesse ein. Das kann eine gebackene Minibanane sein, pikant gewürzt mit Koriander, Chili und Chutney. Dann wiederum grüßt die Köchin mit einer Ochsenschwanzsuppe, Panna Cotta mit Bärlauch und einem Wachtelei oder einem Morchel-Spargel-Ragout. Vreni Giger respektiert den natürlichen Wert eines Lebensmittels. Das hat vielleicht mit ihrer bäuerlichen Herkunft zu tun, doch wohl auch damit, weil sie bevorzugt mit saisonalen Bio-Produkten aus der Region arbeitet. In den drei wöchentlich wechselnden Menüs ist neben einer traditionellen sowie einer exklusiv an Fischen orientierten Speisenfolge auch eine vegetarische Offerte enthalten. Ob Fisch, Fleisch oder Gemüse: Stilistisch lassen sich die Speisen als Zitate einer neu und persönlich interpretierten Regionalküche beschreiben, die schon vor der Nase und dem Gaumen das Auge durch die architektonisch klar angerichteten Teller entzückt.

ÜBER DAS RESTAURANT

Pastellige Farben, warmes Licht, helles Holz am Boden und an der Decke sorgen für eine stimmige Atmosphäre. In den Regalen stehen reihum leere Flaschen wie Devotionalien, kündend von der Liebe der Besitzer zum Wein. Simone und Johann Ulrich »Ueli« Lanz, die als Quereinsteiger vor knapp 25 Jahren den Jägerhof erwarben – er war Discjockey und Hippie im Geiste –, betreiben auch einen Weinhandel. Entsprechend umfangreich ist die Weinkarte mit internationalen Kreszenzen von Format und gehörigen Preisen.

KONTAKT

Hotel-Restaurant Jägerhof
Brühlbleichestraße 11
CH-9000 St. Gallen

Fon: +41 (0) 71 / 24 55 023
Fax: +41 (0) 71 / 24 52 612
info@jaegerhof.ch
www.jaegerhof.ch

Öffnungszeiten:
Montag – Freitag
11.30 – 14.00 Uhr
17.30 – 23.30 Uhr
Samstag
17.30 – 22.00 Uhr

Betriebsferien:
5 Wochen Juli / August

WELCHER BERUF (AUSSER DEM EIGENEN) WÄRE FÜR SIE INTERESSANT UND WARUM?
Floristin, weil ich es wunderschön finde mit Sachen aus der Natur eine schöne Dekoration zu machen.

WELCHE SÜNDE WÜRDEN SIE KEINEM KOCH VERZEIHEN?
Es gibt keine Sünde, aber er muss immer ehrlich sein und z.B. keinen Spargel Ende Januar servieren oder ähnliches.

GERÄUCHERTER BODENSEE-ZANDER AUF RANDEN-TARTE-TATIN MIT MEERRETTICHRAHM UND OLIVEN

ZUTATEN FÜR 6 PERSONEN

RANDEN-TARTE-TATIN:
2 Randen
100 g Zucker
70 ml Portwein
Blätterteig
Salz

MEERRETTICHRAHM:
2–3 EL frisch geriebener Meerrettich
Zitronensaft
3 EL flüssiger Rahm
20 ml geschlagener Rahm
Salz, Pfeffer

ZANDER:
500 g Bodensee-Zanderfilet
Zitronensaft
Oliven nach Belieben
Salz, Pfeffer

ZUM RÄUCHERN:
Sägemehl
Lorbeer
Pfefferkörner
Wachholder
Nelken

ALLES MISCHEN UND IN EINE GUSSPFANNE GEBEN. DARAUF EIN FEINMASCHIGES METALLGITTER LEGEN.

1. **Randen-Tarte-Tatin:** Randen weich kochen, im Sud erkalten lassen und dann schälen. Den Zucker karamellisieren und mit Portwein ablöschen. Einreduzieren bis der Portwein eine sirupartige Konsistenz bekommt. Nun etwas von dem Portweinsirup in Tarteletteformen gießen, die Randen in Scheiben schneiden und in die Formen legen und leicht salzen. Den Teig 2 mm dick ausrollen, über die Randen legen und mit einer Gabel einstechen. Bei 160 °C für ca. 10 Minuten backen. Die Formen im heißen Zustand stürzen. Achtung, beim Stürzen bitte unbedingt trockene Tücher verwenden. Verbrennungsgefahr!

2. **Meerrettichrahm:** Den Meerrettich würzen und mit Zitronensaft und flüssigem Rahm vermischen. Kurz vor dem Servieren den geschlagenen Rahm unter die Masse ziehen.

3. **Zander:** Den Fisch in sechs Stücke schneiden, mit Zitronensaft marinieren und würzen, nun in die vorbereitete Räucherpfanne geben und bei niedriger Temperatur mit Deckel für ca. 10 Minuten räuchern.

   Dieser Vorgang kann je nach Dicke des Fischs zeitlich variieren.
   Oliven als Garnitur grob hacken.

4. **Anrichten:** Die noch warme Tarte auf einen Teller geben, den Fisch daneben legen und mit einem Esslöffel eine Nocke Meerrettichrahm auf den Fisch setzen. Die grob gehackten Oliven darum herum streuen und sofort servieren.

v. giger

Unter den Köchen ist André Jaeger eine Ausnahmeerscheinung: Ein Herr mit Krawatte in der Küche wie auch außerhalb, gebildet, kulturell interessiert und bei aller Liebenswürdigkeit im Umgang mit Menschen nicht der Typ, gleich jedermanns Freund zu sein. Der im Februar 1947 in Zürich geborene Gastronomensohn absolvierte dynastisch geprägt eine Kochlehre und die Hotelfachschule in Lausanne, doch seine Karriere beginnt in Hongkong als Gastronomie-Manager im »Peninsula«, bis ihn der elterliche Ruf ereilt, die »Fischerzunft«, damals ein rustikales Ausflugslokal, zu übernehmen: »Entweder Du kommst oder wir verkaufen!« Jaeger kam und, wie's der Zufall, dieser oft launische Bruder, will, animierte ihn der prominente Zürcher Gastronom Max Kehl, für ihn doch mal »was Chinesisches« zu kochen. Das war der Beginn einer neuen gastrosophischen Zeitrechnung.

Nun muss man wissen, dass André Jaeger bis dahin mehr Manager als Koch war, aber dank seiner intimen musischen Talente quasi schon gentechnisch hochbegabt war für die subtile Kochkunst, die er nach und nach entwickelte, wobei ihn die alte Köchin seiner chinesischen Schwiegereltern schöpferisch inspirierte, etwa wenn sie bravourös eine Schweinsschulter acht Stunden lang mit Soja, Anis und Ingwer garte. Bald danach machte er sich, der auch als Innenarchitekt erfolgreich geworden wäre – Gäste staunen immer wieder über die Ästhetik seiner Teller –, international einen Namen für seine eurasische Küche, diese »Cuisine inspiration chinoise«, in der sich asiatische Weisheit mit westlichem Intellekt aufs Schönste nach dem Motto paart: Laotse trifft Kant.

Jaeger ist somit der wahre Begründer eines originären Küchenstils – von vielen nachgemacht, auch plagiiert, von keinem in dieser Perfektion erreicht. Aufschlussreich ist Jaegers Analyse: »Als ich in die Schweiz zurückkam, sprachen 1978 alle von der Nouvelle Cuisine. Ich kam damit nicht mehr zurecht, musste meinen eigenen Weg finden und begann, Gerichte, die ich in Asien kennen und schätzen gelernt hatte, neu zu interpretieren. Daraus wurde eine eigenständige Richtung – bis heute, doch inzwischen ist meine Küche, bei allen asiatischen Wurzeln, viel klarer angelegt, zum Teil einfacher

IHR LEBENSMOTTO?
Tue Recht und scheue niemand! Gib jedem Tag die Chance, der schönste deines Lebens zu sein! Alles, was Du aussendest, kommt auf Dich zurück!

WELCHER VERSUCHUNG KÖNNEN SIE NICHT ODER NUR SCHWER WIDERSTEHEN?
Frisch geröstete Erdnüsse.

WAS SAMMELN SIE UND WARUM?
Moderne Bilder und Skulpturen von lebenden Künstlern, weil man mit den Künstlern noch sprechen kann und immer wieder etwas Neues zu erwarten ist, was Freude und Überraschung bereitet.

und mehr auf singuläre Produkte bezogen, dabei sehr aromenbewusst, ohne Effekthascherei, doch immer mit Überraschungseffekten und dem Grundgedanken, nicht zu viele Produkte zusammenzuführen. Es ist eine spannende Zeit, denn mit der Molekulartechnik kommen viele Details nun auch in Europa zur Wirkung, die gerade in Japan schon lange praktiziert werden: Transparenz, subtiler Umgang mit den Produkten, sanfte Garmethoden, klare Formen auch beim Anrichten.«

Im Gegensatz zu manch anderem Koch, der modisch mit Zitronengras und Wasabi kokettiert, hat sich Jaeger lange Jahre vor Ort intensiv mit der asiatischen Küche befasst, Meistern über die Schulter geschaut, Bücher studiert und daraus seine ureigene Jaeger-Küche von unverwechselbarer Stilistik, Optik und Geschmacksvielfalt geformt. Es ist, kurz gefasst, eine Küche von hoher Poesie.

Was ist nun das Besondere, ja Einzigartige an der André-Jaeger-Küche? Zum einen ist es die Kunst, geschmackliche Tiefe mit der Ästhetik der Präsentation zu verbinden. Man staunt über die architektonisch präzise ausgetüftelte Form der Gerichte. Man ist fasziniert von der Raffinesse der Aromatik. Man ist begeistert über die Tiefe und die Länge des Geschmacks. Yin und Yang: raffinierte Amuses-Bouches-Variationen in der rot gelackten Bento Box, mit Tee geräucherte Wachtel, Erbsengelée und Hummertatar, Zander mit Kakao-Croutons, Steinbutt mit Sternaniskruste (bei 68 °C 15 Minuten lang behutsam gegart), St. Pierre im hauchdünnen Reisblatt mit Wasabi, zartes Reh mit Sesamvinaigrette, Rinderfilet mit Entenlebersauce, Gröstel von Polenta und Tomaten. Das alles klingt nicht nur westöstlich, es ist die geniale Küchenmelodie des Meisters, die wie eine Symphonie von Duft und Geschmack den Gast umfängt, einlullt und beglückt. Aber was heißt Symphonie: André Jaeger inszeniert die große gastronomische Oper!

ÜBER DAS RESTAURANT

Hölzerne Deckenbalken, Zunftembleme, dekorative Kunst, kostbare Antiquitäten, warmes Licht, cremige Farben und eine Tischkultur von erlesener Stilsicherheit sorgen für eine urbane Idylle am Rheinufer, in der Jana Zwesper umsichtig und mit selbstbewusstem Charme ihren Service dirigiert. Beachtenswert ist die Weinkarte, die über lokale Gewächse hinaus ein breites Spektrum an feinen Weltkreszenzen zwischen Mosel und Bordeaux und Burgund umfasst.

KONTAKT

Rheinhotel Fischerzunft
Rheinquai 8
CH-8200 Schaffhausen

Fon: +41 (0) 52/63 20 505
Fax: +41 (0) 52/63 20 513
info@fischerzunft.ch
www.fischerzunft.ch

Öffnungszeiten:
Restaurant
Mittwoch – Sonntag
12.00 – 14.00 Uhr, 19.00 – 21.00 Uhr
(für Bestellungen)

Betriebsferien:
keine

IHR SCHÖNSTES KULINARISCHES ERLEBNIS?
Hongkong, Sommer ca. 1974 im alten Bishopshouse, welches einem befreundeten Antiquitätenhändler gehört. Das Mittagessen wurde von einem alten, chinesischen Koch aus Shanghai zubereitet. Alles neue Gerichte, total überraschend und unbeschreiblich gut. Eine Inspiration fürs Leben, alles auf antikem, chinesischem Geschirr angerichtet.

DREI WORTE ZU GENUSS?
Genuss ist sich auf etwas freuen, es so zu erleben, wie man es sich vorgestellt hat, und davon nur soviel zu konsumieren, dass man noch ein wenig mehr möchte und sich bereits aufs nächste mal freut.

ZANDER MIT KAKAO, RATATOUILLE VON ROSENKOHL UND KAROTTEN-INGWER-REDUKTION

ZANDER:
4 Stück frischen Zander à 80 g, ohne Haut und Gräten
2 EL frische Toastbrotkrümel
1 TL ungesüßtes Kakaopulver
20 g flüssige Butter
Fleur de Sel

KAROTTEN-INGWER-REDUKTION:
500 ml Karottensaft
1 EL frischer Ingwer, gehackt
etwas Butter
Salz

RATATOUILLE VON ROSENKOHL:
100 g Rosenkohl
je 1/4 rote und gelbe Paprika
3 EL Tomatenwürfel
1 EL Olivenöl
1 EL Butter
etwas Sherry
etwas Safran
1 EL Pinienkerne, im Ofen leicht geröstet
1 EL Korinthen, eingeweicht
Salz, Pfeffer

1. **Zander:** Die Zanderstücke mit Butter bepinseln, auf einen Teller geben und bei 62 °C im Ofen ca. 15 Minuten ziehen lassen. Brotkrümel und Kakaopulver mischen und die Zanderstücke darin wälzen. In der Pfanne mit etwas Butter rundum kurz anbraten. Wenn der Fisch angerichtet wird, nochmals mit der Kakaokrümelmischung bestreuen und mit einer Prise Fleur de Sel garnieren.

   Tipp: Es ist sehr wichtig, dass der Fisch nur sehr sanft gegart wird und fast keiner Hitze ausgesetzt wird. So bleibt er sehr saftig und glasig, ohne roh zu sein.

2. **Karotten-Ingwer-Reduktion:** Karottensaft mit dem Ingwer reduzieren, bis eine leicht ölige Konsistenz erreicht ist. Dann abseihen und mit ein wenig frischer Butter aufmontieren. Nach Bedarf leicht salzen (ist aber in der Regel nicht notwendig).

3. **Ratatouille von Rosenkohl:** Die Blätter vom Rosenkohl einzeln ablösen, in Salzwasser blanchieren und abkühlen. Die Paprika mit dem Sparschäler schälen und in Rhomben schneiden. Butter und Olivenöl in der Pfanne erhitzen und Paprika und Tomatenwürfel darin anschwitzen. Wenn sich die Flüssigkeit langsam zieht, sofort die Hitze reduzieren und die restlichen Zutaten hinzufügen. Mit Salz, Pfeffer, einem Spritzer Sherry und einem Hauch Safran würzen. Zum Schluss die Pinienkerne und Korinthen darüberstreuen. Das Ratatouille sollte fast trocken bleiben, aber viel Geschmack haben.

4. **Anrichten:** Beim Anrichten sollten alle drei Komponenten separat bleiben, damit man jede einzeln degustieren und nach Belieben miteinander kombinieren kann.

Von Friedrich Nietzsche, dem geistreichen Philosophen mit alltagstauglichen Gedanken, stammt die Erkenntnis, dass »einige Stunden Bergsteigen aus einem Schuft und einem Heiligen zwei ziemlich gleiche Geschöpfe machen. Die Erschöpfung ist der kürzeste Weg zur Gleichheit und Brüderlichkeit.« Nietzsche wusste, wovon er sprach, denn er kannte das Engadin als Kurgast. Für den Franzosen Grimod de la Reyniere hatte wiederum das Essen einen egalisierenden Charakter. »Bei Tisch sind alle gleich«, befand er kurz und bündig. Das ist wohl reichlich idealistisch formuliert von diesem Feinschmecker und weltweit erstem gastrosophischen Gschaftlhuber als Herausgeber eines Restaurantführers in napoleonischer Zeit, abgesehen davon, dass längst nicht jeder und jede gleich empfindet und genießt.

Gegen das von Roland Jöhri edel komponierte Rindstatar auf transparent gelierter Ochsenschwanzsuppe und der prächtigen Haube aus goldgelb glänzendem Ossietra-Kaviar dürfte es, aus rein kulinarischer Sicht und ohne den Blick auf die rechte Seite der Speisekarte, allerdings keine Bedenken geben, Eiweiß-Allergiker mal ausgenommen. Auch das mit Tintenfisch, Jakobsmuschel, Wolfsbarsch, Seeteufel, Garnelen und diversen Muscheln reich bestückte Potpourri von Meeresfrüchten, der mit altem Balsamico halbwarm angerichtete Hummer, die Gänseleberterrine mit weißer Trüffel, das Zanderfilet mit Schalottenkonfit und Bohnenpüree sowie der Lammrücken mit Gemüsecouscous und Lamm-Auberginen-Ragout bieten geschmacklich die besten Voraussetzungen für Harmonien am Tisch.

Glanz & Gloria gehören zum Talvo, wo der Kaviar mit dem großen Löffel aus den Kilodosen geschaufelt wird und der Service sich trotz weißer Handschuhe in der Saison die Hände an den weißen und schwarzen Trüffeln schwielig hobelt. Luxus wird nicht genant verbrämt, sondern offen dargeboten. Kaviar und Trüffel sind ein Stück von Jöhri, wie die Challans-Enten, die in der Salzkruste gegart und am Tisch unter allgemeinem Aufsehen kunstvoll zerlegt werden. Der Graubündner, im März 1943 geboren, ist aber auch ein exzellenter, vom »Michelin« immerhin mit zwei Sternen bedachter Koch, der beispielsweise die Kunst

IHR LEBENSMOTTO?
Weniger ist mehr!

WAS HABEN SIE ZU HAUSE IMMER IM KÜHLSCHRANK?
Weißwein und Bier.

WELCHE 3 DINGE WÜRDEN SIE AUF EINE EINSAME INSEL MITNEHMEN?
Taucherausrüstung, Bier und meine Ehefrau Brigitte.

der Sauce auf der Basis sorgfältig eingeköchelter Fonds traumhaft sicher beherrscht. Eine rustikale, delikate Alternative zur Trüffelei ist die Sauerkrautsuppe mit drei eingelegten Vignetten: Blutwurst im Strudelteig, Krautravioli, Röllchen aus Bündner Fleisch.

Die Küche von Roland Jöhri basiert auf der französischen Klassik mit mediterranen Einsprengseln plus einiger asiatischer Akzente. Regionale Gerichte werden zeitgemäß modernisiert, was in der Regel heißt: leichter angelegt und in jedem Fall raffinierter. Auf der umfangreichen Speisekarte stehen immer ein paar Graubündner Spezialitäten à la Jöhri. Andererseits hat man keine Scheu, einem Schweinsfuß auf Petersilienpüree noch eine Entenleber beizugesellen, was das Gericht nicht ätherischer macht, für eine gewisse Klientel jedoch attraktiver und teurer. Ähnlich großmütig in Gramm wie Preisen geht Jöhri mit der weißen Alba-Trüffel um, die neben den üblichen Verdächtigen à la Nudeln, Gnocchi, Risotto auch die hausgemachte Kuttelwurst und das überaus delikate Rührei mit Kartoffelschnee exklusiv aufputzt.

Aufgewachsen ist Roland Jöhri in Chur, seine Kochlehre hat er im »Beau Rivage Palace« in Lausanne absolviert. Es folgten Stationen im »Dolder« sowie im »Gotthard« in Zürich und als Patron im Haus »Paradies« in Ftan, bis er gemeinsam mit Ehefrau Brigitte 1992 das Talvo erwarb und dort seine sehr persönlich akzentuierte Küche entwickelte. Eine spezielle und für den Gast erfreuliche Vorliebe gilt den großen Stücken von Fisch und Fleisch. Loup und Steinbutt werden auch als Ganzes gebraten und am Tisch tranchiert. Im Ofen schmurgeln Kalbshaxen bedächtig vor sich hin und in der Saison gibt es eine andernorts selten aufgetischte Rarität, nämlich einen Tessiner Kapaun, den die Küche als »Trilogie« zubereitet, flankiert von geschmortem Rotkraut und glasierten Maronen. Diesem Gericht gebührt ein sinnlich lang hingezogenes Hmmm.

GIBT ES EINEN TRAUM, DEN SIE SICH NOCH ERFÜLLEN MÖCHTEN?
Ein schönes Weingut besitzen.

GIBT ES EIN PRODUKT, DAS SIE GAR NICHT MÖGEN?
Kümmel und Müsli.

MIT WEM WÜRDEN SIE GERNE EINMAL ZU ABEND ESSEN?
Roger Federer.

ÜBER DAS RESTAURANT

Talvo, auf deutsch Heuboden, ist ein Bauernhaus von 1658, stilvoll renoviert mit Zirbe, Kachelofen, Holzstühlen, Kerzenlüster. Die Tische sind weiß gedeckt. In der Bibliothek werden 3000 Kochbücher zurück bis 1509 gehütet, des Weiteren eine Sammlung von 40000 Speisekarten. Die Weine sind gleichermaßen exklusiv sortiert wie kalkuliert; ein lokaler Schwerpunkt sind Bündner Kreszenzen. Die Seele im Lokal ist Brigitte Jöhri, die den Service leitet und mit ihrem gewinnenden Charme begeistert.

KONTAKT

Restaurant Jöhri's Talvo
Via Gunels 15
CH-7512 St. Moritz-Champfèr

Fon: +41 (0) 81/83 34 455
Fax: +41 (0) 81/83 30 569
info@talvo.ch
www.talvo.ch

Öffnungszeiten:
In der Hochsaison (Februar) ist jeden Tag durchgehend geöffnet, ebenso an Weihnachten und Neujahr

im Winter
Dienstagabend – Sonntag
11.00 – 24.00 Uhr
Küchenzeiten:
12.00 – 22.00 Uhr

Im Sommer
Mittwoch – Sonntag
11.00 – 24.00 Uhr
Küchenzeiten 12.00 – 22.00 Uhr

Betriebsferien:
April – Juni, Ende September – Anfang Dezember

RINDSTATAR MIT GELIERTER OCHSENSCHWANZSUPPE UND GOLDEN-OSCIÈTRE-KAVIAR

ZUTATEN FÜR 10 PERSONEN

TATAR:
700 g Rindshuft, fett- und sehnenfrei
3 Basilikumblätter
80–100 ml Olivenöl extra vergine
4–5 Spritzer Tabasco
1/2 TL weißer Balsamico
Salz, Pfeffer

OCHSENSCHWANZSUPPE:
1 kg Ochsenschwanz
100 g Zwiebeln
50 g Sellerie
50 g Karotten
1 EL Tomatenmark
100 ml Rotwein
2 Knoblauchzehen
Lorbeer, Thymian, Pfeffer

ZUM KLÄREN:
200 g mageres Beinfleisch
2 Eiweiß
100 g Wurzelgemüse (Karotten, Sellerie, Zwiebeln, Lauch)
1 Knoblauchzehe
2 cl Sherry
Salz, Pfeffer, Cayennepfeffer

GARNITUR:
300 g Karotten, Sellerie, Lauch, Kaiserschoten
10 Scheiben Toastbrot
200 g Golden-Osciètre-Kaviar

1. **Tatar:** Das Rindfleisch fein hacken oder mit der feinen Scheibe wolfen. Basilikumblätter in Julienne schneiden und zum Fleisch geben. Nach und nach das Olivenöl zugeben, so dass es vom Fleisch gut aufgenommen wird. Mit Salz, Pfeffer, Tabasco und Balsamico würzen.

2. **Ochsenschwanzsuppe:** Den Ochsenschwanz mit dem Gemüse anrösten. Tomatenmark hinzugeben und mit Rotwein 2–3 mal ablöschen und glasieren. Mit 2,5 l Wasser auffüllen. Die Gewürze dazugeben und 3–4 Stunden köcheln lassen. Währenddessen immer entfetten und anschließend passieren und abkühlen lassen.

3. **Klären:** Beinfleisch wolfen und das fein geschnittene Gemüse mit dem Eiweiß dazugeben. Mit Ochsenschwanzfond aufgießen, gut mischen und bei mittlerer Hitze unter ständigem Rühren zum Kochen bringen. Beiseite stellen und 1 Stunde ziehen lassen. Mit Salz, Pfeffer, Cayennepfeffer und Sherry abschmecken. Anschließend passieren und kalt stellen.

4. **Garnitur:** Das Gemüse in Rauten schneiden und in kochendem Salzwasser blanchieren. Das Toastbrot rund ausstechen und goldbraun rösten.

5. **Anrichten:** Mithilfe eines Rings das Tatar in der Mitte eines tiefen Tellers anrichten. Die leicht gelierte Ochsenschwanzsuppe angießen und mit dem blanchierten Gemüse garnieren. Auf das Tatar nach Belieben je eine Toastbrotscheibe geben und darauf 20 g Kaviar anrichten.

Wenn die Esslust erwacht, ist es mit anderen Leidenschaften meist vorbei. Dieser Zustand ist keine Minderung sinnlicher Qualitäten, wenn man sich im Raume Bonn befindet. Ganz im Gegenteil: ein Menü im »L'Orquivit« löst selbst im November so schöne Gefühle aus wie die erste Liebe im Mai. Heiko Nieder, der 1972 in Reinbek bei Hamburg geborene Küchenchef, ist ein Meister der neuen Sachlichkeit. Auf dem Deckblatt der Speisekarte prangt sein gastrosophisches Motto: »Wahre Kunst ist dann erreicht, wenn man nichts mehr weglassen kann.« Was sich nach kargem Minimalismus anhört, das ergibt auf dem Teller die Konzentration auf das Wesentliche. Nieders Speisen sind klar konturiert, Schnörkel sind ihm ein Verbrechen. Und doch gelingt Nieder bei jedem Gericht die Kunst des kulinarischen Paradoxons, indem er auf unnachahmliche Art das Strenge mit Poesie vermählt und eine Küche schafft, die geschmackliche Tiefe mit aromatischer Vielschichtigkeit und formaler Schönheit in Harmonie verbindet.

Einige Beispiele aus der Karte werden dienlich sein, um den Stil von Nieder zu illustrieren. Garnelen mit Wildkräutern und Kaviar: Kräuter, roh marinierte Garnele und Kaviar sind in drei Streifen parallel angeordnet und ergeben einen Akkord von höchster Reinheit und Delikatesse. Was als »Vollkornbrot mit Spinat, Ei und weißem Trüffel« annonciert wird, sind kleine Brotbröckchen mit Spinat und einem in einer Trüffelsauce cremig verrührtem Ei – die Zunge kostet die Speise, als wäre sie Musik. Gänsestopfleber mit geschmorten Zwiebeln, Korinthen und Zimt: diskret süßliche, herbe und gewürzige Töne verschmelzen in Wohlklang. Bressetaube mit geschmortem Wirsing, Blutwurst und Korinthen: ein perfekt inszeniertes Gericht von dichter Aromatik und vollkommener Harmonie.

Von handwerklicher Perfektion und spannungsvoller Kreation zeugen auch Gerichte wie der Kartoffelschmarrn mit weißem Trüffel, der Steinbutt mit Seeigel und Löwenzahn, der Kabeljau mit Roter Bete und Koriander, das Geschmorte und Gebratene vom Salzwiesenlamm mit grünem Spargel, Knoblauch und Mandeln. Die Desserts à la Fencheltarte mit Orange und Milcheis oder die überaus raffinierten Pralinen

IHR LEBENSMOTTO?
Der zweite Platz ist der erste Verlierer.

WAS SAMMELN SIE UND WARUM?
Kochbücher, wegen der leckeren Bildchen.

WELCHER BERUF (AUSSER DEM EIGENEN) WÄRE FÜR SIE INTERESSANT UND WARUM?
Architekt, um Dinge zu erschaffen, die mir und anderen Menschen gefallen.

entzücken und zeigen, dass Süßes animiert und ein diskreter Diener der Venus ist. Die Macht des Süßen ist nicht nur in der Literatur dutzendfach belegt, wie beispielsweise besonders eindringlich im »Leoparden«, wo Lampedusas Fürstin ihrem träge gewordenen Gatten ein exquisites, mit Früchten angereichertes Dessert bereitete, bei dessen Genuss der Fürst spontan den Entschluss fasste, ins Dorf zu fahren und die Nacht mit seiner Geliebten zu verbringen.

Wesentliche Erfahrungen hat Nieder in der Küche von Josef Viehhauser in dessen »Le Canard« in Hamburg gesammelt. Der Österreicher hat bereits avantgardistisch gekocht, als andere Zunftgrößen noch in unreflektierter Küchenklassik verharrten, doch hat er sich später betriebswirtschaftlich verzettelt. Weitere Stationen von Heiko Nieder waren ein Praktikum in der berühmten Konditorei von Andersen in Hamburg, dem Führungsaufgaben in der »Traube« in Grevenbroich sowie vier Jahre als Küchenchef im Berliner »VĂU« folgen, bis er im Mai 2002 die Chance bekam, das »L'Orquivit« im Hotel Dorint auf dem Bonner Venusberg einzurichten und – laut Originalton – mit seiner »modernen, leicht puristischen Küche mit Einflüssen aus der ganzen Welt« zu führen.

Nieders Kochstil fußt bei der Kombination der Produkte auf dem Prinzip von These und Antithese. Sein Spiel mit Texturen und Aromaten ist mitunter verwegen, doch gelingt es stets, die vermeintlichen Kontraste in Einklang aufzulösen. Beispielsweise richtet er eine Rotbarbe mit Linsen und Melone an, weil ihm dies allein jedoch zu anmutig in der Harmonie erscheint, gibt er als Spannungselement noch winzige Minzeteilchen hinzu. Und auf einmal beginnt das Gericht zu leben, atmet es Persönlichkeit, eben jene von Heiko Nieder, dem Kochkünstler.

ÜBER DAS RESTAURANT

Silberne Wände, Kristalllüster, rot gepolsterte Stühle und verspiegelte Weinschränke prägen neben eleganter Tischkultur die Klasse der schlicht »The Restaurant« betitelten, am 15. April 2008 eröffneten Gourmetadresse im ebenso aufwändig wie stilvoll renovierten Traditionshotel »Dolder Grand«. Der Service arbeitet effektiv in eleganter Manier, geleitet vom distinguiert auftretenden Didier Clauss, der mit Nieder aus Bonn kam, auch als Sommelier fungiert und ebenso kenntnisreich wie einfühlsam berät.

KONTAKT

The Dolder Grand
The Restaurant
Kurhausstraße 65
CH-8032 Zürich

Fon: +41 (0) 44 / 45 66 350
Fax: +41 (0) 44 / 45 66 001
therestaurant@thedoldergrand.com
www.thedoldergrand.com

Öffnungszeiten:
Dienstag – Samstag
12.00 – 14.00 Uhr & 19.00 – 22.00 Uhr

Sonntag
12.00 – 14.00 Uhr

IHR SCHÖNSTES KULINARISCHES ERLEBNIS?
Das Essen meiner Oma.

WIE ENTSPANNEN SIE SICH?
Wenn ich gut essen gehe.

GIBT ES EINEN TRAUM, DEN SIE SICH NOCH ERFÜLLEN MÖCHTEN?
Einmal alle Köstlichkeiten dieser Welt in den jeweiligen Ländern kosten.

LANGOSTINOS MIT ERBSEN, SCHINKEN UND VADOUVAN

LANGOSTINOS:
1 kg Langostinos 20/30er
1 Limone
30 ml Geflügelfond
50 ml Krustentieröl
50 ml Limonenolivenöl
Maldon Sea Salt

ERBSEN:
250 g Erbsen
1 Schale Daikonkresse
100 g Parmaschinken, eingefroren
100 g Parmaschinkenfett, ausgelassen
1 Scheibe Weißbrot
30 ml Geflügelfond
50 ml Limonenolivenöl
Himalayasalz
1 Limone

VADOUVAN:
1/2 Dose Vadouvan Gewürzmischung
50 ml Olivenöl
50 ml Limonenolivenöl

1. **Langostinos:** Langostinos ausbrechen, vom Darm befreien und in gleichmäßig dünne Scheiben schneiden. Diese zwischen zwei Folienblätter legen und leicht mit einem Messerrücken plattieren. Kurz in den Tiefkühler geben. Anschließend die Langostinos in die gewünschte Form bringen und mit Hilfe einer Palette auf einen Teller geben. Aus dem Geflügelfond, Limonensaft, Krustentieröl und dem Limonenolivenöl ein Dressing rühren und damit die Langostinos bestreichen. Mit Maldon Sea Salt würzen.

2. **Erbsen:** Erbsen aus der Schote lösen, kurz blanchieren und das Innere der Erbsen herauspulen. Erbsen mit der Daikonkresse, Geflügelfond und Limonenolivenöl vermengen und mit Limonensaft und Salz würzen. Den Salat über den marinierten Langostinos verteilen.

   Dünne Weißbrotscheiben im Parmaschinkenfett rösten, abtropfen lassen und klein hacken. Die Weißbrotbrösel über den Erbsensalat verteilen. Den gefrorenen Parmaschinken auf einer Reibe fein reiben und auf den Salat geben.

3. **Vadouvan:** Vadouvan mit den Ölen vakuumieren und bei 60 °C 12 Stunden garen. Etwas Öl über die Langostinos geben.

In der »Belle Epoque« verstanden sich die Chefs der klassischen Grandhotel-Küche auch als Bildhauer. Pasteten und große Braten sind damals zu architektonischen Galastückerln aufgeputzt worden, pompös serviert auf schweren Silberplatten. Aus Eis und Butter modellierte man prächtige Schaustücke wie Jagdszenen, Schlösser, Figurengruppen, auch Galanterien – Bilder wie eine vorweggenommene Postmoderne mit Erkern, Türmchen, Kugeln, Säulen. Der Küchenchef war damals ein mächtiger Mann und sich dessen bewusst. Der ging nicht, sondern schritt, er bat nicht, sondern ordnete an. Über ihm stand nur der liebe Gott.

Darüber kann Roland Schmid nur lächeln. Der 1962 im schweizerischen Thal geborene Mann ist Küchenchef in einem Grandhotel, aber die Zeiten haben sich geändert und mit ihnen die Sitten und Werte. Escoffier und Walterspiel waren noch Fürsten der Küche mit Kronen aus halbmeterhohen Hauben. Schmid begreift sich als ersten Diener seiner Gäste und er ist ein Kunsthandwerker, einer, der Fleisch, Fisch, Gemüse und Gewürze mit weiteren Zutaten zu kulinarischen Finessen formt, die wohl auch das Auge erfreuen sollen, aber nicht Schauobjekte sind, sondern Essobjekte.

Schmackhafte Beispiele für die Könnerschaft von Schmid sind der lauwarme Hummer auf Linsensprossensalat mit Melonenkaltschale und Hummereis, das Zanderschnitzel mit kross überbratener Haut in einer Balsamicosauce mit Pilzen und Sellerieravioli oder das butterzart in einem Olivenöl-Kräutersud pochierte Kalbsfilet mit Ratatouille-Ravioli. Ein Muss in der gehobenen Gastronomie ist die Gänseleber, die Schmid mal sanft brät und originell mit einer Aprikosensauce und Crème brûlée von Zitronengras serviert, dann wiederum mit süßsauren Apfelvarianten und Brioche. Die Weinbergschnecken aus ökologischer Zucht, sinnig auch »schwäbische Austern« genannt, werden als Cocktail mit Lauchgemüse und einer aparten Salbei-Sabayon mit Blattgold serviert. Das Gold ist ohne Geschmack, aber es ziert und animiert zu Gesprächen.

Stolz ist die Küche auf das aus Kanada importierte Bisonfleisch, für Schmid eine »exklusive, köstliche

IHR LEBENSMOTTO?
Gute Laune.

WAS BEFINDET SICH AUF IHREM FRÜHSTÜCKSTISCH?
Vollkornbrot, von meiner Frau Renate gebacken, Konfitüre, Käse, Müsli mit frischen Früchten, Kaffee und ein Glas Wasser.

WELCHE 3 DINGE WÜRDEN SIE AUF EINE EINSAME INSEL MITNEHMEN?
Meine Frau, 1 Flasche Rotwein und Käse.

Rarität« und obendrein gesund, weil die Tiere ausschließlich im Freien leben, sich nur von Gras und Korn ernähren, fettarm sind und reich an Protein, Eisen, Kupfer, Zink. Dem Gourmet ist der Geschmack zwar wichtiger als der diätetische Wert, aber bitte: wohlschmeckend und gesund ist eine attraktive Kombination, zudem passend für eine Küche in einer Badestadt. Das Fleisch wird mit körnigem Fleur de Sel gewürzt und in einer Rotweinsauce von tiefgründiger Geschmeidigkeit (Spätburgunder oder Syrah) mit Kartoffelpüree aufgetischt, im Sommer auch in leichter Balsamicosauce und Rucola-Risotto.

Hat man Appetit auf feine Töne: das sanft gebratene Kalbsbries mit der delikaten Gemüse-Lasagne bietet sich an, ebenso der auf den Punkt gebratene Hummer mit Nektarinen und einer Kefen-Ingwer-Crème oder das raffiniert mit Chili, Liebstöckel und feiner Bitterschokolade marinierte Schnitzel vom geangelten Wolfsbarsch. Eleganz umspielt auch das nur sekundenlang gebratene Rotbarbenfilet auf Rucola-Risotto mit der sautierten Zucchiniblüte und der filigran angelegten Balsamicosauce (in einer als leger annoncierten Sommerspeise wird die Rotbarbe auf Puy-Linsen mit einer subtilen Emulsion aus Zitronengras angeboten). Ins vollmundige Fach gehört das überbackene Lammkarree mit Knoblauch-Limonenjus und Gemüse.

Das gastronomische Glaubensbekenntnis der Küche liest sich unprätentiös und sympathisch so: »Altes und Bewährtes, Neues und Gutes, Tradition mit einer Prise Avantgarde, Geradlinigkeit und Raffinesse. Leichtigkeit.« Roland Schmid, der Mann mit dem liebenswürdigen Lächeln, will Klarheit statt Verfremdung. Seine mit Liebe und Leidenschaft komponierten Gerichte sollen überraschende Begegnungen sein. Er will Geschmack auf ebenso intensive wie heitere und ungekünstelte, doch aromatisch vielschichtige und stets authentische Weise erlebbar machen.

ÜBER DAS RESTAURANT

Das lichte und hohe Gewölbe mit Stuck, Ölbildern, einem imposanten Kamin, schönen Wandlampen und bequemem Gestühl mit geschwungenen Lehnen besticht durch die Attraktion eines Palais aus dem 18. Jahrhundert. Der Service ist fachlich versiert. Die Weinkarte bietet Vielfalt, naturgemäß schweizerischen Schwerpunkt, ansonsten wenige Jahrgänge älter als 2000 und Preise auf hohem Niveau (ein biederer Moët als Standard-Brut für 127 Fränkli, ein braver 1997 Petit Cheval als Zweitwein um 320 Franken).

KONTAKT

Grand Hotels Bad Ragaz
Gourmetrestaurant Äbtestube
CH-7310 Bad Ragaz

Fon: +41 (0) 81 / 30 33 030
Fax: +41 (0) 81 / 30 33 033
reservation@resortragaz.ch
www.resortragaz.ch

Öffnungszeiten:
Dienstag – Samstag
18.30 – 22.00 Uhr

Betriebsferien:
1 Woche Ende Februar
4 Wochen im Juli/August

WELCHER BERUF (AUSSER DEM EIGENEN) WÄRE FÜR SIE INTERESSANT UND WARUM?
Schreiner, weil ich Holz sehr gern habe und man auch kreativ sein kann.

IHR LIEBLINGSGEWÜRZ?
Thymian.

DREI WORTE ZU GENUSS?
Freude, Entspannung, Wohlbefinden.

MIT WEM WÜRDEN SIE GERNE EINMAL ZU ABEND ESSEN?
Julia Roberts.

GEBRATENES ROTBARBENFILET AUF RHEINTALER RIBEL AN BRENNNESSEL-CREMESAUCE MIT SAUTIERTEN EIERSCHWÄMMLI

RIBEL:
200 g Ribel (weißer Maisgrieß, »die Spezialität« aus dem Sankt Galler Rheintal)
500 ml Bouillon
20 g Butter
Salz, Pfeffer
15 g Parmesan, gerieben
100 ml Rahm
10 g Erdnussöl
10 g Butter

GEBRATENES ROTBARBENFILET:
4–8 Rotbarbenfilets, geschuppt und entgrätet
10 g Erdnussöl
1/2 Schalotte, gehackt
50 ml Weißwein
50 ml Fischfond oder evtl. helle Bouillon
50 ml Geflügelfond oder evtl. helle Bouillon
100 ml Rahm
5 g Noilly Prat oder weißer Martini
20 junge Brennnesselblätter, mit Handschuhen gezupft, gewaschen und in Salzwasser kurz blanchiert, in Eiswasser abgekühlt, gut ausgedrückt
50 g Eierschwämme, geputzt und gewaschen
8 Babykarotten oder sonstiges Karottengemüse
10 g Butter
Salz, Pfeffer

1. **Ribel:** Bouillon gut gewürzt mit der Butter aufkochen, Ribelmaisgrieß langsam dazugeben, gut verrühren und ca. 70 Minuten zugedeckt auf kleinem Feuer ziehen lassen. Den Parmesan und Rahm hinzufügen und gut durchrühren. Alles in eine gebutterte Form geben und erkalten lassen. In kleine Würfel schneiden und bei Gebrauch in einer Bratpfanne in Fettstoff goldbraun braten.

2. **Gebratenes Rotbarbenfilet:** Die Rotbarbenfilets würzen und bei Gebrauch in Fettstoff kurz braten Weißwein und gehackte Schalotte aufkochen und um die Hälfte reduzieren. Fisch- und Geflügelfond hinzufügen, etwas einkochen. Den Rahm hinzufügen und zur gewünschten Konsistenz einkochen. Mit Salz, Pfeffer und Noilly Prat würzen, die Brennnesseln im letzten Moment hinzufügen und kurz mixen.

   Die vorbereiteten Eierschwämme in Butter andünsten, mit Salz und Pfeffer würzen.

3. **Anrichten:** Für das Karottengemüse die Babykarotten mit etwas Grün halbieren, bissfest blanchieren und auf einem Teller im Karree auslegen. Etwas Ribel in die Mitte geben und mit Brennnessel-Cremesauce angießen. Ein Rotbarbenfilet darauflegen und mit einem Brennnesselblatt und kleinen Pfifferlingen garnieren.

Tipp: Es kann auch ein anderes Fischfilet verwendet werden. Der Ribel kann sehr gut am Vortag vorbereitet werden. Anstelle von Brennnesseln kann man auch ein anderes Kraut wie zum Beispiel Kerbel, Petersilie, Schnittlauch usw. verwenden.

Italien
Österreich
Sterzing
Ratschings
22
Bruneck
388
Pfalzen
St. Lorenzen
408
Dorf Tirol
Brixen
Sexten
Sarentino
Schlanders
404
Kastelbell
Laas
400
Völlan/Lana
Badia Abtei
396
St. Kassian
Ritten
Kastelruth
Auronzo
Cortina
d' Ampezzo
Bozen
392
Eppan
a. d. Weinstrasse
San Vito
Pozza di
Fassa
Cles
22
Neumarkt
Predazzo

DIE ZAHLEN ENTSPRECHEN DEN SEITENZAHLEN DER PORTRÄTS IN DIESEM BUCH.

Es ist kein nationales Geheimnis, dass die Romantik ein Hätschelkind der Deutschen ist. In ihr seelen sie sich gerne aus, dabei die Vernunft nicht selten missachtend. Das war schon früher so, etwa bei Eichendorff, dessen Helden das Herz im Busen brannte, als er die Posthörner in der Nacht hörte. Und das ist heute nicht viel anders. Gerade die Kühle der hochtechnologisierten Zivilisation und eine damit einhergehende Sehnsucht nach Geborgenheit lässt den Romantizismus prächtig gedeihen. Der neue Hang zur Nostalgie in Form von Antikem, Sagen, Märchen und Omas Gehäkeltem ist kein Zufall, sondern Ausdruck einer Suche nach Werten und darüber hinaus auch Protest gegen den auf Erfolg und Effektivität getrimmten Zeitgeist.

Ein Essen bei Karl Baumgartner erfüllt zwar nicht das Ideal der Altromantik von der Auflösung der Grenzen zwischen Traum, Fantasie und Wirklichkeit. Gottlob ist das so, denn im frühen 19. Jahrhundert hätte es kulinarisch weder den in der Kräutersalzkruste aromatisch gebratenen Wolfsbarsch gegeben noch die mit Kastanien gefüllte Wachtelgalantine, die schwarz gefärbten Tintenfischgnocchi mit Ragout von Meeresfrüchten oder die Gänseleberterrine mit Datteln und Portweingelee. Aber ein bisschen blüht die blaue Blume schon auf Schöneck, und zwar in Form wunderschöner holzgetäfelter Stuben mit Kachelöfen und antiken Schätzchen.

Der im März 1958 in Brixen geborene Südtiroler hat keine reguläre Kochlehre absolviert, ist also Autodidakt. Das kann in der Küche von Vorteil sein, weil man nicht von einem Lehrer geprägt wurde, nicht auf einen Stil fixiert ist. Baumgartner konnte sich frei von schulischem Ballast bewegen. Er studierte Kochbücher, schaute bei namhaften Kollegen in deren Töpfe, nahm mit wachem Blick wahr, was sich rundherum in den Küchen tat. Er experimentierte und selektierte. Dank eines gesunden natürlichen Sinns für geschmackliche Zusammenhänge kochte er sich stufenweise nach oben und entwickelte diszipliniert, zielbewusst seinen eigenen Stil, der sich prägnant so deuten lässt: kreativ, mediterran, regional.

IHR LEBENSMOTTO?
Genieße jeden Tag und mache das Beste daraus.

WAS SAMMELN SIE UND WARUM?
Antike Möbelstücke.

GIBT ES EINEN TRAUM, DEN SIE SICH NOCH ERFÜLLEN MÖCHTEN?
Auf einer Bühne vor 100.000 Menschen zu singen.

WAS ZEICHNET DEN GUTEN KOCH AUS?
Ehrgeiz, Beständigkeit, Weltoffenheit.

Es lockt eine Suppe von Kichererbsen, Taschenkrebs und Hummer – wie erfreulich, dass hier ein Koch mal eine Suppe auch eine Suppe nennt und nicht genant ein Süppchen. Leider flirten unsere Kreativen an den Kochtöpfen besonders innig mir dieser Verniedlichung. Es gibt nur wenige Lokale der gehobenen Gastronomie, in denen es nicht sein Unwesen treibt. Süppchen! – als schäme man sich für eine herzhafte Suppe. Von feiner Hand zeugen Gerichte wie das Risotto mit Kastanien und Trüffel, der lauwarme Kalbskopf in Vinaigrette von Kürbiskernöl, die in vollmundigem Lagreiner Rotwein geschmorten Ochsenbacken mit Steinpilzpolenta und Gemüse sowie mit Parmesanfonduta gefüllte Tortelloni auf Spinatcrème mit weißem Trüffel.

Ins herzhafte Fach der rustikalen Köstlichkeiten fallen die diversen hausgemachten Schinken (Hirsch, Gams, Reh) mit Speck und eingelegten Pilzen sowie Preiselbeeren, das im Kupfertopf servierte Lammbauernbratl mit Speckkrautsalat, die Pusterer Presskäseknödel mit Krautsalat, die im Speckmantel gebratene Kalbsleber mit grünen Bohnen, Tomaten und frittierter Polenta und das kross gebratene Milchferkel mit gedünstetem Weißkraut und Bratkartoffeln von der Sorte Kipfler. Bei den Fischen wird es wieder mediterran: mit Oliven gefüllte Rotbarben auf einer Parprikasauce und Sardellen oder in Brotkruste gebratenes Filet vom Steinbutt in Safran-Olivenölfond mit Auberginencrème und kleinen Ofentomaten. Als persönlicher Aperçu ist die Kreation von den in einer Sesamkruste kurz angebratenen Thunfischmedaillons auf einem Bohnensalat mit Wasabivinaigrette mit Balsamessig zu werten. Jederzeit eine Empfehlung wert ist der Kitzbraten mit Lardo und Jungkartoffeln. Da zeigt Karl Baumgartner, dass er frei von Effekthascherei arbeitet, orientiert an den Produkten der Saison.

ÜBER DAS RESTAURANT

Aufgetischt wird in drei Bauernstuben mit der wunderschön bis zur Decke hoch holzgetäfelten Zirmstube im Zentrum. Kachelöfen und ein offener Kamin sorgen für behagliche Atmosphäre. Die Bar in der verglasten Holzveranda lädt zu Apero wie Digestif. Im Sommer werden auch Tische auf der Terrasse eingedeckt. Im Kellergewölbe liegen die von Siegfried Baumgartner betreuten Weine. Der Bruder leitet mit Schwägerin Maria auch den Service.

KONTAKT

Restaurant Schöneck
Schloss-Schöneck-Straße 11
I-39030 Mühlen bei Pfalzen

Fon: +39 04 74/56 55 50
Fax: +39 04 74/56 41 67
info@schoeneck.it
www.schoeneck.it

Öffnungszeiten:
Dienstagabend – Sonntag
10.00 – 16.00 Uhr
18.00 – 1.00 Uhr

Betriebsferien:
1 Woche vor Ostern, 2 Wochen Ende Juli, 1 Woche Anfang November

GIBT ES EIN PRODUKT, DAS SIE GAR NICHT MÖGEN?
Kiwi.

IHR SCHÖNSTES KULINARISCHES ERLEBNIS?
Ein Essen im Oriental Hotel bei Norbert Kostner.

MIT WEM WÜRDEN SIE GERNE EINMAL ZU ABEND ESSEN?
Jack Nicholson.

MILCHKALBSSTELZE IN OLIVENÖL MIT LARDO UND BERGKRÄUTERN GEBRATEN, DAZU HEIMISCHES WURZELGEMÜSE UND »KIPFLER« BRATKARTOFFELN

2 hintere Stelzen vom Milchkalb
8 dünne Lardoscheiben (weißer, nicht geräucherter Speck)
1/2 EL scharfer Senf
gemischte Kräuter (Thymian, Rosmarin, Salbei, Bohnenkraut, Lorbeer, Pfefferminze)
1/2 Zwiebel mit der Schale
4 zerdrückte Knoblauchzehen
Saft einer Limette
kalt gepresstes Olivenöl
Salz und Pfeffer
Wurzelgemüse (Pastinaken, gelbe Bohnen, kleine Schalotten, Knollen-Ziest, kleine gelbe Rüben, Kipfler oder kleine Frühkartoffeln in der Schale)

1. **Milchkalbsstelzen:** Kalbsstelzen mit Senf einreiben, mit Salz und Pfeffer würzen und in einen Bräter mit Olivenöl, Zwiebeln und Knoblauchzehen legen. Mit Kräutern und Lardoscheiben bedecken, mit dem Limettensaft marinieren und in den 200 °C heißen Ofen schieben.

   Nach 30 Minuten die Temperatur auf 160 °C zurückschalten und die Stelze immer wieder mit dem eigenen Saft begießen.

   Nach ca. 1 1/2 Stunden Bratzeit die Stelzen aus dem Ofen nehmen und bei 80 °C ca. 10 Minuten ruhen lassen.

2. **Anrichten:** Die Saft-Öl-Mischung durch ein feines Sieb passieren. Das Wurzelgemüse tournieren, im Salzwasser kochen und im kalten Wasser abschrecken. Die Kartoffeln in der Schale in Olivenöl mit Kräutern im Ofen goldbraun braten. Das Gemüse mit etwas Kalbsfond anschmoren und mit der Stelze und den Kartoffeln servieren.

 HERBERT HINTNER, RESTAURANT ZUR ROSE, SAN MICHAEL-EPPAN, ITALIEN

Ein Industrieller und leidenschaftlicher Alpinist hat sich, weil ihm die Zeit zum Bergsteigen fehlt, im Keller seiner Villa maßstabsgetreu eine Almhütte mit einer gigantischen Apparatur drumherum einrichten lassen, die ihm nach Wunsch diverse Gipfelstimmungen simuliert von sommerlicher Schwüle über eisigen Wind bis hin zum Schneetreiben nebst angemessenen Geräuschen, Gerüchen und Temperaturen. Dichtung oder Wahrheit? In unserer Zeit der Superlative, in der nichts unmöglich ist, kann diese Frage getrost so beantwortet werden: Ja, es gibt diesen Raum der Illusion. Mancher, das Leben intensiv über die Nase wahrnehmende Gourmet wünscht sich Ähnliches in Form einer Maschine, die ihm auf Knopfdruck jederzeit jeden beliebigen Wohlgeruch aus Küche und Keller suggeriert.

Auf solche Weise inhalierter Duft einer Trüffelsauce oder eines 1961er Pétrus aus der Magnum ist wohlfeil, letztlich dennoch unbefriedigend, weil zum Gesamtgenusswerk die orale Erfüllung fehlt – ein gewisser T. Eulenspiegel kann die Unzulänglichkeit dieser Methode bestätigen. Der naturgemäß sinnlichere Weg zu kulinarischen Erlebnissen, die gleichermaßen die Nase wie den Gaumen befriedigen, führt schnurstracks zu einer Küche wie der von Herbert Hintner. Der 1957 geborene Südtiroler hat 1985 mit seiner Frau Margot das traditionell geführte Gasthaus seiner Schwiegereltern übernommen und sukzessive eine Küche etabliert, von der ein Kritiker schwelgte, hier würden sich Raffinesse, Moderne und Tradition aufs Wundervollste begegnen.

Was Hintner heute nach diversen stilistischen Häutungen bietet, ist eine vollendet gelungene Liaison zwischen mediterranem Chic und regionaler tirolerischer Herzlichkeit. Schon vor 20 Jahren hat sich der äußerlich buddhahaft abgeklärt wirkende, aber innerlich vor Tatendrang brennende Mann mit seiner raffiniert modernisierten Regionalküche an die Südtiroler Spitze vorgekocht. Seine nur leicht mit Sahne angereicherte Polentasuppe mit Lauch und eingetröpfeltem Kürbiskernöl hat die Nase quasi erotisiert. Sein »Gröstl vom Kalbsbries und Artischocken« duftete und schmeckte so delikat wie der Ochsenschwanzstrudel auf Petersiliensauce – Gerichte, die bereits exemplarisch nach vorne wiesen.

IHRE LEIBSPEISE?
Die Speckknödel meiner Mutter.

GIBT ES EINEN TRAUM, DEN SIE SICH NOCH ERFÜLLEN MÖCHTEN?
Eine Geschmacksschule für Kinder.

WIE ENTSPANNEN SIE SICH?
Beim Lesen, Radfahren und bei Fachgesprächen.

WELCHER BERUF (AUSSER DEM EIGENEN) WÄRE FÜR SIE INTERESSANT UND WARUM?
Ernährungswissenschaftler, weil die Zukunft für den Beruf Koch wichtig ist.

Tempi passati, Hintner ist ja nicht in Routine erstarrt, sondern hat sich in der Küche philosophisch wie technisch weiterentwickelt und zu einem individuellen Stil gefunden. Seine inzwischen unverwechselbar gewordene Handschrift prägt Speisen wie die schlicht klingende, doch in ihrem aromatischen Zusammenspiel raffinierte Variation vom Kalbskopf mit Senfeis, das cremig gerührte Knoblauchrisotto mit Blauschimmelkäse und Kaffeeöl, den Seeteufel in Tempura auf Zitronengemüse, die Rindslende mit mediterraner Pfefferkruste, weißen Bohnen und Hallimaschen oder das Millefeuille vom Kalbsrücken mit Artischocken und glasierten Perlzwiebeln.

Einen Oscar für die beste Vorspeise verdienen die »Kloaznravioli mit Graukäse und Nussbutter« (Kloazn sind Birnen, die getrocknet und gemehlt werden). Köstlich schmeckt der Salat von der Wachtel auf Sellerieschaum und Gänsestopfleber. Letztere ist so ziemlich die einzige Verneigung des Kochs vor der französischen Küche. Gaumenletzen der besonderen Art sind die schlicht »Mein Speckbrettl« titulierten Speck-Variationen in Form von Tatar, Salat (mit Sellerie), Carpaccio (mit Steinpilzen) und einer Roulade (mit Zucchini). Prächtig ist die Kalbskopfsuppe mit Sellerieravioli zu nennen.

Den kurz und saftig gebratenen, von einem Kartoffelsud grazil umschmeichelten Kabeljau ergänzt Hintner mit Kräuterartischocken oder er formt aus rohen Kartoffeln spaghettidünne Streifen, die er behutsam gart und damit eine im Ganzen gebratene Kalbsniere begleitet, deren kräftiger Geschmack wiederum durch Parmesan sowohl gemildert wie raffiniert bereichert wird. Herbert Hintner gelingt es auf unnachahmliche Art, die sonnige Küche des Mittelmeeres mit der eher ernst durchzogenen Tradition des bäuerlichen Tirol zu vereinen. Zwar ist in dieser Liaison das regionale Element allenfalls mit einem Fünftel vertreten und obendrein noch seiner Schwere entledigt, aber das reicht, um nun wiederum der von Haus aus recht leichtfüßig auftretenden mediterranen Küche mehr Gehalt und Struktur zu geben, ohne deren charmanten Schwung zu bremsen. Das Ergebnis ist eine wirklich neue Küche auch fern von molekularen Effekten.

WELCHE SÜNDE WÜRDEN SIE KEINEM KOCH VERZEIHEN?
Überkreativität und falsche Garzeiten.

GIBT ES EIN PRODUKT, DAS SIE GAR NICHT MÖGEN?
Austern.

IHR SCHÖNSTES KULINARISCHES ERLEBNIS?
Eckart Witzigmanns Kartoffel-Lachs-Terrine.

ÜBER DAS RESTAURANT

Das Gewölbe ist halbhoch mit Holz getäfelt, die Holzstühle sind blau bespannt, der Fußboden aus Stein. In diesem heimeligen, doch nicht verkitschten Ambiente leitet Margot Hintner den sympathisch herzlichen Service. Sie regiert auch die attraktiv bestückte Vinothek und verwaltet kennerisch die Weinkarte mit besten Südtiroler Gewächsen sowie Pretiosen aus der Wachau wie den prachtvollen Smaragden von Emmerich Knoll, Franz Hirtzberger und F. X. Pichler.

KONTAKT

Restaurant
Zur Rose
Josef Innerhoferstraße 2
I-39057 San Michael-Eppan (BZ)

Fon: +39 04 71/66 22 49
Fax: +39 04 71/66 24 85
info@zur-rose.com
www.zur-rose.com

Öffnungszeiten:
Dienstag – Samstag
12.00 – 14.00 Uhr
19.00 – 21.30 Uhr
Sonntag und Montag
19.00 – 21.30 Uhr

Betriebsferien:
2 Wochen im März
2 Wochen im Juli

KITZSCHULTER VOM ROHR MIT SCHMORGEMÜSE

KITZSCHULTERN:
2 Kitzschultern à 1600 g
200 g Röstgemüse (Sellerie, Zwiebel, Karotten, Rosmarin, Salbei)
1,5 l Gemüsefond
Salz, Pfeffer
Olivenöl

SCHMORGEMÜSE:
50 g Petersilienwurzel
50 g Karotten
50 g Pastinake
50 g Topinambur
je 50 g blaue und gelbe Kartoffeln
etwas Thymian
Knoblauch
Salz, Pfeffer
Olivenöl

1. **Kitzschultern:** Die Schultern salzen und pfeffern. Röstgemüse und Olivenöl in eine Pfanne geben, die Kitzschultern dazugeben und im vorgeheizten Backofen bei 180 °C 1 Stunde braten. Anschließend bei 150 °C 1,5 Stunden unter regelmäßigem Übergießen mit Gemüsefond weiterbraten.

2. **Schmorgemüse:** Das Gemüse putzen und in eine beliebige Form schneiden. In einer Kasserolle mit Olivenöl bei mittlerer Hitze andünsten, ca. 10 Minuten garen und mit Salz und Pfeffer abschmecken.

3. **Fertigstellung:** Die Kitzschultern aus dem Ofen nehmen und bei 80 °C warm stellen. Den Bratensaft durch ein feines Sieb seihen und bis zur gewünschten Konsistenz einreduzieren lassen. Wenn nötig, vor der Reduktion das Fett entfernen.

4. **Anrichten:** Die Kitzschultern vom Knochen befreien und in Stücke schneiden. Das Schmorgemüse auf den Teller geben und die Schulterstücke daraufsetzen. Mit dem Kitzfond übergießen.

NORBERT NIEDERKOFLER, GOURMETRESTAURANT ST. HUBERTUS IM RELAIS & CHATEAUX HOTEL ROSA ALPINA, ST. KASSIAN, ITALIEN

In seiner konkreten Philosophie der Freude hat der im Jahre 270 v. Chr. gestorbene und wegen seines musterhaften Lebens gerühmte athenische Denker namens Epikur erkannt, dass der Mensch nach Lust strebt und zu vermeiden sucht, was Unlust bereitet. Nach Epikur gibt es zwei Arten von Lust, nämlich die Lust in der Ruhe und die Lust in der Bewegung, wobei die meisten Menschen die Ruhe-Lust höher schätzen, weil die in der Bewegung oft mit Schmerz einhergeht. Anders gesagt: Essen, Trinken und so weiter machen mehr Spaß als Joggen, Hanteln Stemmen, Bergsteigen oder selbst das Schreiben von Büchern mit dem bekannten nachfolgenden Befriedigungseffekt. Aber genau das, das Erfolgserlebnis aus der Lust an der Bewegung – er nennt es »Action« – treibt den Norbert Niederkofler an, am Herd oder beim Skifahren in Alaska. Stillstand ist für ihn Rückschritt.

Der sportlich gestählte Südtiroler, 1961 in Luttach geboren, ist kein Hektiker, doch wirkt er selbst im Sitzen so, als sei er in Bewegung, hin und fort zu neuen Herausforderungen. Gastronomisch hat Niederkofler jedenfalls schon viel bewegt, seit er 1994 die Küche im »Rosa Alpina« übernommen und aus der ehemaligen Wirtschaft eine vom »Michelin« 2007 immerhin mit zwei Sternen geadelte Küche geschaffen hat (der erste Stern erstrahlte 2000). Die fachliche Voraussetzung hat sich der Sohn eines kleinen Hoteliers in Meran und Zürich angeeignet, danach bei Meistern wie Eckart Witzigmann, Alfons Schuhbeck, Jörg Müller und David Bouley, dem Starkoch aus New York. Die Raffinesse der italienischen Küche, deren natürliche Anmut und den Verzicht auf Spitzenklöpplerei, hat er bei Nadia Santini in deren »Dal Pescatore« kennengelernt, der studierten Chemikerin und gastronomischen Autodidaktin, die ihre lombardische Mamma-Küche so genial interpretiert, dass sich Tradition mit Kreativität ergänzt und der große Paul Bocuse nach Schneckensuppe, Fettucine mit Calamaretti und safranisiertem Artischockenrisotto laut Augenzeugen erschauernd auf die Knie fiel.

Fragt man Niederkofler nach den Prinzipien seiner Küche, erhält man mehrere Hinweise des um einen flotten Spruch nie verlegenen Mannes. »Make it simple and sexy«,

IHRE LEIBSPEISE?
Knödel.

IHR LEBENSMOTTO?
Einfach und gut.

WELCHER BERUF (AUSSER DEM EIGENEN) WÄRE FÜR SIE INTERESSANT UND WARUM?
Architekt.

kriegt man zu hören, was praktisch so ausgelegt werden kann, dass die Gerichte nicht mit vielerlei, einander oft noch rivalisierenden Aromen überfrachtet werden. Ergiebiger noch ist sein Credo von der gründlichen Kenntnis der Produkte und der Liebe zu ihnen, die gepaart sein muss mit einem sensiblen Gefühl für die Harmonie beim Komponieren und Würzen der Speisen. Dass Norbert Niederkofler am Herd ernsthafter arbeitet als es seine vollautomatisch abrufbare Fröhlichkeit vermuten ließe, belegen Gerichte wie der gebratene Wolfsbarsch mit dem Petersilienfond, den Artischocken und den Meereswürze abgebenden Austern. Wer meint, schon alles über die Gänseleber zu wissen, wird erstaunt sein über die Variation mit Crème brûlée, mit Lakritze und einer aparten Note von Bitterschokolade, als Parfait mit Apfelgelee und Baumkuchen und in Glühwein pochiert auf Mandarinenragout mit rosa Pfeffer. Von der Etouffé-Taube wird erst die Brust gebraten, dann das von den Keulen geschnittene Fleisch langsam in Rotwein geschmort und saftbewehrt serviert. Das Carpaccio vom Steinbutt mit Hummer und einer Vinaigrette aus Apfel, Sellerie und Zitrusfrüchten kündet vom linearen Stil des Meisters. Das dem saftig gegarten Steinbutt als Bett dienende Blutwurstgröstl ist ein rustikaler Klassiker à la tyrolienne, doch unter der Hand eines feinsinnigen Kochs wird es zu einer geschmeidigen, geradezu souffliert wirkenden Exquisitesse, der durch geräucherte Gänseleber und einige Kristalle Fleur de Sel noch weitere raffinierte, sich zu einem Gesamtgenusswerk bündelnde Aromen beigesellt werden. Trotz des namengebenden Sankt Hubertus von Lüttich als Patron der Jäger und Hunde steht Wild seltener auf der Karte als Taube, Lamm, Rind und Jungschwein, aus dem der Koch aus gedämpftem Bauch, geschmorter Backe und gebratenem Rücken ein Ensemble macht, das den Gaumen genussvoll vibrieren lässt. Das Ergebnis der von Niederkofler betriebenen Reform der Regionalküche mit den sonnigen Mitteln mediterraner Kultur wie solchen technischer Innovation (mit Sojalecithin anstelle von Fetten standfest gemachte Schäume aus Fonds; lehrbuchartiges Vakuumgaren bei Niedertemperatur) sind Speisen originären Charakters mit vielschichtiger, ungemein reizvoller Aromatik.

ÜBER DAS RESTAURANT

Nomen est omen: Hirsche sind allgegenwärtig, röhrend an einem Wandbild, eingestickt, gemalt und als Geweih. Holztäfelung, bequeme Sessel, ein Kachelofen sind die ländlichen Attribute gegen einen Glaslüster aus Murano, Kandelaber und edlem Tischschmuck aus schwerem Silber, Kristall und bis zum Holzboden reichende Tischdecken. Der trachtig gekleidete Service agiert liebenswürdig. Die Auswahl an Weinen ist außerhalb von Italien passabel, die Preise teils unergründlich hoch, teils im Nischenbereich für Kenner.

KONTAKT

Relais & Chateaux
Hotel Rosa Alpina
Gourmetrestaurant St. Hubertus
Str. Micura de Rue 20
I-39030 St. Kassian

Fon: +39 04 71/84 95 00
Fax: +39 0 4 71/84 93 77
info@rosalpina.it
www.rosalpina.it

Öffnungszeiten:
vom 06.12. – Ostern
& vom 15.06. bis Anfang Oktober
nur abends geöffnet
Ruhetag Dienstag

Betriebsferien:
Anfang April & Mitte Juni

IHR LIEBLINGSGEWÜRZ?
Frische Kräuter.

MIT WEM WÜRDEN SIE GERNE EINMAL ZU ABEND ESSEN?
Mit dem Papst.

»CAJINCI« MIT GRAUKÄSE AUF ZWIEBELFOND

NUDELTEIG:
200 g Mehl
2 Eier
2 Eigelb
Salz

FÜLLUNG:
150 g frischer Ricotta
100 g gereifter Graukäse
1 EL Parmesan
1 EL Olivenöl
Salz, Pfeffer, Muskat
10 g Nussbutter

ZWIEBELFOND:
3 mittelgroße, weiße Zwiebeln
500 ml Gemüsefond
1 EL Olivenöl
20 g Butter
Salz, Pfeffer, Lorbeerblatt
15 g Butter zum Abbinden

GARNITUR:
Frische, kleine Kresse
Brotcroûtons
3 EL Kalbsfond

1. **Für den Nudelteig** alle Zutaten vermischen und zu einem festen Teig kneten. Dann vakuumieren und für einige Stunden ruhen lassen.
2. **Für die Füllung** alle Zutaten vermischen und ganz zum Schluss die Nussbutter einrühren. Den Nudelteig dünn ausrollen und kreisförmig ausstechen. Auf eine Hälfte etwas von der Füllung geben und den Rand mit etwas Wasser befeuchten. Die zweite Teighälfte darüberklappen und die Ränder festdrücken.
3. **Für den Zwiebelfond** die Zwiebeln schälen, halbieren und in feine Julienne schneiden. In heißem Olivenöl anschwitzen und mit dem Gemüsefond ablöschen. Dann das Lorbeerblatt dazugeben, mit Salz und Pfeffer würzen und die Zwiebeln weich dünsten lassen. Anschließend ein Drittel der Zwiebeln herausnehmen und mit etwas Fond fein mixen. Zur Mischung zurückgeben und den Fond abbinden.
4. **Die Ravioli** in leicht gesalzenem Wasser kochen. Sobald sie an die Oberfläche gestiegen sind, abschöpfen und in etwas Gemüsefond und Butter anschwenken.
5. **Zum Servieren** einen Spiegel vom Zwiebelfond auf einen Teller geben, die Ravioli darauf anrichten und mit Croûtons, Kresse und Kalbsfond garnieren.

Heiß ist es. Neon leuchtet gnadenlos den letzten Winkel aus. In den Töpfen summt, zischt, brodelt es, verdichtet sich das Hacken, Schneiden, Klopfen, Rühren, Stoßen mit dem Scheppern der Pfannen, dem Schlagen der Ofentüren und den Kommandos des Chefs zu einer Sinfonie der Arbeit, deren stressbetonter Rhythmus krass mit dem kontrastiert, was vom adrett gekleideten Service von der Küche hinaus zu den Gästen ins Restaurant getragen wird: kulinarische Kabinettsstücke, die in ihrer unschuldigen Schönheit nichts vom harten Kampf am Herd ahnen lassen, wo Sekunden über die Qualität einer Speise entscheiden und ob der Koch gekreuzigt oder mit Hosianna überschüttet wird. Ein Spritzer Essig, ein Dreh mit der Pfeffermühle und eine Minute im Ofen können über das Wohl und Wehe eines Gerichts entscheiden. Nirgendwo anders als in der großen Küche muss die Leidenschaft täglich neu entfacht werden.

Christian Pircher, im April 1975 in Meran geboren, kennt als Gastwirtssohn diese Welt, in der live gegen die Zeit gearbeitet wird. Trotzdem oder gerade deswegen ist er Koch geworden – vielleicht wegen der Tradition, vielleicht aber auch, weil er musisch begabt, kreativ tätig sein und Menschen erfreuen möchte. Das gelingt ihm auf erfrischend unprätentiöse Weise mit einer mediterranen Küche, die regionale Akzente in Form von Produkten und individuell interpretierten Rezepten einschließt. Das präzise Handwerk und speziell die feine Abstimmung zwischen Hauptprodukt mit Sauce, Beilagen und Aromaten hat er bei Hans Haas gelernt, seinem großen Lehrmeister im Münchner »Tantris«.

Die saisonal ausgerichtete Speisekarte kann mit einer gefüllten Tomate mit weißem Tomatenschaum, Basilikum und Riesengarnelen in einer Polentakruste beginnen; die Krustentiere erinnern Pircher an sein schönstes Esserlebnis bei Ducasse in Monte Carlo. Auf eine Variation von der Gänseleber mag kein Koch verzichten – hier wird sie mit Balsamicokirschen und Butterbrioche serviert. Auch ein Carpaccio ist Standard. Pircher schneidet es vom Thunfisch, würzt mit rotem Pfeffer und schmückt es mit Melonenperlen nebst einer Sesamhippe. Beim gebackenen Kalbsbries auf marinierten Pfifferlingen und

WELCHE 3 DINGE WÜRDEN SIE AUF EINE EINSAME INSEL MITNEHMEN?
Meine Familie, meinen Laptop, meine Messer.

WELCHE SPEISE HABEN SIE ALS KIND AM LIEBSTEN GEGESSEN?
Thunfisch mit Polenta und grünem Salat.

GIBT ES EINEN TRAUM, DEN SIE SICH NOCH ERFÜLLEN MÖCHTEN?
Weltreise.

wildem Thymian nutzt die Küche den hauseigenen Kräutergarten. Lecker cremig schmeckt der Cappuccino von der Kartoffel mit Steinpilzen und einem Schaum von Fichtensprossen, auf gut tirolerisch auch »Maiwipferl« genannt. Hummer und Kaviar sind dem Koch natürlich vertraut, aber sie spielen in seinem Programm keine tragende Rolle. Hingegen setzt Pircher gerne Sommertrüffel ein, etwa zu Kaninchenfagottini mit buntem Paprika, zur gebratenen Jakobsmuschel auf Kartoffel-Petersilienpüree oder zum Rinderfiletsteak mit Balsamicosauce, Gemüse und Bratkartoffeln von der französischen »Ratte«, einer speckigen Edelknolle, die hierzulande als Bamberger Hörnchen und in Österreich als Kipfler geerntet wird. Die Sommertrüffel ist geschmacklich harmlos, dafür billig nach dem Motto: aufs Geld wird nicht gespuckt! Dichter im Aroma sind allemal die heimischen Pilze wie Pfifferlinge, die Pircher gerne sautiert und einem finessig in der Salbeikruste gebratenen Kalbsrücken von authentisch dichter Geschmacksfülle beigesellt. Des Applaudierens wert ist zudem die Variation vom Kitz mit Kotelett, Osso buco und Leber.

Eine gelungene Liaison zwischen mediterran und regional ist der schonend und saftbewahrend in der Salzkruste gegarte Hirschrücken, der mit Bergkräutern parfümiert und mit Balsamicokirschen, Sellerieschaum und Polentacrostini mit Pfifferlingen aufgetischt wird – wahrlich ein Hauptgang, der diesen Titel verdient. Der mit Fenchel gefüllte und solcherart klassisch aromatisierte Wolfsbarsch weist auf dem hübsch, mit Kirschtomaten und Oliven drapierten Teller direkt in die sonnige Küchenlinie des Südens. Pircher pflegt eine klare Linie. Auf ablenkende Garnituren wird ebenso bewusst verzichtet wie auf Produktpaarungen, die vielleicht kühn wirken, doch letztlich dem Geschmack nicht förderlich sind. Und um den Geschmack dreht sich in der Küche alles, den will Christian Pircher klar, unverfälscht und dicht auf den Teller bringen.

ÜBER DAS RESTAURANT

Eine Holzdecke, bestickte Zierkissen und geblümte Gardinen vor den großen Fenstern mit dem Blick weit ins Tal hinaus sind rustikale Attribute einer idyllischen Behaglichkeit. Sommers wird auch auf der Sonnenterrasse aufgetischt. Lana Pircher leitet mit Charme und Verve den Service und gebietet kompetent über die kenntnisreich komponierte Weinkarte, auf der Großflaschen aus Italien und selbst Hochgewächse aus Bordeaux, Burgund und insbesondere der Champagne sehr gästefreundlich kalkuliert sind.

KONTAKT

Gasthof Kirchsteiger
Probst-Wieser-Weg 5
I-39011 Völlan / Lana

Fon: +39 04 73 / 56 80 44
Fax: +39 04 73 / 56 81 98
info@kirchsteiger.com
wwwkirchsteiger.com

Öffnungszeiten:
Freitag – Mittwoch

Betriebsferien:
Mitte Januar – Mitte Februar

WELCHER BERUF (AUSSER DEM EIGENEN) WÄRE FÜR SIE INTERESSANT UND WARUM?
Biathlon-Sportler, um italienischer Meister zu werden.

DREI WORTE ZU GENUSS?
Leidenschaft, Kultur, Passion.

MIT WEM WÜRDEN SIE GERNE EINMAL ZU ABEND ESSEN?
Heidi Klum.

SCAMPI MIT SPARGEL UND CHAMPAGNERSAUCE

12 Scampi (Kaisergranat)
Brandteig
1 Briefchen schwarze Tintenfischfarbe
4 Dillzweigchen
Olivenöl

SPARGEL:
8 Stangen weißer Spargel
4 Stangen grüner Spargel
2 Tomaten
2 Scheiben Knoblauch
2 Rosmarinzweige
Olivenöl
Butter, Meersalz

CHAMPAGNERSAUCE:
30 g Zwiebel
1 Scheibe Knoblauch
1 Champignon
50 ml Noilly Prat
100 ml Champagner
200 ml Geflügelfond
50 g Crème fraîche
20 g Butter

1. **Spargel:** Spargel schälen und im Salzwasser mit etwas Butter knackig kochen. Tomaten blanchieren, die Haut abziehen, vierteln und entkernen. Filets auf ein mit Olivenöl beträufeltes Blech legen, Knoblauch, Meersalz und Rosmarin dazugeben und im Ofen bei 120 °C 20 Minuten trocknen.

2. **Champagnersauce:** Zwiebel, Knoblauch und Champignon anschwitzen. Mit Noilly Prat ablöschen und reduzieren. Mit Champagner und Geflügelfond aufgießen und auf die Hälfte einkochen. Mit Crème fraîche und Butter aufmontieren, fein passieren und bereitstellen.

3. **Scampi:** Scampi ausbrechen, die Köpfe blanchieren und bereitstellen. Brandteig mit der Tinte schwarz färben, auf Backpapier ein Gitter aufspritzen und ausbacken. Scampi in Olivenöl braten.

4. **Anrichten:** Spargel erwärmen und mit den Scampi und den Tomatenfilets mittig auf Tellern portionieren. Champagnersauce aufmixen, mit dem Schaum das Gericht nappieren und mit Gitter und Dillzweigchen ausgarnieren.

Seit Kalbsköpfe, Hummer & Co. von Küchenkritikern wie Literatur rezensiert werden, ist die Gourmandise zu einer öffentlichen Angelegenheit geworden. Das ist gut so, denn das Essen und das Trinken sind angewandte Kultur. Allerdings gedeiht im Schatten dieser grundsätzlich daseinsverschönernden Diziplin so manche Übelwurz. Da gibt es Angeber, die prahlen mit ihren finanziellen Möglichkeiten und ordern laut, so dass es jeder hören kann, die teuersten Gerichte. Andere Gäste machen den Tisch zu ihrem Altar und aus dem Speisen eine Religion. Sie analysieren Saucen, statt sie heiter innig zu genießen. Beides widerspricht dem Wesen der wahren Feinschmeckerei; nicht das Geld macht den Gourmet, sondern die innere Einstellung.

Bei Jörg Trafoier, dem die Liebe zu Menschen und somit auch zu seinen Gästen schon an den freundlichen Augen abzusehen ist, sind sowohl der Protz wie der Analytiker fehl am Platze. Der 1966 geborene Vinschgauer hat gegen Gänseleber, Kaviar, Austern, Trüffel und all die anderen Edelprodukte nichts einzuwenden. Er weiß, dass mancher Wein und Champagner zum Streicheln schön ist. Aber er ist nicht weniger glücklich, wenn ihm handfester Speck oder Mutters Erbsensuppe mit Wurst aufgetischt wird. Eines der drei Themen-Menüs ist denn auch der regionalen Tradition gewidmet. Motto laut Trafoier: »Ein Land erkennt man nicht nur an der Landschaft, sondern auch daran, was hier wächst und wie das zubereitet wird.« Neben den Menüs, aus denen sich der Gast querbeet eine Speisenfolge nach eigenem Gusto wählen kann, hat die Küche auch einiges à la carte in Reserve wie etwa eine Komposition von der Gänseleber oder den Lammbraten mit Thunfischsauce und Garnelen vom Grill.

Sein Traditionsmenü kann beispielsweise so aussehen: Scheibchen von der lauwarmen Kalbswange auf gedünstetem Weißkraut; Vinschgauer Gerstensuppe mit Gemüse und Hauswurst; Dinkel-Bandnudeln mit Ragout und Leber vom Kaninchen; Hirschfilet in Preiselbeersauce und Erdäpfel-Gröstl mit Pfifferlingen; Granité vom Gewürztraminer mit Marillensorbet oder Vinschgauer Kuhrohmilch und biologischer Ziegenkäse mit hausgemachten Konfitüren; Rahmcrème mit allerhand vom Vinschgauer Apfel. Das klingt

WELCHE 3 DINGE WÜRDEN SIE AUF EINE EINSAME INSEL MITNEHMEN?
Meinen hausgemachten Speck, Schüttelbrot und meine Familie.

WAS SAMMELN SIE UND WARUM?
Alte Möbel. Blumen und Kräuter vom Bio-Garten.

WELCHER BERUF (AUSSER DEM EIGENEN) WÄRE FÜR SIE INTERESSANT UND WARUM?
Mechaniker. Ich liebe schöne, schnelle Autos und Technik.

bodenständig und soll es auch sein, doch dank qualitativ bester Regionalprodukte und deren handwerklich ebenso genauer wie liebevoller Behandlung gelingen Gerichte von dichtem Geschmack mit raffinierten Akzenten.

Die zweite ständige Menü-Variante ist Fischen und Meeresfrüchten gewidmet: Tatar vom Kabeljau und schottischem Wildlachs mit Sauerrahm; Dill-Honigsauce und Tomatengelee; Hummerscheibchen auf Latuga-Crème und Steinpilznocken; Kräuterravioli, gefüllt mit Mascarpone und Calamari; Zanderfilet vom Grill mit Kartoffelpüree und schwarzer Trüffel, Peperoni und Safran; Vinschgauer Käse; Süßes von der Orange und Zitrone. Auch hier zeigt sich eine gewisse Bodenhaftung der Küche, was freilich nicht als provinziell im Sinne von hinterwäldlerisch missverstanden werden darf. Kochen bedeutet für Trafoier auch die enge Zusammenarbeit mit der Natur.

Seine gastrosophische Suche nach neuen Wegen zum Ziel einer Verschmelzung der französischen Klassik mit der tirolerischen Tradition zeigt der Koch weltoffen beim »Kreativen Degustations-Menü« als Speisenfolge Nummer drei mit Gerichten wie: Gänseleber mit Marillen und Feigen; Jakobsmuschel auf Erbsenpüree, Olive, Schmortomate und Senf-Kapernsauce; Kakao-Taglierini auf feiner Vinschger Käse-Fonduta und schwarzem Trüffel; Spanferkelrücken vom Ofen mit in Speck gebratenen Scampischwänzen und Lauchzwiebel; Kartoffelravioli, gefüllt mit weißer Schokolade und Gänseleber auf Nussbutter und Apfelmus; Sorbet von der Gartenminze auf Birnensaft; zartbittere Schokoladen-Mousse auf Orangenspiegel. Es ist nicht zu übersehen: Trafoier liebt seine Heimat und rühmt sie auf seine Weise auch bei der Verwendung tirolferner Produkte, indem er solche Speisen durch regionale Zutaten kurzerhand und genussvoll eingemeindet.

WAS ZEICHNET DEN GUTEN KOCH AUS?
Respekt vor Mensch und Natur.

GIBT ES ETWAS, DAS SIE NIE ESSEN WÜRDEN?
Innereien, außer Gänseleber.

HABEN SIE EIN BEVORZUGTES KOCHBUCH, WENN JA WELCHES?
Eugen Pauli, mein erstes Kochbuch, geschenkt von meiner Mutter.

MIT WEM WÜRDEN SIE GERNE EINMAL ZU ABEND ESSEN?
Anthony Bourdain.

ÜBER DAS RESTAURANT

Der Raum mit der großzügigen Fensterfront ist licht in hellen Farben gestaltet. Elegante Tischkultur, Kerzen und viel Grün in Form von Pflanzen und Blumen vermitteln eine freundliche Atmosphäre. Der Service, angeführt von Sonja Trafoier, umhegt den Gast. Die Patrona berät auch bei der Weinwahl. Die Karte ist schwerpunktmäßig auf Südtirol abonniert, bietet zudem feine Gewächse aus Österreich, Burgund, Bordeaux und der Champagne zu sehr moderaten Preisen, ausgenommen die Granden aus dem Bordelais.

KONTAKT

Restaurant Kuppelrain
Bahnhofstraße 16
I-39020 Kastelbell

Fon: +39 04 73/62 41 03
kuppelrain@rolmail.net
www.kuppelrain.com

Öffnungszeiten:
Dienstag – Samstag
12.00 – 14.00 Uhr
19.00 – 21.00 Uhr

Montags
19.00 – 21.00 Uhr

Betriebsferien:
14 Tage im Winter
14 – 20 Tage im Sommer

ROTE-BETE-TEIG-RÖSCHEN GEFÜLLT MIT KÄSE IN MARIENBERGER KÄSESAUCE UND SCHWARZER TRÜFFEL

ca. 80 g Rote Bete, gekocht und passiert
ca. 200 g Mehl
Olivenöl
300 g Käse (Burgeiser)
1 Eigelb
250 g Rahm
1 Knolle schwarzer Trüffel
Salz und Pfeffer

1. **Rote-Bete-Teig**: Aus Mehl, Roter Bete, Olivenöl und etwas Salz einen geschmeidigen Teig kneten. Je nach Festigkeit des Teiges noch etwas Mehl dazugeben. 1 Stunde an einem kühlen Ort rasten lassen.
2. **Teig-Röschen:** In der Zwischenzeit den Käse in kleine Stücke schneiden. Anschließend den Teig dünn ausrollen und mit Eigelb bestreichen. Mit dem Krapfenrad kleine Vierecke ausrollen, kleine Käsestücke darauflegen und die Teigflecken zu Röschen oder Teigtaschen formen.
3. **Käsesauce:** Aus dem restlichen Käse und dem Rahm in einer Pfanne bei mittlerer Hitze eine feine Käsesauce ziehen und, wenn nötig, nach Geschmack würzen.

   Die Teigröschen in kochendes Wasser geben und ca. 3–5 Minuten ziehen lassen. Vorsichtig herausnehmen, in der Käsesauce schwenken und alles kurz aufkochen lassen.
4. **Anrichten:** Auf vorgewärmten Tellern anrichten und, wenn vorhanden, mit beliebigen grünen Blättern oder essbaren Blüten garnieren. Nach Geschmack Trüffel in feinen Scheibchen über die Teig-Röschen hobeln.

j. trafoier

Gerhard Wieser schwärmt leuchtenden Auges wie einer, dem sich soeben die Türe zum Schlaraffenland aufgetan hat. Frischen Wolfsbarsch habe er heute bekommen, geangelt von Fischerhand. »Schauen Sie, wie frisch der aussieht, der würde schwimmen, legte man ihn ins Wasser zurück.« Er habe auch schon eine Idee für die Zubereitung. Das natürliche Aroma des Fisches bliebe am besten durch eine behutsame Garung im Salzmantel gewahrt, und diese Reinheit des Geschmacks würde eine Erbsencreme geschmeidig unterstreichen. Ein diskretes minziges Parfüm biete eine aparte Würznote, der Pampelmusenfond sorge mit Säure und Frucht für Balance und kulinarische Spannung. Ganz klar, der Koch ist schon mittendrin im Wunderland der Küche mit ihren 1001 Düften und Aromen.

Wieser, im Mai 1968 in Bruneck geboren, also ein waschechter Südtiroler, liefert den Schlüssel für seine moderne Reform der Regionalküche fast poetisch: »Mein kulinarisches Schaffen ist geprägt von der Liebe zu den Elementen des Südens. Ich lasse mich vom weit gefächerten Sortiment dieses Angebots inspirieren und veredle den mediterranen Stil mit den Zutaten der klassischen Hochküche.« Ein geradezu andachtsvoller Respekt vor dem Naturgeschmack des Produktes ist ein zentraler Lehrsatz seiner Küche. Dementsprechend beginnt die Kunst des Kochens für ihn beim Einkauf mit konsequenter Berücksichtigung der Saison: »Marillen im August aus dem Vinschgau schmecken nun mal besser als importierte Ware im März.« Wenn Wieser einkauft, sucht er nach den sonnenreifsten Tomaten, dem köstlichsten Pecorino, den schmackhaftesten Pilzen.

Seine dritte gastrosophische Maxime nach der Frische der Produkte und deren Zubereitung à la minute gilt der Bekömmlichkeit der Speisen. Die fördert Wieser durch den passionierten Einsatz von Kräutern, wie etwa einer Petersilien-Emulsion zu den gebratenen Scampi oder das im Kräutersud pochierte Milchkalbsfilet mit Pfifferlingen und einem Millefeuille (Tausendblätterkuchen auf deutsch) aus Kartoffeln und Aprikosen. Schon beim obligaten Gruß aus der Küche, diesen Kleinigkeiten vorneweg, wie bei einem Apfel-Meerrettich-Sorbet, dem Rucola-Sorbet mit Passionsfrucht, den Garnelen

IHR LEBENSMOTTO?
In der Ruhe steckt die Kraft!

WAS SAMMELN SIE UND WARUM?
Alte Kaffeemühlen und alte Küchenutensilien.

WELCHE SPEISE HABEN SIE ALS KIND AM LIEBSTEN GEGESSEN?
Die Schlutzkrapfen meiner Mutter.

WELCHER BERUF (AUSSER DEM EIGENEN) WÄRE FÜR SIE INTERESSANT UND WARUM?
Architekt, wegen der Kreativität.

mit Szechuanblüten und speziell den lauwarm servierten Sardinen auf Datteri-Tomaten und Kräuter-Marinade, zeigen sich eine präzise Beherrschung des Handwerks sowie eine gewisse Individualität.

Das gilt auch für den Saibling auf Karottencreme mit Feldsalaten und gerösteten Schwarzbrot-Speck-Würfeln, dem Carpaccio von Jakobsmuscheln mit Tomaten-Chutney, Blumenkohl und Kaviar, dem schön glasig gegarten Steinbutt auf Erdnuss-Gnocchi und Tomaten-Peperoni-Fond sowie dem in zwei Gängen angerichteten Milchkalb, von dem zuerst das in Salbei gebratene Filet und Bries mit geräuchertem Kartoffelpüree und Pfifferlingen serviert werden, danach eine Scheibe von der geschmorten Stelze. Auch Rind und Reh legt Wieser gerne zweigängig an. Beim Rind folgen dem im Holzkohlenteig naturell gegarten Filet die geschmorten Wangenbacken mit Kartoffelpüree. Vom Reh wird der Rücken in Bergblütenheu pochiert und mit Mispel-Kompott sowie Lauchgemüse vor dem Gulasch und einem Püree von Sellerie aufgetragen. Beide Methoden, das Garen im Teig wie das Pochieren im Sud, bewahren durch das Vermeiden von Röstung den Naturgeschmack, bedingen jedoch die erstklassige Qualität des Produktes.

Das Ziel, aus besten Produkten das Beste zu machen, erreicht Wieser bravourös durch eine Küche, die originell ist, doch nicht surreal, die fein ist, aber nicht blutarm. Seine kreative Kraft rühmt beispielsweise das köstliche Freiland-Eigelb in Speckgelee und Kartoffelschaum, das jahreszeitlich abhängig entweder mit Kaviar oder weißer Trüffel würzend angereichert wird. Cremig gerührt und pikant ist das Risotto von confierten Amalfi-Zitronen mit Calamaretti und Kapern. Zuweilen lässt Gerhard Wieser eine leicht überbordende Lust am Abenteuer beim Kombinieren und Aromatisieren spüren, doch im Wesentlichen scheut er vor allzu gewagten Verbindungen, gar vorlauten Aromen zugunsten einer Küche, die Klarheit mit Anmut verbindet, erkennbar bei der Gänseleber, die mal roh mariniert und mit Bitterschokolade glasiert als Crème brûlée angeboten wird, dann wiederum gebraten auf Birnengelee und gewürzt mit Koriandersalz.

GIBT ES ETWAS, DAS SIE NIE ESSEN WÜRDEN?

Nein, ich probiere alles.

IHR LIEBLINGSRESTAURANT?

Bei meiner Mutter zu Hause.

HABEN SIE EIN BEVORZUGTES KOCHBUCH, WENN JA WELCHES?

Die handgeschriebene Rezeptsammlung meiner Großmutter.

MIT WEM WÜRDEN SIE GERNE EINMAL ZU ABEND ESSEN?

Rowan Atkinson.

ÜBER DAS RESTAURANT

Die honigfarbene Holzvertäfelung von Wänden und Decke gibt atmosphärische Wärme, die Zierkissen sind, wie die spitzengesäumten Lampenschirme, Ausdruck einer gewissen heilen Bürgerlichkeit. Der Tischschmuck aus Kristall, Silber und Porzellan ist der elegante Gegensatz. Die Weinkarte mit naturgemäß italienischem Schwerpunkt ist nebst einigen Raritäten solide bestückt mit ebensolchen Preisen, ausgenommen die recht teuer kalkulierten Champagner. Peter Lechner berät als Weinober kenntnisreich und einfühlsam.

KONTAKT

Hotel Castel
Gourmetrestaurant Trenkerstube
Keschtngasse 18
I-39019 Tirol bei Meran

Fon: +39 04 73/92 36 93
Fax: +39 04 73/92 31 13
info@hotel-castel.com
www.hotel-castel.com

Öffnungszeiten:
Dienstag – Samstag
19.00 – 23.00 Uhr

Betriebsferien:
Mitte November – Mitte März

GESCHMORTE RINDSWANGERLN AUF NUDEL-WIRSING-FLECKERLN UND PFIFFERLINGEN

RINDSWANGERLN:
2 Rindswangerln
250 g Röstgemüse (Karotten, Sellerie, Schalotten)
4 EL Öl zum Anbraten
1 reife Tomate
20 g Tomatenmark
500 ml Rotwein (Lagrein)
250 ml Portwein
1 Knoblauchzehe
500 ml braune Kalbsbrühe
4 Scheiben getrocknete Steinpilze, in Wasser eingeweicht
je 1 Zweig Thymian, Rosmarin, Salbei und Lorbeer
Salz, Pfeffer aus der Mühle

1 EL Speisestärke zum Abbinden
1 EL kalte Butter, zum Verfeinern der Sauce
Brot- und Speckwürfel, geröstet, zum Garnieren

GEMÜSE:
500 g Wirsing
1/2 Zwiebel, fein gehackt
40 g Butter
50 g Südtiroler Speck
1 Msp. Muskatnuss
Salz

PFIFFERLINGE:
250 g Pfifferlinge
2 kleine Schalotten, fein gehackt
1 EL Olivenöl
20 g Butter
etwas frischer Majoran
Salz, Pfeffer aus der Mühle

NUDELFLECKERLN:
100 g Mehl
60 g Hartweizenmehl
1 Ei
1 Eidotter
1 TL Olivenöl
Salz
etwas Wasser

1. **Rindswangerln:** Das Fleisch gut würzen und in einer heißen Schmorbratpfanne mit Öl von allen Seiten anbraten und anschließend aus der Pfanne nehmen. Das Röstgemüse in die Schmorpfanne geben, anrösten und das überschüssige Fett abgießen. Zum Gemüse die Tomaten und das Tomatenmark hinzugeben. Mit Rotwein und Portwein ablöschen und die Flüssigkeit auf die Hälfte einkochen lassen. Knoblauchzehe, braune Kalbsbrühe, getrocknete Pilze, Kräuter und Gewürze dazugeben und nochmals auf die Hälfte einkochen lassen. Das Fleisch mit der Sauce in einen Vakuumbeutel geben, zuschweißen und im Hold-o-mat/Backofen bei 72 °C ca. 22 Stunden garen lassen. Die Rindswangen aus dem Beutel nehmen und in Alufolie eingepackt warm halten. Die Sauce entfetten, zur richtigen Konsistenz einkochen, abschmecken, passieren und eventuell mit etwas Stärke binden. Mit kalter Butter abschließend verfeinern.

2. **Wirsing:** Vom Wirsing die äußeren holzigen Blätter entfernen. Die einzelnen Blätter ablösen, den Mittelstrunk herausschneiden, die Blätter waschen und in Fleckerl, Streifen oder Würfel schneiden. In sprudelnd kochendes Salzwasser gaben und 5 Minuten kochen. Abgießen, sofort im kalten Wasser abschrecken und abtropfen lassen. Die Zwiebel schälen, in feine Würfel schneiden und in Butter dünsten. Den Speck in Streifen oder Würfel schneiden und mitdünsten. Wirsing, Muskatnuss und Salz zugeben und etwa 8 Minuten weich dünsten.

3. **Pfifferlinge:** Die Pfifferlinge putzen, kurz waschen und auf Küchenkrepp legen. Die Pfifferlinge in einer heißen Pfanne mit Öl und Schalotten kurz andünsten. Zum Schluss kalte Butter und fein gehackten Majoran dazurühren, bis sich die Butter aufgelöst hat.

4. **Nudelfleckerln:** Alle Zutaten zu einem Teig verarbeiten, mit Klarsichtfolie abdecken und für eine halbe Stunde ruhen lassen. Den Nudelteig dünn ausrollen und in Fleckerln schneiden. Die Fleckerln in Salzwasser kochen und abseihen.

5. **Anrichten:** Die Nudelfleckerln mit dem Wirsing und den Pfifferlingen mischen und mit Salz und Pfeffer würzen. Die Rindswangerln auf den Wirsing-Nudelfleckerln legen und mit Brot- und Speckwürfeln garnieren.

g. wieser

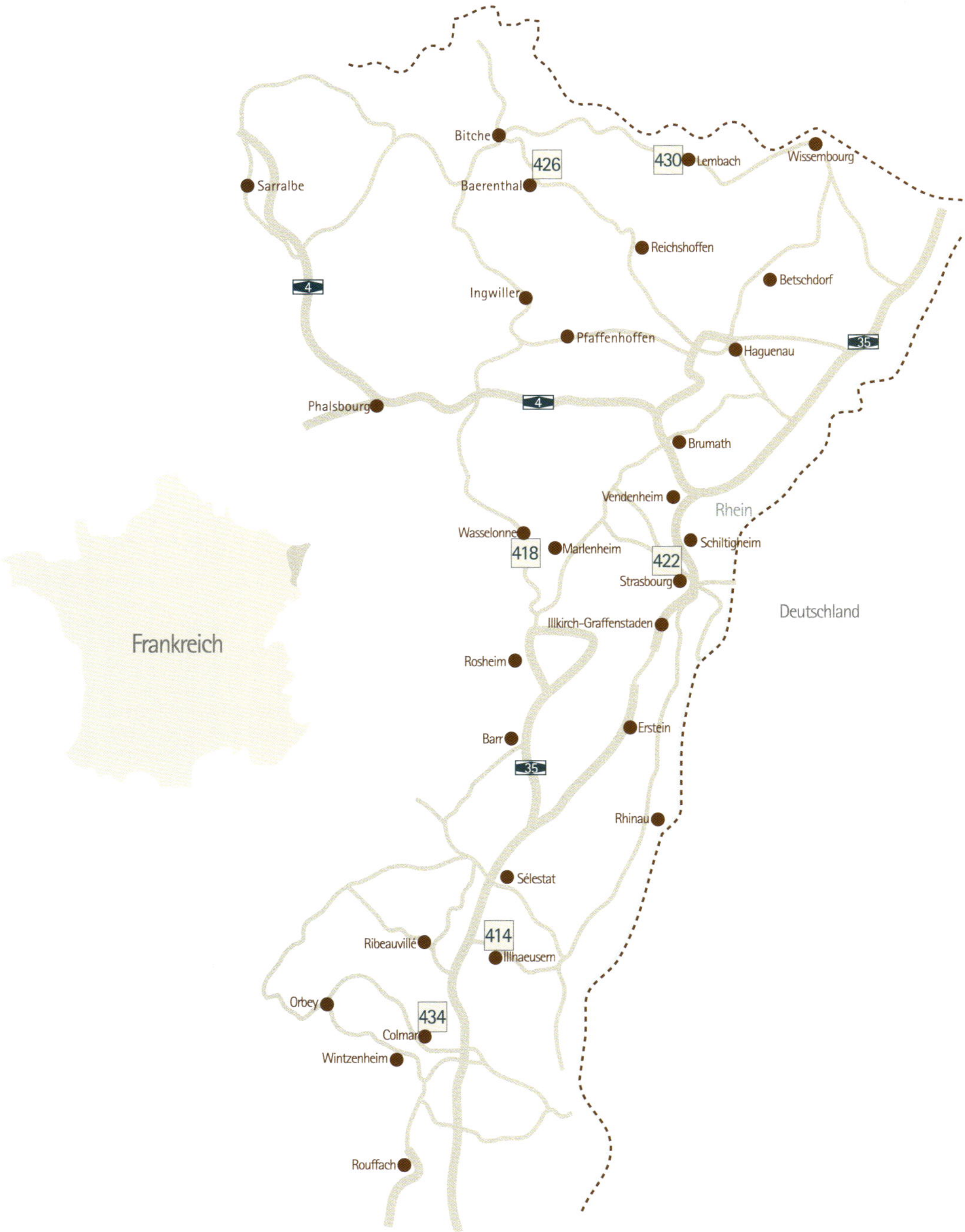
Bitche
426
430
Lembach
Wissembourg
Sarralbe
Baerenthal
Reichshoffen
Betschdorf
4
Ingwiller
Pfaffenhoffen
Haguenau
35
Phalsbourg
4
Brumath
Vendenheim
Rhein
Wasselonne
418
Marlenheim
Schiltigheim
422
Strasbourg
Deutschland
Frankreich
Illkirch-Graffenstaden
Rosheim
Erstein
Barr
35
Rhinau
Sélestat
414
Ribeauvillé
Illhaeusern
Orbey
434
Colmar
Wintzenheim
Rouffach

DIE ZAHLEN ENTSPRECHEN DEN SEITENZAHLEN DER PORTRÄTS IN DIESEM BUCH.

Der Dichter Giacomo Leopardi hat 1827 gesagt, die Welt gehört dem, der sie genießt. Das ist ein beherzigenswerter Satz, der zeigt, dass man von den Alten was lernen kann. Eine Vorstufe des Genießens ist das Begehren, das spannende Wechselspiel zwischen Sehnsucht und Erfüllung. Ewige Sattheit wäre ja das Ende aller Hoffnung und würde uns so schöner Erlebnisse berauben, wie sie das Schicksal immer wieder generös bereithält: in der Liebe, einem feinen Wein, einer köstlichen Speise wie zum Beispiel der weltberühmten Gänseleberterrine von Haeberlin. Die ist Musik für den Gaumen und man bekommt schon beim kulinarischen Entrée eine Vorstellung vom Paradies als einem Ort, wo die Posaunen erklingen und Marc Haeberlin kocht.

»La terrine de foie gras d'oie« heißt dieser Hochgenuss mit vollem Namen, zubereitet mit Salz, Portwein, Cognac, Sherry, Sauternes und einer schwarzen Trüffel, behutsam gegart im Wasserbad, serviert mit Brioche sowie einer Gewürztraminer Spätlese. Weitere Spezialitäten von nahezu Ewigkeitswert sind die in der heißen Asche gegarten schwarzen Trüffel, der mit Hechtmousse gefüllte und soufflierte Lachs, die Froschschenkelmousseline oder der Hummer »Prince Vladimir«. Das sind Klassiker, kreiert von Paul Haeberlin, heute 85, der die seit 41 Jahren (!) mit drei Michelin-Sternen gekürte Herberge der Glückseligkeit mit seinem Bruder Jean-Pierre (83 Jahre) geschaffen hat: Paul in der Küche, Jean-Pierre im Service.

Diese Klassiker zieren zu Recht die ziemlich umfängliche Speisekarte. Im Zentrum stehen inzwischen freilich die Kompositionen von Marc Haeberlin, der einige Gerichte neu schuf, anderen durch eine zeitgemäße Interpretation seinen persönlichen Stempel aufdrückte. Marc, im November 1954 geboren, hat von Vater Paul dessen geniales Koch-Gen geerbt und den Charme von Onkel Jean-Pierre. Stilistisch ist Marc quasi schon von Hause aus der französischen Klassik verpflichtet und der Elsässischen Küche zugetan; im Sommer wird auch mediterran gekocht. Seine besondere Liebe gilt der Reform regionaler Rezepte. Das am Spieß gebratene Geflügel mit dem getrüffelten Baeckaoffa ist für diese Linie typisch wie der an der Gräte gebratene Steinbutt mit

IHR LEIBSPEISE?
Wiener Schnitzel.

WELCHER BERUF (AUSSER DEM EIGENEN) WÄRE FÜR SIE INTERESSANT UND WARUM?
Autorennfahrer.

WANN UND WO KOMMEN IHNEN IDEEN FÜR NEUE GERICHTE?
Wenn ich Produkte auf dem Markt ansehe.

GIBT ES ETWAS, DAS SIE NIE ESSEN WÜRDEN?
Hase.

der kleinen Gemüserolle und der mit grünem Matcha-Tee aromatisierten Hummersauce.

Als MH – seit 1976 in der Küche tätig – vor einigen Jahren die Regie übernahm, galt sein erstes Prinzip dem Erhalt des hohen Niveaus. Prompt gab es Kritiker mit dem Vorwurf, er würde das Erbe mehr verwalten als vermehren. Traditionelle Gerichte seien schon deshalb langweilig, weil es sie so lange gebe. Diese Nörgler hat Marc Haeberlin längst beschämt. Manche Klassiker sind auch nach Jahrzehnten kulinarisch jung und unsterblich wie der begnadete Wildhasenrücken à la Royale nach Art von Paul Haeberlin. Abgesehen davon hat Marc mehr und mehr eine Küche individuellen Zuschnitts entwickelt, die über Logik im strukturellen Aufbau ebenso verfügt wie über Dichte und Tiefe der Aromen nebst französischem Esprit.

Das Filet vom Wolfsbarsch auf einem Risotto mit Wassermelone und einer ungemein diskret angelegten Wasabicrème als subtilem Aromat von zartherber Wirkung trägt seine neue Handschrift. Ein Clou sind auch die allerfeinst marinierten Sardinen auf einem Bett von mediterran gewürztem Gemüse – das Gericht bekommt durch ein leicht minzig betontes Gelee aus Kräutern und Gewürzen seinen raffinierten Effet. Bestechende geschmackliche Tiefe und Finesse weisen die Jakobsmuscheln mit Gemüse von leicht süßlichem Hauch in der seidig glänzenden Seeigel-Crème auf. Delikat sind die im Ganzen gebratenen Kalbsnieren mit Kartoffelkuchen und der Senfsauce, grandios schmeckt der mit Bohnen und Gänseleber angereicherte Kuttelsalat, eine Köstlichkeit ist die im Wirsingkleid gegarte Taube mit Gänseleber und Trüffel.

Als Fazit lässt sich bewundernd sagen, dass Marc Haeberlin, der Brokkoli nicht mag und Wiener Schnitzel als seine Leibspeise nennt, als Küchenchef souverän die große gastronomische Oper dirigiert. Und als Sohn ist er mit hoch erhobenem Haupt und dem Segen des Vaters aus dessen Schatten getreten.

ÜBER DAS RESTAURANT

Die angenehm entspannte Atmosphäre ist auch nach dem Umbau spürbar, speziell an einem Sonntagmittag im Winter, wenn die Elsässer feiern. Ein im Stile des Tachismus bemalter Teppich, elegant geschwungene Sessel, Glasspiele, die Aquarelle von Jean-Pierre H. und der schöne Blick in den Garten mit der Ill sind prägende Elemente. Der von Jean-Pierre und Danielle, Marcs Schwester, sowie Michel Scheer als erstem Maître distinguiert geführte Service ist von großer Liebenswürdigkeit. Die Weinkarte ist bestens bestückt.

KONTAKT

Restaurant
L'Auberge de L'Ill
2 rue de Collonges au Mont d'Or
F-68970 Illhaeusern

Fon: +33 (0) 3 / 89 71 89 00
Fax: +33 (0) 3 / 89 71 82 83
aubergedelille@aubergedelill.com
www.auberge-de-l-ill.com

Öffnungszeiten:
Mittwoch – Sonntag
12.00 – 14.00 Uhr
19.00 – 21.30 Uhr

Betriebsferien:
Februar

GIBT ES EIN PRODUKT, DAS SIE GAR NICHT MÖGEN?
Brokkoli und Kiwis.

IHR SCHÖNSTES KULINARISCHES ERLEBNIS?
Die Ravioli mit Kräutern von Nadia Santini.

DREI WORTE ZU GENUSS?
Schönheit, Liebe und Ruhe.

MIT WEM WÜRDEN SIE GERNE EINMAL ZU ABEND ESSEN?
Michael Schuhmacher.

FROSCHSCHENKEL-SCHÄUMCHEN

ZUTATEN FÜR 6 PERSONEN

FROSCHSCHENKEL:
2 kg Froschschenkel
3 Eiweiß
500 ml Sahne
Salz, Pfeffer

SAUCE:
25 g Butter
4 Schalotten
1/2 Flasche (Elsässer) Riesling
250 ml Sahne
1 EL helle Mehlschwitze
Saft einer 1/2 Zitrone
100 g eiskalte Butter
1 Bund Schnittlauch
Salz, Pfeffer

BLATTSPINAT:
1 kg Blattspinat
1 EL Butter
1 Knoblauchzehe
Salz, Pfeffer

GARNITUR:
Tomatenstückchen
Schnittlauch

1. **Froschschenkel:** Das Froschschenkelfleisch auslösen und nur die schönen, muskulösen Partien verwenden. Das Fleisch durch die feine Scheibe des Fleischwolfs drehen und zu Püree verarbeiten. Die Masse mit dem Eiweiß im Mörser zerstampfen, salzen und pfeffern. Nach und nach die Sahne einschlagen, bis ein cremiger Schaum entsteht. (Achtung, die Zutaten müssen alle sehr gut gekühlt sein.) Die Masse vor dem Garen mindestens 2 Stunden im Kühlschrank ruhen lassen. Parfait- oder Puddingförmchen mit Butter einfetten und den Froschschenkelschaum einfüllen. Im heißen Wasserbad bei 160 °C im Ofen 20 Minuten pochieren. Sollte die Oberfläche der Schäumchen golden werden, mit Alufolie abdecken.

2. **Sauce:** Die gehackten Schalotten in Butter glasig dünsten. Die Froschschenkelknochen dazugeben und hell anbraten. Mit Riesling ablöschen, würzen und 1 Stunde zugedeckt leise köcheln lassen. Dann die Sauce durch ein feines Sieb passieren. In einem kleinen Topf die Sahne und die Mehlschwitze auf die Hälfte reduzieren. Mit eiskalter Butter binden und mit Salz, Pfeffer und Zitronensaft abschmecken. Schnittlauchröllchen zufügen.

3. **Blattspinat:** Blattspinat waschen, putzen und in reichlich Salzwasser ca. 5 Minuten kochen, bis der Spinat zusammenfällt. Abgießen, in Eiswasser abschrecken und auspressen. Den Spinat mit Knoblauch ca. 5 Minuten in Butter dünsten und mit Salz und Pfeffer würzen. Knoblauch vor dem Servieren entfernen.

4. **Anrichten:** Auf jeden Teller einen Spiegel Blattspinat geben. Je ein Schäumchen daraufstürzen und mit Sauce überziehen. Alles mit Tomatenstückchen und Schnittlauch ausgarnieren.

Die Menschheit ist zwiegespalten. Die einen essen, um zu leben. Andere leben, um zu essen. Zwischen Askese und Völlerei wird das Ideal wohl ein Mensch sein, der weiß, dass sein Körper aus Gründen des Überlebens geschmiert werden muss. Tut man das überlegt und stilvoll, dem jeweiligen Anlass und der Stimmung angemessen, ist das ein kultureller Akt, egal, ob das Essen zeremoniell in einem Dreisternetempel inszeniert wird oder frugal in einer Berghütte. Von Bedeutung ist die innere Einstellung, gekoppelt mit der Gabe, auch ein kleines Mahl durch kennerische Auswahl bester Produkte kulinarisch stilvoll zu erhöhen. Also wenn Brot, Käse und Olivenöl, dann das beste Brot, der leckerste Käse, das feinste Öl.

Das nennt man angewandte Lebensart, »savoir vivre« in Frankreich, wo eine Umfrage, wie man mit 500 Euro einen Abend gestalten würde, eine Mehrheit für »ein Essen zu Zweit in einem guten Restaurant« ergab. Für »eine Nacht zu Zweit in einem Luxushotel« optierten nur 15 Prozent. Genau diese Einstellung ist Butter auf das Brot der französischen Gastronomie, und Michel Husser, 1959 in Straßburg geboren und in der Küche seines Vaters Robert groß geworden, weiß dieses Pfund zu nutzen. Mit seinem individuell angelegten Repertoire aus zeitgemäß neu gefassten regionalen Spezialitäten und einer modernen Aromenküche hat er sich über das Elsass hinaus einen guten Ruf erkocht.

Auf der Speisekarte begegnen sich traulich vereint und einander in Harmonie ergänzend so unterschiedliche Speisen wie der Presskopf, die Entenstopfleber, das Sauerkraut und das Spanferkel mit Wolfsbarsch, Hummer, Languste und Reh. Der mit Kirschen gebratene »Rehbock des chasses du Geissweg« wird mit einem Gratin aus Kohl, Rübchen und Speck sowie einer delikat mit Bitterschokolade parfümierten Sauce serviert. Den kälbernen Presskopf tischt die Küche in knusprigen Würfeln hübsch wie ein Stillleben auf buntem Salat und mit einer Mayonnaise aus Kräutern, Eiern, Kapern und Gewürzgurken, alles fein gehackt, auf. Charakteristisch für die Linie von Husser, Tradition durch behutsame Reform zu erneuern, ist die berühmte elsässische Leibspeise namens Choucroute. Der Koch

IHR LEBENSMOTTO?
Alles eine Frage der Einstellung.

WELCHER VERSUCHUNG KÖNNEN SIE NICHT WIDERSTEHEN?
Schokolade.

GIBT ES EINEN TRAUM, DEN SIE SICH NOCH ERFÜLLEN MÖCHTEN?
Ein Jahr lang mit dem Fahrrad durch Frankreich zu fahren.

komplettiert das von Haus aus rustikale Sauerkraut »à notre facon« mit Spanferkel, Entenbrust und Räucherstopfleber. Er variiert die Zutaten und verfeinert das jedem Elsässer heilige Gericht, ohne es in seiner Substanz zu verfremden. Das Spießchen von Aal und Schnecken mit Pesto und die mit leicht angeräucherter Entenleber gefüllten Ravioli in einer sanft gewürzten Fleischbrühe passen nahtlos in das Bild einer modernen, dabei von Effekthascherei freien Küche. Raffiniert angemacht ist das Carpaccio von der Sardine, das mit Anchovis und Artischocken arrondiert, mit ligurischem Olivenöl sowie einer Pfeffersauce mariniert und schließlich mit frisch gehobelten Spänen von Parmesan geschmackvoll ergänzt wird.

Fischen und Krustentieren gilt eine besondere Neigung von Michel Husser. Das Kapitel wird abwechslungsreich gestaltet. Es beginnt je nach Saison mit einem Tatar von der Dorade mit »comme des Maatjes« mildsäuerlich mariniertem Pfirsich auf einem würzigen Salatbett mit Borretsch. Hummer und Languste gehören zum Standard – wie die süßlich und orientalisch gewürzte Marmite aus Seezunge und Languste mit Gemüse. Jakobsmuscheln werden auf die Sekunde exakt gegrillt und mit geschmelztem Chicorée nebst Speck und Kartoffelgratin serviert. Eine veritable Buttersauce gibt es zum gegrillten Wolfsbarsch mit dem Bukett aus Gemüse und frisch gezupften Gartenkräutern.

Was Michel Husser auf klassischer Basis mit moderater Lust am Abenteuer, doch angemessen zeitgemäß inspiriert und mit Raffinement anrichtet, ist im besten Sinne eine elsässische Küche ohne Butzenscheiben. Zu dieser Haltung passt die Verbeugung in memoriam vor dem Großvater und dessen Rezept für ein Königinpastetchen aus Kalbsbries, Huhn und Brätklößchen an weißer Rahmsauce. Dieses »bouchée à la reine« war in Deutschland bis in die 70er-Jahre ein kulinarischer Favorit, bis es von den Köchen der Nouvelle Cuisine als altmodisch ins Abseits verbannt und bis dato von niemandem mehr so richtig wachgeküsst worden ist.

ÜBER DAS RESTAURANT

Der große Speisesaal erstrahlt in gediegener Eleganz mit Holzbalkendecke, hübschen Blumenarrangements, weiß gedeckten Tischen. Im Sommer wird auch im Innenhof inmitten floraler Pracht serviert. Die Weinkarte ist über das Elsass mit teils älteren Jahrgängen hinaus gut und preislich fair gestaltet, in den roten Spitzen zurückhaltend ohne Offenbarungen (vor 20 Jahren gab es einen 1989er La Tache für 230 Mark, einen 1978er Palmer für 160 Mark und den 82er Pol Roger in der Magnum für 200 Mark).

KONTAKT

Hotel & Restaurant Le Cerf
Restaurant Le Cerf
30, rue du General de Gaulle
F-67520 Marlenheim

Fon: +33 (0) 3 88 87 73 73
Fax: +33 (0) 3 88 87 68 08
info@lecerf.com
www.lecerf.com

Öffnungszeiten:
Donnerstag – Montag
mittags und abends

Betriebsferien:
keine

WELCHER BERUF (AUSSER DEM EIGENEN) WÄRE FÜR SIE INTERESSANT UND WARUM?
Architekt, weil man ein bisschen allein arbeiten kann und etwas auf dem Papier entwerfen kann.

GIBT ES ETWAS, DAS SIE NIE ESSEN WÜRDEN?
Pferdefleisch.

IHR SCHÖNSTES KULINARISCHES ERLEBNIS?
Ein Menü à la truffe blanche im Piemont, Italien.

TATAR VON DER GOLDBRASSE IN CHARDONNAY-ESSIG À LA MATJES

ZUTATEN FÜR 10 PERSONEN

400 g Goldbrassenfilet
100 g Zwiebeln, gehackt
100 g säuerliche Cornichons, gehackt
100 g Äpfel, fein gewürfelt (1 – 2 mm)
20 g Petersilie, Schnittlauch,
Kerbel gehackt
3 cl Chardonnay-Essig
(weißer Balsamico)
1 cl Olivenöl
150 g gemischter Salat
3 kleine Pellkartoffeln, gekocht
1,5 g Meerrettich
1 Zitrone
100 ml Sauerrahm
1 Apfel
etwas Kresse

1. **Tatar:** Sauerrahm mit Zitronensaft und Meerrettich vermengen und salzen. Zwiebeln, Cornichons, Apfelstücke und Kräuter hinzugeben. Die Kartoffeln in Scheiben schneiden.

   Die Goldbrassenfilets in kleine Würfel schneiden und mit Salz, Pfeffer, Olivenöl und Chardonnay-Essig würzen.

2. **Anrichten:** Einen Teller um den Rand herum mit Salatblättern auslegen und in der Mitte einen Boden von Kartoffelscheiben auslegen. Die Sauerrahm-Meerrettich-Sauce auf den Kartoffeln verteilen und das Goldbrassentatar daraufgeben. Das Tatar mit Kresse und Apfelstreifen garnieren.

   Den Salat mit der restlichen Sauce würzen und zusammen mit Knoblauchtoast zum Tatar servieren.

EMILE JUNG, RESTAURANT AU CROCODILE, STRASBOURG, FRANKREICH

In Benares hatte Buddha gepredigt: »Folgendes nun, ihr Mönche, ist die edle Wahrheit vom Aufhören des Leidens: es ist die völlige Vernichtung und das Aufhören des Durstes, das Aufgeben des Durstes, das Verzichten auf den Durst, die Befreiung vom Durst, das Freisein vom Durst.« Oh Buddha, oh du Weiser, deine Größe sei unbestritten, aber verzeih, vom Genuss, wie ihn eine Foie gras d'Oie au Naturel à la Emile Jung mit einem Gelee von Gewürztraminer und dem gleichen Wein als ausgereifte Spätlese dazu beschert, hast du keine Ahnung. Wer diese Liaison isst und trinkt, wird weder den Hunger und schon gar nicht den Durst je missen wollen, sondern beide jederzeit wie eine Geliebte erwarten.

Weiter geht es im Kanon des fröhlichen Genießens mit einer Terrine vom Rochen, sanft gegart in einer feinwürzigen Kapern-Court-Bouillon, serviert mit einer Senf-Vinaigrette und Orangensalat. Ein Crocodile-Klassiker ist die in der Salzkruste gegarte Entenleber mit Kräutern, grünen Linsen und Wirsing. Hier wird die französische Hochküche gleichermaßen delikat wie spannend mit der von Jung schöpferisch interpretierten elsässischen Regionalküche vermählt. Gleiches gilt fürs Bauernhuhn, dem der Meister neben einem diskret zitronig duftenden Jus ein mit Kümmel und frischem Koriander aromatisiertes Reistörtchen beigesellt. Und der wunderbar glasig gebratene Steinbutt mit der Trüffelpolenta sowie die feinsinnig orientalisch gewürzte Rotbarbe mit dem Karottenjus oder das zarte Kalbsbries mit Kardamom und dem köstlichen Küchlein aus rohen, im Ofen gebackenen Butterkartoffeln (Pommes Anna) rühmen Jung als einen großen Künstler, dem es mühelos gelingt, selbst gewiefte Dreisterne-Esser zu verblüffen und zu entzücken.

Emile Jung ist im April 1941 im kleinen elsässischen Masevaux mit gastronomischen Genen geboren worden. Seine Eltern betrieben die »l'Hostellerie Alsacienne«, die der Junior nach Lehren und Stationen bei »La Mere Guy« (Lyon, damals zwei Sterne) und später in Paris in so berühmten Häusern wie »Fouquet's«, »Ledoyen« und »Maxim's« übernahm, inzwischen verheiratet mit Monique, seiner kongenialen Partnerin bis heute.

IHRE LEIBSPEISE?
Froschschenkel.

IHR LEBENSMOTTO?
Die Faszination des Horizonts.

WELCHER VERSUCHUNG KÖNNEN SIE NICHT ODER NUR SCHWER WIDERSTEHEN?
Der Schönheit.

WAS SAMMELN SIE UND WARUM?
Bücher und Orgel-CDs.

WELCHE SPEISE HABEN SIE ALS KIND AM LIEBSTEN GEGESSEN?
Hausgemachte Nudeln von meiner Großmutter mit wachsweichen Eiern.

Im Jahre 1971 kaufte das Paar in Straßburg das »Crocodile«. Schon im Jahr darauf glühte der erste Michelin-Stern auf, dem 1975 der zweite und 1989 der dritte folgten. Das Glück war perfekt, 13 Jahre lang, bis 2002 der dritte Stern wegbrach. Jung war verzweifelt, doch resignierte er nicht, sondern intonierte mit kampfeslustig aufgekrempelten Ärmeln rasch die Trutzparole »Jetzt erst recht!«

Die Grundlage seines Kochstils, klar, ist die Idee der »Grande Cuisine«. Jung pflegt auch weiterhin Hymnen auf elsässische Klassiker wie die berühmte Gänseleber, das Gelee von Krebsen mit Fenchelcrème und Kaviar oder den Zander in mehreren Varianten. Er brilliert, belesen und kultiviert, mit themenbezogenen Jubiläumsmenüs zu Ehren von Mozart, Goethe, Gutenberg. Aber das Neue an der Jung-Küche als Ergebnis des Aufbäumens und kreativen Nachdenkens ist eine Küche individuellen Zuschnitts, wie sie das Elsass noch nicht erlebt hat. Er versteht es, die Klassik mit regionalen und leicht molekularen Akzenten so subtil wie raffiniert und geschmackvoll auf eine zeitgemäße Ebene zu hieven, ohne damit deren Grundwerte zu verraten.

Möglich ist diese innovative Küche dank der profunden handwerklichen Präzision, die Jung von jeher auszeichnet. Hinzu kommen Erfahrung, Esprit und logisches Denken, ergänzt durch den inspirativen Geist seiner Frau. Das gegrillte Ochsenstück, das Jung nicht in der üblichen braunen Sauce versinken lässt, sondern mit einem fritierten Kartoffelgitter nebst kleinem Ragout aus Schinken und Gemüsewürfeln, confiertem Knoblauch und einer ungemein delikaten, leicht säuerlich infizierten Vinaigrette anrichtet, ist ein Gericht, das signaturhaft diese neue Küche repräsentiert, von der Emile Jung sagt, sie sei ein gastrosophisches Mosaik aus einem Teil herzhafter Kraft, drei Teilen logischer Strenge und sechs Teilen anmutiger Grazie.

ÜBER DAS RESTAURANT

Der souveräne und dabei ungemein liebenswürdige Service, distinguiert geleitet von Monique Jung, findet in einem Raum statt, der mit seinem eleganten Interieur, den gelben Tisch- und Wandlampen, der floralen Pracht, dem edlen Tischschmuck und dem kapitalen, eine biedermeierliche Dorfszene zeigenden Ölgemälde an das »Grand Siècle« erinnert. Die Weinkarte ist mit grandios gerade recht beschrieben; man scheue sich nicht, den Sommelier oder Madame Jung zu kontaktieren. Die Patrona ist wie ihr Mann weinverliebt und weinkundig.

KONTAKT

Restaurant Au Crocodile
10, rue de l'Outre
F-67000 Strasbourg

Fon: +33 (0) 3 88 32 13 02
Fax: +33 (0) 3 88 75 72 01
info@au-crocodile.com
www.au-crocodile.com

Öffnungszeiten:
Dienstag – Samstag
12.00 – 14.00 Uhr
19.30 – 22.00 Uhr

Betriebsferien:
3 Wochen im Juli

WOMIT KANN MAN SIE VERFÜHREN?
Mit einem gemeinsamen Essen im Kreise meiner Familie.

WELCHER BERUF (AUSSER DEM EIGENEN) WÄRE FÜR SIE INTERESSANT UND WARUM?
Lehrer. Die gegenseitige Bereicherung von Lehrern und Kindern und umgekehrt.

ZANDER MIT KARPFENMILCH, WASABI-SAUCE HOLLANDAISE MIT GRÜNEM SPARGEL

4 Zanderfilet (ohne Haut) à 140 g
16 Karpfenmilch
Erdnussöl
16 Stangen grüner Spargel
200 g Butter
Salz, Pfeffer

WASABI-SAUCE HOLLANDAISE:
2 Eigelb
200 g Butterschmalz oder zerlassene Butter
Wasabi
Salz, Pfeffer, Zitrone

1. **Zander:** Zanderfilets putzen. Die Zanderfilets und die Karpfenmilch in Erdnussöl anbraten.

2. **Wasabi-Sauce Hollandaise:** Eigelb zu einer Sabayone montieren, dann die zerlassene Butter daruntermischen. Wasabi nach Geschmack hinzufügen.

3. **Spargel:** Spargel putzen und in geklärter Butter anschwitzen.

4. **Anrichten:** Den Spargel fächerartig verteilen, Fischfilet und die Fischmilch als Spieß danebensetzen. Darunter einen Streifen Wasabi-Sauce Hollandaise ziehen.

Hätte Gott eine Welt gewollt, die alles von Anfang an enthält, dann hätte er ein Universum geschaffen ohne Veränderung, ohne Organismen, ohne Evolution und ohne den Menschen und dessen Fähigkeit, Veränderungen herbeizuführen. Aber Gott scheint sich gedacht zu haben, dass ein lebendiges Universum mit selbst für ihn manchmal unerwarteten Ereignissen interessanter sein würde als ein totes Blockuniversum wie das des vorsokratischen Parmenides. Einer, der diese sozusagen göttliche Freiheit kreativ nutzt, ist Jean Georges Klein. Im hinteren Baerenthal, wo sich die Füchse gute Nacht sagen, wirkt er am Herd mit Passion, Phantasie und Präzision, um seine Gäste mit atemberaubenden Geschmackserlebnissen zu beglücken, wobei einiges von diesem Glück in Form einer Befriedigung auf ihn zurückfällt.

Der 1950 in einer Wirtsfamilie geborene Elsässer kam zwar erst 1989, also mit 39 Jahren, so richtig zum Kochen, als er seine Mutter Lily ablöste, die sich mit ihrer Regionalküche immerhin schon einen Stern erkocht hatte. Klein, bis dahin im Service tätig, arbeitete gediegen à la maman weiter, bis er 1993 zu Pierre Gagnaire nach St. Etienne fuhr, der für seine avantgardistische Küche gerade den dritten Stern vom »Michelin« erhalten hatte. Auf die anfängliche Verwirrung ob der verwegen und surreal anmutenden Küchensoli des Kollegen folgte die Initialzündung. So oder ähnlich wollte er, der schon immer einen Sinn für die Küche hatte, doch nie weit über den elsässischen Teller hinausgekommen war, künftig auch kochen. Der Drang nach Neuem verstärkte sich noch durch ein Praktikum bei Ferran Adrià, dem katalanischen Molekular-Magier.

Zu Hause erneuerte Jean Georges Klein, animiert und unterstützt von seiner jüngeren Schwester Cathy, sukzessive die Karte mit Gerichten von zunehmend originärer Fassung. Der Lohn folgte 2002 prompt mit dem dritten Stern vom »Michelin«. Das Besondere an seiner Küche ist zum einen die Kunst, die geschmackliche Tiefe der Speisen mit der Ästhetik der Präsentation würdig zu verbinden. Was er in seinem »Menu Découverte« prosaisch »Taubenbrust, Rote Bete und Maispüree« nennt oder ebenso knapp »Cappuccino von Karotten und Kardamom«

IHRE LEIBSPEISE?
Spaghetti Carbonara von meiner Frau.

WELCHE SPEISE HABEN SIE ALS KIND AM LIEBSTEN GEGESSEN?
Mousse au Chocolat.

WELCHE SPEISE HABEN SIE ALS KIND ÜBERHAUPRT NICHT GEMOCHT?
Dickmilch und Bratapfel.

WIE ENTSPANNEN SIE SICH?
In der Natur.

j. g. klein

oder »Tintenfisch und Olivenöl-Gnocchi« oder »Black & White von Trüffeln in Textur« oder »Wolfsbarsch mit Gewürzen, Tonkabohnenpüree, Minzöl«, das sind kulinarische Kabinettsstückerln voll Substanz und Anmut. Klein spricht von einer »cuisine évolutive«.

Die fortschreitende Dynamik seiner Küche zeigt sich exemplarisch beim Hummer mit dem Butter-Wasabi-Schaum oder der Foie gras, die er mal mit Gewürzsud und leicht angeröstetem Rhabarber serviert, dann wiederum in Form eines trocken-pulverigen Eises, das sich verheißungsvoll in einer Consommé auflöst – da lässt Adrià innig grüßen, aber man vertue sich nicht: Klein ist viel zu eigenwillig, klug und vor allem schöpferisch, um nur nachzuahmen. Er spielt eher augenzwinkernd als fundamentalistisch mit molekularen Effekten, die er als flankierende Elemente bei Gerichten einsetzt, die dem Gast ansonsten in Form und Struktur durchaus vertraut sind. Die Schäume, Gelees und Pülverchen bindet dieser subtil arbeitende Meister wie seine feinsinnige Würztechnik aufs Delikateste in die individuell reformierte französische Klassik ein.

Jean-Georges Klein experimentiert traditionsfrei und kühn mit neuen Zubereitungsarten und Gerichten, doch zu einer fürs Restaurant gültigen Endfassung kommt nur, was ihn überzeugt – und Cathy, die, so sagt er, das letzte Wort habe. Auf den Tellern landet denn auch nichts Gewolltes oder provokant Verdrehtes. Effekthascherei ist diesem Mann, dessen Genie nur von seiner liebenswerten Bescheidenheit übertroffen wird, völlig fremd. Umso wirkungsvoller sind die von ihm gesetzten Aromen in den spannungsgeladenen Arrangements, wenn er Himmlisches und Erdiges, Flüssiges und Festes miteinander kombiniert und in Einklang bringt.

Zu der von Poesie erfüllten Küche kann man auch sagen: Jean-Georges Klein ist der Rilke unter den Köchen, aber es schwingt, was den Esprit betrifft, auch etwas Voltaire mit.

GIBT ES EIN PRODUKT, DAS SIE GAR NICHT MÖGEN?
Salbei.

HABEN SIE EIN BEVORZUGTES KOCHBUCH, WENN JA WELCHES?
Die Buchkollektion von Ferran Adrià 1998 – 2004.

DREI WORTE ZU GENUSS?
Kreativität, Vergnügen und Teilen.

ÜBER DAS RESTAURANT

Die klare, in warmen Tönen gehaltene Einrichtung im wandhoch verglasten Wintergarten mit der eleganten Tischkultur, den kommoden Sesseln und dem freien Blick in die Idylle der Natur passt zur Küche, besser noch: sie lenkt nicht ab, sondern unterstützt durch ihre Dezenz die Konzentration aufs Essen. Der von Cathy Klein so charmant wie kompetent und temperamentvoll geleitete Service ist von jener entspannenden Herzlichkeit, die dem Gast im Nu das schöne Gefühl gibt, unabhängig von der Höhe der Zeche willkommen zu sein. Die Weinkarte birgt viele große Champagner, naturgemäß eine feine Auswahl elsässischer Kreszenzen, aber auch Edles und leider Teures aus Burgund, dem Bordelais sowie von der Rhône.

KONTAKT

Relaix & Chautaux
Hotel-Restaurant L´Arnsbourg
F-57230 Baerenthal

Fon: +33 (0) 38 706 50 85
Fax: +33 (0) 38 706 57 67
l.arnsbourg@wanadoo.fr
www.arnsbourg.com

Öffnungszeiten:
Donnerstag – Montag
12.00 – 14.00 Uhr
19.30 – 21.30 Uhr

Betriebsferien:
Januar

GEGRILLTER ROCHENFLÜGEL MIT GESCHÄUMTER KAFFIR-BUTTER

ZUTATEN FÜR 10 PERSONEN

2 kg feinster Rochenflügel
Mehl
Maldon Sea Salt

GESCHÄUMTE KAFFIR-BUTTER:
150 g Butter
Kaffir-Limonenblätter
2 g Soja-Lecithin
Salz

50 g kandierter Ingwer
1/2 Tube Wasabi

PERLGRAUPEN:
75 g Perlgraupen
250 ml Milch
1/2 Zucchini
1 Karotte
Salz
etwas heller Fond

1. **Vorbereitung:** Rochenflügel parieren, portionieren, waschen und trocken tupfen. Auf Küchenkrepp auslegen.
2. **Kaffir-Butter:** 150 ml Wasser aufkochen und anschließend vom Herd nehmen. Die Kaffir-Limonenblätter mit der Butter ins 80 °C heiße Wasser geben und ziehen lassen. Leicht salzen. Anschließend passieren, würzen und bei 40–50 °C warm halten. Mit dem Soja-Lecithin emulgieren.
3. **Kandierter Ingwer und Wasabi:** Den kandierten Ingwer in feine Streifen schneiden. Die Wasabipaste in eine Spritzhülle füllen.
4. **Perlgraupen:** 250 ml Wasser mit Milch aufkochen und mit Salz würzen. Die Perlgraupen hineingeben und ca. 45 Minuten sanft am Herdrand köcheln lassen. Anschließend abgießen, durchspülen und aufbewahren.

   Karotte und das Grüne der Zucchini in feine Würfel schneiden (1–2 mm) und separat bissfest blanchieren.
5. **Gegrillter Rochen:** Die 10 Rochenportionen würzen, mehlieren und auf einem Holzkohlegrill bissfest garen.
6. **Anrichten:** Den Rochen im Ofen 3 Minuten erhitzen. Die Perlgraupen mit dem Gemüse in etwas hellem Fond erhitzen. In die Mitte eines tiefen Tellers etwas Perlgraupengemüse geben. Feine Ingwerstreifen darumlegen und 7 Punkte Wasabipaste darumsetzen. Den heißen Rochen auf die Perlgraupen legen. Die schäumende Butter emulgieren und auf den Rochen geben.

Manche Erkenntnisse werden erst später gewonnen. Emile Maria Cioran, der 1995 in Paris verstorbene Philosoph, hat in einer kleinen Aufzeichnung die Gourmandise als süßen Lebenszweig beschrieben: »Das Essen gehört zur Zivilisation, das ist mehr als eine biologische Notwendigkeit, das ist sonderbarerweise unabhängig vom Hunger. Mit 27 Jahren habe ich das Essen entdeckt, den Akt des Essens als etwas ganz Eigenartiges. Ich habe aufgehört, Tier zu sein.« Was Goethe, Proust und andere große Geister schon vor ihm erkannt hatten, das ist die Einsicht, dass ein gutes Mahl ein Gutteil von dem ausmacht, was die Philosophie von alters her als »das gute Leben« definiert. Schon die deutsche Vokabel Lebensmittel weist deutlich auf die eminente existenzielle Bedeutung der nur vermeintlich banalen Tätigkeiten des Essens wie des Trinkens hin.

Fernand Mischler ist die Philosophie vom Essen als einer das Leben sinnlich bereichernden Kür von Kindesbeinen an vertraut. Sein Vater, ein gerühmter Gastgeber und Koch, hat ihn in die spannende Welt der Küche eingeführt. Mama Marie-Thérèse war damals weniger begeistert, denn der 1944 in Lembach geborene Fernand war ein guter Schüler und hätte ihrer Ansicht nach an die Uni gehen und Arzt werden sollen. Aber gottlob für unendlich viele dankbare Feinschmecker kam es anders. Mischler erkochte sich 1968 den ersten und 1990 den zweiten Stern vom Michelin. Und heute steht mit Franck bereits die nächste Generation in der Küche und sorgt für die Fortsetzung der Tradition mit modernen Mitteln und kreativem Geist.

Der Dialog zwischen Vater und Sohn drückt sich auf der Speisekarte teils so aus, dass bei den Vorspeisen und Zwischengängen durchaus moderne Noten erkennbar sind, wohingegen die Hauptgänge, wie es der Name verdient, eher in der klassischen Version fern jeglicher Experimente konstruiert sind: strukturell dem Basisprodukt verpflichtet und von gleichermaßen vielschichtigem wie dichtem Aromenspiel. Eine Challans-Ente wird mit gewürztem Honig glaciert und in zwei Gängen serviert, die Brust mit in Rotwein eingelegten Feigen, die Schlegel als Salat. Herrlich schmeckt die in einer Pinienkrus-

IHRE LEIBSPEISE?
Matjes.

WELCHE MUSIK HÖREN SIE GERNE?
Südamerikanische.

WELCHE 3 DINGE WÜRDEN SIE AUF EINE EINSAME INSEL MITNEHMEN?
Eine Frau, einen Kochtopf und Essig.

WOMIT KANN MAN SIE VERFÜHREN?
Mit einer Languste.

te gebratene Taube und die extra in Gewürztraminer geschmorten Keulchen. Kalbsnierchen werden mit sautierten Pfifferlingen und einer raffiniert mit Kräutern und Cognac aromatisierten Sauce serviert. Eine ernsthaft gerührte Sauce Béarnaise umschmeichelt klassisch die Tournedos vom Rinderfilet mit den kurz gebratenen Artischocken und den kandierten Schalotten.

Ein Potpourri von Jakobsmuscheln, Austern und Langustinen weist mit dem Cappuccino vom Hummer und der sublim angelegten Schalotten-Essig-Emulsion in Richtung zeitgemäße Interpretation traditioneller Rezepturen. Der Zander mit Fischklößchen und der hocharomatischen Krustentiersauce rühmen die Küche wie die Trilogie von den Froschschenkeln mit Kerbelcrème, der in der Salzkruste behutsam gegarte Wolfsbarsch mit den Bouchot-Muscheln oder das Dorschfilet mit Auberginen-Kaviar, Kürbis in Olivenöl und der pikant paprizierten Sauce. Ein prächtiges Traditionsgericht ist der »à l'armoricaine« zubereitete Hummer in der gehaltvollen, samten glänzenden und unbedingt zum Auftunken verpflichtenden Sauce.

Ein wichtiges Produkt, ohne das die elsässische Küche amputiert wäre, ist die Gänseleber. Man mag sie meiden oder lieben, »chacun à son goût«, sie ist ein fixer Bestandteil der »Grande Cuisine«. Bei Mischler wird sie das ganze Jahr über als Hommage an das Rezept des Großvaters in Terrinenform mit einem Mosaik aus Trüffel und geliertem Pinot gris offeriert. Saisonal abgestimmt wird die Gänseleber in der gebratenen Variante mit Rhabarber im Frühjahr, Kirschen und Melone im Sommer, Quitte im Herbst und in einem Wirsingwickel, als Pot-au-feu leise geköchelt, im Winter. In den 30-Liter-Töpfen aus Kupfer brodeln und simmern die Fonds von Kalb, Geflügel, Fisch und Wild als unersetzliches Schmiermittel für die Saucen, deren Kunst Fernand Mischler, dieser schlanke, vor Energie nur so strotzende Mann souverän beherrscht.

ÜBER DAS RESTAURANT

Die 1740 als Fachwerksbau errichtete Poststation strahlt ihre Romantik bis heute ungedämmt aus. Die Einrichtung ist geschmackvoll, der honigfarbene Boden harmoniert mit der Kassettendecke, dem eindrucksvollen Kamin, der Täfelung, den Antiquitäten und dem eleganten Tischschmuck. Anne-Marie Mischler empfängt die Gäste. Exzellent bestückte Weinkarte mit Elsass, Champagne, Rhône und Burgund als besonders gut und auch mit älteren Jahrgängen vertretenen Regionen.

KONTAKT

Auberge du Cheval Blanc
4, rue de Wissembourg
F-67510 Lembach

Fon: +33 (0) 3 88 94 41 86
Fax: +33 (0) 3 88 94 20 74
info@au-cheval-blanc.fr
www.au-cheval-blanc.fr

Öffnungszeiten:
Mittwoch – Sonntag
ab 12 Uhr (außer Freitag)
& ab 19.00 Uhr

Betriebsferien:
3 Wochen im Juli
4 Wochen im Januar/Februar

WELCHER BERUF (AUSSER DEM EIGENEN) WÄRE FÜR SIE INTERESSANT UND WARUM?
Arzt, um Menschen zu pflegen.

MIT WEM WÜRDEN SIE GERNE EINMAL ZU ABEND ESSEN?
Dalai Lama.

GEBACKENES SEEBARSCHFILET IN DER SALZKRUSTE AUF FENCHELFONDUE UND -SALAT MIT AUSTERNJUS UND SEINEM CAPPUCCINO

SEEBARSCHFILET IM SALZTEIG:
4 Seebarschfilets à 120 g

SALZTEIG:
400 g Mehl
500 g Salz
1 Ei
2 Eigelb
zerstoßene Pfefferkörner
Rosmarin und Thymian

AUSTERNJUS:
12 schöne Austern
5 cl Weißwein
5 cl Noilly Prat
1 EL Sojasauce
4 EL Zitronensaft
1 EL Olivenöl
Salz, Pfeffer, Piment

CAPPUCCINO:
8 Austern
10 cl Weißwein
5 cl Noilly Prat
1/2 Zwiebel
das Weiße einer Stange Lauch
40 g Sellerie
2 Schalotten
Thymian
1/2 Lorbeerblatt
1 getrockneter Fenchelzweig
15 ml Sahne
80 g Butter
Salz, Pfeffer

FENCHELFONDUE UND -SALAT:
2 Fenchelknollen
Zitronensaft
Olivenöl
Sojasauce
Salz, Pfeffer, Piment

1. **Seebarschfilet im Salzteig:** Alle Zutaten für den Salzteig gut vermengen. Die Seebarschfilets säubern und gut abtrocknen. Den Salzteig 1 cm dick ausrollen und die Seebarschfilets darin einschlagen. Bei 250 °C im vorgeheizten Backofen 9 Minuten garen.

2. **Austernjus:** Die 12 Austern in Weißwein und Noilly Prat pochieren und abkühlen lassen. Die restlichen Zutaten hinzugeben und die fertigen Jus kühl stellen.

3. **Capuccino:** Zwiebel, Weißes vom Lauch, Sellerie, Schalotten und Gewürze in Weißwein und Noilly Prat kochen, reduzieren lassen, die Sahne zufügen und passieren. Die Austern mit ihrem Saft im Fond pochieren, reduzieren lassen und mit 80 g Butter binden.

4. **Fenchelfondue und -salat:** Aus je einer Fenchelknolle mit Olivenöl, Zitronensaft und Sojasauce Fenchelpüree und Fenchelsalat herstellen. Mit Salz und Pfeffer abschmecken.

Man weiß nicht, wer wann und wo als erster Mensch bewusst Fisch oder Fleisch gegart hat. Das schmort im Dunkel der Geschichte. Vermutlich war es Zufall, doch die Nutzung des heiligen Feuers als Urenergie allen Kochens war so wertvoll wie die Tat desjenigen Menschen, der als Erster mit einer Blume den Esstisch dekorierte. Nahrung bestimmt schließlich von Geburt an das Leben, und die Umstände des Kochens beziehungsweise des Essens spiegeln auch immer das jeweilige gesellschaftliche Lebensgefühl wider. Die Küche ist das Zentrum des Lebens, das Restaurant für die Hungrigen die Verheißung paradiesischer Glückseligkeit, ein Ort des Überschwangs und der üppigen Lebensfreude, kurzum eine Nische, wo der Mensch noch Mensch sein darf im hemmungslosen Ausleben seiner individuellen Neigungen. Die Feinschmeckerei ist ja das sozusagen öffentlich erlaubte Praktizieren einer leiblichen Wollust. Ich esse, also bin ich!

Bei Michaela Peters, der deutschen Sterneköchin im Elsass, lässt sich das menschliche Sein bei Gänseleber, mariniertem Lachs mit Blinis, Zitronencrème und Kaviar, bei Knochenmark mit schwarzer Trüffel, bei Hummer und Jakobsmuscheln auf Spinat mit Krustentiersauce genussvoll bestätigen und erleben. Auch ihr feinfühlig gegrillter St. Petersfisch mit Olivenrisotto und thymianisiertem Zucchini-Ragout, das mit Estragon aromatisierte Kaninchen mit Frisée und pochiertem Ei sowie das überaus delikat zusammen mit schwarzer Trüffel geschmorte Kalbsbries sind Speisen, die zeigen, dass die Küchenfee ausgedient hat und statt ihrer eine Frau kocht, bei der auch die männlichen Köche die Annoncierung eines Gerichts mit respektvollem »Qui chef« quittieren.

Der Weg zum Küchenchef war zumal für eine Frau nicht leicht. »Man lernt, sich durchzuboxen und darf bloß nicht zickig sein«, sagt die im November 1971 in Steinfurt geborene und ihrer Heimat kulinarisch immer noch mit Grünkohl und Pinkel verbundene Münsterländerin. Sie wollte keinen »Mädchenberuf«, startete ihre gastronomische Karriere bei einem Metzger und arbeitete danach in einem Kölner Feinkostbetrieb im Catering, bevor sie zwei Jahre lang eine Küchenlehre im Parkhotel Schloss Hohenfeld in Münster bei Wolfgang Stein, einem

IHR LIEBLINGSTIER?
Mein Dackel.

IHR LEBENSMOTTO?
Ein Tag ohne Lächeln ist ein verlorener Tag! (Charlie Chaplin)

WOMIT KANN MAN SIE VERFÜHREN?
Mit einem romantischen Dinner.

GIBT ES EINEN TRAUM, DEN SIE SICH NOCH ERFÜLLEN MÖCHTEN?
Eine Reise nach Afrika.

WELCHER BERUF (AUSSER DEM EIGENEN) WÄRE FÜR SIE INTERESSANT UND WARUM?
Wissenschaftler/Forscher. Es ist spannend Neues zu entdecken und den Menschen zu helfen.

versierten Meister der klassischen Kochschule, absolvierte.

Ihr erklärtes Ziel war jedoch Frankreich, und weil es ihr weder an Ehrgeiz noch an Selbstbewusstsein gebricht, bewarb sie sich in der renommierten Auberge d l'Ill im elsässischen Illhaeusern. Bald darauf war Paul Haeberlin, der Seniorchef, selber am TeleFon: mit der Frage, ob sie in einer Woche beginnen könne. Da gab es kein Zögern. Michaela Peters, 21 Jahre alt und des Schulfranzösischen ein bisschen mächtig, packte und fuhr los. Die ersten Wochen waren kein Zuckerschlecken; sie musste hart arbeiten und bekam Schwielen vom zentnerschweren Zerlegen der Krustentiere und Fische, aber sie lernte viel, stieg in der Hierarchie nach oben und wertet die Momente, in denen sie mit Paul Haeberlin dessen weltberühmte Gänseleberterrine fertigte, immer noch als Erlebnis. Nach weiteren Stationen in elsässischen Küchen und erfolgreichem Abschluss der Meisterschule für Köche in Heidelberg übernahm sie schließlich im Juli 2003 die Position des Küchenchefs in Colmar. Stilmäßig ist Michaela Peters in der klassischen französischen Hochküche zu Hause, die sie um mediterrane und gelegentliche asiatische Tupfer ergänzt. Vor allem hat sie ein Faible für traditionelle Rezepte, die sie zeitgemäß interpretiert und modifiziert. Charakteristisch für die Verfeinerung regionaler Gerichte ist der Rehrücken, dem sie eine mit getrockneten und in Muskat marinierten Früchten gefüllte Frühlingsrolle beigesellt. Das feine süß-säuerliche Aroma hebt das Wildfleisch geschmacklich aus der üblichen Beliebigkeit heraus – ein Effekt, der noch durch eine mit Honig abgeschmeckte Gewürzsauce bekräftigt wird. Den traditionellen Baeckeoffa, klassisch ein langsam im Tontopf geschmortes Ragout aus Fleisch und Gemüse, variiert sie mit Hummer oder Froschschenkeln. Marc Haeberlin beschreibt präzise das gastronomische Talent von Michaela Peters: »Sie verfügt über einen exzellent ausgeprägten Geschmack und stimmt ihre Kreationen mit einem Feingefühl und einer Sicherheit ab, die ihresgleichen sucht.«

HABEN SIE EIN BEVORZUGTES KOCHBUCH, WENN JA WELCHES?
»Die Kochkunst in zwei Jahrtausenden«, ein faszinierendes historisches Kochbuch mit großen Persönlichkeiten.

ÜBER DAS RESTAURANT

Den Gast umgibt gutbürgerliche Eleganz im Stile altfranzösischer Salons aus der vorletzten Jahrhundertwende mit vierkantigen Holzsäulen, Deckenbalken, üppigen floralen Arrangements, dick gepolstertem Gestühl und schweren Vorhängen. Der Service ist freundlich bemüht bis herzlich, die Weinkarte naturgemäß schwerpunktmäßig mit elsässischen Kreszenzen bestückt. Und die Gläser sind, wie so oft in Frankreich, für große rote Gewächse etwas zu klein.

KONTAKT

Grand Hotel Bristol
Restaurant Rendez-Vous de Chasse
7, place de la Gare
F-68000 Colmar

Fon: +33 (0) 3 89 23 59 59
Fax: +33 (0) 3 89 23 92 26
reservation@grand-hotel-bristol.com
www.grand-hotel-bristol.com

Öffnungszeiten:
Täglich 12.00 – 15.00 Uhr und
19.00 – 22.30 Uhr

Betriebsferien:
keine

KALBSBRIES MIT PERIGORD-TRÜFFEL GESCHMORT

500 g Kalbsbries
1 Karotte
1 Lauchstange
1 Zwiebel
1 Lorbeerblatt
1 Thymianzweig
1 l Fleischbrühe
2 schwarze Trüffel à ca. 50 g
Butter
100 ml Portwein
200 ml Demi-Glace
je 80 g Kaiserschoten, neue Karotten, feine Böhnchen, kleine weiße Rübchen
Fleur de Sel
Salz, Pfeffer

1. **Kalbsbries:** Das Kalbsbries in einer Schüssel unter fließendem Wasser ca. 30 Minuten auswaschen. Karotte schälen, Lauch halbieren und waschen, Zwiebel schälen und vierteln. Das Gemüse mit dem Lorbeerblatt und dem Thymianzweig in die Fleischbrühe geben und anschließend zum Kochen bringen. Kalbsbries in die kochende Brühe geben und 10 Minuten köcheln lassen. Dann das Kalbsbries aus der Brühe nehmen, etwas erkalten lassen und die Haut vom Bries ziehen. Die Brühe aufheben.

   Eine Trüffel in feine Würfel schneiden und in einem Topf mit etwas Butter anschwitzen. Das Bries in Stücke schneiden und mit der Trüffel anschwitzen. Mit Portwein ablöschen, einreduzieren lassen und mit Demi-Glace auffüllen. Ca. 5 Minuten leicht köcheln lassen und mit Salz und Pfeffer abschmecken.

2. **Gemüse:** Die Kaiserschoten, Karotten, Böhnchen und weißen Rübchen putzen, waschen und in kochendem Wasser blanchieren. Anschließend abschrecken. Das Gemüse in der Fleischbrühe erhitzen. Die zweite Trüffel fein hobeln.

3. **Anrichten:** Das Gemüse aus der Fleischbrühe nehmen und mit dem Bries auf einem Teller anrichten. Die gehobelte Trüffel darüber verteilen und mit etwas Fleur de Sel bestreuen.

m. peters

Die Zahl 100 hat durch ihre jubilierende Rundung ein magisches Flair. Das sollte dem Buch durch die Limitierung auf eben hundert Porträts erhalten bleiben mit der Folge, dass einige Köche nicht berücksichtigt werden konnten. Einige feilen noch an ihrem persönlichen Stil – die Hoffnungsträger von morgen. Andere haben die Unterlagen zu spät eingereicht. Horst Petermann hat freundlich wissen lassen, dass er selbst an einem Buch arbeitet. Die Gründe für das Fehlen des einen und anderen Kochs sind also unterschiedlich. Die folgende Liste umfasst Köche, die heute schon zu den Hundert gehören oder morgen in dieser gastronomischen Hall of Fame einen Platz haben werden.

DEUTSCHLAND:

Martin Göschel: Der sympathische Göschel besticht dank feinem Gespür für das Setzen der Aromen mit einer reformierten französischen Küche von klarer und geschmacksdichter Klasse zwischen getrüffeltem Kalbsragout, in Gewürzöl konfiertem Heilbutt, prächtigem Steinbutt und Kalbsrücken in Madeira-Jus.
»Tiger-Restaurant«
Heiligkreuzgasse 20
D-60313 Frankfurt/Main,
www.tigerpalast.de

Thomas Kellermann: Der gebürtige Bayer beherrscht subtil und kreativ den Kosmos der Produkte, Gewürze und Kräuter, aus denen er Gerichte schafft, deren Haupttugenden die klare Struktur und die Kraft der Aromen sind. Im Juni 2008 wechselt er vom Vitrum in Berlin auf die Burg Wernberg.
»Kastell«
Schlossberg 10
D-92533 Wernberg-Köblitz
www.burg-wernberg.de

Jürgen Koch: Seine Küche hat einen ernsten Kern in anmutiger Schale. Koch beherrscht die französische Klassik und kennt die italienische Küche. Er nutzt beide Stile, aber groß in Fahrt kommt der Mann, wenn es gilt, Dokumente der gutbürgerlichen Küche werkgetreu oder neu zu interpretieren.
»Laurentius«
Marktplatz 5
D-97990 Weikersheim
www.hotel-laurentius.de

Josef Laufer jr: Ein Weinhaus wie aus dem Bilderbuch. Seit der Junior kocht, wird in den holzgetäfelten Stuben eine delikate Landhausküche mit Raffinessen à la Lachsforelle mit Granatapfel-Hollandaise aufgetischt, wozu der Senior kundig aus der voluminösen Karte den Riesling empfiehlt.
»Zum Krug«
Hauptstraße 34
D-65347 Eltville-Hattenheim,
www.hotel-zum-krug.de

Pierre Lingelser: Der Chef-Patissier in der Schwarzwaldstube gehört zu den Weltbesten seiner Zunft. Süßes animiert, ist ein diskreter Diener der Venus. Am sichersten gelingt dies mit den Meisterwerken des Elsässers, was die alte Volksweisheit kanonisiert: »Süßes lässt Saures vergessen«.
»Schwarzwaldstube«
im Hotel Traube Tonbach
D-72270 Baiersbronn,
www.dieschwarzwaldstube.de

Christian Lohse: Modernisierte Klassik (Taube mit Dattelvinaigrette), neu und kühn interpretierter Regionalismus (karamellisierte Dicke Rippe vom Landschwein mit Trüffel) und behutsame Avantgarde (Onsen-Ei nach japanischer Art) sind die drei Säulen der kunstvollen Lohse-Küche.
»Fischers Fritz« im The Regent
Charlottenstraße 49
D-10117 Berlin
www.fischersfritzberlin.com

Frank Rosin: Der ehedem junge Wilde ist als Vierziger nicht zahm geworden, doch weiser und reifer. Er sprüht noch vor Kreativität, konterkariert diese jedoch nicht durch vordergründige Gags, sondern nutzt sein Talent nun stilsicher für eine Küche von komplexer Aromatik.
»Rosin«
Hervester Straße 18
D-46286 Dorsten-Wulfen
www.frankrosin.de

Dirk Schroer: Wer Joachim Wissler als Lehrmeister hatte, tut sich in eigener Regie schwer mit der Entwicklung einer individuellen Linie. Schroer hat das geschafft und brilliert mit modern und finessig komponierten Speisen sowie Bratengerichten, die er teils klassisch anlegt oder raffiniert modifiziert.
»Caroussel«
im Hotel Bülow Residenz
Rähnitzgasse 19
D-01097 Dresden
www.buelow-residenz.de

SCHWEIZ:

Tanja Grandits: Die zierliche Schwäbin ist verliebt in orientalische Gewürze und Kräuter, mit denen sie ihre originellen Kreationen raffiniert und farbenfroh anreichert. Sie konzentriert sich vor allem auf Fische, während ihr Mann sich dem Fleisch widmet.
»Thurtal«
Hauptstr. 19
CH-8553 Eschikofen
www.thurtal.ch

Horst Petermann: Er ist ein Meister der subtilen Nuancen. Die Küche besticht durch Präzision und Fantasie: Jakobsmuschel mit Blumenkohlsalat und Kaviar, Langouste Royale auf zimtigem Melonen-Carpaccio, Loup de Mer mit Fenchelsauce, mit Trüffel und Gänseleber gefüllte Taube nebst marinierter Roter Bete.
»Petermann's Kunststuben«
Seestraße 160
CH-8700 Küsnacht
www.kunststuben.com

Franz Wiget: Die raffiniert interpretierte Regionalküche (glasierte Kalbshaxe, Egli in Nussbutter) ist die Domäne des Kochs, der auch die Finessen der französischen Küche in Form von Gänseleber-Varianten und Wolfsbarsch in der Salzkruste mit Buttersauce bis hin zum Coq au Vin beherrscht.
»Adelboden«
Schlagstraße
CH-6422 Steinen bei Schwyz
franz.wiget@bluewin.ch

Stefan Wiesner: Er kocht Sauerkraut mit Holz (nimmt die Säure), Forelle mit Tannensprossen und parfümiert ein Milchreis-Eis mit Ameisensäure. Der Tüftler und kulinarische Mystiker zeigt mit konfierter Kalbshaxe, minzigem Lammtatar und Rehwurst, dass er auch die konventionellere Küche beherrscht.
»Rössli«
Hauptstraße 111
CH-6182 Escholzmatt
www.gasthofroessli.ch

ÖSTERREICH:

Klaus Fleischhaker: Mit feiner Hand formt Fleischhaker auf hohem Niveau regionale Produkte zu Speisen à la Saibling mit Pfifferlingen und Kohlrabi, Rehfilet mit Marillen und Sellerie, Lamm in der Schwammerlkruste. Ins mediterrane Fach fallen Thunfisch und Jakobsmuschel mit Nudelsalat.
»Pfefferschiff«
Söllheim 3
A-5300 Hallwang
www.pfefferschiff.at

Klaus Kobald: Liaison von Wiener Schnitzel und Hase mit Gänseleber. Kobald, regional und international geschult, kann beides. Legendär ist sein souffliertes Ei mit schwarzer Trüffel und Braterdäpfelsalat, klassisch der im Ganzen gegarte Steinbutt inklusive der delikaten weißen Bauchseite mit einer Trüffelremoulade.
»Tabor Turm«
Taborweg 7
A-4400 Steyr
www.taborturm.at

Thorsten Probost: Regionale Produkte werden handwerklich präzise und mit Fantasie zu geschmackvollen Gerichten gefügt. Der gebürtige Schwabe hat ein Faible für Kräuter, von denen er um die 80 jederzeit im Repertoire hat, von Boretsch und Zahnlavendel bis zu persischem Bergkraut.
»Griggeler Stuba«
im Burg Vital Hotel
Oberlech 568
A-6764 Lech
www.burgvitalhotel.at

Martin Sieberer: Der distinguierte Mann mit dem fein austarierten Geschmacksempfinden brilliert mit einer französisch inspirierten Küche von struktureller Klarheit und tiefer Aromatik. Exzellente Saucenkultur. Berühmt: das »Schaf'l« in der Senfsaatkruste.
»Paznaunerstube«
im Hotel Trofana Royal
Nr. 334
A-6561 Ischgl
www.trofana.at

Rainer Stranzinger: Kreativität ohne aufgeplusterte Girlanderie lautet das Kredo der Küche, in der Stranzinger quasi im Alleingang raffiniert komponierte und technisch perfekt zubereitete Speisen kocht wie Hecht in Rotweinbutter, geschmorten Ochsen mit Markpüree oder den mit Orangenblüten delikat parfümierten Hummer.
»Tanglberg«
Pettenbacher Straße 3
A-4655 Vorchdorf
www.tanglberg.at

Simon Taxacher: Die französisch beeinflusste Küche verbindet aromatische Dichte mit Finesse. Taxacher beherrscht sein Handwerk und schafft fernab dekorativer Elemente subtile Kreationen: gelierter Kalbskopf, getrüffelter Steinbutt, in Barolo geschmorte Kalbswange.
»Rosengarten« im Taxacherhof
Aschauer Straße 46
A-6365 Kirchberg (Tirol)
www.geniesserrestaurant.at

Christian Winkler: Das Motto des jungen Steirers, der zusammen mit seinem Bruder Markus am Herd steht, lautet sinnig »vier Hände, zwei Köpfe, eine Küche«. Die ist beeinflusst von den Brüdern Obauer, was praktisch heißt: kreative Regionalküche ohne Scheu vor globalen Akzenten.
»Schindlhaus«
Dorf 134
A-6306 Söll (Tirol)
www.schindlhaus.com

Soweit nicht anders vermerkt sind alle Rezepte für 4 Personen ausgelegt.

Geflügel

Fisch

Fleisch

Meeresfrüchte

Vegetarisches

Desserts

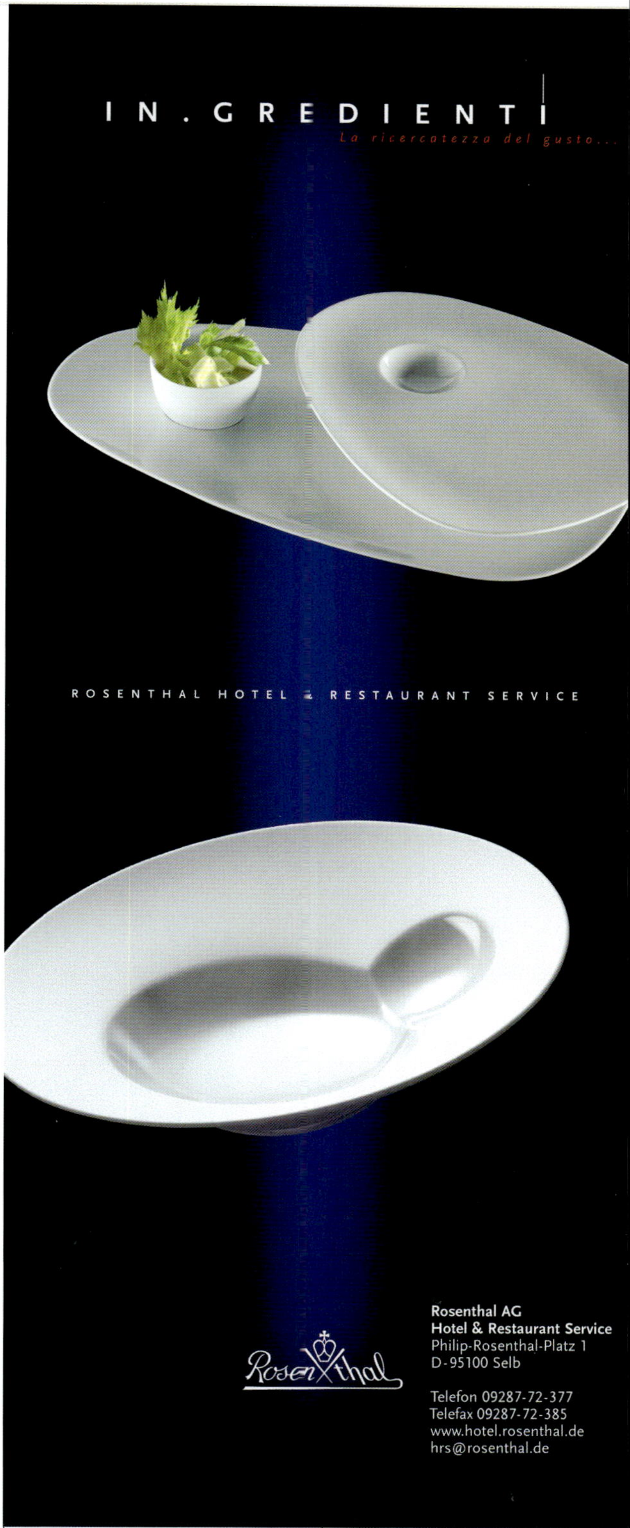
IN.GREDIENTI
La ricercatezza del gusto...
ROSENTHAL HOTEL & RESTAURANT SERVICE
Rosenthal
Rosenthal AG
Hotel & Restaurant Service
Philip-Rosenthal-Platz 1
D-95100 Selb
Telefon 09287-72-377
Telefax 09287-72-385
www.hotel.rosenthal.de
hrs@rosenthal.de

Foodfotografien
Björn K. Iversen, Albersweiler

Alle anderen Fotografien mit freundlicher Genehmigung von

Seite
9 5555 Meisterwerke
10 5555 Meisterwerke
11 Ullstein Bild | Granger Collection
13 Ullstein Bild | TopFoto
14 5555 Meisterwerke
15 5555 Meisterwerke
16 Ullstein Bild | histopics
19 Henryart | Fotolia.com
21 Ullstein Bild | Granger Collection
22 Ullstein Bild | Roger Viollet
23 5555 Meisterwerke
25 Matthias Fährmann | Fotolia.com
30 Anna Lindemann, Gourmet Network, Frankfurt/Main, Deutschland
34 Hotel Résidence, Essen, Deutschland
38 Björn K. Iversen, Albersweiler, Deutschland
42 Josef Bauer, Landgasthof Adler, Rosenberg, Deutschland
46 Tammen GmbH, Werbeagentur GWA | Unternehmensberatung, Osnabrück, Deutschland
50 Restaurant Im Schiffchen, Düsseldorf, Deutschland
54 Brandenburger Hof Hotel GmbH, Berlin, Deutschland
58 Restaurant Husarenquartier, Erftstadt, Deutschland
62 Hotel Palace, Berlin, Deutschland
66 a² - Agentur für PR- und Medienberatung, Wiesbaden, Deutschland
70 Mandarin Oriental Munich GmbH, München, Deutschland
74 Hotel am Schlossgarten, Stuttgart, Deutschland
78 Wald- und Schlosshotel Friedrichsruhe, Friedrichsruhe, Deutschland
82 The Ritz-Carlton, Wolfsburg, Deutschland
86 conText | Kommunikation und Beratung, Saarbrücken, Deutschland
90 Björn K. Iversen, Albersweiler, Deutschland
94 Hotel Königshof, München, Deutschland
98 Angelika Zinzow Fotografie, Frankfurt/Main, Deutschland
102 Restaurant Bründlhof, Wartenberg, Deutschland
106 Christian's Restaurant, Kirchdorf, Deutschland
110 Restaurant Tantris, München, Deutschland
114 Schlosshotel Lerbach, Bergisch Gladbach, Deutschland
118 Burgstuben-Residenz, Heinsberg-Randerath, Deutschland
122 Ketschauer Hof Hotel & Restaurant GmbH, Deidesheim, Deutschland
126 Restaurant Margaux, Berlin, Deutschland
130 Relais & Châteaux Hotel Burg Wernberg, Wernberg-Köstritz, Deutschland
134 Hotel Intercontinental, Berlin, Deutschland
138 Hotel Nassauer Hof, Wiesbaden, Deutschland
142 Hotel-Restaurant Zur Traube, Grevenbroich, Deutschland
146 Restaurant FACIL, Berlin, Deutschland
150 Hotel Kronenschlösschen, Eltville-Hattenheim, Deutschland
154 Restaurant VĂU, Berlin, Deutschland
158 Edition Vincent Klink GmbH, Stuttgart, Deutschland
162 Björn K. Iversen, Albersweiler, Deutschland
166 Hören | Sehen | Schmecken GmbH & Co. KG, Frankfurt/Main, Deutschland
170 Hotel Bareiss, Baiersbronn-Mitteltal, Deutschland
174 Stocké & Stocké Werbeagentur GmbH, Frankenthal, Deutschland
178 Alter Meierhof Vitalhotel, Glücksburg, Deutschland
182 Hotel Louis C. Jacob, Hamburg, Deutschland
186 Restaurant Le Moissonnier, Köln, Deutschland
190 Schlosshotel Lerbach, Bergisch Gladbach, Deutschland
194 Hotel Jörg Müller GmbH, Westerland/Sylt, Deutschland
198 Björn K. Iversen, Albersweiler, Deutschland
202 Restaurant Hummer-Stübchen, Düsseldorf, Deutschland
206 Restaurant Piment, Hamburg, Deutschland
210 Restaurant Essigbrätlein, Nürnberg, Deutschland
214 Hotel im Wasserturm, Köln, Deutschland
218 Restaurant Tafelhaus, Hamburg, Deutschland
222 Villa Rothschild, Königstein im Taunus, Deutschland
226 Tim Raue, Berlin, Deutschland
230 L'Art de Vivre Hotel Victoria, Bad Mergentheim, Deutschland
234 Fairmont Hotel Vier Jahreszeiten, Hamburg, Deutschland
238 Romantik Hotel Sackmann, Baiersbronn, Deutschland
242 Hotel The Westin, Leipzig, Deutschland
246 Schuhbecks am Platzl GmbH, München, Deutschland
250 Reblinger Hof, Bernried, Deutschland
254 VIELBAUCH-Thorsten Schneider, Paderborn, Deutschland

Wenn die Nacht stirbt und dunkle Mächte sich erheben

Band 2

Lisa Lamp

Wenn die Nacht stirbt
und dunkle Mächte sich erheben
Band 2

Lisa Lamp

XOXO Verlag

Bibliografische Information durch die Deutsche Nationalbibliothek: Die Deutsche Nationalbibliothek verzeichnet diese Publikation in der Deutschen Nationalbibliografie; detaillierte bibliografische Daten sind im Internet über http://www.d-nb.de abrufbar.

Print-ISBN: 978-3-96752-081-1
E-Book-ISBN: 978-3-96752-581-6

Coverbild: © Cover von Cover Up – Buchcoverdesign / Bianca Holzmann (www.cover-up-books.de) unter Verwendung der Bilder von ©Shutterstock

Buchsatz: Alfons Th. Seeboth

Hergestellt in Bremen, Germany (EU)
XOXO Verlag

ein IMPRINT der EISERMANN MEDIA GMBH
Gröpelinger Heerstr. 149
28237 Bremen

Für Eric und alle anderen,
die ihre Schlachten schlagen

Prolog

Liebe Mel!
Heute war einer dieser Tage, an dem ich schon beim Aufstehen wusste, dass einfach alles schieflaufen würde. Egal ob es die misslungene Klausur, ein Gespräch mit einer Freundin oder der Kampf mit einer machtgeilen Schlampe war. Nichts verlief auch nur ansatzweise positiv. Zwei von dreien hatte ich bis jetzt durch meine eigene Dummheit erfolgreich in den Sand gesetzt und das Letzte drohte auch noch schiefzugehen. Allein, ohne Unterstützung, stand ich nun im alten Stadtpark und versuchte, zumindest mein eigenes Leben zu retten, wenn ich es schon nicht schaffte, die Welt vor dem Untergang zu bewahren. Meine Beine zitterten und ich spürte, wie die Bisswunden in meiner Wade anfingen zu brennen, während ich mich bemühte, mithilfe meiner letzten Kraftreserven den Auslöser des Chaos zu stoppen. Mein dickflüssiges Blut wurde von meiner Hose aufgesogen und ich fühlte mich sofort zwei Kilo schwerer, weshalb meine Bewegungsfreiheit eingeschränkt war und ich nur langsam vorankam. Meine Lunge war kurz vor dem Explodieren, ich keuchte laut, und mein warmer Atem verursachte eine Dampfwolke in der Eiseskälte. Vor nicht einmal vierundzwanzig Stunden hatten wir noch über

zwanzig Grad und strahlenden Sonnenschein gehabt, doch jetzt hingen Eiszapfen von den Bäumen und auf dem gefrorenen Boden gingen die mühsam gepflanzten Blumen ein. Bei jeder Bewegung krachte meine Wirbelsäule und irgendwo in meinem Rücken steckte die Klinge eines Messers, die mir permanent Schmerzen bereitete und mich gefährlich schwanken ließ. Es fiel mir schwer, mich auf den Beinen zu halten, die unaufhörlich zitterten und mich daran erinnerten, dass Rabiana recht hatte. Ich war schwach. Ein Nichts im Vergleich zu ihr. Alles in allem war ich heute nicht in Bestform, und wenn nicht bald ein Wunder geschah, würde es mein letzter Tag auf Erden sein. Kannst Du es Dir vorstellen, Mel? Die Angst, die sich in mein Herz schlich und mich panisch werden ließ.
Über mir hörte ich das Geräusch von Milliarden Krähen, die vom Himmel herabfuhren und sich auf Menschen jeder Altersgruppe stürzten. Die Tiere waren größer als gewöhnlich und Blut tropfte von ihrem spitzen Schnabel. Die Federn der Viecher flogen durch die Luft und vereinzelt lagen Stücke ihrer Krallen auf dem Boden. Aus jedem Winkel konnte ich Schreie der Parkbesucher hören und irgendwo rief ein Kind nach seiner Mutter. Erneut zischte eine Krähe haarscharf an meinem Kopf vorbei und knallte gegen einen Baum, bevor das Ding sich wieder aufrappelte und in die Luft abhob, um sich ein Opfer in der Menge auszusuchen. Ein verrücktes Lachen erklang von einem Thron, der in der Mitte der Wiese stand. Rundherum standen schwarz gekleidete Männer und bewegten sich synchron im Kreis, sodass niemand zu der Frau, die auf dem adeligen Stuhl Platz genommen hatte, durchdringen konnte. Sie trug ein dunkelgrünes Kleid, das mich an die Farbe von Gift erinnerte, und hohe Stöckelschuhe, die als Mordwaffen hätten dienen können. Ihr Haupt wurde von einer Krone aus Federn geschmückt und ich fragte mich, wie viele von ihren Biestern für ihr Accessoire sterben mussten. In der gen Himmel gehobenen Hand hielt Rabiana das Zepter, das Dich das Leben gekostet hatte, und ein irrsinniges Grinsen zierte ihr Gesicht beim Anblick der Zerstörung, die sie verursachte. In ihren Augen loderte der pure Hass, während sie mir entgegensah, und ich versuchte, mich so klein wie möglich zu machen, um ihrem Blick zu entgehen. Gerade noch

rechtzeitig ließ ich mich auf die Knie fallen und hob schützend die Arme über den Kopf, als eine Krähe auf mich zuflog und die Zehen der Kreatur meinen Körper aufschlitzten. Wie durch Butter glitten die Krallen durch mein Fleisch und spalteten meine Haut. Ich biss die Zähne zusammen, um nicht laut aufzuschreien. Ich wollte keine Schwäche zeigen. Nicht schon wieder. Unter Qualen richtete ich mich auf und ging einen Schritt auf den bewachten Thron zu. Ich musste es nur schaffen, zu Rabiana zu gelangen, damit sie das Zepter fallen ließ und die unnatürlichen Vögel dorthin verschwanden, wo sie hergekommen waren.

Ich stellte ein Bein vor das andere, aber durch die Verletzungen, die meinen Körper schwächten, schaffte ich es nur langsam, mich fortzubewegen.

»Gib nicht auf«, murmelte ich, als mein Fuß umknickte und ein ekelhaftes Knacken zu hören war. Ohne stehen zu bleiben, ging ich auf die Männer in schwarzer Kleidung zu. Alle trugen sie die rabenförmige Brosche über der linken Brust, die sie als Rabianas Anhänger auszeichnete. In den vergangenen Wochen hatte ich gelernt, diesen Anstecker selbst unter Stofflagen zu erspähen und alle Träger sofort inbrünstig zu hassen. Nie wieder würde ich die Zeichen übersehen und einem von IHNEN in die Hände spielen.

»Hör einfach auf, Read. Mach es dir doch nicht so schwer«, brüllte Nathalia, die hinter der herrschsüchtigen Königin stand und sich auf der Lehne des Stuhls abstützte. In ihren Augen leuchtete der Wahnsinn und ich bereute es, dass ich nicht aufmerksamer gewesen war. Wie hatte mir dieses Schimmern in ihren Iriden nicht auffallen können? Wie hatte ich mich so können täuschen lassen?

Sie trug keine Brosche, aber dafür eine schwarze Spange mit dem Motiv des Raben in ihrem dichten Haar. Die Hochsteckfrisur passte wunderbar zu dem roten Kleid, das bis zum Boden reichte und ihren Rücken ausließ. In einem anderen Leben hätte sie für mich wunderschön ausgesehen, doch durch die schwarzen Pechfäden, die um sie herum waberten, hatte ihr Erscheinungsbild, trotz der Glitzersteine am Saum des Kleides und der hohen Schuhe, etwas Beängstigendes. Hunter schien anderer Meinung zu sein. Er stand nur wenige Meter

von der vollbusigen Schönheit entfernt und himmelte sie an, während er ihre Hand hielt, als wären ihre Finger aus kostbarem Glas. Seine Augen glänzten und ein dümmliches Lächeln lag auf seinen Lippen. Ob er gleich anfing, wie ein Hund zu sabbern?
Ein Stich zog sich durch meine Magengegend und ich wünschte, in mir würde nicht ein grünes Monster vor Eifersucht wüten. Aber die Wahrheit war: Ich wäre lieber gestorben, als die beiden dabei zu beobachten, wie MEIN Gemahl dem Gesicht von Nathalia immer näherkam. Wie er die Lippen spitzte und sie ein überlegenes Lächeln aufsetzte, als sie meinen Gesichtsausdruck bemerkte. Kurz schien Hunter zu überlegen und sich zu fragen, was er tat, doch einer der schwarzen Fäden schlängelte sich um sein Bein und zog ihn zu der Schönheit hin, sodass er fast auf den zierlichen Körper von Nathalia fiel. Keine Sekunde später drückte er seine Lippen auf ihre und seine Zunge schlüpfte in ihren Mund. Fest biss ich die Zähne zusammen, um mich auf etwas anderes als die beiden zu konzentrieren. Doch der leichte Schmerz, der sich durch meinen Kiefer zog, half nicht. Tränen traten in meine Augen und ich wollte mir am liebsten die Pupillen ausstechen, um den Anblick nicht ertragen zu müssen. Es tat weh. Es tat verdammt weh. Weder das Taschenmesser in meinem Rücken noch die Scherbe in meinem Oberschenkel fühlten sich so schmerzhaft an wie dieser Kuss. Ich hatte das Gefühl, als hätte jemand in meinen Brustkorb gegriffen, mein Herz herausgerissen und wäre darauf herumgetrampelt, bis es aufgehört hatte zu bluten. War das die Strafe dafür, dass ich Hunters Liebe nicht sofort erwidern konnte?
Nathalia stöhnte und drückte sich an den Körper des Schwarzhaarigen, der prompt die Arme um sie schlang und erregt keuchte. Seine Hände fuhren über ihren wohlgeformten Hintern, während sie mit ihren roten Fingernägeln über seine Wangen strich. Eine Träne löste sich aus meinem Augenwinkel, als sie den Kopf zurückwarf und Hunter ihre Kehle küsste. Vor nicht mehr als zwei Wochen hatte er dasselbe bei meinem Hals getan, dachte ich niedergeschlagen und versuchte erfolglos, mich nicht von meinen Gefühlen übermannen zu lassen. Aber all der Schmerz bahnte sich einen Weg durch meinen Körper und fraß sich durch meine Eingeweide, um an mein verletzliches Herz zu

gelangen.
»Töte sie für mich«, stöhnte Nathalia und spielte an einer Haarsträhne, die ihr ins Gesicht fiel. Die Geste hatte etwas Kindliches. Sie wirkte fast unschuldig. Bei jedem anderen hätte ich es süß gefunden, aber ich wusste, dass Nathalia berechnend war. Alles was sie tat, hatte einen Grund. Auch wenn es nur dazu diente, mir zu zeigen, dass sie Hunter genauso leicht um den Finger wickeln konnte wie eine Haarsträhne.
»Töte sie, damit sie uns nicht mehr in die Quere kommen kann«, befahl Nathalia nachdrücklich und drückte ihre Lippen wieder auf den Mund des jüngeren Morgan-Bruders. Kurz erstarrte Hunter in der Bewegung, doch sobald die Anhängerin von Rabiana ihre Zunge zum Einsatz brachte, erstarb sein Widerstand. Danach ging alles rasend schnell. Nathalia drückte ihm ein Messer in die Hand, löste den Kuss und flüsterte ihm etwas ins Ohr. Der Schwarzhaarige drehte die Waffe einige Male in der Hand und verbeugte sich vor der Ratsvorsitzenden, die dem Schauspiel von ihrem Platz auf dem Thron gespannt gefolgt war. Wie in Zeitlupe erhob sich Hunter aus der Verbeugung und trat aus dem Kreis der Krieger, bevor er mit schweren Schritten auf mich zuging.
»Hunter«, wimmerte ich ängstlich, aber ich blieb stehen. Was hätte mir weglaufen auch gebracht? Er war auch ohne meine Verletzungen schneller als ich. Selbst wenn ich in Lebensgefahr sein würde, was ich offensichtlich war, würde ich es durch den Blutverlust nicht schaffen, vor ihm wegzulaufen. Früher hätte ich behauptet, dass er mir nie etwas zuleide tun könnte. Heute wusste ich es besser. Heute wusste ich, dass Hunter zu allem fähig war, auch wenn es mich verletzen würde. Der Schwarzhaarige war einfach nicht mehr er selbst. Es war, als wären alle Eigenschaften, die ich an ihm geliebt hatte, von Rabiana und Nathalia ausgelöscht worden.
»Hunter bitte«, flehte ich ihn an und versuchte an den Mann, der für mich alles getan hätte, zu appellieren. Aber seine Mimik blieb starr. Egal, wie viel ich bettelte. Als er nur noch wenige Meter entfernt war, ließ ich mich auf den Boden fallen und senkte den Kopf. Wenn ich schon sterben musste, wollte ich es wenigstens nicht kommen sehen. Mein Herz raste und drohte mir aus dem Brustkorb zu springen. Ich

fühlte eine alles verzehrende Leere in mir und ich schwitze stark. Mein T-Shirt klebte unangenehm an meinem Rücken und meine Hände fühlten sich feucht an. Oder lag das an dem Blut, das auf mir verteilt war?
Es war wie ein Alptraum, dem ich nicht entrinnen konnte, und unentwegt dachte ich daran, dass alles anders gekommen wäre, wenn Du bei mir gewesen wärst. Aber Du warst tot und plötzlich war ich wieder an dem Punkt vor meiner Erwählung. Ich war mutterseelenallein gegen den Rest der Welt. Ich hatte keine Freunde und keine Familie. Das Einzige, was mir blieb, waren die Erinnerungen an Dich und an die lebenden Menschen, die sich nacheinander, dank Rabiana und meinen Entscheidungen, von mir abgewandt hatten. Ich war selbst schuld. Ich hatte der Wahnsinnigen genau in die Hände gespielt und nun würde ich den Preis für meine Naivität zahlen. Hunter, die Liebe meines Lebens, würde mir die Klinge durchs Herz rammen und mich einsam verbluten lassen. Ohne letzte Worte oder der Chance, das Blatt noch mal zu wenden. Ob Tara und Jona mich vermissen würden? Oder werden sie sich immer mit Groll an mich erinnern?
Wenigstens würde ich Dich bald wiedersehen, wo auch immer wir hingehen, wenn wir sterben. Gefällt es Dir an diesem Ort oder bereust Du bereits, Dein Leben für mich geopfert zu haben, weil ich meine Existenz leichtfertig aufs Spiel setzte?
Ich sah die Spitzen seiner schwarzen Lackschuhe, die das Gras zerdrückten, als Hunter genau vor mir stehen blieb und innerlich verabschiedete ich mich von dieser Welt. Ich konnte das Lachen von Rabiana und Nathalia hören, als er den Arm hob und ich spürte den Luftzug in meinem Gesicht, als das Messer durch die Luft sauste. Vielleicht war das mein Schicksal. Was gäbe es Besseres, als durch jemanden zu sterben, den man über alles liebte? Wenn ihn das glücklich machte – wenn Nathalia in ihrem perfekten Kleid und der makellosen Fassade, ihn glücklich machte – wie konnte es dann falsch sein?
Irgendwo vernahm ich das Krächzen eines Raben, aber ich achtete nicht darauf. Ich konzentrierte mich auf den Moment, in dem das

Lachen der beiden Hexen verstummte und ich sah, wie sich die Erde mit Blut tränkte. Nicht das bisschen, das ich durch die Einstiche verloren hatte, sondern viel mehr. Es sah fast so aus, als hätte jemand einen Kübel roter Farbe über die Wiese geleert. Zäh rann die Flüssigkeit durch die Grashalme und färbte die Erde rot. Plötzlich roch es nach Tod und Verwesung. Schmerz explodierte in meinem Brustkorb und ich verlor die Fähigkeit zu atmen. Mir wurde schwindelig und ich hatte das Bedürfnis, mich zu übergeben. Schwarze Flecken verklärten meine Sicht, und als Hunter sich vor mir auf die Knie fallen ließ, um vermutlich nochmals zuzustechen, brach mein Herz in tausendStücke.
Deine Read

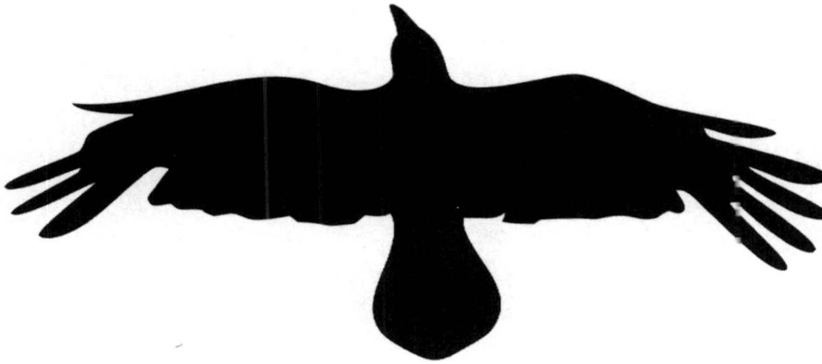

Willkommen zurück

Liebe Mel!

Du bist genau vor 161 280 Minuten gestorben. Das entspricht etwa 2688 Stunden oder 112 Tagen. Wenn ich bedenke, dass ein Mensch circa eine Zeitspanne von 80 Jahren lebt, kommen mir diese Zahlen vergleichsweise mickrig vor, aber jede Sekunde ohne Dich ist eine einzige Qual. Nicht nur, weil ich Dich vermisse, sondern vieles in den letzten Wochen einfacher gewesen wäre. Aber dazu später mehr.

Seit meinem letzten Brief ist viel Zeit vergangen und dafür möchte ich mich zuallererst bei Dir entschuldigen. Ich wollte Dir schreiben, aber ich wusste nicht, wie ich Dir erklären sollte, was sich nach Deinem Ableben verändert hat. Nein, das Schulgebäude ist nicht eingestürzt und es sind auch keine Schüler mehr gestorben, obwohl das vielleicht besser gewesen wäre. Rückblickend betrachtet wäre alles besser gewesen als die Wahrheit. Auch wenn das bedeutet hätte, dass noch mehr Unschuldige starben. Zumindest wäre dann nicht die gesamte Bevölkerung in Gefahr gewesen, sondern nur einzelne Opfer. Aber ich schweife schon wieder ab.

Angefangen hatte alles mit der Anhörung im großen Saal. Obwohl es ursprünglich hieß, dass alle Ratsmitglieder die Schule wieder verlassen würden, reiste Rabiana, sehr zu Direktorin Terrents Missfallen, nicht ab. Sie nistete sich, mit dem Vorwand die Schüler in einigen Vorträgen unterrichten zu wollen, im Internat ein. Überraschenderweise drängte dieser Umstand Regan, das Ratsmitglied, das der bösen Königin jederzeit Paroli bot, dazu, sich ebenfalls in der Schule einzuquartieren, um nicht zu weit von Rabiana und den Ratsgeschäften entfernt zu sein, wie sie behauptete. Dass das eine billige Ausrede war, wurde uns spätestens klar, als die restlichen Mitglieder des Rates in andere Hexenstädte geschickt wurden und Regan die Ratsvorsitzende auf Schritt und Tritt verfolgte. Somit hatten wir die Bösen quasi vor der Schlafzimmertür und speziell Jaimie und ich fühlten uns nicht mehr sicher. Wahrscheinlich hätten auch die anderen beschlossen, mit offenen Augen zu schlafen, wenn sie gewusst hätten, warum wir ständig auf der Hut waren. Aber wir fanden es besser, die Bösartigkeit der Ratsvorsitzenden für uns zu behalten, um niemanden zu ängstigen. Wie hätten wir auch erklären sollen, dass Rabiana, die oberste der obersten Hexen, Deine Mörderin war, aber wir ihren Größenwahn leider nicht beweisen konnten?

Besonders Deinem Bruder schien der Umstand, Jonathan etwas zu verheimlichen nicht zu behagen. Nichtsdestotrotz hielt er zu mir und schwieg. Wahrscheinlich, weil er selbst nicht wusste, was zu tun war und er meist mit seinen Gedanken weit weg war. Jaimie, der nach wochenlangem Aufenthalt die Krankenstation endlich wieder verlassen durfte, wurde von Tara, Lora und mir verhätschelt. Dabei kam es oft vor, dass Jaimie in Deinem alten Bett, das immer noch leer stand, übernachtete, um nicht allein in seinem Zimmer schlafen zu müssen. Den Kleinen quälten Alpträume, von denen selbst der Psychologe ihn nicht befreien konnte. Zu Dr. Martin mussten wir alle immer noch regelmäßig gehen, um über das Erlebte zu sprechen. Glücklicherweise waren die Pflichtbesuche mit der Zeit weniger geworden, sodass ich nur noch zweimal im Monat zu diesem Quacksalber musste. Jaimie hatte es nicht so gut getroffen. Anfangs musste er fast täglich eine Stunde in Dr. Martins Büro ausharren und auch, wenn die Besuche sich nun auf einmal in der Woche beschränkten, war es eine Tortur. An manchen Tagen konnte Jaimie nach den Sitzungen, trotz unserer Anwesenheit, kein Auge zumachen. Rabianas erste Amtshandlung als Lehrkraft, nach dem sie unsere nächtlichen Aktivitäten durchschaut hatte, war es, uns eins auszuwischen, indem sie Lora eine neue Mitbewohnerin verschaffte. Die Ratsvorsitzende merkte zu spät, dass sie sich damit ins eigene Fleisch schnitt, als Regan vorschlug, Nicole könnte das Zimmer doch beziehen. Sicher, die Blondine war davon nur wenig begeistert, immerhin wollte sie nichts mit uns zu tun haben, aber es hätte schlimmer sein können. Nach anfänglichem Gezeter und Geschrei hatte Nicole sich beruhigt und lebte nun in friedlicher Koexistenz mit Lora zusammen, obwohl sie ihrem Einzelzimmer nachtrauerte. Natürlich ließen wir deinen Bruder nicht im Stich. Jona überredete die Schulleiterin, Jaimie zu sich ziehen zu lassen, da er sich nicht ewig mit seinem Bruder das Zimmer teilen wollte. Die Begründung war schwach. Zugegeben, wir hätten uns etwas Besseres ausdenken können. Jeder wusste, dass die Morgan-Brüder zusammenhielten wie Pech und Schwefel, aber Terrent fragte nicht weiter nach und bewilligte den Zimmertausch. Natürlich erst nachdem sie bei Regan, deren Nachnamen ich nicht herausfinden konnte, um Erlaubnis gebeten hatte. Zwar erregte der rege Austausch Aufsehen unter den Schülern, doch das kümmerte uns nur wenig. Selbst Jona nahm sich die Gerüchte, die kursierten, nicht zu Herzen, seit sein Vater ihm nicht mehr im Nacken saß. Es fiel ihm auch nicht schwer, die Blicke und die beleidigenden Sprüche zu ignorieren, da er genug damit zu tun hatte, Jaimie zu trösten, wenn in Deinem Bruder wieder eine Erinnerung an Dich aufwallte. Taranee vermisste Dich ebenfalls, aber derzeit war sie zu sehr damit beschäftigt, alles Wissenswerte über Regan herauszufinden, weshalb sie nur wenig Zeit zum Nachdenken hatte. Das jüngste Ratsmitglied war meinen Freunden und mir mehr als suspekt. Einerseits schien sie über Rabianas Machenschaften Bescheid zu wissen und die Vorsitzende zu sabotieren, aber andererseits tat sie aktiv nichts, um ihre Kollegin aufzuhalten. Mir fiel es auch schwer zu ergründen, ob die Frau mit den bunten Haaren unsere Verbündete oder unsere Feindin war, und das verkomplizierte den Umgang mit der neuen Lehrkraft. Aber sie war nicht die Einzige, die mir Sorgen bereitete. Caleb Morgan war immer noch nicht gefunden worden, obwohl die gesamte Hexenge-sellschaft nach ihm suchte. Langsam beschlich mich das Gefühl, dass Rabiana verhinderte, dass er gefunden wurde.

Ich war auf dem Weg zu Regans Unterricht, als ich mir wieder vorstellte, wie es sein würde, wenn zwei Ratsmitglieder und das Oberhaupt der Morgan-Familie gegen mich und meine Freunde wären. Ein kalter Schauer lief mir den Rücken hinunter. Das war wirklich kein schöner Gedanke.

Das heutige Thema von Regans Schulstunde war: Korruption in der Hexengesellschaft. Passender hätte ich es gefunden, wenn Rabiana diesen Vortrag gehalten hätte. Trotzdem war ich froh, der bösen Hexe nicht begegnen zu müssen. In letzter Zeit war es mir geglückt, nie mehr als unbedingt notwendig im Unterricht der Ratsvorsitzenden zu verbringen. Ehrlich gesagt ging ich in den ersten fünf Minuten auf die Toilette und kam nicht wieder, bis es klingelte.

Tara schlenderte neben mir die Gänge entlang und schleifte ihre Tasche hinter sich her. Sie hatte in letzter Zeit drastisch an Gewicht verloren, aber ihr Lebensmut war nach Deinem Tod wieder zurückgekehrt, auch wenn es gedauert hatte. Hoffentlich würde ihr Appetit auch von alleine wiederkommen. Ihre schwarze Kleidung kombinierte sie jeden Tag mit Deinem Lieblingsarmband, das sie nach Deinem Ableben aus Deinem Zimmer entwendet hatte. Es sah hübsch an ihrem knochigen Handgelenk aus und Tara schien das Gefühl zu brauchen, etwas von Dir immer bei sich zu tragen. Weshalb niemand sie darauf ansprach. Zu groß war die Angst, dass Tara sich wieder zurückzog. Mir war klar, dass ich sie wie ein rohes Ei behandelte, aber bis jetzt war es ihr noch nicht aufgefallen. Hoffentlich würde es auch noch eine Weile so bleiben.

Um die nächste Ecke bogen Lora und Nathalia, die meine Gedanken in eine andere Richtung drängten. Während Nicole versuchte, so wenig Kontakt wie möglich mit uns zu haben, suchte Nathalia die Nähe meiner Freunde. In unserer Trauer hatte niemand mitbekommen, dass die Brünette immer dort war, wo wir waren. Sie aß bei uns am Tisch, setzte sich im Unterricht abwechselnd neben Lora und Tara und folgte der Tierliebhaberin, wenn wir einen Fernsehmarathon starteten. Schleichend war sie in unseren Freundeskreis gekommen und da niemand sich aktiv gegen eine Freundschaft mit ihr ausgesprochen hatte, wurde sie ein fester Bestandteil unserer Gruppe. Auch wenn sie das Loch das Du hinterlassen hattest, nicht füllen konnte, machte ihre Anwesenheit den Schmerz über unseren Verlust für Lora erträglicher. Nathalia war ein herzensguter Mensch. Sie half der Tierliebhaberin mit ihren >Rettet die Katzen< – Projekten, weshalb die beiden unzertrennlich waren. Gleichzeitig unterstützte sie Jonathan dabei, Jaimie den Stoff, den er durch seine Zeit in Gefangenschaft verpasst hatte, zu erklären, damit Dein Bruder nicht in den Prüfungen, die demnächst stattfanden, versagte.
»Was meinst du, Read?«, fragte Tara mich von der Seite und kassierte von mir einen verwirrten Blick. Ich hatte keine Ahnung, worüber die drei sprachen.
»Zu Regans Unterricht«, half mir Nathalia freundlich auf die Sprünge und kicherte, weil es mir nicht zum ersten Mal passierte, dass ich alles in meiner Umgebung vergaß, um in Ruhe grübeln zu können. Mir den Kopf zu zerbrechen, war in den letzten Monaten ein Hobby von mir geworden.
»Ich hatte noch nie eine Stunde bei ihr«, erwiderte ich schnell und widmete mich wieder meinen Gedanken, bis wir das Klassenzimmer erreichten. Ich wusste bereits, warum die drei das Thema so sehr interessierte. Die ganze Schule redete inzwischen über die Schulstunden des jüngsten Ratsmitglieds. Angeblich waren sie spektakulär, anders als alle anderen Unterrichtseinheiten und hatten nur wenig mit Lernen zu tun. Auch ich war schon gespannt gewesen, doch ich wollte es lieber auf mich zukommen lassen. Ich

konnte mir sowieso nicht vorstellen, wie Unterricht ohne Lernen aussehen sollte.
Es läutete zur nächsten Stunde und wir beschleunigten unsere Schritte, um vor der Lehrkraft ins Klassenzimmer zu kommen. Gesammelt setzten wir uns in die letzte Reihe. Hunter wartete bereits auf uns und klopfte auf den Platz neben sich, als er mich sah.
»Guten Morgen, Prinzessin«, begrüßte er mich und setzte ein 1000-Watt-Lächeln auf. Augenrollend, aber mit einem Grinsen auf den Lippen, schwang ich mich auf den Stuhl und legte mein Buch auf dem Tisch ab. Wie von selbst fand die Hand des Schwarzhaarigen den Weg zu meinem Oberschenkel und blieb auf meinem Bein liegen. Hin und wieder streichelten seine Finger die Innenseiten meiner Schenkel oder mein Knie, bevor seine Hand wieder ruhig liegen blieb. In den letzten Wochen verging keine Minute, in der Hunter mich nicht berührte oder zumindest in meiner Nähe saß. Ich fand es wundervoll, wie sehr er sich um mich bemühte, doch langsam begann es mich im Unterricht zur Weißglut zu treiben. Ich konnte mich auf nichts anderes als das warme Gefühl, das sich an der Stelle, an der er mich berührte, ausbreitete, konzentrieren. Ich wollte ihm sagen, dass er das unterlassen soll, aber in diesem Moment schwang die Türe auf und Regan betrat den Raum. Sie trug die gleiche Robe wie bei der Verhandlung und dennoch sah sie vollkommen anders aus. Ihre Haare hatten die verschiedenen Violett- und Blautöne verloren und waren nun giftgrün, wobei ihre Spitzen gelb leuchteten. In ihrem Nasenflügel befand sich ein Piercing, wie Du es gehabt hattest, und um ihren Hals hing eine filigrane Kette mit einem Pentagramm als Anhänger. Die Lehrerin lächelte, während ihr Blick durch die Sitzreihen streifte. Kurz musterte sie mich und ich bildete mir ein, dass sich ihr Lächeln vertiefte. Mit einer Handbewegung ließ das Ratsmitglied ein Stück Kreide schweben und schrieb das Thema der heutigen Einheit auf die Tafel.
»Das hatten wir doch schon«, hörte ich einen meiner Mitschüler genervt in seinen nicht vorhandenen Bart murmeln und Stille legte

sich über das Klassenzimmer. Regans Augen verengten sich zu Schlitzen. Schlagartig wurde es kalt im Raum und ein reißerischer Wind kam auf, der mir eine Gänsehaut bescherte. Die Haare der Lehrerin flatterten um ihre Wangen, während sie auf den Schüler losraste. Ihr Mantel wehte hinter ihrem Körper her und verlieh ihr einen majestätischen Anblick, der nicht zu ihren zusammengebissenen Zähnen passte. Ein Kloß bildete sich in meinem Hals und ich war ungemein froh, im Moment nicht Regans Aufmerksamkeit zu genießen.

»Wenn du dich so gut mit dem Thema auskennst, warum führst du dann nicht die kommende Stunde?«, fragte Regan lauernd und ihre Stimme klang eisig. Die Pupillen des Schülers weiteten sich und Angst war in seiner Miene ablesbar, als er heftig den Kopf schüttelte. Das Grinsen auf seinen Lippen verschwand, als die Tür durch einen Luftzug zuknallte und er durch den lauten Knall zusammenzuckte. Ängstlich wimmerte der Junge und sah sich hilfesuchend im Klassenraum um.

»Nein, danke«, stotterte er und schlang die Arme schützend um seinen Körper, der unter den Blicken der anderen Schüler erzitterte.

»Gut. Dann kann ich mit dem Unterricht fortfahren oder bin ich deiner Aufmerksamkeit nicht würdig?«, zischte Regan und wieder schien das Zimmer um zehn Grad abzukühlen.

»Doch«, sagte der Brillenträger viel zu schnell und rutschte in seinem Sessel weiter nach unten, um mehr Abstand zwischen sich und die wütende Hexe zu bringen. Wahrscheinlich wäre er weggerannt, wenn Regan nicht genau vor ihm gestanden und ihm somit den Weg versperrt hätte.

»Doch, Professorin Terrent-Wilkes«, verbesserte die Lehrerin bissig und der Schüler beeilte sich ihre Worte zu wiederholen. *Terrent?*, fragte ich mich im Stillen. Ob sie mit der Direktorin verwandt war?

Die Stimmung änderte sich wieder, als der Sturm nachließ und das Glühen in den Augen der Professorin verschwand. Es wurde kuschelig warm, meine Gänsehaut ließ nach und Regan nahm wieder vor der Tafel ihren Platz ein, während die Schüler unruhig zu Boden starrten. Gedanklich notierte ich mir, niemals unüberlegt in ihrem Unterricht den Mund aufzumachen. Ich wollte unter keinen Umständen ihren Zorn auf mich ziehen, da ich mir nicht sicher war, ob sie ihre Augen als Flammenwerfer nutzen konnte, wenn sie wütend genug war. Auch wenn Regan mit ihren flippigen Haaren jugendlich wirkte, war sie eine furchteinflößende Frau und ich schätzte sie als eine Kriegerin ein, die immer an vorderster Front stand. Sie war eine Urgewalt. Wenn sie bereits so reagierte, wenn ein Schüler eine blöde Bemerkung machte, wie würde sie dann erst agieren, wenn sie jemand wirklich verärgerte? Unter ihrer Leitung wäre ein Krieg wahrscheinlich bereits nach vierundzwanzig Stunden beendet, weil sie die streitenden Parteien an den Ohren zueinander schleifen und sie zur Aussprache zwingen würde.

»Gut. Wenn wir das geklärt haben, können wir fortfahren. Gleich vorweg: Den Widerwillen zu lernen oder jegliche Art von Unfriede dulde ich in meinen Stunden nicht. Jeder, der sich der Aufgabe, für wenige Minuten am Tag fleißig zu sein, nicht gewachsen fühlt, hat die Möglichkeit ohne Erklärung den Unterricht von meiner Kollegin Deroux zu besuchen und meine Zeit nicht zu verschwenden. Für diejenigen unter Ihnen, die wirklich etwas aus Ihrem Leben machen wollen, werde ich ein Programm basierend auf Ihren Interessen zusammenstellen«, erklärte die stellvertretende Vorsitzende des Rates und setzte ein kühles Lächeln auf. Ein wenig überraschte es mich schon, dass über die Hälfte der Schüler geschlossen aufstand und den Raum verließ, obwohl Regans Gesichtsausdruck nicht daran zweifeln ließ, dass sie Rabiana für eine inkompetente Lehrerin hielt. Entsetzen und Verwirrung war auf den Mienen der sitzen gebliebenen Schüler zu lesen, doch Regan reagierte gar nicht darauf, dass die Jugendlichen einfach gingen, als hätte es zum Unterrichtsende geläutet.

»Diesbezüglich würde ich Sie bitten je drei Themen auf ein Stück Papier zu schreiben und es bei mir abzugeben«, redete die Älteste einfach weiter, noch bevor der letzte Schüler, die Brillenschlange, die von Regan zusammengestaucht worden war, die Tür hinter sich zugeknallt hatte. Schnell kramte ich in meiner Tasche nach einem Zettel und überlegte mir Themen, über die ich gerne mehr erfahren würde. Ganz oben in die erste Zeile schrieb ich »Hexen und ihre Gemahle«, da ich wieder Hunters Hand spürte, die mich zärtlich streichelte. Unser Verhältnis hatte sich verbessert. Wir waren kein Liebespaar, weil ich zuerst herausfinden wollte, ob wir ohne unsere besondere Verbindung eine Zuneigung entwickelt hätten. Aber wir unternahmen viel miteinander und waren mehr als Freunde. Ich konnte einfach nicht mit dem Gedanken leben, dass ich kein Mitspracherecht bei der Wahl meines Mannes hatte, auch wenn ich meine Gefühle für Hunter nicht einmal in Worte fassen konnte. Mein Herz schien in Flammen zu stehen, wenn er mich ansah, und meine Haut kribbelte bei jeder seiner Berührungen. Bei jedem Kuss glaubte ich, durch seine weichen Lippen dahinzuschmelzen, und jedes seiner Worte raubte mir den Atem. Ein Leben ohne diesen Mann wäre für mich nicht mehr vorstellbar und ich hatte mich nicht erst einmal gefragt, wie ich vor meiner Erwählung zur Hexe ohne ihn auskommen konnte. Aber irgendetwas nagte an mir und lähmte mich, wenn ich dem jüngsten Morgan meine Gefühle gestehen wollte. Es war, als würde eine Hand mich würgen, bis ich keine Luft mehr bekam und dann kein Wort über meine Lippen brachte. Dem Schwarzhaarigen war es in den ersten Tagen schwergefallen, meine Entscheidung, nicht sofort das restliche Leben miteinander zu verbringen, zu akzeptieren, aber mit der Zeit hatte sich etwas entwickelt, dass ich nicht definieren konnte.

Als nächstes formulierte ich eine Frage, die mich seit Deinem Ableben beschäftigte: »Wie gehe ich mit dem Tod einer nahe stehenden Person um?«

Natürlich wusste ich, dass jeder Mensch anders auf diese Krise reagierte, aber ich wollte zumindest Vorschläge haben, wie ich den Schmerz aus meinem Herzen verbannen und lernen konnte, Dich nicht mehr pausenlos zu vermissen. Denn genau das tat ich, Mel. Jede Sekunde, die Du nicht bei uns warst, war schrecklich.

Zum Schluss richtete ich eine Frage direkt an Regan: »Wie werde ich eine gute Königin?« Und setzte meinen Namen unter die Schrift. Wenn mir jemand helfen konnte, eine Monarchin zu werden und mir alles Wichtige, was ich als Herrscherin wissen musste, beibringen konnte, dann das einzige Ratsmitglied, das offensichtlich nicht vor Rabiana kuschte. Ich hätte natürlich auch fragen können, wie ich eine machtgeile Diktatorin loswerde, die mich tot sehen wollte. Doch ich bezweifelte, darauf eine Antwort zu erhalten, weshalb ich das Papier faltete und es Tara, die aufgestanden war, um die Zettel einzusammeln, in die Hand drückte.

»Sehr schön. Dann können wir jetzt anfangen«, meinte Miss Terrent-Wilkes, als die Blätter auf ihrem Schreibtisch landeten. Oder hieß es womöglich Mrs. Terrent-Wilkes? Ob sie verheiratet war? Oder war es Ratsmitgliedern verboten eine Partnerschaft zu führen? Das würde zumindest Rabianas ständige miese Laune erklären. Ein klassischer Fall von »untervögelt«.

»Heute werden wir uns mit der Korruption in der magischen Gesellschaft beschäftigen. Schlagt bitte im Buch die Seite 428 auf«, bat sie uns und eine unglaubliche Stunde begann. Regan schaffte es die langweiligsten Aspekte mit wahren Geschichten spannender zu gestalten und uns mittels Diskussionen in den Unterricht einzubinden. Sie beantwortete jede noch so kleine Frage, bis der Schüler mit der Antwort zufrieden war, und zeigte uns Bilder von früher, als sie noch ein Kind war. Auf vielen Fotos war auch die Direktorin zu sehen, wie sie Eis aß oder sich die Zähne putzte, weshalb die Abbildungen für spontane Lachanfälle sorgten. Niemand hätte erwartet, dass die Rektorin früher klein und niedlich gewesen war, bevor sie zur furchteinflößenden Schulleiterin wurde. Das letzte Bild ließ jedoch das Lächeln auf meinen Lippen verblassen. Ein dumpfes Gefühl breitete sich in mir aus und ich musste mich stark konzentrieren, um zu verhindern, dass mir die Tränen über die heißen Wangen liefen. Die Fotografie war jünger, ungefähr zwanzig Jahre alt. Sie zeigte das Ratsmitglied und die Direktorin vor dem Schulgebäude. Aber weder Regans kurz geschorene, pinke Haare noch das narbenlose Gesicht der Schulleiterin erschütterte mich, sondern das Mädchen, das zwischen ihnen stand. Sie hatte die gleiche schwarze Haarpracht wie ich und auch dieselben verschnörkelten, weinroten Tätowierungen. Meine leibliche Mutter lächelte an diesem Tag, der nur noch eine Erinnerung war, in die Kamera, während sie sich offensichtlich mit ihren Klassenkameradin-nen, die die gleiche Schuluniform mit dem Schullogo trugen, unterhielt. Die drei Frauen hatten die Arme umeinandergeschlungen und glichen Dir, Tara und mir. Sie wirkten einander vertraut, als würden sie sich schon ewig kennen und gleichzeitig waren sie absolut unterschiedlich. Regan war die Bunte, die Fröhliche, wie du es gewesen warst, bevor Du starbst. Sie grinste und zog eine Grimasse, während sie hinter dem Kopf meiner Mutter mit ihren Fingern Hasenohren imitierte. Die Rektorin hingegen trug ausschließlich Schwarz und wirkte wie eine Schauspielerin, die in einem alten Vampirfilm mitspielte, ähnlich wie Taranee. Sie war blass. Ihre Mundwinkel waren nur leicht verzogen, aber in ihren Augen lag Belustigung. Ihre Arme hatte sie freundschaftlich um die Taille meiner Mama geschlungen und ihr Blick war auf das Gesicht von Regan gerichtet. Im Vordergrund stand meine Mutter, die ich nie kennenlernen durfte, doch sie hatte den gleichen traurigen Ausdruck in den Augen wie ich, wenn ich morgens in den Spiegel sah. Trotz der großen Nase, die nicht ganz in ihr Gesicht passen wollte, war sie eine Schönheit gewesen, mit der ihre Freundinnen nicht mithalten konnten. Sie strahlte von innen heraus. Wehmütig betrachtete ich das Bild, als es zum Stundenende klingelte, und starrte schockiert auf die Uhr, weil ich nicht glauben konnte, dass die Zeit so schnell vergangen war. Vereinzelt packten die Schüler ihre Sachen zusammen, um in den nächsten Unterricht zu gehen. Ich tat es ihnen gleich und wiederholte in Gedanken die Informationen der letzten Stunde, um mich von meiner depressiven Stimmung abzulenken.

»Read, du bleibst bitte noch«, sprach Regan mich an und ihre Stimme ließ keinen Widerspruch zu. Tara schenkte mir einen mitleidigen Blick, bevor sie Jaimie aus der Klasse folgte. Hunter, der dicht hinter mir stand, flüsterte mir etwas in mein rechtes Ohr und drückte meine Schulter.

»Soll ich hierbleiben und auf dich warten?«, wollte er besorgt wissen und musterte Regan misstrauisch. Wenn das Ratsmitglied auf Rabianas Seite war, wäre es nicht ratsam, mit ihr allein in einem Raum zu sein, aber wenn sie es nicht war, würde sie sicher nicht Klartext reden, wenn außer mir jemand im Zimmer war. Mutter war ihre Freundin gewesen. Sie hatte der Lehrerin vertraut. Vielleicht war das ein Zeichen, dass auch ich versuchen sollte, Regan eine Chance zu geben. Deshalb schüttelte ich den Kopf und kassierte dafür einen verletzten Gesichtsausdruck von Hunter, weil er lieber auf mich aufgepasst hätte. Traurig schlang er einen Arm um meinen Körper, sodass ich seine Bauchmuskeln an meinem Rücken spüren konnte. Kurz stockte mein Atem und ich biss mir auf die Lippen. Verdammt! Das fühlte sich so gut an. Mein Blut erhitzte sich, während ich mich einen Augenblick an meinen Gemahl lehnte und seinen unverwechselbaren Geruch einzog. Zur Wiedergutmachung drückte ich ihm meine Tasche in die Hand und küsste seine Wange, bevor ich ihn bat, meine Sachen in den Chemiesaal mitzunehmen und dort auf mich zu warten. Ich hasste es, Hunter deprimiert zu sehen. Viel lieber beobachtete ich ihn beim Lächeln, auch wenn sein Schmollen ihn niedlich aussehen ließ.

»Kommst du jetzt oder bist du neuerdings bei ihr angewachsen?«, stichelte Jona belustigt, woraufhin sein jüngerer Bruder ihm die Zunge zeigte und sich von mir löste. Auch ich lachte über Jonathans Bemerkung und verdrehte die Augen. Jona hatte recht. Hunter und ich klebten aneinander und das war meinen Freunden nicht entgangen. Ob sie schon Wetten abschlossen, wann ich mich endlich zu Hunter bekennen würde?

Als sich der Klassenraum leerte, schritt ich langsam auf den Lehrertisch zu. Regan ließ mich keine Sekunde aus den Augen und richtete sich von der Mappe, in der sie vor Kurzem noch geschrieben hatte, auf. Ihre Mine war ausdruckslos. Sie musterte

mich und ich fühlte mich nackt unter ihrem Blick. Es war, als könnte sie tief in meine Seele blicken und jedes Detail meines Lebens ergründen. Zum zweiten Mal an diesem Tag überzog eine Gänsehaut meinen Körper.
»Es ist schön, dich persönlich kennenzulernen, Miss Holl«, säuselte sie, wurde aber sofort von mir unterbrochen: »Silverton. Mein Name ist Read Silverton.« Ich wusste, dass ich mich lächerlich benahm, immerhin wusste ich genau, dass ich nicht mit der Silverton-Familie verwandt war, aber der Name beruhigte mich auf eine gewisse Weise. Er gab mir Halt. Ich war immer Read Silverton gewesen, und selbst nachdem ich herausgefunden hatte, dass ich die Tochter von Retta Holl und somit die zukünftige Königin war, wollte ich immer noch ich selbst sein. Zumindest wollte ich mir meinen alten Nachnamen, alles was von meinem früheren Leben übrig geblieben war, nicht wegnehmen lassen, auch wenn der Name mich an die Verlogenheit meiner Ziehmutter erinnerte. Außerdem war es schön, eine letzte Verbindung zu meinem Ziehbruder zu haben, den ich nie wiedersehen würde.
»Natürlich«, entschuldige sich das Mitglied des Hohen Rates zögerlich und Traurigkeit flackerte in ihren Augen auf.
»Es tut mir leid, aber du erinnerst mich so sehr an sie«, flüsterte sie und lächelte bedrückt.
»An wen?«, fragte ich schneidend und versuchte mir meine eigenen Gefühle, die mich zu überwältigen drohten, nicht anmerken zu lassen.
»An deine Mutter.«
Alle meine Gesichtszüge entgleisten und ich starrte sie mit offenem Mund an. In den letzten Wochen hatten viele Menschen erwähnt, wie einzigartig meine Verwandtschaft und wie rein unser Blut war, aber niemand hatte bis jetzt verlauten lassen, dass ich meiner Mum glich. Selbstverständlich fiel mir selbst die Ähnlichkeit auf, aber es war etwas vollkommen anderes, es gesagt zu bekommen.
»Sie hatte auch diese pechschwarzen Haare und die grünen Augen. Wenn ich mich recht erinnere, war sie sogar so groß wie du, aber das Kinn hast du von deinem Vater«, holte das Ratsmitglied in

ihrer Erzählung aus und eigentlich wollte ich sie unterbrechen, um sie nach Rabiana zu fragen, aber in diesem Moment erschien es mir gar nicht mehr so wichtig. Viel lieber wollte ich jedes Wort über meine Eltern aus dem Mund der Hexe hören. Wer von beiden hatte in der Beziehung die Hosen an? War ich ein Wunschkind? Wäre ich kein Einzelkind, wenn sie nicht gejagt worden wären? Wie haben sie sich kennengelernt? Unzählige Fragen schwirrten in meinem Kopf, doch es war mir egal, ob ich etwas Wichtiges über sie erfahren würde, oder nur etwas so Banales wie welche Musikrichtung sie bevorzugt haben. Vielleicht, wenn ich mehr über meine Wurzeln in Erfahrung bringen könnte, würde ich mich endlich wieder wie etwas Ganzes fühlen. Gerade gehörte ich nämlich weder zu den Silvertons noch zu der Holl-Familie. Ich gehörte zu niemandem, und auch wenn meine Freunde immer für mich da waren, war es nicht dasselbe wie eine Familie zu haben, die einen seit Kindheitstagen kennt oder wenigstens die gleiche DNA teilt.

»Read? Alles in Ordnung?«, fragte Regan unsicher, als sie meinen abwesenden Blick bemerkte. Nein, es war gar nichts in Ordnung.

»Wie waren sie so?«, fragte ich schniefend und die Ältere lachte erleichtert.

»Sie waren wie du. Besonders Retta. Dein Vater war immer der Bequemere von beiden, aber dafür war er der loyalste Freund, den du dir nur vorstellen kannst. Deine Mutter hingegen war wie ein durchfahrender Zug. Laut, schnell und unbezwingbar von außen. Sie überrollte alles und jeden, der sich ihr in den Weg stellte, um zu beschützen, was ihr am wichtigsten war. Du warst ihr am wichtigsten Read. Vom ersten Augenblick an. Obwohl dein Vater den Kinderwunsch geäußert hatte, war deine Mutter gleich Feuer und Flamme«, erzählte Regan und ihr Gesicht strahlte vor Glück. Jedoch war es für mich schwer, mir das blutende Mädchen mit dem Baby aus der Geschichte meiner Ziehmutter vorzustellen, wie sie Kindergewand kaufte und eine Wiege aussuchte.

»Sie haben dich so unendlich geliebt«, flüsterte die Hexe und wischte mir eine Träne aus dem Gesicht. »Glaub niemals etwas

anderes, klar?«
Auch in ihren Augen schimmerten Tränen und sie schniefte leise. Ich nickte und fühlte mich meinem Gegenüber komplett ausgeliefert. In mir schrillten alle Alarmglocken, dass ich mich vor einer möglichen Feindin nicht schwach verhalten sollte, doch was hätte ich sonst tun sollen? Aus dem Raum stürmen, damit sie mich nicht weinen sah? Du hättest gewusst, was zu tun war, Mel. Du hast es immer gewusst. Und jetzt, wo ich Dich brauchte, warst Du nicht da, um mir den Weg zuzeigen.
»Was wollen Sie?«, hauchte ich fragend und nahm dankbar ein Taschentuch entgegen, dass mir Regan vor die Nase hielt, während sie sich selbst übers Gesicht wischte, um sich zu beruhigen.
»Die bessere Frage wäre, was du willst, Read«, behauptete sie und lehnte sich gegen den Lehrertisch, der aufgrund ihres Gewichts ein Stück verrutschte und ein Quietschen von sich gab.
»Wir beide wissen, dass du bei der Verhandlung gelogen hast und wir kennen die Wahrheit. Die Frage ist, was wir nun mit diesem Wissen anfangen«, sagte die Hexe mysteriös und wirkte plötzlich unendlich müde, als hätte sie wochenlang nicht geschlafen. Sie fuhr sich über die Stirn und rieb dann mit ihren Fingern ihre Augen. Die Geste ließ das Ratsmitglied um Jahre älter aussehen und ich verspürte einen seltsamen Stich in meiner Brust, als Regan das Strahlen, das sie sonst versprühte, verlor und ihre Tränen über ihre erhitzten Wangen liefen.
»Was soll ich tun?«, fragte ich verzweifelt und Regans Mimik erstarrte.
»Rabiana ist ein eiskaltes, manipulatives Miststück ohne Gewissen, bereit alles für ihren Erfolg zu opfern. Wenn nötig auch das Leben von mehreren tausend Hexen. Was möchtest du mit diesem Wissen tun?«, stellte sie mir eine Gegenfrage. Ihre Tränen versiegten. Ein kaltes Lächeln legte sich auf ihre Lippen und sie zog ihre Augenbrauen zusammen, sodass sich eine Falte zwischen ihren Augen bildete. Zum ersten Mal dachte ich wirklich darüber nach, was ich wollte. Diesmal war es nicht wichtig, was meine Ziehmutter wollte oder was ich tun musste, um meinen Bruder zu

beschützen. Auch war es unwichtig, ob meine Entscheidung anderen Menschen gefiel oder nicht. Ich war die Königin. Sicher, ich war noch ein Kind und noch lange nicht so weit, da Herrscherinnen erst nach Abschluss ihrer Schullaufbahn den Thron bestiegen, aber ich würde irgendwann tun und lassen können, was ich wollte. Vorausgesetzt Rabiana brachte mich nicht vorher um. Aber wollte ich überhaupt herrschen? Wollte ich wirklich für das Leben so vieler magischer Menschen verantwortlich sein und mein Leben für den Thron riskieren, nur damit Rabiana nicht Königin wird? Ja. Genau das wollte ich. Die Antwort war einfach, obwohl sie über mein ganzes Dasein entschied. Ich wollte noch viel mehr als das. Es war mir wichtig, die »wahre Königin« bluten zu lassen. Für all die Kinder, die durch ihre Taten leiden mussten. Für all die Jugendlichen, die wegen ihr niemals erwachsen geworden sind. Für Dich, Mel. Und für Regan, die in mir bereits die rechtmäßige Königin zu sehen schien. Sie nahm mich ernst und legte Wert auf meine Meinung.
»Ich will…«, setzte ich an und biss mir auf die Lippe.
»Ja?«
Kurz überlegte ich, ob ich ihre Frage beantworten sollte, da ich meinen Wunsch, wenn ich ihn äußerte, nicht mehr zurücknehmen konnte. Aber dann entschied ich mich, einfach ins kalte Wasser zu springen. Was hätte Regan auch davon gehabt, wenn sie mich an Rabiana verraten hätte? Und war es überhaupt von Bedeutung, ob Rabiana von meiner Entscheidung wusste? So oder so würde sie versuchen, mich aus dem Weg zuräumen.
»Ich will die Vorsitzende des Hexenrats für ihre Machenschaften bezahlen lassen«, meinte ich mit Nachdruck und sah, wie das Ratsmitglied ihre Lippen zu einem Strich verengte. »Rache?«, hinterfragte sie missbilligend.
»Nein. Gerechtigkeit«, erklärte ich und ein Lächeln machte sich in Regans Gesicht breit.
»Sehr gut. Dann brauchen wir nur noch einen Plan«, erklärte die Hexe und setzte sich auf die Tischplatte. Ich hatte das Gefühl, als hätte jemand ein schweres Gewicht von meinen Schultern

genommen, als sie mich aus ehrlichen Augen ansah und lauthals zu lachen begann.
»Was? Dachtest du wirklich, ich würde die verrückte Krähe unterstützen?«, wollte sie wissen und ich musste schmunzeln. Eigentlich schon. Aber das würde ich ihr nicht auf die Nase binden.
Kopfschüttelnd verneinte ich. Regan war auf unserer Seite und vielleicht würde uns das helfen Rabiana zu stürzen oder sie wenigstens wieder aus der Schule zu ekeln. Es war nur eine Frage der Zeit. Doch das war gleichzeitig unser erstes Problem: Zeit. Das Gespräch war schneller beendet als erwartet, als ein Schüler an die Tür klopfte und mich holte, da Professorin Shila sich beschwert hatte, wo ich denn blieb. Wenigstens bekam ich keine Strafarbeit aufgebrummt, da ich dank Regan eine perfekte Ausrede hatte.
In den Tagen danach ergab sich keine freie Minute für eine erneute Unterhaltung, was die erste Freude über unsere neue Verbündete ein wenig dämpfte. Trotzdem blieb ich zuversichtlich und erzählte den anderen beim Mittagessen von den Erkenntnissen, als Hunter mich besorgt auf das Gespräch ansprach: »Worüber habt ihr geredet? Du warst eine halbe Ewigkeit bei ihr.«
An dieser Stelle hätte ich erwähnen sollen, dass es mir nicht so lange vorgekommen war, aber ich war auch zu beschäftigt gewesen, zu weinen und meinen Eltern nachzutrauern.
»Sie will uns helfen«, sagte ich schlicht und lächelte in meine Tasse.
»Moment, bist du dir sicher?«, fragte Tara und sah mich zweifelnd an.
»Sie klang absolut ehrlich«, wisperte ich, damit die Schüler am Nebentisch nichts mitbekamen, die mich hin und wieder argwöhnisch musterten.
»Warum glaubst du das?«, wandte Jonathan ein und steckte sich einen Löffel voll Suppe in den Mund, an dem er sich prompt die Zunge verbrannte.
»Erstens kannte sie meine Mum«, begann ich und bekam einen mitleidigen Blick von Tara. »Und zweitens hat sie Rabiana eine elendige Manipulantin genannt«, erwiderte ich und sah meine

Freunde mit verschränkten Armen an. Ich war nicht wirklich wütend, dass sie meiner Intuition nicht vertrauten, aber ich hätte mir mehr Euphorie zu diesem kleinen Sieg gewünscht.
Ein knallendes Tablett ließ uns auseinander schrecken. Nicole setzt sich schnaubend neben Nathalia, die sich an ihrem Brot verschluckte, und begann sich wütend das Essen hineinzuschaufeln. Woraufhin wir sie ansahen, als hätte sie den Verstand verloren. Seit Wochen sprach sie nicht mit uns und nun setzte sie sich ohne ein Wort zu uns.
»Was?«, fauchte die schöne Blondine, die diesmal einen Zopf und große Ohrringe trug, als wir nach wenigen Minuten immer noch anstarrten.
»Was tust du hier?«, fragte Jaimie wenig subtil nach und Jona täuschte ein Husten vor, um sein Lachen zu kaschieren, während Hunter laut kicherte ohne den Versuch zu machen, seine Belustigung zu verbergen. Ich schlug dem jüngeren Morgan-Bruder gegen den Oberarm, bedachte Jaimie mit einem bösen Blick und versuchte Nicole zum Reden zu bewegen.
»Alles in Ordnung bei dir?«, fragte ich, da mir sehr wohl die Ringe unter ihren Augen und die bleichen Lippen aufgefallen waren, die die Blondine unter Schminke zu verstecken versucht hatte.
»Nein«, schrie die Hexe der Hölle und ließ ihre Gabel mit einem lauten scheppernden Geräusch auf den Salatteller fallen.
»Ich wusste schon immer, dass sie irgendwann durchdreht und uns alle umbringt. Bringt euch in Deckung«, sagte Tara sarkastisch und wandte sich wieder ihrem belegten Brot zu, das sie seit Ewigkeiten hin und herschob, ohne abzubeißen.
Nun hatten wir die Aufmerksamkeit der ganzen Halle und alle Schüler starrten uns mit verdutzten Gesichtern an. Einige grinsten gehässig und lachten über die Oberzicke, die schon lange mehr verrückt als furchterregend wirkte.
»Nicole?«, bohrte ich leise nach, als die Blondine anfing, uns zu ignorieren und weiter aß, als wäre es das Normalste auf der Welt bei uns zu sitzen. Bevor ich erneut nachfragen konnte, schlang sie unsexy ihr Essen hinunter und zischte: »Lass es einfach. Okay,

Read?« Danach stand sie auf und verließ den Saal, ohne ihr leeres Tablett mitzunehmen. Sie flüchtete vor den neugierigen Blicken und fiel beinahe über ihre Füße. Ich entschuldigte mich mit der Ausrede, dass ich Kopfweh hätte, und folgte Miss Perfekt, die durch den Torbogen verschwand. Ich kassierte zwar einen ungläubigen Blick von Taranee und Jona rollte mit den Augen, doch niemand von ihnen hielt mich auf, als ich ihr nacheilte.

»Nicole! Nicole! Bleib stehen, verdammt noch mal! Nicole!«, rief ich, aber die Blondine beschleunigte ihre Schritte, bevor sie urplötzlich stehen blieb und sich zu mir umdrehte, als hätte sie beschlossen, mir gnädigerweise zu antworten.

»Vertrau ihr nicht, Read. Niemand sollte ihr vertrauen. Du kennst sie nicht, wie ich sie kenne«, schrie sie und zitterte am ganzen Leib. Ihre Gesichtszüge waren zu einer Grimasse verzogen. Schweiß perlte von ihrer Stirn und rollte über ihre Schläfen. Ihre Pupillen waren weit aufgerissen und Strähnen hingen ihr ins Gesicht. In meinen Augen sah sie wie eine Irre aus, die aus einer Anstalt entflohen war. Obwohl ich bezweifelte, dass es in der Psychiatrie Designerschuhe und mintgrüne Kleider gab.

Nach ihrem Ausbruch wandte sie sich ab und lief weiter in Richtung des Mädchentrakts.

»Wem soll ich nicht trauen? Redest du von Regan? Nicole!«, schrie ich ihr nach, doch sie antwortete mir nicht noch mal. Sie ging einfach stoisch weiter und zog ihre Jacke enger um ihren perfekten Körper.

Als die Blondine nicht mehr in Sicht war, klopfte mir jemand auf die Schulter, woraufhin ich zusammenzuckte, weil ich beim Fluchen unterbrochen wurde. Ein Arm schlang sich um meine Taille und drückte mich an seinen harten Körper.

»Wenn du mich fragst, hat sie den Verstand verloren«, meinte Hunter und küsste meinen Hals. Ein angenehmer Schauer jagte über meinen Rücken und ich lehnte mich in die Umarmung. Meine Hände platzierte ich über seinen und schloss die Augen.

»Seit Wochen sieht man sie nur noch alleine irgendwo sitzen, wenn sie überhaupt einmal ihr Zimmer außerhalb der Unterrichtszeit verlässt. Außerdem hat der Psychologe eine posttraumatische Belastungsstörung bei ihr festgestellt. Sie weiß wahrscheinlich nicht, wovon sie redet.«

Der Schwarzhaarige versuchte mich immer weiter von der Unzurechnungsfähigkeit der früheren Oberzicke zu überzeugen. Zugegeben, sie zickte immer noch zu viel, aber darum ging es gerade nicht. Ich wusste, dass Hunter mich nur beruhigen wollte, aber wahrscheinlich hatte er auch recht. Doch ich wurde das Gefühl nicht los, dass Nicole keinesfalls einfach nur verrückt geworden war. Das passte nicht zu ihr. Sich zurückziehen, die Welt hassen und um sich schlagen – okay. Aber durchdrehen? Das war nicht der Stil der Höllenhexe.

Sie klang zu aufgewühlt, fast panisch. Als erwarte sie, dass etwas Schreckliches passieren würde. Außerdem konnte ich keinen Wahnsinn in ihren Augen sehen, sondern nur entsetzliche Angst. Ich nahm mir vor, mit Tara über Nicole zu sprechen, um sie um ihre Meinung zu bitten, und legte das Thema währenddessen ad acta. Solange die Eisprinzessin nicht mit mir reden wollte, konnte ich sowieso nur spekulieren.

»Du hättest bei den anderen bleiben sollen«, meinte ich, als Hunter begann sich meinen Hals hinunter zu küssen und meine Gedanken stoppte. Mit einem einzigen Kuss schaffte er es, dass ich die Welt um mich herum vergaß. Nicoles Gefühlsausbruch und das Gespräch mit Regan waren mit einem Mal weit weg. Nur noch die Lippen meines Gemahls hatten eine Bedeutung. Ich seufzte wohlig. So könnte das Leben von mir aus immer sein. Mit Schwung drehte mich der jüngere Morgan-Bruder zu sich und küsste sich von meiner Schulter zu meinen Wangen und schließlich zu meinem Mund. Überall, wo er mich berührte, erwärmte sich meine Haut und mein Blut begann zu kochen. Hunter schmeckte nach dem Eistee, den er zu seinem Mittagessen getrunken hatte, und Kräutern, die immer seinem Duft anhafteten. Der Geruch benebelte meine Sinne und ich lehnte mich dem betörenden Duft entgegen.

»Fresst ihr euch gegenseitig auf oder kommt ihr wie geplant mit

nach draußen?«, rief Jona vom Torbogen aus und Taranee schlug ihm gegen den Arm, während meine Mitbewohnerin kicherte.
»Nur noch kurz«, flüsterte mein Gegenüber, als ich mich von ihm entfernen wollte, und gab mir noch einen letzten Kuss hinter mein Ohr.
»Geh mit mir aus!«, forderte er und knabberte an meinem Ohrläppchen. Meine Beine erzitterten und ich schmolz in seinen Armen dahin.
»Was?«, fragte ich leise und erhielt prompt eine Antwort: »Heute. Ich hol dich vor dem Abendessen in deinem Zimmer ab und wir essen an meinem Lieblingsort.«
Hunter sah mich flehend an und drückte mich näher an sich.
Überfordert nickte ich einfach und ließ zu, dass Tara mich am Arm packte, um mich von meinem Gemahl wegzuziehen.
Den restlichen Tag verbrachten wir im Schulgarten, wobei Taranee und ich schon nach wenigen Stunden gingen, da Tara mir unbedingt bei der Kleiderwahl für das heutige Date helfen wollte. Wenn ich gesagt hätte, dass ich nicht nervös gewesen wäre, hätte ich gelogen. Meine Knie zitterten bei jedem Schritt und meine Zimmergenossin musste mir oft dreimal dieselbe Frage stellen, da ich viel zu abwesend war, um sie beim ersten Mal zu verstehen. Natürlich versuchte ich mir einzureden, dass es sich nur um Hunter handelte und er mich nicht abstoßen würde, falls etwas nicht nach Plan verlief. Aber in mir war dieser Drang, dass alles perfekt werden sollte. Nach gefühlt tausend Kleidern, die ich laut Taranee anprobieren musste, und hundert Schuhen, die alle meiner Meinung nach gleich aussahen, hatte ich endlich etwas Passendes zum Anziehen gefunden. Als ich zum letzten Mal, bevor der Schwarzhaarige mich abholen kam, in den Spiegel sah, trug ich eine schwarze Röhrenjeans und einfache schwarze Sneaker. Kombiniert mit dem kräftigen Rot des Shirts, das nur bis knapp oberhalb meines Bauchnabels reichte, ließ es mich ein wenig wie eine Rebellin aussehen. Tara hatte mir die Haare hochgesteckt und mir Ohrringe geliehen, die zu meinem Ring, den ich nie abnahm, passten. Selbst ich fand mich in diesem Moment, als Hunter an

unser Pentagramm klopfte, wunderschön. Ich war dankbar, dass Taranee öffnete, da ich so noch kurz Zeit hatte mir eine Strähne aus dem Gesicht zu streichen und mir selbst entgegenzulächeln. Nicht nur meine Umgebung hatte sich in den letzten Monaten verändert, sondern auch ich selbst. Ich hatte gelernt, meine Tätowierungen zu lieben, anstatt alles zu verfluchen, wofür sie standen. Nun war ich eine Hexe, oder war immer schon eine gewesen, und ich liebte es, mehr zu sein als eine durchschnittliche, unsichtbare Schülerin, die einer geschwätzigen Blondine hinterherrennt, weil sie sonst niemandem zum Reden hatte.
»Wow«, flüsterte Hunter, der hinter mich getreten war und fuhr über meine Ellbogen, während er mich im Spiegel betrachtete.
»Du siehst hübsch aus, Prinzessin«, hauchte er gegen meine Schläfe und küsste mich auf den Scheitel. Ich hatte mich selten so perfekt gefühlt wie in diesem Moment. Früher, als ich noch ein Niemand gewesen war, hatte ich nicht auf mein Äußeres geachtet, da mich niemals jemand registriert hatte. Doch Hunter sah mich und was noch wichtiger war: Ich wollte von ihm gesehen werden. Ich wollte, dass er mich hübsch fand und seinen Blick nicht von meinem Körper abwenden konnte.
»Können wir?«, wollte er wissen und nahm meine Hand in seine. Schnell rief ich Taranee, die sich auf ihr Bett gelegt hatte und ein Buch las, eine Verabschiedung zu und wurde im nächsten Augenblick schon von meinem Date aus dem Raum gezogen. Lachend lief ich dem Schwarzhaarigen hinterher und war im Nachhinein froh, dass meine Mitbewohnerin mir die flachen Schuhe eingeredet hatte, weil ich sonst nicht mit Hunters schnellem Tempo hätte mithalten können. Er stoppte vor dem einzigen schwarzen Pentagramm des Ganges und klopfte mehrere Male gegen die rechte obere Spitze, obwohl der Durchgang durch die schwarze Farbe deutlich als verboten für Schüler gekennzeichnet war. Es rauchte wie bei einem Spezialeffekt unter der Mauer hervor und die Wände öffneten eine Lücke, während sich zeitgleich Stiegen aus dem Putz formten. Trotz der Veränderungen war kein Mucks zu hören. Erstaunt riss ich die

Augen auf, weil ich nicht glauben konnte, wie viel Magie sich täglich um mich herum befand. An dieser Schule entdeckte ich wirklich jeden Tag etwas Neues und manches erschreckte mich immer noch, obwohl ich das Schulgebäude schon seit Wochen mein Zuhause nannte.

»Kaum jemand weiß davon, deshalb ist es schön ruhig«, meinte Hunter und lächelte belustigt, als er meine geweiteten Pupillen bemerkte. Galant vollführte er eine Verbeugung und ließ mir den Vortritt, sodass er meine Rückansicht genießen konnte. So schnell wie möglich rannte ich die Treppe hinauf, da mich meine Neugierde fast umbrachte. Ich wollte wissen, was sich der Charmeur für unsere erste richtige Verabredung ausgedacht hatte. Bis jetzt hatte er zu keinem meiner Freunde ein Wort über seine Pläne verloren. Selbst aus Hunters Bruder war nichts herauszubekommen.

Auf der letzten Stufe angekommen, blieb ich stehen und der Schwarzhaarige stoppte hinter mir, wobei er fast gegen meinen Rücken gestoßen wäre.

»Gefällt es dir?«, flüsterte Hunter unsicher, doch dafür gab es keinen Grund. Der Ausblick war ein Traum. Wir befanden uns auf einem der Türme des Schulgebäudes. Genauer gesagt auf dem Dach des Turms. Über uns funkelten die Sterne und der leuchtende Mond ließ mich sofort an Diana denken. Im Stillen dankte ich der Göttin für mein jetziges Leben und verlor mich in dem wundervollen Ausblick, den die Dachterrasse bot. Eine rote Decke war auf dem Boden ausgebreitet worden und auf dem Stück Stoff standen ein paar gestapelte Teller und ein Korb, aus dem eine halbe Weinflasche herausschaute. Besteck lag in einer kleinen Schale zusammen mit mehreren Servietten und ein Schneidbrett mit Brotmesser befand sich neben den Weingläsern. Ein Kerzenständer mit drei angezündeten Kerzen spendete Licht in der Mitte des Platzes und eine Schüssel mit Erdbeeren stand neben einem Tiegel voller geschmolzener Zartbitterschokolade. Es war perfekt. Die Atmosphäre war unglaublich romantisch und die Szenerie erinnerte an einen Liebesfilm, in dem sich das Paar gerade frisch

verlobt hatte.
»Es ist…«, fing ich an und grinste, als Hunter sich anspannte.
»…unbeschreiblich«, beendete ich meinen Satz und drehte mich zu meinem Begleiter um, der erleichtert ausatmete. Kurz drückte ich dem Schwarzhaarigen einen Kuss auf die Lippen und ein angenehmer Schauer zog sich über meinen Rücken. Dann zog ich ihn an der Hand, die immer noch meine hielt, zur Decke und ließ mich auf einen freien Platz sinken. Hunter setzte sich neben mich und öffnete den Picknickkorb. Zum Vorschein kamen neben dem Wein auch noch Wurst, Käse und Butter. Als letztes zog er einen Laib Brot aus dem Behälter und schnitt ein paar Scheiben ab, sodass ich nur noch zugreifen musste.
»Ich hoffe, du hast Hunger, Prinzessin«, sagte er und überreichte mir einen Teller. Danach gab er mir ein Besteck und wir fingen an zu essen, während Hunter auf einem bereitgestellten CD-Player mehrere langsame Lieder abspielte. Die bezaubernden Melodien mit den hohen Klängen ließen die Atmosphäre noch märchenhafter wirken.
Das Brot war weich und schmeckte nach verschiedenen Körnern. Mein Belag bestand aus Butter und Käse, weil ich schon zum Frühstück massenhaft Fleisch verdrückt hatte und nur wenig Lust hatte wieder Speck zu verschlingen. Der Emmentaler schmeckte leicht salzig, während der Wein, den Hunter mir eingeschenkt hatte, eine süßliche Note beinhaltete. Der Alkohol färbte meine Wangen leicht rötlich, aber ich versuchte mir keine Gedanken darüber zu machen und genoss lieber die himmlischen Geschmacksnoten, die sich auf meiner Zunge vermengten und meine Geschmacksnerven angenehm vibrieren ließen. In der Zeit, in der ich es schaffte zwei Scheiben Brot zu essen, vertilgte der Schwarzhaarige das Doppelte, aber ich hatte die Vermutung, dass er nur so schnell aß, weil er angespannt war. Verwirrt über seine Verunsicherung versuchte ich, ein Gespräch zu beginnen.
»Gibst du mir die Erdbeeren?«, fragte ich lieblich und bekam schnell meine Nachspeise, nachdem sie in Schokolade getunkt wurde, vor die Lippen gehalten. Ich mochte die süßen

Sammelfrüchte und nagte die Beere deshalb bis auf den Stängel ab, während ich Hunters Gesichtsausdruck genauestens beobachtete. Sein Kiefer war angespannt und Schweiß perlte von seinen Schläfen. Ich schluckte den Bissen hinunter und lächelte, um ihn zu beruhigen. Konnte es sein, dass er noch nervöser war als ich?
Nur kurz konnte ich durchatmen, da bot mir mein Begleiter hastig die nächste Erdbeere an, um keine unangenehme Pause entstehen zu lassen.
»Möchtest du keine?«, fragte ich lachend, als sich das Spiel viermal wiederholte und der Morgan-Bruder in der Zwischenzeit nichts zu sich nahm.
»Doch«, hauchte Hunter und biss sich nervös auf die Unterlippe. Diesmal war es an mir eine Erdbeere in die Schokolade zu tauchen und sie ihm vors Gesicht zu halten. Abwechselnd fütterten wir uns gegenseitig, bis alle Früchte aufgegessen waren und niemand von uns mehr einen Bissen hinunterbekam. Danach legte ich mich auf die kuschelige Picknickdecke und entspannte meine Glieder. Ich schloss die Augen und genoss die kühle Luft auf meiner Haut.
»Das war fantastisch«, sagte ich und zog den jüngeren Morgan-Bruder zu mir, der sich unbeholfen umsah, als wüsste er nicht, was er tun sollte.
»Das sollten wir dringend wiederholen«, lachte Hunter und legte seinen Arm unter meinen Kopf, sodass ich es bequemer hatte. Erfreut, dass er sich endlich entspannte, drückte ich mich an seinen starken Körper, der eine angenehme Wärme ausstrahlte. Der Abend kam mir irreal vor, da ich nach dem Schrecken, den wir erlebt hatten, nicht glauben konnte, dass diese Nacht nun ein Teil meines Lebens war. Ich liebte jede Sekunde, die ich mit dem schwarzhaarigen Schönling verbrachte und nicht an Tod und Verderben denken musste.
»Jederzeit«, erwiderte ich und schmiegte mich in seine Armbeuge. Hunter stemmte seinen muskulösen Oberkörper in die Höhe, sodass er sich über mich lehnen konnte und ich zwischen seinem Arm und seinem Gesicht eingebettet zum Liegen kam.
»Morgen, selbe Zeit, selber Ort?«, fragte er flüsternd und strich mir

meine Haare aus der Stirn. Die liebevolle Geste ließ mein Herz höherschlagen und ich schluckte nervös.
»Ich liebe dich«, seufzte er und beugte sich näher zu mir, sodass ich meine Lippen leicht auf seine drücken konnte. Zärtlich rieb er seine Nase an meiner und leckte behutsam über meine Unterlippe. Die Finger seiner freien Hand fuhren die linke Seite meiner Gürtellinie entlang, während seine Zunge bedächtig in meine Mundhöhle eindrang und meine Zunge zum Spielen aufforderte. Kurz rangen wir um die Dominanz, die er schlussendlich mit unfairen Mitteln gewann. Geschickt lenkte er mich ab, indem seine Fingerspitzen meinen Körper liebkosten und sich an meinem Hosenbund festkrallten. Mir war trotz der angenehmen Temperaturen heiß und kleine Schweißperlen bildeten sich auf meiner Haut. Auch auf Hunters Körper bildete sich ein Schweißfilm, als ich mit meinen Händen über seinen Rücken strich und ihm zusätzlich leicht in die Lippen biss. Ich konnte ihn stöhnen hören und drängte mich ihm entgegen, woraufhin er sich aufsetzte. Kurz war ich verwirrt, doch dann kam seine Wärme wieder zurück und sein Shirt landete irgendwo entfernt auf einem der benutzten Teller. Ich fühlte seine nackten Schulterblätter unter meinen Händen und seine liebevolle Zunge in meinem Mund. Meine Brustwarzen stellten sich auf und ich stöhnte wieder, als Hunter mein linkes Bein anhob, um mehr von mir berühren zu können. Mein Kopf war wie benebelt und ich konnte keinen klaren Satz mehr bilden. Alles in mir schrie nach mehr. Mehr von diesem Gefühl und mehr von Hunter. Dass wir uns zum ersten Mal so nah waren und ich unser Verhältnis auf freundschaftlicher Basis belassen wollte, verdrängte ich einfach und genoss, was er mit mir tat. Auch die Tatsache, dass ich zum ersten Mal einem Menschen so nahe war, ignorierte ich gekonnt und verlor mich in dem Wunsch, in Hunter hineinkriechen zu wollen, damit sich nichts mehr zwischen uns drängen konnte.

Der Unterleib des jüngeren Morgan-Bruders bewegte sich rhythmisch gegen meine Mitte und er keuchte immer schneller. Einhändig versuchte er, mir mein Shirt über den Kopf zu ziehen, doch als er es nach dem vierten Versuch nicht geschafft hatte, seufzte er frustriert und beendete den Kuss. Bittende Augen sahen mir entgegen und in seinem Mundwinkel hing ein Spuckfaden, der ihn immer noch mit mir verband. Seine Wangen waren gerötet und er biss sich auf die Unterlippe, während ich mich selbst von meinem unerwünschten Kleidungsstück befreite. Dankbarkeit blitzte in seinen Augen auf und er keuchte laut. Nur Sekunden später lag Hunters Mund wieder auf meinem. Er zog seinen Arm unter meinen Kopf hervor und ersetzte ihn durch mein T-Shirt, damit ich nicht mit dem Hinterkopf am Boden aufschlug. Wohlig rekelte ich mich unter ihm, als er meine Hände über meinem Kopf platzierte und sie festhielt. Enttäuscht stöhnte ich, da ich ihn auch gerne weiter erkundet hätte. Gewissenhaft küsste er jeden Millimeter von meinen Lippen bis zu meinem Schlüsselbein und weiter runter zu meinem Bauchnabel. Eine Gänsehaut bildete sich auf meinem Körper, als sich etwas Hartes an meine Mitte drückte und mir klar wurde, dass Hunter die Situation genauso genoss wie ich. Mit Bedacht schleckte mein Begleiter Kreise um die Einkerbung in meinem Bauch und küsste sich dann wieder hoch. Dreimal wiederholte er diesen Prozess und ich war froh, dass ich bereits auf dem Boden lag, da spätestens jetzt meine Beine, die sich wie Wackelpudding anfühlten, unter mir nachgegeben hätten. Mir war ungewohnt heiß. Meine Haut kribbelte und mein Körper schien Feuer zu fangen. Hunter löste ohne es zu wissen, nur mithilfe seiner Berührungen, einen Brand in meinem Inneren aus, der außer das Gefühl der Erregung alles wegschmolz und in meinem Herzen Flammen entzündete. Ein lautes Rascheln störte die Stille, die bis auf das gelegentliche Keuchen zwischen uns herrschte, weshalb sich die Realität kurz einen Weg durch meine Emotionen bahnen konnte. Weil das Geräusch jedoch genauso schnell verschwand, wie es gekommen war, dachte ich nicht weiter darüber nach und schloss wieder meine Augen. Wie in einer Blase, abgeschieden vom Rest der Welt, fühlte ich mich auf diesem alten Schuldach, während meine Begleitung sanft meinen Bauch streichelte und mit seiner Zunge meine Tätowierungen ableckte.

Er fuhr mit seinen großen Händen meine Taille entlang und stoppte diesmal nicht an meinem Bund, sondern schob seine Finger zwischen den Knopf der Hose und meiner Haut, um meine Jeans zu öffnen. Das kühle Metall des Reißverschlusses bildete einen starken Kontrast zu seinen warmen Handflächen. Ich stöhnte und hob mein Becken an, als Hunter mir: »Fühlt sich das gut an, Prinzessin?« ins Ohr flüsterte. Mitten in der Bewegung erstarrte ich und mein Gehirn schaltete sich wieder ein, da ich sofort das Bild von Maria und ihrem Gemahl, der dieselben Worte an meine Vorfahrin gerichtet hatte, vor Augen sah und plötzlich war das Gefühl der Schwerelosigkeit in meinem Inneren verschwunden. Die Wirklichkeit brach auf mich ein und der Geruch von verwesenden Körpern kroch in meine Nase, als ich mich wieder an die alten Gemäuer der Kirche erinnerte, in denen Maria ihre letzten Tage gefristet hatte. Ganz allein, während ihr Gemahl ebenfalls qualvoll sterben musste, weil er sie geliebt hatte. Was zur Hölle tat ich hier? Wir hatten uns darauf geeinigt Freunde zu sein, und wenn wir jetzt weitergingen, würden wir nie mehr eine freundschaftliche Beziehung führen können. Aber die wichtigere Frage war: Wollte ich das? Wollte ich hier auf diesem Turm meine Unschuld an Hunter verlieren? War ich bereit, es zu tun?

Meine Ziehmutter hatte immer gesagt, dass Mädchen, die unverheiratet Sex hatten, in die Hölle kamen, aber ich war eine Hexe, deshalb würde mich der Himmel wahrscheinlich sowieso nie zu Gesicht bekommen. Aus irgendwelchen Gründen war ich trotzdem noch nicht bereit, Sex zu haben. Vielleicht, weil die letzte Zeit so verwirrend war. Vielleicht, weil ich jedes Mal, wenn ich die Augen schloss, Leichen von Schülern sah. Vielleicht, weil ich mir meinen Gefühlen Hunter gegenüber nicht sicher war. Aber egal, welcher dieser Gründe mich zurückhielt, solange es sich nicht hundertprozentig richtig für mich anfühlte, sollte ich auf keinen Fall leichtfertig mit ihm schlafen, da wir ansonsten für immer ungewollt aneinander gebunden wären.

»Hör auf«, verlangte ich leise und wollte mich aufsetzen, um ein wenig Distanz zwischen uns zu bringen, sodass mein Körper nicht

erneut meinen Verstand lahmlegen konnte. Hunter drückte meinen Oberkörper wieder auf den Boden und sagte: »Entspann dich, Prinzessin.«
Dann küsste er meine Schläfe und wandte sich wieder meinem Hosenknopf zu.
»Hunter, du sollst aufhören!«, wiederholte ich und schaffte es diesmal mich aufzurichten, weil mein Begleiter mehr damit beschäftigt war, mich auszuziehen, als meinen Brustkorb auf die Decke zu drücken. Wie ein Wahnsinniger riss er an meiner Jeans, bis der Verschluss sich endlich öffnete und er den Stoff von meinem Körper ziehen konnte. »Hunter, ich meine es ernst, hör jetzt auf!«, schrie ich und strampelte mit den Füßen. Was war in ihn gefahren? Ich biss erzürnt die Zähne zusammen, als Hunters Gewicht meine Beine in den Boden drückte und mir somit jegliche Bewegungsfreiheit nahm.
»Stell dich nicht so an«, fluchte er und hielt meine Arme fest. Unbehagen erfüllte mich und am liebsten hätte ich ihn für diese Aktion geschlagen, da er meinen märchenhaften Abend ruinierte. Außerdem benahm der Schwarzhaarige sich vollkommen irrational. Er zupfte und riss an mir, wie ein Kind an einer leblosen Puppe. Mit diesem Verhalten war es kaum vorstellbar, dass er mich vor wenigen Minuten noch wie eine Königin behandelt hatte.
»Was soll das?«, zischte ich und versuchte mich aus seiner Umklam-merung zu lösen.
»Du machst mir Angst«, kreischte ich und wollte seinen Griff lockern, indem ich mich gegen ihn stemmte. Zum ersten Mal verfluchte ich, dass er stärker war als ich mit meinen 70 Kilogramm Kampfgewicht, und wurde panisch. Kurz erhaschte ich einen Blick in Hunters Augen, die eine seltsam milchige Farbe angenommen hatten undmich aggressiv ansahen.
»Hunter?«, fragte ich wimmernd und versuchte von ihm weg zu krabbeln, weil seine Hände zu Fäusten geballt waren. Angriffslustig fuhr er sich übers Gesicht und mahlte mit den Zähnen. Als der Schwarzhaarige wieder nach mir griff, bekam ich seine Hand zu fassen und stellte mir vor, wie meine Finger heiß

wurden. Augenblicklich schrie der jüngere Morgan-Bruder laut auf vor Schmerz und ließ von meinem Bein, das er wie einen Schraubstock festhielt, ab. Augenblicklich ließ ich die Flammen wieder verschwinden, um nicht aus Versehen das Dach in Brand zu setzen. Trotzdem war Hunters Handfläche krebsrot, aber seine Haut warf keine Blasen, wie es Nicoles Oberarm getan hatte, als ich zum ersten Mal meine Kräfte gegen einen Menschen eingesetzt hatte. Obwohl dieser Mistkerl es im Moment genauso sehr verdient hätte, wie die Eisprinzessin damals.

»Wo ist dein Problem?«, schrie er mir entgegen.

Was mein Problem war? Was war denn bitteschön sein Problem?

»Du hast mir wehgetan und du hast nicht aufgehört, als ich dich gebeten habe«, keifte ich zurück. Am liebsten hätte ich mich in eine Decke eingerollt und geweint.

»Als du nicht mehr wolltest? Wir machen ständig, was du willst. Du denkst immer nur an dich. Hast du dich jemals gefragt, was ich vielleicht will?«, fauchte er und Tränen der Wut traten mir in die Augen, weil ich einerseits wusste, dass er recht hatte, aber es andererseits keinesfalls entschuldigte, was für eine Show er gerade abzog. Außerdem hatte ich ihn oft gefragt, ob er irgendetwas anderes tun wollte und er hatte immer verneint. Er wollte mir Zeit lassen. Zumindest dachte ich das.

»Ich denke immer nur an die anderen. Auch an dich«, behauptete ich, um mich selbst zu verteidigen. Ich schniefte mitleiderregend und konnte nicht verhindern, dass sich salzige Tränen aus meinem Augenwinkel lösten. Warum nahm er mich nicht in den Arm, um mich zu trösten, wie er es sonst tat? Er stand einfach nur da und sah mich aus ausdruckslosen Augen an.

»Aber was du willst, wissen wir jetzt: Du willst mich einfach nur ficken«, setzte ich nach und kurz konnte ich einen Schimmer Reue in seinen Gesichtszügen erkennen, bevor er seine Mimik wieder unter Kontrolle hatte. Meine Worte waren hart. Das war mir bewusst, aber ich wusste nicht, wie ich anders mit der Trauer in meinem Herzen hätte umgehen sollen.

»Nein, ich wollte dich lieben, dich vergöttern, aber das willst du ja nicht«, warf er mir vor und schnappte sich sein Shirt vom Boden, um es wieder überzuziehen. Wütend funkelte er mich an, während er sich wiederaufrichtete.

»Ich kann nichts dafür, dass alles so unglaublich kompliziert ist«, murmelte ich kleinlaut und schlang die Arme um meinen Körper, um äußerlich Stärke zu signalisieren, obwohl der Versuch in Anbetracht meiner Tränen lächerlich war. Ob ich ihn beruhigen konnte, wenn ich ihm lange genug gut zuredete?

»Doch, weil du alles verkomplizierst. Bevor du an diese Schule gekommen bist, war alles leichter«, behauptete er angriffslustig und mir fiel es schwer, nicht zu schluchzen. Mit Reden kam ich in dieser Situation wohl nicht weiter. Das hielt er also von mir? Dass es besser gewesen wäre, wenn ich es nie an die Hexenschule geschafft hätte? Hunter reduzierte mich von einem Menschen zu einem wandelnden Problem auf zwei Beinen. Vielleicht nicht absichtlich, aber deshalb tat es nicht weniger weh.

»Schön. Dann wäre es wohl besser, wenn ich ganz schnell wieder von hier verschwinde«, flüsterte ich gekränkt, doch da er mir antwortete, wusste ich, dass er mich gehört hatte.

»Ja genau, spiel wieder das arme Mädchen, das für nichts etwas kann, aber ganz ehrlich: Ich habe mich wochenlang um dich bemüht und von dir kam absolut gar nichts. Glaub mir, ab jetzt brauchst du keine Angst mehr haben, dass ich mit dir schlafen will. Du bist einfach nur erbärmlich.«

Autsch. Das hatte gesessen.

Wenn er mich geschlagen oder angespuckt hätte, wäre die Botschaft nicht halb so erniedrigend gewesen. Noch vor einer Stunde dachte ich, dass alles zwischen uns in Ordnung war und nun verfluchte er jedes Wort, das ich je gesagt hatte. Kurz erstarrte Hunter, als ich ihm den Rücken zuwandte, weil er nun eine gute Sicht auf die Narben, die meine Ziehmutter mir zugefügt hatte, bekam. Aber das war mir lieber, als noch länger halb nackt vor ihm zu stehen, obwohl er mir nur Groll und Hass entgegenbrachte. Nackt war ich viel zu angreifbar. Der Leidensdruck in meiner Brust verstärkte sich und ich hatte das

Gefühl, dass mein Herz zerbrach, sodass am Ende Millionen kleine Splitter gegen meine Organe stachen, jedes Mal, wenn ich einatmete. Ich beugte mich zu meinem Shirt und zog es über meinen geschundenen Körper. Was auch immer mit dem Schwarzhaarigen nicht stimmte, in dem Moment, in dem er einfach ging, ohne ein Wort zu sagen, wusste ich, dass das nicht mehr mein Hunter war. Mein Held hätte mich nie weinend mit einem vernarbten Rücken am Dach stehen lassen, ohne eine Erklärung zu verlangen. Er hätte nicht zugelassen, dass ich allein die Teller und die Lebensmittel in den Korb zurück räume, während ich mir den Kopf zerbreche, ob ich nicht einfach mit ihm hätte schlafen sollen. Auch wenn ich es im Nachhinein vielleicht bereut hätte. Mein Hunter hätte mich nie zu etwas gedrängt, dass ich nicht wollte. Mein Gemahl hätte mich in mein Zimmer zurückgebracht und gewartet, bis ich einschlafe, abgesehen davon, ob ich ihm den Sex verwehrt hatte oder nicht. Aber als ich allein in meinem Bett lag, mir die Augen ausheulte und Taras unruhigen Bewegungen, die sie seit Deinem Tod im Schlaf machte, lauschte, wurde mir klar, dass ich nicht mit dem bitteren Gefühl hätte leben können, wenn ich meine Jungfräulichkeit am heutigen Tag verloren hätte. Hunter würde das mit Sicherheit verstehen. Vielleicht war er nur wütend und frustriert gewesen, weil er schlecht geschlafen hatte oder er einfach Druck ablassen musste. Wahrscheinlich würde er sich morgen entschuldigen und alles würde wieder wie vorher werden. Mit etwas Glück würden wir es auch schaffen den heutigen Streit in Ruhe aufzuarbeiten, sodass wir beide mit unserer Beziehung zufrieden sein können. Eventuell lag er gerade selbst auf seiner Matratze im Burschentrakt und dachte darüber nach, wie er sich am besten bei mir für sein Verhalten rechtfertigen konnte, zumindest versuchte ich mir das fest einzureden. Aber damit lag ich falsch, Mel. Nichts ist wieder wie vorher geworden. Am nächsten Tag verschlimmerte sich die Situation zunehmend und das Schicksal erinnerte mich einmal mehr daran, dass es mich abgrundtief hasste.

Deine Read

Wer solche Freunde hat, braucht keine Feinde

Liebe Mel!
Beim Aufwachen waren meine Augen immer noch verquollen vom Weinen und ich trug die Kleidung von gestern, da ich nicht mehr die Kraft gehabt hatte mich auszuziehen, nachdem ich endlich zur Ruhe gekommen war. Leicht schwankend stand ich von meinem Bett auf und tapste ins Badezimmer, um mich unter die Dusche zu stellen. Kühles Wasser prasselte über meine Haare und meinen Rücken, während ich langsam richtig wach wurde. Der Schweiß rann von meiner Stirn und meine Muskeln lockerten sich, wodurch mein Körper sich entspannte. Ich war unendlich müde und mein Handgelenk pochte schmerzhaft. Blaue Flecken in der Größe von Hunters Hand verzierten die zarte Haut an meinem Arm und auf meinem rechten Oberschenkel. Traurig blickte ich an mir herunter, bevor ich das Wasser abstellte. Meine zitternden Glieder machten einen geschundenen Gesamteindruck und erinnerten mich an das schöne Date mit dem misslungenen Ende. Ich blieb noch einen kleinen Moment in der Dusche stehen und erfreute mich der Stille, die in dem kleinen Badezimmer herrschte, während ich deprimiert an gestern zurückdachte.

Ich nahm das nächstgelegene Handtuch und tupfte die Hämatome vorsichtig trocken, bevor ich den Rest meiner Haut von den

Wassertropfen befreite. Jedes Mal, wenn ich einen der blauen Flecken berührte, zuckte ich vor Schmerz zusammen und versuchte nicht zu schreien.
Ich hörte, wie Taranee leise aufstand und sich im Nebenzimmer anzog, während ich in meine Unterwäsche schlüpfte, als meine Haut endlich trocken war. Eilig zog ich mich fertig an, als Tara bereits an die Tür klopfte, weil sie auch ins Bad wollte. Umgehend machte ich ihr Platz, achtete aber darauf, dass die Verletzungen unter meiner Kleidung unsichtbar wurden, sodass meine Mitbewohnerin sich keine Sorgen machen musste. Als meine Haare getrocknet waren und ich meine Schuhe angezogen hatte, setzte ich mich an den Schreibtisch und wartete geduldig, bis Tara ihre Morgenroutine beendet hatte. Die vier Bücher, die ich für den heutigen Schultag benötigte, packte ich in meinen schwarzen Rucksack und legte meinen Füller obendrauf.
Vampirella trug ein schwarzes Kleid, als sie das Badezimmer verließ. Ihre Mimik war ausdruckslos wie immer, als wir zum Frühstück aufbrachen. Eigentlich hatte ich erwartet, dass Hunter bereits vor meinem Zimmer warten würde, um sich zu entschuldigen, doch der Gang war wie leer gefegt. Es war noch zu früh, als dass viele Schülerinnen schon zum Essen gingen und normalerweise war ich froh über die Ruhe am Morgen. Doch heute war es nicht angenehm. Ganz im Gegenteil. Es war, als würde die unheimliche Stille Unheil voraussagen und mich vor der lauernden Gefahr warnen wollen. Geknickt machte ich mich mit Tara im Schlepptau auf den Weg in die große Halle, in der wir uns mit den anderen treffen würden. Auch hier war keine Spur des Schwarzhaarigen, obwohl er sonst einer der Ersten war, die sich den Magen vollschlugen. Dafür waren aber Jonathan und Jaimie anwesend, die in einer Ecke saßen und hitzig miteinander diskutierten.
»Gib mir recht, Read!«, verlangte Dein Bruder, als ich mich näherte und ein Lächeln erschien auf meinen Lippen. Die beiden schafften es stets, mich aufzuheitern, egal wie trüb meine Stimmung sein mochte.

»Hör nicht auf ihn! Dass du überhaupt daran denkst, ist lächerlich, Jaimie«, behauptete der ältere der beiden und sah sein Gegenüber mit verzweifeltem Blick an.
»Wo brennt es denn?«, wollte Taranee wissen und quetschte sich zwischen die beiden Burschen, obwohl weder Dein Bruder noch Jona besonders begeistert aussahen bei dieser Geste.
»Jaimie verliert langsam den Verstand«, meinte der Morgan-Bruder und rollte demonstrativ mit den Augen, bevor er sich einen Löffel Joghurt in den Mund schaufelte.
»Was? Ich hab doch nur gesagt, dass sie hübsch ist und ich genau sehe, wie du sie ansiehst. Gib doch einfach zu, dass du sie willst«, wütete der Blonde und drehte sich von seinem besten Freund weg, nachdem er seine Arme verschränkt hatte.
»Ich sehe sie nicht an«, verteidigte Jona sich, obwohl es dafür keinen Grund gab. Jonathan war seit Cassandras Tod Single. Er konnte tun und lassen, was er wollte. Doch das schien der Bruder meines Gemahls selbst anders zu sehen, denn er versuchte inbrünstig, Jaimie von seiner Abneigung dem Mädchen gegenüber zu überzeugen, während der Blonde demonstrativ die Augen zusammenkniff.
»Um wen geht es?«, fragte Lora, die sich zusammen mit Nathalia unserem Tisch näherte, bevor Jona sich nochmals herausreden konnte.
»Alexandria Athena, drei As für ein Halleluja, Andrews«, fauchte der Jüngste am Tisch und seine Wangen färbten sich leicht rot, aufgrund der Anstrengungen, die er unternahm, um Jonathans Blick auszuweichen. Den Schmollmund, den Jaimie dabei aufsetzte, ließ ihn nicht wütend, sondern niedlich aussehen, aber es schien bei Jona den gewünschten Effekt zu erzielen. Der Ältere zuckte zusammen und sah schuldbewusst drein. Nervös spielte Jona mit seinen Fingern und murmelte in seinen nicht vorhandenen Bart Ausreden, die er nicht einmal selbst glauben konnte.
»Heißt sie wirklich so?«, fragte ich und musste mir ein Kichern verkneifen.

»Ja und sie ist dir sicher schon aufgefallen, Read. Alexa ist die reiche Schlampe mit den blonden Haaren aus deinem Schauspielkurs. Du weißt schon, die die immer ihre Brüste zur Schau stellt, um die weibliche Hauptrolle zu bekommen. Verfluchte Bitch«, zischte Jaimie verärgert und biss sich auf die Lippen, während ich große Augen bekam. Dein Bruder fluchte nie. Zumindest nicht in meiner Gegenwart. Bis zu diesem Moment wusste ich nicht einmal, dass er es konnte. Doch die Situation schien ihn so sehr mitzunehmen, dass er seine guten Manieren über Bord warf. Aber ich hätte damit rechnen müssen, dass der Blonde ein genauso vorlautes Mundwerk hatte wie seine große Schwester. Er hatte es nur besser getarnt und musste es nie einsetzen, da Du seine Kämpfe ausgefochten hattest. Aber nun warst Du nicht mehr da und Jaimie zeigte jeden Tag aufs Neue, dass Ihr Euch ähnlicher gewesen wart, als er den Rest von uns ahnen ließ.
»Sie ist keine Schlampe«, verteidigte Jonathan die Schauspielerin, womit er Deinen Bruder nicht gerade beruhigte. Eher das Gegenteil war der Fall. Der Blonde schien noch wütender zu werden und die Zähne zu fletschen. Er reckte das Kinn und schenkte Jona einen vernichtenden Blick.
»Ach, wie nennst du Mädchen, die mit der halben Schule geschlafen haben denn sonst?«, schrie der Grünäugige und erhob sich prompt von der Bank.
»Stimmt, sie macht es mit jedem«, warf Tara wenig hilfreich ein und kassierte von mir einen leichten Schlag auf den Hinterkopf. Sie sollte Jaimie nicht auch noch in seinem unbegründeten Zorn bestärken, sondern helfen den Konflikt zu lösen, ohne dass es Verletzte gab. Jona hatte das Recht sein Leben weiterzuleben, auch wenn Dein Bruder, im Gegensatz zu seinem besten Freund, nicht über Cassandras Tod, der durch Dein Ableben präsenter war als je zuvor, hinwegkam. Außerdem konnte Alex keine schlechte Schauspielerin sein, immerhin war ihre Interpretation der Julia so glaubwürdig, dass Lady Twister, die Professorin für darstellendes Spiel, heute noch davon sprach.
»Warum lästern wir eigentlich über die Millionärstochter?«,

verlangte Nathalia zu wissen und brach damit Jaimies Damm. Zuerst nur vereinzelt und dann immer schneller flossen ihm Tränen über die geröteten Wangen. Ein Schluchzen verließ seine Lippen und mein Herz verkrampfte sich mitleidig bei seinen Worten.

»Sie hat Jona gefragt, ob er mit ihr zum Sommeranfangsfest geht und er hat zugesagt, obwohl er mir versprochen hat, dass wir zu zweit gehen, weil Mel mich sonst immer mitgenommen hat, sodass ich nicht allein in einer Ecke stehen musste. Aber ich bin mir sicher, ihr werdet viel Spaß haben. Pass nur auf, dass sie dich mit keinen Krankheiten ansteckt«, giftete Jaimie und fuhr mit der Hand über sein tränennasses Gesicht.

Seine ersten Worte richtete Jaimie an uns alle, aber es war klar, dass das Ende für Jonathan bestimmt war, der ruhig und mit bleichen Gesicht auf die Tischplatte starrte, während sein bester Freund sich weinend den Frust von der Seele schrie. Jona schien unfähig zu sein, irgendetwas zu sagen, und erstaunlicherweise konnte ich ihn verstehen. Auch für mich war der Ausbruch deines Bruders nichts Neues, da er seit Deinem Tod sehr nah am Wasser gebaut war, aber noch nie war er wegen einer Kleinigkeit derart an die Decke gegangen oder hatte jemanden seiner Freunde beleidigt. Die Tatsache, dass genau seinem besten Freund die Verfluchungen galten, war ein Schock. Aber für den Kleinen schien der Gedanke, allein in einer Menschenmenge stehen zu müssen, keine Kleinigkeit zu sein.

Seine Augen waren blutunterlaufen und er schniefte unentwegt, während er seine Stimme erhob. Mitleidig schloss ich meine Augenlider, um seine traurigen Gesichtszüge nicht sehen zu müssen. Wie konnte ich auch nur einen Moment glauben, dass es hierbei um Cassandra ging? Natürlich vermisste Dein Bruder Dich – mehr als wir alle anderen zusammen.

»Du kannst auch mit uns zum Fest gehen, Jaimie«, flüsterte meine Mitbewohnerin tröstend und streichelte über seinen Oberarm. Doch der Blonde starrte einfach nur Jona an, als er ihren Arm wegschlug und mit schnellen Schritten die Halle verließ. Sein Blick war wutverzerrt, während er Jonathan ein letztes Mal musterte, als wäre er eine Kakerlake. Entschlossen Jaimie aufzuheitern, wollte ich meinem jüngsten Freund folgen, doch ich wurde von Nathalia zurückgehalten.

»Er sollte sich erst einmal beruhigen«, murmelte sie und aß einen Löffel ihres Müslis, als wäre nichts passiert. Ungewollt blieb ich sitzen und stellte mir vor, wie Jaimie aufgelöst den Gang entlanglief und versuchte, die Tränen zurückzuhalten, während er sich ein Taschentuch auf die Nase drückte. Aber vielleicht hatte Nathalia recht und ich sollte mich erst einmischen, wenn sich die Gemüter beruhigt hatten. Das war damals mein Gedanke, als ich sitzen blieb, Mel. Heute weiß ich, dass ich ihm nachlaufen hätte sollen, um ihn zu trösten. Aber ich hatte ihn im Stich gelassen und auf Nathalias Rat vertraut.

»Also Andrews und du?«, hakte Tara nach, um die Atmosphäre aufzulockern. Jonathan schüttelte müde den Kopf und vergrub sein Gesicht in seinen Händen.

»Nein. Jaimie hat mitbekommen, wie sie mich eingeladen hat und gab mir keine Chance auch nur zu antworten, bevor er mich mit Vorwürfen überhäuft hat. Aber bevor du fragst, ich hätte wahrscheinlich Nein gesagt, Read«, beantwortete er die Frage und ich lächelte kurz, weil ich genau das als Nächstes von ihm hätte wissen wollen. Es war schön zu wissen, dass Jona mich so gut kannte, obwohl wir noch nicht allzu lange befreundet waren.

»Er wird sich wieder beruhigen«, sagte ich zuversichtlich, um Jonathan, der mich verzweifelt musterte, zu beruhigen. Noch wusste ich es nicht, Mel, aber Dein Bruder würde sich nicht wieder beruhigen. Es würde sogar noch schlimmer werden.

»Ich hoffe, du hast recht«, erwiderte er, wurde aber von Tara unterbrochen.

»Wann hat Read das nicht?«, sagte meine Zimmergenossin monoton und verdrehte belustigt die Augen. Daraufhin begannen wir alle zu lachen und scherzten über Alexandras gepolsterte Lippen, die wie aufgespritzt aussehen, und ihren Daddy, der ihr diverse Schönheitsoperationen bezahlte, damit seine Tochter mit der gesamten Fußballmannschaft schlafen konnte. Einerseits fühlte ich mich schuldig, weil ich über ein Mädchen lästerte, das ich kaum kannte. Andererseits war es genau das Richtige, um mich von der Traurigkeit, die wie ein Schatten an mir haftete, abzulenken. Wenn ich gewusst hätte, was uns noch alles bevorstand, hätte ich zu dieser Zeit viel öfter unbeschwert mit ihnen gelacht. Aber wie heißt es so schön: Im Nachhinein ist man immer schlauer.

Der lustige Moment wehrte jedoch nur kurz, als Hunter die Halle betrat und mir das Lachen augenblicklich im Hals stecken blieb. Seine dunklen Augen suchten die Schülerschaft nach uns ab, aber seine Miene verriet nicht, was er dachte. Ausdruckslos setzte er einen Fuß vor den anderen. Mit schweren Schritten kam er direkt auf unseren Tisch zu und meine Hände begannen zu schwitzen. Jetzt schlug die Stunde der Wahrheit. Ob er den gestrigen Abend bereute?

Hunter trug eine schwarze Hose und dazu das weinrote Hemd, das ich so sehr an ihm liebte, weil es seine Tätowierung auf seiner Brust erahnen ließ. Eng schmiegte sich die Kleidung an seine Haut, sodass sich die Muskeln unter dem Stoff abzeichneten. Lässig hatte er seinen Rucksack über seine Schulter geworfen, während er mir immer näherkam. Er sah umwerfend aus. Fast noch besser als gestern Abend. Mein Herz begann schneller zu klopfen und mir wurde heiß und kalt zugleich.

»Guten Morgen«, sagte er gefühlskalt in die Runde, obwohl er mich ansah. Seine Pupillen waren stark geweitet, sodass ich kaum noch seine Iriden erkennen konnte.

»Morgen«, erwiderte ich und kaute auf meiner Unterlippe, die bestimmt schon geschwollen war von der ständigen Knabberei.

»Hast du gut geschlafen?«, fragte ich vorsichtig, als die Stille zwischen uns unangenehm wurde, weil er lieber mein Gesicht studierte, anstatt den Mund aufzumachen. Ich hielt gespannt die Luft an, bis sich ein Brennen durch meine Lungen zog.

»Nein«, antwortete er und ich atmete froh aus. Ich setzte ein Lächeln auf und wollte ihn gerade bitten, mit mir über gestern

Abend zu reden, als Hunter weitersprach und meine Gesichtszüge entgleisen ließ: »Ich konnte die ganze Nacht nur daran denken, dir den Hals umzudrehen.«
Obwohl er laut genug sprach, damit die ganze Halle ihn verstehen konnte, beugte er sich zu meinem Ohr herunter. Seine Stimme klang kalt wie Eis und seine Augen hatten die Farbe von einem verwesenden Fisch, der seit Tagen am Strand in der Sonne lag und langsam anfing zu stinken. Es war etwas zwischen milchig grau und schleimig grün. Undefinierbar. Da waren mir die geweiteten Pupillen, die ihn wie einen Drogensüchtigen aussehen ließen, lieber gewesen.
Hunter hatte die Arme zur Abwehr vor der Brust verschränkt und streifte mit Absicht meine Haut, um mich zu verunsichern. Seine Lippen waren spöttisch verzogen und sein Blick zeigte nichts als Verachtung. Schlussendlich küsste er meine Wange, griff auf meinen Teller, um sich mein Brötchen zu schnappen, und richtete sich danach wieder auf. Als hätte er sich an mir verbrannt, trat er mehrere Schritte von meinem bebenden Körper zurück und ich hasste mich selbst, weil mein Zittern verriet, wie sehr Hunter es schaffte, mich aus der Fassung zu bringen. Als würde er meine Gedanken lesen, lachte der Schwarzhaarige gehässig und verließ die Halle wieder, während ich, unfähig mich zu bewegen, in die entsetzten Grimassen meiner verstörten Freunde sah und mir wie vor den Kopf gestoßen der Mund aufklappte.
»Beim Namen der Göttin, was war das?«, fragte Jona, der sichtlich verwirrt vom Verhalten seines Bruders war, und wischte seinen Löffel, der durch den Schock in seiner Schüssel gelandet war, mit einer Serviette ab. Milch tropfte auf die Tischplatte, aber niemand wischte sie weg.
»Read?«, bohrte Tara nach und wartete gespannt darauf, dass ich wieder zu mir kam. Aber ich konnte mich nicht aus meiner Trance lösen. Mein Körper gehorchte mir nicht mehr.
»Read ...?«, wiederholte Tara und legte mir eine Hand auf die Schulter, um meine Starre zu beenden. Und es funktionierte. Ich fühlte mich zwar immer noch wie paralysiert, aber ich konnte

mich wieder hinsetzen und traurig meinen Kopf auf die Tischplatte sinken lassen.
»Wir hatten Streit«, murmelte ich verbittert in den Tisch und beruhigte meinen Herzschlag, der durch die Decke ging. Eilig erzählte ich vom gestrigen Desaster, wobei ich nicht zuließ, dass mich die Erinnerungen überwältigten und ich erneut zusammenbrach. Ein öffentlicher Weinkrampf wäre ein gefundenes Fressen für meine Mitschüler, und am Ende würde noch mehr über uns getratscht werden als sowieso schon.
Ich versuchte, mich so kurz wie möglich zu fassen, ohne etwas auszulassen, und redete besonders leise, damit niemand vom Nebentisch, der bereits wieder das Interesse an uns verloren hatte, mithören konnte. Hin und wieder fragte Jonathan etwas, wenn ich mich selbst in Erklärungen für Hunters Verhalten verstrickte, und auch meine Mitbewohnerin schaffte es nicht, still zuzuhören, sondern rief zwischendurch verschiedene Verfluchungen, wenn ich die Worte meines Gemahls wiedergab. Taranee zeigte kaum ihre innere Gefühlswelt, doch auch ihr war diesmal anzusehen, dass sie entsetzt und wütend war. Eine Falte hatte sich zwischen ihren Augenbrauen gebildet, ihre Hände waren zu Fäusten geballt, sie hatte die Zähne zusammengebissen und ihre Nasenflügel bebten. Ihre Augen waren zu Schlitzen zusammengekniffen und ihr verzogenes Gesicht war rot angelaufen. Ich wusste gar nicht, dass Tara so viele Gesichtsmuskeln gleichzeitig anspannen konnte.
Am Ende meines Berichts war ich ein kleines Häufchen Elend und Lora legte ihren Arm um meine Schultern, um mich zu trösten, weil in meinen Augen gegen meinen Willen Tränen schwammen. An diesem Morgen war bereits zu viel geheult worden, wenn Du mich fragen würdest, aber der Tag war noch jung, und wenn Hunter sich weiter wie ein Scheusal aufführte, würden es nicht die letzten Tränen bleiben, die ich heute vergoss. Von allen Seiten bekam ich Zuspruch, dass ich richtig gehandelt hatte, und meine Mitbewohnerin versuchte sogar, mich aufzuheitern, indem sie Hunter mit lustigen Tiernamen beleidigte. Bei einer ihrer Formulierungen, die den Schwarzhaarigen mit einem Pavianarsch

mit Krötenwarzen verglich, huschte tatsächlich ein Lächeln über mein Gesicht. Die einzige Reaktion, die überhaupt nicht ins Bild passte, kam von Nathalia, die kurz nach der Beendung meiner Geschichte auf meine Wunden Salz streute, indem sie dem jüngeren Morgan-Bruder recht gab.

»Es wäre nur Sex gewesen, und wenn wir ehrlich sind, wird es sowieso passieren, wenn er dein Gemahl ist. Worauf willst du warten? Bis ihr alt und grau seid?«, fragte die Brünette und schaufelte sich ihren Joghurt in den Rachen.

Das war das erste Mal, dass ich Nathalia wünschte, sie würde an ihrem Essen ersticken, obwohl sie meine Freundin war. Ich fühlte mich schlecht, weil ich wusste, dass es falsch war, ihr vorzuwerfen, sie hätte den Tod verdient. Doch meine Emotionen spielten verrückt und ich hatte es langsam satt, immer eine gute Miene aufzusetzen. Ich brauchte Trost und Verständnis, keine moralischen Belehrungen.

»Darum geht es nicht, Nat«, meinte Lora schnell, um Nathalia auf ihre unpassende Aussage aufmerksam zu machen, während sie mir beruhigend über meinen Oberschenkel streichelte. Lora hätte einen Orden verdient gehabt, Mel. Sie blieb freundlich, obwohl ihr Nathalias Aussage laut ihrem Gesichtsausdruck genauso wenig schmeckte wie mir.

»Genau darum geht es«, beharrte die Brünette auf ihrer Meinung und schnalzte mit der Zunge. »Hunter tut viel für Read, weil er sie liebt, aber von ihr kommt nichts zurück. Mich würde das auch aufregen«, behauptete Nathalia und stand auf, um ihr Tablett wegzubringen. Die Härte in ihrer Stimme verursachte bei mir einen schmerzhaften Stich, der sich durch meine Eingeweide zog. Mir war klar, dass in ihren Worten viel Wahrheit steckte, auch wenn sie es unschön formuliert hatte. Der Umstand, dass sie mir das Gleiche vorwarf, wie Hunter gestern Nacht, verschlimmerte meine Schuldgefühle. Ich hätte sie gerne angeschrien. Nathalia hatte keine Ahnung, wie es mir ging. Warum mischte sie sich überhaupt ein?

»Das war nicht hilfreich«, fauchte Taranee der Braunhaarigen hinterher und schob mir ein neues Brötchen auf den Teller, um mich zum Essen zu bewegen. Paradox, nicht wahr? Das Mädchen, das mit Abstand am meisten zunehmen sollte, wollte mir mit ihrer Geste zeigen, dass ich, auch wenn das Leben hart war, weitermachen musste und essen sollte. Aber mir war der Appetit vergangen.

»Keinen Hunger«, murmelte ich erschöpft und wünschte, ich müsste nicht zum Unterricht nach diesem grauenhaften Morgen. Aber weder Nörgeln noch Flehen half. Erbarmungslos zog meine Zimmergenossin mich hinter sich her.

Wenig später fand ich mich in Brodowicks Geschichtsstunde wieder und versuchte angestrengt, dem Professor zuzuhören. Während er von der Entstehung der Hexenfeste erzählte, hing mein Blick auf der großen Uhr über der Tür. Ich beobachtete die Zeiger, die sich für meinen Geschmack heute zu langsam bewegten und betete zur Göttin, dass ich bald wieder in mein Bett zurückdürfte. Aber Diana schien meine Gebete heute einfach nicht zu erhören.

Mir war sterbenslangweilig und es ging augenscheinlich nicht nur mir so. Im ganzen Klassenzimmer lagen Schüler mit dem Kopf auf ihrer Tischplatte und hatten die Augen geschlossen, doch Brodowick schien sich daran nicht zu stören und redete einfach weiter, als würden alle aufmerksam zuhören. Tara, die neben mir saß, spielte mit Deinem Armband und seufzte hier und da. Auch sie war bereits weggetreten und schien mit ihren Gedanken weit weg zu sein. Woran sie wohl dachte?

Das Ticken der Uhr hallte laut in meinem Kopf wider und es fiel mir schwer, nicht andauern die Uhrzeit zu kontrollieren. Ich konnte es nicht leugnen. Mich zerfraßen meine Sorgen innerlich und deshalb kam mir der Alltag, der sich wie eine Ewigkeit zog, sinnlos vor. Wenn der Unterricht anspruchsvoll oder interessant gewesen wäre, hätte ich wenigstens nicht meinen Gedanken zuhören müssen, die mir mein Gehirn entgegenschrie. Aber so war ich verdammt dazu, mir den Kopf zu zerbrechen. Die Vorstellung Rabiana nicht die Stirn bieten zu können, war schon schlimm

gewesen, doch gepaart mit der Angst, meinen Gemahl zu verlieren, wurde meine Panik übermächtig. Hunters Stuhl war leer. Er war nicht zum Unterricht erschienen und ich wusste nicht, was ich davon halten sollte. Einerseits war es gut, da ich somit erneuten Konfrontationen aus dem Weg gehen konnte, aber andererseits würden wir nichts an der Situation ändern können, wenn wir nicht darüber sprachen. Oder war genau das der Plan dahinter?
Auch Nathalias Sitzplatz war unbesetzt, wodurch ein merkwürdiges Gefühl sich einen Weg durch meine Innereien bahnte. Ob sie recht gehabt und ich überreagiert hatte? Vielleicht war ich diejenige, die sich entschuldigen sollte.
In meiner Magengrube begann es seltsam zu pochen und mir wurde eiskalt, obwohl ich schwitzte. Ein schmerzhafter Stich zog sich durch meine Nervenbahnen und es rumorte unangenehm in meinem Bauch. Ein eigenartiger Geschmack entstand in meinem Mund, als ich aufstoßen musste, und ich hatte die Befürchtung mein Frühstück gleich wiederzusehen. Was war auf einmal los?
»Read, alles klar?«, wollte Tara wissen, die mein bleiches Gesicht, trotz ihrer psychischen Abwesenheit, bemerkt hatte. Ich nickte kurz und stand im nächsten Moment auf. Schnell verließ ich den Raum, um mich auf der Mädchentoilette zu verbarrikadieren. Frische Luft und ein paar Minuten allein sein, um neue Kraft zu tanken, würden mir sicherlich guttun. Als Taranee sich ebenfalls erheben wollte, winkte ich ab. Ich war alt genug, um über den Gang zu gehen, ohne mich am Arm meiner Freundin festzuhalten. Vielleicht wäre es im Nachhinein betrachtet doch besser gewesen, wenn sie mich begleitet hätte, dachte ich, als ich erneut das Verlangen bekam, mich zu übergeben. Schnell lief ich den Korridor entlang und schlug die Tür zu den Toiletten auf. Es stank wie in jedem öffentlichen WC und der Geruch reichte aus, um mir den Rest zu geben. Ich spuckte mein Frühstück ins Waschbecken und hielt mir unbeholfen die Haare aus dem Gesicht, damit die Strähnen nichts von der schleimigen Magensäure abbekamen. Noch während ich meinen Magen entleerte, ließ ich das Wasser aus dem Hahn laufen, um mir gleich den Mund ausspülen zu können.

Nach dem dritten Mal verschwand der widerwärtige Geschmack aus meiner Mundhöhle und ich setzte mich auf den klebenden Boden, um meinen Kreislauf zu entlasten. Ich lehnte den Kopf gegen das Porzellan des Waschbeckens und atmete tief durch. Wobei ich penibel darauf achtete mit dem Mund einzuatmen, da ich mir nicht sicher war, ob mein Magen dem Geruch nach Erbrochenem standhalten würde. Im Spiegel mir gegenüber konnte ich mein fahles, fast kränklich aussehendes Gesicht betrachten. Schweiß rann von meiner Stirn und meine Haare standen zerzaust in alle Richtungen ab. Ich sah müde und erschöpft aus. Genauso fühlte ich mich auch.

Lange saß ich einfach mit geschlossenen Augen da und wartete, bis der Schauer des Ekels und das mulmige Gefühl in meinem Bauch verschwanden. Aber statt besser wurde der Schmerz in meiner Magengrube immer schlimmer und ich keuchte verwirrt, als auch mein Kopf zu pochen begann. Ob ich krank wurde? Hoffentlich nichts Ernstes, sonst würde die Prüfungsphase ein Horrortrip werden.

Meine Sicht verschwamm vor meinen Augen und mein Herz raste. Einen Moment hatte ich das Gefühl den Verstand zu verlieren, als sich mein Spiegelbild veränderte und meine dunklen Haare heller wurden. Mein Gesicht wurde schmaler und meine Nase schien zu schrumpfen. Panisch tastete ich mit meinen Händen meine Wangen ab, aber alles war normal. Meine Fingerspitzen waren leicht kalt, als ich den riesigen Zinken in der Mitte meines Gesichts streifte und meine Haut fühlte sich immer noch leicht fettig an, wegen der Creme, die ich heute Morgen aufgetragen hatte. Verlor ich den Verstand? Oder hatte ich seit neuestem Halluzinationen? Frustriert schloss ich wieder die Augen in der Hoffnung, der Schmerz in meiner Stirn würde abflauen. Überraschenderweise klappte es und das Pochen verschwand schlagartig. Vorsichtig öffnete ich die Augenlider und testete, ob der Schmerz zurückkehrte. Doch nichts geschah und auch das Spiegelbild war wieder glasklar zu erkennen. Hatte ich mir die falschen Gesichtszüge eingebildet? Vermutlich. Zumindest redete ich mir

das ein und entspannte mich. Zweimal gähnte ich, während ich meine Haare glatt strich. Die aufkommende Panik hatte mich ausgelaugt und ich hätte auf der Stelle einschlafen können.
Als ich mir sicher war, dass die Übelkeit nicht wiederkommen würde, erhob ich mich von den schmierigen Fliesen und wusch meine Stirn kalt ab. Außerdem ließ ich das Wasser über meine Handgelenke fließen und war froh, dass daraufhin auch der Schwindel nachließ. Auch die flackernden schwarzen Flecken vor meinen Augen lösten sich in Luft auf. Das taube Gefühl in meinem Kopf blieb jedoch. Es war nicht unangenehm oder schmerzhaft. Es war wie ein Männchen, das sich in meinem Gehirn eingenistet und die Steuerung übernommen hatte. Meine Glieder bewegten sich, ohne dass ich es verhindern konnte, und wenn ich die Hand heben wollte, blieb sie einfach an Ort und Stelle, ohne sich zu rühren. Wie ferngesteuert ging ich mit nassen Händen auf die Tür zu und verschwand schleunigst aus der stinkenden Mädchentoilette. Früher dachte ich, dass die jungentoiletten dreckiger seien, weil Mädchen reinlicher waren als Männer, doch heutzutage konnte ich mir das nur noch schwer vorstellen. Wenn junge Frauen das Blut ihrer Menstruation an den Wandfliesen verteilten und es nicht schafften die Klobrille abzuwischen, wodurch eine beißende Geruchsbildung zustande kam, war das unvorstellbar widerlich. Schlimmer konnte es bei den Männern auch nicht zugehen.
Die Luft auf den leeren Gängen fühlte sich kühl an meinen feuchten Fingern an, aber ich genoss die Brise, bevor ich wieder ins stickige Klassenzimmer zurückmusste. Ich wusste nicht, ob es Dir zu Deinen Lebzeiten aufgefallen war, Mel, aber in den Unterrichtsräumen wurde nie gelüftet, auch wenn sich durch das ganze Gebäude Lüftungsschächte zogen, die als Ersatz für die fehlenden Fenster dienten. Die gleiche Luft stand praktisch Tag für Tag im Klassenzimmer und wurde durch zu viel Parfüm oder schwitzende Schüler geschwängert. Kein Wunder, dass mein Magen rebellierte.
Als ich mich gerade auf den Weg in den Unterricht machen wollte, ließ mich ein dumpfes Geräusch innehalten. Der Krach zog meine

Aufmerksamkeit auf sich und ich blieb wie angewurzelt stehen. Leise, für mich kaum hörbar, wimmerte eine Person, die sich maximal hinter der nächsten Ecke befinden konnte. Immer noch war ich wie gelähmt. Meine Beine gehorchten mir nicht mehr und in meinem Kopf spielten sich hunderte Vorstellungen ab, wie der Bursche gefoltert werden könnte. Vor meinem inneren Auge sah ich bereits Blut spritzen und kalte tote Augen, die mir entgegensahen, weil ich wieder einmal zu spät war, um einem Mitschüler das Leben zu retten. Einen Moment dachte ich ernsthaft darüber nach laut zu schreien oder wenigstens eins der Klassenzimmer aufzureißen und einen Lehrer um Hilfe zu bitten. Doch ich tat nichts davon. Ich stand einfach nur auf dem Marmorboden und hörte dem Mann beim Keuchen zu. Als der Schüler atemlos aufschrie und jemanden bat, es schnell zu beenden, kam wieder Leben in mich und ich lief den Gang entlang. Meine Schritte wurden immer schneller, während der junge Mann mehrere Male keuchte. Ich musste ihm helfen, koste es, was es wolle. Selbst wenn Rabiana persönlich vor mir stünde, würde ich nicht mehr zulassen, dass Unschuldige zu Schaden kamen weil meine leibliche Familie es nicht fertiggebracht hatte, am Leben zu bleiben und dem verrückten Ratsmitglied den Garaus zu machen. Bevor ich um die Ecke bog, blieb ich noch mal stehen, um meinen Puls zu beruhigen und mich für das Kommende zu wappnen. Aber ich will ehrlich sein, Mel. Ich hätte mich nicht auf den Anblick, der sich mir bot, vorbereiten können. Nicht einmal in meinen schlimmsten Träumen hätte ich mir ausmalen können, so verraten zu werden. In Erwartung einen Kampf mit schweren Verletzungen oder einen sterbenden Schüler zu sehen, war ich zur Hilfe geeilt und nun wurde mir das Herz aus der Brust gerissen.

Hunter saß mit dem Rücken an der Wand auf dem Boden und hatte den Kopf in den Nacken gelegt, während er versuchte, seinen Atem zu kontrollieren. Seine Finger gruben sich in seine Handflächen und sein Rucksack lag neben seinem rechten Arm, genauso wie die Tasche von Nathalia. Die Brünette war über meinen Gemahl gebeugt und hatte ebenfalls entspannt die Augen geschlossen. Hunters Hemd stand bis zum letzten Knopf offen, sodass ich den schwarzen Raben in voller Größe bewundern konnte. Das Tier zeichnete sich stark von der gebräunten Haut ab und ich suchte panisch nach Verletzungen, in der Hoffnung meine Augen würden mir einen Streich spielen. Aber der Schwarzhaarige war unversehrt, wenn man die Spuren von Nathalias Fingernägeln auf seinem Bauch außer Acht ließ. Die Brünette trug kein Shirt, aber dafür hatte sie im Gegensatz zu Hunter noch eine geschlossene Hose an. Auch wenn diese Tatsache nur wenig für ihre Unschuld sprach, bedachte man, dass sie ihre Brüste meinem Seelenverwandten ins Gesicht drückte. Die zierlichen Finger des Mädchens bearbeiteten die Körpermitte des jüngeren Morgan-Bruders, der den Namen der braunhaarigen Schönheit stöhnte, während er konstant auf seinen Orgasmus zusteuerte und Nathalias Kopf in seinen Schoß drückte. Fest riss er ihr an den Haaren, doch es schien die Grünäugige nicht zu stören, da sie weder meckerte, noch ihn bat aufzuhören. Schlimmer war es in einem Pornokino bestimmt nicht, obwohl dort das Aneinanderklatschen von Haut und billiges Gestöhne an der Tagesordnung stand.

Genüsslich leckte und saugte sie an der empfindlichen Haut und gab Geräusche von sich, die sich in meinen Ohren absolut widerlich anhörten. Fassungslos schlug ich mir die Hand vor den Mund und versuchte angestrengt keinen Laut von mir zu geben, als Hunter den Büstenhalter seiner Bettgefährtin öffnete, um sie intensiver betrachten zu können. Er fing an, ihre festen Brüste zu kneten, die auch ohne BH kein bisschen hingen. Das Gewebe lag perfekt in seiner Hand. Sie waren nicht zu groß, aber auch nicht zu klein und ihre Brustwarzen reckten sich erwartungsvoll in die Höhe. Eigentlich hätte ich geglaubt Hass, Verachtung oder wieder einen Würgereiz zu fühlen, aber ich spürte nur den Neid auf das Mädchen, das Hunter mir anscheinend vorzog, weil ich nicht nach seinen Wünschen pariert hatte. Seltsame Leere machte sich in mir breit, während mein Gemahl ein letztes Mal aufstöhnte und Nathalia in der gleichen Sekunde zu husten begann. Tränen brannten in meinen Augen, als die Brünette sich erhob und ihre Lippen in das Gesicht des jüngeren Morgans presste. Ich hörte das Schmatzen, das durch die Bewegungen ihrer Zungen entstand und fragte mich, warum ich immer noch wie bestellt und nicht abgeholt gegen die Wand gelehnt dastand, anstatt die Beine in die Hand zu nehmen und zu verschwinden, ehe sie mich entdeckten. Aber mir wurde klar, dass ich genau das wollte, Mel. Hunter sollte wissen, dass ich sie beobachtet hatte. Wie er wohl auf meine Anwesenheit reagieren würde? Ob er dazu stehen oder es feige abstreiten würde, wenn er den verletzten Ausdruck in meinen Augen sah? Zu meinem Bedauern fiel ich ihnen nicht auf. Zu sehr waren sie damit beschäftigt, sich gegenseitig aufzufressen und sich weiter zu befummeln, als hätte sie ihn nicht gerade schon ausgelutscht wie ein Eis an einem heißen Sommertag.

Tara hatte definitiv unrecht gehabt. Ein Pavianarsch mit Warzen einer Kröte hätte nicht gleich am nächsten Tag einer anderen den Schwanz in den Mund geschoben, anstatt mit mir zu reden.

»War es wenigstens gut?«, fragte ich schreiend, aber durch meine zerbrechliche Stimme klang es nicht so hart wie gewünscht. Eher verzweifelt und hysterisch. Ich sah, wie beide auseinanderfuhren und geschockt in meine Richtung starrten, bevor ein gehässiger Ausdruck sich über Nathalias Züge legte und auch Hunter ein Grinsen aufsetzte.

»Was willst du?«, fragte der Schwarzhaarige lässig und das Loch in meinem Herzen schien weiter aufzureißen. Er tat, als wäre es das Normalste auf der Welt, dass er sich von Nathalia einen blasen ließ, obwohl wir gestern erst miteinander ausgegangen waren und er mir gesagt hatte, dass er mich lieben würde. Waren alle seine Versprechen nur leere Worte gewesen, die für ihn nichts wert waren, während sie mir alles bedeutet hatten?

»Hunter?«, versuchte ich, an seinen Verstand zu appellieren, aber ich bekam keinen vollständigen Satz mehr zustande. Mein Kopf war wie leer gefegt, als hätte mir jemand die Fähigkeit zum Denken genommen und den gewonnenen Platz mit grauenvollen Gefühlen gefüllt. Ich wollte nur noch weg. Fiel ihm gar nicht auf,

wie daneben er sich benahm? Ich dachte, Hunter hätte mich geliebt, aber wenn er wirklich so empfunden hatte, würde er mir das niemals antun. Außerdem verschwand ein starkes Gefühl wie die Liebe nicht von heute auf morgen.
Wie zwei Jäger ein Reh sahen die beiden mich an und ich begann erneut zu zittern. Nathalia kam auf mich zu, weshalb ich mich nach hinten beugte, um mehr Anstand zwischen uns zu bringen. Mit dem Ergebnis, dass ich auf meinen Hintern fiel und sie mich von oben herab angiften konnte. Es ist nicht so, dass ich Angst vor Nat gehabt hätte, Mel. Aber der Wahnsinn, der sich nun in ihren Augen widerspiegelte, ließ mich zurückschrecken und ich wunderte mich, dass mir ihre Verrücktheit erst jetzt auffiel. Doch meine Lage war nicht ausschließlich Nathalias Schuld, egal wie sehr ich es mir einzureden versuchte. Aber mein schmerzendes Steißbein war meine Schuld und mein in Stücke gerissenes Herz hatte Hunter zu verantworten.
»Von euch will sie gar nichts«, mischte sich eine neue Stimme hinter mir ein und ich war noch nie so froh über ihr perfektes Timing wie heute, auch wenn ich mir nicht sicher war, wie wir zueinander standen. Eins verband uns aber mit Sicherheit in diesem Moment: Wir waren nun beide Ex-Freundinnen von Hunter Morgan.
Ich hörte das Klacken von Absätzen auf dem Boden und erkannte den Geruch nach Flieder, noch bevor Nicole in Sicht kam. Die schlanke Grauäugige hatte die Hände in die Hüften gestemmt und stellte sich demonstrativ vor mich, um mich vor den Blicken der beiden abzuschirmen. Sie trug ein rosarotes Sommerkleid, das perfekt mit ihren blonden Haaren harmonisierte, und trotz der Schminke, die ihr natürliches Gesicht verniedlichte, wirkte sie wie eine Urgewalt, als sie Hunter mit erhobenem Haupt gegenübertrat. Sie trug die gleichen Handschuhe wie immer seit dem Tag, als ich ihren linken Unterarm verbrüht hatte und leichte Schuldgefühle keimten in mir auf. Die Blondine war wirklich ein Geschenk des Himmels. Zuerst half sie mir beim Aufstehen und kontrollierte, ob ich mich bei dem Sturz verletzt hatte, ohne den Betrüger und die

Schlampe aus den Augen zu lassen. Danach spuckte sie Nathalia ins Gesicht, die keine Chance hatte auszuweichen, da alles unheimlich schnell ging. Ich wünschte, Du hättest das geschockte Gesicht der Bitch gesehen, Mel. Es war großartig, als all ihre Gesichtszüge gleichzeitig entgleisten und ihr Körper vor Wut bebte.
Zum Schluss schlug Nicole Hunter ins Gesicht, bevor sie mich bei der Hand nahm und die beiden mit schreckgeweiteten Augen stehen ließ. Noch als wir um die zweite Ecke bogen, konnte ich das Geräusch von aufeinanderklatschender Haut in meinem Ohr hören. Der Schlag hatte es in sich gehabt. Das hätte ich der schönen Hexe der Hölle gar nicht zugetraut. Der Anblick der geröteten Wange meines Gemahls befriedigte mich ein wenig und auch Nathalia, die sich die Spucke der Oberzicke von der Nase wischte, ließ mich innerlich jubeln. Auch wenn es nur ein kleiner Sieg war.
Aber war Nicole überhaupt noch die Oberzicke? Fakt ist, dass Nathalia unserer hübschen Blondine den Titel verdammt gut streitig machte und alle Register zog, damit ich sie verachtete.
»Ich werde davon absehen, dich zu fragen, ob alles in Ordnung ist, denn das ist es offensichtlich nicht«, fing Nicole an, als wir endlich vor der Tür zum Klassenzimmer stehen blieben. Meine Füße brannten fürchterlich. Mit Sicherheit hatte ich jede Menge Blasen. Diese Schuhe waren eindeutig nicht zum Rennen geeignet.
»Danke«, hauchte ich, wurde aber umgehend von der Blondine unterbrochen: »Nicht dafür. Ich dachte mir schon, dass ihr nicht auf mich hören würdet.«
Verwirrt sah ich in die sturmgrauen Augen meines Gegenübers, bis bei mir der Groschen fiel. Nicole hatte nicht Regan gemeint, als sie sagte, wir sollten IHR nicht vertrauen, sondern Nathalia.
»Woher wusstest du ...?«, wollte ich wissen und mein Blutdruck schoss durch die Decke, als ich daran dachte, dass wir das Miststück ohne Fragen zu stellen in unsere Clique aufgenommen hatten. Warum war uns Nathalias plötzliches Interesse an uns nicht komisch vorgekommen? Hätten wir nicht allen Grund zum Zweifeln gehabt? Doch niemand hatte seinen Verstand

eingeschaltet und nachgedacht. Naiv hatten wir auf Nathalias hübsches Gesicht vertraut – wir alle, nur Nicole nicht.

»Die falsche Schlange und ich hatten früher schon einmal das Vergnügen miteinander, Genaueres kannst du hier drin nachlesen«, sagte sie und drückte mir ein in Leder gebundenes Buch in die Hand. Es war an einigen Stellen abgewetzt, aber die Seiten schienen gut erhalten zu sein.

»Anfangs dachte ich, dass sie sich vielleicht geändert hätte. Sie schien ernsthaft nett zu euch zu sein. Wenn ich gewusst hätte, was sie vorhat, hätte ich beharrlicher versucht, dich zu warnen, Read. Zumindest das wäre ich Cassandra schuldig gewesen. Aber vor ein paar Tagen habe ich sie mit Rabiana reden gehört. Es ging um Hunter. Nathalia sollte ihn mit einem Mittel vergiften, das seine Wahrnehmung verblendet und seine schlechten Gefühle verstärkt. Wenn eine Person bereits schwankende Emotionen hat, die er nicht kontrollieren kann, soll es besonders gut wirken. Ich hab versucht, mit ihm zu reden, aber er schob meine Anschuldigungen auf den Groll, den ich gegen Nathalia hege und schrie mich an, dass ich versuchen würde mich in den Mittelpunkt zu drängen«, erzählte sie deutlich verletzt von Hunters Worten und mir rutschte das Herz in die Hose. Rabiana. Natürlich hatte sie ihre Finger mit im Spiel, aber dass Nat gemeinsame Sache mit der bösen Hexe machte, war für mich unvorstellbar. Bis auf die letzten Stunden war die Brünette mir immer loyal, höflich und hilfsbereit vorgekommen. Hatte ich mich wirklich so blenden lassen und war auf ihre Lügen hereingefallen? Unvorstellbar.

Nichtsdestotrotz glaubte ich Nicole. Ihr Blick war ehrlich und die Geschichte war so abgedreht, dass die Blondine sie sich unmöglich hätte ausdenken können. Das bedeutete, dass die ruhigen Tage vorbei waren. Die Schlacht hatte wieder begonnen und diesmal fand sie genau vor unserer Zimmertür statt, anstelle einer leer stehenden Kirche, die mit Leichen vollgestopft war. Würde das ab jetzt immer so sein, dass wir die Menschen, die uns nahestehen wollten, zuerst durchleuchten mussten, bevor wir ihnen vertrauen konnten? Oder war genau das Rabianas Absicht? Uns so lange zu

verunsichern, bis wir hinter jeder Ecke das Böse vermuteten?
Noch während ich meinen Gedanken nachhing, läutete es zum Stundenende und die Tür schwang auf. Als Tara mit besorgtem Blick auf mich zukam und mir meinen Rucksack entgegenhielt, bemerkte ich erst, dass Nicole mich einfach allein auf dem Gang hatte stehen lassen, als ich in den hinteren Teil meines Gehirns abgedriftet war. Aber ich war nicht wütend auf sie, sondern verstand, dass sie mir die Entscheidung überlassen wollte, was ich meinen Freunden erzählte und was nicht. Wie lange ich wohl auf dem leeren Flur gestanden und nachgedacht hatte?
»Du warst ziemlich lange weg«, meinte meine Zimmergenossin und musterte mich eindringlich, als wüsste sie bereits, dass etwas vorgefallen war. Konnte es sein, dass sie ebenfalls ständig damit rechnete, etwas Schlimmes würde passieren? Nein, das war Unsinn. Tara wusste nicht, dass Rabiana es auf uns – oder besser gesagt auf mich – abgesehen hatte. Wahrscheinlich hatte sie nur die Tränenspuren gesehen und sich den Rest selbst zusammengereimt. Aber sie sagte nichts, wofür ich ihr unendlich dankbar war. Erklären zu müssen, was passiert war, hätte ich nicht überstanden.
»Ich fühle mich heute einfach nicht wohl«, behauptete ich und versteckte schnell das Buch hinter meiner Tasche. Egal was drinstand, Nicole wollte, dass ich es las und niemand sonst.
Tara verzog die Lippen zu einem dünnen Strich.
»Hat es zufällig etwas damit zu tun, dass Hunter und Nathalia ganze dreißig Minuten zu spät und die Hexe der Hölle gar nicht zum Unterricht erschienen sind?«, fragte sie sarkastisch. Mein Zusammenzucken ersparte mir eine Antwort geben zu müssen und Tara brachte mich ohne weiter nachzufragen in unser Zimmer. Während sie mir sagte, dass sie mich für den restlichen Tag entschuldigen würde, legte sie mich in mein Bett und deckte mich zu. Kurz machte ich mir Sorgen, weil ich schon wieder nicht am Unterricht teilnahm, obwohl ich sowieso schon die meisten Fehlstunden meiner Jahrgangsstufe hatte, aber ich verwarf den Gedanken wieder, da Regan mich bestimmt entschuldigen würde, wenn ich ihr von Rabianas neuer Spielfigur berichtete. Wie in

Trance ließ ich zu, dass meine Mitbewohnerin meine Schuhe auszog und meinen Rucksack unter den Schreibtisch warf. Erst als sie mir das lederne Buch aus der verkrampften Hand nehmen wollte, reagierte ich und sagte, dass ich ab jetzt allein zurechtkam. Welche Erklärung sie sich wohl zurechtgelegt hatte, woher das Buch kam?

Taranee widersprach mir nicht, sondern ließ mich einfach mit den Worten »Er wird das büßen« allein. Wahrscheinlich hätte ich ihr erklären sollen, dass Hunter zwar diese Gedanken und Gefühle in sich gehegt hatte, aber er nicht selbst für sein Verhalten verantwortlich war. Aber dafür hätte ich endlich über meinen Schatten springen und ihr erklären müssen, dass ihre beste Freundin von einem verrückten Ratsmitglied getötet worden war, und das brachte ich immer noch nicht fertig. Taranee schien gerade auf dem Weg der Besserung. Sie aß wieder jeden Tag und nahm an Gewicht zu. Ich wollte und konnte einfach nicht riskieren, dass es ihr wieder schlechter ging. Deshalb blieb ich still, wartete, bis das Pentagramm sich hinter der Schwarzhaarigen schloss und genoss die Stille, die sich im Zimmer ausbreitete. Danach schlug ich das Buch von Nicole auf der ersten Seite auf und meine Pupillen weiteten sich überrascht. ‚*Eigentum von Cassandra Middleton*' stand in der oberen Ecke und darunter war ein Foto des Mädchens abgebildet, das mit Sternen umrandet worden war. Die Hexe der Hölle hatte mir ohne weitere Erklärung das Tagebuch von Cassie in die Hand gedrückt, als würden Cassandras schriftliche Ergüsse mir alle meine Fragen beantworten. Obwohl ich wusste, dass es falsch war, im Leben Fremder herumzuschnüffeln, fragte ich mich, woher Nicole das Buch hatte und fing an, die ersten Zeilen in geschwungener Schrift zu lesen, die mit jugendlichem Schnickschnack wie Herzen und Zeichnungen verziert war.

25. März: Liebes Tagebuch!

Heute war der erste Tag vom Rest meines Lebens. Gerade noch stand ich zwischen Amanda und Valentina und wenig später fand ich mich bereits in einem riesigen Gebäudekomplex wieder, in dem es vor Hexen nur so wimmelte. Aber noch einmal zurück zum Anfang: Die letzte Stunde des Schultages war beendet und endlich hatten die langersehnten Ferien begonnen, die ich nach der Prüfungsphase bitter nötig gehabt hatte. Valy erzählte mir von dem Typen, den sie letztes Wochenende im Paradise-Club kennengelernt hatte, aber ich brachte nur ein müdes Lächeln für ihre Geschichte zustande, als sie mir beichtete, dass sie mit ihm geschlafen hatte und ihn wiedersehen will. Ich liebe die Brillenträgerin wie eine Schwester, doch Valentina ist hoffnungslos naiv und verliebt sich jeden Monat neu, was viele Jungs schamlos ausnutzten. Im Gegensatz zu mir versuchte Amanda wirklich noch, unsere Freundin zu überzeugen, nicht schon wieder auf einen Mann reinzufallen, während Valy behauptete, dass Lukas »anders« wäre. Was genau »anders« diesmal bedeutete, hatte sie nicht erwähnt, aber wahrscheinlich hatte er ihre Getränke bezahlt und sie nach Hause gebracht, in der Erwartung sie ins Bett zu kriegen. Aber das wollte Valentina nicht hören. Sie wollte, dass wir lächelnd nickten und genauso aus dem Häuschen waren wie sie. Aber besonders Amy als Vollblut-Feministin konnte sich nicht zurückhalten, wenn es um Valys missglücktes Liebesleben ging.

Bevor meine Gefährtinnen sich wieder einmal an die Kehle gehen konnten, trat eine wunderschöne Blondine neben uns. Zuallererst dachte ich, sie wäre eine neue Schülerin, da ich sie noch nie zuvor gesehen hatte. Aber sie hatte keinen Schulranzen bei sich und der Mantel mit den aufwendigen Stickereien, den sie trotz der warmen Temperaturen im Gebäude trug, sprach ebenfalls nicht dafür. Amanda begann während ihrer Ausführung, dass Frauen im Sinne der Gleichberechtigung selbst ihre Getränke zahlen sollten, zu stottern und ließ das Ende des Satzes offen, als sie unsere Lauscherin bemerkte. Unverhohlen starrten wir drei die Neue an. Ich war die Erste, der die ungewöhnlichen Tätowierungen auf dem Schlüsselbein der Frau auffielen. Wahrscheinlich, weil ich die Einzige war, die wusste, wonach sie suchen musste, um eine von IHNEN zu erkennen. Für jeden anderen hätte sie beim flüchtigen Hinsehen wie ein Mensch ausgesehen. Sie verstand es, die Brandmale gut zu verstecken. Nur kurz sah ich die roten Zeichen unter ihrer Kleidung hervorblitzen und ein Lächeln stahl sich auf meine Lippen. Mein Puls beschleunigte sich, als mir klar

wurde, was das Mädchen war. Eine waschechte Hexe befand sich in unserer Mitte und tat so, als gehöre sie dazu. Sie verschmolz praktisch mit den anderen Schülern, die nicht realisierten, dass sich eines der gefährlichsten Geschöpfe unter ihnen befand, das mit einer simplen Handbewegung das Gebäude in die Luft jagen konnte.
Als meine Freundinnen die Körperverzierungen sahen, blieben sie nicht ruhig wie ich, sondern zogen erschrocken die Luft ein und wollten aufschreien. Ein Blick der Unbekannten genügte jedoch, um Amanda und Valentina zum Schweigen zu bringen. Die Blondine mit den grünen Augen lächelte eiskalt und wandte sich mir zu.
»Cassandra Middleton?«, fragte sie und in ihrer Stimme schwang ein mysteriöser Unterton mit.
»Wer will das wissen?«, entgegnete ich und reckte den Kopf, weil das Mädchen es nicht wagen, konnte mich vor so vielen Menschen zu verletzen. Zu groß war die Gefahr einer Massenpanik, die wieder in einer Hexenverfolgung endete.
Ich wusste bereits, was folgen würde und trotzdem traf es mich unvorbereitet, als die Blondine mein Schlüsselbein berührte und die Haut unter ihren Fingern zu kribbeln begann. Es tat nicht weh, zumindest nicht so sehr, wie ich erwartet hatte. Sicher, die Stelle wurde brennend heiß, als würde jemand ein glühendes Eisen auf mein Fleisch drücken, aber es war nur ein kurzer schmerzender Stich, bevor das Gewebe wieder abkühlte und die Hitze nur das Mal der Hexen zurückließ.
»Wir erwarten dich«, flüsterte die Grünäugige mir zu und verließ mit eiligen Schritten das Schulgebäude, sodass sie keinen Moment länger als unbedingt notwendig unter den Menschen verweilte. Noch immer hatte keiner der umstehenden Schüler etwas mitbekommen, doch das sollte sich in wenigen Sekunden ändern. Valy sah mich aus großen Pupillen an und musterte die Zeichen auf meinem Oberkörper. Ich sah, wie sie den Mund öffnete, ihre Nasenflügeln sich weiteten und ihre Augenbrauen in die Höhe schossen, während sie zu einem markerschütternden Schrei ansetzte. Genervt rollte ich mit den Augen. So eine Dramaqueen.
Schrill zerriss ihr Gekreische das Gewusel, das auf dem Schulgang

herrschte und ausnahmslos alle drehten sich zu uns um und betrachteten meine Freundin, als wäre sie geistesgestört. Valentinas ausgestreckter Finger zeigte genau auf die Brandwunden, die mich für alle Augen sichtbar als Hexe auswiesen. Doch trotz der Hysterie, die um mich herum ausbrach, fühlte ich mich ruhig. Ich konnte Valy nicht für ihre Reaktion böse sein. Vielleicht hätte ich mich selbst auch zu Tode erschreckt, wenn ich nicht damit gerechnet hätte, ausgewählt zu werden. Ich war schließlich eine Middleton und meine Familie brachte seit Jahren starke Hexen und Hexer hervor, und jetzt, wo es endlich so weit war, dass ich ebenfalls dazugehörte, freute ich mich darauf, mein neues Leben zu beginnen. Ich wurde jahrelang auf diesen Moment vorbereitet. Kaum vorstellbar, wie sich jemand fühlen musste, der die erste Generation von Hexen in seiner Familie bildete und keine Ahnung von seinen magischen Kräften hatte. Aber bald würde ich die Möglichkeit bekommen, Mädchen und Jungen, denen genau das geschehen war, zu treffen. Ich konnte es gar nicht mehr erwarten. Zeitgleich mit dem Gefühl der Freude empfand ich Erleichterung. Seit Tagen hatte ich auf die Chooser gewartet und nach ihnen Ausschau gehalten, aus Angst, wie Tante Marian, ebenfalls ohne magische Kräfte geboren worden zu sein.

Der Eintrag endete ohne eine Unterschrift der Buchbesitzerin, als wäre sie beim Schreiben unterbrochen worden. Außerdem war die Schrift zum Ende krakelig geworden, als hätte sie es eilig gehabt. Kleine Muster zierten die Ränder der Seiten und eins musste ich Cassandra lassen: Sie war eine Künstlerin gewesen, auch wenn es schien, als hätte Cassie ihr Tagebuch überallhin mitgenommen, da auf dem Papier sowohl Fettspritzer als auch braune Flecken zu sehen waren, die nur von einem schwarzen Kaffee stammen konnten. Die nächsten Seiten waren verschmiert und teilweise war die Tinte bis zur Unleserlichkeit verlaufen, sodass ich weiter blättern musste, bis ein Eintrag wieder vollständig entzifferbar war, obwohl ich gerne erfahren hätte, was die neue Hexe, die anscheinend schon bei ihrer Erwählung mehr über magische Wesen wusste als ich jetzt, in der Zwischenzeit getrieben hatte.

31. März: Liebes Tagebuch!
In letzter Zeit ist, wie du weißt, viel passiert. Nachdem meine letzte Mitbewohnerin ihre Ausbildung vor wenigen Tagen beendet hatte, wurde mir ein neues Mädchen zugeteilt. Ihr Name ist Nicole Remie und ich darf sie unter keinen Umständen Nici nennen, weil sie sonst zur Furie wird. Die Blondine kam aus einer Familie, die aus Nicht-Magiern bestand, weshalb ihr die Umgewöhnung besonders schwerfiel. Ich hatte das unangenehme Vergnügen, ihre Eltern kennenzulernen. Vielleicht fiel es mir deshalb leicht, zu verstehen, warum sie ist, wie sie ist. Nicoles Mutter sah, bis auf die zwanzig Jahre Altersunterschied, genauso aus wie ihre Tochter. Blonde Haare, schlanke, ewig lange Beine und eine eiskalte Ausstrahlung, die den Raum gefrieren ließ. Diese Frau stank praktisch nach Geld, obwohl sie in ihrem Leben noch nie hart gearbeitet hatte. Das bemerkte ich sofort. Sie war die Liebhaberin ihres Mannes, der als Banker arbeitete und kaum zuhause war. Er trug auch an diesem Tag einen Anzug, der ihm, zusammen mit der akkurat sitzenden Krawatte, perfekt auf den Leib geschneidert war. Alle Familienmitglieder hatten die gleichen grauen Augen, obwohl Nicoles Iriden noch eine gewisse Wärme aufwiesen, während das gesamte Gesicht ihrer Mutter unterkühlt wirkte und ihr Vater andauernd gelangweilt aussah. Keines der Elternteile umarmte die neue Hexe, als sie das Schulgebäude verließen, nachdem sie ihr Kind im Internat abgeliefert hatten. Keiner sagte, dass sie das Mädchen vermissen würden oder sie Nicole liebten. Sie gingen einfach ohne ein Wort, als wäre es nichts Besonderes eine Tochter mit magischen Fähigkeiten zu haben. Doch was mich noch mehr überraschte als das gleichgültige Verhalten der Eltern, war das Statement meiner neuen Mitbewohnerin: »Glaube mir, du hast sie heute zum ersten und zum letzten Mal gesehen. Die kommen nicht wieder«. Und sie sollte recht behalten. Direktorin Terrent hatte in den letzten Tagen versucht, Mister und Misses Remie anzurufen, um die letzten bürokratischen Schritte einzuleiten. Ohne Erfolg. Sie waren wie vom Erdboden verschluckt und hatten ihre Tochter im Stich gelassen. Ob sie Nicole für ein Monster hielten? Sonst konnte ich mir keinen Grund vorstellen,

warum sie ihrem Kind den Rücken zudrehen sollten.
Die Neue tat mir leid, immerhin bekam ich täglich Briefe oder Anrufe von zuhause. Regelmäßig erkundigte sich meine Mutter, wie mein Tag war und ob ich im Unterricht mitkam. Nicole hatte niemanden, der sie fragte, wie es ihr ging oder sie sich fühlte. Deshalb war es kein Wunder, dass sie ihr Gift durch die Gegend sprühte und jeden ankeifte, der ihr zu nahekam. Ich wusste, dass sie Angst vor Bindungen und vor dem Verlassen werden hatte. Jeder bemerkte das, wenn man sich die Mühe machte, unter ihre harte Schale zu sehen. Deshalb verzichtete Nicole lieber ganz auf soziale Kontakte. Doch das würde ich ihr nicht auf die Nase binden. Sonst würden wir schon wieder schreiend aneinandergeraten. Sie versteckte sich hinter großen Mauern und ihrer arroganten Art, aber ihre Tränen, die sie jeden Abend in ihr Kissen weinte, zeigten, dass sie längst nicht so abgeklärt und gefühlskalt war, wie sie tat. Wenigstens schien sie langsam zu realisieren, dass sie eine Hexe war.
Zu mir war sie einigermaßen nett, damit ich nicht ausplauderte, dass sie Gefühle besaß, aber das war selbstverständlich für mich, denn als Zimmergenossinnen würden wir in Zukunft viel Zeit miteinander verbringen. Es wäre ungeschickt von mir, wenn ich sie gleich am Anfang gegen mich aufhetzen würde. Vielleicht schaffte ich es, ihr die Angst verletzt zu werden zu nehmen und ihr bei der Eingliederung zu helfen. Sie war kein schlechter Mensch und für ihre Erziehung konnte sie schließlich nichts. Ich war mir sicher, dass sie eine wahnsinnig gute Freundin sein konnte, wenn sie wollte, auch wenn sie sich die meiste Zeit wie eine eingebildete Ziege auf Drogen benahm.
Deine Cassandra

Einmal mehr dachte ich daran, dass Cassie ein herzensguter Mensch gewesen war. Sie hatte an das Gute in der Welt geglaubt und das hatte sie am Ende umgebracht. Aber sie schien mit ihrer Vermutung Nicole gegenüber recht zu behalten. Die Blondine hatte gewusst, was in diesem Buch stand und ich einiges über ihr Leben erfahren würde, dass ich gegen sie verwenden könnte, wenn ich wollte. Nichtsdestotrotz ging sie das Risiko ein, um mir zu

helfen und Rabianas Pläne zu durchkreuzen. Zumindest hoffte ich, dass mir Cassandras Tagebuch dabei helfen würde. Warum sollte mir die Eisprinzessin sonst das Buch gegeben haben?
Auf den nächsten Seiten folgten viele ähnliche Einträge. Hauptsächlich ging es um Cassies Kennenlernen mit Nicole, das sich als äußerst schwierig gestaltete. Obwohl Cassandra versuchte, auf die eiskalte Höllenhexe zuzugehen, wich diese ihr geschickt aus und war so wenig wie möglich im Schulgebäude. Umso länger die Grauäugige im Internat war, umso schlechter wurde ihre Laune. Die Oberzicke litt an massiven Stimmungsschwankungen, und als sie ihre Kräfte entdeckte, rastete sie endgültig aus, weshalb sie einige Tage in den Krankenflügel verlegt wurde, um sich zu beruhigen. Der Gedanke eine Hexe zu sein, hatte bei Nicole dieselbe Panik und Hilflosigkeit ausgelöst wie bei mir, als ich gebrandmarkt wurde, aber im Gegensatz zu mir kam sie freiwillig nach St. Ghidora und wurde nicht von Dir verschleppt, Mel. Trotzdem hatte ich Mitleid mit ihr. Dank Jaimie hatte ich in den ersten Tagen einen Haufen Freunde, auf die ich immer zählen konnte. Nicole war anfangs mutterseelenallein. Ob ich auch so geworden wäre, wenn Du Dich nicht mit mir beschäftigt hättest, weil ich zur Königsfamilie gehöre?
Während die ersten Einträge voller Hoffnung waren, konnte ich bei den späteren Texten deutlich den Frust herauslesen, weil sich keine Besserung einstellte. Nicole blieb hart und wich Cassie aus. Und wenn sie doch einmal aufeinandertrafen, warf die Oberzicke mit wüsten Beschimpfungen um sich. Einmal warf sie sogar eine Haarbürste nach der Tagebuchbesitzerin.
Nach genau 27 Tagen gab Cassandra auf und begann ihrerseits die Blondine, nachdem sie wieder ins gemeinsame Zimmer gezogen war, zu ignorieren. Im stillen Einverständnis lebten die beiden Frauen nebeneinanderher, bis zu dem Tag, als Cassandra wieder mit ihrer Chooserin zusammenstieß. Genau wie ich wurde Cassie von Dir gezeichnet, Mel. Ein Grinsen stahl sich auf meine Lippen. Cassandra und ich waren uns eigentlich sehr ähnlich gewesen. Du hattest sie erwählt, warst ihre Freundin geworden und hattest sie

Taranee vorgestellt. Obwohl Nicole ihrer Mitbewohnerin einzureden versuchte, dass sie sich nicht mit Tara und Dir abgeben sollte, weil ihr weniger Klasse hättet, wart ihr drei seit diesem Tag unzertrennlich gewesen. Niemand konnte euch auseinanderreißen. Zumindest glaubte Cassie das, aber da wusste sie auch noch nicht, dass du nicht die gläubige Hexe warst, für die Du Dich ausgegeben hattest. Aber die Illusion eines idyllischen Lebens wehrte für Deine frühere Freundin nicht lange und die ersten Wolken verdunkelten ihre Welt.

25. April: Liebes Tagebuch!
Heute habe ich wieder bei Taranee übernachtet, weil ich Nicoles nächtliche Heulattacken nicht mehr ertragen konnte. Ich hatte meiner Zimmergenossin angeboten, dass ich der Direktorin Bescheid gebe, doch sie wehrte sich strikt gegen jegliche Hilfe, weshalb ich lieber zu Tara flüchtete, als mir ihre Schreie, die sie im Schlaf ausstieß, anzuhören. Im Nachhinein war es die richtige Entscheidung gewesen, sonst hätte ich IHN niemals kennengelernt. Es war noch nicht Zeit fürs Frühstück, als jemand an das Pentagramm zu Taras Tür klopfte. In der Annahme, dass Mel nicht mehr schlafen konnte und zu uns kam, öffnete ich die Wand in kurzer Hose und BH. Halbnackt stand ich vor zwei Jungen, die mir mit großen Augen entgegensahen. Jaimie, Mels Bruder, kannte ich bereits gut, aber den Schwarzhaarigen hatte ich noch nie zuvor gesehen. Beschämt wünschte ich den beiden stotternd einen guten Morgen und flitzte ins Bad, um mich anzuziehen. Jonathan Morgan hatte die schönsten Augen, die ich je gesehen hatte. Sie waren dunkel und hatten einen wunderschönen Glanz, in dem ich mich nur zu gerne verloren hätte. Meine geröteten Wangen blieben mir den gesamten Tag erhalten, auch wenn Jonathan mir immer wieder versicherte, dass es seine Schuld gewesen war, weil er uns Mädchen so früh gestört hatte, anstatt bis nach dem Essen zu warten. Als Entschädigung verbrachte er nicht nur das Frühstück, sondern auch das Mittagessen mit mir, obwohl sein bester Freund ihm daraufhin die kalte Schulter zeigte, weil die beiden in der Mittagspause eigentlich zusammen in die Bibliothek wollten. Der älteste Sohn der

Familie Morgan verstand es mit Frauen zu sprechen und mich zum Lachen zu bringen, weshalb die Mahlzeiten heute schneller vergingen als gewöhnlich, aber nicht allen schien die gemeinsame Zeit von Jona und mir zu gefallen. Nathalia Nightwood hatte, laut Hörensagen, schon länger ein Auge auf den außergewöhnlichen Mann geworfen. Das Gerücht bestätigte sich, als die Brünette mich am Nachmittag auf dem Sportplatz der Schule abfing, während ich gerade einige Bälle im Basketballkorb versenkte. Wie ein zänkisches Weib schrie sie mich an, was ich mir einbildete in ihr Revier einzudringen. Zuerst wusste ich gar nicht, wie ich reagieren sollte. Am liebsten hätte ich lauthals gelacht, aber dann hätten noch mehr Schüler die Situation neugierig beobachtet.

Um einer sinnlosen Diskussion aus dem Weg zu gehen, beschloss ich zeitgleich mit ihrer Schimpftirade die Bälle zurück zu räumen, damit ich nicht einfach wie angewurzelt dastand und mich von ihren Worten berieseln lassen musste. Nathalia schrie. Sie tobte. Ihre Nasenflügel blähten sich bei jedem Atemzug auf, ihre Augen waren zusammengekniffen und sie fuhr sich durch ihre glänzenden Haare. Wie lange sie schon nicht mehr geduscht hatte? Lange genug, dass sich die Sonnenstrahlen auf ihren fettigen Haarsträhnen spiegeln konnten. Angeekelt verzog ich den Mund und ließ beinahe einen der Bälle fallen. Meine Hände schwitzten wegen der unerträglichen Hitze, sodass es nicht einfach war, die Gummibälle festzuhalten.

Als ich später Tara und Mel von meiner Begegnung mit Nathalia erzählte, ließ ich den Namen der Brünetten weg, um sie vor dem Spott meiner Freundinnen zu bewahren, die wie nicht anders zu erwarten über das keifende Mädchen, das einen Besitzanspruch an Jona stellte, lachten. Nathalias Behauptung war auch lächerlich. Für Jona war sie Luft. Er tat es nicht mit Absicht, immerhin wusste er nichts von ihren Gefühlen, aber er ignorierte sie. Wohingegen ich ihm sehr wohl auffiel. Deshalb würde ich nichts auf Nathalias Drohung, mir etwas anzutun, wenn ich mich nicht von ihrem »zukünftigen Schnuckiputz« fernhalte, geben. Ja, sie hatte ihn wirklich so genannt und im gleichen Atemzug erwähnt, dass sie Jonathan am Strand in einem weißen Seidenkleid mit viel Spitze heiraten würde. Tara und Mel warfen mir vor, mich

verliebt zu haben. War ich deshalb so rasend vor Wut, obwohl Jona gar nichts von Nathalia wollte? Vielleicht. Ich glaube, meine Freundinnen haben recht.
Deine Cassandra

In diesem Eintrag kam das erste Mal Nathalias Name vor und es sollte nicht der letzte Zusammenstoß von Cassie und der falschen Schlange bleiben. In den darauffolgenden Tagen gerieten die beiden regelmäßig aneinander, aber es blieb bei verbalen Schlagabtauschen, die Cassandra meist gewann und Nathalia geknickt von dannen ziehen ließen. Amüsant war, dass Jona, der der Verursacher des Konflikts war, nichts von der Zankerei der Mädchen mitbekam und sich weiter unverfänglich mit Cassandra traf, die auf Wolke 7 schwebte. Die Tagebuchseiten waren mit Herzen zugepflastert und mit Lippenstift-Kussmündern verziert. In jedem Eintrag kam mehrfach Jonas Name vor und auf einer extra Seite hatte sie ausprobiert, wie ihr Vorname und Jonathans Nachname zusammen harmonierten. Cassandra Morgan. Hübsch oder? Nicoles verstorbene Mitbewohnerin gab sich die größte Mühe, jede Kleinigkeit und jeden Gedanken bezüglich Jona in ihrem Tagebuch niederzuschreiben. Zwischen den Zeilen war die Liebe, die Cassie für Jonathan empfand, fast spürbar. Sie hatte sich Hals über Kopf verliebt und wollte nicht, dass er ein schlechtes Bild von ihr bekam, weshalb sie schwieg, wenn es um die Auseinandersetzungen mit Nathalia ging. Erstaunlicherweise verstand die hinterlistige Schlange es, ihre Attacken zu verstecken, sodass kaum jemand von der Fehde mit Cassandra mitbekam. Doch als Hunters jetzige Flamme den Bogen überspannte, sah sich Cassie gezwungen, gegen die hinterlistige Schlampe vorzugehen.

18. Mai: Liebes Tagebuch!
Ich hatte die Nase voll. Meine Kopfhaut hatte erst vor wenigen Minuten aufgehört zu brennen und nun konnte ich nur noch ein dumpfes Pochen fühlen, das mich beim Denken störte. Ich war wie jeden Morgen mit Taranee die altbekannte Trainingsstrecke abgelaufen

und danach duschen gegangen. Als ich mir mein Shampoo für trockenes Haar auf meinen Scheitel tropfte und die flüssige Masse verteilte, dachte ich mir nichts Böses, bis ich Nathalia vor den Duschkabinen hysterisch lachen hörte. Eigentlich nahm ich an, dass sie eine neue Gemeinheit gegen mich ausheckte, aber als mein Haaransatz warm wurde und ein stechender Schmerz sich über meiner Stirn verteilte, wurde mir klar, dass sie bereits einen ihrer Streiche verwirklicht hatte. Ich versuchte, Ruhe zu bewahren und das ätzende Zeug mithilfe des Wassers abzuspülen, bevor ich meinen Schädel kahl rasieren musste, weil sich Löcher in meine Haarpracht gebrannt hatten. Meine Kopfhaut schwoll an und ich konnte spüren, wie sich kleine Blasen unter den Verbrennungen bildeten. Es war der reine Horror. Meine Haut schien in Flammen zu stehen und meine Haare dampften.

Als ich es endlich schaffte das Mittel loszuwerden, schnappte ich mir mein Handtuch, das über der Duschwand hing und wickelte es um meinen Körper. Das Gehetze half mir jedoch nicht, da Nathalia bereits verschwunden war, als ich aus der Kabine der Gemeinschaftsduschen trat. Ab heute würde ich mich mit Sicherheit nur noch im Badezimmer, das an Nicoles und mein Zimmer angrenzte, waschen, um weitere 'Unfälle´ zu vermeiden, und ich würde Jona von dieser Aktion erzählen, nachdem ich bei der Schulärztin vorbeigeschaut hatte. Meine Haare waren Göttin sei Dank noch dort, wo sie sein sollten, aber ich wollte nicht riskieren, dass ich doch noch eine Glatze bekam, weil meine Kopfhaut nicht behandelt wurde.

So konnte es nicht weitergehen. Es wurde Zeit, dass Nathalias Wahnvorstellungen, in denen Jonathan sie liebte, obwohl er noch nie mit ihr gesprochen hatte, endeten, bevor sie mich noch mit ihren Verbrechen aus Eifersucht umbrachte.

Deine Cassandra

Unter der letzten Zeile waren mehrere Wassertropfen in das Material der Seite eingesickert und ein Lächeln bildete sich auf meinen Lippen, weil ich mir genau vorstellen konnte, wie Cassie mit Wut verzerrtem Gesicht auf den Bodenfliesen saß und den

Kugelschreiber so fest gegen das Papier presste, dass die Schrift sich auf der Rückseite durchdrückte. Während das Wasser von ihren orangenen Haaren perlte, hatte sie sich den Zorn von der Seele geschrieben und der Braunhaarigen Rache geschworen. In den nächsten Tagen würde ich auf jeden Fall das gleiche wie Cassandra machen: Allen von Nathalias psychopathischen Neigungen erzählen und jede Flüssigkeit, egal ob Trinkwasser oder Duschgel, kontrollieren. Rabianas Anhängerin spielte mir zu gerne mit Tränken jeglicher Art. Zuerst verätzte sie Cassies Kopfhaut und dann schüttete sie Hunter ein Serum ins Essen. Ich hatte keine Lust, die Nächste zu sein, die die Auswirkungen eines magischen Mittels über sich ergehen lassen musste.

Verblüfft stellte ich fest, dass der nächste Eintrag am gleichen Tag entstanden war wie der vorherige. Bis jetzt hatte die Verstorbene nie innerhalb von vierundzwanzig Stunden zweimal in das kleine Büchlein geschrieben, weshalb ich mir kaum vorstellen konnte, was wichtig genug war, um ihre Gewohnheiten zu brechen. Doch schon nach den ersten Zeilen war mir klar, warum Cassandra jede Sekunde des Tages festhalten wollte: Um später vor Gericht alles haargenau wiedergeben zu können.

18. Mai: Liebes Tagebuch!

Obwohl mein Morgen einem Horrorfilm geglichen hatte, war heute ein guter Tag gewesen, auch wenn ich durchgehend das Gefühl hatte, mein Kopf würde explodieren. Meine Kopfhaut brannte und die kühlende Salbe der Schulärztin half nur bedingt. Gepaart mit dem Jucken meines Unterarms war mein Wohlbefinden gleich null. Aber noch mal von Anfang an: Nachdem ich die Duschen verlassen hatte und bei Dr. Merces war, machte ich mich auf den Weg zu meinem Zimmer, wobei ich mich alle paar Meter umdrehte, um sicherzugehen, dass Nathalia mir nicht folgte. Wenn das so weiterging, würde ich noch paranoid werden.

Auf den Gängen traf ich Nicole, die in ihren hochhackigen Schuhen in die gleiche Richtung stolzierte wie ich. Unter ihrem Arm hatte sie mehrere Hefte eingeklemmt und ihr Schulrucksack lag stilvoll über ihrer linken Schulter. Wie jedes Mal sah sie fantastisch aus in ihrem alabasterfarbenen Kleid und von den Augenringen, die sie durch den Schlafmangel hätte haben müssen, war nichts zu sehen. Wie viel Schminke sie sich jeden Morgen ins Gesicht klatschen musste, um so auszusehen?

Wir schwiegen uns an, aber es hatte etwas Tröstliches, nicht allein durch das große Schulgebäude latschen zu müssen, da ich dachte, somit Nathalias Anschlägen entgehen zu können, weshalb ich aufhörte, Ausschau nach ihr zu halten. Wie falsch ich damit lag, wurde mir präsentiert, als meine Zimmergenossin unsere Wand, die uns den Blick auf das Innere unseres Zimmers versperrte, öffnete, um ihre Schulutensilien abzulegen und sich für den Nachmittag umzuziehen. Obwohl ich immer noch nicht verstand, weshalb sie dreimal am Tag ihre Klamotten wechselte, ärgerte ich mich nicht länger über den Wäschehaufen, der dabei entstand. Es war ein seltsamer Tick, aber es schien meiner Zimmergenossin nichts auszumachen, täglich Wäsche zu waschen.

Nicole stand nur wenige Zentimeter vor mir, weshalb sie den Großteil des Zaubers abbekam. Dickflüssig tropfte der grüne Schleim von der Decke und überzog ihren Körper, der sofort den Geruch des stinkenden Sekrets annahm. Ich hörte Nicoles panischen Schrei und gleich darauf ihre laut ausgestoßenen Verfluchungen, bevor ich das Klicken eines Fotoapparats vernahm. Nathalia und vier weitere Mädchen traten in den Gang und lachten schallend, während meine Mitbewohnerin verzweifelt versuchte, dem Strahl aus glitschigem Schleim, der wie ein Wasserfall auf sie hinabregnete, auszuweichen. Ein wenig erinnerte mich die Situation an die Szene aus dem Film »Carrie«, als das christliche Mädchen auf dem Abschlussball mit Blut übergossen wurde und daraufhin alle umbrachte. Auch Nicole sah aus, als würde sie demnächst einen Mord begehen. Durch den Schleimfilm, der sich auf ihre Haut legte, konnte ich sehen, wie sich die Augen meiner Mitbewohnerin mit Tränen füllten und ihr die Sicherungen durchbrannten. Ihr Körper zitterte und ihre zu Schlitzen verzogenen Augen fixierten die Neuzugänge. Die fremden Mädchen und Nathalia schrien qualvoll auf, als Nicoles Stirn sich in Falten legte und ihre

Hände zu Fäusten ballte. Zwei von ihnen fielen, gefolgt von einem lauten Knall, auf den Boden und zuckten wie bei einem epileptischen Anfall, während eine der Schülerinnen sich übergab und der Rest vor Schmerzen wimmerte. Das Gemisch von Kotze und dem schleimigen Gebräu, das den Körper meiner Zimmergenossin überzog, ließ mich würgen. Ein pestilenzartiger Geruch durchströmte den Gang und meine Augen begannen zu tränen.
Nicole hatte die Angreiferinnen in ihrem Blick fokussiert, als endlich der letzte Tropfen der ekelhaften Masse von der Decke gesickert war. Meine Zimmergenossin tat mir unendlich leid. Niemand war so sehr auf sein Äußeres bedacht wie Nicole. Es musste furchtbar für sie gewesen sein, wie eine stinkende Kloake mit schmierigen Haaren und glitschiger Kleidung im Gang zu stehen und von anderen Menschen gesehen zu werden. Die Tatsache, dass die ölige Dusche für mich vorgesehen war, machte meine Schuldgefühle nicht besser, aber es gab mir eine ungeheure Genugtuung, dass Nathalias Pläne von meiner Mitbewohnerin trotz völliger Ahnungslosigkeit vereitelt wurden. Meine Widersacherin krümmte sich immer noch vor Schmerzen und hielt sich die Brust, während ihre Augen riesig wurden. Nicole, die in ihrem Schock und ihrer Wut gefangen war, übertrieb es mit ihren Fähigkeiten und ließ die Gafferinnen jede Faser ihres schmerzenden Körpers fühlen. Mir war klar, dass die Kräfte meiner Zimmergenossin in den letzten Wochen drastisch gestiegen sein mussten, sonst könnte sie nie so viele Personen gleichzeitig außer Gefecht setzen. Wenn sie nicht aufpasste, würden die Mädchen alle an einem Herzinfarkt sterben, sobald ihr Herzmuskel die Angst und den Schmerz nicht mehr verarbeiten konnte. Noch nie hatte ich etwas derartig Beängstigendes gesehen. Obwohl fast jeder aus meiner Familie magische Kräfte besaß, kann ich mich nicht erinnern, dass jemand mehrere Personen gleichzeitig, ohne den geringsten Körperkontakt, bewegungsunfähig gemacht hatte. Nicole war mächtig, daran gab es keinen Zweifel mehr. Auch wenn ich gerne gesehen hätte, wozu meine Mitbewohnerin im Stande war, zog ich Nicole am Handgelenk in unser Zimmer, um die Distanz zwischen den Opfern und ihr zu vergrößern und meine Zimmergenossin abzulenken. Sofort war der Raum von dem Gestank

des Schleims erfüllt, aber ich zwang mich, mir nicht die Nase zuzuhalten. Wir würden noch Tage nach der Attacke durch die Lüftungsschlitze in den Wänden lüften müssen, aber im Moment war es wichtiger, Nicole zu helfen. Notdürftig half ich ihr, die schmierigen Kleidungsstücke auszuziehen und schickte sie danach in die Dusche. Obwohl sie des Öfteren wiederholte, dass sie meine Hilfe nicht notwendig hätte und ich Schuld an diesem Schlamassel wäre, ließ ich mich von ihren Worten nicht beeindrucken, sondern drückte ihr einfach ein Handtuch und Shampoo in die Hände. Ihre Klamotten stopfte ich in einen Plastiksack und band ihn zu, um den Geruch einzudämmen. Es half nur wenig, aber es war besser als nichts.

Nicole wimmerte herzzerreißend und schlang die Arme um ihre Taille. Auch als der Schleim schon längst im Abfluss verschwunden war, blieb meine Zimmergenossin reglos auf dem Boden der Dusche sitzen. Es brach mir das Herz, die bissige Kämpferin heulende zu sehen, während sie sich zusammenkauerte und das Wasser ihren Körper berieselte. Aber mehr konnte ich im Augenblick nicht für sie tun.

Die Schreie der Mädchen im Gang waren verstummt, doch sobald ich das Gefühl hatte, Nicole würde allein zurechtkommen, begab ich mich vor das Pentagramm und hielt nach Nathalia und ihren Schergen Ausschau, um sie zur Rechenschaft zu ziehen. Aber der Flur war wie ausgestorben und nur noch die Pfütze aus dickflüssigem Schleim erinnerte an die kritische Horrorfilmszenearie. Irgendwer würde dieses Chaos beseitigen müssen und dieser jemand waren mit Sicherheit nicht meine Zimmergenossin und ich. Ein lustiges Bild, oder? Nathalia auf den wundgescheuerten Knien, wie sie mit einem Waschlappen den Boden von dem schleimigen Gebräu reinigte. Ihre Finger rot und mit Blasen übersät, während ihr die Haarsträhnen ins Gesicht fielen und sie wütend vor sich hin schimpfte. Das könnte ich mir den ganzen Tag vorstellen.

Auch mich hatte die Masse am Arm erwischt, weshalb ich wusste, wie schwer Nathalia es haben würde, alles wieder sauber zu bekommen. Die Stelle kribbelte und das glitschige Zeug wurde härter, je länger es auf meiner Haut blieb. Es juckte unangenehm und forderte zum Kratzen auf, wodurch es nur noch schlimmer wurde und ich den

Schleim verteilte. Weshalb ich mir, während Nicole ihren Körper abschrubbte, meinen Arm wusch und das erhärtete Sekret abkratzte. Die Haut, die darunter zum Vorschein kam, war gerötet und hob sich von meinem restlichen Körper ab. Ich hoffte nur, dass das schnell wieder weggehen würde.

Meine Mitbewohnerin war fertig mit den Nerven, als sie ihre Dusche beendet hatte und sich in ein Handtuch einwickelte. Sie zitterte trotz des warmen Wassers und in ihrem Gesicht fehlte jede Farbe. Es überraschte mich nicht, dass sie sich auf ihr Bett legte und sich zu einer Kugel zusammenrollte. Sie musste wahnsinnig unter Schock stehen und der Geruch, der ihr immer noch anhaftete, half auch nicht gerade dabei, das Geschehene zu verdrängen. Wie lange es wohl dauern würde bis sie dank ihrer tausend Parfüms wieder normal roch? Mitleidig zog ich die Decke über ihre schlanke Silhouette, doch sie schien meine Bemühungen nicht zu realisieren. Schutzlos lag sie auf den Laken und wimmerte im Schlaf, während sie von Nathalias baldigem, schmerzhaften Todestag träumte. Zumindest konnte ich mir das bei Nicole gut vorstellen. Ihre Augen waren geschlossen und ihr Atem kam nur noch stoßweise. Wenn sie nicht ihren Mund offen hatte und herumschrie, sah sie beinahe aus wie eine wunderschöne Puppe, die als Vorbild für Millionen kleiner Mädchen diente.

Obwohl ich sie ungern alleine ließ, zog ich mir wieder meine Jacke über und begab mich auf den Weg ins Direktorat, da Nicole dringend Hilfe brauchte. Sie musste lernen, ihre Kräfte zu kontrollieren, die unnatürlich schnell anwuchsen, und da meine Zimmergenossin den Vorfall niemals freiwillig beichten würde, musste ich Terrent Bescheid geben, bevor jemand ernsthaft zu Schaden kam. Unvorstellbar was mit den Mädchen passiert wäre, wenn ich Nicole nicht hätte wegschleifen können. Wahrscheinlich wäre es deren eigene Schuld gewesen, auch wenn meine Mitbewohnerin die Verursacherin gewesen wäre. Doch so einen Tod hatte niemand verdient. Nicht einmal das Miststück Nathalia.

Das Büro der Rektorin stand sperrangelweit offen, weshalb ich mit einem schüchternen Klopfen eintrat, ohne auf ihre Erlaubnis zu warten. Etwas, das die alte Schreckschraube überhaupt nicht leiden

konnte. Aber ungewöhnliche Zeiten verlangten ungewöhnliche Maßnahmen und Nicoles gruselige Todeskräfte waren mit Sicherheit mehr als ungewöhnlich.
Misstrauisch beäugte die Rothaarige mich und fragte mit ihrer tiefen Stimme, was ich während der Mittagspause von ihr wollte. Ich konnte ihren Missmut verstehen, ich wurde auch nicht gerne in den Freistunden von Lehrern belästigt, aber sie hätte nicht Direktorin werden sollen, wenn sie sich nicht mit den Problemen Jugendlicher auseinandersetzen wollte. Ob sie einfach nur Schüler quälen wollte, weil sie als Kind gemobbt wurde und sie es nun als ihre Pflicht ansah, uns die Schulzeit ebenfalls zu versauen? Anders konnte ich mir ihre anhaltende Strenge und Verbitterung nicht vorstellen.
In wenigen Sätzen erläuterte ich ihr das Problem, woraufhin die grünen Augen der älteren Hexe sich weiteten und sie skeptisch ihre Brille auf den Schreibtisch legte. Sie runzelte mit der Stirn und verzog das Gesicht zu einem Grinsen, bevor ihr wieder einfiel, dass ich mich ebenfalls im Raum befand. Irgendetwas schien sie an den Geschehnissen interessant zu finden, aber sie ließ, sehr zu meinem Frust, nicht durchblicken, weshalb meine Schilderung sie so belustigte. Sollte sie sich nicht lieber Sorgen machen? Nicole könnte eine echte Gefahr für ihre Mitmenschen werden, wenn sie nicht lernte, ihre Kräfte im Zaum zu halten.
Eine Spur zu schnell versicherte die Direktorin mir, Nicole genauer unter die Lupe zu nehmen und schickte mich unfreundlich wieder vor die Tür, als würde sie es keine Sekunde länger mit mir in einem Zimmer aushalten. Es hätte mich nicht gewundert, wenn sie zum Abschluss noch die Nase gerümpft hätte, als würde ich stinken, aber sie sah mich nur mitleidig an. Obwohl ich ihr versicherte, dass Nicole mir keine Angst einjagte und mich nicht verletzen würde, auch wenn wir uns ein Zimmer teilten, blieb ihr Gesicht verzogen. Diese Frau war mir nicht ganz geheuer und ich musste zugeben, dass ihr vernarbtes Gesicht mir eine Heidenangst einjagte. Für mich war klar, dass die Direktorin Schlimmes erlebt hatte und den Schülern von St. Ghidora niemals etwas antun würde. Trotzdem ängstige mich ihre dunkle Aura jedes Mal, wenn ich sie sah. Die sie wie einen Schatten umhüllte, den sie

nicht loswurde, weil er sich an ihre Fersen geheftet hatte. Aber das war nicht der einzige Grund, weshalb ich mich am liebsten hinter der nächsten Ecke vor ihr verstecken würde. Sie bedachte mich auch mit diesem traurigen Blick, den ich nicht ergründen konnte. Als wüsste sie etwas, das mir noch verborgen war.

Etwas Positives hatte der rüde Rausschmiss also: Ich konnte so viel Abstand zwischen die Schulleiterin und mich bringen, wie mir in einem Gebäude möglich war. Außerdem traf ich auf Jonathan, der auf der Suche nach seinem Bruder am Direktorat vorbeigegangen war. Er lächelte, als er mich entdeckte und winkte mich zu sich. Nervös wischte ich meine schweißnassen Hände an meiner Hose ab und atmete tief durch. Unwissend, wie ich ihn auf Nathalia ansprechen sollte, folgte ich ihm stillschweigend durch die Gänge. Die Ruhe zwischen uns war nicht unangenehm. Jonas Arm streifte hin und wieder beim Gehen meine Haut, sodass ich kaum noch klar denken konnte. Ich schaffte es sogar, Nathalia in das letzte Eck meines Gehirns zu verbannen, als würde es sie nicht geben. Wie toll wäre es, wenn sie sich wirklich in Luft auflösen würde?

Als Jonas große Hand nach meiner griff, raste mein Herz und ich hätte schwören können, dass es jeden Moment aufhörte zu schlagen. Es klopfte gegen meinen Brustkorb, als wolle es Jonathan entgegenfliegen. War das Glück? Vielleicht. Ich konnte mich jedenfalls nicht daran erinnern, jemals so zufrieden gewesen zu sein.

Wenn Jonathans Lächeln nicht von Sekunde zu Sekunde schwächer geworden wäre, hätte ich mir einreden können, dass wir als verliebtes Pärchen auf dem Weg zu unserem gemeinsamen Zimmer waren. Aber leider hielt der Moment nicht lange. Jona machte sich Sorgen um seinen Bruder, der sich in letzter Zeit von ihm distanzierte. Ich weiß nicht, woran es lag, aber Hunter schien seit dem letzten Besuch von Jonas Vater völlig neben sich zu stehen. Sicher war ich froh, auch einmal mit Jonathan allein zu sein, aber ich hatte seinen Bruder jetzt seit fast zwei Wochen nicht mehr gesehen. Das war untypisch für ihn und besorgniserregend. Ganz zu schweigen von seiner neuen Tätowierung, die sich über seinen Oberkörper erstreckte. Es sah toll aus, keine Frage. Aber sonderbar war es trotzdem. Ob sein Vater ihm

diesmal so markante Narben verpasst hatte, dass er sie unter einer Schicht Tinte verstecken musste?
Auch heute war Hunter unauffindbar, obwohl er versprochen hatte mit Jona zu essen. Deshalb rollte Jonathan nach einer halben Ewigkeit, die wir mit Suchen verbracht hatten, genervt mit den Augen und beschloss seinem Bruder nicht mehr hinterherzulaufen. »Er wird sich schon melden, wenn er mich braucht«, meinte Jona und zog mich zu einem Tisch in der großen Halle. Während er mit mir aß, verfluchte er Hunter. Aber ich wusste, dass er seine Sorgen unter Wut versteckte.
An diesem Nachmittag führten wir keine tiefgründigen Gespräche, weil ich das Gefühl hatte, dass Jonathan nicht bei mir war, obwohl er direkt neben mir saß. Er brauchte immer eine Spur zu lange, um mir zu antworten, und er ging kaum auf meine humorvollen Anspielungen ein. Er starrte lieber auf seinen Teller und dachte nach. Zu gern hätte ich gewusst, was ihn in diesen Augenblicken beschäftigte, aber als ich ihn darauf ansprach, wurde seine Mimik traurig und er entschuldigte sich, mir nicht zugehört zu haben. Warum redete Hunter nicht mit seinem Bruder? Sie erzählten sich doch sonst alles. Oder stritten die beiden?
Ich wollte Jona nicht noch mehr belasten, weshalb ich schwieg, als er mich fragte, ob es etwas Neues bei mir gab. Ich ließ den Moment, in dem ich ihm von Nathalia erzählen hätte können, verstreichen, ohne mir groß Gedanken darüber zu machen. Jonathans Probleme, was oder wer auch immer sie verursachte, waren schlimmer als die Schikanen einer besessenen Pubertierenden. Im Nachhinein war ich froh die Schülerin nicht schlecht gemacht zu haben, als Jona mir beichtete, wie sehr er es mochte, dass ich immer das Gute im Menschen sah, mich dafür sogar liebte, bevor er wissen wollte, ob ich seine Freundin sein wollte. Kurz war ich perplex und wusste nicht, was ich antworten sollte. Damit hatte ich nicht gerechnet. Ich hatte davon geträumt, aber ich dachte nicht, dass es wahr werden würde. Ich schlang meine Arme um seinen Hals und küsste ihn. Natürlich wollte ich zu ihm gehören. Ihn lieben und küssen. Jede Minute ohne ihn war für mich verschwendete Zeit. Ich hatte noch nie für jemanden so empfunden wie für ihn. Zwar dachte ich, ich sei in Bryce, Valentinas

älteren Bruder, verliebt, bevor ich Jonathan kennenlernte, aber heute weiß ich, dass es nur eine kleine Schwärmerei gewesen war. Vielleicht hätte sie sich zu einer Beziehung entwickeln können, wenn ich keine Hexe gewesen wäre. Aber nachdem ich als Schülerin von St. Ghidora keinen Kontakt zu Menschen haben durfte, um das Geheimnis der Hexen nicht zu gefährden, würde ich nie erfahren, ob Bryce ebenfalls Interesse an mir hatte. Doch in dem Augenblick als Jonathan sich gegen mich lehnte, war ich dankbar für die Schulregel. Mit niemandem wäre ich lieber meine erste Beziehung eingegangen, als mit dem ältesten Kind der Familie Morgan, dessen Lippen sich weich und zart anfühlten. Er roch nach Wildblumen, schmeckte aber nach einer Mischung aus Äpfeln, Orangen und einer unvergleichbaren süßen Note. Mit seinen Händen hielt er meine Hüfte fest, während er mit seiner Zunge in meinen Mund fuhr und mich um den Verstand brachte. Bei Bryce hatte ich nie das Gefühl gehabt zu schmelzen, wenn er mich berührte. Ich hatte nicht den Drang, jeden Zentimeter seines Körpers zu liebkosen und meine Nase an seiner Halsbeuge zu reiben. Auch jetzt, zwei Stunden später, konnte ich noch den leichten Druck auf meinen Lippen spüren, obwohl Jona mich bereits in mein Zimmer zurückgebracht und mir einen Gute-Nacht-Kuss auf die Wange gegeben hatte. Es war ein langer Tag gewesen und spät geworden, bis ich mich endlich von Jonathan, meinem festen Freund, lösen konnte. Ja, fester Freund. Es ist wirklich wahr. Ich kann es immer noch nicht glauben.

Eigentlich sollte ich bereits schlafen, aber ich fühle mich, als könnte ich Berge versetzen oder würde auf Wolken schweben. Ob dieses Gefühl bleiben würde, solange Jonathan mit mir zusammen war?

Gute Nacht, Deine Cassandra

Verdattert starrte ich auf das Tagebuch. Die nächsten Seiten fehlten. Die ausgefransten Reste des Papiers ließen darauf schließen, dass die Einträge gewaltsam herausgerissen worden waren, aber aus welchem Gründen jemand Cassies Buch mutwillig zerstören würde, war mir zu diesem Zeitpunkt schleierhaft. Insgesamt fehlten die Eintragungen von mehr als einem Monat.

Frustriert schloss ich einen Moment die Augen und trauerte den vielen Informationen, die mir vorenthalten wurden, hinterher. Hätte ich erfahren, wie Hunter und Jonathan sich wieder angenähert hatten? Und was Terrents Blick zu bedeuten hatte? Ich wollte mir gar nicht ausmalen, was mit Hunter passieren würde, wenn ich nur in diesen Einträgen die Antwort auf die Frage, wie ich Rabiana aufhalten konnte, gefunden hätte. Aber warum hätte mir Nicole, die von den fehlenden Seiten wissen musste, das Tagebuch dann geben sollen?
Als ich den nächsten Text zu lesen beginnen wollte, öffnete sich das Pentagramm und Tara blickte ins Zimmer. Erschrocken fuhr ich zusammen, als ich das Scharren der Wand auf dem Boden hörte. Schnell ließ ich das lederne Buch unter meinem Kopfkissen verschwinden und kniff die Augen zusammen. Ich war hin- und hergerissen. Einerseits wollte ich Taranee alles erzählen, aber andererseits hatte ich Angst vor ihrer Reaktion. Sie war eine von Cassandras Freundinnen gewesen und trotzdem hatte Cassie ihr nichts von Nathalias Attacken erzählt, sonst hätte mich meine Mitbewohnerin warnen können. Die Verstorbene hatte sie belogen, genau wie Du, Mel. Auch Du hattest Tara nicht einmal die Hälfte von Dir wissen lassen und ihr lieber eine Lüge nach der anderen aufgetischt, um zum Training bei Rabiana zu gehen. Aber das Schlimmste war, dass ich nun genau das Gleiche tat wie ihr. Ich hinterging meine Freundin. Auch wenn ich mir einredete, dass ich es tat, um sie zu beschützen, blieb ein bitterer Nachgeschmack auf meiner Zunge, den ich nicht wegbekam. Ich fühlte mich schuldig. Zu Recht. Ich hätte es ihr erzählen sollen, Mel. Tara war stärker, als ich dachte. Warum war mir das nie aufgefallen?
Deine Read

Briefe aus der Vergangenheit

Liebe Mel!

Meine Ziehmutter erklärte mir, als ich ein Kind war, dass Männer nur auf der Welt seien, um uns Frauen zu verletzten, und sollte ich jemals einem Mann erliegen, es mein Verderben darstellen würde. Wir beide wissen, dass das grundsätzlich Schwachsinn ist, aber als Tara mich aus meinem vorgespielten Schlaf weckte, um mir zu sagen, dass Nathalia und Hunter in der Schule herumliefen wie zwei frisch verliebte Klammeräffchen, dachte ich zum ersten Mal in meinem Leben, dass ein Fünkchen Wahrheit in ihren Worten steckte. Ich hatte Hunter die Möglichkeit gegeben mich zu verletzten wie kein anderer und er bohrte praktisch in der frischen Wunde, indem er mir sein neues Glück unter die Nase rieb. Ob es Nicole damals genauso ging, als Hunter sie verlassen hatte, um mit mir zusammen zu sein? Vermutlich nicht. Sie hatte den Schwarzhaarigen nicht wirklich geliebt, sondern ihn als Sprungbrett zur Beliebtheit genutzt.

»Geht es dir gut?«, fragte Taranee mit blassem Gesicht und nahm mich in den Arm, um mich zu trösten. In Zeiten wie diesen vermisste ich Tauris. Die störrische, schwarze Katze der Göttin war ein kleines Miststück gewesen, doch es hatte nichts Besseres gegeben, als meine Hand in ihrem Fell zu vergraben und mir den

Schmerz von der Seele zu weinen. Tara übernahm diese Aufgabe gut, aber es war nicht dasselbe. Weder konnte ich mein Gesicht in ihre Haare drücken, um meine Tränen vor den Blicken der anderen zu verstecken, noch konnte ich sie als Kopfpolster missbrauchen, bis ihr Schnurren mich einlullte. Tara bot mir lediglich ihre Schulter an, um meinen Kopf darauf abzulegen und mich spüren zu lassen, dass sie da war, wenn ich sie brauchte.

»Es tut mir so leid, Read. Er ist ein Idiot«, fluchte Vampirella und zauberte mir damit den Ansatz eines Lächelns auf die Lippen. Es war amüsant Tara zuzuhören, wie sie jemanden verdammte. Ihr Gesicht verzog sich keinen Millimeter und ihre Stimme blieb konstant in einer Tonlage, obwohl sie jemandem die Krätze an den Hals wünschte. Meine Zimmergenossin war wirklich unverbesserlich. Es interessierte sie nicht, wie Hunters Sicht aussah. Für sie zählte nur, dass er mich mit seinem Verhalten verletzte. Sie würde ihn vermutlich sogar umbringen, ohne genauer nachzufragen, wenn sie mich damit glücklich machen konnte. Wobei ich mir sicher war, dass unsere Vampirella im Ernstfall wusste, wie sie eine Leiche verschwinden ließ.

Ein schüchternes Klopfen ließ mich aufsehen, aber ich wollte mich nicht aus dem Bett bewegen. Meine Muskeln und Knochen waren viel zu schwer für meinen ausgelaugten Körper. Ich war müde und hatte kaum Kraft aufrecht zu sitzen. Ich wollte nur noch schlafen. Tara schien das zu bemerken, denn sie stand ohne etwas zu sagen auf und öffnete die Tür.

»Schlechtes Timing«, hörte ich sie zu unserem Besucher sagen, aber der Neuankömmling redete zu leise, als dass ich ihn hätte verstehen können. Ob es Hunter war?

»Ich glaube nicht, dass sie irgendjemanden sehen will, und es tut mir leid, dir das sagen zu müssen, aber du hast diese Schlange in unser Leben gelassen. Wir alle wissen, dass das nicht deine Absicht war, aber Read braucht ein wenig Abstand von allem, was sie aufwühlen könnte«, antwortete Tara auf die Frage unseres Gastes. Meine Mitbewohnerin versuchte, für mich einzutreten und mir den Rücken zu stärken, doch das war nicht notwendig. Ich mochte weinen und Hunter nachtrauern, aber ich würde mich nicht unterkriegen lassen und mein Leben weiterleben. Diese Sache würde mich nicht in die Knie zwingen. Als wäre nichts gewesen, würde ich nach vorne sehen und alles Geschehene verdrängen, nachdem ich Rabiana und Nathalia das Handwerk gelegt hatte. Ich würde weiterkämpfen. Ich nahm all meine Kräfte zusammen, richtete mich auf und drückte den Rücken durch, sodass ich kerzengerade in meinem Bett saß. Was hätte ich sonst tun sollen? Ich konnte mich nicht ewig vor der Zivilisation verstecken und in meinem Zimmer bleiben.

»Komm rein, wer immer du auch bist«, schrie ich und wischte noch einmal über mein Gesicht. Das viele Weinen hatte an mir gezehrt und ich fühlte mich schrecklich. Meine Augen waren sicher rot und geschwollen. Trotzdem war ich froh, als Lora den Raum betrat.

»Read, ich ...«, begann sie und sah schuldbewusst zu Boden.

»Nein«, unterbrach ich sie radikal und schüttelte den Kopf. »Wir werden nicht darüber reden. Niemand konnte wissen, dass Nathalia mir in den Rücken fallen würde. Du bist meine Freundin, Lora. Hunters neues Spielzeug wird daran nichts ändern«, sagte ich mit Nachdruck und erwähnte absichtlich nicht Nicole, die sehr wohl gewusst hatte, dass Nat eine heimtückische, verachtenswerte Person war und mich rechtzeitig warnen wollte. Nichtsdestotrotz meinte ich jedes Wort ernst. Ich würde nicht zulassen, dass diese Misere auch noch meine Freundschaft mit Lora gefährdete. Damit würde ich der falschen Schlange nur helfen, mein Leben zu zerstören. Aber das wollte ich nicht. Ich wollte Nathalia zeigen, dass sie mir zwar Hunter wegnehmen, aber nicht mein Leben bestimmen konnte.

Taranee kroch wieder zu mir ins Bett und Lora nahm am Fußende Platz, sodass beide auch die kleinste Regung von mir beobachten konnten. Warteten sie darauf, dass ich zusammenbrach?

»Was jetzt?«, wollte die Tierliebhaberin wissen und meine Mitbewohnerin sah mich auffordernd an.

»Wir ignorieren die beiden«, beschloss ich und verheimlichte, dass

ich einen Weg suchen würde, um unseren Hunter, der Gefühle zeigte und immer für seine Freunde da war, wiederzubekommen.
»Ja, schon klar. Ich meinte das Sommernachtsfest morgen. Niemand von uns hat eine Begleitung«, sagte Lora und kaute an ihren Fingernägeln. Das Sommernachtsfest hatte ich in der Aufregung komplett vergessen. Ursprünglich hatte ich angenommen, dass Hunter und ich zusammen auf das Event gehen würden, auch wenn wir nie darüber gesprochen hatten. Aber jetzt würde er mit Nathalia das Fest besuchen. Davon wollte ich mir die Feierlichkeiten noch lange nicht vermiesen lassen.
»Dann gehen wir zu dritt«, entschied ich und grinste meine Freundinnen an.
»Du meinst zu viert«, verbesserte Tara mich und erinnerte mich gleichzeitig an Jaimie, den ich seit dem Streit mit Jonathan nicht mehr gesehen hatte.
»Wollen wir ihm die freudige Nachricht überbringen?«, fragte ich lachend und wischte mir noch einmal die Tränenspuren aus dem Gesicht. Obwohl die Laute aus meinem Mund gekünstelt klangen, stimmten die beiden in das Lachen mit ein. Fast fühlte ich mich in die Zeit, als wir gemeinsam in unserem Zimmer gefrühstückt und gekichert hatten, zurückversetzt. Aber Dein Grinsen fehlte, Mel. Wie so oft in letzter Zeit.
Schnell bürstete ich meine Haare und bändigte sie mithilfe eines Gummibands, bevor wir zum Jungentrakt aufbrachen. Taranee führte uns durch die Abschnitte des Gebäudes, worüber ich froh war. Auch wenn ich schon eine Zeit lang, die mir wie eine Ewigkeit vorkam, hier wohnte, kannte ich mich in dem riesigen Gebäudekomplex nicht aus. Es waren zu viele Gänge, Ecken und Zimmer, in denen man sich schnell verlief. Nicht zu vergessen die Wände, die plötzlich vor einem auftauchen konnten. Bei dem Gedanken, allein irgendwo umgeben von Mauern zu stehen, erschauderte ich. Den Fehler hatte ich einmal gemacht und dabei eine Leiche entdeckt. Das brauchte ich nicht noch mal. Deshalb beschleunigte ich meine Schritte, um Tara hinterher-zukommen und nicht aus Versehen verloren zugehen.

Ich hatte den Gang der Jungs noch nie zuvor betreten, weshalb ich überrascht war, dass die Räumlichkeiten nicht dem Mädchenwohnheim glichen. Eigentlich hatte ich erwartet, dass sie identisch waren. Aber das waren sie nicht. Natürlich waren auch hier alle Wände weiß und es gab keine Türen. Doch die Pentagramme waren nicht hellrot, sondern so dunkel, dass sie fast braun wirkten. Außerdem hingen in regelmäßigen Abständen Spiegel an den Wänden und neben den Hexensymbolen standen Sitzsäcke. Alles in allem wäre ich auch gerne ein Junge, denn die hatten ihren Trakt aufgemotzt, während unserer leer und kahl wirkte. Dagegen sollten wir dringend etwas tun. Ob Tara und Lora mir helfen würden? Vielleicht könnten wir Bilder aufhängen oder die Wände bunt streichen. Zumindest würde es nicht mehr trostlos aussehen.

Jaimies Zimmer, das er sich mit Jona teilte, war das vierte auf der rechten Seite und ich war erstaunt, dass die Wand bereits einen Durchgang geöffnet hatte, als wir davor ankamen. An der Mauer lehnte dein Bruder mit einem wütenden Gesichtsausdruck. Sein Kopf war rot angelaufen und seine Lippen waren zu einem Strich zusammengepresst. Er schnaubte, als wir in Sicht kamen und verschränkte die Arme. Für mich sah es aus, als würde er auf uns warten. Aber das war unmöglich, oder? Vor wenigen Minuten hatten wir selbst noch nicht gewusst, dass wir kommen.

»Kleiner, alles in Ordnung?«, hakte Lora verdutzt nach und zog die Augenbrauen fragend zusammen.

»Nein«, antwortete der Jüngere gereizt, bevor er sich frustriert durch die Haare fuhr. Seine Lippen begannen gefährlich zu zittern und eine Strähne fiel ihm ins Gesicht.

»Was ist los?«, wollte ich wissen, ahnte aber bereits, dass Jona etwas mit der Laune des Blonden zu tun hatte. Jaimie reagierte bei niemand anderem so überempfindlich, wie bei seinem besten Freund.

»ER geht mit ihr auf das Sommernachtsfest und jetzt gerade ist ER mit ihr zum Abendessen gegangen. Er hat mich angelogen und will anscheinend doch etwas von ihr«, zischte Jaimie und ging

stampfend in sein Zimmer. Mit einer Handbewegung bat er uns, ihm zu folgen, weshalb wir uns auf die schwarze Couch, die in der Mitte des Raumes stand, fallen ließen. Die Einrichtung war hell, was ich bei Jonathan nicht erwartet hätte. Ich hätte mir eher schwarze Teppiche mit schwarzen Möbeln und grauschwarzer Bettwäsche vorgestellt anstatt Zimmer-pflanzen und bunte Gemälde. Aber der Raum leuchtete in den unterschiedlichsten Farben und überall hingen Bilderrahmen mit Fotos von den Freunden der Zimmerbewohner. Ein kurzes Lächeln stahl sich auf mein Gesicht, als ich mich selbst auf einer Kommode entdeckte. Auf dem Bild hatte Hunter einen Arm um meine Taille geschlungen und ich hielt Taras Hand. Wir drei lachten und ich hatte die Augen weit aufgerissen. Hinter uns war der Schulgarten zu sehen, auf dessen Wiese die Blumen blühten. Ich erinnerte mich noch genau an diesen Tag. Es war vor nicht einmal einem Monat. Damals war die Welt noch in Ordnung. Na ja, nicht ganz. Du warst schon tot, aber Rabiana hatte die Füße stillgehalten und uns nicht das Leben schwer gemacht. Es war einfach anders als jetzt.
»Versteht mich nicht falsch, ich will, dass Jona glücklich ist, aber musste es unbedingt Alexandra sein? Und Hunter ist zwar sein Bruder, aber er hätte sich auch nicht auf ein Doppeldate mit Nathalia einlassen müssen, um sich mit ihm zu solidarisieren«, fauchte Jaimie und setzte einen mitleidigen Blick auf, als er in mein Gesicht sah. Mein Lächeln war verschwunden.
»Entschuldige Read«, murmelte der Blonde verlegen, aber seine Worte gingen in Loras Geschrei unter.
»Er hat WAS?«, fragte die Tierliebhaberin lauernd nach und verengte ihre Augen zu Schlitzen. Ihre Stimme klang normalerweise schon sehr schrill, aber diesmal rutschte sie noch eine Oktave hinauf und zum ersten Mal war ich froh, dass das Gebäude keine Fenster hatte. Die wären bestimmt in tausend Stücke zersprungen. Loras Nasenflügel bebten und ihre Stirn war in Falten gelegt. Sie schnaubte zornig, während ihre Wangen vor Wut rot anliefen und sie durch den Raum wütete: »Ich hoffe, ich habe mich gerade verhört.«

Anschließend, als sie versuchte, sich zu beruhigen, murmelte sie Verwünschungen in ihren nicht vorhandenen Bart und starrte Jaimie an, als wäre er am Verhalten seines besten Freundes schuld, obwohl er genauso wütend auf Jona war wie sie. Ich konnte die beiden verstehen. Auch ich hätte mir gerne die Seele aus dem Leib geschrien, aber noch konnte ich nicht glauben, dass Jonathan mir das antun würde. Er war mein Freund. Mein Fels in der Brandung, wenn alles schieflief. Er würde das nicht tun. Das hoffte ich jedenfalls.

»Ja, genau das habe ich, aber lasst es mich bitte erklären«, hörte ich eine tiefe Stimme hinter uns sagen und drehte mich sofort zu Jona um, der die Arme erhoben hatte, als würde er erwarten, dass wir ihm die Augen auskratzen. Mein Gesicht sagte wohl mehr aus als mein Schweigen, da Jonathan begann, sein Gewicht nervös von einem Bein auf das andere zu verlagern. Mir war bewusst, dass ich ein wenig Verständnis für Jonathan hätte haben sollen. Wie Jaimie gesagt hatte: Hunter war sein Bruder. Es war nur natürlich, dass Jona meinen Gemahl unterstützen oder sich wenigstens Hunters Seite der Geschichte anhören wollte. Aber musste er sich deshalb mit Nathalia verbrüdern und ein Date zu viert arrangieren?

»Read, ich wollte einfach wissen, was in ihn gefahren ist. Mein Bruder sah niemanden mehr an, seit ihr euch im Schulgarten begegnet seid, und jetzt ist er plötzlich mit Nathalia zusammen. Finde nur ich das ungewöhnlich?«, merkte Jona an und appellierte an mein Gewissen. Verdammt! Er hatte recht. Wieder einmal rief er mir ins Gedächtnis, dass er ein Genie war. Er brauchte keine Nicole, die ihm das Offensichtliche sagte. Er wusste ohne Hilfe, dass Hunter übel mitge-spielt wurde und sein Verhalten durch andere Umstände beeinflusst wurde.

»Na schön Casanova, was hast du herausgefunden?«, fragte Tara und kurz darauf fand ich mich in der großen Halle beim Essen wieder, während Jona von seinem Date mit Alexandra Athena Andrews, die laut den Erzählungen ganz nett zu sein schien, berichtete. Zum Glück hatte das neue Traumpaar von St. Ghidora bereits gespeist, sodass wir ihnen nicht beim Herumknutschen

zusehen mussten, aber das machte das Getuschel um mich herum nicht weniger unangenehm. Meine Mitschüler sollten sich dringend ein eigenes Privatleben zulegen, anstatt ihre Nase ständig in Angelegenheiten zu stecken, die sie absolut nichts angingen.
»Alex meinte, sie hätte gesehen, wie Nathalia meinem Bruder tagelang eine Flüssigkeit in sein Getränk geschüttet hätte«, erzählte Jonathan, wurde jedoch von meiner Mitbewohnerin unterbrochen.
»Und das soll niemandem von uns aufgefallen sein? Eine ziemlich schwache Behauptung«, merkte sie an und verdrehte die Augen. Tara erklärte die Informationen für lächerlich, aber ich konnte mich nur schämen. Wenn das wirklich der Wahrheit entsprach, hatte ein Mädchen aus der Abschlussklasse mehr mitbekommen als wir, die direkt neben dem Ort des Verbrechens gesessen hatten. Alex war nur eine Schülerin von vielen, die ich tagtäglich sah und sofort wieder vergaß. Trotzdem war sie es gewesen, die besser auf Nathalia und ihre durchtriebenen Pläne geachtet hatte als ich. Das war eine Erkenntnis, die ich erst einmal verdauen musste. Doch dazu hatte ich später noch genug Zeit.
»Hat Alexandra noch etwas gesagt? Geht sie nicht mit Nathalia in die gleiche Klasse?«, fragte ich, aber Jona antwortete nicht, sondern lief rot an.
»Wir haben danach nicht mehr viel geredet«, stotterte der ältere Morgan-Bruder und wich meinem Blick aus, bevor er auf die Tischplatte starrte. Ich konnte Jaimie schnauben und Lora kichern hören, als Taranee aufsprang und Jonathan auf die Schulter klopfte. Sie murmelte ihm etwas ins Ohr, das ich aufgrund der Entfernung nicht verstehen konnte, aber ich schätze, dass sie ihn beglückwünschte. Es musste meine Zimmergenossin freuen, dass der Ex-Freund von Cassandra endlich wieder glücklich wurde, nachdem er monatelang um die Verstorbene getrauert hatte. So einen starken Ausdruck von Gefühlen war ich von Taranee gar nicht gewohnt. Zu gern hätte ich gewusst, wie Du reagiert hättest. Ob Du Dich genauso für Jona gefreut hättest wie Tara oder Du die Nachricht unterkühlt aufgenommen hättest wie Dein Bruder. Am wahrscheinlichsten ist, dass Du sie auf Herz und Nieren geprüft

hättest, sodass sie Jonathan nicht verletzen konnte. Das war eher Dein Stil. Meine Reaktion glich Jaimies. Es war nicht so, dass ich Jona kein Glück gönnte, aber nach dem Verrat von Nathalia fiel es mir schwer, mir vorzustellen, dass unsere Gruppe sich wieder um eine Person vergrößern sollte. Außerdem hatte ich Jaimie und Jonathan immer als Einheit gesehen. Sie aßen, lebten und lachten zusammen. Unmöglich sich auszumalen, wie Alex das Verhältnis meiner Lieblingsmänner verändern würde. Aber bei einem war ich mir sicher: Dein Bruder würde es schwer haben, mit der neuen Situation klarzukommen, während Jona anscheinend keine Probleme damit hatte. Er hatte Jaimie seit seinem Auftauchen nicht ein einziges Mal ange-sehen, obwohl der Blonde direkt vor ihm saß und schmollte. Selbst als Jaimie Jonas Hand streifte, als er nach dem Salzstreuer griff, um die Eiernockerl, die meiner Meinung nach sowieso schon versalzen waren, nachzuwürzen, reagierte Jonathan nicht auf ihn. Ob Jona spürte, dass Dein Bruder etwas gegen Alex hatte?

Obwohl Jona die gesamte Mittagspause versuchte mich von seinen guten Absichten zu überzeugen, wurde ich das flaue Gefühl in meiner Magengegend nicht los. Es lag nicht daran, dass ich dem älteren Bruder der Familie Morgan nicht vertraute, sondern weil ich unglaubliche Angst hatte, auch noch Jona an Nathalias Pläne zu verlieren. Deshalb war ich froh, dass Lady Augeni meine Lehrerin in magischer Verteidigung, einen Sonderunterricht innerhalb des regulären Unterrichts abhalten wollte. Die Anstrengung würde mir guttun und mich auf andere Gedanken bringen. Die verrückte Hexe, die schon seit knapp dreißig Jahren in St. Ghidora unterrichtete, war der Ansicht, dass wir schwächer wurden, umso näher die Sommernachtsgleiche rückte, weil wir unsere Kräfte vom Mond bezogen, der in den Sommernächten kürzer zu sehen war. Da ich mich wie immer fühlte, belächelte ich ihre Worte, wie die meisten anderen auch, und begab mich ins Keller-gewölbe des Hexeninternats, wo die kahlköpfige Professorin bereits auf ihre Schüler wartete.

Magische Verteidigung war in den letzten Wochen eines meiner

Lieblingsfächer geworden. Nicht nur weil ich in diesem Unterricht endlich lernte, meine Fähigkeiten zu kontrollieren, damit ich niemanden mehr unbeabsichtigt verbrannte, sondern ich gleichzeitig meine Kräfte, die ich unweigerlich im Kampf gegen Rabiana brauchen würde, schulen konnte. Trotzdem wirkte das Klassenzimmer, das aus Stahlwänden mit gruseligen Schmierereien bestand, die zum Schutz dienten, und unterschiedlichen Böden, die stündlich wechselten, immer noch befremdlich auf mich. Aber noch sonderbarer als der Raum, der genauso düster wirkte wie ein Schlachthaus, war die Lehrerin, die das Fach unterrichtete. Lady Augeni fiel zwar in erster Linie wegen ihrer Glatze und den verschiedenfarbigen Augen, die sie am Hinterkopf tätowiert hatte, auf, aber auch ihre Piercings waren ein echter Hingucker. Der Stierring in ihrer Nase, die zwei Stecker in ihrer Oberlippe und die aufgedehnten Ohrlöcher gaben ihr zusätzlich einen schaurigen Anblick, bei dem ich immer wieder eine Gänsehaut bekam. Bei einer Frau wie ihr hätte ich am Anfang schwarze Kleidung und Punkerstiefeln erwartet. Doch sie trug ausschließlich weiße Kleider und hatte nie Schuhe an, wodurch ich eine perfekte Sicht auf die tätowierten Spinnen auf ihrem Fußrücken hatte.

»Seid ihr bereit?«, fragte Lady Augeni mit tiefer Stimme, die der eines Mannes glich und ich wunderte mich über mich selbst, dass es für mich zum Alltäglichen gehörte, in meinem Inneren nach der warmen, lodernden Quelle meiner Macht zu suchen, während ich mich auf die folgenden Kämpfe gegen meine Mitschüler vorbereitete.

Noch vor wenigen Monaten war ich in den meisten Fächern wie magische Verteidigung, Zaubertränke, Soziologie der Hexengesellschaft und Hexenkunde panisch geworden und hatte um mich geschrien, dass alle Anwesenden beinahe den Verstand verloren hätten. Heutzutage stand ich selbst nur mehr augenverdrehend im Eck und bemitleidete die Neuzugänge, wenn sie im Unterricht einen Nervenzusammenbruch bekamen. Letzte Woche erst hatten wir ein schwarzhaariges Mädchen mit braunen Augen dazubekommen. Ihren Namen konnte ich mir nicht merken, aber dafür ihr Gesicht, das von Sekunde zu Sekunde blasser wurde. Mit schreckgeweiteten Augen hatte sie Lady Augenis Aussehen betrachtet. Ihr Mund stand sperrangelweit offen, ihre Augenbrauen waren nach oben verzogen, sodass ihre Stirn in Falten lag, und sie zitterte wie Espenlaub. Anfangs hatte sie einfach sprachlos im Raum gestanden und uns begafft, als wären wir Aliens, aber als einer meiner Feuerbälle haarscharf an ihrem Oberarm vorbeiflog, sodass sie die Hitze auf ihrer Haut fühlen konnte, rastete sie aus. Sie schrie laut auf und flüchtete aus dem Raum, während sie mit erhobenen Händen um sich schlug, sodass niemand sie festhalten konnte. Ich weiß, dass es gemein war sie auszulachen, aber ich konnte nicht anders. Es sah wahnsinnig lustig aus, wie sie weinend durch die Gänge rannte, um zum Ausgang zu gelangen, den sie ohne Hilfe sowieso nicht finden würde. Lady Augeni war wohl meiner Meinung, denn sie wartete bis das Mädchen von selbst realisierte, dass es hier nicht herauskommen würde und sich wimmernd am Boden zusammenkauerte.

Taranee war heute die Erste, die das Gelernte der letzten Stunde demonstrieren musste. Lustigerweise bekam sie Alexandra zur Partnerin, deren Jahrgang seit Monaten zeitgleich mit uns Unterricht hatte. Dennoch war ich nie in den Genuss gekommen, die Millionärstochter kämpfen zu sehen, und wenn hatte ich nicht besonders auf sie geachtet, aber nun war sie Jonas feste Freundin oder so etwas Ähnliches und somit stieg mein Interesse an ihr. Die Millionärstochter schien sich siegessicher zu sein, als sie Jonathan einen Kuss aufdrückte und auf Tara zuging, die bereits ein laues Lüftchen durch den Raum wehen ließ, um ihre Fähigkeiten unter Beweis zu stellen. Tara war gut und schlug sich meist wacker, dennoch war die Anspannung meiner Mitbewohnerin fast greifbar. Gespannt beobachtete ich die beiden Schülerinnen, wie sie auf die Mitte des Zimmers zugingen und sich gegenüber aufstellten. In freudiger Erwartung kribbelten meine Fingerspitzen, da ich selbst gern meine Kräfte eingesetzt hätte. Vielleicht, um Nathalias Gesicht zu verbrennen. Aber es war auch nervenaufreibend Tara

zu betrachten, die in Kampfstellung über dem Boden schwebte. Meine Zimmergenossin schüttelte die Hand ihrer Gegnerin und der Sturm wurde kontinuierlich stärker. In dem Moment, als Alexandra einen Schritt zurücktrat, steuerte meine Mitbewohnerin den Wind in die Richtung der blonden Millionärstochter, die prompt den Boden unter den Füßen verlor und hart mit den Knien voran auf dem Untergrund aufkam. Taranee spielte unfair, aber sie verletzte nie jemanden, weshalb sie es sich leisten konnte und Lady Augeni ihre Spielereien durchgehen ließ. Die Professorin meinte, dass das gut für uns wäre, da unsere Gegner in der Außenwelt auch nicht fair kämpfen würden. Dass wir uns beim Training ernsthaft verletzen konnten, kam der Kahlköpfigen nicht in den Sinn. Oder es interessierte sie einfach nicht.
Tara wollte die Übungen schnell und gut bewältigen, um wieder ihre Ruhe zu haben. Sie kämpfte nicht gern. Viel lieber saß sie in der Ecke und beobachtete die anderen bei den Übungen, während sie ihren Gedanken nachhing. Einerseits verstand ich sie, da auch mich die Unterrichtseinheiten in magischer Verteidigung immer an den Kampf in der Kirche erinnerten, aber andererseits war es schön, zu wissen, dass ich heute durch das Training mehr ausrichten könnte, als Dir nutzlos beim Sterben zuzusehen. Taranee sah das anders. Sie war der Meinung, wir würden nie wieder in eine derartige Situation kommen. Ich war mir da nicht so sicher, aber ich war mir auch der Bedrohung, die von Rabiana ausging, bewusst.
Alex biss schmerzverzerrt die Zähne zusammen und keuchte. Sie strich sich die Stirnfransen aus dem Gesicht und ihr Lächeln vertiefte sich, als wäre sie froh, eine würdige Gegnerin gefunden zu haben. Kurz ließ Alexandra den Kopf hängen, bevor sie Tara mit einem gespielt bösen Blick ansah und ihre Handfläche fest auf den Fußboden drückte. Anfangs geschah nichts, außer dass meine Zimmergenossin verwirrt das Gesicht verzog. Einen Augenblick dachte ich, Alex hätte sich an den Knien verletzt, aber dann begannen die Finger von Jonathans Freundin zu leuchten und der Boden wölbte sich unnatürlich. Es hörte sich an, als würde sich

unter unseren Füßen die Erde umgraben, während Tara den Halt verlor und grüne Pflanzen aus dem Grund wuchsen. Zuerst waren es dünne Grashalme, die sich einen Weg an die Oberfläche bahnten, doch sie wurden dicker und größer, bis sie aussahen wie wunderschöne Blumen. Sie wuchsen und wuchsen, bis sie fast den ganzen Raum ausfüllten. Die Zuschauer wurden sanft von den Schlingen an die Wand gedrängt und versperrten einigen die Sicht auf den Kampf. Murren war vereinzelt zu hören und ich musste den Hals recken, um Taras geschocktes Gesicht zu sehen.

Mir war sofort klar, dass Alexandra die Erde beeinflussen konnte, genauso wie Taranee den Wind kontrollierte. Ich wusste nicht, was von größerem Nutzen zur Verteidigung oder zum Angriff war, aber wahrscheinlich würde ich nicht mehr lange auf die Antwort warten müssen. Alexandras Pflanzen versuchten, sich um die Hand- und Fußgelenke meiner Mitbewohnerin zu schlingen, die indessen die Luft auf das Grünzeug lenkte, um Blätter und Dornen abzutrennen. Alex zischte schmerzerfüllt auf, wenn ein scharfer Luftzug eine Blüte verletzte. Es war, als würden ihr die Verletzungen ihrer Lieblinge körperliche Schmerzen zufügen. Mit zusammengebissenen Zähnen stürmte sie auf Tara los und versuchte alles, um meine Zimmergenossin auszuschalten. Vampirella blieb immer in Bewegung, schwebte in der Luft und machte es Alex somit unmöglich sie festzuhalten oder sie auf den Boden zu pinnen. Ihre Strategie war gut. Selbst die fleischfressenden Pflanzen, die sich aus den Blüten entwickelten, schafften es nicht, meine Mitbewohnerin zu erwischen, die wie eine Fee umherflog. Trotz der Gewalt, die auf dem Schlachtfeld herrschte, sah Tara grazil und elegant aus. Leicht wie eine Feder schwebte sie über den pflanzenbedeckten Boden und ihre Zehenspitzen tapsten auf Luftflächen, die genauso stabil zu sein schienen wie Stufen aus Beton.

Gerade als Taranee einen kleinen Tornado erschaffen wollte, um einen Gegenangriff zu starten, krümmte Alexandra ihren Körper zusammen und schrie auf. Ihr Rücken wölbte sich. Qualvoll erklang der Ton ihrer Stimme und hallte durch den Raum, sodass es mir schwerfiel, mir die Ohren nicht zuzuhalten. Ihr Mund war weit aufgerissen und ihre Augen waren zusammengekniffen. Jonathan, der neben mir stand, rannte sofort los und ignorierte den Sturm, der unaufhörlich wütete. Seine Haare wehten in sein Gesicht, als er die Millionärstochter erreichte und einen Arm um sie legte. Alexandras Glieder verspannten sich und die wunderschönen Pflanzen verdarben, während Tara erschrocken zu der Verletzten lief. Aber im Gegensatz zu mir blieb meine Mitbewohnerin gelassen, als wäre es nichts Ungewöhnliches, wenn jemand vor Schmerz zusammenbrach, obwohl sie im Kampf nicht verwundet wurde. Natürlich kam es hin und wieder vor, dass ein Schüler sich unbeabsichtigt verbrannte, fast ertrank, keinen Sauerstoff mehr einatmen konnte oder Schnittwunden davontrug, aber meist hatten die Verletzungen eine Ursache. Trotzdem schienen alle im Raum mehr zu wissen als ich, denn nicht einmal Lady Augeni sah beunruhigt aus, als Alexandras Fingernägel sich in Jonas Haut bohrten und sie plötzlich anfing in allen Farben des Regenbogens zu strahlen. Alex schwitzte und ihre Hände zitterten. Ein Schauer jagte ihr über den Rücken und ihre Augen waren blutunterlaufen. Tränen lösten sich aus ihrem Augenwinkel und ihre Lippen bebten. Die Blondine krallte sich an Jonathan fest, als wäre er ihr Rettungsanker und könnte sie vor den Schmerzen bewahren. Ich fühlte mich schuldig, dass ich das arme Mädchen genauso wie die anderen Schaulustigen begaffte, aber ich hatte unheimliche Angst um sie und war erschüttert, dass alle in der Gegend herumstanden, anstatt ihr zu Hilfe zu eilen.

Obwohl Tara ihre Kraft schon lange nicht mehr einsetzte, flatterten die blonden Haare der Millionärstochter im Wind und ihre Kleidung verrutschte, sodass ihre Brandmale sichtbar wurden. Die Zeichen schienen ihre Form aufzugeben und sich neu anzuordnen, sodass der dreizehnzackige Stern der Hexen plötzlich von einem Kreis, der alle Zacken berührte, umrandet wurde. Ihr Körper wurde starr, ihre Atmung flach. Mit einem Mal hörte Alex auf zu schreien und lächelte, bevor sie begann etwas zu murmeln. Zuerst ganz leise, sodass ich sie fast nicht verstanden hätte, und

dann lauter.
»Elisabeth Turner. Vierzehn Jahre alt. River Road 12, Santa Christiana. Elisabeth Turner. Vierzehn Jahre alt. River Road ...«, sagte sie immer wieder, als wäre sie ein Tonband, das festhing. Alex sprang mitten im Satz auf, drückte ihren Rücken durch und lief los. Ich konnte ihr gar nicht schnell genug nachsehen, bevor sie die Tür des Klassenzimmers hinter sich zufallen ließ. Sprachlos und mit offenem Mund stand ich wie angewurzelt an der Wand des Trainingsraums und starre Jona an, der mit einem Lächeln auf den Lippen belustigt den Kopf schüttelte, während er immer noch an der Stelle, an der Alex zusammengebrochen war, kniete.
»Der Unterricht ist beendet. Jeder von Ihnen übt bis zum nächsten Mal eine Magiekugel zu erschaffen, die Sie im Ernstfall auf Ihren Gegner schleudern können, um sich Zeit zu verschaffen und weglaufen zu können. Wie das geht, finden Sie in Ihren Lehrbüchern auf Seite 183«, verlangte die Kahlköpfige, als wäre nichts passiert, und entließ uns. Eilig rannte ich auf Tara zu, die Jonathan beim Aufstehen half. Sie war aufgrund der Anstrengung ein wenig blass um die Nase und sie keuchte. Ansonsten war sie aber unverletzt, weshalb ich sofort wissen wollte, was mit Alex los war und ob ich mich darauf einstellen sollte, dass solche Vorfälle öfter vorkommen würden. Aber noch während ich meine Frage meinen Freunden entgegen schrie, wusste ich plötzlich, weshalb mir der Kreis um die Tätowierungen bei Alexandra so unglaublich bekannt vorkam. Du hast ihn auch gehabt, Mel, doch ich hatte angenommen, er würde einfach zu Deinen Brandmalen gehören, da ich bisher keine andere Chooserin außer Dir kennengelernt hatte.
Am heutigen Tag hatte sich das möglicherweise geändert, aber wirklich verstehen konnte ich es nicht. Du warst von Diana zur Chooserin erwählt worden, damit Du auf mich aufpassen konntest, doch warum hatte es die Millionärstochter getroffen und nicht jemand anderen? Lag es wirklich daran, dass die Göttin positiv überrascht von Alexandra war und mehr mit ihr vorhatte, weshalb die Blondine mit dieser neuen Gabe, die eher einem Fluch

glich, beschenkt wurde? So hatte es mir Jona zumindest erklärt. Oder war es eher so, dass Alex mehr Mitgefühl und Geduld an den Tag legte, womit sie am besten geeignet war, die Neuzugänge zu betreuen? Ich wusste es nicht und auch niemand anderer konnte mir eine genaue Antwort geben, da immer jemand anderer als Chooser von der Göttin ausgesucht wurde. Starb jemand, wie Du, auf diesem Posten, wurde sofort ein Ersatz erwählt. In diesem Fall eben Alexandra, die ich den restlichen Tag nicht mehr zu Gesicht bekam.

Als ich mich am Abend in mein Bett legte und wartete, bis Tara einschlief, kreisten meine Gedanken trotz des schockierenden Unterrichts immer noch um Jonathan und Deinen kleinen Bruder, dessen Augen in den letzten Tagen wieder an Glanz verloren hatten. Nicht so schlimm wie nach Deinem Tod, aber immer noch besorgniserregend. Ich setzte den Blonden ebenfalls auf meine Sorgenliste unter Rabiana, Nathalia, Hunter und Taranee, die heute Abend wieder einmal nichts gegessen hatte. Außerdem fügte ich auch noch Alexandra hinzu, die nicht so hinterlistig sein konnte, wenn Diana ihr Deine Aufgabe übertragen hatte. Trotzdem würde ich die Blondine weiterhin im Auge behalten. Und wenn wir schon bei Blondinen waren, sollte ich dringend mit Nicole sprechen, die mich schnitt, seit sie mir das Tagebuch von Cassandra ausgehändigt hatte. Ob sie es bereute und mir deshalb aus dem Weg ging, wusste ich nicht, aber wenn ich Nathalia loswerden wollte, bräuchte ich Hilfe. Und wer würde sich besser eignen als die Frau, die selbst Clowns zum Weinen brachte?

Inzwischen schlief meine Zimmergenossin und zur Abwechslung war Tara ein ruhiger Schlaf gegönnt. Sie warf sich nicht hin und her und brabbelte auch nicht vor sich hin. Sie lag einfach seelenruhig in ihrem Bett und schlief, während ich das Lederbuch unter meinem Kopfkissen hervorzog und es an der Stelle, an der ich vor dem Mittagessen aufgehört hatte, aufschlug.

24. Juni: Liebes Tagebuch!

Endlich ist es warm geworden. Ich dachte schon, dass der Sommer kühl bleiben würde, aber heute hatten wir tatsächlich 28 Grad. Nichtsdestotrotz konnte ich das schöne Wetter nicht genießen. Lieber blieb ich den ganzen Tag in der Bibliothek und stöberte mich durch die Abteilung des Bösen. Wie der Name bereits erahnen ließ, war sie für Schüler nicht zugänglich, aber ich wusste mir einfach nicht mehr anders zu helfen. Nathalia tyrannisierte mich und langsam hielt ich ihre ständigen Attacken nicht mehr aus, die jeden Tag verrückter wurden. Nach ihrer Aktion mit den ausgesetzten Spinnen in meinem Zimmer, die Nicole fast einen Herzinfarkt beschert hatten, hatte Nathalia heute beim Frühstück versucht mich anzuzünden, indem sie eine Kerze »unabsichtlich« zu nah an meine Haare hielt. Es kam mir vor, als würde ich in einer Blase aus Angst leben. Ich war nirgendwo mehr sicher. Mein Verstand dämmerte irgendwo zwischen Schwärze und allen möglichen wirbelnden Farben ohne richtige Form. Wie eine Schlafwandlerin war ich da und irgendwie auch nicht. Ich existierte zwar im Hier und Jetzt, aber eigentlich hielt ich immer nach Nathalia und ihren Helferinnen Ausschau, die durch Nicoles Angriff nichts gelernt hatten. Ich nahm alles wie durch Watte wahr und fühlte mich innerlich zerrissen, da ich unbedingt jemandem davon erzählen wollte, aber nicht wusste wie oder wem. Ich hatte viel zu lange gewartet und nun schien mein ganzes Bewusstsein von der Panik vor Nathalia überschwemmt zu sein. Manchmal war ich mir nicht einmal mehr sicher, ob etwas echt war oder nur meiner Einbildung entsprang, wenn ich Nathalia um die Ecke biegen sah. Mein Leben glich einem Albtraum, aus dem ich nicht entkommen konnte, obwohl mein Leben, abgesehen von der psychopathischen Schlampe, perfekt war. Ich war glücklich mit Jonathan zusammen, meine Noten waren erstklassig und meine Freundinnen verbrachten, trotz meiner Beziehung, noch genügend Zeit mit mir, ohne mir Vorwürfe zu machen, dass ich mich durchgeknallt verhielt. Sie schoben es einfach auf meine Hormone und die Verliebtheit in Jona. Deshalb blieb mir nichts anderes übrig, als mir einen Zauber gegen Besessenheit zu suchen, denn Nathalia hatte eine krankhafte Leidenschaft für Jona entwickelt, die sie allein nicht loswurde, obwohl das Objekt ihrer Begierde absolut nichts von ihr wollte. Mein fester Freund grüßte sie nicht einmal, wenn sie sich auf

dem Gang zufällig begegneten! Warum konnte sie ihn einfach nicht loslassen?
Aufgrund der heißen Temperaturen war die Bibliothek leer. Nicht einmal die Streber saßen an ihren Stammplätzen und beugten sich über ihre Bücher, um den Stoff fürs nächste Jahr vorzuarbeiten. Unbeobachtet war es ein Leichtes für mich zum Eingang der Abteilung des Bösen zu kommen und die unsichtbaren Türen zu öffnen, die für meinen Geschmack zu leicht zu finden waren, obwohl der Abschnitt der Bücherei angeblich verflucht war. Ich staunte, da dieser Teil der Bibliothek größer war, als ich erwartet hatte. In meiner Vorstellung war die Abteilung immer so klein wie ein Vorraum gewesen, in dem einige dicke Wälzer auf Regalen verstaubten. Aber so war es nicht. Überall standen Vitrinen, die alte, modrige Bücher enthielten. Einige sahen antik aus und andere wiederum hatten ein neueres Design in grellen Farben. An den Wänden hingen mehrere Gemälde in unterschiedlichen Größen und verschiedene Schriftzeichen waren in den Boden eingraviert. Ich hätte mich gern noch länger mit dem atemberaubenden Anblick befasst, aber hinter mir konnte ich Schritte hören, die mich panisch aufsehen ließen. Schnell versteckte ich mich hinter einem der Regale und drückte meinen Körper gegen das braune Holz. Wenn mich jemand erwischt hätte, durfte ich die nächsten Monate nur noch Bücher in die Schränke sortieren, während ich nachsitzen musste, weshalb ich mich so klein wie möglich machte und den Atem anhielt, damit ich weder zu sehen noch zu hören war. Aber meine Sorgen stellten sich als unbegründet heraus, als Mel um die Ecke bog und auf eine der Vitrinen zuging. Erleichtert atmete ich aus und setzte ein Lächeln auf. Gerade als ich mich zu erkennen geben und sie begrüßen wollte, trat Rabiana, die Vorsitzende des Hohen Rates der Hexen, hinter meine beste Freundin. Ich hatte keine Zeit, um mir darüber Gedanken zu machen, was das Ratsmitglied in unserer Schule wollte, da die beiden eine hitzige Diskussion zu führen schienen, die ich keinesfalls verpassen wollte. Immer wieder schnappte ich Satzteile wie »…Holl-Geschlecht stürzen…«, »…Ausrotten des Abschaums…« und »…letzte Nachfahrin…« auf, doch einen Zusammenhang ergaben die Worte für mich nicht. Aber das mussten sie auch nicht. Mels nächste

Frage war klar und deutlich und ließ mir das Blut in meinen Adern gefrieren: »Soll das bedeuten, wir sollen das Mädchen töten?« Die Frage brannte sich in mein Gehirn und mir drehte es den Magen um. Meine beste Freundin, die unerschrockene, liebevolle Schwester von Jaimie, sprach über das Ableben eines Menschen, den sie vermutlich nicht einmal kannte, als würde sie es jeden Tag tun. Ihre Stimme war emotionslos und ihre Pupillen waren kein Stück geweitet. Nach einem Nicken von Rabiana fragte Mel, wie das Mädchen aussah. »Wie auf dem Bild«, sagte das Ratsmitglied genervt und verließ den Raum, als wäre es nichts Ungewöhnliches, den Mord eines Kindes zu planen. Meine Freundin blieb noch und starrte an die Wand, an der ein Gemälde hing, das mir bis zum jetzigen Zeitpunkt nicht aufgefallen war. Es war ungefähr so groß wie alle anderen Bilder und die Farben waren größtenteils verblasst. Für mich war es ein unbedeutendes Artefakt gewesen, dass in der Abteilung hing, weil es draußen wohl keinen Platz gehabt hatte. Doch in diesem Moment hätte ich alles dafür gegeben, das Gemälde genauer betrachten zu können. Ich versuchte hinter dem Regal einen Blick auf das Porträt zu erhaschen, aber das massive Holz und die gestapelten Bücher versperrten mir die Sicht. Natürlich hätte ich aus meinem Versteck kriechen können, um es mir anzusehen. Aber dann hätte Mel gewusst, dass ich die Unterhaltung belauscht hatte. Meine Freundin hätte mir bestimmt nicht wehgetan, um ihr Geheimnis zu bewahren, auch wenn sie anscheinend gewillt war, andere Menschen zu verletzten. Aber irgendwas hielt mich zurück und ließ mich lieber am Boden zwischen den Spinnweben sitzen, als mit meiner besten Freundin zu sprechen. Zusammengekauert und mit voller Blase ließ ich meinen Kopf gegen das Bücherregal sinken und wartete, bis die Chooserin sich das Bild eingeprägt hatte. Mein Magen knurrte leise und ich schloss frustriert die Augen. So hätte mein Nachmittag nicht aussehen sollen. Göttin sei Dank verließ Mel die Abteilung des Bösen schnell und folgte dem Ratsmitglied, sodass ich aus meinem Versteck kriechen und meinerseits das Porträt begutachten konnte. Die Frau, die auf dem Gemälde zu sehen war, hatte eine unglaubliche Ausstrahlung. Sie wirkte königlich und elegant, ohne dabei überheblich auszusehen. Und obwohl ich mir sicher war, dass ich

so einer erstaunlichen Persönlichkeit, die es durch ihre gezeichneten grünen Augen schaffte, mich einzuschüchtern, noch nie begegnet war, kam sie mir bekannt vor. Ich kannte diese große Nase, die in dem Gesicht fehl am Platz wirkte, und die Ohren, die am oberen Ende ein wenig spitz zusammenliefen. Ich musste das Bild eine halbe Ewigkeit anstarren, doch schlussendlich erinnerte ich mich wieder an das schwarzhaarige Mädchen aus meiner alten Schule. Sie war ein Mauerblümchen gewesen. Nicht schüchtern, aber sie war lieber allein geblieben, anstatt sich in der Pause mit jemandem zu unterhalten. Nichtsdestotrotz hatte Read ein gutes Herz und schon vor Jahren fand ich, dass sie von innen heraus leuchtete, doch sie hatte nie durchblicken lassen, dass sie einem Hexengeschlecht angehörte. Schon gar nicht der berühmtesten und mächtigsten Hexenfamilie. Ich wusste zwar noch nicht, was ich mit dieser Information anfangen würde, aber wenn Mel wirklich von Read gesprochen hatte, musste ich ihre Pläne vereiteln und sie zur Rede stellen, immerhin würde Read, sollte sie Hexenkräfte besitzen und gebrandmarkt werden, eines Tages Königin sein.
Deine Cassandra

Es war gewöhnungsbedürftig genug, das Tagebuch und somit die intimsten Gedanken einer Toten zu lesen, aber noch ungewohnter war es, von sich selbst zu lesen und zu erfahren, was die Verstorbene von einem gehalten hatte. Ähnlich mussten sich Hinterbliebene bei der Verlesung des Testaments fühlen, wenn die letzten Worte eines nahen Bekannten wiedergegeben wurden. Ich hätte gelogen, wenn ich behaupten würde, dass ich nicht erfreut gewesen wäre, dass Cassie eine hohe Meinung von mir gehabt hatte. Es erfüllte mich mit Stolz zu wissen, dass sie sich ohne zu zögern oder mich wirklich zu kennen, für eine alte Mitschülerin eingesetzt hatte. Zu schade, dass sie diese Loyalität am Ende umgebracht hatte. Wir wären bestimmt gute Freundinnen geworden.

An diesem Abend las ich auch noch die nächsten Einträge, in denen Cassandra berichtete, dass sie täglich in die verbotene Abteilung einbrach und den Unterricht schwänzte, um mehr über meine Familie in Erfahrung zu bringen. Ein wenig erinnerte sie mich an meine Freunde und mich, wie wir vor ein paar Monaten in der Bibliothek gesessen und Nachforschungen angestellt hatten, um Informationen über meine Gabe zu sammeln. Aber ich musste Cassie hoch anrechnen, dass sie erfolgreicher war als wir. Innerhalb einer Woche fand sie heraus, dass Rabiana nach Krieg und Macht strebte, weshalb sie nach mir suchen ließ. Außerdem entdeckte Cassandra mehrere Anhänger des hinterlistigen Ratsmitglieds unter den Schülern, die sie bedauerlicherweise nicht in ihrem Tagebuch aufgelistet hatte. Erst jetzt kam mir der Gedanke, dass auch andere Schüler wie Nathalia sein könnten und wahrscheinlich bereits Pläne schmiedeten, um meinen Freunden und mir zu schaden. Frustriert fuhr ich mir durch mein dichtes Haar und blätterte zur nächsten Seite, die ich ebenfalls nur überflog. Die Tagebucheinträge wurden immer kürzer, bis Cassandra nur noch das Datum und neue Informationen auflistete, weshalb ich überrascht war, dass am elften Tag nach dem Gespräch zwischen Mel und Rabiana wieder ein langer Text folgte, der sich über mehrere Seiten erstreckte.

30. Juni: Liebes Tagebuch!
Ich hasse mein Leben. Eigentlich wollte ich heute wieder in die Bibliothek, um mich noch einmal in die Familiengeschichte der Holls einzulesen. Ich musste einfach etwas übersehen haben. Wenn Maria Holl keine Kinder gehabt hatte, würde es Read schließlich nicht geben. Statt meine Nase in die staubigen Bücher stecken zu können, war ich jedoch mit Jona auf dem Schulhof picknicken gewesen. Unter normalen Umständen hätte ich mich irrsinnig gefreut, aber Jonathan ist in letzter Zeit anders. Er ist zwar noch der gleiche Junge, in den ich mich verliebt habe, aber das Gefühl, dass er nicht bei mir ist, sondern weit weg mit seinen Gedanken, hatte sich nicht verflüchtigt, wie von mir angenommen. Nun schien er sogar abwesend zu sein, wenn wir uns küssten und ständig sieht er diesem Blondschopf hinterher. Es ist, als würde ich für ihn nicht mehr existieren und ich weiß nicht, ob ich ihm deshalb böse sein darf. Immerhin hatte ich ihn die letzten Tage

vernachlässigt und nie an ihn gedacht. Sollte ich nicht pausenlos von ihm träumen? Ich weiß es nicht und Nicole, die seit Wochen mit Hunter zusammen war, konnte mir diese Frage auch nicht beantworten. Es kommt mir vor, als wäre unsere Beziehung verflucht. Endlich hatte Nathalia aufgehört mich zu tyrannisieren, nachdem sie nie wusste, wo ich mich befand, wenn ich in der verfluchten Abteilung saß, schon kam das nächste Problem und ließ mich zweifeln. Um unserem Verhältnis wieder auf die Beine zu helfen, hatte ich ihm gesagt, dass ich ihn liebe. Er hat es nicht erwidert. Er stand einfach vor mir und sah mich aus geweiteten Augen an. Anfangs dachte ich, dass er mit der Situation überfordert war, doch als er nach einigen Augenblicken immer noch nichts gesagt hatte, musste ich den Kloß, der sich in meinem Hals gebildet hatte, herunterschlucken und die Tränen zurückhalten. Als hätte mein Stolz unter der Situation nicht schon genug gelitten, aßen wir weiter und verzogen uns danach in Jonathans Zimmer. Hunter, sein Mitbewohner, war gerade bei Nicole, was meinem Plan sehr gelegen kam. Ich begann für ihn zu tanzen und meine Kleidung zu öffnen. Während ich mich auszog, achtete ich darauf, dass Jona jede meiner Bewegungen verfolgte und sich aufs Bett setzte. Ich sah seine riesigen Pupillen und das Zittern seiner Hände, als ich mich ihm in Unterwäsche näherte und meine Finger in seinen Haaren vergrub. Wir küssten uns und ich fühlte mich zum ersten Mal seit Tagen wieder sicher. Die Angst um Read und vor Rabiana war wie weggeschwemmt und auch die Sorge um meine Freundschaft mit Mel war für einen kurzen Moment vergessen. Jonathans Zunge liebkoste meine, während ich verkehrt herum auf seinem Schoß saß. Aber das Zittern seiner Hände wurde stärker und er begann mich wegzudrücken, als ich sein Hemd öffnen wollte. Ich versuchte ihn umzustimmen, indem ich mit den Wimpern klimperte und mich an ihm rieb, aber seine Gegenwehr wurde stärker, sodass ich mein Treiben unterbrechen musste. Im Endeffekt schubste mich Jonathan von seinem Schoß, sodass ich gedemütigt mit dem Hintern auf dem kalten Boden landete und mir die schmerzenden Handgelenke rieb, mit denen ich meinen Sturz abgefedert hatte. Blitzschnell zog ich mich an und verließ das Zimmer, wobei ich Jona, der sich entschuldigte und mich anflehte

nicht wegzugehen, ignorierte. So hatte ich mir den Nachmittag bestimmt nicht vorgestellt. Am Ende des Tages saß ich wieder in der Bibliothek, und auch wenn ich nichts Nennenswertes herausfand, war es besser als mit Jonathan, der mich im restlichen Schulgebäude suchte, zu reden. Sein Verhalten hatte mich verletzt, da ich nicht verstehen konnte, wo sein Problem war. Wir waren schon wochenlang zusammen und beide alt genug, um Sex zu haben. Ob er mich zu hässlich fand oder lag es doch an dem Blondschopf, dem er hinterherhechelte?
Deine Cassandra

Schockierend, dass Cassie neben ihrer Mission Zeit hatte, ein normales, pubertierendes Mädchen mit alltäglichen Komplexen, die jede Frau in diesem Alter hatte, zu sein. Aber in Anbetracht meiner eigenen Lage sollte es mich nicht wundern. Ich sollte auch lieber Rabiana stürzen, anstatt Hunter nachzuweinen. Trotzdem schaffte ich es nicht, von ihm loszukommen. Ständig musste ich daran denken, wie er Nathalia die Zunge in den Hals steckte und sie an ihm lutschte. Selbst als ich die Augen schloss und in einen sanften Schlaf fiel, waren da diese Bilder von Hunters eiskaltem Gesicht, die ich einfach nicht loswurde, obwohl der bloße Gedanke an den jüngeren Morgan-Bruder schmerzte.
Deine Read

Erkaltetes Herz

Liebe Mel!
Schon seit der Grundschule hasste ich das Aufstehen. Im Winter, wenn es draußen noch dunkel war und man es deshalb für mitten in der Nacht hielt, war es besonders schlimm. Ich fühlte mich immer schlapp und ausgelaugt, aber mein Wecker riss mich ohne Rücksicht aus dem Schlaf. Das nervige Geräusch, das mich jeden Morgen weckte, hob meine Stimmung nicht, weshalb ich oft, nur weil ich aufstehen musste, den ganzen Tag genervt war. Trotzdem schwang ich jeden Morgen meine müden, manchmal auch verletzten Knochen aus dem Bett und schlurfte ins Badezimmer, um meine Brille aufzusetzen. Doch heute erwog ich einfach auf meiner Matratze liegen zu bleiben und mich in meine Decke einzurollen, bis es wieder Zeit zum Schlafen war. Einerseits weil ich den Wecker nicht gestellt hatte, wodurch wir zu spät zum Unterricht kommen würden, und andererseits, weil ich die halbe Nacht in Cassandras Tagebuch gelesen hatte, weshalb nun große Ringe unter meinen Augen zu sehen waren. Leider machte mir meine Mitbewohnerin einen Strich durch die Rechnung, indem sie mich weckte und im Zimmer herumschrie. Selbst als ich tat, als würde ich nach ihrem Weckruf weiterschlafen, gab sie nicht auf. Tara riss mir das Polster unter dem Kopf weg und schüttelte

meinen Körper. Wären wir in einem Film, hätte sie mir vermutlich einen Eimer Wasser übers Gesicht geleert, damit ich nicht zu spät kam, aber Göttin sei Dank tat sie es nicht.
Ich machte mich steif wie ein Brett und ließ die Augen geschlossen, ohne mich zu bewegen. Taranee schien das zu bemerken und begann mich durchzukitzeln, sodass ich eine Reaktion zeigen musste. Lachend riss ich die Augenlider auf und wandte mich unter ihren Fingern.
»Aufstehen«, sagte meine Zimmergenossin noch mal und ich hatte das Gefühl keine Luft zu bekommen, weil ich so laut lachen musste.
»Hast du wirklich geglaubt, du kannst auf der faulen Haut liegen bleiben, während unsere Freunde Professor Brodowick zuhören, wie er über verstaubte Persönlichkeiten redet, die keiner mehr kennt? Falsch gedacht, meine Liebe. Du wirst genauso deinen Hintern aus dem Bett…«, sagte Tara gerade, als es geschah. Mitten in einem Satz über den langweiligsten Unterricht der Welt verdrehte die Schwarzhaarige die Augen und griff um mein Handgelenk. Ihr Körper bebte, während ihre Nasenflügel sich weiteten und ihre Augäpfel sich drehten, sodass von ihrer Pupille nichts mehr zu sehen war. Ich war lange genug mit Taranee befreundet, um zu wissen, was mit ihr passierte, weshalb ich mir keine Sorgen machte und aufstehen wollte, um nasse Tücher aus dem Badezimmer zu holen. Tara würde sie nach der Vision brauchen. Aber das Fliegengewicht ließ mich nicht los. Ihre Fingernägel bohrten sich in meine Haut, als ihr Griff sich verfestigte und plötzlich verlor ich jegliches Körpergefühl. Es kam mir vor, als würde ich für kurze Zeit schweben, bevor ich von einem Strudel aus purem Licht und Wärme aufgesogen wurde.
Ich wachte nicht klischeehaft vom gleichmäßigen Piepsen auf der Krankenstation auf, sondern mitten auf einer feuchten Wiese, die meinen Pyjama durchnässte. Ich öffnete meine verklebten Augen und starrte geradewegs in einen kristallklaren Himmel. Die Sonne schien auf meine blasse Haut und mir war viel zu warm, obwohl ich leicht angezogen war. Die Kulisse wirkte harmonisch. Fast so

wie ich es aus Filmen kannte. Doch es braute sich etwas zusammen. Ein beklemmendes Gefühl drückte in meiner Brust und Wolken zogen auf, die sich über die Sonnenstrahlen legten. Über meinem Kopf flogen mehrere Raben, die zum Landen ansetzten, ohne auf ihre Umgebung zu achten. Zu spät sah ich den Vogel mit ausgefahrenen Krallen, der direkt auf mein Bein zusteuerte. Innerlich bereitete ich mich auf den kommenden Schmerz vor und kniff die Augenlider zusammen, doch die Qualen blieben aus. Der Rabe landete auf dem Boden und flog direkt durch meinen Fuß hindurch, als wäre ich gar nicht da. Aber vielleicht war ich das auch tatsächlich nicht. Neben mir rührte sich Tara, die ohne ein Wort vom Boden aufstand und mir die Hand entgegenstreckte.

»Wie bist du hier gelandet?«, fragte sie verwirrt und sah mich misstrauisch an.

»Wo sind wir überhaupt? Du hast uns hierhergebracht«, erwiderte ich vorwurfsvoll und sah in das bleiche Gesicht meiner Mitbewohnerin. Auch hier waren ihre Augen blutunterlaufen und sie schniefte unentwegt.

»In der Zukunft«, meinte Tara lässig und zog mich zum lauten Tumult, der sich nur wenige Meter neben dem Punkt, an dem wir gelandet waren, abspielte. Der Weg war bereits mit Verletzten gepflastert und ein gigantischer Thron stand in der Mitte der Wiese. Blut, das aus den Kratzern der Verwundeten floss, tränkte den Untergrund und einige Blumen wurden von abgetrennten Körperteilen zerdrückt. Hatte ich diesen Ort wirklich für harmonisch gehalten?

Es war schwierig, einzelne Details der Verletzten zu erkennen, weil die Vision verschwommen war, aber Tara schien bereits daran gewöhnt zu sein und sich alles, was sie sah, einzuprägen, weshalb sie nicht mit mir sprach. Ich wollte sie nicht stören, deshalb stellte ich keine Fragen und hoffte einfach, dass wir zurückkommen würden, wenn die Halluzination vorbei war.

Währenddessen beobachtete ich, wie Hunter Nathalia, die hinter der bösen Königin stand, küsste und mein zukünftiges Ich ansah, als wäre ich ein unerwünschtes Kriechtier. Der Kuss war feucht. Besser konnte ich es nicht beschreiben. Zwischendurch konnte ich die Zungen der beiden oder einen Tropfen Speichel, der Nathalia vom Kinn lief, sehen. Es war noch widerlicher als sie in der Realität vor dem Klassenzimmer zu beobachten. Gerade als ich dachte, mich übergeben zu müssen, beendeten die beiden ihre Peepshow und meine Rivalin drückte meinem Gemahl ein Messer in die Hand. Ich konnte nicht genau erkennen, ob es eine große oder kleine, eine geschwungene oder eine gerade Klinge hatte, aber mir wurde klar, dass es keine Rolle spielte. So oder so würde ich gleich meinen Tod live und in Farbe miterleben können. Es war seltsam, normalerweise hätte ich Angst um mich selbst, Hass oder Verzweiflung empfinden sollen, während ich zusah, wie der Schwarzhaarige mit schweren Schritten auf mich zuging und mit dem Messer in seinen Fingern spielte. Aber ich empfand nichts, weder Wut noch Trauer. Und plötzlich wurde mir klar warum. Ich fühlte Hunters Emotionen. Ich fühlte seine Gleichgültigkeit und sein Blut, das durch seine Arterien floss. Ich wünschte, ich hätte Tara besser zugehört, als sie erzählt hatte, dass sie Visionen immer aus der Sicht eines Beteiligten sah, aber ich hatte nicht damit gerechnet, dass sie jedes Gefühl, jeden Gedanken und jede Faser des Körpers dieser Person spüren konnte. Außerdem hatte ich nicht erwartet, jemals selbst in einer Vision gefangen zu sein. Ich fühlte sogar die Grasbüschel, auf die Hunter trat, als er schnurstracks auf mich zulief. Sie machten den Boden uneben und waren stellenweise hart, wodurch Hunter aufpassen musste, wohin er trat, um nicht auszurutschen. Der jüngere Morgan-Bruder war nicht mehr weit von meinem zukünftigen Ich entfernt, das ihn aus traurigen Augen ansah. Sollte mein Ich in der Zukunft nicht ausweichen, weglaufen oder zumindest versuchen sich gegen den Muskelprotz zu wehren?

Der Schwarzhaarige hob das Messer und ich konnte Nicole in der Nähe meinen Namen schreien hören. Ihre Stimme klang gequält und seltsam stumpf. Ob sie Schmerzen hatte oder selbst in Gefahr schwebte?

Ich bereitete mich auf das Schlimmste vor, doch als die Klinge auf die kniende Zukunftsprojektion von mir niedersauste, schloss ich die Augen und atmete tief durch. Ich wollte das nicht sehen und schon gar nicht wollte ich wissen, wie Hunter sich fühlen würde, wenn ich starb. Der Sog, den ich fühlte, als die Schreie verstummten, kam mir gelegen, sodass ich die Reaktionen der umstehenden Menschen nach meinem Tod nicht mehr sehen musste. Tränen verschleierten meine Sicht, aber als das seltsame Surren in meinen Ohren nachließ, war ich mir sicher, dass Tara und ich uns wieder in unserem Zimmer, weit weg von diesem Horror, befanden. Meine Glieder zitterten und mein Magen rumorte, als müsste ich mich gleich übergeben.

»Nicht weinen. Es muss nicht so kommen«, wisperte Taranee, aber auch sie war blass im Gesicht, wodurch das Blut, das aus ihrer Nase rann, sie noch angsteinflößender aussehen ließ. Ihre Pupillen waren vor Schreck geweitet und sie fuhr sich panisch durch ihr schwarzes Haar.

»Ich sah, wie Jamie starb und heute erfreut er sich bester Gesundheit. Halte dich einfach von großen Rasenflächen fern«, versuchte meine Mitbewohnerin mich zu beruhigen, aber ich wusste, dass sie mit der Vision zu kämpfen hatte. Ja, sie hatte Jaimies Tod vorhergesehen und es ging ihm gut. Aber dafür bist Du gestorben, Mel, und das machte mir unglaubliche Angst.

Tara war nie besonders gesprächig, doch normalerweise erzählte sie mir wenigstens, was sie am Nachmittag vorhatte. Heute blieb sie still. Sie sah mich einfach mit einem besorgniserregenden Blick an, während ich Cassies Tagebuch in meinen Rucksack packte und meine Wangeninnenseite mit den Backenzähnen bearbeitete. Eine Zeit lang versuchte ich, die bedrückende Atmosphäre zu ignorieren, da ich selbst mit meinen Gedanken beschäftigt war und meinen baldigen Tod sacken lassen musste. Trotzdem war ich erleichtert, als ich mich zu Jaimie und Jona setzte, die bockig in entgegengesetzte Richtungen starrten. Auch zwischen den beiden kriselte es gewaltig, aber davon wusste der Ältere nichts, seit Dein Bruder behauptet hatte, dass alles wieder in Ordnung sei, Mel. Dass die Situation Jaimie dennoch an die Nieren ging, erkannte ich sofort an seinen Augenringen und seiner roten Nase, die deutlich zeigten, wie viel mein jüngster Freund heimlich weinte. Das gelegentliche Zittern seiner Hände und die vielen Stunden, die er allein verbrachte, bestätigten meinen Verdacht. Es ging ihm schlecht.

Ein wenig verwunderte es mich schon, dass Jona den Gemütszustand seines Zimmergenossen nicht bemerkte, aber er war auch mit anderen Dingen beschäftigt. Beispielsweise mit der blondhaarigen Millionärstochter, die neben dem Schwarzhaarigen saß und sich an ihn lehnte. Angewidert rümpfte ich die Nase. Es war nicht so, dass ich Jona sein Glück nicht gönnen wollte, aber Dein Bruder hatte schwer mit Deinem Tod und der ständigen Angst vor Rabiana zu kämpfen. Ich wollte mir gar nicht vorstellen, wie es ist, den Mörder seiner Schwester täglich sehen zu müssen. Von Jonathan, der wusste, dass Jaimie von seinen Gefühlen übermannt wurde, sobald er allein in einem Zimmer die Wände anstarrte, hätte ich einfach mehr erwartet. Außerdem hätte ich Jona mehr Geschmack zugetraut, nachdem Cassandra seine letzte Freundin gewesen war. Ich kannte Alexandra nicht genug, um sie zu hassen, und vielleicht war sie ein nettes Mädchen, doch derzeit hatten vor allem Schauspielerinnen bei mir einen schlechten Start. Überhaupt wenn sie uns vor Deinem Ableben komplett ignoriert hatten. Das Risiko, das noch einer meiner Freunde wegen einer Schülerin durchdreht und mich umbringen will, war mir zu hoch, seit Nathalia sich als Miststück entpuppt hatte. Kanntest du das Sprichwort: »Wenn man vom Teufel spricht, ist er nicht weit weg«? Bei Nathalia traf der Spruch zu. Mit wehenden Haaren und einem Tablett kam sie direkt auf unseren Tisch zu und lächelte falsch in die Runde.

»Guten Morgen«, sagte sie eine Spur zu fröhlich und ich musste mir die Augen reiben, um mich davon zu überzeugen, dass ich nicht träumte und sie sich wirklich traute in meine Nähe zu kommen. Wie konnte sie es wagen, sich zu uns zu setzen, als wäre nichts?

Schlagartig ballte ich meine Hände zu Fäusten und kniff meine Lider zusammen, sodass eine Falte auf meiner Stirn erschien. Wut und Hass loderten in meinem Inneren und ein roter Schleier legte sich über mein Sichtfeld. Ich hätte die Grünäugige ohne mit der Wimper zu zucken umbringen können und hätte mich nicht schuldig gefühlt. Aber mein Körper war wie erstarrt. Ich wollte den Mund öffnen und schreien, meinen Frust auf das junge Mädchen abladen und sie für all ihre Taten zur Rechenschaft ziehen. Aber ich konnte es nicht. Meine Kehle war zugeschnürt und mein Mund staubtrocken. Meine Stimmbänder klebten aneinander und wollten mir partout nicht gehorchen. Meine Oberlippe wollte nicht aufhören zu zittern und ein Kloß bildete sich in meinem Hals. Jaimie griff nach meiner bebenden Hand und drückte sie fest. Er biss angestrengt die Zähne zusammen und versuchte, Nathalia mit seinen Blicken zu erdolchen. Göttin sei Dank schien zumindest Tara ihre Stimme nicht verloren zu haben, während der Rest des Tisches die Brünette begaffte wie ein Tier im Zoo.

»Können wir dir irgendwie helfen?«, fragte meine Mitbewohnerin erzürnt und ihre Stimmfarbe ließ keinen Zweifel daran, dass Nathalia nicht erwünscht war. Die Angesprochene grinste lediglich und zwinkerte mir zu.

»Nein, aber ich kann euch helfen, in erster Linie dir, Read«, behauptete sie und mein Mund klappte fassungslos auf.

»Wir brauchen deine Hilfe nicht. Du hast schon genug getan«, zischte Jona und hielt Jaimie am Arm fest, der sich auf Nathalia stürzen wollte. Dein Bruder kämpfte gegen den festen Griff seines besten Freundes an und mahlte mit den Zähnen.

»Ich glaube schon. DU willst doch wissen, was mit Hunter los ist oder hast du dich schon damit abgefunden, ihn verloren zu haben?«

Nathalias Grinsen vertiefte sich und ich spürte, wie Tränen meine Netzhaut bedeckten. Verbissen kämpfte ich gegen den Kloß in meinen Hals und meine taube Zunge. Ich würde ihr nicht die Genugtuung geben, vor ihr zu weinen.

»Willst du nicht wissen, wie es ist, wenn er mich küsst und mir sagt, dass er mich liebt?«, fragte sie und wusste ganz genau, dass sie damit einen Nerv bei mir traf. Die Schlange hatte ein Talent dafür, mich zu verunsichern und zu verletzen, das musste ich ihr lassen. Aber anscheinend schien sie mit ihrer Attacke auf mich auch meine Mitschüler gegen sich aufzubringen, denn unerwartet sprang Jonas neue Freundin auf und unterstützte Tara. Obwohl ich Alex kaum kannte, schien sie sofort zu wissen, dass Nathalia mich absichtlich kränkte. Ob Jona ihr bereits so sehr verfallen war, dass er ihr von meinem Liebesleben erzählt hatte?

»Du hast recht, Nat. Ich bin sicher, dass es uns alle interessieren würde, wie du Männer vergiftest und ihren Geist vernebelst, damit dich endlich jemand wahrnimmt«, säuselte die Blondine und zwinkerte ihrer neugewählten Gegnerin zu. Kurz entgleisten Nathalia die Gesichtszüge, doch dann kicherte sie wie eine Geistesgestörte und beugte sich über den Tisch, um mir tief in die Augen sehen zu können. Obwohl Alexandra sie gerade vor allen beleidigt hatte, schien sie nicht von mir ablassen zu wollen. Als wäre es ihr neues Hobby mich zu quälen.

»Vielleicht habe ich ihm etwas verabreicht, vielleicht auch nicht. Aber eins solltest du wissen, Read: Das Serum verstärkt Gefühle, aber sonst tut es nichts. Dieser Hass, der Zorn und der Groll gegen dich waren schon in ihm. Der Trank hilft ihm nur diese Emotionen auszudrücken, während er sein Pflichtbewusstsein und sein Gewissen dämpft. Hunter gehört mir und das wird auch so bleiben, egal was du tust oder wie oft Regan und Enyo versuchen, Rabiana schlecht zu machen. Du verdienst niemanden, der so majestätisch und attraktiv ist wie Hunter, weil an dir nichts königlich ist, kleine Holl. Du wirst genauso sterben wie der Rest deiner armseligen Familie, vor Schmerzen schreiend und um Gnade winselnd.«

Wie in Trance bekam ich mit, dass Nathalia aufstand und sich vom Tisch entfernte, als der jüngere Morgan-Bruder den Speisesaal betrat, sodass sie ihre Lippen auf seine drücken konnte. Nur am Rande realisierte ich die viel zu lauten Knutschgeräusche und wie einige Schüler aus der Halle dem Paar begeistert zupfiffen. Paralysiert saß ich auf meinem Platz und starrte auf meinen vollen Teller. Ich würde es nicht schaffen, auch nur einen Bissen davon zu essen, ohne mich zu übergeben. Mein Magen rebellierte und ich konnte bereits den widerlichen Geschmack meiner Magensäure auf der Zunge schmecken. Ein Schwindelgefühl ergriff Besitz von mir und der Raum um mich begann sich zu drehen. Ein dumpfer Schmerz breitete sich in meinen Schläfen aus und zog sich bis zur Mitte meiner Stirn. Es fiel mir schwer, meine Augen offen zu halten und ich wollte am liebsten nur noch schlafen.

»Read?«, fragte Jaimie besorgt und schüttelte meine Schulter, aber außer der Kälte seiner Hand auf meiner Haut bemerkte ich nicht, dass meine Freunde auf mich einredeten. Leise wimmerte ich, als sich die ersten Tränen einen Weg über meine Wange bahnten und an meinem Kinn zu Boden tropften. Meine Finger krallten sich in die Tischkante, um das Zittern meiner Hände unter Kontrolle zu bringen. Ich kannte die Anzeichen meines Körpers. Jedes Mal wenn Mutter mich in mein Zimmer eingesperrt hatte, war ich meiner Angst ausgeliefert gewesen und hatte das Gefühl gehabt, keine Luft mehr zu bekommen. Die Wut in meinem Bauch war Trauer gewichen, obwohl ich mit Ersterem besser hätte umgehen können. Als wäre ich kurz vor dem Ersticken, zog ich panisch Sauerstoff in meine Lungen. Wenn ich jetzt nicht aufpasste, würde ich mich immer weiter in meine eigene Angst hineinsteigern, bis ich eine ausgewachsene Panikattacke bekam. Eilig versuchte ich, meinen Blutdruck zu beruhigen und zwickte mir in den Oberschenkel, um wieder runterzukommen. Der leichte Schmerz half mir klar zu denken und ich putze mir die Nase, um nicht mehr regelmäßig schniefen zu müssen. Als mein Herzschlag wieder in einem normalen Tempo schlug, war ich fähig, über Nathalias Worte nachzudenken und ich konnte genau zwei Dinge aus der bösartigen Tirade herausfiltern. Erstens, dass Regan und die Direktorin im Doppelpack anscheinend versuchten, Rabiana endlich offen zu bekämpfen und zweitens, dass Nathalia sich sorgte, Hunter zu verlieren, weshalb es einen Fehler in ihrem Plan

geben musste. Die Frage war, ob ich schnell genug hinter das Geheimnis kommen würde, um meinen Gemahl wiederzubekommen. »Read, alles in Ordnung?«
Jaimies bebende Stimme ließ nicht locker, weshalb ich seufzend nickte, um ein Lebenszeichen von mir zu geben. Obwohl danach alle Anwesenden sichtlich aufatmeten, war das Frühstück schnell beendet. Niemand schien mehr Hunger zu haben oder über etwas reden zu wollen. Die sorgenvollen Gesichter meiner Freunde zu sehen, die mich aufmerksam musterten, war furchtbar und der Tag entwickelte sich langsam zu einer Qual. Ich war heilfroh, als das Klingeln uns daran erinnerte, dass in wenigen Minuten der Unterricht beginnen würde. Noch eine Sekunde länger und ich wäre in der Halle, die plötzlich viel kleiner und erdrückender wirkte, durchgedreht. Traurig schleppte ich mich die nächsten Stunden von einem Klassenraum zum nächsten. Die Doppelstunde Hexenkunde, in der es diesmal um die Lebensgeschichte eines weiteren Ratsmitglieds ging, zog wie ein Film an mir vorbei, sodass ich mir außer dem Namen *Augusta Mignidht* nichts merken konnte. Auch in der Stunde »Heilende Kräuter und giftige Pflanzen« war ich nicht ganz auf der Höhe, da ich immer darauf achtete, so weit wie möglich von Nathalia entfernt zu sein, damit sie mich nicht *aus Versehen* mit einer vergifteten Blume berühren konnte. Als sich in »Zaubertränke«, wo wir einen Trank gegen Morgenübelkeit für Schwangere brauen sollten, mein Kessel plötzlich in Stein verwandelte, weil ich statt warmes kaltes Wasser hinzugefügt hatte, überlegte ich wirklich, mich in meinem Zimmer zu verstecken, bis der Tag vorbei war. Astrid Caecus´ stundenlanges Gerede über Hexenrituale in »Bräuche und Regeln für Hexen« war, gepaart mit meiner deprimierten Stimmung, unerträglich, weshalb ich mich direkt freute, als Brodowicks Unterricht auf dem Plan stand. Dem älteren Lehrer hörte niemand richtig zu, weshalb ich endlich nicht mehr so tun musste, als würde ich mich konzentrieren. Hier und da hörte ich Schüler, die sich über das Sommernachtsfest heute Abend unterhielten oder kichernd erwähnten, dass sie ihre Kleider bei einem Schneider in

Auftrag gegeben hatten, um die prächtigsten Farben, den schönsten Schnitt und die funkelndsten Accessoires zu tragen. In der Zwischenzeit kramte ich genervt mein Geschichtsbuch aus meiner Tasche, wobei das Tagebuch von Cassie ebenfalls aus meinem Rucksack fiel und mit einem lauten Knall auf dem Boden landete. Schnell hob ich es auf und legte es über das geöffnete Unterrichtsmaterial, damit der Professor dachte, ich würde im Unterricht mitarbeiten. Statt mich in die Hexenverfolgungen einzulesen, wie es uns von Brodowick aufgetragen wurde, schlug ich Cassandras ledernes Buch auf und blätterte zu der Stelle zurück, an der ich letzte Nacht aufgehört hatte.

4. Juli: Liebes Tagebuch!
Als ich heute aufgewacht bin, hatte ich das Gefühl, ein großer Stein würde auf meiner Brust liegen und mir die Luft zum Atmen nehmen. Der Druck in meinem Inneren war unangenehm, lästig und schmerzte, deshalb beschloss ich, es endlich zu wagen. Ich würde mit Mel sprechen und sie zur Rede stellen. Egal wie viel Angst ich davor hatte. Was war, wenn sich meine Befürchtungen bewahrheiteten und Mel die gleichen Werte wie die Mörder der Königsfamilie vertritt? Könnte ich noch mit ihr befreundet sein? Könnte ich meiner besten Freundin überhaupt noch in die Augen sehen, ohne die kleine Außenseiterin Read mit ihren schwarzen lockigen Haaren und ihrer zu großen Brille zu sehen? Oder würde ich Mel nicht mehr ins Gesicht blicken können? Ich wusste es nicht und eigentlich wollte ich es auch nicht herausfinden. Aber irgendwas musste sich ändern, sonst würde ich demnächst selbst jemanden umbringen.
Es war noch früh, als ich Mel weckte und sie mich aus ihren verschlafenen, hellblauen Augen ansah. Ihr Blick war fragend und sie rieb sich mit den Händen über ihr Gesicht, um wach zu werden. Ich wusste, dass es nicht nett von mir war, sie so zu überfallen, aber ich musste mit ihr allein sprechen, um sicherzugehen, dass sie mir die Wahrheit sagte. Untertags hätten Jona, Jaimie oder im schlimmsten Fall Tara unsere Unterhaltung mitbekommen können und das konnte ich nicht zulassen. Ich wollte nicht, dass meine zierliche Freundin

ebenfalls an Mel zweifeln musste, wie ich es tat. Es war schon schlimm genug, dass Taranee bemerkt hatte, wie sehr ich unserer gemeinsamen Freundin aus dem Weg gegangen war. Erstaunlicherweise war die Chooserin die Einzige aus meinem Freundeskreis gewesen, die unseren fehlenden Kontakt nicht zu bemerken schien. Traurig, nicht wahr? Egal was genau die Ratsvorsitzende und sie ausheckten, es schien ihre ganze Aufmerksamkeit auf sich zu ziehen.
Mel streckte sich und setzte sich auf, sodass sie mich betrachten konnte. Ob sie meine tiefen Augenringe, mein fahles Gesicht und meine geröteten Augenlider realisierte? Murmelnd fragte sie mich, was ich wollte, doch anstatt ihr zu antworten, hielt ich ihr ein Klassenfoto vor die Nase. Das Bild war vor ungefähr vier Jahren auf einem Sportfest aufgenommen worden. Im Vordergrund schlug ein Mädchen ein Rad, und ein Junge übte fleißig einen Handstand, während einige Schüler in die Kamera lächelten. Aber die Sportskanonen waren unwichtig, das war auch Mel sofort klar, denn sie sah mich verwirrt an. Unter anderen Umständen hätte ich mich auch für verrückt erklärt, aber ungewöhnliche Zeiten erforderten besondere Maßnahmen. Kurz musste ich selbst nach Read suchen, die im Gras saß und zum strahlend blauen Himmel spähte. Sie wirkte noch sehr kindlich in dem weißen Kleid, das einzelne Flecken von der Erde aufwies, und ich klopfte mir nochmals gedanklich auf die Schulter, weil ich dieses Bild von ihr ausgewählt hatte. Einerseits konnte ich nur zwei Bilder von der Schwarzhaarigen finden, andererseits hatte der Fotograf das Mädchen in einem perfekten Moment erwischt. Es schien, als hätte der Kameramann alle guten Eigenschaften des Kindes auf einem einzigen Schnappschuss festgehalten. Read sah wunderschön, nachdenklich, freundlich und würdevoll aus, ohne sich groß anstrengen zu müssen. Obwohl ich bei genauerem Hinsehen ihre tiefen Augen, die immer ein wenig traurig wirkten, erkennen konnte, sah sie aus wie eine Prinzessin. Ich legte meinen Zeigefinger neben die fotografierte Gestalt und kniff die Augen zusammen, um Mel bedeutungsschwer anzusehen. Zuerst blieb der Gesichtsausdruck meiner besten Freundin regungslos. Mir war klar gewesen, dass sie die Verbindung nicht gleich begreifen würde. Auf dem Porträt in der verbotenen Abteilung war Maria Holl

schließlich schon deutlich älter als das junge Mädchen auf der Wiese und Mel hatte Read noch nie in ihrem Leben gesehen. Nichtsdestotrotz zeichnete sich nach einiger Zeit ein Erkennen in den Augen der Chooserin ab und sie blickte geschockt vom Foto in mein wutverzerrtes Gesicht. Ich hätte erwartet, dass sie mich anschrie. Mir sagt, dass mich ihr Leben nichts anginge oder ich keine Ahnung hätte, was ich mit meiner Neugierde anrichtete. Aber sie blieb still und schüttelte fassungslos den Kopf, bevor sie aufstand und das Zimmer ohne ein Wort verließ. Ich schrie ihr hinterher, dass sie zurückkommen sollte, und rannte ihr nach, aber sie drehte sich nicht zu mir um. Als hätte sie mich nicht gehört, lief sie einfach weiter, bis ich sie nicht mehr sehen konnte. Dieser Versuch war ein Reinfall gewesen, aber ich würde nicht aufgeben, solange ich nicht wusste, was hier gespielt wurde. Immerhin ging es diesmal wirklich um Leben und Tod.

»Read?«

Ein Rütteln an meiner Schulter ließ mich zu Alexandra aufsehen, die ihren Kalender an ihre Brust drückte und eine Hand auf meinem T-Shirt platziert hatte.

»Der Unterricht ist beendet. Willst du dich nicht für die Party umziehen?«, fragte sie und lächelte mich an, als würden wir uns schon ewig kennen.

»Party?«, antwortete ich durcheinander und war gedanklich immer noch bei Cassie, die wenige Tage nach diesem Eintrag vermutlich gestorben war. Ich glaubte nicht, dass Du zu Rabiana gerannt warst, um ihr zu erzählen, dass Cassandra Euch auf den Fersen war. So warst Du nicht, Mel. Du hättest Cassie nicht mit Absicht in Gefahr gebracht. Aber irgendwie musste die böse Königin erfahren haben, dass Deine Freundin versucht hatte, mich zu beschützen, sonst wären Cassandra und Du noch bei mir. Diana hatte gesagt, Du hättest den falschen Menschen vertraut, aber ich wusste nicht wem, außer unseren üblichen Freunden, Du noch etwas anvertraut hättest und in Cassies Aufzeichnungen fand ich auch keinen Hinweis darauf.

»Das Sommernachtsfest fängt in einer Stunde an«, erinnerte mich

Alex und ich riss schockiert die Augen auf. Natürlich, die Feier! Eilig bedankte ich mich bei der Millionärstochter und lief in mein Zimmer. Unter normalen Umständen wären sechzig Minuten mehr als genug Zeit, um mich umzuziehen und meine Haare zu glätten, doch ich wollte vor dem Fest unbedingt noch zu Hunter. Nathalia hatte mich in einem schwachen Moment erwischt. Ich würde sie nicht einfach gewinnen lassen, deshalb musste ich mit meinem Seelenverwandten sprechen und herausfinden, ob die falsche Schlange die Wahrheit gesagt hatte. Wenn der Trank Hunters Gefühle beeinflusste, müsste seine Liebe zu mir nur stark genug sein, um den Zauber zu brechen. Ich glaubte fest daran, dass ich ihn dazu bringen konnte, sich an das Glück, das er empfunden hatte, wenn er bei mir war, zu erinnern. Ich musste ihn nur einen Moment allein erwischen. Wenn nicht, würde ich ihn wohl für immer an Rabianas und Nathalias Spielchen verlieren.
Sanft schmiegte sich das rote Kleid um meinen Körper und fiel locker an meinen Beinen hinab. Die Spitze, die am Dekolleté eingearbeitet war, kratzte unangenehm, aber ich ignorierte den leichten Stoff und zog mir Taras schwarze High Heels an, da ich nur Turnschuhe besaß und Taranee Unmengen an dunklen Schuhen hatte. Ich wusste nicht, wo meine Zimmergenossin war, aber ich war mir sicher, dass sie bald kommen würde, um sich umzuziehen. Deshalb beeilte ich mich im Badezimmer, sodass sie nicht warten musste, bis ich mich fertig geschminkt hatte. Um die kraftvolle Farbe meiner Kleidung zu verstärken, trug ich dunkelroten Lippenstift auf und benutzte schwarzen Lidschatten. Mir war klar, dass ich nicht sehr sommerlich aussah, aber Tara versicherte mir, dass niemand sich an das Thema Sommer hielt, sondern jeder versuchte, sein Innerstes zur Schau zu stellen. Tja, und derzeit fühlte ich mich vom Pech verfolgt und unendlich traurig, sodass ich gern in Kauf nahm wie die Königin der Verdammten auszusehen.
Als ich mit meinem Outfit halbwegs zufrieden war, verließ ich das Bad und machte mich auf den Weg zu Hunter, dessen Raum ich erstaunlicherweise spielend leicht fand. In den letzten Wochen

hatte er in meinem Zimmer mehr Zeit verbracht, als in seinen eigenen vier Wänden. Aber in seinem Zimmer war ich bis jetzt noch nie gewesen. Wehmütig betrachtete ich das Sofa, auf dem Hunter und ich stundenlang hätten kuscheln können, während wir die Ruhe genossen. Aber wir hatten es nie getan, weil ich immer gedacht hatte, dass dafür noch genug Zeit war. Erstaunlich, wie sehr man sich täuschen konnte, nichtwahr?
Geschockt zuckte ich zusammen und fuhr herum, als ich hinter mir ein Räuspern hörte. Der Zimmerbewohner stand mit frisch gewaschenen Haaren und einem verwirrten Gesichtsausdruck vor mir. Nichts als ein Handtuch bedeckte seinen Körper und seine dunkle Tätowierung hob sich von seiner gebräunten Haut ab. In seinen Augen lag ein milchiger Ausdruck, der mir einen Schauer über den Rücken jagte und mich schmerzlich daran erinnerte, dass für nichts im Leben genug Zeit war. Ängstlich begann ich zu zittern, als Hunter mit schweren Schritten auf mich zuging. Wieder einmal verriet sein Gesichtsausdruck nicht, was er dachte, wodurch ich nicht wusste, ob er mich gerne hier hatte oder mich lieber rausschmeißen würde. Vereinzelt tropfte das Wasser von seinen Haarsträhnen und benetzte den Boden. Unter anderen Umständen hätte ich sabbernd vor ihm gestanden und das Gefühl der Lust unterdrücken müssen, doch heute fühlte ich mich keinesfalls erregt durch seinen Anblick. Ganz im Gegenteil. Mehrere Knutschflecke zierten seinen Hals und ein Kratzer von Nathalias Fingernägel verheilte bereits auf seinem Oberarm. Das Wissen, dass die Abdrücke nicht von meinen Lippen kamen, verstärkte meine unterdrückte Eifersucht und ich ballte die Hände zu Fäusten, um nicht loszuheulen. Rasend vor Wut biss ich die Zähne zusammen und der Schmerz in meinem Kiefer gab mir meine Konzentrationsfähigkeit zurück. Meine Befindlichkeit spielte jetzt keine Rolle. In dieser Sekunde zählte nur Hunter. Kurz flackerte Erkennen in seinen Iriden auf, bevor der graue Schleier dunkler wurde und sein Gesichtsausdruck zu einer eisigen Maske erstarrte.
»Verschwinde«, flüsterte er und blieb genau vor mir stehen, sodass

unsere Oberkörper aufeinandertrafen. Die Wärme, die sich an den Stellen, an denen er mich berührte, ausbreitete, ließ mich wohlig seufzen und ich kniff die Augenlider zusammen, um den Moment einen Augenblick festzuhalten, bevor ich mich der Realität stellte. Obwohl mein Herz beim Anblick seiner Gefühllosigkeit schmerzte, nahm ich all meinen Mut zusammen und drückte meine Lippen hart gegen seine. Mir war bewusst, dass ich eigentlich mit ihm reden und ihm sagen sollte, dass er unter einem Zaubertrank stand, doch als ich ihn sah, läuteten bei mir alle Alarmsirenen. Hunter war schon viel zu sehr von Nathalia manipuliert worden, als dass er mir geglaubt hätte, weshalb mir nichts anderes übrig blieb, als seine Gefühle für mich, die irgendwo tief unter den Auswirkungen des Serums vergraben waren, an die Oberfläche zu holen. Und wie ginge das besser als mit einem Kuss? Wir hatten uns bei unserem ersten Treffen geküsst und am letzten gemeinsamen Abend. Wenn das seine Gefühle nicht zurückbrachte, was dann?
Anfangs stand Hunter nur da, während ich sachte mit der Zunge über seine Oberlippe fuhr und die Berührung seines Mundes an meiner Haut genoss. Ich krallte meine Finger in das feuchte Handtuch, um den Halt nicht zu verlieren und drückte mich an seinen harten Körper. Jeder meiner Nervenenden stand unter Strom und schwarze Flecken verschleierten meine Sicht. Automatisch stöhnte ich leise auf und lächelte gegen seine Lippen, als Hunter endlich begann den Kuss zu erwidern. Fest presste er seinen Mund auf meinen und stieß einen tiefen Laut aus, als ich langsam begann mit meinen Fingerspitzen über seine Bauchmuskeln zu streifen. Er klang verzweifelt und ausgehungert. Der Schwarzhaarige bekam eine Gänsehaut und legte seine Arme um meine Taille. Seine rechte Hand fand schnell den Weg zu meinem Hintern, während ich weiter kleine Muster auf seine Haut malte. Seine Muskeln zuckten unter meinen Berührungen und ich stöhnte laut, als er meinen Körper an sich zog. Leicht verrutschte der nasse Stoff und gab einen guten Blick auf seine Hüfte frei. Hunter öffnete seine Lippen und suchte mit seiner Zunge nach

meiner. Stöhnend legte er den Kopf schief, um mir mehr Bewegungsfreiheit einzuräumen, die ich sofort nutze, um meine Arme um seinen Hals zu schlingen. Gerade als ich die Sorge hatte, von dem Sauerstoffmangel ohnmächtig zu werden, löste der Morgan-Bruder sich für den Bruchteil einer Sekunde von mir, damit ich nach Luft schnappen konnte. Seine glänzenden Augen trafen meine und seine Atmung ging keuchend. Sein Augenbrauen-Piercing blitzte durch die Lichteinstrahlung auf und ein kleines Lächeln legte sich auf meine Züge.

»Mehr«, wisperte er und fuhr mit den Fingerspitzen meine Wange entlang. Unfähig etwas zu erwidern, biss ich in seine Unterlippe und stöhnte, als der Kuss intensiver wurde. Eine unglaubliche Hitze breitete sich zwischen unseren Körpern aus und ich schluckte, als das Handtuch zu Boden fiel. Verzweifelt versuchte ich, nicht nach unten zu sehen und den Kloß, der sich in meinem Hals gebildet hatte, hinunterzuschlucken. Hunters Nasenflügel bebten erregt, seine Hände fuhren fahrig über meinen Rücken und meine Brüste fühlten sich plötzlich prall und schwer an. Hart riss er an dem Reißverschluss meines Kleides, sodass der Zipp mit einem schnalzenden Geräusch aufsprang. Ein kalter Luftzug streifte die freigelegte Haut und ein Keuchen verließ meinen Mund, den Hunter immer noch in Beschlag nahm. In diesem Moment, als mein Gemahl mich mit Zähnen und Zunge um den Verstand küsste, war ich mir sicher, dass ich ihm alles gegeben hätte, damit dieser Augenblick für immer wehrte. Ich wollte ihn. Ich brauchte ihn. In meinem Hirn schrie alles nach ihm. Sein Geruch nach Kräutern vernebelte mir die Sinne, sein Anblick im schwachen Licht des Zimmers brachte mein Blut in Wallung und durch seine talentierten Finger, die über meine Handgelenke strichen, um meinen viel zu schnellen Puls zu fühlen, setzte mein Herz für einen Schlag aus. Unbeholfen stolperte ich einige Schritte rückwärts, bis ich einen Widerstand an meinen Kniekehlen spürte. Langsam ließ ich mich nach hinten gleiten, wobei Hunter mich festhielt, bis ich wieder einen Untergrund unter meinem Körper spürte. Sanft legte sich der Schwarzhaarige zwischen meine Beine, um meinen Mundwinkel zu küssen, bevor er mit seiner Zunge eine Spur von meiner Wange bis zu meiner Schulter zog. Die empfindliche Haut meines Halses kitzelte, während Hunter meine Hände über meinem Kopf platzierte, sodass ich ihm ausgeliefert war. Sein Kiefer spannte sich an, als er unter mein Kleid fuhr und am Bund meines Slips entlang strich. Ich erzitterte unter ihm und reckte mich seinen Berührungen entgegen. Ein lautes Reißen erklang, als mein Gemahl den störenden Stoff zerriss und begann mein Bein mit Küssen zu übersähen. Zuerst meinen Knöchel, was mich zum Kichern brachte. Danach meine Wade, wodurch ich erneut eine Gänsehaut bekam. Dann arbeitete er sich immer weiter vor. Sanft küsste er meine Kniescheibe und leckte die Innenseite meines Oberschenkels entlang. Meine geschwollenen Lippen sehnten sich nach seiner Berührung, aber was er mit mir tat, war ebenfalls sehr anregend. Meine Brustwarzen zeichneten sich deutlich unter dem roten Stoff ab, während ich spürte, wie ich feucht wurde. Noch nie war ich so erregt gewesen wie in dieser Sekunde, als Hunter mit seinen Fingern über meine Mitte strich und mir ins Ohr raunte, dass ich wunderschön aussah. Meine stockenden Atemzüge schienen den Schwarzhaarigen anzuspornen, weshalb er mir das Kleid von den Schultern zog und es achtlos in die Ecke warf. Fest drückte Hunter mich auf die weiche Fläche des Sofas und begutachtete meinen Körper, als wäre er etwas Kostbares. Kurz erhaschte ich einen Blick auf seine Pupillen, die mir glasklar entgegensahen. Sie waren weder gräulich, noch schien er durch mich hindurchzusehen. Innerlich jubelte ich und presste meine Lippen auf jede Stelle, die ich erwischen konnte. Ich dachte nicht, dass ich jemals so froh über eine bestimmte Farbe seiner Iriden sein könnte.

Liebevoll stupste seine Nase gegen meine, bevor er seine Hand wieder auf meine Hüfte legte und meine Beine auseinander drückte. Ein wenig erinnerte mich die Situation an unser misslungenes Date, aber schnell schob ich den Gedanken beiseite und konzentrierte mich wieder auf das Hier und Jetzt. Hart strich Hunter über meinen Bauch, während seine Zunge mit meiner um die Dominanz kämpfte, die er schlussendlich gewann. Die Küsse wurden fordernder. Ich wollte ihn, und nach Hunters Körperfunktionen zu urteilen wollte er mich auch. Problemlos öffnete er meinen BH und schmiss ihn zu meinen restlichen Kleidungsstücken. Ein Luftzug streifte meine Brustwarzen und ließ mich erzittern, als plötzlich ein Geräusch von der anderen Seite des Raumes erklang. Hunter zuckte augenblicklich zusammen und sprang auf. Sobald mein Körper nicht mehr von seinem berührt wurde, war mir eiskalt und Hunters Augen wurden wieder trüb. Der Moment war vorbei und ich erstarrte, weil ich nicht wusste, was ich tun sollte. Die Gesichtszüge meines Gemahls waren wieder ausdruckslos und ein Krachen verkündete, dass sich die Wand in Kürze öffnen würde. Schnell hob Hunter meine Kleidung vom Boden auf und drückte sie mir in die Hand. Wie in Zeitlupe gaben die Mauern einen Weg ins Zimmer frei, während der Morgan-Bruder nach mir griff und mich in den Schrank verfrachtete. Ich stand vollkommen neben mir und ließ zu, dass Hunter mich in den Kasten stieß und die Tür mit einem Knall hinter mir schloss.

»Ich bin wieder da«, hörte ich Nathalias Stimme rufen und ich kauerte mich auf dem Wäscheberg zusammen. Ihre Schuhe klapperten auf dem hölzernen Boden und ich hielt den Atem an, als ich ihre Silhouette durch die Schlitze der Schranktüren sah.

Obwohl ich auf der Kleidung unter mir weich saß, bekam ich schon nach wenigen Sekunden Schmerzen in den Beinen, die gegen die Rückwand des Kastens drückten und viel zu wenig Platz hatten. Irgendwo unter den ganzen Stoffen drückte mir eine Gürtelschnalle gegen die Lendenwirbel und ich musste ein schmerzhaftes Keuchen unterdrücken. Tränen benetzten meine Wangen und ich fühlte mich wie eine Spannerin, während ich beobachten konnte, wie Nathalia ihre Tasche achtlos fallen ließ und auf Hunter zuging. Sie drückte ihm einen Kuss auf die Lippen und lächelte ihn verführerisch an. Sie musste doch sehen, dass seine Wangen gerötet waren und er erregt war, oder nicht? Fiel es ihr nicht auf oder dachte sie wirklich, dass Hunter nur von einem Kuss mit ihr auf Wolke 7 schwebte? Egal was sie sich in ihrer

kranken Fantasie ausmalte, Hunters Reaktion schien ihr zu gefallen und das widerte mich nur noch mehr an. Am liebsten hätte ich meinen Hinterkopf mehrere Male fest gegen das Holz geschlagen, um mich selbst dafür zu bestrafen, dass ich mich in diese Lage gebracht hatte.
Nathalia lachte laut auf, als sie die Brust meines Gemahls mit dem Fingernagel entlangfuhr und ihre Lippen wieder auf seine presste. Kussgeräusche waren zu hören und ich kniff die Augen zusammen, um ihnen wenigstens nicht beim Rummachen zusehen zu müssen. Das musste ich während der Unterrichtszeit schon zu Genüge, und spätestens, wenn ich mich übergeben hätte, wäre Nathalia aufgefallen, dass ich versucht hatte, ihre Pläne zu durchkreuzen und dann würde sie Hunter nie wieder aus den Augen lassen.
Ein dumpfes Geräusch und das anschließende Ächzen der Couch ließ mich erneut zusammenzucken. Meine Hände zitterten, weshalb ich versuchte, mich an den Kleidungsstücken unter mir festzuhalten.
»Freust du dich, mich zu sehen?«, kicherte die Brünette, und ein leiser Knall war zu hören, bevor das Klatschen von aneinander fallender Haut im Raum ertönte. Nathalias Stöhnen wurde lauter und ich konnte hören, wie der Reißverschluss ihrer Designerhose geöffnet wurde. Wie in Zeitlupe belauschte ich, wie der Knopf geöffnet wurde und der Fetzen in eine Ecke geschleudert wurde.

Ich wollte nichts lieber als weg von hier. Irgendwohin, wo ich nicht die heimliche Geliebte war, die versuchte jemandem den Freund auszuspannen und sogar dabei versagte. Aber ich war eingesperrt in einer Holzkiste. Verdammt dazu das ganze Spektakel hautnah mitzuerleben. Ich hatte einen Logenplatz für Nathalias kleine Fickeinlage bekommen und konnte sie nicht einmal dafür verantwortlich machen. Meine Situation war ganz allein meine Schuld. Ich hatte mir vorgenommen, Hunter zurückzugewinnen, und war dumm genug gewesen, keinen meiner Freunde als Unterstützung mitzunehmen.
Halbnackt und mit der Hand gegen meinen Mund gepresst, um

keinen Laut von mir zu geben, saß ich auf Hunters sauberen Klamotten und fragte mich, warum ich nicht einfach aufstand und mit einem Knall das Treiben der beiden unterbrach, anstatt zu weinen und mich selbst zu bemitleiden. Aber ich bewegte mich keinen Zentimeter und belauschte wie Nathalia stöhnte und weitere Kleidungsstücke zu Boden fielen, die nur der falschen Schlange gehören konnten.
Laut atmete das Paar und ich konnte ein Würgen nicht verhindern. Doch Nathalia war zu sehr mit Hunter beschäftigt, als dass sie irgendwelche Nebengeräusche bemerkt hätte.
Das Quietschen der Couch wurde lauter und meine Hände, mit denen ich in der Zwischenzeit meine Beine umklammert hatte, zitterten stärker. Warm rannen meine salzigen Tränen über mein blasses Gesicht, aber mir war trotzdem eiskalt. Meine Beine durchzog ein brennender Schmerz und in mein Knie drückte ein Kleiderbügel, an den ich einfach nicht herankam, ohne mir die Schulter auszurenken. Meine Wirbelsäule wurde durch den kleinen Raum zusammengestaucht und ich unterdrückte das Bedürfnis mich zu strecken, um wieder alle Knochen an ihren richtigen Platz zu bringen.
Das Stöhnen von Nathalia wurde lauter und auch Hunters tiefe Stimme war nun öfter zu hören, obwohl er nur unverständliche Laute von sich gab. Ich fühlte mich beschämt und mutterseelenallein, als das Keuchen abgehackter wurde und ich versuchte, mir die Ohren zuzuhalten, um das Finale nicht mitanhören zu müssen. Ein Stechen breitete sich in meiner Brust aus und ich hatte das Gefühl, nicht mehr atmen zu können, als die Geräuschkulisse trotz der Hände, die auf meine Ohren drückten, dumpf zu hören war.
»Ja! Nicht aufhören!«, schrie Nathalia ekstatisch und ich versuchte mir einzureden, dass sie das sicher nicht machte, weil ich in Hunters Schrank saß, immerhin wusste sie das nicht. Aber es fühlte sich an, als würde sie mir ihr Glück mit Hunter mit Absicht unter die Nase reiben und das zerstörte etwas in mir. Ein kribbelndes Gefühl breitete sich in meinem Gesicht aus und ich

bekam einen Krampf in der linken Wade. Schnell biss ich die Zähne zusammen, um nicht zu schreien und ignorierte, dass mir schwindelig wurde.
Ein letztes lustvolles Stöhnen erklang, das bereits einem Schrei ähnelte und ich hörte, wie das Fleisch der beiden ein letztes Mal aneinander klatschte, bevor die Körper aufeinander liegen blieben. Obwohl es mich nicht interessieren sollte, fragte ich mich, wer von beiden die Arbeit gemacht hatte. Hatte das Miststück ihn bestiegen wie einen Hengst, der er für sie war oder hatte sie ihn benutzt, genauso wie sie es gemacht hatte, um mich zu verletzen? Im Endeffekt machte es wohl keinen Unterschied, nicht wahr? In beiden Fällen nutzte sie ihn aus, obwohl sie ihn nicht liebte.
Im Nachhinein konnte ich mich nur noch schemenhaft daran erinnern, was passiert war, nachdem die beiden es wie Karnickel getrieben hatten. Das Keuchen war endlich verstummt und ich saß gedemütigt an die Innenwand des Kastens gelehnt, während ich mir die Augen ausheulte. Der Schmerz in meiner Wade wurde immer stärker, solange ich das Bein nicht dehnen konnte und ich konnte nicht mehr richtig sitzen, weil meine Lendenwirbel streikten. Mein rechter Arm war eingeschlafen und das Schwindelgefühl ließ schwarze Flecken vor meinen Augen tanzen. Zusammengekauert wartete ich Sekunden – nein, Minuten – und schließlich eine Stunde bis das Paar sich geduscht, angezogen und für das Fest vorbereitet hatte. Zwischendurch hatten die beiden gelacht und sich immer wieder geküsst, als wollten sie sich über mich lustig machen. Ob Hunter durch das Serum vergessen hatte, dass ich im Schrank saß? Oder war es ihm einfach egal? War er schon so von Nathalia vereinnahmt, dass er ebenfalls für Rabiana war und es lustig fand mich zu erniedrigen?
Ich war froh, als ich endlich das Knarren der Wand hören konnte, die sich hinter dem Paar schloss und ankündigte, dass ich allein war. Eine Weile blieb ich noch sitzen, um mir die Tränen aus dem Gesicht zu wischen, die wie ein Wasserfall meine Wangen entlang flossen. Ich versuchte, meinen Herzschlag zu beruhigen, der genauso raste wie nach einem Marathon, und nicht zu sehr an

meinen Augen zu reiben, damit sie nicht geschwollen waren, wenn ich bei der Party ankam. Am liebsten wäre ich nicht zum Fest gegangen, da mir absolut nicht nach Feiern zumute war, sondern eher nach Schokolade und meinem Bett, aber das konnte ich Deinem Bruder nicht antun. Ich würde in den Festsaal gehen und zumindest so tun, als würde ich Spaß haben, um meinen Freunden eine Freude zu machen und Hunter zu zeigen, dass ich auch gut ohne ihn leben konnte. Obwohl das gelogen war. Ich vermisste ihn. Jetzt noch mehr als gestern. Unser Kuss hatte mir wieder Hoffnung gegeben, die augenblicklich von Nathalia zerstört wurde. Ein wenig kam ich mir vor wie eine Drogensüchtige, die nach einem knallharten Entzug wieder zur Spritze gegriffen hatte und dann wieder versuchte auf ihren Stoff zu verzichten.
Mein Magen zog sich schmerzhaft zusammen, als ich mit dem Fuß die Schranktür aufstieß und meinen Körper zwang aufzustehen. Kurz hatte ich das Gefühl, mich übergeben zu müssen, als ich den Geruch nach Schweiß und Sex im Zimmer roch, aber ich riss mich zusammen und suchte langsam in dem Haufen aus Wäsche meine Kleidung. Es dauerte eine Weile mein Kleid zu finden, aber dafür hatte ich meinen BH schnell entdeckt. Das Schwindelgefühl in meinem Schädel ließ langsam nach und auch mein Rücken war froh, dass ich endlich in einer aufrechten Position stand. Das Kribbeln in meinem Bein erinnerte mich zwar noch an den Muskelkrampf, aber zumindest konnte ich laufen. Meine Klamotten waren zerknittert und gepaart mit meinem Make-up verschmierten Gesicht sah ich nicht mehr so schön aus wie beim ersten Mal, als ich mich fertig gemacht hatte. Aber das versuchte ich zu ändern, indem ich im Badezimmer meine Wangen und Augenlider wusch und meine Haare bürstete. Gezielt griff ich nach dem Eyeliner, der am Waschbeckenrand lag und begann meine verquollenen Augen zu retten. Einerseits war ich in diesem Moment froh, dass Nathalias Schminke überall verstreut war, aber andererseits erschreckte es mich, dass sie praktisch bei Hunter eingezogen war. Doch anscheinend war das erlaubt, wenn man dem obersten Ratsmitglied in den Arschkroch.

Armselig oder nicht? Ich verwendete wirklich die Schminkutensilien der neuen Freundin meines Ex-Freundes, nachdem ich ihnen beim Sex zugehört hatte. Konnte ich noch tiefer sinken? Die Antwort war »Ja«, aber das wusste ich erst, als ich sah, dass Taras Schuhe nicht mehr unter der Couch lagen. Hunter musste sie weggeräumt haben, damit Nathalia sie nicht sah. Ich suchte wie eine Verrückte, doch ich konnte die schwarzen High Heels nirgendwo entdecken. Am Anfang fluchte ich durch das Zimmer, um mich zu beruhigen, aber am Ende bettelte ich die Göttin verzweifelt an, mir zu helfen. Ich wartete eine halbe Ewigkeit, aber ich bekam keine Antwort, weshalb ich nach dem ersten Gegenstand griff, den ich zu fassen bekam und ihn durch den Raum schleuderte. Es war ein Bilderrahmen gewesen, in dem sich ein Bild von Hunter und mir befand. Es erstaunte mich, dass Nathalia sich nicht die Mühe gemacht hatte, mich ganz aus dem Leben meines Gemahls zu verbannen. Oder hatte Hunter es nicht übers Herz gebracht, das Foto wegzuwerfen? Ich wusste, dass ich mir umsonst Hoffnungen machte und mir Erklärungen einredete, um mich besser zu fühlen, aber wem wollte ich etwas vormachen? Er hatte mich halb nackt vor seiner neuen Freundin versteckt.

Um überhaupt noch auf das Fest zu kommen, beschloss ich schlussendlich barfuß zu gehen und einfach zu behaupten, dass mir die Füße so weh taten, dass ich unmöglich noch länger in den hohen Tretern hätte laufen können. Wie ich Tara erklären wollte, dass ich ihre Schuhe verschlampt hatte, wusste ich noch nicht, aber mit etwas Glück würde sie nicht allzu sauer sein und nur verlangen, dass ich sie das nächste Mal beim Shoppen begleitete.

Als ich mich ein letztes Mal in Hunters Zimmer umsah, schnürte mir der Anblick der Scherben auf dem Boden den Hals zu, aber ich beschloss sie einfach liegen zu lassen. Hunter würde sich schon eine plausible Erklärung für das zerbrochene Bild einfallen lassen oder Nathalia würde sich so sehr darüber freuen, dass es ihr egal war, wer den Bilderrahmen zerstört hatte.

Sobald die Wand mich aus dem Zimmer meines Gemahls aussperrte, setzte ich ein Lächeln auf und drückte meinen Rücken durch. Ich versuchte all die schlechten Gefühle aus meinem Herzen zu verbannen und mir vor Augen zu halten, dass ich an diesem Abend viel Spaß mit meinen Freunden haben würde. Ich würde Nicole in ihrem teuren, viel zu kurzen Kleid beobachten, wie sie flirtete und den Alkohol wie Wasser in ihren Mund schüttete. Ich würde zusehen, wie Jona mit Alex eng umschlungen tanzte, bevor ich mich selbst mit Lora im Schlepptau auf die Tanzfläche wagte, während Tara und Jaimie über uns lachten und über die restlichen Feiernden lästerten. Wahrscheinlich würde Dein Bruder sich später, wenn alle schon von der Bowle erheitert waren, doch überreden lassen, mit mir das Tanzbein zu schwingen, und er würde stolpern, weil er absolut nicht tanzen konnte, aber darauf freute ich mich, weshalb meine Schritte schneller wurden und das Grinsen auf meinem Gesicht eine Spur echter wurde.

Hätte ich gewusst, was mich im Festsaal erwartete, wäre ich wirklich nicht hingegangen, Mel. Ganz bestimmt nicht. Ich hätte mir Tara und Jaimie geschnappt und hätte uns in meinem Zimmer vor der Außenwelt verbarrikadiert. Ich hätte zur Göttin gebetet, dass sie mir hilft Hunter zu vergessen oder zumindest Nathalia und das böse Ratsmitglied loszuwerden, bevor sie etwas Schlimmeres anrichteten als ein Highschool-Liebes-Drama. Oder ich wäre zur Feier gesprintet, um die Party zu sprengen. Vielleicht durch ein schönes Feuer, bei dem ich später hätte behaupten können, dass ich es nicht gewollt hatte, aber ich meine Kräfte einfach noch nicht gut genug kontrollieren konnte. Oder ich hätte Tara bitten können, einen Tornado durch die Halle zu schicken, damit alle ängstlich ihre Zimmer aufsuchten und versuchten ihre Frisuren wieder in den Griff zu bekommen. Aber selbst wenn ich all das getan hätte, wäre es schon zu spät gewesen. Der Schaden war angerichtet und ich hatte keine Ahnung, wie ich ihn ausbaden sollte.

Deine Read

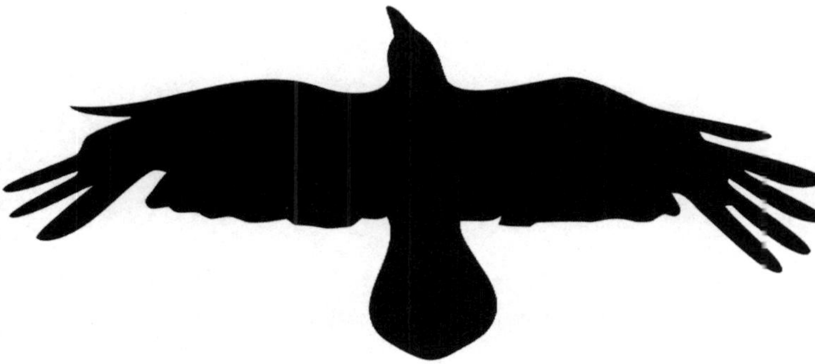

Wahre Geheimnisse, gelogene Tatsachen

Liebe Mel!

Wenn etwas Schreckliches passiert, steht für einen Augenblick die Welt still. Aber das ist nur in Büchern und Filmen so. Im normalen Leben geht einfach alles seinen gewohnten Gang, als wäre nie etwas gewesen. Doch St. Ghidora war keine normale Schule und wir waren keine normalen Schüler, weshalb sich bei uns sehr wohl für einige Sekunden nichts bewegte, wenn die Erde auseinanderbrechen würde. Als ich die Halle betrat, wurde mir klar, dass meine Mitschüler schon so an Katastrophen gewöhnt waren, dass es sie nicht mehr überraschte, wenn lebensentscheidende Situationen eintraten. Auch ich blieb erstaunlich ruhig und versuchte erst einmal herauszufinden, was los war, anstatt herumzubrüllen wie ein tollwütiges Huhn.

Eigentlich hatte ich erwartet ein rauschendes Fest, lachende Schülerinnen, tanzende Paare und saufende Schüler, die den Mädchen imponieren wollten, zu sehen. Ich hatte vermutet von der Dekoration, dem Punsch und einer Vielzahl von Lichtern überwältigt zu werden oder meine Freunde in dem Gemenge von knutschenden Liebschaften und meckernden Lehrern nicht finden zu können. Aber nichts davon war der Fall. In der Festhalle war es still. Beunruhigend still. Alle Schüler standen an die Wand

gedrückt da und ich bekam eine Gänsehaut, als ich den geschmückten Raum betrat, in dem niemand Spaß zu haben schien. Gut, ausgenommen von Rabiana, der ich das überlegene Grinsen am liebsten aus dem Gesicht geschlagen hätte.
Niemand bemerkte mich, obwohl ich wahrscheinlich die Letzte war, die zur Party erschien und das Tapsen meiner Füße auf dem Boden nicht zu überhören war. Es spielte keine Musik, was für ein Schulfest mehr als ungewöhnlich war, aber was mir mehr Sorgen bereitete, war unsere Direktorin, die in der Mitte der Halle stand und von allen mit unterschiedlichen Mienen gemustert wurde. Das Gesicht der Rothaarigen war blass, wodurch ihre Sommersprossen hervorstachen. Die Brille war ein Stück nach unten gerutscht, weil sie auf den Boden starrte, und aus ihrem Zopf hatten sich mehrere Strähnen gelöst. Ihre Lippen waren zusammengepresst und ein Stich zog sich bei ihrem derangierten Anblick durch mein Herz. Vor der Direktorin hatte sich Regan positioniert und schien ihre Freundin aus Kindheitstagen abzuschirmen, auch wenn sie allein gegen alle anderen Ratsmitglieder, die den beiden gegenübergestanden, keine Chance gehabt hätte. Trotzdem sah sie ihren Kolleginnen grimmig entgegen und hatte die Hände vor Wut zu Fäusten geballt. Auf mich wirkte sie, als würde sie es mit der ganzen Welt aufnehmen, um ihre Freundin zu schützen. Ein wenig erinnerte sie mich in diesem Augenblick an Dich, Mel. Sie würde alles tun, um Enyo zu beschützen, auch wenn sie dabei ihr eigenes Leben lassen würde. Wehmütig betrachtete ich das Geschehen, während der Kloß in meinem Hals größer wurde. Ich überlegte angestrengt, was ich tun könnte, um den beiden zu helfen, aber mir wollte partout nichts einfallen. Ich wusste nicht genau, was passiert war und warum alle Ratsmitglieder aufmarschiert waren. Auch war ich keine Lehrerin, die berechtigt gewesen wäre sich einzumischen. Wenn ich mich jetzt einfach neben Regan gestellt hätte, hätte ich Rabiana wahrscheinlich noch in die Hände gespielt, weil sie mir dann hätte vorwerfen können, dass ich zu impulsiv für eine Königin sei. Ich konnte also nichts anderes tun, als mit fassungslosem Gesichtsausdruck zuzusehen, wie die Freundinnen

meiner Mutter vor unser aller Augen vom Rat mit Vorwürfen überhäuft wurden.

»Augusta, das kann doch nicht dein Ernst sein. Enyo leitet die Schule seit Jahren und davor hat sie hier unterrichtet. Das Kollegium liebt und die Schüler respektieren sie. Das alles willst du wegwerfen wegen eines Verdachts?«, äußerte sich Regan erzürnt und sah eine ihrer Kolleginnen verzweifelt an. Ich wusste nicht, worum es ging, aber es hatte mit unserer Direktorin zu tun und Rabianas überheblichem Gesichts-ausdruck nach zu urteilen, war sie die Verursacherin dieser Scharade, weshalb es automatisch zu meinem Problem wurde.

»Schwester, diese Vermutung kam von einem unserer Ratsmitglieder und die Beweise können wir nicht einfach ignorieren. Solange wir nicht mit Sicherheit sagen können, dass die Vergiftung kein Unfall war, müssen wir der Sache nachgehen«, sprach die Frau, die ich für Augusta hielt, mit erhobenem Kopf und ging einen Schritt auf die Direktorin und ihre Freundin zu. Egal um was es ging, es würde kein gutes Ende nehmen, das sah ich an den schockierten Gesichtern der Lehrkräfte und an den vereinzelnd weinenden Schülern, die sich aneinander festkrallten. Lora und Jaimie standen am anderen Ende der Halle und nickten mir zu, als sie mich entdeckten. Hinter ihnen befanden sich Jona und Alexandra, die das Geschehen mit Argusaugen betrachteten und jedes Mal entsetzt den Kopf schüttelten, wenn ein Ratsmitglied den Mund aufmachte. Vorsichtig huschte ich durch die Menge, um zu ihnen zu gelangen, und stieß Lora von hinten an, die ebenfalls Tränen in den Augen hatte.

»Was ist passiert?«, fragte ich die Tierliebhaberin flüsternd und achtete darauf, dass mich niemand anderer hören konnte. Auf keinen Fall wollte ich die Aufmerksamkeit des Rates unbeabsichtigt auf uns lenken und zur neuen Zielscheibe werden.

»Keine Ahnung. Ich hab eben noch mit Jeremy, einem süßen Typen aus der Abschlussklasse, den Jona mir vorgestellt hatte, getanzt und keine drei Sekunden später fielen alle Lichter aus. Es wurde stockfinster und als das Licht wieder anging, standen plötzlich die zwölf Mitglieder des hohen Rates in der Halle und zeigten mit dem Finger auf die Rektorin, die gerade ein Paar ermahnt hatte, dass es einen halben Meter Abstand halten solle«, berichtete Lora mir, aber sie schien viel zu verwirrt, um mir genaueres sagen zu können.

»Als der Fall damals vor Gericht kam, waren wir uns alle einig, dass es ein Unfall war. Ich wüsste gern, was deine Meinung geändert hat, Schwester?«, zischte Regan wütend und wenn Du mich fragst, sprach sie auch ziemlich herablassend mit ihrer Kollegin, während sie Rabiana wie giftigen Müll musterte, Mel. Aber die Vorsitzende würdigte Terrents Freundin nicht eines Blickes. Lieber schien sie in den Reihen aus Schülern etwas – oder besser gesagt – jemanden, zu suchen. Als sie mich entdeckte, wurde ihr boshaftes Grinsen breiter und mir war klar, was sie damit bezwecken wollte: Sie wollte, dass ich wusste, dass sie dafür verantwortlich war und ich vor der versammelten Menge ausrastete. Aber diese Genugtuung würde ich ihr nicht geben. Wenigstens meinen Stolz und somit einen kleinen Sieg wollte ich mir an diesem fürchterlichen Tag bewahren.

Augusta räusperte sich laut und schien kurz verunsichert, aber nachdem die Ratsvorsitzende ihr ermutigend zugenickt hatte, fing sie sich wieder und setzte ein professionelles Lächeln auf. Gestärkt mit neuem Selbstvertrauen hörte die alte Hexe auf mit ihren Fingerknöcheln zu spielen und spann die Diskussion weiter.

»Es sind einfach neue Beweise aufgetaucht, Schwester«, sagte das Ratsmitglied beschwichtigend. Eigentlich wollte sie noch mehr sagen, aber Regans Widersacherin wurde rüde von einer Frau neben ihr unterbrochen:

»Benimm dich nicht wie ein bockiges Kind, Regan. In solchen Zeiten sollten wir zusammenhalten und das gilt auch für dich. Enyo Terrent, Sie sind angeklagt wegen Mordes an Chivette Estra, der letzten Tochter von Damian Estra, dem mächtigsten amtierenden Hexenmeister. Wir bitten Sie, bei der Festnahme keinen Widerstand zu leisten, ansonsten sehen wir uns gezwungen, Sie mit Gewalt zum Mitkommen zu bewegen.«

Die Stimme der Frau war erstaunlich kraftvoll für ihr Aussehen. Sie war alt. Viel älter als die anderen Ratsmitglieder. Sie hatte bereits graue Strähnen zwischen ihrer schwarzen Haarpracht und viele Falten im Gesicht. Mehrere Warzen tummelten sich in ihrer Visage und ihre Augenbrauen waren verbittert zusammengezogen. Ihre langen Finger zitterten und auf ihrer Haut zeichneten sich Altersflecken ab. Trotzdem gab Regan ihren Widerstand sofort auf und trat zur Seite, sodass Augusta die Direktorin an der Hand nehmen konnte. Enyo Terrent klopfte ihrer Freundin anerkennend auf die Schulter und lächelte ihr ermutigend zu. Die Schulleiterin verzog keine Miene, während sich ein Sturm in der Halle ausbreitete und gefolgt von einem grellen Licht die Ratsmitglieder und sie verschluckte. Ganz im Gegenteil. Stoisch hielt sie das Grinsen in ihrem Gesicht aufrecht und wandte ihren Blick nicht von Regan ab, die mit einem Mal nicht mehr wie ein starkes Ratsmitglied wirkte, sondern wie eine Jugendliche, der man den Boden unter den Füßen wegzogen hatte. Allein stand sie vor den verwirrten Schülern und sah sich Hilfe suchend in der Halle um. Aber niemand von den Lehrern sprang ihr zur Seite. Das Personal war wie paralysiert. Niemand konnte sich durch den Schock bewegen, geschweige denn die Hysterie, die sich bei den Schülern breitmachte, verhindern. Alle schrien kreuz und quer. Einige der jüngeren Mädchen besaßen sogar die Frechheit, zu Regan zu rennen und sie auszufragen, obwohl das Ratsmitglied sichtlich fertig mit den Nerven war und die neugierigen Nervensägen zum Teufel jagte. Regans Wangen waren gerötet und ihre Atmung ging viel zu schnell. Gestresst fuhr sie sich durch das dichte Haar und nestelte am Saum ihrer Kleidung, während sich rötliche Flecken auf ihrem Dekolleté ansammelten. Panisch wanderten ihre Augen durch den Raum, aber sie schien eher durch die Anwesenden hindurchzusehen, anstatt wirklich etwas um sich herum wahrzunehmen.

Jeder wollte wissen, was passiert war, aber niemand, außer dem nervlichen Wrack, hatte wirklich eine Antwort darauf, weshalb die Lehrkräfte den Kontakt zum Ratsmitglied suchten, anstatt die

vereinzelt weinenden Schüler aus der Halle zu schleusen.
Ich musste dringend mit Regan sprechen, wenn ich erfahren wollte, was hier gespielt wurde, doch dazu musste ich erst Ruhe in das Chaos bringen, das wusste ich. Aber wie? Ich war eine Schülerin unter vielen. Immer noch war ich unglaublich traurig aufgrund Nathalias Machenschaften und langsam begannen meine Zehen zu frieren. Die Kälte erinnerte mich konstant an die Geschehnisse in Hunters Zimmer, was meiner Konzentration nicht förderlich war. Das Tara nicht da war, um mich zu unterstützen oder mir Mut zu machen, verunsicherte mich zusätzlich, weil ich nicht wusste, wo sie war, und von Hunter war auch weit und breit nichts zu sehen. Mir wurde leicht schwindelig, weil in meinem Kopf die Gedanken rasten und ich nicht wusste, mit welchem Problem ich mich zuerst befassen sollte.
Irgendwo im Hintergrund bekam ich mit wie Jona und Alex zumindest versuchten, Lora zu beruhigen und Jaimie in die Mitte nahmen, damit er nicht von den Schülermassen zerdrückt wurde. Die Luft im Raum war stickig und ich hatte das Gefühl nicht atmen zu können. Was würde mit Terrent passieren? Warum brachte Regan, die sonst immer cool blieb, diese Angelegenheit so aus der Fassung? Wo waren Nathalia und Hunter? Liebte mein Gemahl diese falsche Schlange? Würde Tara sich zu Tode hungern? War Alex vertrauenswürdig? Fragen über Fragen türmten sich in meinem Verstand, bis das Gerüst zusammenbrach und alles auf einmal auf mich einbrach. Angst, Hass, Schmerz, Leid und jedes andere schlechte Gefühl tobte in meinem Schädel und ich musste die Tränen, die sich einen Weg an die Oberfläche bahnten, unterdrücken. Ein enormer Druck breitete sich in meinen Schläfen aus und ich drückte meine Hände gegen meine Stirn. Regans Blick traf meinen und in ihren Iriden spiegelte sich die gleiche Überforderung wider. Das brachte das Fass zum Überlaufen und ich konnte meinen eigenen Gefühlen nicht mehr standhalten. Es war, als würde ich in einem stürmischen Meer aus meinen eigenen Tränen ertrinken.
»Haltet alle die Klappe«, brüllte ich und war froh, dass ich schon

gut genug mit meinen Kräften umgehen konnte, um eine Welle erhitzter Luft durch den Raum zu wehen, ohne jemanden in Brand zu setzen. Zwar erntete ich genervte Blicke der Schaulustigen, aber das war mir im Moment egal. Ich brauchte dringend eine Sekunde Ruhe, um wieder klar denken zu können.

Leben kam wieder in die Lehrerschaft und allen voran Lady Augeni trieb die Schüler an, sich in ihre Zimmer zu begeben oder die leeren Becher vom Boden aufzusammeln. Die Party war vorbei, das war klar, aber es war eine ziemliche Herausforderung, in dem Durcheinander zu verhindern, dass Schüler alkoholische Getränke mit auf ihre Zimmer nahmen. Man würde meinen, dass in Anbetracht der Verwirrung und der Unsicherheit, die ohne die Schulleiterin herrschte, niemand auf die Idee kam, Alkohol zu stehlen, um später eine eigene Fete steigen zu lassen. Doch immer wieder versuchten es irgendwelche Halbwüchsigen und versteckten Flaschen unter ihren weiten Pullovern, die für eine Party absolut ungeeignet waren. Diese armseligen Versuche wurden von den Lehrern gleich aufgedeckt, bevor die Schüler überhaupt in die Nähe der Ausgänge kamen, aber es gab schlauere Idioten, die mittels ihrer Kräfte die Alkoholflaschen unsichtbar werden ließen, was besonders Brodowick verzweifeln ließ.

»Regan?«, fragte ich vorsichtig und legte der Freundin meiner biologischen Mutter eine Hand auf die Schulter, als nur noch vereinzelt Hexen in der Halle arbeiteten, um die letzten Spuren des Desasters zu beseitigen.

»Was ist passiert?«, wollte ich flüsternd wissen, während ich Lora beobachtete, wie sie versuchte Jaimie aus dem Raum zu schieben, dessen Augen mit Tränen geflutet waren.

»Rabiana«, hauchte Regan und packte mein Handgelenk, bevor sie mich durch einen der Nebenausgänge zog. Im Laufschritt zerrte sie mich hinter sich her und ich musste aufgrund ihrer Geschwindigkeit aufpassen, nicht zu stolpern.

Regan hielt nicht an, als wir den Lehrertrakt betraten und auch nicht, als wir an ihrem Zimmer ankamen. Erst als wir zu den Privaträumen der Rektorin kamen, stoppte sie und öffnete das

Pentagramm, sodass ich direkt in das kahle Schlafgemach sehen konnte. Außer dem Bett und einem Nachtkästchen war das Zimmer leer. Nirgendwo stand ein Sessel oder ein Tisch. Kein Buch lag herum und im Schrank, der offen stand, konnte ich nur einfarbige Kleidung erkennen. So konservativ hätte ich Enyo Terrent nicht eingeschätzt und wahrscheinlich wollte mir Regan genau das zeigen. Zumindest dachte ich das, bis das Ratsmitglied dreimal gegen ein Runensymbol in der Wand klopfte und der Raum anfing, sich zu verändern. Die weiße Wand wurde sonnengelb und die dunkle Bettwäsche nahm einen passenden orangenen Farbton an. Während sich aus der Mauer kleine Regale bildeten, auf denen eine Vielzahl an Bilderrahmen stand, formte sich aus dem Boden ein hölzerner Tisch mit zwei Sesseln, die zum Hinsetzen einluden. Gleichzeitig entzündeten sich mehrere Kerzenständer, die in der Luft zu schweben schienen, und die Decke wurde gläsern, sodass ich mich in ihr spiegeln konnte.

Regan lief auf einen der Bilderrahmen zu und strich bedächtig über das Foto.

»Das hätte niemals passieren dürfen«, murmelte sie mehr zu sich selbst als zu mir, bevor sie mich mit einem wehmütigen Lächeln ansah. Langsam zog sich mein Magen zusammen und ich bekam es mit der Angst zu tun. Das Ratsmitglied schien sich bereits mit dem Verlust ihrer Freundin abgefunden zu haben, aber ich konnte mir beim besten Willen nicht vorstellen, dass unsere miesepetrige Direktorin jemanden umgebracht hatte, wie es ihr vom Rat vorgeworfen wurde.

»Wer war Chivette Esta?«, fragte ich und wurde sofort von Regan verbessert: »Estra. Ihr Name war Chivette Estra, nicht Esta, und sie war die Schulleiterin, bevor Enyo die Schule übernommen hat.«

»Und sie ist gestorben?«, wollte ich wissen, aber auch diesmal unterbrach mich das Ratsmitglied: »Nein, sie wurde ermordet.«

Regans Gesichtsausdruck war wie versteinert. Ihre Augen waren weit aufgerissen und ihre Haut war ungewöhnlich bleich, wie ich es sonst nur von Tara kannte. Fahrig wischte sie sich ihre schweißnassen Hände an ihren Kleidern ab und sie schluckte ein

paar Mal unbeholfen, als würde ihr das Sprechen schwerfallen.
»Von wem?«, fragte ich vorsichtig, aber ich hätte nicht erwartet, dass ihre Antwort so prompt kommen würde, auch wenn ich schon damit gerechnet hatte, dass Enyo Terrent keine Mörderin war. Mutter wäre nie mit jemanden befreundet gewesen, der Unschuldige tötete oder ihren Freunden in den Rücken fiel.
»Du musst das verstehen, Read. Es war nur logisch, dass irgendwann eine von uns für dieses Verbrechen angeklagt werden würde. Chivette war eine von Rabianas Anhängerinnen und hatte deiner Mutter das Leben zur Hölle gemacht. Schon damals gab es mysteriöse Anschläge auf Retta und erst mit der Zeit wussten wir, wer sie verursacht hatte. Ab diesem Zeitpunkt haben wir deine Mutter beschützt. Sie durfte nicht mehr allein das Zimmer verlassen, und selbst wenn sie das Klassenzimmer verließ, um auf die Toilette zu gehen, folgte ihr eine von uns. Wir dachten, es wäre vorbei, als wir unseren Abschluss gemacht haben, aber es hörte nicht auf«, erzählte Regan und setzte sich auf einen der Stühle, um zur Ruhe zu kommen. Sie sah unheimlich müde aus und strich sich ihre Stirnfransen aus dem Gesicht, sodass ich einen besseren Blick auf ihre Augen hatte, die mir auf einmal viel bekümmerter vorkamen. War dieses sorgenvolle Glitzern immer schon da gewesen?
Ich nahm ihr gegenüber Platz und war erstaunt über die Packung Taschentücher, die, gefolgt von zwei Gläsern und einem Wasserkrug, plötzlich vor uns auftauchte. Wie auf Kommando erschien ein Teller mit frischen Keksen, als mein Magen anfing zu knurren. Es war, als wäre der ganze Raum mit Magie durchzogen. Er passte sich an alle meine Wünsche an. Hatte ich Hunger, kamen Kekse. Wollte ich etwas trinken, standen sofort verschiedene Säfte bereit. Musste Regan weinen, kam eine Auswahl Taschentücher. Es gab welche mit unterschiedlichen Aromen, mehreren Lagen und diversen Härtestufen, wobei Regan zu den extra weichen griff.
»Nach dem Brand im Anwesen der Holls, bei dem der größte Teil der Königsfamilie verstorben war, sahen wir uns gezwungen, Retta erneut zu schützen, aber wir konnten sie nicht mehr finden. Sie

verschwand einfach. Anfangs dachten wir, dass sie sich versteckte, was sie wahrscheinlich auch getan hatte, aber nach einiger Zeit, als niemand sie erreichen konnte und sie auch keinen Kontakt mit uns aufnahm, mussten wir vom Schlimmsten ausgehen. Doch deine Mutter war eine intelligente Frau gewesen, Read. Sie hatte, am Tag als sie uns von ihrer Schwangerschaft erzählt hatte, Enyo eine Schatulle vermacht, die sich öffnen sollte, wenn du geboren wirst, weshalb wir wussten, dass es wenigstens dir gut ging. Aber wir konnten dich nirgendwo finden.«

Regans Blick war ausdruckslos und sie schien mit ihren Gedanken weit weg, während sie mir von Geschehnissen berichtete, die passiert waren, bevor ich überhaupt allein gehen konnte.

»Eins wussten wir mit Sicherheit, Read«, sagte das Ratsmitglied und ergriff meine Hände, um ihre Worte zu verstärken. »Es würde der Tag kommen, an dem du gebrandmarkt wirst und wir konnten nicht zulassen, dass du die Schulzeit nicht überstehst, weil eine machtbesessene Direktorin dich für Rabiana umbringt. Also musste Chivette verschwinden. Wir haben versucht, sie im Kollegium schlecht zu machen, sie gebeten, die Schule zu verlassen und in einem anderen Hexeninternat, beispielsweise am anderen Ende der Welt, zu unterrichten oder sich zur Ruhe zu setzen, aber davon wollte sie nichts hören. Sie war engstirnig gewesen und hat nicht mit sich reden lassen. Nicht dass du glaubst wir hätten sie umgebracht, um Enyo zur Direktorin zu machen. Das haben wir nicht. Es hätte auch jemand anderer den Posten übernehmen können, aber…«

Ohne Pause redete Regan immer weiter und verstrickte sich in Begründungen für das Verhalten von sich und ihrer Freundin. Aber am Ende war für mich eins klar: Irgendjemand hatte Chivette Estra heimlich bei einer Lehrerkonferenz vergiftet, indem er veranlasst hatte, dass eine Lehrerin der damaligen Direktorin das falsche Glas, in dem sich wenige Tropfen flüssigen Todes befanden, reichte. Estra starb und Enyo wurde Schulleiterin, nachdem sie freigesprochen wurde, weil niemand nachweisen konnte, dass sie den Mord geplant und durchgeführt hatte. Anscheinend war

Nathalia doch nicht die Einzige, die gern mit Tränken spielte, dachte ich verbittert, während ich mich fragte, wer den Mord begangen hatte.

»Und was passiert jetzt mit der Schulleiterin? Wenn es damals keine Beweise gab, warum sollte sie dann jetzt verurteilt werden?«, fragte ich aufgeregt und malte mir bereits Horrorszenarien aus, in denen die toughe Direktorin gefoltert wurde, was zugegebenermaßen lächerlich war. Niemand würde ihr einen Zehennagel abreißen oder ihr ein Messer ins Auge rammen, wie es bei der Inquisition der Fall gewesen war. Trotzdem bezweifelte ich, dass es in einem Hexengefängnis genauso zugeht wie auf einer menschlichen Polizeistation, wo jeder Gefangene dreimal täglich warmes Essen bekam und eine Stunde in die Sonne durfte.

»Es ist egal, ob sie schuldig ist oder nicht, Read. Sie hatten zur Zeit des Mordes keine Beweise und haben sie auch heute nicht. Der einzige Unterschied ist, dass Rabiana sich jetzt an Enyo rächen will, weil meine Freundin es gewagt hat, ihr einen Strich durch die Rechnung zu machen und dich abschirmt.«

Das Ratsmitglied klang verbittert und überrascht konnte ich beobachten, wie sich das Wasser im Krug langsam bräunlich färbte. Der Geruch des Getränks war jetzt stechend und ich musste die Nase rümpfen, als Regan ein Glas auf Ex leerte und sich ein zweites nachschenkte.

»Was werden wir dagegen tun?«, wollte ich wissen und fühlte mich wie ein Kind, das nichts alleine in den Griff bekam. Ich war die zukünftige Königin von uns beiden und trotzdem fragte ich Regan, was als Nächstes passieren würde. Sollte ich nicht den Ton angeben und Entscheidungen treffen?

»Gar nichts. Zumindest du nicht. Ich werde zur Verhandlung gehen und für Enyo aussagen. Danach können wir nur das Beste hoffen.«

Mit diesen Worten beendete sie das Gespräch, obwohl ich ihr gern noch viel mehr gesagt hätte. Eigentlich wollte ich ihr von Nathalia berichten, aber Regan kippte gerade das nächste Glas hinunter und sah nicht so aus, als würde sie damit so schnell aufhören, deshalb mussten die neuesten Ereignisse wohl oder übel noch eine Zeit lang warten.

Schnellstmöglich lief ich zu meinem Zimmer zurück, in der Hoffnung meine Freunde würden bereits versammelt auf mich warten, um zu erfahren, was wirklich passiert war. Während ich den Gang entlanglief, dachte ich darüber nach, wie viele Menschen versucht hatten, mich zu beschützen und schlussendlich dafür ihr Leben gelassen hatten. Allen voran natürlich meine biologische Mutter, die halb tot bei irgendwelchen Fremden Zuflucht gesucht hatte, damit ich gesund auf die Welt kommen und eine normale Kindheit haben konnte. Dann die Rektorin und Regan, die einfach, weil sie gedacht hatten, dass ich gebrandmarkt werden würde, die Schule übernommen hatten, damit ich nicht täglich in der Angst leben musste, dass Chivette Estra mich umlegte. Auf dieser Liste sollte auch Cassandra nicht fehlen. Natürlich war sie von ihrem eigenen Drang, alles wissen zu wollen, und der Tatsache, dass ihre beste Freundin sie belogen hatte, geleitet worden, aber sie hatte versucht mir zu helfen, obwohl sie mich kaum kannte. Und dann gab es da noch Dich, Mel. Du hattest ebenfalls bis zu Deinem letzten Atemzug versucht, mich am Leben zu erhalten. Ich hatte immer noch den Moment, als Du Dich vor mich geworfen hattest vor Augen und schüttelte traurig den Kopf. War das mein Leben? Zuzusehen wie alle, die ich liebe, sterben?

Ich war so in meine eigenen Gedanken an Dich vertieft, dass ich die Gestalt, die sich in der Mitte des Ganges positioniert hatte, nicht wahrnahm. Erst als die Person boshaft kicherte und mir einen Schritt entgegentrat, blieb ich abrupt stehen und sah mich orientierungslos um. Nathalia stand in einem dunkelgrünen Kleid und Sandalen, die sich nicht entscheiden konnten, ob sie braun oder schwarz waren, vor mir und hatte ihre Lippen spöttisch verzogen. Sofort biss ich die Zähne zusammen, während mir ein Schauer des Ekels über den Rücken lief und sich meine Hände zu Fäusten ballten. Ich musste stark gegen die Tränen ankämpfen, als ich mir vorstellte, wie Hunter diese Frau früher an diesem Abend angefasst hatte. Auf eine weitere Attacke konnte ich an diesem miserablen Abend mit Sicherheit verzichten. Ich wappnete mich innerlich und reckte das Kinn, um Selbstsicherheit vorzuspielen. Auf keinen Fall wollte ich den Anschein erwecken, als würde ich mich von Rabiana und Nathalia fertigmachen lassen.

»Was für eine Show, nicht wahr? Ich dachte schon, das Fest würde langweilig werden und ich müsste euch beim Feiern und Rumalbern zusehen, aber dann…«, sagte sie gehässig, doch sie kam gar nicht dazu den Satz zu Ende zu sprechen, da ihr ein Lachanfall einen Strich durch die Rechnung machte. Nathalia schien die Situation köstlich zu amüsieren. Sie dachte nicht einmal daran, was Rabianas Handeln für Konsequenzen für Terrent und die Schülerschaft haben könnte. War es ihr wirklich so egal das Leben eines Menschen zu zerstören, nur um in Rabianas Gunst zu stehen?

»Was ist los, Read? Du siehst bekümmert aus. Dabei warst du doch noch gar nicht in deinem Zimmer, oder?« Wieder lachte sie los und diesmal bescherte mir der Farbton in ihrer Stimme eine Gänsehaut. Ob sie mich ebenfalls mit ätzendem Schleim übergießen wollte, wie sie es bei Cassandra gemacht hatte? Oder warum freute sie sich abartig darauf, dass ich in mein Zimmer ging? Hatte sie vielleicht Bilder von Hunter und sich an meine Wände gepflastert, um mich weiter zu quälen?

»Deinem Gesichtsausdruck nach zu urteilen nicht«, überlegte die Brünette laut und musterte mich, als wäre ich unter ihrem Niveau. »Dann solltest du dich beeilen. Ich hatte eine tolle Unterhaltung mit Tara. Du weißt schon, als ich ihr ihre schwarzen Schuhe zurückgegeben habe, haben wir gleich ein wenig geredet«, meinte Nathalia und mir rutschte das Herz in die Hose. Das durfte nicht wahr sein. Welche abgedrehten Halbwahrheiten hatte dieses Miststück meiner besten Freundin in den Kopf gepflanzt, um einen Keil zwischen uns zu treiben?

Mein Herz begann schneller zu schlagen und ich schwitzte aus allen Poren. Meine Hände waren feucht und ich krallte meine Fingernägel in den Stoff meines Kleides, als Nathalia wieder einen Schritt auf mich zuging, sodass sie genau vor mir zum Stehen kam.

»Wir wollen einmal sehen, ob deine tollen Freunde auch noch zu dir halten, wenn sie wissen, dass du sie belogen hast. Es stört dich doch nicht, dass ich deinem Klappergerüst Cassies Tagebuch gegeben habe, oder? Es war so klar, dass Nicole es dir überlassen würde, aber ich dachte nicht, dass du es einfach unter deinem Kopfkissen verstecken würdest. Das ist wirklich armselig, aber so bist du eben: schwach, niveaulos und jämmerlich.«

Mein Herz lief einen Marathon, als ich an Nathalia vorbeiraste und den Gang hinuntersauste. Mit ihrem Gelächter im Nacken malte ich mir aus, wie Tara auf Cassandras Tagebucheinträge reagieren würde, wenn sie wirklich auf die falsche Schlange gehört hatte und statt weiter auf dem Fest zu bleiben, das Tagebuch ihrer verstorbenen Freundin gesucht und gefunden hatte. Schweiß sammelte sich auf meiner Stirn und rannte über meine Schläfen. Mir war unerträglich heiß, obwohl meine Zehen eiskalt waren. Meine Fußsohlen brannten jedes Mal unangenehm, wenn ich auf eine Unebenheit des Bodens stieg und einmal fiel ich fast über meine eigenen Füße. Trotzdem lief ich stur geradeaus bis ich am Pentagramm zu meinem Zimmer ankam. Mein Blutdruck pulsierte in meinem Schädel, als ich die Ecken des Sterns nachzog und ich versuchte, meine keuchende Atmung zu beruhigen, um wieder klarer denken zu können. Knarren und Quietschen erklang. Nebel qualmte unter der Wand hervor und die Mauer gab einen Durchgang frei. Ich erstarrte in der Bewegung und mein Herze setzte beim Anblick meiner Mitbewohnerin einen Schlag aus. Mit erhobenem Zeigefinger stand ich vor dem Loch in der Wand und starrte in Taras entsetztes Gesicht. Ihre Augen waren weit aufgerissen und ihre Nasenspitze war knallrot. Meine Zimmergenossin saß in einem Schneidersitz auf dem Bett und hatte Cassandras ledernes Buch auf ihre Schenkel gestützt, während ihr ungehindert Tränen über die Wangen liefen. Ihre Finger, die eine einzelne Seite umklammert hielten, zitterten und ihre Lippen waren zu einem Strich zusammengepresst. Sie trug immer noch ihr schwarzes Seidenkleid, dessen Rock aus Tüll bestand und einen Teil ihrer Beine verdeckte, aber sie trug nicht die Schuhe, die sie früher an dem Abend getragen hatte, sondern die dunklen Pumps, die ich dummerweise in Hunters Zimmer liegen gelassen hatte. Neben ihr lagen benutzte Taschentücher auf der Decke verstreut, die sie regelmäßig aus einer großen Box zog, um ihre laufende Nase unter Kontrolle zu bringen. Ihr lautes Schniefen erfüllte den Raum und ich musste mich zusammenreißen, mich nicht neben sie zu setzen und einfach mit ihr zu heulen.

»Wieso?«, fragte Taranee und beim Klang ihrer verletzten Stimme zog sich mein Herz zusammen. Mein Magen verkrampfte sich und es kam mir vor, als würde ich meine Gefühle nur noch durch einen Filter wahrnehmen, der alle positiven Emotionen unwiderruflich auslöschte. Ich war schuld an dieser Misere. Ich ganz allein. Daran hatte ich keinen Zweifel. Sicher, Nathalia hatte Tara zum Tagebuch geführt und Rabiana hatte mich mit der Festnahme von Terrent lange genug abgelenkt, um ihrer Anhängerin Zeit zu verschaffen, Tara gegen mich aufzuhetzen. Aber es war meine Entscheidung gewesen, meiner Mitbewohnerin nicht von Rabianas Machenschaften zu berichten, und nun bekam ich die Rechnung präsentiert. Von einer Sekunde auf die andere brach das Gebilde aus Lügen über mir zusammen und am liebsten wäre ich tot umgefallen, um mich nicht mit meinen Problemen auseinandersetzen zu müssen. Meine schwitzigen Hände wurden taub und ein stumpfes Gefühl breitete sich in meiner Brust aus, während ich in meinem Gehirn nach Erklärungen suchte, die meine Geheimnisse begründeten.

»Tara, du musst mich verstehen, ich…«, begann ich und gestikulierte wild mit den Händen, um meine Zimmergenossin zu beschwichtigen.

»Ach, muss ich das?«, fragte sie, aber es wirkte nicht auf mich, als wollte sie eine Antwort hören. Ihre Mimik war wie versteinert, als sie sprach. Trotzdem sah ich das verletzte Funkeln in ihren Augen, als sie zu einem Taschentuch griff und sich über die Wangen wischte. Tara stand auf, wobei ich sehen konnte, wie ihre Knie schmerzhaft aneinanderrieben und sie kurz das Gesicht verzog. Wahrscheinlich wollte sie sich bedrohlich vor mir aufbauen, Antworten verlangen und die Wahrheit aus mir herauspressen, aber aufgrund ihrer Körpergröße, ihrer schmächtigen Figur und den nassen Wangen wirkte sie eher wie ein Kind, das man in den Arm nehmen möchte.

Nach ein paar Schritten stand ihr zierlicher Körper genau vor meinem und ich war stolz, dass ich ihre Fingergelenke aus dieser Entfernung nicht erkennen konnte. Gleichzeitig bereute ich dieses Aufkeimen von Hoffnung, da sich das in den nächsten Tagen wohl wieder ändern würde, wenn ich mir Taranees Gesicht ansah, das immer noch keine Regung zeigte. Es würde ihr wieder schlechter gehen. Ob es diesmal so schlimm werden würde, dass sie künstlich ernährt werden müsste?

Tara starrte mich einfach nur an, als würde sie darauf warten, dass ich eine plausible Ausrede für mein Verhalten hatte. Aber die hatte ich nicht, und selbst wenn mir spontan etwas eingefallen wäre, hätte ich nichts sagen können. Meine Kehle war wie zugeschnürt und ich konnte kaum atmen.

»Ich übernachte bei Lora, da werde ich zumindest nicht angelogen«, spuckte meine beste Freundin mir entgegen, als ich nach einer Weile immer noch nichts gesagt hatte. Inzwischen verschleierten Tränen meine Sicht und mein Magen zog sich bei jedem Atemzug schmerzhaft zusammen. Obwohl ich versuchte, mich zu verteidigen, und immer wieder betonte sie beschützen zu wollen, ließ Tara sich nicht von ihrem Vorhaben abbringen. Sie griff sich ihre Weste, die ich aufgrund der dunklen Farbe nicht auf ihrer schwarzen Bettwäsche gesehen hatte, und lief zum Loch in der Mauer. Ich versuchte noch sie am Handgelenk zu packen, um sie festzuhalten, doch ich wollte sie auf keinen Fall verletzen, weshalb sie mir schneller entwischte, als ich mir die Augen reiben konnte. Tief atmete sie aus und wäre fast über ihre Tasche gefallen, die sie am Boden mitschleifte. Mel, ich war nicht stolz auf mein Verhalten, aber ich möchte, dass Du weißt, dass ich alles – wirklich alles – versucht habe, damit Tara blieb. Ich weinte. Ich schrie. Ich flehte sie an, nicht zu gehen. Aber sie hörte mir nicht zu. Sie verschwand, ohne sich noch mal zu mir umzudrehen und schloss das Pentagramm hinter sich. Für mich fühlte es sich an, als würde sie die Mauer nicht nur zwischen unseren Körpern hochziehen, sondern auch eine Wand zwischen unserer Freundschaft aufbauen. Fertig mit den Nerven wollte ich mich auf mein Bett fallen lassen und den gesamten Tag aus meinem Gedächtnis streichen. Zusammengerollt zu einer Kugel wollte ich mich in den Schlaf weinen, bevor ich morgen in der Früh zurück in die Halle und somit zurück in den Krieg musste. Doch die Göttin wollte heute anscheinend nicht, dass ich zur Ruhe kam. Ein kurzer Schmerz an meinem kleinen Zeh und ein lautes Rascheln von einreißendem Papier ließ mich zusammenzucken. Als ich nach unten sah, wo ich tatsächlich ein paar Blutstropfen entdecken konnte, fühlte ich bereits ein unangenehmes Brennen an meinem Fuß. Schnell bückte ich mich, um den scharfen Gegenstand aufzuheben und die dickflüssigen Tropfen vom Boden aufzuwischen, bevor ich aus Versehen etwas mit meinem Blut besudelte. Erstaunt betrachtete ich das Papier, das sich an der Ecke mit Blut vollsog und am oberen Eck leicht eingerissen war. Die Seite war leicht vergilbt, genau wie die anderen Seiten aus Cassandras Tagebuch, aber dieser Eintrag war anders. Die Schrift war gerader und die Zeilen richteten sich direkt an die Tote, was, wenn Cassie nicht am Ende ihres Lebens verrückt geworden war, bedeutete, dass nicht nur ich einer Verstorbenen Briefe geschrieben hatte.

Liebe Cassandra!
Ich schreibe Dir in der Hoffnung, dass die ewigen Alpträume aufhören und ich nicht mehr ständig an Dich denken muss, wenn ich Read ins Gesicht sehe. Mein Psychologe, den ich von der Schulleitung aus gezwungen war zu besuchen, meinte, es würde mir helfen alten Ballast loszuwerden, um nach vorne schauen zu können, denn genau das bist Du für mich: Ballast. Jedes Mal, wenn ich glaube endlich voranzukommen, meine Kräfte als Hexe zu akzeptieren und meinen Platz in der Gesellschaft gefunden zu haben, werfen mich meine eigenen Erinnerungen zurück. Sie lassen mich innehalten und erstarren, ohne dass ich etwas dagegen tun kann. Plötzlich erwische ich mich selbst dabei, wie ich versuche Read zu helfen, obwohl ich

dutzende Gründe hätte, sie zu hassen. Aber das tue ich nicht. Ganz im Gegenteil. Ich hasse mich selbst. Ich fühle mich furchtbar, weil ich froh bin, dass Rabiana eine machtgeile Giftspritze war, ansonsten würde ich immer noch in meiner »Alles-ist-in-bester-Ordnung-Blase« leben und mich bockig gegen jede Art von Beziehung wehren. Dank den Geschehnissen habe ich die Möglichkeit neu anzufangen und ein besserer Mensch zu werden. Vielleicht werde ich sogar eine Person, die von ihren Mitmenschen gemocht wird. Ich konnte meine Eltern nicht dazu bringen, mich zu akzeptieren, und meine beliebten Freundinnen haben mich nur toleriert, um keine Loser sein zu müssen. Aber Du hast mich gemocht und das war ein schönes Gefühl.

Ich weiß nicht, ob Du weißt, dass Marie tot ist, aber wahrscheinlich ist sie in dem Moment, in dem ich diese unbeholfenen Zeilen an Dich richte, an Deiner Seite und hat Dich über alle Neuigkeiten ins Bild gesetzt, weshalb Du sicher überglücklich bist, dass Dein Tod nicht umsonst war. Read erholt sich gut, aber Nathalia bereitet mir Magenschmerzen. Sie klammert sich an Deine früheren Freunde, die versuchen das Loch, das Mel hinterlassen hat, zu füllen. Trotzdem war nicht sie es, die die Einträge aus Deinem Tagebuch gerissen hat. Ich dachte, das wüsstest Du gern. Vor wenigen Tagen habe ich das Buch mit Absicht vor den Mädchenduschen liegen gelassen, um Nathalia auf frischer Tat zu ertappen, damit ich mich nicht mehr wundern brauchte, wenn einzelne Seiten von einem Tag auf den anderen fehlten. Doch statt Nathalia griff Jeremy Valender zu Deinem Eigentum und begann in Deinem Tagebuch zu lesen. Anfangs dachte ich, er sei einfach unheimlich neugierig, aber dann blickte er sich panisch um, als Stimmen aus der Umkleide ertönten und er legte das Buch zur Seite, während er sich frustriert durch die Haare fuhr. Ich war mir sicher, er hatte etwas gesucht und nicht gefunden. Obwohl ich erwartet hatte, dass jemand Deine Einträge zerstört, war ich sehr überrascht. Jeremy hatte doch nie etwas mit Euch zu tun gehabt, oder? Und welches Interesse sollte er an den Tagebucheinträgen einer Mitschülerin haben?

Ich suchte nach Antworten. Das tat ich wirklich, Cassie, weil Du wenigstens versucht hattest mir den Rücken zu stärken, als mein Leben

auseinanderbrach. Aber ich fand keine. Jeremy unterhielt sich mit niemandem, schon gar nicht mit mir. Er war der typische Einzelgänger. Also habe ich beschlossen, Read Dein Tagebuch zu überlassen. Vielleicht konnte sie aus den Informationen etwas herauslesen, was mir entging. Ich hoffe, das ist in Ordnung für Dich. Ich weiß, Du hast mich gebeten deine Geheimnisse zu bewahren, als Du mir Dein Tagebuch überlassen hast, aber Hunter beginnt sich komisch zu verhalten und Rabianas Augen kleben bei jedem meiner Schritte an mir, sodass ich nichts tun kann, außer mich in meinem Zimmer zu verschanzen. Ich fühle mich bedroht und langsam werde ich wahnsinnig. Hinter jeder Ecke sehe ich Männer in schwarzer Kleidung oder tote Schüler mit aufgerissenen Augen. Es tut mir leid. Nicht nur, dass ich Deine tiefsten Gedanken an Fremde weiterreiche, sondern auch, dass ich Dir vor Deinem Tod das Leben unnötig schwer gemacht und die Warnsignale zu spät gesehen habe. Du hattest Augenringe, warst ständig müde und hast das Zimmer kaum noch verlassen. Selbst als Du Dich für Dein letztes Date mit Jona herausgeputzt hast, hast du gezittert wie Espenlaub. Du hattest Angst und ich hab es nicht gesehen. Vielleicht wollte ich es auch einfach nicht sehen. Aber jetzt weiß ich genau, wie das ist verfolgt zu werden. Vergib mir.
Deine Nicole

Ich musste die Zeilen immer und immer wieder lesen, bis sie für mich einen Sinn ergaben und nicht nur verschwommene Hieroglyphen auf einem Stück Papier waren. Langsam sickerten die Worte in meinen Kopf, der wie leer gefegt war und sich vehement gegen die neuen Informationen wehrte. Aus den vielen Buchstaben einen Satz zu bilden war für mich Schwerstarbeit und ich musste zweimal aufhören zu lesen und meine Augenlider schließen, um wieder klar sehen zu können. Heute war eindeutig zu viel passiert. Zuerst Alexandra und Taranees Kampf, bei dem ich dachte, Alex würde sterben. Dann Nathalia und Hunter, wobei die falsche Schlange mir mehr als einmal den heutigen Tag vermiest hatte. Die Verhaftung Terrents und das Gespräch mit Regan brachten meine angespannten Nerven zum Bersten, aber der krönende Abschluss war Taras tränennasses Gesicht, das sich in mein Gedächtnis gebrannt hatte. Niemand, nicht einmal ich selbst, konnte verlangen, dass sich mein Gehirn nach all diesen Rückschlägen auch noch mit der labilen Psyche einer Nicole Remie auseinandersetzte, die vielschichtiger war, als ich am Anfang erwartet hätte. Die eiskalte Lästerschwester und ungekrönte Eiskönigin hatte unter ihren perfekt manikürten Fingernägeln und der engelsgleichen Haut die gleichen Ängste wie alle anderen. Aber sie versteckte ihre Sorgen gut unter der Schicht aus Make-up und ihren Designerklamotten. Trotzdem kam die Blondine ganz oben auf meine Sorgenliste, denn eins wusste ich mit überraschender Klarheit, obwohl mein Denkvermögen sich gerade verabschiedete: Nicole bildete sich nichts ein. Sie litt nicht unter Verfolgungswahn. Rabiana hatte sie auf dem Schirm und wenn ich nicht aufpasste, würde sie ein weiteres Opfer von den Plänen des Ratsmitglieds werden. In den nächsten Tagen würde ich einiges zu klären haben. Aber an diesem Abend legte ich den Brief einfach auf meinen Tisch und tat, als hätte ich ihn noch nicht gelesen. Morgen war auch noch ein Tag. Ich zog meine Klamotten aus, schmiss sie in den Müll und warf Taras benutze Taschentücher hinterher. Ich brauchte nichts, was mich an den Horror erinnerte, der sich im Laufe der letzten Stunden ereignet hatte.

Ich legte mich mit dem Gesicht zur Wand ins Bett, zog die Decke über meinen zitternden Körper und wollte den Tränen freien Lauf lassen, doch ich konnte nicht weinen. Ich fühlte mich leer. Ausgebrannt. Tot. Es war, als hätte ich meine Emotionen aufgebraucht. Egal wie sehr ich mich anstrengte und mich konzentrierte, ich fand keine Trauer in mir und auch die Müdigkeit, die mich den ganzen Tag begleitet hatte, war wie weggeblasen, weshalb ich mit geweiteten Augen gegen die Zimmerdecke starrte, ohne wirklich zur Ruhe zu kommen. Mein Herz raste und ich spürte meinen Blutdruck in meinem Schädel pulsieren. Während ich versuchte, mir Engel mit weißen buschigen Flügeln vorzustellen und sie zu zählen, um einschlafen zu können,

lachte mir Taras leeres Bett entgegen. Es war, als wollte es mich verspotten und mir meine Fehler aufzeigen. Als wäre die bedrückende Stille im Raum nicht schon Strafe genug gewesen. Früher war ich es gewohnt einsam zu sein, aber es hatte sich viel verändert – allem voran ich selbst. Seit wir Freunde geworden waren, hatte ich keine Nacht mehr ohne Tara verbracht, und nun war ich nicht einmal mehr dazu in der Lage allein zu sein.
Deine Read

Blutige Nachwehen

Liebe Mel!
Früher hatte jede Person ihren festen Platz. Frauen standen hinter dem Herd, kümmerten sich um ihre Kinder und sorgten sich um das Wohlergehen ihrer Männer. Mädchen lernten zu sticken, die Wäsche zu waschen und wurden auf ihr Leben in einer Ehe vorbereitet, während Jungen ihren Vätern nacheiferten, die das Geld mit nach Hause brachten. Niemand tanzte aus der Reihe und wenn doch, wurde der Ausreißer zum Schweigen gebracht. Alle wurden in ihre Rollen gedrängt und Kämpfe um Positionen waren nicht notwendig. Heute lebten wir jedoch in einer gewalttätigen Gesellschaft. Die Rollenklischees wurden aufgebrochen und hatten eine Schlacht um Ansehen und Macht vom Zaun gebrochen. Jede Person durfte nun selbst entscheiden, ob sie zuhause bei den Kindern bleiben, sich in einem Job behaupten oder jahrelang um die Welt reisen möchte. Dadurch hatte sich die Möglichkeit ergeben, sein Schicksal und seinen Platz in der Hackordnung selbst auszusuchen. Bereits bei Kindern begann das. Sie schikanierten, verprügelten und tyrannisierten einander mithilfe von Lästereien und Lügen, ohne darüber nachzudenken. Die Opfer dieser Schikanen ließen sich das oft gefallen, weil es viel schlimmer war, ignoriert und von der Gesellschaft ausgeschlossen als ausgelacht

und geschlagen zu werden. Auch mir wäre es deutlich lieber gewesen, Tara hätte mich beschimpft, mich angeschrien oder mir eine Ohrfeige verpasst. Aber das hatte sie nicht. Stattdessen hatte sie mich ausgeschlossen und war gegangen. Ich konnte an nichts anderes denken, als daran, dass sie mich verlassen hatte.

Während der Wecker klingelte, stand ich bereits im Bad und starrte ihr Parfüm an, das am Waschbeckenrand stand und darauf wartete, von seiner Besitzerin benutzt zu werden. Ich ließ das kalte Wasser über meine Handgelenke laufen und wusch danach mein Gesicht. Im Spiegel sah ich meine tiefen Augenringe, die den wenigen Schlaf der letzten Nacht bezeugten. Ich hatte es einfach nicht geschafft, zur Ruhe zu kommen, und auch jetzt fühlte ich mich noch wie ein aufgescheuchtes Huhn, obwohl ich nichts gegen ein paar schöne Träume gehabt hätte. Eigentlich sollte ich mir noch mal den Prüfungsstoff für den ersten Test in Wahrsagen und Hexenkunde durchsehen, aber ich schaffte es einfach nicht mich zu konzentrieren, weshalb ich mich nach dem Anziehen wieder auf mein Bett legte und versuchte meine Muskeln zu entspannen. Ständig wurde mir schwarz vor Augen und ein unangenehmer Druck in meinem Kopf löste ein Schwindelgefühl aus. Meine Hände und Zehen waren eiskalt und mein ganzer Körper bibberte, obwohl ein Heizungszauber über allen Zimmern lag. Mein Mund war staubtrocken und ich glaubte, mich bei jedem Atemzug übergeben zu müssen. Dazu kam noch die Angst Tara beim Frühstück zu begegnen. Ob sie noch sauer war? Oder verstand sie, dass ich nur das Beste für sie gewollt hatte?

Vielleicht sollte ich das Essen heute ausfallen lassen. Ich bezweifelte sowieso, dass ich einen Bissen hinunterbekommen würde. Aber spätestens in der ersten Stunde würde ich meine Mitbewohnerin sehen, deshalb konnte ich genauso gut gleich in die Halle spazieren und mir ihr Urteil abholen. Wenigstens könnte ich mich, wenn wir die Geheimnisse zwischen uns beseitigt hatten, ganz auf die Prüfungen konzentrieren, die entscheiden würden, ob ich in die nächste Stufe aufsteigen durfte.

Ich zwang meine müden Knochen aufzustehen und griff mir

Nicoles Brief vom Schreibtisch. Im Gehen stopfte ich ihn mir in die Tasche und brach zur Halle auf, die vom gestrigen Fest nichts mehr erahnen ließ. Wie von selbst setzte ich einen Fuß vor den anderen und unterdrückte den Drang, wegzulaufen, um mich zu verstecken. Einige Schüler kreuzten meinen Weg, aber niemand schien mich wirklich zu bemerken. In den Gängen war es trotz der eilenden Jugendlichen still. Niemand tuschelte oder lachte. Die Stimmung war bedrückend und wurde auch nicht besser, als ich durch den Torbogen in die Halle trat. Jeder stocherte lustlos in seinem Essen herum oder vergrub seine Nase in einem Buch. Der Anfang der Prüfungsphase und die Verhaftung von Terrent hatten Spuren bei den Schülern hinterlassen. Alle waren aufgewühlt, gestresst und Panik hatte sich eingeschlichen. Keiner hatte neue Informationen über den Verbleib der Schulleiterin und beim Frühstück saß nur Brodowick, während der restliche Lehrkörper unauffindbar war. Einzig und allein Nathalia und Hunter, die in der Ecke standen und sich begrapschten, zeugten davon, dass wir uns in einer Schule für heranwachsende Hexen und nicht auf einer Trauerfeier befanden.

Um den beiden nicht länger zusehen zu müssen, steuerte ich meinen Stammtisch an und setzte mich ohne Essen zu meinen Freunden. Mein Magen grummelte leicht, aber mir war immer noch übel und ich wollte auf keinen Fall riskieren, mich in der Prüfungssituation zu übergeben. Anscheinend ging es nicht nur mir so. Jaimie hatte sein Müsli nicht angerührt und spielte gedankenverloren mit seiner Gabel. Seine Lider waren gerötet und Tränen füllten seine grünen Augen, die mich jedes Mal an Deine erinnerten. Auch Jona aß nicht. Er war viel zu sehr damit beschäftigt sich über etwas aufzuregen und Deinen Bruder anzuschnauzen, der sich schweigend die Vorwürfe seines Freundes anhörte. Alex, die versuchte Jonathan zu beruhigen, hielt ihren Freund am Arm fest und blickte sich Hilfe suchend nach Lora um, die abwesend auf ihren Joghurt starrte und Taras Hand wie einen Rettungsanker umklammerte. Sobald ich näherkam, verstummte Jona und irgendetwas in seinem Blick jagte mir einen Schauer über

den Rücken.
»Du wusstest davon? Du wusstest es die ganze Zeit und hast einfach nichts gesagt? Wir hatten ein Recht darauf es zu wissen«, zischte der ältere Morgan-Bruder, aber ich war mir nicht sicher, ob er mit seinem Freund oder mit mir sprach, da er mich anstarrte, aber nach Jaimies Hand griff. Seine Stimme war eisig und ließ Jaimie, der die Tränen nicht mehr zurückhalten konnte, zusammenzucken.
»Was ist los?«, fragte ich, um die Aufmerksamkeit meiner Freunde auf mich zu lenken und Deinem Bruder eine kurze Auszeit zu verschaffen. Meinen Fehler zu denken, dass Jona mit Jaimie über Alex stritt wie in den letzten Tagen, erkannte ich erst, als Tara zusammen mit Lora aufstand und ohne ein Wort den Tisch verließ. Verwirrt setzte ich mich neben Deinen Bruder und kassierte von Alex einen mitleidigen Blick. Fragend sah ich die reiche Schauspielerin an, doch sie schüttelte den Kopf und schloss frustriert die Augen.
»Was los ist? Du fragst mich wirklich, was los ist? Ach, nichts. Außer vielleicht, dass mein bester Freund mich wochenlang belügt, während wir um seine Schwester trauern. Und vergessen wir nicht meine Freundin, die ebenfalls weiß, wer meine Ex-Freundin und Mel ermordet hat, aber absolut nichts sagt, obwohl ich in der Abschlussklasse fast täglich von Rabiana unterrichtet werde. Du hast nicht einmal etwas gesagt als mein Bruder, mein kleiner, unschuldiger Bruder, der alles für dich getan hätte und dir bei allem, was wir durchgemacht haben, zur Seite gestanden hat, zum Opfer von den Plänen der machtgeilen Tyrannin wurde.«
Jona war aufgebracht. Jeder Blinde hätte das sehen können. Seine Pupillen waren geweitet, sein Gesicht gerötet und sein Mund grimmig verzogen. Er umklammerte Jaimies Hand wie einen Schraubstock und hörte auch nicht auf ihm die Finger zu zerquetschen, als dein Bruder anfing, vor Schmerz zu wimmern.
Während seiner Tirade hatte Jonathan die Stimme gesenkt, sodass niemand anderer seine Worte mithören konnte. Trotzdem kam es mir vor, als würde er mich anschreien. Jede Silbe hallte in meinem

Kopf wider und gab mir das Gefühl, unter Jonas Blick zu schrumpfen. Verzweifelt blickte er zwischen Deinem Bruder und mir hin und her, aber niemand von uns sagte etwas. Was hätten wir auch groß erwidern können? Sicher, ich hätte mich bei ihm, wie bei Tara gestern Abend, in Endlosschleife entschuldigen und um Vergebung betteln können, aber so wie ich Jaimie kannte, hatte er das bereits stellvertretend für mich getan und sein bester Freund hatte ihm in seiner Wut nicht einmal zugehört. Meine Vermutung bestätigte sich, als Alex sich einmischte, um Jaimies Hand, die rot angelaufen war, davor zu bewahren, zerdrückt zu werden.

»Er hat gesagt, es tut ihm leid. Lass die beiden wenigstens erklären, warum sie das getan haben«, verlangte die Millionärstochter und brachte Jona dazu, sich wieder hinzusetzen, obwohl ihm die Situation gar nicht passte. Seine Zähne waren zusammengebissen und seine Stirn lag in Falten, was ihn steinalt aussehen ließ. Unter anderen Umständen hätte ich über diesen Gesichtsausdruck gelacht. Heute war mir nicht zum Lachen zumute. Nicht wenn ich Gefahr lief, noch einen meiner Freunde zu verlieren. Hunter hatte mich für Nathalia abserviert und war aus unserer Gruppe ausgestiegen. Er redete nicht mit Lora, lernte nicht mit Tara und übernachtete nicht mehr bei seinem Bruder und Jaimie. Ihn konnte ich nicht mehr als meinen Freund bezeichnen. Meine Mitbewohnerin hatte unsere Freundschaft gestern beendet und heute war Lora mit Tara verschwunden. Die Tierliebhaberin hatte sich solidarisiert und mir damit klar eine Botschaft gesandt: Sie war Taras Meinung und wollte nichts mehr mit mir zu tun haben. Damit waren zwei weitere meiner Freundinnen nur mehr meine Mitschülerinnen. Was wäre, wenn ich auch noch Jona verlieren würde? Könnte ich das ertragen?

»Ich hatte Angst. Ich wollte nicht, dass ihr auch ständig solche Angst haben müsst. Ich dachte, Rabiana würde gehen und alles würde wieder normal werden. Aber sie ist geblieben und Hunter hat sich plötzlich komisch verhalten. Danach hatte ich schon so lange gelogen, dass ich Angst vor deiner Reaktion hatte. Ich wollte

nicht, dass du mich hasst. Bitte hasse mich nicht. Ich wollte doch niemandem etwas Böses«, wimmerte Jaimie und die letzten Worte gingen in seinem Schluchzen unter. Alex reichte ihm ein Taschentuch, damit er seine Augen trockenwischen konnte, aber das brachte nichts, weil immer wieder neue Tränen produziert wurden. Es tat Jaimie leid. Jona schien das zu erkennen, da seine versteinerte Mimik ein wenig weicher wurde, aber trotzdem verschwand der Zorn nicht aus seinem Gesicht.
»Ich übernachte die nächsten Tage bei Alexandra«, schnaubte der ältere Morgan-Bruder und erhob sich mit einem Ruck, sodass Alex ihn nicht davon abhalten konnte zu gehen.
»Jona, warte! Wir müssen darüber reden«, schrie ich ihm hinterher, aber er drehte sich nicht zu mir um, sondern lief weiter, bis er hinter der nächsten Ecke verschwand. Zurück blieben nur Jaimie und ich. Na ja, und Alex, die aus unerfindlichen Gründen zu uns hielt, obwohl ihr fester Freund stinksauer auf uns war.
»Er wird sich wieder beruhigen. Sie alle werden das«, behauptete die Millionärstochter und schnappte sich einen Joghurt vom Tisch, der nicht ihr gehörte.
»Woher willst du das wissen? Du kennst ihn doch gar nicht«, brüllte Jaimie weinend und verließ ebenfalls wutentbrannt den Tisch. Alexandra riss die Augen auf und zuckte zurück, als Jaimies Stuhl mit einem lauten Knall auf den Boden fiel. Obwohl das Geräusch ohrenbetäubend in der Stille war, schenkten uns die anderen Schüler nur einen müden Blick, bevor sie sich wieder ihren eigenen Problemen zuwandten. Trotzdem bekam ich eine Gänsehaut und wäre am liebsten im Erdboden versunken.
»Bei euch herrscht viel Eskalationspotenzial«, sagte Alex und führte zögerlich einen Löffel an ihren Mund.
»Das war nicht immer so«, verteidigte ich meine Freunde, wenn ich sie überhaupt noch so nennen konnte, energisch und schlug mit der Hand auf die Tischfläche. Die Millionärstochter setzte ein kleines Lächeln auf und strich über meinen Unterarm, während sie meine Gesichtszüge studierte.
»Ich weiß. Als Mel noch da war, war alles anders«, meinte die

Schauspielerin und ich wollte sie anfahren, dass sie keine Ahnung hatte, wovon sie sprach. Aber meine Brust verengte sich und etwas in den Augen der Blondine sagte mir, dass sie es sehr wohl wusste.
»Kanntest du sie?«, fragte ich neugierig und Alex´ Lächeln vertiefte sich. Sie nickte langsam und atmete tief durch.
»Nicht annähernd so gut wie ihr, aber wir haben ein paar Mal miteinander geredet. Zuletzt über dich«, sagte sie grinsend und wartete auf meine Reaktion.
»Über mich?«, hauchte ich verwirrt und sah Alex perplex an. Warum solltet Ihr beiden über eine Fremde gesprochen haben? Alexandra hatte mich vor Deinem Tod nicht gekannt. Was hattest Du ihr erzählt, dass sie so unglaublich nett zu mir war? Ob sie wusste, dass Du nach Deiner Zeit bei Rabiana auf mich aufgepasst hast? Versuchte Alex, Deine Rolle zu übernehmen und mir den Rücken zu stärken? Viele Fragen, keine Antworten, aber wenigstens waren das Rätsel, die ich dank der Millionärstochter lösen konnte. Im Gegensatz zu anderen Fragen, die in meinem Kopf herumschwirrten.
»Ja, über dich. Du musst wissen, Mel hat mich gebrandmarkt, aber ich hatte am Anfang große Probleme mich von meinen menschlichen Freunden loszureißen. Ich war zwar hier und habe mich gut in meine Rolle als Hexe eingefunden, trotzdem habe ich nach Wegen gesucht meine alten Freunde zu sehen und Mel hat es mir leicht gemacht, weil sie mir mein Handy nicht abgenommen hatte. Wir haben telefoniert, gechattet und uns gelegentlich getroffen, wenn ich sie ins Gebäude schleusen konnte. Aber eines Tages habe ich ein Treffen arrangiert und meine Freunde kamen vollkommen verängstigt und blutverschmiert auf dem Schulrasen an. Wobei eine meiner Freundinnen gefehlt hat. Meine Freunde wurden von Kirchenfanatikern angegriffen, die den Standort der Schule ermittelt hatten. Ich war hinter den Mauern und dem Schutzschild geschützt, aber meine Freunde nicht und Nora bezahlte mit ihrem Leben dafür, dass ich es nicht geschafft hatte, mein altes Leben hinter mir zu lassen. Danach wurden alle neuen Schüler streng kontrolliert und niemand durfte elektronische

Geräte behalten. Kein Internetzugang, keine Telefone und keine Computer. Niemand durfte mit jemandem von der Außenwelt Kontakt halten, außer den Choosern, die die neuen Schüler brandmarkten. Als Mel dich angeschleppt hatte, war plötzlich alles anders. Du wurdest nicht durchsucht und bekamst auch keine Predigt, dass du mit keinem Menschen mehr befreundet sein darfst. Ich war rasend vor Wut, weil ich dachte, Mel würde dich bevorzugen und somit noch eine menschliche Tote riskieren.«

»Das kann ich mir bei Mel nicht vorstellen«, unterbrach ich die Millionärstochter, die meinen Einwand ignorierte und ohne Pause weitersprach, während sie noch einen Löffel Joghurt zu ihren Lippen führte.

»Das tat sie auch nicht. Sie erklärte mir, dass du keine Freunde gehabt hättest, mit denen du dich hättest treffen wollen und du niemals jemanden in Gefahr bringen würdest. Sie hatte dir von Anfang an vertraut und glaub mir, Mel hatte nach Cassandras Tod eine gute Menschenkenntnis entwickelt. Sie hatte sich ihre Freunde sorgfältig ausgesucht und ich kann mir nur schwer vorstellen, dass sie jemanden auch nur toleriert hätte, wenn er Fehler nicht vergeben könnte. Wenn du schon nicht mir vertraust, vertrau Mels Urteil: Jona wird sich beruhigen.«

Ärgerlich blickte Alexandra in ihren leeren Joghurtbecher, während sie ihre Erzählung beendete und aufstand. Sie lächelte mich ein letztes Mal an und ich konnte den Drang zurückzulächeln nicht unterdrücken. Alex hatte es wirklich geschafft, mich aufzuheitern, auch wenn ich Mitleid mit der Blondine hatte. Bestimmt hatte sie lange gebraucht, um über den Tod ihrer Freundin hinwegzukommen. Während die Schauspielerin ihrem festen Freund hinterherlief, beschloss ich, mich mit der neuen Chooserin anzufreunden. Nicht nur weil Jona in sie verliebt war und Du sie für vertrauenswürdig genug gehalten hattest, mit ihr über mich zu reden, sondern auch, weil sie eine herzensgute Hexe war. Sie versuchte zu helfen, obwohl sie es nicht musste und heiterte mich auf, so wie Du es immer getan hattest, wenn es mir schlecht ging.

Eine weitere hilfsbereite Blondine fiel mir ein, als Nicole die Halle betrat. Sie hatte ihre Haare zu einem Pferdeschwanz gebunden und trug ein Kleid in einem zarten Rosaton. Trotz der geröteten Lider und den Augenringen, die sie mit Schminke versucht hatte zu verdecken, sah sie wunderschön aus, wie sie mit erhobenem Kopf durch die Halle ging und angeekelt auf Hunter und Nathalia starrte, bis sie mich entdeckte und geradewegs auf mich zusteuerte. Der Brief von ihr an Cassandra knisterte in meiner Hosentasche und erinnerte mich daran, dass ich nicht paralysiert am Tisch sitzen bleiben konnte, bis sich die Situation von alleine wieder beruhigte. Ich musste aufstehen und weiterkämpfen, auch wenn diese Runde an Rabiana und Nathalia ging.

»Ich muss mit dir reden«, sagten wir wie aus einem Mund und ich erhob mich lächelnd, um ihr zu folgen. Uns beiden war klar, dass wir dieses Gespräch nicht in der großen Halle vor allen Schülern führen konnten, weshalb Nicole mir widerstandslos folgte und dicht an meinen Fersen klebte. Misstrauisch beäugten uns die anderen Anwesenden, aber niemand folgte uns oder stellte sich uns in den Weg. Ich konnte verstehen, wie das für Außenstehende aussehen musste. Zuerst stritten Tara und ich und danach zog ich mit Nicole ab. Schnell überlegte ich, wo wir ungestört sein würden, um den neugierigen Blicken zu entkommen. Wahrscheinlich malten sich einige bereits aus wie die Hexe der Hölle und ich eine Verschwörung planten. In mein Zimmer konnten wir nicht. Dort hätten wir zwar unsere Ruhe gehabt, aber was, wenn Tara sich entschieden hätte, zurückzukommen? Wie würde sie reagieren, wenn sie mich und Nicole antreffen würde, während wir die Köpfe zusammensteckten und tuschelten? Sie würde wieder umdrehen und sich bei Lora einquartieren, um mich zu bestrafen, weil ich nichts dazugelernt hatte und meinen Freunden immer noch Geheimnisse verschwieg. Auch bei Nicole, die sich gezwungenermaßen ein Zimmer mit Lora teilte, war das Risiko zu groß auf meine Freundinnen zu treffen. Deshalb lief ich so lange die Gänge entlang, bis ich keine Schüler mehr entdecken konnte. Als ich plötzlich stehen blieb, rannte Nicole gefolgt von

einem dumpfen Knall gegen meinen Rücken und stöhnte genervt. »Pass gefälligst auf!«, zischte sie und verdrehte die Augen, bevor sie sich mit dem Rücken an der Wand zu Boden gleiten ließ. Ich unterdrückte den Drang ihr zu sagen, dass sie auch besser hätte aufpassen können, um eine Diskussion zu vermeiden.
Um nicht blöd mitten am Gang zu stehen, lehnte ich mich an die Mauer hinter mir, sodass ich einen guten Blick auf Nicole hatte, die ihre Finger heute überraschend interessant fand.
»Du hast es schon gehört?«, fragte ich nach, um das Eis zu brechen, und kassierte prompt eine pampige Antwort: »Die ganze Schule hat bereits von dem Streit der Loser-Fraktion gehört. Es gibt niemanden in diesem Gebäude, der noch nicht verstanden hat, dass Tara stinksauer ist und bei Lora übernachtet. Danke übrigens dafür. Jetzt habe ich zwei Mitbewohnerinnen an der Backe.«
Obwohl die Blondine keinen Satz formen konnte, ohne meine Freunde und mich zu beleidigen, sah ich die Sorge in ihrem Gesicht. Wenn Rabiana mitbekam, dass meine Freunde mich mieden, würde sie ihre Schlüsse ziehen und darauf kommen, dass nicht nur Jaimie und ich nun über ihr Doppelleben Bescheid wussten. Wie weit die Ratsvorsitzende wohl gehen würde, um zu verhindern, dass ihre Machenschaften aufflogen? Würde sie Tara etwas antun oder Jona aus dem Weg räumen? Könnte sie es sich leisten mehrere Schüler umzubringen? Eigentlich hatte sie es mit Terrent doch genauso gemacht. Die Direktorin hatte nichts getan und war trotzdem verhaftet worden, weil Rabiana es eingefädelt hatte. War es möglich, dass die Vorsitzende des Rates jedem meiner Freunde etwas in die Schuhe schob, damit sie nichts ausplaudern konnten?
»Read! Hörst du mir überhaupt zu?«, fragte Nicole und zog nachdenklich ihre Augenbrauen zusammen, während sie mein Gesicht musterte.
»Ja«, sagte ich viel zu schnell und die Blonde seufzte theatralisch. »Ich sagte, dass du das wieder hinbiegen musst. Es ist schon schlimm genug, dass Hunter uns nicht mehr unterstützt, aber so wird Rabiana gewinnen, bevor wir uns zur Wehr setzen konnten«,

meinte sie nachdrücklich, und obwohl die Situation alles andere als lustig war, stahl sich ein Lächeln auf meine Lippen. Wir. Sie hatte *wir* gesagt. Seit Wochen mied mich die Oberzicke und verfluchte uns, aber sie schien nun einzusehen, dass sie schon eine von uns war und nichts dagegen tun konnte, egal wie lange sie sich sträubte.
»Warum hilfst du mir?«, fragte ich und riskierte damit einen Tobsuchtsanfall von Nicole. Doch zu meiner Überraschung blieb sie ruhig.
»Du bist wichtig für die Welt, also bist du auch wichtig für mich«, erklärte sie und rümpfte mit der Nase, als sich mein Lächeln vertiefte.
»Ich bin dir wichtig?«, bohrte ich nach, woraufhin Nicole die Augen verdrehte.
»Komm runter! Ich hab dir keinen Heiratsantrag gemacht. Konzentrieren wir uns lieber auf unsere Aufgabe.«
»Wie soll ich das Verhältnis zu den anderen deiner Meinung nach wieder geradebiegen? Taranee spricht nicht einmal mit mir und Jona ist ausgerastet, als Jaimie mit ihm geredet hat. Die beiden kennen sich ewig und sind wie Pech und Schwefel. Wenn Jonathan schon seinen besten Freund angiftet, wird er mir nicht zuhören, wenn ich versuche, mich zu entschuldigen«, erklärte ich frustriert, während ich mir eine Strähne aus dem Gesicht wischte.
»Was willst du als Nächstes tun? Oder wirst du Däumchen drehen, bis eine weitere Katastrophe auftritt? Wenn ja, wird es nicht mehr lange dauern. Terrents Urteil wird heute Abend gefällt. Der Prozess wurde wegen eindeutiger Beweise beschleunigt. Hast du einen Plan oder hat Rabiana dich erfolgreich eingeschüchtert?«, wollte die Blondine wissen, aber ich konnte ihr nicht antworten. Einerseits, weil ich selbst nicht wusste, was zu tun war und andererseits, weil eine Bewegung am Ende des Ganges meine Aufmerksamkeit auf sich zog. Es war ein verschwommener Fleck, der in der Dunkelheit kaum zu sehen war. Wenn sich das schwarze Gewirr nicht bewegt hätte, hätte ich es für einen Schatten gehalten, doch es schien näher zu kommen und sich zu spalten, bevor es eine Form annahm. Zwei Gestalten kristallisierten sich aus dem Klecks

heraus. Eine Person war größer als die andere, aber beide trugen schwarze Kleidung und ihr Gesicht war ausdruckslos.
»Können wir euch helfen? Wir unterhalten uns über Privatangelegenheiten also rauscht wieder ab!«, fuhr Nicole die beiden Schüler, die höchstens fünfzehn sein konnten, an. Ob die Blonde die Brosche mit dem Rabenmotiv auf der Brust der Kinder nicht sah oder einfach hoffte, dass sie es sich anders überlegen und weggehen würden, wenn sie ihre Überlegenheit demonstrierte, wusste ich nicht. Vielleicht verdrängte die Höllenhexe die Gefahr, in der wir uns befanden, als hinter den beiden immer mehr Schüler auftauchten, die uns mit grimmigen Mienen ansahen.
»Nicole«, hauchte ich und stieß mich von der Mauer hinter mir ab. »Ich glaube, wir sollten uns einen anderen Platz suchen«, meinte ich panisch, als ich die Klinge eines Messers aufblitzen sah.
Neun, zehn, elf, zwölf, dreizehn. Es waren genau dreizehn Personen, realisierte ich und packte Nicole am Handgelenk, die langsam aufstand, ohne unsere Gegner aus den Augen zu lassen.
»Wir gehen schon. Ihr könnt ruhig hierbleiben«, rief ich den Neuankömmlingen zu und ging ein paar Schritte rückwärts, um mehr Abstand zwischen uns und die Anhänger Rabianas zu bringen. Aber je schneller ich den Rückzug antrat, desto rascher marschierten die Schüler im Gleichschritt auf uns zu. Als ich in Cassandras Tagebuch gelesen hatte, dass die Ratsvorsitzende Schüler rekrutiert hatte, war mir klar, dass Nathalia nicht die Einzige sein konnte, aber mit so vielen hatte ich nicht gerechnet. Außerdem wusste ich nicht, wer von ihnen uns wirklich gefährlich werden konnte. Du warst lange ausgebildet worden, Mel, und konntest am Ende mit Wurfsternen, Messern und Pistolen umgehen. Auch Deine Kräfte hast Du gelernt einzusetzen und sie zu nutzen, um Chaos und Zerstörung zu verursachen. Was ist, wenn diese Kinder ebenfalls lebende Kampfmaschinen waren? Nicole und ich hätten gegen diese Vielzahl an Gegnern keine Chance, auch wenn ich gelernt hatte, mein inneres Feuer zu kontrollieren und Feuerbälle in der Gegend herumschleudern konnte, würde ich es nicht schaffen, alle gleichzeitig auszuschalten.

Die Tatsache, dass ich nicht wusste, welche Kräfte in unseren Angreifern schlummerten, verbesserte unsere Lage nicht. Deshalb blieb uns nur eine Möglichkeit: Weglaufen. Mit klopfendem Herzen sah ich zur Höllenhexe, die mit bleichen Gesicht die Schüler beäugte und sich ebenfalls unsere Chancen ausrechnete. Übelkeit stieg in mir auf, als die Oberzicke unsere Hände miteinander verschränkte und kurz meine Hand drückte, bevor sie mich losließ und sich in Lichtgeschwindigkeit umdrehte. Ich schluckte nervös, um das trockene Gefühl in meinem Mund loszuwerden, aber es half nicht. Die Angreifer nicht sehen zu können und nur ihre nahenden Schritte zu hören war beängstigend, aber ich drehte mich nicht um, sondern folgte Nicole, die wie von der Tarantel gestochen den Gang hinunterflitzte. Nach wenigen Metern schnappte ich bereits gierig nach Luft und meine Lunge brannte fürchterlich, weshalb ich meine rechte Hand gegen meinen Thorax drücken musste. Mein Herz hämmerte gegen meine Brust, in der sich ein beklemmendes Gefühl breitgemacht hatte. Eine Gänsehaut jagte über meinen Rücken, als ich ein Klirren hinter mir vernahm. Ich zuckte erschrocken zusammen und beschleunigte meine Schritte. Wie weit sie wohl hinter uns waren? Wenige Meter, nur ein Katzensprung? Ich betete zur Göttin, uns zu helfen oder uns Zeit zu verschaffen, aber es passierte nichts.

»Ihr könnt laufen, aber wir kriegen euch trotzdem«, kicherte ein Mädchen gehässig und ich war schockiert, wie nah ihre Stimme klang. Instinktiv sah ich zurück und bereute es keine Sekunde später, als ich über meine eigenen Füße fiel und auf den Boden knallte. Ein stechender Schmerz breitete sich in meinem Handgelenk aus und schwarze Flecken trübten meine Sicht. Mir wurde schwindelig und nur die Tatsache, dass ich bereits auf dem Boden lag, verhinderte, dass meine Beine unter mir nachgaben und ich zusammensackte.

»Read!«, brüllte Nicole hysterisch, als sie bemerkte, dass ich nicht mehr neben ihr lief. Sie war schon ein gutes Stück von mir entfernt. Trotzdem blieb sie wie angewurzelt stehen und drehte sich zu mir um. Ihre Pupillen waren geweitet, als sie auf unsere Angreifer sah, die sich mir unaufhaltsam näherten. Schnellen Schrittes sprintete sie zu mir zurück, anstatt sich selbst in Sicherheit zu bringen. Auf ihrer Stirn entstand eine Falte, als sie die Augen zusammenkniff und sich konzentrierte. Es verging nur ein Wimpernschlag, bevor das Mädchen, das ganz vorne lief, stehen blieb und begann eine Pirouette zu drehen, während sie murmelte, sie sei ein wunderschöner Schwan. Nicoles Kräfte waren unglaublich. Sie am eigenen Leib zu erfahren war ein Horror, ich hatte es selbst erlebt, aber sie als Außenstehender zu betrachten war, als würde man eine Göttin beim Schach spielen beobachten. Nicole konnte die Personen alles sehen und fühlen lassen, was sie wollte. Nichtsdestotrotz hatte auch die Blondine ihre Grenzen und ich konnte sehen, wie ihre Beine zitterten, als zwei Jungen aus dem Nichts begannen ihre Köpfe gegeneinanderzuschlagen. Das tanzende Mädchen versperrte ihren Kollegen den Weg, wodurch sie schwer vorankamen, doch sie waren nur noch wenige Meter entfernt. Als ein anderes Mädchen einen Jungen ansprang und am Boden fest pinnte, um ihn zu küssen, hätte ich fast gelacht, wenn kein Blut aus Nicoles Nase getropft wäre. Ihr Gesicht war blass und Tränen bildeten sich in ihren Augen. Trotzdem postierte sie sich vor mich und schaltete einen weiteren Angreifer aus, der eine Kratzattacke bekam, weil er glaubte tausende Kriechtiere würden auf seinem Körper krabbeln. Mein Herz schlug mir bis zum Hals und mein Handgelenk protestierte, als ich mich abstützte, um aufzustehen. Ich konnte nicht einfach danebensitzen und untätig warten, bis Nicole vor Erschöpfung umfiel. In meinem Magen rumorte es und ich schmeckte meine Magensäure auf der Zunge, aber davon ließ ich mich nicht aufhalten. Ich würde lieber auf den Gang kotzen, als mich abstechen zu lassen. Mit etwas Glück würden unsere Gegner auf der schleimigen Masse ausrutschen, sollte es wirklich dazu kommen. Meine Beine schlotterten und ich konnte keinen Fuß vor den anderen setzen. Trotzdem hielt ich meine Hände vor meine Mitte und suchte in meinem Inneren das Brennen, das mich ausfüllte. Ich spürte sofort das bekannte Gefühl der Hitze, das sich über meine Haut legte und mich glühen ließ, während meine Handflächen sich erhitzten und sich eine Kugel aus Flammen formte, die ich ohne zu zögern in die Truppe der Angreifer schleuderte. Nicole atmete erleichtert auf. Wahrscheinlich war sie froh, nicht alleine kämpfen zu müssen. Zwei weitere Bälle waren notwendig, bis ein Mädchen Feuer fing und sich schreiend auf dem Boden rekelte, um die Flammen zu ersticken. Ihre Schreie gingen mir durch Mark und Bein, aber ich empfand kein Mitleid. Wahrscheinlich war sie zu jung gewesen, um kluge Entscheidungen zu treffen, als sie in den Dienst der wahren Königin trat, doch hier und jetzt hatte sie versucht mich zu verletzen, damit Nicole und ich uns nicht zusammenschließen konnten. Ob diese Schüler die Oberzicke beschattet hatten? Oder hatte ich die ganze Zeit unter Beobachtung gestanden und hatte es nicht mitbekommen? Ein schneidendes Geräusch zog meine Aufmerksamkeit auf sich und kurz entglitten mir meine Kräfte, wodurch die Flammen verschwanden und das Mädchen mit den Verbrennungen reglos und weinend am Boden liegen blieb. Wieder erklang der quietschende Ton und ich musste mich zusammenreißen, mir nicht die Ohren zuzuhalten. Ein Junge, augenscheinlich der Älteste der Kindersoldaten, hatte ein Messer in der Hand und zog damit die Wand entlang, während er mit entschlossenem Gesicht auf uns zusteuerte. Was Rabiana den Kindern versprach, damit sie gegen uns kämpften und ihr Leben gefährdeten? Ich an ihrer Stelle wäre sofort weggerannt, als Nicole angefangen hatte, ihre Magie zu versprühen. Das letzte Opfer der Höllenhexe hatte sich bereits tiefe Furchen ins Gesicht gekratzt und blutete aus allen möglichen Öffnungen. Doch davon ließ sich der Bursche mit dem Messer nicht beeindrucken, weshalb ich eine Salve Feuerbälle auf ihn schoss. Geschickt wich er den glühenden Kugeln aus und kratzte weiterhin Löcher in den Verputz der Mauer, um uns einzuschüchtern. Ich war nicht stolz darauf, Mel, aber er schaffte es. Mein warmes Blut schoss durch meine Adern und mein Puls raste. Ich hatte unglaubliche Angst. Obwohl er noch ein Stück entfernt war, konnte ich das kalte Metall an

meinem Hals spüren und fühlte, wie die Klinge über meine Kehle glitt. Ich erschauderte bei dem Gedanken blutleer und zerstückelt gefunden zu werden. Der Gang war wie ausgestorben, also würde es einige Tage dauern bis man unsere Leichen fand, die in dem Moment schon verfaulten. Ob Hunter mich vermissen würde? Wären Jona und Tara traurig? Würde Lora weinen, während sie sich eins ihrer hundert Tiere ins Gesicht drückte? Ob Jaimie es verkraftete noch jemanden zu verlieren, ohne dass seine fröhliche Art sich in Luft auflöste? Fragen über Fragen rasten in meinem Kopf und ich fühlte mich unglaublich schlecht, weil ich nicht einmal an Nicole dachte, obwohl sie direkt neben mir stand. Mir fiel niemand ein, der um die Blondine trauern würde. Sicher, meine Freunde würden zu ihrer Beerdigung kommen, das waren sie ihr, nachdem was wir zusammen durchgemacht hatten, schuldig, aber wirklich vermissen würden sie die Höllenhexe nicht. Nicole hatte keine Vertrauten. Nicht einmal mehr Bekannte, mit denen sie sich gut verstand. Sie war immer allein. War das nicht trauriger, als in dem Wissen zu sterben, dass es Menschen gab, die an meinem Grab Rotz und Wasser heulen würden?
Der Junge kam immer näher, aber Nicole und ich konnten nicht weglaufen. Es war viel zu dunkel, um uns in den Gängen die wir nicht kannten, zu orientieren. Sollten wir das unbeschadet überleben, musste ich dringend das ganze Schloss erkunden, um mich im Ernstfall besser schützen zu können. Auch seine Kollegen erkannten, dass der Messerträger reelle Chancen hatte bis zu uns zu gelangen, weshalb sie sich vor meine Feuerbälle warfen, um ihn zu decken. Panik machte sich in mir breit und ich sah hilfesuchend zu meiner Mitstreiterin, die alles andere als gut aussah. Schweißperlen glänzten auf ihrer Stirn, die vor Anstrengung gerunzelt war. Blut tropfte aus beiden Nasenlöchern und aus ihrem Zopf hingen vereinzelte Strähnen. Nicole konnte ihn auch nicht lahmlegen, weil sie nicht mehr genug Energie hatte, und eine andere Illusion aufzuheben, kam nicht infrage, da die restlichen Angreifer, die Nicoles Kräfte zu spüren bekommen hatten, zu nahe bei uns waren. Der Angreifer war keine zehn Schritte mehr entfernt, als

ich den Boden vor seinen Füßen in Brand steckte, doch er sprang einfach über das Feuer und grinste mich bösartig an. In seinem Gesicht war der Wahnsinn, den Rabiana den Kindern eingepflanzt hatte, zu erkennen, als er das Messer zu seinem Mund führte und mir die Zunge entgegenstreckte. Die Klinge ließ er einmal mit der flachen Seite nach unten über das Fleisch gleiten und lachte schallend, als er meinen angewiderten Blick sah. Dieser Junge war geistesgestört. Sein Verhalten konnte einfach nicht normal sein. Fest presste ich meine Lippen aufeinander und unterdrückte die Tränen, die versuchten sich einen Weg an die Oberfläche zu bahnen. Nicole hatte den Kampf gegen die Tränen bereits verloren und strich mit ihren zittrigen Fingern über ihre Oberlippe, um zu verhindern, dass das Blut aus ihrer Nase in ihren Mund floss. Ihr ganzer Körper bebte und sie starrte den Jungen wie eine Erscheinung an. Ich schrie ihr entgegen, sie solle weglaufen und sich verstecken, aber ihre Angst lähmte sie und ihre Kräfte versagten, sodass alle Gegner aus ihrer Illusion erwachten und auf uns zusteuerten. Trotz der vielen Personen war es beängstigend still und ich griff nach Nicoles Hand, um ihr zu signalisieren, dass sie nicht alleine war. Die Oberzicke krallte sich an mich und ihre Nägel gruben sich schmerzhaft in meine Haut, aber ich achtete nicht darauf. Das Adrenalin rauschte durch meine Adern und meine Augen waren auf den Jungen mit dem Messer gerichtet, der in diesem Moment vor uns stehen blieb. Geistesgegenwärtig zog ich Nicole hinter mich, um sie zu beschützen, und reckte das Kinn. Ich sah, wie der Angreifer den Arm mit der Klinge in der Hand hob, um genügend Schwung in seinen ersten Schlag zu legen. Ich spürte den Luftzug, den sein Arm verursachte, auf meiner Haut und fühlte, wie mir Bröckchen der Fassade ins Gesicht fielen, die von der Wand abgebröckelt waren. Meine Hände waren schweißnass und ich bereitete mich auf den Schmerz vor, der kommen würde, sobald die Klinge mein Fleisch spaltete. Meine Augen kniff ich zusammen, damit ich meinen eigenen Tod nicht mitansehen musste und ich versuchte, meinen Herzschlag zu verlangsamen, der aus dem Takt geraten war. Ein Kloß bildete sich in meinem Hals und in meinem Kopf rasten meine Gedanken, um mir alle verpassten Gelegenheiten, jede ungenutzte Möglichkeit und alle aufgeschobenen Aktivitäten, die ich noch machen wollte, vor Augen zu führen. Jetzt würde ich nichts davon mehr erleben können. Ängstlich ballte ich meine Hände zu Fäusten und drückte den Rücken durch, um gerader zu stehen. Niemand sollte im Nachhinein behaupten können, ich sei nicht mutig genug gewesen, mich dem Tod zu stellen.

Ich bin natürlich nicht gestorben, sonst könnte ich Dir diese Zeilen nicht schreiben, Mel, aber in diesem Moment rechnete ich mit dem Schlimmsten und hoffte, die Göttin würde mir die Kraft geben, mich aus dieser misslichen Lage zu befreien. Ich wartete auf den Druck, wenn das Messer sich in meinen Unterbauch bohrte oder auf das heiße Blut, das meine Kleidung aufsog wie ein Schwamm. Aber es geschah nicht. Weder spürte ich einen stechenden Schmerz noch ein taubes Gefühl. Es war nur ein eigenartiges Geräusch zu hören. Doch es war kein Schrei. Verwirrt öffnete ich die Augen und brauchte eine Weile, um das Bild, das sich mir bot zu verarbeiten. Vor mir war nichts. Keine Messer schwingenden Schüler, keine brennenden Mädchen und keine Anstecker mit einem Rabenmotiv. Vor mir war einfach gar nichts. Außer einer schneeweißen Wand, die ich mit der Nasenspitze berührte. Sie fühlte sich rau und kratzig an, aber das störte mich keineswegs, als ich mich mit der Stirn dagegen lehnte und den Tränen freien Lauf ließ. Ich wusste nicht, ob die Göttin meine Gebete erhört hatte oder ob das Schulgebäude entschieden hatte uns zu helfen, aber ich war heilfroh, dass die *bösen Wände* wie ich sie in meiner ersten Nacht in St. Ghidora genannt hatte, gerade jetzt beschlossen hatten, die Durchgänge zu ändern. Noch immer zitterten meine Knie, und mein Gesicht war vermutlich kreidebleich, aber mein Herz begann langsam wieder regelmäßig zu schlagen und der Druck in meiner Brust verschwand. Jetzt würde alles gut werden. Mit einem Lächeln im Gesicht drehte ich mich zu Nicole um, doch das Grinsen verschwand augenblicklich und ich verzog meine Lippen zu einem dünnen Strich. Nicole lag auf dem kalten Boden.

Ihre Augen waren geschlossen und sie atmete keuchend. Ihre Hände waren blutverschmiert und auch auf ihrer Kleidung waren rote Kleckse zu erkennen. In diesem Zustand konnte ich sie niemals durch das Schulgebäude tragen, ohne dass jemand Verdacht schöpfte oder genauer nachfragte. Trotzdem musste ich das Risiko eingehen, um die Ohnmächtige ins Krankenzimmer zu bringen. Sie hatte ihr Leben riskiert, um mich nicht allein zu lassen, und deshalb konnte ich sie nicht wehrlos auf dem Gang liegen lassen. Glücklicherweise schienen die Mauern Mitleid mit mir zu haben, denn sie öffneten mir den Weg, der direkt in den Krankenflügel führte und versperrten allen anderen Schülern die Durchgänge, sodass ich ungesehen zu den Krankenschwestern kam, um Nicole abzuliefern. Nichtsdestotrotz gestaltete sich der Weg als steinig. Die Blondine war trotz ihrer zierlichen Figur und der Wespentaille kein Fliegengewicht und schon nach wenigen Meter streikte mein Rücken, sodass ich Nicole unter die Achseln griff und sie über den glatten Boden schleifte. Ihre Kleidung würde sie entsorgen müssen, aber ich hoffte, dass sie deshalb nicht sauer war. Obwohl die Schwestern mich gleich wegschicken wollten und mich misstrauisch beäugten, blieb ich bei Nicole, bis sie in einem Krankenbett lag und durch die Medikamente friedlich schlummerte. Niemand fragte mich, was passiert sei, aber das war keinesfalls merkwürdig. In den Schulstunden kam es häufig zu Verletzungen und alle Anwesenden dachten wohl, dass ich Nicole verletzt hätte. Das würde zumindest ihre vor Wut schnaubenden Gesichter erklären.

Die Schwestern schienen leicht beunruhigt zu sein, da Nicole ihren magischen Kern überlastet hatte und somit erst einmal auf der Krankenstation bleiben musste, da sie nun Gefahr lief ihre Kräfte nicht mehr unter Kontrolle zu haben oder sie im schlimmsten Fall zu verlieren. Ich hatte mich nie mit den anatomischen Veränderungen von Hexen auseinandergesetzt. Als ich erwählt wurde, hatte ich genug Stress mit meinem neuen Leben klarzukommen und danach waren meine verstörenden Träume in den Vordergrund gerückt. Jaimie verschwand und als wir ihn endlich wiederfanden, musste ich erst Deinen Tod verarbeiten. Egal wie ich es drehte, irgendwie war nie die Zeit gewesen, um elementare Kenntnisse meines neuen Lebens zu sammeln. Ich wusste nicht, dass in mir seit meiner Geburt ein magischer Kern war, der mein ganzes Leben lang gereift und irgendwann so machtvoll geworden ist, dass die Göttin mich in ihre Reihen aufgenommen hatte. Bei einigen geschah dies früher, wie beispielsweise bei Jaimie, der zwölf Jahre alt war, als er gebrandmarkt wurde, weil er stark genug war Gegenstände mit der Kraft seiner Gedanken schweben zu lassen. Oder es dauerte länger wie bei Nicole, die bereits neunzehn war, als die Göttin entschied, dass sie genügend magisches Potenzial besaß, um eine Hexe zu sein. Einige Menschen trugen den magischen Kern ebenfalls in sich, aber er war nicht stark genug, um ihnen Kräfte zu schenken, wodurch sich ihre innere Magie ab ihrem einundzwanzigsten Lebensjahr einfach in Luft auflöste. Womit auch geklärt war, warum das Hexeninternat nur Schüler bis zu diesem Alter aufnahm. In der Regel war unsere Magie immer gleich stark und schwankte nur leicht. In seltenen Fällen konnten wir uns aber auch verausgaben und unsere Kräfte aufbrauchen. Dann benötigte der Körper eine Weile bis er sich regenerierte. Wie lange dieser Vorgang dauerte, war unterschiedlich. Ich hoffte, dass die Blondine bald wieder auf den Beinen sein würde. Sonst hatte Rabiana erneut eine meiner Unterstützer ausgeschaltet, auch wenn es nur für gewisse Zeit war. War es nicht traurig, dass Nicole erst kurz davor sein musste, ihre Magie zu verlieren, damit ich mehr über mich selbst erfuhr?

Deprimiert verließ ich die Krankenstation und machte mich auf den Weg zur ersten Unterrichtseinheit. Mit etwas Glück würde ich nur zwanzig Minuten zu spät kommen, auch wenn Ceacus, die Professorin in Bräuche und Regeln, eine Erklärung für mein Fernbleiben verlangen würde. Als ich um die nächste Ecke bog, hörte ich jedoch auf mir Ausreden für Nicole, die nicht zum Unterricht erscheinen würde, und mich auszudenken, da sich Nathalia mir in den Weg stellte und mich mit ihren arrogant funkelnden Augen ansah.

»Du siehst traurig aus, Read. Fast so sehr wie deine geliebte Direktorin. Obwohl sie wahrscheinlich weniger Schuldgefühle hat. Deine Bilanz ist erstaunlich. Zuerst Jaimie und viele andere Schüler, dann Mel und Hunter, dem es übrigens fantastisch geht. Ich dachte, das würdest du gerne wissen. Danach Terrent und jetzt Nicole. Ziemlich viele Leben, die du mit deinem Egoismus verkorkst hast – und wofür? Für eine Familie, die du nie kennengelernt hast? Oder geht es dir doch um den Thron?«, fragte sie und ihr gespieltes Mitleid ließ mich würgen.
»Im Grunde ist es auch egal. Rabiana wird gewinnen. Warum machst du es nicht allen Beteiligten einfacher und räumst das Feld, bevor noch jemand verletzt wird?«
Ihre Stimme klang fröhlich und sie tänzelte an mir vorbei, als hätte sie nichts gesagt. Sie erwartete nicht einmal eine Antwort von mir, doch so konnte ich ihre Aussage nicht auf mir sitzen lassen. Ja, ich hatte schlechte Entscheidungen getroffen und viele Menschen in meiner Umgebung waren meinetwegen verletzt worden, aber es war nicht allein meine Schuld. Ohne Rabiana wäre das alles nie passiert. Ich öffnete den Mund und schloss ihn wieder, während ich mir meine Worte sorgfältig überlegte. Wenn Nathalia unbedingt Psychoterror veranstalten wollte, würde ich unbarmherzig zurückschlagen. Als mir endlich eine passende Erwiderung einfiel, war die hinterhältige Schlange schon fast hinter der nächsten Ecke verschwunden, aber es war nicht meine Stimme, die sie aufhielt, sondern die beleidigenden Worte eines Jungen, der aus einem der Patientenzimmer getreten war und sich neben mich stellte.
»Vielleicht, weil Read weiß, dass eine richtige Königin niemanden vergiften und einsperren lassen muss, um gemocht zu werden. Mögen eure Anhänger es eigentlich auch, wenn ihr kleine Tiere quält, oder bevorzugen sie Kinder?«, fragte der Junge bissig und zeigte Nathalia den Mittelfinger, die wütend schnaubte und den Neuankömmling abwertend ansah.
»Was willst du, Valender?«, fragte Hunters Freundin. Und bildete ich es mir ein oder war sie plötzlich blass um die Nase?

»Nur dass du von hier verschwindest und mit *hier* meine ich diesen Planeten«, antwortete er schlagfertig und legte mir einen Arm um die Schultern. Anfangs verrutschte das Lächeln auf dem Gesicht meiner Widersacherin, aber schnell hatte sie sich wieder gefangen und schenkte mir einen abwertenden Blick.

»Hast du Hunter schon ausgetauscht oder ist es bei euch normal, dass Freundinnen ihre Freunde weiterreichen wie ihre Lippenstifte?«, wollte sie wissen und wurde von dem mysteriösen Jungen unterbrochen, bevor sie wieder den Mund öffnen konnte:

»Vorsicht, Nathalia. Bist du dir sicher, dass du dich mit mir anlegen willst?«

Die beiden kannten sich, das stand außer Frage, aber es war nicht geklärt, weshalb das Miststück bei seinen Worten ängstlich zusammenzuckte und auf dem Absatz kehrtmachte. Eilig lief sie den Gang entlang, bis ich sie nicht mehr sehen konnte. Augenblicklich entspannten sich meine Muskeln und ich atmete erleichtert aus.

»Danke«, flüsterte ich und der Bursche trat einen Schritt zurück, sodass ich ihn betrachten konnte. Seine roten Haare leuchteten im Licht der Kerzen, die den Gang beleuchteten, und sein Tanktop, das sein Schlüsselbein aussparte, fiel locker an seinem muskulösen Körper hinab. Seine Tätowierungen erinnerten mich an Schwerter aus dem Mittelalter und leuchteten im selben Grünton wie seine Augen.

»Kein Problem. Nathalia war schon immer eine Zicke, aber langsam treibt sie es zu weit«, sagte er und lehnte sich an die Wand, um mich ebenfalls mustern zu können.

»Ich bin Read«, stellte ich mich vor und streckte ihm die Hand entgegen, als mir seine Blicke unangenehm wurden. Mir wurde heiß und ein warmes Gefühl breitete sich in meiner Magengrube aus.

»Ich weiß«, meinte er verlegen und spielte nervös mit seinen Fingern. Verwirrt starrte ich in seine Augen, die freundlich funkelten, und biss mir auf die Lippen.

»Mein Name ist Jeremy Valender und ich glaube, wir müssen uns unterhalten«, erklärte der Rothaarige und ich verfluchte mich selbst, dass ich nicht sofort reagiert hatte, als Nathalia ihn beim Namen genannt hatte. Natürlich wusste ich, wer er war. Nicole hatte ihn erwähnt. Er hatte Cassandras Tagebucheinträge aus ihrem Buch gerissen. Aber wieso und was wollte er nun von mir? Eine Anstecknadel mit dem Rabenmotiv trug er jedenfalls nicht. Zumindest im Moment nicht, weshalb ich einen Angriff ausschloss. Außerdem hätte er mir mit Sicherheit nicht gegen Nathalia geholfen, wenn er in ihrem Team spielen würde.

»Worüber?«, fragte ich und zog die Augenbrauen misstrauisch zusammen. Instinktiv nahm ich ein paar Schritte Abstand von Jeremy und wartete mit verschränkten Armen auf eine Antwort.

»Es geht um Mel«, flüsterte er und sah sich panisch um, ob niemand unser Gespräch belauschte.

»Woher kennst du sie?«, wollte ich wissen und ich musste die Zähne zusammenbeißen, um ihn nicht anzuschreien. Was bildete sich dieser Typ eigentlich ein? Zuerst bestiehlt er Nicole. Zugegeben, es war Cassandras Eigentum gewesen, aber ihr Tod gab ihm nicht das Recht, ihr Tagebuch zu lesen. Und jetzt wollte er mir etwas über Dich erzählen, was ich noch nicht wusste? Ich mag zu Deinen Lebzeiten noch nicht alles über Dich gewusst haben, aber heute konnte ich mir ein gutes Bild von Dir machen. Du warst eine Kriegerin, die ihr Leben dem Wohl aller geopfert hatte, um Deine Fehler wiedergutzumachen.

»Wir waren ein Paar«, meinte Jeremy und mir blieb die Spucke weg. Schön, vielleicht hattest Du doch nicht Deine gesamte Freizeit in die Zerstörung von Rabiana gesteckt.

»Mel hatte keinen Freund«, behauptete ich felsenfest.

»Sie hat nie jemanden erwähnt und war die meiste Zeit bei mir. Sie hätte gar nicht die Möglichkeit gehabt, sich zu verlieben oder gar eine Beziehung zu führen.«

Ich verstrickte mich in Erklärungen, um mich selbst von meinen Worten zu überzeugen, aber Jeremys Augen waren ehrlich und ließen keine Lüge erkennen.

»Als du in die Schule kamst, hat sie unser Verhältnis kurzzeitig auf

Eis gelegt. Aber darüber wollte ich nicht mit dir reden. Irgendwas stimmt hier nicht«, sagte er eindringlich und ich wusste nicht, ob ich lachen oder weinen sollte. Einerseits hatte ich Mitleid mit ihm, weil er Dich anscheinend wirklich gerngehabt hatte und Du Euch keine Chance gegeben hattest. Wir hätten ihn mitnehmen können, Mel. Er hätte uns helfen können, Jaimie zu retten. Vielleicht wärst Du dann nicht gestorben. Jeremy hätte Dich wahrscheinlich beschützen können, als wir es nicht konnten. Andererseits kämpfte ich mit einem Lachanfall, weil er recht hatte. Und wie recht er hatte, verdammt! Natürlich stimmte hier etwas nicht. Vor Kurzem waren mehrere Schüler ermordet worden.

»Wie kommst du darauf?«, fragte ich sarkastisch und rollte mit den Augen.

»So meinte ich das nicht«, stotterte Jeremy und fuhr sich frustriert mit der Hand übers Gesicht. Er atmete tief durch und schien seine Gedanken zu sortieren, bevor er das nächste Mal den Mund aufmachte.

»Ich glaube Mel lebt noch«, stammelte er und blickte zu Boden. Im ersten Moment realisierte ich seine Worte gar nicht. Ich konnte sie einfach nicht verarbeiten. Das konnte nur ein sehr, sehr schlechter und kranker Scherz sein. Du warst tot, Mel. Ich hatte Dich sterben sehen und wir hatten Dich beerdigt. Diesmal konnte ich das Lachen nicht mehr zurückhalten, auch wenn sich in meinem Magen ein mulmiges Gefühl breitmachte. Laut hallte mein Gelächter in den Gängen wider und kleine Tränen traten aus meinen Augenwinkeln.

»Ich weiß, wie sich das für dich anhören muss, okay? Aber ich schwöre, dass ich dich nicht damit belästigen würde, wenn ich mir nicht sicher wäre«, stammelte er und wirkte verzweifelt.

»Ich war dabei, als sie gestorben ist. Vertrau mir, ich wüsste es, wenn sie noch leben würde«, erwiderte ich, als ich endlich aufhören konnte zu kichern. Dieses Gespräch war lächerlich.

»Hast du auch ihre Leiche gesehen? Hast du gesehen, wie sie kalt wurde und die Leichenstarre eintrat?«, fragte er energisch und griff nach meinen Handgelenken.

»Nein«, hauchte ich erschrocken über seinen plötzlichen Ausbruch. All das hatte ich nicht, aber ich war mir immer sicher gewesen, dass Du tot warst, Mel. Es gab keine Anzeichen dafür etwas anderes anzunehmen. Zumindest bis zu diesem Augenblick. Für mich war einfach klar gewesen, dass Du nicht mehr wiederkommen würdest.
»Was macht dich so sicher, dass du mir diese vagen Vermutungen unter die Nase reibst?«, verlangte ich zornig zu wissen und ballte die Hände zu Fäusten. Dachte Jeremy wirklich, dass ich keine anderen Probleme hatte, als Hirngespinsten nachzujagen, die sich nicht bewahrheiten würden?
»Versprich mir, dass du mich aussprechen lässt«, bat er einleitend, bevor er mit der kuriosesten Liebesgeschichte begann, die ich mir vorstellen konnte: »Ich war gerade erst erwählt worden. Nicht von Marie, sondern von einem Chooser, der mich mitten auf dem Sportplatz bei einem der größten Spiele meines Lebens angesprochen und gebrandmarkt hat. Es erschien auf dem großen Bildschirm über dem Feld und ich wurde von allen angestarrt. Aber ich war an diesem Tag nicht der Einzige. Keine Sekunde später hatte sich der Chooser zu einer blonden Zuschauerin umgedreht und mit ihr das Gleiche abgezogen. Es war das erste Mal, dass sie mir auffiel. Ich meine, klar hatte ich sie schon auf den Gängen der Schule ab und an gesehen, aber so richtig bemerkt hatte ich sie erst, als sie in Tränen ausbrach und sich an dem Jungen, der neben ihr saß, festkrallte. Für mich war es nicht wirklich ein Schock. Ich bin ein Valender und war deshalb auf die Erwählung vorbereitet worden. Ich kannte den Weg nach St. Ghidora und schleifte Mel mit zum Hexeninternat, nachdem sie sich von ihrem Bruder verabschiedet hatte. Wenn sie gewusst hätte, dass er nur zwei Monate später ebenfalls erwählt werden würde, wäre es ihr vermutlich leichter gefallen, Abschied zu nehmen.«
Ein Lächeln zierte bei der Erinnerung Jeremys Lippen, und ein glücklicher Glanz funkelte in seinen Augen, während er mit seinen Fingern spielte.
»Hier traf sie Tara wieder. Die beiden hatten sich während Mels

Austauschjahr in der Schweiz kennen und lieben gelernt und nichts konnte sie ab diesem Tage trennen. Jeder von uns brauchte Zeit, sich an sein neues Leben zu gewöhnen, weshalb wir einige Zeit kaum etwas miteinander zu tun hatten. Wir grüßten uns auf den Gängen, frühstückten ein paar Mal zusammen, aber der Kontakt brach ab, nachdem Jaimie an die Schule kam und Mels geballte Aufmerksamkeit sich wochenlang auf ihn konzentrierte. Wie es der Zufall wollte, hatten wir uns trotzdem wiedergesehen, auch wenn ich auf die Umstände hätte verzichten können.«
Jeremys Blick wurde düster und auch seine Stimme ließ erahnen, dass die Erinnerungen ihn aufwühlten.
»Du musst mich verstehen. Ich war jung und teilweise sehr dumm, genau wie Mel. Ich dachte, Rabiana könnte uns helfen, uns nicht mehr im Schatten verstecken zu müssen. Also hatte ich mich ihren Truppen angeschlossen und stand irgendwann Mel beim Schießstand gegenüber«, erzählte er und ich keuchte überrascht auf.
Panisch suchte ich nach Anzeichen für einen Angriff, aber Jeremy war völlig entspannt und sah mich entschuldigend an, als wüsste er, dass seine Worte mir einen Schlag versetzt hatten. In den nächsten Tagen musste ich dringend aufpassen, nicht noch mehr von Rabianas Anhängern zu begegnen, sonst war ich schneller tot als gedacht.
»Du hast versprochen, mir bis zum Ende zuzuhören«, erinnerte er mich, als ich mich nach einem Fluchtweg umsah und weglaufen wollte. Angespannt nickte ich ihm zu und krallte meine Fingernägel in meine Handflächen, um mich zu beruhigen, während Jeremy weitersprach: »Mel war gut. Fantastisch um genau zu sein. Die Beste der Besten. Aber das war ihr egal. Sie hätte jeden Partner wählen können, aber sie suchte mich aus, obwohl es viele gab, die um Längen besser waren als ich. Wir trainierten zusammen, erledigten gemeinsam Aufträge und übernahmen zu zweit die Ausbildung der neuen Rekruten. Ich weiß nicht genau, wann es passiert ist, aber eines Tages wusste ich einfach, dass ich sie liebte. Sie war stark, unabhängig und nichts schien ihr Angst zu

machen. Ich war wie berauscht von ihrer Art und wollte jede Minute mit ihr verbringen. Tja, und ich hatte wirklich Glück, denn ihr ging es anscheinend genauso oder zumindest ähnlich. Es war während einer der Trainingsstunden, als ich es erkannte. Sie pinnte mich mit ihrem Körper am Boden fest und küsste mich.«
Jeremy lachte, während mich Trauer erfüllte. Meinetwegen hatte er die Liebe seines Lebens verloren und trotzdem stand er vor mir, um mir mehr von Dir zu erzählen, ohne mich für Deinen Tod verantwortlich zu machen.
»Wir haben danach nicht darüber gesprochen, aber ab da war es wie selbstverständlich, dass wir zusammengehörten. Wir waren glücklich. Das dachte ich jedenfalls, aber von einem Tag auf den anderen hatte Mel sich verändert. Sie wirkte gestresst und traf sich weniger mit ihren Freundinnen, obwohl Tara und Cassandra ihr alles bedeutet hatten. Anfangs hatte es mich sogar gefreut, weil sie mehr Zeit für mich hatte, aber das konnte die Sorge um Mel nicht wettmachen. Fast täglich redete ich auf sie ein, dass sie mit mir reden solle, damit ich ihr irgendwie helfen könnte und irgendwann gab sie wirklich nach. Sie erzählte mir, dass Cassandra herausgefunden hatte, dass sie für Rabiana arbeitete und ihre beste Freundin unsere Ansichten nicht teilte, weshalb sie Angst hatte, dass Cassie unser und somit das Geheimnis der Ratsvorsitzenden verraten könnte. Es war dumm von mir anzunehmen, dass Mel besorgt war, dass alles wofür wir gearbeitet hatten, umsonst war, aber das war für mich das Naheliegendste. Mir kam nicht in den Sinn, dass sie Angst um ihre Freundin haben könnte, weshalb ich Rabiana von Cassandra berichtete. Wenige Tage später war Cassie plötzlich tot und Mel war am Boden zerstört. Sie gab sich die Schuld und ich hatte nicht den Mut, ihr zu beichten, was ich getan hatte. Ich wollte sie nicht verlieren, aber das hatte ich zu diesem Zeitpunkt bereits, nur wusste ich das nicht. Mel zog sich immer mehr zurück und trainierte wie eine Wahnsinnige, um alles zu lernen, was das Regime der wahren Königin zu bieten hatte. Ich dachte, sie würde das machen, um schneller ans Ziel zu kommen, weshalb ich ebenfalls auf Abstand ging. Cassies Tod hatte mich

zum Zweifeln gebracht. Sie war eine Hexe und trotzdem hatte Rabiana sie ermorden lassen. Wie konnte das Wohl aller Hexen dann ihre oberste Priorität sein? Aber auch diesmal lag ich falsch. Mel wollte nicht für die Ratsvorsitzende besser werden, sie wollte aussteigen und das Regime stürzen, bevor es noch mehr Unschuldige verletzen konnte. Als Mel nicht mehr zum Training kam und nicht mehr auf Rabianas Rufe reagierte, wussten alle, dass irgendwas nicht stimmte. Vor Mel war noch nie jemand ausgestiegen. Wir wussten nicht einmal, dass das möglich war. Aber sie hatte etwas in Gang gesetzt. Mit ihr waren viele Anhänger ausgetreten, unter anderem auch ich. Das hatte der wahren Königin überhaupt nicht gepasst. Auf mich und viele meiner Kollegen hätte das Ratsmitglied verzichten können, aber Mel war die Beste gewesen. Sie zu verlieren war ein harter Rückschlag gewesen. Deshalb hatte ich mich auch nicht gewundert, als es ruhiger wurde und es keine Konsequenzen für unseren Austritt gab. Aber dann bist du hier aufgetaucht und die Schüler sind reihenweise verschwunden. Nichtsdestotrotz war Mel ganz euphorisch. Du warst für sie die Geheimwaffe, die wir gebraucht hatten, um in Frieden leben zu können. Sie beendete unsere Beziehung, die sowieso kaum noch existent war. Nicht weil ich sie nicht liebte. Das tat ich und tue ich immer noch, aber sie war so fanatisch, dass sie keine Zeit für Ablenkungen hatte – und das war ich am Ende für sie: eine Ablenkung.«

Am liebsten hätte ich Jeremy in den Arm genommen, um ihn zu trösten, aber ich wollte ihn nicht unterbrechen. Wer wusste, ob er mir den Rest erzählen würde, wenn er jetzt aufhörte. Tränen rannen über sein Gesicht und er schluchzte herzzerreißend. Der Glanz war aus seinen Augen gewichen und seine Gesichtszüge waren schmerzhaft verzogen, während er die Erinnerungen an Dich wiederbelebte.

»Wir sahen uns eine kleine Ewigkeit nicht, bis sie plötzlich in meinem Zimmer auf meinem Bett saß. Ihre Mimik war wie versteinert und sie sah müde aus, als sie mir sagte, dass ich mein Zimmer die nächsten Tage nicht verlassen sollte. Ich war einen

Moment gerührt von ihrer Sorge um mich, bis ich erkannte, dass die Angst nicht unbegründet war. Die Schüler, die verschwanden – Melina, Liliane, Michael, Stefanie – sie alle hatten für die wahre Königin gearbeitet und sich mit mir abgeseilt, als sie die Chance dazu bekamen. Der Einzige, der aus dem Muster fiel, war Jaimie. Aber ich glaube, du kannst dir denken, warum er entführt wurde.«
Natürlich konnte ich das. Er war Dein Bruder, Mel, und es war leichter, ihn zu schnappen als Dich. Wie oft Rabiana wohl versucht hatte, Dich in die Finger zu kriegen, bevor sie sich ein anderes Ziel gesucht hatte, um Dir eins auszuwischen? Oder hatte das Miststück gleich den geringsten Widerstand gewählt und ein unschuldiges Kind, das absolut nichts falsch gemacht hatte, entführt?
»Nach dieser Erkenntnis hielt ich mich an Mels Vorgaben. Ich versteckte mich in meinem Zimmer und ging das Risiko ein Ärger zu bekommen, weil ich nicht beim Unterricht erschien. Aber das Sonderbarste daran war, dass Terrent mich nicht einmal zu einem Gespräch gebeten hatte. Auch nicht als ich nach eurer Rückkehr und Mels Tod wieder anfing, zu den Unterrichtsstunden zu gehen. Ich musste nicht einmal die versäumten Übungen nachholen«, erzählte er weiter und schüttelte ungläubig den Kopf.
»Ich hätte es fast geschafft, mich an den Gedanken zu gewöhnen, dass Mel für immer weg war, aber vor zwei Wochen fand ich plötzlich überall diese Nachrichten. ‚Suche mich', ‚Finde mich', ‚Training', ‚Ich liebe dich'. Das war unser Spiel. Beziehungen waren von Rabiana nicht gern gesehen und deshalb hatten wir es geheim gehalten. Um uns trotzdem sehen zu können, haben wir einander Zettel hinterlassen mit kleinen Botschaften oder Orten. Wir hatten großen Spaß dabei, uns die ungewöhnlichsten Verstecke für die Notizen einfallen zu lassen. Niemand wusste davon. Trotzdem habe ich versucht, eine logische Erklärung zu finden. Zum Beispiel, dass es Zufall ist und die Nachrichten gar nicht für mich sind oder dass ich ein paar Zettelchen zu ihren Lebzeiten einfach nicht gefunden hatte. Aber heute Morgen entdeckte ich wieder einen in der Tasse, die sie in ihrer Anfangszeit

in St. Ghidora fallen gelassen und die ich mühsam wieder zusammen-geklebt hatte. Die Nachricht kam von ihr. Sie muss von ihr sein.«

Seine Stimme klang gehetzt, als Schritte hinter uns ertönten und er mir ein Stück Papier in die Hand drückte. Das ergab keinen Sinn. Du warst tot, Mel, und bekanntlich schrieben tote Mädchen keine Briefe. Noch bevor ich zu einer Erwiderung ansetzen konnte, war Jeremy bereits hinter der nächsten Ecke verschwunden und ich stand allein in dem engen Gang, der mir die Luft zum Atmen abschnürte. Verwirrt entfaltete ich das Papierstückchen und erstarrte in der Bewegung. Oben am rechten Rand stand das gestrige Datum, aber es war Deine Handschrift. Es waren die gleichen geschwungenen Linien und der geringelte i-Punkt, die Du immer benutzt hattest, wenn Du eilig etwas aufschreiben musstest. *Hilf nicht mir, hilf Read!*, stand in der Mitte des Zettels. Keine Anrede oder Schlussformel. Der Absender musste sich verdammt sicher gewesen sein, dass Jeremy als Einziger die Nachricht finden würde. Aber musste das gleich bedeuten, dass sie von Dir war? Vielleicht hattest Du sie geschrieben und jemandem gesagt, wann und wo er sie verstecken soll. Was war, wenn ich mir umsonst Hoffnungen machte und es am Ende doch nur ein Zufall war? In meinem Kopf breitete sich ein schmerzendes Gefühl aus und ich schloss frustriert die Augen, bevor ich mich auf den Weg in mein Zimmer machte. Ich war sowieso schon zu spät dran für den ersten Unterrichtsblock. Da konnte ich gleich nur den Nachmittagsunterricht besuchen und zu den Prüfungen antreten.

Eine Gruppe Schüler ging lachend an mir vorbei, aber alle ignorierten mich, sodass ich ohne weitere Zwischenfälle vorbeisprinten konnte. Ich war in letzter Zeit ständig auf der Hut, und nach dem Zusammentreffen mit Nathalia war meine Paranoia noch schlimmer. Vielleicht hätte ich Dr. Martin davon erzählen sollen, aber dann hätte ich ihm auch von Rabiana und allen anderen Problemen berichten müssen, und seien wir ehrlich, dafür hätte eine Wochenstunde nicht gereicht. Heilfroh kam ich vor der Mauer zu meinem Zimmer an und fuhr die Ecken des

Pentagramms nach. Die Wand fühlte sich warm an meinen eiskalten Fingern an und der Putz kratzte leicht an meiner Fingerspitze, als die Mauer begann sich zusammenzuziehen. Der Druck in meinem Schädel wurde stärker und ich bereitete mich bereits auf die kommende Migräne vor, während ich mich auf mein Bett legte und mein Haupt über die Lehne hängen ließ, sodass sich das Blut in meinem Kopf sammelte. Meinen Haaransatz stütze ich auf dem dunklen Boden ab und dachte über die letzten Stunden nach. Es war noch nicht einmal Mittag, aber die neuen Erkenntnisse hätten für mehr als einen ganzen Monat gereicht. Ich konnte es gar nicht mehr erwarten, bis das Schuljahr zu Ende war. Vielleicht würde es dann ruhiger werden.

Ich ließ meinen Blick über die leeren Wände des Raumes schweifen und meine Augen weiteten sich überrascht, als ich Taras Rucksack auf dem Schreibtisch entdeckte und zeitgleich ein Schluchzen aus dem Badezimmer hörte. Verwirrt hob ich den Kopf und schwang meine Beine aus dem Bett. Sollte sie nicht im Unterricht sein? Sie war doch mit Lora nach dem Frühstück in Richtung Klassenzimmer verschwunden, warum war sie nicht dort? Zögerlich ging ich auf Zehenspitzen auf die Mauer, die das Badezimmer abgrenzte, zu und drückte mein Ohr dagegen um hören zu können, was im Inneren passierte. Leider drangen nur dumpfe Geräusche zu mir durch, die an schmerzhaftes Stöhnen erinnerten, gefolgt von heftigem Schluchzen, weshalb ich zaghaft klopfte.

»Tara, ist alles in Ordnung?«, fragte ich nervös und strich mit der Handfläche über die raue Tapete. Ein Röcheln war zu hören und ein Geräusch, als würde sich jemand verschlucken. Eine Gänsehaut überzog meinen Körper und ich schloss frustriert die Augen. Wenn wir nicht streiten würden, würde ich einfach ins Bad gehen, um nachzusehen, ob alles in Ordnung war. Aber derzeit war zwischen uns die Eiszeit ausgebrochen. Was war, wenn mit ihr alles in Ordnung war und ich ins Badezimmer spazierte? Würde es Taranee dazu bringen, mir zu verzeihen, weil ich mir immer noch Sorgen um sie machte oder würde sie wütend mit ihrer Bürste nach

mir werfen?
»Tara?«, versuchte ich es noch mal, bekam aber wieder keine Antwort. »Ich komme jetzt rein, Tara. Ist das in Ordnung?«
Stille. Unheimliche, beängstigende Stille.
»Taranee?«, fragte ich zögerlich und öffnete den Durchgang zum Bad, indem ich die Zacken des kleinen Sterns mit dem Finger nachzog. Stück für Stück schob sich die weiße Mauer beiseite und gab den Blick auf das Innere des Badezimmers frei. Strahlend weiß glitzerten mir die Fliesen entgegen und die Handtücher, die an der Wandhalterung hingen, funkelten in verschiedenen Farben. Sie waren flauschig und normalerweise geordnet, aber jetzt war jedes Einzelne verrutscht, sodass das Unterste den Boden berührte. Kurz konnte ich mein Gesicht im Spiegel gegenüber beobachten, bevor ein leises Wimmern meine Aufmerksamkeit auf sich zog. Mehrere Taschentücher lagen auf dem Badezimmerteppich, auf dem eine zusammengesunkene Gestalt saß. Tara trug nur ihre schwarze Unterwäsche. Ihr BH wurde von ihren langen Haaren überdeckt, die sie wie ein Kokon einhüllten. Ihr Rücken war gekrümmt und in ihrer Hand hielt sie ein Taschentuch, das sich wie die anderen mit Blut vollgesaugt hatte. Tränen liefen über ihre Wangen, während sie einen kleinen silbernen Gegenstand in ihrer Handfläche betrachtete.
»Tara!«, sagte ich, um die Aufmerksamkeit meiner Mitbewohnerin auf mich zu ziehen. Doch die Schwarzhaarige reagierte nicht. Mit leerem Blick starrte sie auf ihre Hände und weinte.
»Tara, ist alles in Ordnung?« Meine Stimme klang dünn und zittrig. Es war nichts in Ordnung. Ich schluckte den Kloß in meiner Kehle hinunter und pirschte mich an den bebenden Frauenkörper heran. Meine Beine fühlten sich an wie Gummi, als ich die wenigen Meter zu meiner Zimmergenossin überbrückte und mich neben sie auf den Boden gleiten ließ. Unter meinen Knien konnte ich die kalten Fliesen spüren, die einen starken Kontrast zu meiner erhitzten Haut bildeten. Ein Schluchzen schüttelte Vampirella, die noch blasser aussah als sonst. Im Zusammenspiel mit dem tiefroten Blut schien ihre bleiche Haut zu

glänzen wie Porzellan. Wie eine Puppe saß sie trostlos vor der Dusche und bewegte sich keinen Millimeter. Selbst ihr Brustkorb hob sich nicht beim Atmen. Das einzige Lebenszeichen, das sie von sich gab, war das röchelnde Keuchen, das den Raum erfüllte.
»Tara?«, versuchte ich wieder zu ihr durchzudringen, aber mehr als einen müden Augenaufschlag bekam ich nicht als Reaktion, weshalb ich noch einen Schritt auf die zusammengesunkene Gestalt zu machte. Bevor ich Tara die Hand auf den Rücken legen konnte, zuckte sie zusammen und ihre Augen bekamen einen panischen Ausdruck, als hätte sie mich gerade erst bemerkt. Wie eine Erscheinung sah sie mich an und ihre Unterlippe begann zu zittern. Immer mehr Tränen sammelten sich in ihren Augen und sie wollte aufspringen und weglaufen, aber ihre Beine konnten ihr viel zu leichtes Gewicht nicht tragen. Vor Schreck ließ sie das Taschentuch fallen und lange rote Linien kamen darunter zum Vorschein. Rote, blutige Linien, die über mich zu lachen schienen und mir entgegen brüllten, dass ich wieder einmal an einem zerstörten Leben schuld war, zierten die zarte Haut. Ein Stich ging durch meine Brust und ich griff nach Taras Arm, den sie verzweifelt versuchte, vor mir zu verstecken.
»Tara, was hast du getan?«, wollte ich schockiert wissen und meine Pupillen weiteten sich. Unter den neuen Verletzungen waren deutlich dünne, weiße Linien zu sehen, die an einigen Stellen wulstig waren. Narben. Taranees Arme waren von oben bis unten vernarbt. Warum war mir nicht aufgefallen, dass sie meist nur lange Ärmel trug, obwohl es schon lange so warm war, dass man bei jeder Bewegung schwitzte?
»Verschwinde. Ich wollte das nicht. Das ist alles deine Schuld«, murmelte Tara, sodass ich sie fast nicht verstand. Ihre Augen waren verklärt und sie schwankte leicht, als sie erneut versuchte aufzustehen. Ihre Beine zitterten gefährlich unter ihr und ich befürchtete, ihre Knie würden unter ihrem Gewicht einknicken. Die kleine Klinge in ihrer Hand fiel mit einem leisen Klirren auf den Boden und instinktiv wollte ich Tara stützen, die nicht den Eindruck machte, als könnte sie alleine gehen. Doch sie stieß mich

weg und schnappte empört nach Luft. Meiner Mitbewohnerin fehlte durch den Blutverlust die Kraft, weshalb ihr Stoß mich eher an einen kleinen Stupser erinnerte.
»Lass mich dir helfen«, bat ich sie ruhig und wollte Tara am Handgelenk nehmen, um sie aus dem Bad und in ihr Bett zu schaffen. Unglücklicherweise streifte ich eine der Ritzstellen und Tara keuchte vor Schmerz auf. Ihre Beine brachen unter ihr weg und sie fiel, ohne dass ich es verhindern konnte. Blut tropfte aus ihren Wunden, die mir rot entgegen leuchteten, und sammelte sich auf dem Boden. Der Anblick der dicken Flüssigkeit ließ mich würgen und ich musste die Erinnerungen an die Geschehnisse in der Kirche in den Hintergrund rücken, die mich beim Anblick des Blutes wieder einzuholen drohten, damit ich mich um meine Mitbewohnerin kümmern konnte. Meine Schuldgefühle und den Schock, der sich in meinen Knochen eingenistet hatte, versuchte ich ebenfalls zu ignorieren. Schnell holte ich ein Handtuch aus dem Bad und drückte es auf die Wunden von Tara, die mit den Armen ruderte und geistesabwesend flüsterte, dass sie sich selbst um sich kümmern kann. Meine beste Freundin sah mir tief in die Augen, obwohl ihre Lider in regelmäßigen Abständen zufielen und sie sichtlich Schwierigkeiten hatte zu sprechen.
»Ich brauche und will deine Hilfe nicht«, zischte sie eindringlich, aber in ihrer Stimme fehlte die Bissigkeit und zum Ende musste sie sich räuspern, weil ihre Stimmbänder versagten.
»Tara?«, fragte ich ängstlich, als ihr Körper sich versteifte und sie sich in meine Unterarme krallte. Ihre Augen rollten sich nach oben und ihr Körper wurde schlagartig eiskalt. Sanft schüttelte ich den leblosen Körper, bevor meine Furcht die Kontrolle übernahm und ich ihren Oberkörper härter rüttelte, während ich ihren Namen schrie. Schrill hallte mein Gebrüll an den Wänden wider und sorgte dafür, dass ich in Panik verfiel.
»Taranee! Tara!«, schluchzte ich und begann zu weinen. Warm flossen die Tränen über meine Wangen und meine Nase begann zu rinnen. Meine Finger, die das Handtuch fester auf die blutigen Wunden presste, zitterten und ich zerrte Taras Körper über den

Boden zur Tür. Ein taubes Gefühl breitete sich in meinen Händen aus, die keine großen Schwierigkeiten hatten, Taras leichtes Gewicht zu tragen. Eine Blutspur hinterlassend schleifte ich Taranee aus dem Zimmer und zur Krankenstation. Mel, ich weiß noch, dass mir auf der Hälfte des Weges so schlecht wurde, dass ich anhalten und mich übergeben musste, aber ich bin mir nicht mehr sicher, wie ich es schlussendlich in den Krankenflügel geschafft hatte. Auf dem Weg begegnete ich einigen Schülern, die mich mit großen Augen und offenem Mund anstarrten, doch niemand half mir oder fragte, was passiert war. Zumindest reagierten die Krankenschwestern sofort, als sie mich herannahen sahen und nahmen mir den schlaffen Körper ab. Meine Kleidung war voller Blut und ich sah auf meine blutigen Finger. Das Wissen, dass die rote Flüssigkeit zu Tara gehörte, lähmte mich und ich starrte den eilenden Ärzten hinterher, die mit Blutkonserven und Infusionen umherliefen, um sich optimal um meine Mitbewohnerin kümmern zu können. Währenddessen betete ich zur Göttin, dass sie Taranee helfen würde, und blieb wie angewurzelt mitten im Gang stehen. Mel, ich stand stundenlang am selben Fleck, bis meine Beine anfingen zu brennen und ich mein Gewicht verlagern musste, um meine Muskeln zu lockern. Ich weiß nicht, wie viel Zeit genau verging, während das Zittern meiner Hände nachließ und das Adrenalin sich aus meinem Organismus verflüchtigte. Sich zweimal an einem Tag in der Krankenstation aufzuhalten, ohne selbst verletzt worden zu sein, war wohl ein schlechtes Omen, aber Tara würde es überstehen, wie mir die nette Ärztin im weißen Kittel berichtete. Sie lächelte mich mitleidig an und schrieb mir eine Entschuldigung für den restlichen Unterricht, bevor sie mir ein Mittel spritzte und mich von einer Schwester in mein Zimmer zurückbringen ließ. Das Serum breitete sich in Windeseile in meinen Adern aus und meine Augenlider wurden schwer. Müde gähnte ich und meine rasenden Gedanken wichen einer angenehmen Leere, die meinen Kopf ausfüllte. Bei jedem Schritt fiel es mir schwerer, einen Fuß vor den anderen zu setzen, und ich war froh über die stützende Hand, die mir auf mein Bett half und

mich zudeckte. Ein letztes Mal dachte ich an Taras bleiches Gesicht und die Wunden an ihren Handgelenken, bevor ich meine Augen nicht mehr öffnen konnte und einschlief.
Deine Read

Tod den Toten

Liebe Mel!

Meine Augen waren verklebt und mein Kopf pochte unangenehm, als ich aufwachte und die Decke von meinem viel zu heißen Körper strampelte. Ich streckte mich, wodurch ein grässliches Knacksen erklang, und versuchte meine steifen Muskeln zu lockern, um aufstehen zu können. Meine Beine schwang ich aus dem Bett und erhob mich von der Bettkante, auf die ich mich gesetzt hatte, um meine Glieder zu dehnen. Kurz wurde mir schwarz vor Augen, als ich das getrocknete Blut auf meinen Fingern bemerkte, und ich musste mich wieder aufs Bett setzen, um nicht umzufallen. Traurig presste ich die Lippen aufeinander und biss die Zähne zusammen, während ich erneut einen Versuch startete und es diesmal wirklich ins Badezimmer schaffte. Vorsichtig stieg ich über die kleinen Blutlachen, um sie nicht unabsichtlich zu verschmieren, und ging auf den Wasserhahn zu. Ich befeuchtete eins der Handtücher, die verstreut im Zimmer lagen, und drückte das überschüssige Wasser aus, bevor ich mich mit den Knien voran auf den Boden gleiten ließ und anfing die Fliesen zu schrubben. Das Blut war bereits eingetrocknet und klebte in den Fugen und an den Wänden, die die gleichen Sprenkel aufwiesen wie eine Kinderzeichnung mit Wasserfarben. Meine Fingerkuppen waren schon nach den ersten Minuten aufgeweicht und meine Gelenke schmerzten, sobald ich mehr Druck auf den rauen Stoff ausübte, um die Flecken aus den Zwischenräumen zu bekommen. Der Schmerz in meinem Kopf machte es mir schwer mich auf die kleinen Punkte zu konzentrieren, weshalb ich mehrere Pausen einlegen musste, bis ich wieder klar sehen konnte. Auch mein Rücken beschwerte sich nach einiger Zeit aufgrund der gebückten Haltung, die ich einnehmen musste, um den Boden auf Hochglanz zu polieren. Trotzdem lenkte mich das Putzen erfolgreich von der Vielzahl meiner Probleme ab. Erstaunt beobachtete ich die rote Patzerei, die ich mit dem Handtuch verschmierte. Zuerst verfärbte das Blut die Fliesen in ein sanftes Rosa, das mich an wunderschöne Blumen denken ließ, bevor sie wieder in Weiß erstrahlten. Das angenehme Gefühl der Leere in meinem Kopf verschwand jedoch schlagartig, als ich ein Krachen vernahm, das einen ungebetenen Gast ankündigte. Ich hörte, wie die Wände auseinanderbrachen und einen Durchgang öffneten. Wenig später erklang auch schon Alexandras helle Stimme: »Read? Wo bist du?«

»Badezimmer«, antwortete ich und erhob mich aus meiner knienden Position, um das Tuch noch mal unter den Wasserhahn zu halten und das Blut den Abfluss hinunterzuspülen. Das dickflüssige Rot mischte sich mit dem klaren Wasser und ließ das Waschbecken ebenfalls rosa glänzen, bevor auch die letzten Reste von Taras Verletzungen verschwunden waren.

»Ich hab das von Taranee gehört. Tut mir leid«, sagte Alex und lehnte sich gegen einen der Schränke, in denen meine Mitbewohnerin und ich unser Duschgel aufbewahrten. Die Blondine sah mich mitleidig an und verzog die Lippen zu einem dünnen Strich, als sie die nassen Flecken meiner Putzerei bemerkte.

»Ist bei dir alles in Ordnung?«, wollte sie wissen und ging einige Schritte auf mich zu. Ihre Sorge rührte mich, auch wenn ich ihre

Anwesenheit nicht verstand. Wir waren keine Freundinnen. Wir kannten einander nicht einmal, aber Alex schien mich trotzdem zu unterstützen. Dankbar lächelte ich und nickte, obwohl ich den Gedanken nicht ertragen konnte, dass Jona sauer auf Alexandra war, weil sie sich um mich kümmerte. Oder hatte der Schwarzhaarige seine Freundin geschickt, um nach mir zu sehen, weil er mir noch nicht verzeihen konnte?
»Alles gut«, murmelte ich und wusch mir den Dreck von den Handflächen, wobei ich mir fast die Finger verbrannt hätte. Meine aufgewühlte Stimmung wirkte sich anscheinend auf meine Kräfte aus. Zumindest fiel mir keine andere Erklärung für das plötzlich dampfende Wasser ein, das über meine Haut floss und versuchte, meine Hände zu kochen. Zischend drehte ich den Wasserhahn zu und ignorierte das Brennen, das immer schlimmer wurde.
»Ich war bei ihr«, berichtete Alex und erregte somit meine Aufmerksamkeit. Ich sah von meinen geröteten Fingern auf, während ich mich zu der Blondine umdrehte.
»Es geht ihr gut. Sie ist sehr müde, weshalb sie die meiste Zeit schläft und wenn sie wach ist, redet sie nicht viel, aber sie hat keine Schmerzen und ist ansprechbar. Trotzdem darf niemand besonders lang bei ihr bleiben. Nicht wegen den Krankenschwestern, falls du das jetzt denkst, sondern wegen Taranees persönlichem Rottweilers, der jeden beißt, sobald Tara ein Anzeichen von Unwohlsein zeigt«, erzählte Alexandra und lachte zum Ende hin, als sie sich an ihren Besuch in der Krankenstation zurückerinnerte.
»Rottweiler?«, fragte ich verwirrt und atmete erleichtert aus, als ich realisierte, dass es Tara wirklich gut ging. Eine schwere Last fiel von meinen Schultern und das beengende Gefühl in meiner Brust, von dem ich bis jetzt nicht wusste, dass es da war, verschwand. »Sie haben Tara zu Nicole ins Zimmer gelegt, damit die beiden nicht so allein sind, während sie sich erholen, aber da es Nicole eigentlich bis auf die Schwächung ihres magischen Kerns gut geht, hat sie es sich zur Aufgabe gemacht, Tara vor allem und jedem zu beschützen«, erklärte die Millionärstochter und verdrehte die Augen. Auf sie mochte das Verhalten der Höllenhexe lächerlich

wirken, aber mich erfüllte es mit Stolz und beruhigte mich. Ich vertraute Nicole und wenn sie auf Tara aufpasste, würde ihr nichts passieren. Das wusste ich einfach, immerhin hatte die Oberzicke schon einmal bewiesen, dass sie Taranee zur Seite stand, wenn es darauf ankam. Ohne es verhindern zu können, erinnerte ich mich wieder an Nicoles Gesichtsausdruck in der alten Kirche als sie meine Mitbewohnerin gegen die Anhänger der bösen Königin verteidigt hatte.

»Hoffentlich wird die Stimmung bei den beiden friedlich bleiben. So wie es aussieht, werden sie die nächsten Tage auf engem Raum miteinander verbringen müssen«, meinte Alex nachdenklich und zupfte an ihrem T-Shirt, das ein Stück unter den Bund ihrer Jeans gerutscht war.

»Ich weiß, dass du eigentlich vom Unterricht befreit wurdest, aber in wenigen Minuten startet die Prüfung in Hexenkunde und ich dachte, dass du vielleicht dabei sein willst«, sprach sie weiter und meine Pupillen weiteten sich schockiert. Natürlich! Die Prüfungen! Das Jahresende stand vor der Tür. Wie konnte ich das vergessen?

»Ja, ich komme sofort«, stotterte ich und suchte schnell meine Schulsachen zusammen. Wahrscheinlich wäre es besser gewesen, wenn ich in meinem Zimmer geblieben wäre und mich einfach wieder ins Bett gelegt hätte, Mel. Aber ich wollte nicht schon wieder auffallen. Die Lehrer hatten in der Vergangenheit genug Ausnahmen für mich gemacht und ich war nicht krank oder verletzt, im Gegensatz zu Tara. Welchen Grund hatte ich also auf der faulen Haut zu liegen? Gar keinen!

Deshalb fand ich mich wenig später in einem stickigen Klassenraum wieder, in dem es nach altem Papier und Staub stank. Vor mir lag ein dünner Fragebogen, auf dem schwarze Buchstaben abgedruckt waren, die mein Wissen über die größten Hexenstädte und die Notwendigkeit der Bewahrung des Geheimnisses über die Hexengesellschaft abprüfte. Die Fragen waren leicht zu beantworten, immerhin war ich in zwei der großen Städte schon gewesen, auch wenn ich nur das Anwesen der Familie Morgan und das Schloss meiner Vorfahren besucht hatte. Trotzdem fiel es mir schwer, die Prüfung abzulegen. Der Schmerz in meinem Kopf war zurückgekehrt und breitete sich in meinen Schläfen und meiner Stirn aus. Ein pochendes Geräusch in meinem Schädel machte es mir unmöglich mich zu konzentrieren und ich begann zu schwitzen. Mir war unerträglich heiß und die Schrift auf den Prüfungsblättern verschwamm vor meinen Augen, sodass ich die Fragen kaum noch entziffern konnte. Obwohl ich saß, drehte sich der Raum und mir wurde schwindelig. Eine Schweißperle, die über mein Gesicht rann, kitzelte unangenehm, während ich versuchte, mich zu konzentrieren. Aber nichts half. Ich versuchte, mich von dem Schmerz abzulenken, indem ich mit dem Kugelschreiber in meiner Hand spielte oder mit den Beinen wippte. Doch beides führte dazu, dass ich noch weniger Zeit hatte, um den Test positiv zu bestehen. Ein kurzer Blick auf die Uhr, die auf der gegenüberliegenden Wand hing verriet, dass mir nur noch wenige Minuten blieben, woraufhin meine Hand anfing zu zittern und ich mich schon einmal mit dem Gedanken anfreundete, nicht in die Fortgeschrittenenkurse zugelassen zu werden, sodass ich nie einen guten Abschluss als Hexe machen würde. Mit einer Schrift, die an Hieroglyphen erinnerte, füllte ich den Fragebogen aus, auch wenn ich zwischendurch das Gefühl hatte, mein Kopf würde explodieren. Wenn das so weiterging, würde Rabiana recht behalten und ich würde als die Hexe mit den schlechtesten Noten aller Zeiten bekannt werden. Ich hoffte, die anderen Prüfungen würden nicht so ablaufen, Mel, aber zu diesem Zeitpunkt wusste ich noch nicht, dass der verpatzte Test die geringste meiner Sorgen war und ich mir um andere Dinge Gedanken hätte machen sollen. Beispielsweise darüber, dass Hunter und Nathalia nicht auf ihren Plätzen saßen und fleißig Fragen beantworteten. Die beiden fehlten, genauso wie Nicole und Tara, aber meine Freundinnen hatten zumindest einen triftigen Grund.

»Stifte weglegen«, ertönte die Stimme von Professorin Shettler, die die Aufsicht übernommen hatte. Streng sah sie durch die Reihen aus Schülern und zog ihre Augenbrauen zusammen, als ob sie nach

etwas suchen würde. Die Augen der kleinen Frau wechselten von Blau zu einem dunklen Braunton, bevor ihre Gesichtszüge sich entspannten und sie sich zufrieden in ihrem Stuhl zurücklehnte. Das Braun wurde wieder heller und wechselte in ein wunderschönes Grün, bevor die Augen wieder die ursprüngliche Augenfarbe der Lehrerin annahmen.
»Röntgenblick«, flüsterte Alex, als sie meinen verwirrten Gesichtsausdruck bemerkte.
»Sie scannt die Tische und Schüler, um mögliche Schummelversuche zu verhindern. Das ist der Grund, weshalb sie bei fast jeder theoretischen Prüfung anwesend ist. Ihre Augen sind wirklich gruselig, wenn du mich fragst und vor ihnen kannst du absolut nichts verheimlichen. Shettler sieht einfach alles«, erklärte Alexandra schnaubend und ließ keinen Zweifel daran, dass auch sie einmal bei dem Versuch eine Prüfung zu sabotieren erwischt worden war. Dankbar lächelte ich Alex an und sah zum letzten Mal auf den halb leeren Zettel, bevor mein Stift aus meinen zittrigen Händen glitt und ich mich von meinem Platz erhob. Meine Beine schwankten leicht und ich drückte meine Handfläche gegen meine Stirn, um den Schmerz abzumildern. Kurzzeitig funktionierte es, sodass ich mich aus dem Raum und auf den Gang hinausschleppen konnte. Die frische Luft und die Veränderung des Lichts halfen gegen meine brennenden Augen und ich konnte wieder freier atmen. Egal was mir diese schrecklichen Kopfschmerzen bescherte, es kam und ging nach einiger Zeit wieder, als wäre nichts gewesen. Auch heute hoffte ich, dass der Schmerz einfach wieder verschwinden würde, während ich der Masse aus Schülern in den nächsten Unterricht folgte, um meine Prüfung in Wahrsagen zu bestehen. Aber der Druck in meinem Kopf verschwand nicht, sondern wurde von Sekunde zu Sekunde schlimmer, bis schwarze Flecken meine Sicht trübten und die Schulwände vor meinen Augen verschwammen. Die weißen Mauern verschwanden und wichen einem gänzlich anderen Bild. Plötzlich sah ich eine Rosenranke mit frischen Blüten, die sich an einer Hauswand bis zum obersten Fenster entlang schlängelte. Das

Haus war groß und die Fassade war in einem schrecklichen Ton gestrichen worden, der sich nicht entscheiden konnte, ob er lieber Orange oder Gelb sein möchte. Die Fensterscheiben waren auf Hochglanz poliert. Die Wiese, die das Haus umgab, war perfekt zurückgestutzt und zwischendurch waren verschiedene Blumen gepflanzt worden. Als ich nach unten blickte, leuchteten mir rote Schnürsenkel entgegen, die schwarze Turnschuhe, die ein Gänseblümchen zerdrückten, zusammenhielten. Neben den Schuhen befand sich ein dünner Weg, der bis zum Haus führte und ich wusste, würde der Besitzer der Turnschuhe dem Pfad folgen, würde er zu einer hellbraunen Haustür kommen, über der ein Kreuz hing, das jeden Besucher ankündigte, dass streng gläubige Menschen an diesem Ort lebten. Ich kannte dieses Haus und ich wusste wer die Blumen, die ich als Kind immer gehasst hatte, weil ich wegen ihnen nicht im Garten spielen durfte, gepflanzt hatte. Vor mir stand ohne Zweifel das Gebäude, in dem ich bis zu dem Tag, als ich eine Hexe wurde, gewohnt hatte. Aber warum konnte ich es sehen? Ich war mehrere Kilometer weit weg. Und wem gehörten die Schuhe, die ich sehen konnte? Wenn ich wüsste, wer der Besitzer war, wüsste ich auch, durch welche Augen ich im Moment das Haus meiner Kindheit anstarrte, das sich seit meinem letzten Besuch nicht verändert hatte. Es wirkte immer noch kalt und leer. Das Unkraut, das zeigte, dass die Mutter lieber mit ihren Kindern spielte als den Garten zu pflegen oder die Flecken an der Mauer, wo der Junge der Familie mit dem Ball gegen die Wand geschossen hatte, fehlten. Die Liebe fehlte. So wirkte es einfach zu perfekt und steril.

Wieder verschwamm das Bild vor meinen Augen und der Schmerz schien in meinen Schläfen zu explodieren, bevor der Druck in meinem Kopf mit einem Mal verschwand. Vor mir formten sich wieder die weißen Schulwände, und meine Sicht klärte sich, sodass ich gerade noch rechtzeitig zur Seite treten konnte, als ein Schüler an mir vorbei hastete und mich fast angerempelt hätte. Schnell folgte ich dem Gang und rannte am Ende, genauso wie der Junge, zum Klassenzimmer. Ich schmiss meine Tasche auf den Boden unter einen Tisch in der letzten Reihe und setzte mich auf einen Stuhl, sodass mein Gesicht in der Höhe der Kristallkugel war, die auf der Tischplatte vorbereitet worden war, um beim Klingeln der Schulglocke gleich mit der Prüfung starten zu können. Mitten im Raum schwebten bereits Buchstaben, die von einer Kreide wie von selbst geschrieben wurden, während die Professorin in einem Eck stand und mit hocherhobenem Zeigefinger die Kreide leitete. Pünktlich beim Schrillen der Glocke war der Text vollständig und zeigte uns die Aufgabe, die wir innerhalb der nächsten zwanzig Minuten bearbeiten sollten. Im Unterricht hatten wir oft geübt, kleinere Szenen aus der Vergangenheit in der gläsernen Kugel zu erahnen oder verschiedene Personen in der Gegenwart zu sehen, weshalb es mich nicht überraschte, dass wir diesmal Lady Augeni beobachten sollten, um ihre Tätigkeit anschließend detailliert auf einem Blatt Papier beschreiben zu können, was nach dem Test beurteilt werden würde. Eine Herausforderung, aber durchaus machbar. In meinem Inneren suchte ich mein magisches Zentrum und konzentrierte mich auf die große Kugel, während ich alles andere ausblendete. Ich dachte an Lady Augenis Glatze und die verstörenden Tätowierungen in Form von Augen, deren Iriden die Farbe änderten. Verbissen stellte ich mir die gedehnten Ohrlöcher, die vielen Piercings und die nackten Füße vor. In meinem Kopf ertönte ihre männliche Stimme und langsam zeichnete sich etwas in dem Glasgegenstand ab. Zuerst waren es nur dünne Linien, die im Inneren der Kugel zu schwimmen schienen, doch dann bildete sich langsam eine Gestalt, die zwischen einem Haufen von Büchern saß, aus den losen Fäden. Die weiße Kleidung von Lady Augeni hob sich von den vielen verschiedenfarbigen Büchern ab. So eine große Auswahl an Literatur war nur in der Schulbibliothek zu finden, weshalb ich auf den Prüfungszettel den Ort angab, an dem Du die meiste Zeit verbracht hattest, Mel. Flink beschrieb ich, wie die Professorin eine Seite des Buches »Abschirmende Zauber gegen Wahrsagen« umblätterte und mit dem Zeigefinger über die oberste Zeile fuhr. Ein Lächeln legte sich auf meine Lippen, als ich den Titel erspähte. Ich wusste, dass die Lehrer mit Absicht diesen

Buchtitel gewählt hatten, um uns daran zu erinnern, dass die meisten Hexen immer einen Zauber verwendeten, damit sie von der Glaskugel nicht entdeckt werden konnten, aber das wäre nicht notwendig gewesen. Wir hatten erst letzte Woche einen Aufsatz über Blockaden verfassen müssen, der meine Frage, wieso die Rektorin die vermissten Schüler damals nicht einfach mit ihrer Glaskugel aufgespürt hatte, beantworten konnte. Wenn Rabiana die Kirche nicht mit einem Zauber belegt hätte, wären die Schüler früher gefunden worden. Vielleicht würdest Du dann noch leben und diese Prüfung mit mir gemeinsam meistern, Mel. Du würdest lachend Deine blauen Augen verdrehen, Deine blonden Haare zurückwerfen und Deine Fingerspitzen auf die Kugel legen, während Du über Lady Augenis kahlen Kopf Witze reißt und den Test mit Leichtigkeit hinter Dich bringst.

Das Bild vor meinen Augen begann sich zu verändern. Kurz dachte ich, Lady Augeni hätte ihre Position verändert, doch die Buchreihen verschwanden und die Gestalt der Professorin wurde immer kleiner, bis auch sie sich in Nichts auflöste. Die losen Fäden wirbelten in der Glaskugel und bildeten ein kleines Knäuel, aus dem sich ein Wald formte. Ein Baum nach dem anderen ragte in den wolkenverhangenen Himmel und ich hörte das Plätschern von Wassertropfen, die an den Blättern herabrannen und auf den Boden fielen. Anstatt nach alten Büchern roch es nun nach Kiefernnadeln und ein blonder Haarschopf kam in mein Sichtfeld. Meine Pupillen weiteten sich, als ich das Mädchen beobachtete, wie sie über eine Wurzel stolperte und sich in der letzten Sekunde mit den Armen abstützte, um zu verhindern, dass ihre Nase Bekanntschaft mit dem Boden machte. Ich sah das Mädchen nur von hinten, aber ihre geschmeidigen Bewegungen und das wellige Haar kamen mir seltsam bekannt vor. Fasziniert starrte ich auf die weibliche Gestalt und lehnte meine Nase gegen das kühle Glas.

»Abgeben«, rief eine Stimme und schleuderte mich aus meiner Konzentration, sodass das Bild in der Kugel sich erneut auflöste und Leere hinterließ. Ich versuchte, mich noch mal auf die Blondine zu konzentrieren, aber das Glas blieb unverändert und ich seufzte frustriert. Ich hätte schwören können, dass Du es warst, die ich in dem Fenster zur Zukunft gesehen hatte. Doch das war unmöglich. Du warst tot, Mel, und Glaskugeln blieben einfach leer, wenn man an Tote dachte. Das war nur logisch. Es war nicht möglich, eine Zukunft für jemanden vorauszusagen, der nicht mehr lebte, weil dieser Jemand keine Zukunft mehr hatte. Trotzdem wurde ich das eigenartige Gefühl in meiner Magengegend nicht los, dass hier etwas überhaupt nicht zusammenpasste, aber ich kam nicht darauf was.

Die letzte Stunde des Tages stand an, bevor ich mich wieder in mein Zimmer verkriechen würde, anstatt zum Abendessen zu gehen. Zumindest war das ursprünglich mein Plan gewesen. Ich will nicht lügen, Mel. Im Nachhinein hasse ich mich für meine Naivität. Wie konnte ich glauben, dass es helfen würde, mich vor meinen Problemen zu verstecken? Sie fanden mich am Ende sowieso. Auch diesmal. Aber das wusste ich erst, als ich in der Trainingshalle stand und Lady Augeni, die nach ihrer Rolle in der Prüfung ihren eigenen Unterricht fortsetzte, die Schüler auswählte, die das Gelernte der letzten Stunde vorzeigen sollten. Als mein Name ertönte, freute ich mich richtig. Ich wollte zeigen, was ich konnte und es war das erste Mal seit Wochen, dass ich mich in einer sicheren Umgebung austesten konnte. Naiv, nicht wahr? Motiviert trat ich nach vorn und blieb rechts neben Lady Augeni stehen, die mich mit einem Lächeln ansah.

Meine Freude verflog schlagartig, als meine Gegnerin mich angrinste und sich mir gegenüberstellte. Am liebsten hätte ich die Professorin verzweifelt angeschrien, weshalb sie mir das antat, oder dem miesen Miststück die Überheblichkeit aus dem Gesicht gewischt. Hunter und sie hatten bei den Prüfungen gefehlt. Hätten sie den restlichen Unterricht nicht auch schwänzen können? Dann hätte ich mir die Auseinandersetzung mit Nathalia, in deren Augen es mordlustig glitzerte, erspart. Aber es kam, wie es kommen musste. Lady Augeni hatte genau Nathalia als meine Übungspartnerin ausgesucht und der falschen Schlange somit die Möglichkeit gegeben, mich vor aller Augen zu verletzen. Ob die

Professorin eingreifen würde, bevor Nathalia mich umbrachte? Verzweifelt versuchte ich, Ruhe zu bewahren und mir meine Angst nicht anmerken zu lassen, obwohl jede Faser meines Körpers mir zuschrie wegzulaufen. Mir wurde schlagartig eiskalt und ich bewegte meine Finger, um den Blutfluss anzuregen, der in meinem Körper gestockt war. Wie ein Panther pirschte Nathalia an mich heran. Ihre Augen leuchteten belustigt und sie knackste mit den Fingerknöcheln, um mir den Kampf anzusagen. Das Geräusch hallte in meinem Kopf wider und jagte mir einen Schauer über den Rücken. Ich konnte es gar nicht richtig beschreiben. Es war laut, dumpf und hörte sich an, als würde jemand Äste zerbrechen. Einfach widerlich.
»Bereit?«, fragte Lady Augeni und hob die Hand, um uns das Startzeichen zu geben. Noch bevor die Professorin ihren Arm senkte, startete Nathalia und lief in einer rasenden Geschwindigkeit auf mich zu. Ich versuchte, tief durchzuatmen und meine Nerven zu beruhigen. Doch es gelang mir mehr schlecht als recht. Wenn das so weiterging, würde Nathalia mich überrollen, ohne dass ich mich nur einen Millimeter bewegt hatte. Fieberhaft stöberte ich in meinem Gedächtnis und versuchte zu erahnen, welche magischen Kräfte in meiner Gegnerin innewohnten. Aber ich erinnerte mich einfach nicht. Mein Gehirn war wie gelähmt. Oder hatte ich Nathalia vorher nie kämpfen sehen? Unmöglich! Sie hatte vor ein paar Wochen mit Lora das seitliche Täuschungsmanöver geübt, dabei musste sie doch ihre Fähigkeiten eingesetzt haben.
Ich spürte den Windstoß, den die falsche Bitch verursachte, als sie auf mich losstürmte und ich hörte das Scharren ihre Füße auf dem Hallenboden, der diesmal aus hartem Parkett bestand. Ich sah, wie sie zum Sprung ansetzte und ihr Bein anwinkelte. Ihr Mund war spöttisch verzogen und sie grinste siegessicher. Ich wusste, dass ich etwas tun sollte, einen Gegenangriff starten oder ausweichen, aber meine Füße waren wie festgeklebt. Sie rührten sich nicht und ich verspürte auch nicht den Drang, mich zu bewegen. Es war paradox. Ich sah die Gefahr auf mich zukommen, aber ich wollte

mich nicht zur Wehr setzen. Mein Selbsterhaltungstrieb schien sich verabschiedet zu haben und auf Ferien zu sein. Oder war es mir wirklich schon egal geworden, ob ich den morgigen Tag erlebte? Ein schrilles Lachen entfleuchte Nathalia und ich zuckte zusammen. Ich hatte Angst. Meine Beine zitterten, meine Hände waren schweißnass, meine nervöse Blase meldete sich und mein Mund war staubtrocken. Ein flaues Gefühl breitete sich in meinem Magen aus und ein stechender Schmerz zog sich durch meine Eingeweide. Hier stimmte etwas ganz und gar nicht. Aber ich wusste einfach nicht was. Je näher meine Gegnerin kam, desto stärker wurde das Gefühl. Fasziniert starrte ich auf Nathalias dünnen Körper, der auf mich zukam. Sie setzte zu einem Tritt in Magenhöhe an und holte schwungvoll aus. Noch bevor mich ihr Bein traf, wusste ich, dass es wehtun würde. Aber ich hatte nicht mit einer derartigen Wucht gerechnet. Zischend zog ich die Luft ein, als meine Magensäure meine Speiseröhre hinauf wanderte und ich den Geschmack nach der Suppe, die ich zum letzten Essen hatte, wieder im Mund schmecken konnte. Ein dumpfer Schmerz zog sich durch meinen Oberkörper und ließ mich würgen. Mir wurde schwarz vor Augen, aber es hielt nicht lange an. Trotzdem war es genug Zeit, für Nathalia aus meiner Sichtweite zu verschwinden. Panisch drehte ich mich im Kreis, was meine Übelkeit verschlimmerte. Tränen schossen in meine Augen und irgendwo in der Ferne konnte ich Hunter lachen hören. Seine Stimme klang tief und rau. Fast wie früher. Aber sie hatte einen höhnischen Unterton, der überhaupt nicht zu meinem Gemahl passte. Eine Gänsehaut breitete sich auf meinen Armen aus und ich schluckte schwer. Ein Kloß bildete sich in meinem Hals und Kummer machte sich in mir breit. Vereinzelt erklang lautes Kichern aus den Ecken der Halle, das von den ‚coolen' Mädchen kommen musste, die auch zum Sportunterricht Miniröcke und Lippenstift trugen. Sie waren die Elite, die ältesten Junghexen in St. Ghidora und seit neuestem Nathalias Freundinnen. Was für ein Zufall, oder? Selbst hatte ich sie noch nie kämpfen gesehen, aber sie verarschten jeden, der einen Kampf verlor. Heute würde ich wohl

ihr nächstes Ziel werden.
Ich versuchte, meine Mitschüler auszublenden, doch es gelang mir nicht. Meine Wangen liefen rot an und ich schämte mich in Grund und Boden. Ich war schwach. Wie ein kleines Häufchen Elend stand ich mit klopfendem Herzen da und ließ zu, dass Nathalia mich vor allen lächerlich machte. Während sie wieder in mein Sichtfeld trat, grinste sie mich hämisch an.
»Du kannst nur verlieren, Read. Ich gewinne immer«, sagte sie mit ihrer hellen Stimme, die in mir erneut einen Würgereiz hervorrief und einen Augenblick schien das Gefühl der Starre von meinem Körper abzufallen. Nur ganz kurz. Fast wie ein Funke. Aber es reichte, damit ich ein paar Schritte von der Bitch weggehen konnte. Mein ungutes Gefühl hatte in der Zwischenzeit seinen Höhepunkt erreicht und solange meine Glieder mir nicht gehorchten war es gut, so viel Abstand wie möglich zwischen die Irre und mich zu bringen. Egal was die hinterlistige Schlange mit mir machte, ich musste einen Weg finden, damit es aufhörte. Krampfhaft schlang ich meine Arme um meinen Bauch und drückte gegen meinen Bauchnabel, um wieder Herr meiner Sinne zu werden und meinen Mageninhalt nicht auf dem Boden der Halle zu verteilen. Schweiß perlte von meiner Stirn und kitzelte meine Schläfe. Meine Haare klebten an meinem Gesicht und meine Wangen waren dampfend heiß. Ich keuchte vor Anstrengung, aber ich schaffte es, einen Fuß vor den anderen zu setzen und die Hände zu Fäusten zu ballen.
»Gib einfach auf, Read! Niemand kann sich gegen mich verteidigen. Tara konnte es nicht und du wirst es auch nicht schaffen«, schrie sie mir zu und meine Lippen kräuselten sich. Taranee? Was hatte Tara damit zu tun?
Meine Gedanken rasten und mein Verstand überschlug sich. Ich legte die Stirn in Falten und kniff verzweifelt die Augen zusammen. Mein Herz klopfte gegen meine Rippen. Bumm – bumm – bumm. Das Geräusch beruhigte mich und half mir meine wirren Gedanken zu ordnen. Es würde mir nichts bringen, kopflos auf Nathalia loszugehen. Sie war eine Strategin. Jeder ihrer

Schachzüge war geplant. Egal ob es die Vergiftung von Hunter war, die über Wochen täglich vorbereitet werden musste, oder ihre kleinen Psychospielchen, die es ihr ermöglichten, in die Psyche ihrer Gegner einzudringen. Meine Pupillen weiteten sich. Schlagartig fiel es mir wie Schuppen von den Augen. Gedankenkontrolle. Lora hatte bei einer der Übungsstunden erwähnt, dass die falsche Schlange die Angriffe ihrer Gegner beeinflussen konnte, indem sie ihnen ihren Willen aufzwang. Aber was hatte das mit Tara zu tun? Sie hatte doch nicht etwa – Nein, das war sogar für Nathalia eine Spur zu grausam. Daran durfte ich gar nicht denken. Taranee war es schlecht gegangen. Sie hatte sich von mir betrogen gefühlt, während sie um ihre Freundinnen getrauert hatte, die sie ebenfalls belogen hatten. Sie hatte tagelang schlecht geschlafen, kaum gegessen und sich von allen zurückgezogen. Schon bevor sie Cassandras Tagebuch gelesen hatte. Es war der letzte Tropfen gewesen, der das Fass zum Überlaufen gebracht hatte. Die Anzeichen waren da gewesen, aber ich hatte sie nicht gesehen. Sie wollte sich umbringen, weil sie sich mutterseelenallein gefühlt hatte. Wie es für sie wohl gewesen war, das Gefühl zu haben, nicht mehr dazuzugehören und mehr tot als lebendig zu sein? Vieles in meinem Leben war Rabiana und Nathalia zu verdanken, aber an Taranees Selbstmordversuch konnte ich niemandem anderen als mir selbst die Schuld geben. Außer vielleicht Dir, Mel. Aber warum wurde ich dann das Gefühl nicht los, dass Tara das niemals von sich aus getan hätte. Ja, sie war traurig gewesen und schwach. Nein, das stimmte nicht ganz. Tara war nicht schwach gewesen. Ihr war viel passiert und sie hatte sich nie beschwert, obwohl sie nichts mit Rabiana zu tun gehabt hätte, wenn sie uns nicht kennengelernt hätte. Trotzdem hatte sie uns immer loyal zur Seite gestanden. Natürlich hatten wir uns gestritten, aber Taranee hätte auch diesmal nicht den einfachen Weg gewählt und sich in dem Wissen umgebracht, dass sie mich allein lassen würde mit dieser Freakshow, die aus einer rachsüchtigen Schlampe und einer mordlustigen Diktatorin bestand.

Fragend sah ich Nathalia an, die meine Gedankengänge verfolgt hatte und nun ihre Lippen zu einem Lächeln verzog, als wäre sie stolz auf meinen Geistesblitz. In ihren Iriden lag ein seltsames Glitzern und mit einem Mal war ich mir hundertprozentig sicher, dass sie Tara das angetan hatte. Meine Augen verengten sich zu Schlitzen und mein Mund klappte fassungslos auf. Ich konnte spüren, wie das Blut aus meinem Gesicht wich und ich blass wurde. Mir war eiskalt. Damit waren sie zu weit gegangen. Taranee hätte sterben können. Meine Nasenflügel blähten sich auf und ein unbändiger Zorn fraß sich in mein Herz. Meine Glieder fühlten sich schwer an und ich musste die Zähne zusammenbeißen, um nicht vor Schmerz aufzuschreien. Jede Bewegung jagte Schauer durch meinen Körper, als wollte eine Macht nicht, dass ich mich wehrte. Es war keine Macht – nur Nathalia – versuchte ich mir einzureden und kämpfte gegen den Drang in meinem Inneren, der mich zwang meine Gegenwehr fallenzulassen. Es pochte hinter meiner Stirn und mir wurde schwindelig. Ich hätte heute mehr trinken sollen. Ich war wahnsinnig durstig. Ein Brennen zog sich durch meine Kehle und ich schluckte zweimal. Obwohl jede Faser meines Körpers sich sträubte, drückte ich meinen Rücken durch und lockerte meine Wirbelsäule, die ein lautes Knirschen von sich gab, als Nathalias Magie von meinen Nerven abließ. Sie war unvorsichtig. Zu siegessicher. Und deshalb konzentrierte sie sich nicht richtig. Für sie war es ein Spiel, das sie meinte schon gewonnen hatte. Aber das würde ich nicht zulassen. Ich würde sie fertigmachen. Für Tara.

Meine Gegnerin schien von meinem inneren Kampf nichts mitzubekommen. Sie setze erneut zu einem Sprung an und zielte wieder auf meine Körpermitte. Siegessicher grinste sie, leckte sich über ihre Lippen und schloss die Augen. Ich fokussierte ihr Bein, konzentrierte mich auf die Geschwindigkeit ihres Angriffs und drehte mich im letzten Moment zur Seite, sodass Nathalias Fuß ins Leere trat. Mit einem lauten Knall fiel sie zu Boden und zischte wütend. Verdutzt schoss der Blick der verfluchten Bitch in meine Richtung und ihre Augen weiteten sich. Sie hatte wohl nicht erwartet, dass ich mich gegen ihren Zauber wehren könnte. Tja, falsch gedacht. Nathalia unterschätzte mich und das würde sie nun büßen. Sie war nicht die Einzige, die unfair kämpfen konnte. Ich fokussierte meine Gefühle, versuchte all den Hass, der in meinem Inneren lauerte, an die Oberfläche zu holen und ihn gegen das Miststück zu nutzen. Ich spürte, wie das Adrenalin durch meine Adern schoss, als Nathalia sich aufrappelte und sich blitzschnell zu mir umdrehte, sodass wir uns wieder in der Anfangsposition gegenüberstanden. Meine Handflächen wurden warm und meine Haut erhitzte sich. Das Feuer kribbelte in meinen Fingerspitzen, aber noch ließ ich es nicht aus mir herausbrechen. Meine Gegnerin raste wieder auf mich zu, aber diesmal grinste sie nicht. Ihre Augen waren konzentriert zusammengezogen, sodass zwischen ihren Augenbrauen eine Falte entstand. Je näher sie kam, desto langsamer wurden ihre Schritte. Ihre Pupillen bewegten sich hastig in die verschiedensten Richtungen, als würde sie nach einem Ausweg oder einer Angriffsmöglichkeit Ausschau halten. Ihr Verhalten verärgerte mich und schürte meinen Hass. Glaubte sie wirklich, dass ich zulassen würde, dass sie wegrannte oder diesen Kampf für sich entschied? Tara hätte sterben können, verdammt! Ein roter Schleier der Wut legte sich über meine Sicht, als ich mich an die dickflüssigen Blutstropfen erinnerte, die auf die Fliesen fielen und unförmige Flecken hinterließen, in die meine Mitbewohnerin getreten war, bevor sie die Kontrolle über ihren zierlichen Körper verloren hatte, sodass ihre Fußabdrücke den Boden verzierten. Es hatte ausgesehen wie ein gruseliges Bild. Ich hatte noch ihr Wimmern im Ohr, das sie den ganzen Weg von unserem Zimmer zur Krankenstation von sich gegeben hatte. Sogar ihre blasse, kalte Haut an meinen Armen konnte ich noch fühlen und ich roch noch das Shampoo ihrer Haare, die mir zusammen mit meinen Tränen die Sicht versperrt hatten.

Nun ging alles ganz schnell. Keine Hemmungen, keine Regeln und kein ‚Sie-könnte-sterben' hielt mich davon ab, meine Gegnerin mit allen Mitteln auszuschalten. Mit dem Bild meiner blutenden Mitbewohnerin vor Augen rannte ich los, sodass ich mit Nathalia zusammenstieß. Zu zweit fielen wir auf den harten Boden. Panik flackerte in den Augen der hinterlistigen Schlange auf, als sie meinen Blick erwiderte. Der Moment dauerte nur einen Sekundenbruchteil. Ich packte das Miststück und pinnte sie auf das Parkett, das unter unserem Gewicht knarrte. Mein unbändiger Zorn explodierte in meinem Inneren und entflammte das Feuer in mir. Das Gefühl der Hitze breitete sich über meinen ganzen Körper aus. Mein Atem kam stoßweise und ich spürte, wie Nathalia ihre Fingernägel in meine Haut bohrte, um sich von meinem Griff zu befreien. Sie riss und zerrte an meinem Oberteil, doch ich hielt sie eisern fest. Ein brausendes, loderndes Geräusch diente als kurze Vorwarnung, bevor die Flammen aus meinen Handflächen schossen und Nathalia unter mir anfing zu schreien. Laut drangen ihre Schreie an mein Ohr. Sie klangen unmenschlich, wie von einem sterbenden Tier, das von einem Bären zerfetzt wurde. Ob ich sie einfach verbrennen könnte, bis von ihr nichts mehr übrig war als verkohlte Körperglieder, die aussahen wie Holz? Ihre Leiche wäre für immer bis zur Unkenntlichkeit verstümmelt. So hässlich von außen wie von innen. Passend, oder nicht?

Schweiß rann von meiner Nasenspitze, als die Rauchschwaden aufstiegen und meine Sicht verschwamm. Nathalia wehrte sich aus Leibeskräften und schaffte es, eine Hand loszureißen, um mir ins Gesicht zu schlagen. Ich war nur einen Augenblick durch den Schmerz in meiner pochenden Wange abgelenkt, aber es reichte meiner Gegnerin, um mich von sich zu schubsen und wieder auf die Beine zu kommen. Ihr T-Shirt hing wie ein Fetzen an ihrem Körper hinab und auch ihr BH war leicht angekokelt. Sie fuhr sich mit ihrer zitternden Hand durch die zerzausten Haare und schluckte sichtlich. Sie war blass und atmete hektisch. Ob ihr Herz raste? Mir gefiel die Angst in ihren Augen. War ich deshalb ein schlechter Mensch? Wahrscheinlich, aber damals war mir dieser Gedanke egal, Mel. Ich wollte sie bluten sehen, genau wie Tara geblutet hatte. Sie sollte für ihre Taten büßen.

Nathalia stützte sich an der Wand ab und versuchte wieder zu

Atem zu kommen. Irgendwo in der Ferne hörte ich Lady Augeni pfeifen. Die Professorin wollte den Kampf beenden, aber ich war noch lange nicht fertig. Ich erhob mich, während ich mich immer noch meine Gegnerin fokussierte, und legte die Hand auf den Boden. Ich setzte ein Grinsen auf und strahlte übers ganze Gesicht, als das billige Holz entflammte und sich bis zu Nathalia ausweitete. Die Flammen wuchsen zu ungewöhnlicher Größe an und ich hustete stark, weil der Ruß in meinem Hals brannte. Der Rauch vernebelte den Raum, aber ich sah gerade noch genug, um zu beobachten, wie der Grund unter meiner Gegnerin in Flammen aufging. Sie geriet aus dem Gleichgewicht und knallte gegen die Wand. Die Mauer begann zu bröckeln und ein schreckliches Durcheinander entstand. Obwohl Nathalia Schutz vor dem Brand suchte, roch ich verbranntes Fleisch und sah, wie der Feuersturm sie in die Knie zwang. Inmitten der Flammen würgte sie und Tränen liefen über ihre Wangen. Ihre Haarspitzen fingen Feuer und ihre Haut färbte sich aufgrund der Hitze rot. Blasen entstanden auf ihren Armen und ihrem Gesicht. Ich ergötzte mich an ihrem Leid. In mir war eine noch nie da gewesene Zufriedenheit. Ich wollte das. Ich wollte, dass sie litt. Ein letztes Mal schnappte Nathalia nach Luft, bevor sie einen Hustenanfall bekam und ihre Schreie verstummten. Ihr Körper bäumte sich auf und eine der Blasen platzte auf, sodass eine weißliche Flüssigkeit über ihren Ellbogen rann. Ihre Gliedmaßen bebten und ihre Lippen öffneten sich leicht, als würde sie etwas sagen wollen.

Erwartungsvoll beugte ich mich ein Stück nach vorne, um eine bessere Sicht auf ihre braunen Haare zu haben, die bis zu ihren Schultern abgebrannt waren und in Kürze würde das Feuer auch ihre Kopfhaut erreichen. Wie in Trance beobachtete ich die Flammen, wie sie sich Millimeter für Millimeter nach oben arbeiteten. Nathalias Augen waren schreckgeweitet und ihre Gesichtszüge schmerzvoll verzogen. Wo war jetzt ihr irres Lachen? Ich weiß, was Du jetzt denkst, Mel. Und Du hast recht. Zu diesem Zeitpunkt war ich die Irre.

Eine Stichflamme erfasste Nathalia und – plötzlich verschwand das

Feuer. Ein knarrendes Geräusch erklang und die Mauer zum Trainingsraum wurde gewaltsam von außen durchbrochen. Das merkwürdige Gefühl der Befriedigung in meinem Inneren verschwand und ließ eine seltsame Leere zurück. Was hatte ich getan? Warum hatte mich niemand aufgehalten? Das Miststück, das nun alles andere als böse wirkte, lag verwundet auf dem verkohlten Boden. Lady Augeni war über sie gebeugt und Hunter hielt ihre Hand, wobei er darauf achtete, keine der gefüllten Blasen zu berühren. Regan stand in der Pforte zum Gang und besah mit geweiteten Pupillen das Schlachtfeld. Ihre Haare waren zu einem Dutt zusammengebunden, aus dem einige Strähnen herausragten, und Tränenspuren waren in ihrem Gesicht zu erkennen. Was war passiert?

»Alles in Ordnung?«, formte sie mit ihrem Mund und musterte mich. Obwohl mein Aussehen, der Schweiß auf meiner Stirn, die Wut in meinem Gesicht und der Schock in meinen Augen Bände sprach, nickte ich zaghaft. Meine Gefühlswelt, die in sich zusammenbrach, war mit Sicherheit nicht halb so wichtig wie Regans Neuigkeiten. Fragend sah ich die frühere Freundin meiner Mutter an, doch sie biss nur die Zähne zusammen und schüttelte den Kopf.

»Lady Augeni, brauchen Sie Unterstützung?«, wollte Regan von ihrer Kollegin wissen und ging in Nathalias Richtung. Meine Widersacherin rührte sich nicht und ein schlechtes Gewissen machte sich in mir breit. Sie war ein Miststück, aber das hatte ich nicht gewollt.

»Nein. Nur eine kleine Übungseinheit, die außer Kontrolle geraten ist. Heilerin Lucande wird sich um die Verbrennungen kümmern«, erwiderte die kahlköpfige Professorin monoton. Diese Frau schien einfach gar nichts aus der Reserve zu locken.

»Heilerin Lucande ist nur für die Mitglieder des Rats zuständig, da ihre Heilkräfte sie einen hohen Preis kosten«, warf Regan ein. Obwohl ihre Stimme noch genauso hell klang, wusste ich, dass sie dagegen war, dass Nathalia von dieser Ärztin behandelt wurde. Ich wusste nicht warum, aber das Glitzern in ihren Pupillen verriet sie.

»Rabiana persönlich hat es angeordnet, sollte Miss Nightwood je verletzt werden«, antwortete Lady Augeni und für sie war die Diskussion damit beendet. Sie schulterte mit Hunters Hilfe Nathalias Körper und verschwand von der Bildfläche, gefolgt von den verwirrten Blicken meiner Mitschüler.

»Interessant, oder?«, murmelte jemand in meinen Nacken und schlang einen Arm um meine Taille, sodass ich mich nicht mehr bewegen konnte.

»Sehr eigenartig, dass Rabiana ihre beste Anhängerin zu ihrer Heilerin schickt. Wusstest du, dass Lucande die Verletzungen und Schmerzen ihrer Patienten übernehmen kann? In nicht einmal einer Stunde wird dein Werk zunichtegemacht sein«, fuhr die Stimme fort und ich bekam eine Gänsehaut. Die arme Frau musste nun meinetwegen leiden. Nathalia hatte es wenigstens verdient. Aber die Heilerin hatte nichts getan.

»War übrigens hübsch anzusehen. Lady Augeni wäre der Schlange gern zu Hilfe geeilt, aber noch bevor sie Nathalia erreicht hatte, hattest du euch mithilfe des Feuers eingekreist. Du hättest das Gesicht der Professorin sehen sollen. Wenn Regan nicht gekommen wäre, hättest du es wirklich zu Ende bringen können.«

Mir wurde schlecht. Jeremys Stimme klang euphorisch, aber mich ängstigten seine Worte. War ich wirklich in der Lage jemanden umzubringen?

»Was willst du von mir?«, fragte ich zischend und stieß seinen Arm von meiner Hüfte.

»Ich habe eine Nachricht für dich«, antwortete er und setzte ein betont freundliches Lächeln auf.

»Von Mel?«, fragte ich sarkastisch und rollte mit den Augen. Als hätte ich nicht schon genug Probleme. Ich konnte mich nicht auch noch mit Hirngespinsten befassen.

»Nein. Von Tara. Ich war bei ihr, nachdem ich von ihrem Selbstmordversuch gehört habe. Ich konnte nicht glauben, dass sie das getan hat, deshalb wollte ich mich selbst überzeugen. Sie hat ziemlich wirres Zeug geredet, aber ich glaube nicht, dass sie wirklich sterben wollte.«

Sein Blick wurde traurig und ich bereute meine Worte sofort. Ich sollte meinen Schmerz nicht an Menschen auslassen, die nicht für meine Stimmungsschwankungen verantwortlich waren.
»Nathalia. Sie hat Tara das angetan und es mehr oder weniger freiwillig zugegeben«, murmelte ich und verschränkte die Arme vor der Brust, als ich mich zu ihm umdrehte. »Danke, dass du mich davon überzeugen wolltest«, meinte ich und setzte ein Lächeln auf.
»Das wollte ich gar nicht«, sagte er verlegen und kratzte sich am Hinterkopf. »Sie ist zwar sauer auf dich und kann nicht von der Krankenstation weg, aber ich soll dir etwas ausrichten.«
Verwirrt sah ich ihn an. Dass Taranee mir noch nicht vergeben würde, war mir klar. Aber was war so wichtig, dass sie jemanden schickte, von dem wir nicht wussten, ob wir ihm vertrauen konnten?
»Was?«, fragte ich und sah mich um, ob niemand unser Gespräch belauschte. Göttin sei Dank waren alle noch mit der Verarbeitung der Ereignisse oder dem Wegräumen der Holzstücke, die vom Boden abgesplittert waren, beschäftigt.
»Sie sagte, egal was Regan sagt, du sollst dem nicht Folge leisten und dass du sterben würdest, solltest du die Wiese betreten. Es war alles ein wenig wirr. Irgendwas von einer Vision und Raben, die vom Himmel fallen. Vielleicht stand sie auch einfach unter zu vielen Medikamenten. Jedenfalls musste ich gehen, bevor sie mir mehr erklären konnte, weil ihre zickige Bettnachbarin mich zum Teufel schicken wollte«, erwiderte er und kräuselte die Lippen, als wäre es ihm peinlich, mir nicht noch mehr sagen zu können. Aber mehr brauchte es gar nicht. Die Vision von dem Park und Hunter, der auf mich zukam, hatten sich mir ins Gedächtnis gebrannt. Warum sollte ich freiwillig dorthin gehen? Ich müsste schon sehr lebensmüde sein, um das Schicksal derart herauszufordern.
»Der Unterricht ist für heute beendet. Wer fertig ist, findet sich sofort im Astra-Park ein. Auf Anweisung der neuen Schulleiterin Rabiana Deroux haben alle Schüler an der Hinrichtung von Enyo Terrent teilzunehmen. Das Urteil ist gefallen.«
Regans Stimme brach und erneut rannen Tränen ihre Wangen

hinab, während sie mich bedeutungsschwer ansah.
Streich das, Mel! Ich würde diese Wiese doch freiwillig betreten, um Rabiana aufzuhalten. Koste es, was es wolle.
Deine Read

Stunde der Wahrheit

Liebe Mel!
Mir war nie klar, warum sich im Krieg viele dem Glauben zuwandten. Ich verstand einfach nicht, wie aus jemandem, der nie an höhere Mächte geglaubt, sie sogar als Einbildung der Menschen abgestempelt hatte, ein streng Gläubiger werden konnte. Aber in dem Moment, als ich über die Wiese lief, gefolgt von vielen anderen Schülern, hatte ich das dringende Bedürfnis zu beten. Für meine Freunde, die Direktorin und für Hunter. Nur an mich selbst dachte ich nicht. Keine Sekunde stoppten meine Füße, obwohl ich den Ort von Taras Vision sofort wiedererkannte. Es fehlten die Raben, die vielen in Schwarz gekleideten Personen und Nathalia in ihrem unverschämt bezaubernden Kleid, aber es war das gleiche satte Gras, das sich über die gesamte Parkfläche erstreckte, und der gleiche Thron, der vor einem aufgebauten Podest stand, auf dem die restlichen Ratsmitglieder hitzig diskutierten. Regan stand bei ihnen, aber sie sagte nichts. Ihr ausdrucksloser Blick ging ins Leere, auch wenn ich ihr das nicht verübeln konnte, sobald ich Terrent entdeckte. Die Schulleiterin, na ja jetzt wohl vielmehr ehemalige Schulleiterin, kniete auf der Bühne und sah mich mit schreckgeweiteten Augen an. Kurz verzog sie flehend die

Gesichtszüge und deutete ein Kopfschütteln an. Ihre Haut war schneeweiß, doch sie schien keine Angst zu haben. Sie zitterte nicht und spielte auch nicht nervös mit ihren Fingern, die dank der Handfesseln aneinandergedrückt wurden. Sie wollte nicht, dass ich hier war. Also hatte ich recht. Es war eine Falle. Aber was sollte ich tun? Einfach gehen, ohne zu versuchen, der Freundin meiner Mutter zu helfen? Ausgeschlossen! Deshalb pirschte ich mich näher an das Podest heran, um das Gespräch der Ratsmitglieder mit anzuhören. Vielleicht konnte ich ein paar von ihnen überzeugen und sie dazu bringen, die Strafe aufzuheben oder zu verändern, sodass Terrent nicht sterben musste.

»Schwester, das ist unrecht. Wir können nicht mit Gewissheit sagen, dass sie es getan hat. Das ist Mord. Nicht mehr und nicht weniger. Lasst uns mehr Sitzungen abhalten, um die Wahrheit herauszufinden. Alles andere wäre übereilt«, sagte Sulpicia, die trotz ihres Alters eine kraftvolle Stimme besaß. Ihre Worte waren wie Balsam für meine Seele. Mit etwas Glück würde sie die Meinung der restlichen Ratsmitglieder ändern können. Aber das war nicht der einzige Grund, weshalb ich lächeln musste. Ich hatte wieder ein Mitglied des Rats gefunden, das nicht in Rabianas Team spielte. Sonst würde sie doch nicht versuchen, die Hinrichtung zu verhindern, oder?

»Wir haben ihre magische Signatur auf dem Giftfläschchen gefunden. Welche Hinweise brauchst du noch, Schwester? Ein Geständnis? Darauf können wir ewig warten. Diese Frau ist zu stur, um einen Fehler zuzugeben«, behauptete Augusta, die mit Sicherheit eine Anhängerin der Ratsvorsitzenden war. Nicht nur ihr Verhalten machte das deutlich, sondern auch der eingestickte Rabe auf ihrer lächerlich farbigen Robe.

»Stur oder nicht, es bleibt unrecht. Das Fläschchen lag seit Jahren im Tempel der Göttin. Jeder hätte es manipulieren können. Damals haben wir die Signatur nicht gefunden. Wie erklärst du dir diesen Umstand, Schwester? Wir sind dank der Hexenverfolgungen schon so wenige Hexen auf der Welt, dass wir es uns nicht leisten können, eine begabte und gleichermaßen angesehene Hexe zu

vernichten aufgrund eines Verdachts, der nicht aussagekräftig untermauert werden konnte«, gab die Alte zu bedenken und ließ ihren Blick übers Gelände schweifen, weshalb ich mich in den Schatten, den die große Bühne warf, drückte, um nicht gesehen zu werden.
»Die Entscheidung ist gefallen! Es ist zu spät, um es jetzt noch aufzuhalten, Schwester.«, beharrte Augusta und wurde von ihren Kolleginnen bestärkt. Einige nickten nur, andere legten Rabianas Anhängerin die Hand auf die Schulter. Sie schienen alle einer Meinung zu sein: Terrent musste sterben. Woher ihr blinder Hass auf die Schulleiterin kam? Ich wusste es nicht, aber ich wusste, dass ich mit Reden nichts bewirken konnte. Wenn selbst ein anderes Ratsmitglied es nicht schaffte, die Hexen zu überzeugen, würde ich es als jugendliche Schülerin, die sie nur bei einer Gerichtsverhandlung kennengelernt hatten, auch nicht schaffen. Aber nicht nur ich schien mir einzugestehen, den Kampf verloren zu haben. Auch Sulpicia kniff die Augen zusammen, um zu signalisieren, dass ihr der Ausgang der Situation gar nicht passte. Sie trat einen Schritt zurück, sodass sie nicht mehr im Kreis der Ratsmitglieder stand und erhob erneut das Wort: »Es gilt zu helfen und zu schützen, zu ehren und zu bewahren, alle Hexen, die der Göttin wohlgesonnen. Ich schwöre feierlich zu tun, was ich will, solange es niemandem schadet. Nicht mir und keinem anderen Geschöpf der Göttin. Ich schwöre die magische Gemeinde zu leiten und Junghexen auf ihren Weg zu bringen. Ich schwöre für immer mein Leben dem Rat zu verschreiben und alles zu tun, um die Existenz jedes Einzelnen zu schützen. Ab dem heutigen Tage bis zu meinem letzten werde ich ein Ratsmitglied sein, um zu beschützen, was am wichtigsten ist.«
Ihre Augen blickten weit in die Ferne, während sie sprach und ihre Hände waren in den Himmel erhoben.
»Der Leitspruch der Ratsmitglieder, Schwestern«, erinnerte sie und ein trauriges Lächeln zierte ihre Lippen. »Doch am heutigen Tage verstoßt ihr gegen unser aller Gelübde. Ich bin nicht bereit, diesen Mord zu begehen. Göttin vergib mir, denn auch ich werde gegen

mein Versprechen handeln, um in meinen Augen das Richtige zu tun. Ich werde kein Ratsmitglied mehr sein.«

Ich sah, wie einige Hexen verblüfft die Hand vor den Mund hielten und ihre Pupillen sich weiteten. Die Luft um uns schien schwerer zu werden, fast schon erdrückend, und ich hörte den Wind, der kontinuierlich stärker wurde, durch die Gegend heulen. Es war, als ob Diana persönlich um den Verlust ihres Ratsmitglieds weinen würde. Eine Gänsehaut bildete sich auf meinen Armen. Etwas Großes passierte gerade. Das wusste ich. Deshalb wollte ich keine Sekunde verpassen und lehnte mich unvorsichtig aus dem Schatten. Aber ich hatte Glück. Die Einzige, die mich zu bemerken schien, war die alte Hexe mit den grauen Haaren, die in der Luft umherwirbelten. Ihre Augen nahmen einen seltsamen Schimmer an und plötzlich wirkte es, als würde der Sturm nachlassen.

»Nun können nur noch die Würdigen unter euch meine Hilfe erwarten. Diejenigen unter euch, die wirklich am Pfad der Göttin wandern und die Hexengemeinschaft stärken, anstatt sie zu zerstören«, sagte sie entschieden und ein greller Blitz schoss vom Himmel, der die alte Dame traf. Kurz verschwamm meine Sicht, und als sie sich wieder klärte, war Sulpicia wie vom Erdboden verschluckt. Sie hatte sich in einer riesigen Rauchwolke aufgelöst. Geschockt starrte ich auf die Stelle, an der das Ex-Ratsmitglied gestanden hatte und biss die Zähne zusammen, um den überraschten Laut, der meine Kehle hinaufkroch, zu unterdrücken. Danach geschah alles ganz schnell. Rabiana, die auf dem Thron in der Nähe gesessen hatte, ging auf die Ratsmitglieder, die sich wie ferngesteuert in einer Stirnreihe aufstellten, zu und begab sich neben die frühere Schulleiterin, die das Kinn reckte und in die Richtung der Ratsvorsitzenden spuckte, die ihr eine Haarsträhne zärtlich aus dem Gesicht strich. Rabiana sagte etwas, dass ich nicht verstehen konnte, aber es war auch nicht wichtig. Terrent verzog angewidert den Mund, weshalb ich mir vorstellen konnte, dass die Ratsvorsitzende sie beleidigt hatte. Um mich herum versammelten sich die Schüler, die komplett aus dem Konzept gebracht worden waren. Einige weinten, andere schrien aufgeregt durcheinander.

Niemand konnte glauben, was hier geschehen war und noch geschehen würde. Noch nie in all den Jahren hatte ein Ratsmitglied abgedankt. Sie starben auf ihrem Posten. Immer. Bis zum heutigen Tag. Und die Tatsache, dass der Rat sich uneinig war, verunsicherte die Schüler weiter. Sie fragten sich, ob der Tod der Direktorin rechtens war, und wenn nicht, weshalb sie verurteilt worden war. Niemand konnte sich das erklären, außer mir. Ich hätte mich auf die Bühne wagen und etwas sagen sollen, um die Schüler zu beruhigen und Terrent Mut zuzusprechen. Oder ich hätte mit dem Finger vor aller Augen auf Rabiana zeigen können und sie für ihre Verbrechen anzuklagen. Aber ich konnte mich nicht bewegen. Ich konnte nur in diese strahlend grünen Augen sehen, in denen Tränen schimmerten. Obwohl das nicht ganz stimmte. Ihre Augen waren nicht einfach grün. Sie waren eine Mischung aus der Farbe von sattem Gras und frischer Minze, aber an den Rändern, wo die Pupille in die Iris überging, hatten sie einen leichten Braunstich, der sich wie ein Ring um ihre Sehnerven legte. Warum war mir das nie aufgefallen?

»Read? Read!«, hörte ich Alex in der Ferne meinen Namen schreien, aber ich beachtete sie nicht. Ich war zu gebannt von Enyos Blick, der meinen festhielt. Ihre Lippen versuchten etwas zu formen, doch ich konnte sie unmöglich verstehen. Nicht von dem Punkt aus, auf dem ich stand. Was konnte so wichtig sein, dass es wert war dafür zu sterben?

»Read! Verdammt, es ist wichtig«, fluchte Alexandra wieder. Diesmal klang ihre Stimme näher. Aber auch jetzt war ich nicht fähig ihr zu antworten und mich vom Anblick der Direktorin abzuwenden. Schweiß stand ihr auf der Stirn und ihre roten Locken wirbelten um ihr Gesicht, als sie den Kopf nach vorne beugte und ihre Stirn gen Boden neigte. Ihre Schultern sackten zusammen und ihr Körper schien in sich zusammenzufallen. Sie gab auf. Nach all den Jahren der Gegenwehr gab sie einfach auf. Verzweifelt beobachtete ich, wie ein schwarzangezogener Mann hinter sie trat und ihr die Hände in den Schoß drückte, während er ihr Genick von der roten Haarpracht befreite. Ich nahm wahr, wie

sich einige Schüler wegdrehten, um das Folgende nicht sehen zu müssen, und sah, wie Regans starres Gesicht auftaute und sich die ersten Tränen über ihre Wangen bahnten, ohne dass sie es verhindern konnte. Sie wollte für mich stark wirken. Aber das musste sie gar nicht. Ich wusste, wie sie sich fühlte. Genau so war es mir in der Sekunde Deines Todes gegangen.
Ich wollte nicht, dass sie das durchmachen musste. Hatten wir nicht schon genug gelitten? Ich gab mein geschütztes Versteck auf und rannte auf die Bühne. All die unterdrückte Wut brach unaufhaltsam auf mich ein und sorgte dafür, dass ich eine wandelnde Zeitbombe wurde. Es war töricht. Das wusste ich jetzt. Aber in diesem Augenblick war mir alles egal. Sollten die Ratsmitglieder mich für unzurechnungsfähig und labil halten. Dann nahmen sie mir den Thron eben weg und jemand anderer musste die Hexengemeinde regieren. Solange es nicht Rabiana war, konnte ich gut damit leben. Aber ich konnte Terrent nicht einfach sterben lassen. Wie von selbst setzten sich meine Beine in Bewegung und steuerten auf den Henker zu, der mich nicht zu bemerken schien. Natürlich hätte ich einen Feuerball auf ihn schleudern, ihn töten und somit verhindern können, dass er die Direktorin umbrachte. Doch dann wäre ich nicht besser als Rabiana gewesen. Er machte seinen Job. Ihm wurde vom Rat befohlen die Hinrichtung durchzuführen. Wie alle anderen war er nur ein Werkzeug der Ratsvorsitzenden. Deshalb rannte ich, so schnell ich konnte, um ihn aufzuhalten. Ich wusste nicht, was ich getan hätte, wenn ich ihn erreicht hätte. Vielleicht hätte ich ihm das Beil aus der Hand gerissen und wäre weggelaufen. Oder ich hätte die ehemalige Schulleiterin hinter mir hergezogen und wäre mit ihr an einen Ort geflüchtet, an dem sie niemand je gefunden hätte. Aber ich kam zu spät, Mel. Genau wie bei Dir konnte ich nichts tun außer zuzusehen, wie Terrent ein letztes Mal den Kopf hob und mir zulächelte, bevor die Klinge durch ihren Hals glitt und dickflüssiges Blut zuerst auf den Boden der Bühne und dann auf die Erde tropfte, während ihr abgetrennter Kopf mit einem dumpfen Geräusch von ihrem Körper fiel, als gehörte er nicht

mehr zu ihr. Genau genommen tat er das auch nicht mehr. Ich hörte Regan laut wimmern und unterdrückte einen Schrei, der bereits in meinem Hals kratzte. Schockiert starrte ich mit offenem Mund auf die Szene. Abrupt blieb ich stehen und starrte in die weit aufgerissenen Augen der Toten, die in die Leere blickten. In meinem Kopf drehte sich alles und meine Unterlippe zitterte verdächtig. Nicht weinen! Ich durfte auf keinen Fall weinen. Nicht jetzt. Wenn alles vorbei war und ich in meinem Bett lag, konnte ich mir immer noch die Seele aus dem Leib schreien und meine Augen in Wasserfälle verwandeln.

»Wieso? WIESO?«, schrie Regan hysterisch und sah Rabiana anklagend entgegen, während sie wütend auf die Ratsvorsitzende zulief. Ihre Hände waren zu Fäusten geballt und ihr ganzer Körper zitterte wie Espenlaub. Doch das bekam ich kaum mit. Die Kopfschmerzen in meinen Schläfen wurden schlimmer und ein unangenehmer Druck baute sich in meinem Kopf auf. Aber das hielt mich nicht davon ab Regan anzusehen, sondern der Anblick, der sich mir bot. Ich war fasziniert von der schaurig-schönen Szene. Die roten Haare der Ermordeten klebten in ihrem eigenen Blut und waren in alle Richtungen am Boden verteilt. Ihre Haut war an einigen Stellen blass, aber ihr Gesicht war noch schön rosig, als wäre sie gerade vom Schneemann bauen zurück ins Haus gelaufen. Ihr Körper lag zusammengesunken auf den Brettern der Bühne, als wäre jegliche Anspannung aus ihren Muskeln gewichen, während ihr Blut durch die Rillen der Nägel sickerte und das satte Gras rot färbte. Es war gruselig und gleichzeitig wunderschön anzusehen.

»Schwester, beruhige dich!«, fauchte ein Ratsmitglied, dessen Stimme ich nicht genau einordnen konnte, Regan an und hielt sie an den Armen fest, während die frühere Freundin meiner Mutter immer noch schrie wie am Spieß. Aber es war mir auch egal, welche von ihnen Regan in ihrem Zerstörungswahn stoppte. Vom Rat konnte ich keine Hilfe mehr erwarten. Sulpicia war weg und Regan war nicht in der Verfassung mich zu unterstützen. Der Rest war auf Rabianas Seite und sah mir misstrauisch entgegen. Ich

stand für alle Augen sichtbar auf dem Podest und wandte meinen Blick nun ebenfalls der Quelle allen Übels zu, die das Zepter in ihrer Hand hob und auf mich zeigte.
»Stimmt etwas nicht?«, fragte sie falsch und lächelte mich zuckersüß an. Ich hätte kotzen können, Mel. Aber ich hielt mich zurück und stemmte die Hände in die Hüften, um Stärke zu signalisieren. Die Schüler um uns herum weinten, schluchzten und umarmten sich, um sich Trost zu spenden. Regan waren die Sicherungen durchgebrannt und wütete gegen ihre Kolleginnen. Von meinen Freunden war indes weit und breit niemand zu sehen. Wo war Jeremy abgeblieben? Sie alle wussten nicht, in welcher Gefahr sie sich befanden. Aber ich wusste es und deshalb musste ich für sie stark sein. Egal was Rabiana geplant hatte und wovor Taras Vision mich warnen wollte, ich musste meine Mitschüler beschützen. Sie waren die Hexengeneration von morgen und ohne sie wäre der Krieg nur noch eine Frage der Zeit. Oder würde Rabiana einfach so lange Schüler töten, bis der Rest ihr aus Angst freiwillig folgte?
»Es gibt vieles, was hier nicht stimmt«, war alles, was ich erwiderte und konzentrierte mich auf jede kleine Bewegung meiner Gegnerin. Doch sie blieb einfach still sitzen und lächelte vor sich hin, als hätte sie nicht gerade dafür gesorgt, dass ein Hexenleben beendet wurde. Wie konnte man so kalt sein? Sie hatte Terrent gekannt! Sie kannte Regan! Und sie kannte viele der Schüler, die wie auf einer Schlachtbank auf ihr Ende warteten! Wie konnte sie das verantworten? Konnte sie überhaupt noch in den Spiegel sehen?
»Du hast recht, Read. Es wird wohl Zeit, dass wir unerwünschte Fehler ausbügeln«, murmelte sie und verzog gehässig das Gesicht, als Nathalia hinter sie trat. Die Anhängerin der Verrückten war noch blass, aber von unserem Kampf war nichts mehr zu sehen. Sie war absolut unversehrt. Selbst ihre Haare, die ich größtenteils abgefackelt hatte, waren wieder auf ihre volle Länge nachgewachsen und stilvoll nach oben gesteckt. Sie trug ein rotes Abendkleid, das sich sanft im Wind bewegte und mich verstörend

an das Blut von Terrent erinnerte. Ihre Augen strahlten fröhlich und auch sie lächelte mich an. Mir drehte es den Magen um. Die arme, unschuldige Heilerin! Was hatte ich getan? Ein flaues Gefühl breitete sich in mir aus und hinter meiner Stirn wurde das Pochen stärker.
»Read!«, hörte ich wieder Alex´ Stimme. Dieses Mal weiter entfernt. Sie war mir also nicht auf die Bühne gefolgt. Wenigstens war sie somit aus der Gefahrenzone. Fürs Erste.
Ich wollte ihr antworten, Mel. Aber ich konnte nicht, obwohl ich den dringlichen Unterton vernahm, der mein Innerstes sofort panisch werden ließ. Meine Sicht verschwamm, nicht wegen der Tränen, die sich in meinen Augen gebildet hatten, ohne dass ich es verhindern konnte, sondern weil der Schmerz hinter meiner Stirn unaufhörlich gegen meinen Knochen schlug. War das eine Panikattacke? Es war fast so, als würden meine eigenen Gedanken meinen Schädel auseinanderbrechen wollen. Ich presste meine Finger gegen meine Schläfen, um bei Sinnen zu bleiben. Meine Augen brannten und es fiel mir schwer zu atmen. Röchelnd schnappte ich nach Luft, zog gierig den Sauerstoff in meinen Lungen und massierte meine Brust, in der mein Herz raste. Ein Stich zog sich durch meinen ganzen Körper und plötzlich verschwand der Schmerz. Nicht ganz, ich konnte ihn immer noch in einer der hintersten Ecken meines Gehirns fühlen, aber es war nur noch ein leichtes Brummen. Fast als wären die Flammen erstickt worden und hätten nur den Rauch hinterlassen. Und dann sah ich mich von einer Sekunde auf die andere selbst. Ich sah, wie ich panisch den Kopf hob und mich in der Gegend umsah, ohne wirklich etwas sehen zu können. Und ich sah, wie ich meine Stirn runzelte, die Lippen zu einem Strich verzog und meine Hand von der Brust nahm, um meine Augen vor der Sonne abzuschirmen. Ich versuchte, ein paar Mal zu blinzeln, aber ich starrte immer noch in meine eigenen grünen Augen, die mir verwirrt entgegenblickten und deren Augenlider sich keinen Millimeter bewegten.
»Nehmt die Verräter fest! Sie wollten einer Verurteilten helfen zu

entkommen«, sagte Nathalia eisig und ich brauchte einen Moment, um zu realisieren, dass sie Regan und mich meinte. Ich konnte beobachten, wie einige schwarz gekleidete Männer aus den Reihen der Schüler hervor und auf mich zu traten. Einige von ihnen waren bewaffnet, doch Regan leistete keinen Widerstand. Sie sank in sich selbst zusammen und ließ zu, dass einer der Männer sie hochhob und wegtrug. Keine Gegenwehr. Hatte sie schon aufgegeben? Würde Rabiana jetzt gewinnen? Tränen liefen über ihre Wangen und sie schrie. Laut und schrill. Ihre Schreie gingen mir durch Mark und Bein. Sie klang traurig, verletzt, sterbend. Ob sie sich so fühlte, als wäre ein wichtiger Teil ihres Lebens mit der Schulleiterin gestorben? Wahrscheinlich. Doch wie hätte ich ihr helfen sollen? In meiner Position konnte ich gar nichts tun. Vielleicht, wenn ich in meinem eigenen Körper gewesen wäre und mein Kopf mich nicht beinahe umgebracht hätte, wäre ich zu ihr gelaufen und hätte jeden abgefackelt, um sie zu beschützen. Aber so konnte ich überhaupt nichts tun, als zuzusehen, wie sie gepackt und über die Schulter eines Mannes geworfen wurde. Wohin sie das verschmähte Ratsmitglied wohl brachten? Sicher nicht in ein Fünf-Sterne-Hotel an einem warmen, sonnigen Ort. Ob sie ebenfalls eine gelinkte Verhandlung mit einer anschließenden Hinrichtung bekommen würde? Oder hatte Rabiana etwas anderes geplant? Die Zeit würde es zeigen, aber im Moment konnte ich nichts für sie tun, um sie zu retten. Ich selbst wurde von den Männern eingekreist und beobachtete durch fremde Augen, wie eine Klinge meiner Haut gefährlich nahekam, nachdem ich der Aufforderung freiwillig mitzukommen und die Hände zu heben, nicht nachgekommen war. Ein weiteres Mal konnte ich sehen, wie ein Mann mich anschrie und diesmal zustach, als ich mich wieder nicht bewegte. Panisch rief jemand meinen Namen und im selben Moment spürte ich, wie der Schmerz in meinem Rücken explodierte und sich über meinen ganzen Körper ausbreitete, bis mir schwarz vor Augen wurde und ich drohte ohnmächtig zu werden. Doch ich wusste, würde ich jetzt der Schwärze nachgeben, hätte Rabiana gewonnen und ich wäre mausetot. Im Gegensatz zu

Regan würde ich wahrscheinlich nicht einmal eine Verhandlung bekommen. Rabiana würde einfach behaupten, dass ich mich im Kerker selbst umgebracht hatte oder einer ihrer Männer mich in Notwehr töten musste, weil ich ihn angegriffen hatte. Deshalb atmete ich tief durch und versuchte, den stechenden Schmerz zu ignorieren, während ich in meinem Inneren die vertraute Flamme suchte, die es mir ermöglichte Rabiana, ihre Anhänger und mich in einem Kreis einzusperren, um zumindest die restlichen Schüler zu schützen.

»Read!«, hörte ich wieder jemanden schreien, doch es war nicht Alex. Ich kannte diese Stimme. Ich hatte sie mein ganzes Leben lang jeden Tag gehört. Aber das war unmöglich. Warum sollte er hier sein? Diese Stimme hatte mit mir gesungen, wenn ich traurig war und gelacht, wenn Mutter mir mein Lächeln gestohlen hatte. Aber sie hatte auch geweint, wenn ich es nicht geschafft hatte, ihn zu beschützen. Wie Balsam legte sich die Stimme über den alles verzerrenden Schmerz und eine Träne rann über meine Wange. Das konnte nicht wahr sein. Das durfte nicht wahr sein! Ich hob meinen Blick, der die ganze Zeit starr auf den Boden gerichtet war und sah in zwei wunderschöne braune Augen, die mich verängstigt musterten. Warum jetzt? Warum hier? Ich hatte ihn die letzten Tage, Wochen, Monate vermisst und genau jetzt, wo der Verlust erträglich geworden war und alles in sich zusammenbrach, tauchte er hier auf. Göttin, war das das Zeichen, dass es noch Hoffnung gab? Oder war er nur hier, damit ich ihn noch einmal sehen konnte. Ein letztes Mal ehe ich starb? Mein Herz schlug mir bis zum Hals, als der Junge losrannte und gefolgt von Alex über meine Flammen sprang, bevor sie in die Höhe schossen und in der Luft Dampfschwaden erzeugten.

»NEIN!«, wollte ich schreien, aber aus meiner Kehle kam nicht ein einziger Ton. Stattdessen liefen meine Tränen ungehindert über meine Wangen und ich schlang verzweifelt meine Arme um meinen Körper, durch den sich der Schmerz der Einstichwunde zog.

»Read?«, fragte er verunsichert und seine narbenbedeckten Arme

ließen meinen Atem stocken. War er immer schon so dünn gewesen? Zierlich, ja. Aber nun war er abgemagert bis auf die Knochen und seine schokobraunen Haare hingen ihm ins Gesicht, das einen panischen Ausdruck annahm, als sich mein T-Shirt auf der Rückseite mit Blut vollsog.
»Erik«, hauchte ich und starrte meinen kleinen Bruder wie eine Fata Morgana an. Mein richtiger Bruder war er nicht, Mel, das war mir bewusst, aber er war meine Familie gewesen, als ich sonst niemanden hatte. Ich liebte ihn und ob blutsverwandt oder nicht, er würde immer mein kleines Baby sein. Ihn so zu sehen, mit ausgemergelten Wangen, zerschlissenen schwarzen Schuhen und blutenden Wunden, die nicht älter als ein paar Tage sein konnten, war hart für mich und ließ mich schlucken. Schuld zerfraß mein Herz bei dem Gedanken, dass ich meinem alten Leben den Rücken gekehrt hatte, ohne zurückzusehen. Ich hatte ihn alleingelassen. Bei IHR. Obwohl ich wusste, wie sie sein konnte, wenn sie schlecht gelaunt war. Und nach meiner Brandmarkung musste sie wahnsinnig wütend gewesen sein. Was sie ihrem eigenen Sohn wohl angetan hatte?
»Read! Vorsicht!«, brüllte Erik und stolperte über seine grünen Schnürsenkel, als er versuchte, mich vor etwas hinter mir zu warnen. Die Schnürsenkel! Es waren Eriks Augen gewesen, durch die ich mich selbst beobachtet hatte. Wie konnte mir das entgehen? Wer sonst hätte sich mein altes Haus ansehen sollen, wenn nicht der Junge, der immer noch darin wohnte? Aber wie kam er her?
Ich hörte das Krähen erst, als ich mich instinktiv duckte und meine Hände auf meine Ohren drückte. Das schwarze Gefieder kitzelte meinen Scheitel, als der Rabe Millimeter über mir vorbeiflog und einen der schwarzen Männer statt mich mit den Krallen packte, um ihn in die Höhe zu ziehen. Verdammt! Was zum Teufel war das? Hunter, der hinter seine Freundin getreten war, lachte gehässig und Rabiana hob das Zepter höher, während ich orientierungslos in den Himmel starrte, aus dem zuerst vereinzelt wie Regentropfen und dann immer mehr Raben fielen, die sich von meinem Ring aus Feuer nicht beeindrucken ließen und Jagd

auf die umstehenden Kinder machten. Oder waren es Krähen? Keine Ahnung, in Biologie war ich nie besonders gut gewesen und diese Viecher sahen sich eindeutig zu ähnlich, um sie auseinanderhalten zu können.
Panisches Geschrei erklang und Tumult brach aus, als die Tiere zur Erde stürzten und mit dem Schnabel alles klein hackten, was ihnen vors Gesicht kam. In die Menge kam Bewegung und jeder versuchte, schnellstmöglich wegzulaufen. Ich sah Lady Augeni, die einige Schüler auf die Seite stieß, um sie vor den gierigen Monstern zu beschützen, und ich konnte Professorin Shettler beobachten, wie sie die jüngeren Kinder zurück ins Schulgebäude treiben wollte, doch es schien, als würde uns eine durchsichtige Blase umgeben, sodass niemand entkommen konnte.
»Gebieter, erhör‘ mein Flehen! Musst mich heute wiedersehen! Lausch‘ der Glut in meinem Blut und folge der Wut hinter meinem Mut! Komm zu mir und unterstütz‘ mich in meiner unstillbaren Gier! Nur du weißt, was mein Herz ersehnt, drum sei mein Wunsch nicht abgelehnt. Nimm das Blut der Verräterin als Opfer an und sorge dafür, dass ich diese Schlacht gewinnen kann! Gib mir unendliche Macht, die einer wahren Königin angebracht«, sang Rabiana und in ihren Augen flackerte ein roter Schimmer auf. Die Krähen wurden in ein sanftes Licht getaucht, das genauso glänzte wie der Mantel, der sich über Enyo Terrents Blut legte und die dicke Flüssigkeit zum Kochen brachte, sodass sich das Lebenselixier auflöste und Brandstellen in der Wiese hinterließ. Auch das Zepter von Rabiana glühte kurz auf und ich hörte, wie alle übrig gebliebenen Ratsmitglieder, bis auf Augusta, scharf den Atem einzogen, als eine Schar Vögel auf sie zusteuerte und sich auf die Frauen in den kunstvollen Gewändern stürzten. Flehend riefen sie nach Hilfe, als sich die Krallen der Biester in ihre Haut bohrten und das Fleisch aufschlitzten, sodass Sehnen, Adern und Knochen zum Vorschein kamen. Kratzer bedeckten die zarte Haut des Gesichts, Schnitte verunstalteten die Arme und Beine. Die mächtigen Ratsmitglieder schleuderten mit letzter Kraft ihre Fähigkeiten auf die Krähen, doch es half ihnen nichts. In wenigen

Sekunden knabberten die Viecher große Fleischbatzen von den Körpern und rissen den Damen die Kehlen aus dem Hals oder ließen sie an ihrem eigenen Blut ersticken. Eine nach der anderen viel tot zu Boden und das Leuchten des Zepters wurde stärker und stärker. Jede Einzelne atmete ein letztes Mal erschrocken ein, um nie wieder auszuatmen. Alle außer Augusta, die unversehrt neben den Leichen stand und den Vögeln unbeteiligt zusah, als würden sie nicht gerade all ihre Kolleginnen verspeisen, mit denen sie seit Jahrzehnten zusammengearbeitet hatte. Fassungslos beobachtete ich die Szenerie, die sich mir bot, und meine Hände begannen zu zittern, als mir klar wurde, dass es vorbei war. Wenn die Ratsmitglieder tot waren, herrschte Rabiana allein, bis neue Mitglieder gewählt wurden. Und so wie ich die Vorsitzende kannte, würden alle Anwärterinnen, die sich auf die freien Posten bewarben, sterben. Wenn die Ratsmitglieder es nicht gegen diese Bestien aufnehmen konnten, wie sollte ich es dann schaffen? Ich war vollkommen allein! Egal was ich tun würde, es würde nicht genug sein. Alles, was ich getan hatte und tun werde, würde nicht annähernd genug sein. Du würdest es schaffen, Mel. Du warst besser als alle anderen. Aber Du warst tot und in wenigen Augenblicken würde ich es auch sein. Dein starkes Kämpferherz schlug nicht mehr in Deiner Brust. Eine einzelne Träne rollte über meine Wange und ich hielt den Atem an, als aus dem Zepter, das Dich getötet hatte, Fäden aus schwarzem Pech schossen, die sich überall verteilten und sich schlangenähnlich um die Körper der Opfer wickelten, um sie zu erdrosseln und zu beißen, sodass mehr und mehr Blut die Erde tränkte. Mit jedem Tropfen schienen die Tiere am Himmel stärker zu werden und nach mehr Toten zu verlangen. Einer der Fäden schlängelte sich um mein Bein und biss zu. Immer und immer wieder. Die Bisse kribbelten unangenehm und zogen eigenartig. Ich schrie und versuchte, das Ding von mir wegzuzerren, doch die spitzen Zähnchen bohrten sich in meine Haut und bissen sich fest, sodass ich mich nur selbst verletzte. Mir war schwindelig und durch den Schmerz war mein Sichtfeld eingeschränkt, doch ich schaffte es mit letzter Kraft, den Kreis aus

Feuer erlöschen zu lassen und stattdessen eine Flamme gegen den Pechfaden zu schleudern. Als die Hitze auf meinem Bein ankam, musste ich die Zähne zusammenbeißen. Es tat weh. Es tat verdammt weh. Aber ich hörte nicht auf. Immer wieder schmiss ich einen Feuerball gegen mein eigenes Bein, bis sich das Böse nicht mehr länger halten konnte und zurück in das Zepter schnellte. Ein Faden weg. Blieben nur noch eine Million andere, Mel. Triumphierend lächelte ich, auch wenn meine Haut rot anlief und Blasen warf. Doch das war ein Fehler. Durch das kurze Aufflackern von Glück übersah ich die Krähe, die auf mich zukam. Gerade noch rechtzeitig ließ ich mich auf die Knie fallen und hob schützend meine durchgefrorenen Arme über den Kopf, um mein Gesicht zu schützen. Dafür waren meine Unterarme dem Vieh schutzlos ausgeliefert. Die Krallen glitten durch meine Haut und neue Tränen liefen über meine Wangen, als ich spürte, wie mein eigenes Blut aus den Wunden tropfte. Der Blutverlust machte mich schwach und ich fühlte mich ausgelaugt. Mit wackeligen Beinen erhob ich mich und starrte zu Rabiana, die von mehreren ihrer Männer geschützt wurde, als sei sie hier das Opfer. Hatten diese Menschen keine Familie? Keine Kinder, die hier zur Schule gingen? Hatten sie kein Gewissen oder glaubten sie wirklich, dass Rabiana nur den Pfad der Göttin befolgte, obwohl hier dutzende Unschuldige ums Leben kamen?

Ich stellte ein Bein vor das andere und zuckte vor Schmerz zusammen. Blitzartig sah ich an mir herunter und sah eine Scherbe, die in meinem Oberschenkel steckte. Sie war grün und blutverschmiert. An der obersten Stelle des Glassplitters klebte Erde und Dreck. Einen Moment hoffte ich, dass es mein eigenes Blut war, sodass ich mir keine Krankheit einfing, aber der Gedanke verflog. Das war die geringste meiner Sorgen. Wenn ich tot war, war es egal, ob ich mit irgendetwas infiziert worden war.

Ich hörte Jeremy schreien, dass ich in die falsche Richtung lief. Wahrscheinlich wollte er, dass ich meinen eigenen Hintern rettete, aber ich musste die Bedrohung ausschalten, bevor noch mehr Menschen starben, die sich um mich bemühten. Doch wer war mein Feind? War es Rabiana, die meinen sicheren Tod wollte? Waren es die blutrünstigen Raben, die sich halb verhungert an menschlichem Fleisch labten? Oder waren es meine eigenen Freunde, die mich im Stich gelassen hatten, als ich sie am dringendsten gebraucht hatte? Oder doch Hunter, der mir in den Rücken fiel? Ich wusste es nicht genau, aber drei von vieren konnte ich heute ein Ende setzen, ich musste nur nah genug an Rabiana und Hunter herankommen, um sie abzufackeln, ihr das Zepter zu entreißen und Hunter zurückzuholen.

»Hör einfach auf, Read. Mach es dir doch nicht so schwer. Du hast schon verloren«, hörte ich Nathalias Stimme und in mir begann es zu brodeln wie in einem Vulkan, der kurz vor dem Ausbruch stand und dessen Lava alles zerstören wollte. Ihre Worte brachten das Fass zum Überlaufen. Ich reagierte auf sie wie Feuer auf Benzin. Explosiv. In meinem Inneren brannte es lichterloh. Hypnotisiert, als würde ich in die Augen der Schlange aus Dschungelbuch sehen, setzte ich meinen Weg fort. Mein Herz donnerte gegen meine Brust, als ich ein zweites Mal mitansehen musste, wie Hunter Nathalia auf dieser Wiese küsste. Der Schmerz in meiner Brust wurde stärker und meine Wut erlosch. Der aufkommende Zorn wich einem anderen Gefühl, das nicht weniger stark war. Trauer lähmte mich und meine Bewegungen wurden langsamer, als Nathalia Hunter das Messer reichte. Natürlich hatte ich schon mit diesem Augenblick gerechnet. Ich hatte ihn in Taras Vision gesehen, aber ich hätte nicht gedacht, dass Hunter es wirklich tun würde. Ich wollte, dass er ihr die Klinge an den Hals hielt, sie ihr vor die Füße warf oder wenigstens lautstark »Nein« rief. Doch nichts davon tat er. Der Schwarzhaarige lächelte und hörte auf Nathalias Wunsch. *Töte sie fürmich.*

Händeringend suchte ich nach einer Lösung, aber was sollte ich tun? Weglaufen war keine Option. Hilfesuchend sah ich mich um, doch ich erblickte nichts als Grausamkeit, Tod und eine riesige Rosenranke, die vollkommen deplatziert wirkte. Auf einer der Rosen saß Alex und hinter ihr Erik, der sich versteckte und ängstlich Jeremy beim Kämpfen beobachtete. Dein Ex-Freund schlug und hackte mit einem Messer auf alles und jeden ein, der zu Rabiana gehörte. Egal ob Krähe, Mensch oder schwarzer Faden. Nichts war vor ihm sicher, während er einen Gesichtsausdruck zur Schau trug, der eindeutig aussagte: »Eine falsche Bewegung, und deine Zahnfee muss einen Kredit aufnehmen«.

Erneut wuchs die Schuld in meinem Inneren. Es war meine Schuld, dass ihnen das passierte. Ohne mich würden sie wie alle anderen weglaufen oder sich Rabiana anschließen, um in Sicherheit zu sein. Vielleicht war das die Lösung? Wenn es mich nicht mehr gab, hatte die Ratsvorsitzende keinen Grund mehr, Unschuldige zu töten, oder? Dann hatte sie, was sie wollte. Den Thron. Macht. Versteh mich nicht falsch, Mel. Ich wollte leben. Wirklich. Wenn ich gewusst hätte, dass es ein Licht am Ende des Tunnels geben würde oder eine Chance, dass alles wieder gut wird, dann hätte ich einen Grund gehabt, um weiterzukämpfen. Aber mein Schicksal war in Stein gemeißelt. Vielleicht wollte mir die Göttin mit Taras Vision genau das sagen. Ich würde sterben. Es war vorbei.

Hunters Schritte kamen immer näher und ich starrte auf den Boden. Ich wollte nicht in seine leeren Augen sehen, während er mich tötete. Ich hätte es nicht ertragen, das Lächeln auf seinen Lippen zu sehen.

»Hunter«, flüsterte ich ein letztes Mal, als die schwarzen Schuhspitzen in mein Sichtfeld kamen. Sie hatten eine dicke Sohle aus Gummi, aber der Rest war pures Leder. Hunter hätte unter normalen Umständen nie solche Schuhe getragen. Er war nicht der Typ für vornehme Anzüge, sondern eher für Sportschuhe und Jogginghosen.

Ein Donnern grollte am Himmel und das Krächzen der zig Raben erklang, als Hunter mit dem Arm Schwung holte, das Messer fester umfasste und die Klinge langsam niedersausen ließ. Zittrig senkte ich den Kopf weiter zu Boden und schluckte nervös. Ich war froh, bereits zu knien, denn spätestens jetzt hätten meine verletzten Beine unter mir nachgegeben. Mein Herz schlug mir bis zum Hals, bevor es mir in die Hose rutschte und ich gepeinigt die Augen schloss. Ich konnte bereits fühlen, wie das scharfe Metall durch meine Haut stach und die Sehnen abtrennte. Ich bereitete mich auf den Schmerz vor, wenn das Messer auf meine Knochen stieß und sie in der Mitte durchbrach, um mich zu durchstoßen. Ich stellte mir vor, wie es wäre, wenn die Klinge meinen Magen zerschneiden und meine Gedärme verletzen würde. Würde man durch das Blut meine aufgeschlitzten Innereien sehen oder wäre da nur ein riesiges Loch, durch das ich verbluten würde? Doch die Frage würde mir nie jemand beantworten können, Mel. Denn der Schmerz blieb aus. Das Lachen von Nathalia verstummte und Rabiana stieß einen Schrei der Unzufriedenheit aus, als das Messer viel zu leicht in Hunters Magen eindrang und seine Füße unter ihm wegkippten. Blass sah er mir entgegen, während er auf den Boden glitt und die Klinge aus seiner blutverschmierten Hand rutschte. Seine Augenlider zuckten und mir wurde schlagartig eiskalt. Meine Pupillen wurden riesig und mein Herz setzte einen Schlag aus. Mein Puls beschleunigte sich. Mir drehte es den Magen um. Ich wusste, dass ich über ihn steigen und auf Rabiana losgehen sollte, solange sie noch dabei war das Geschehene zu verarbeiten. Genau wie ich konnte sie nicht glauben, was gerade passiert war. Hunter hatte ihre Pläne zerschlagen. Doch zu welchem Preis? Aber ich konnte nicht wegsehen und weiterkämpfen. Die funkelnden Augen des Verletzten zogen mich in ihren Bann und die Welt blieb stehen. Das waren seine Augen. Dunkelblaue Seen blickten mich an, in denen helle Stellen im Licht glänzten. Hoffnung keimte in mir auf und ich hatte das Gefühl, meine Seele würde zerbersten, als ich wusste, dass dieses Glücksgefühl keine Sekunde anhalten würde. Sein Blick traf mich mitten in mein verletztes Herz und ich beugte mich weiter nach unten, um meine zittrigen Hände auf die Wunde zu pressen, aus der wie in Strömen Blut floss.

»Es tut mir leid, Prinzessin«, flüsterte er durch seine trockenen Lippen und das Reden fiel ihm sichtlich schwer. Er keuchte und Schweiß stand ihm auf der Stirn. Seine Wimpern flatterten. Sein Haar klebte an seinem Gesicht. »Unter allen Frauen hätte ich immer dich gewählt. Niemals eine andere. Schon gar nicht Nathalia. Du hättest niemals etwas anderes glauben sollen als das.

Ich liebe dich. Ich werde dich immer lieben, und wenn es das Letzte ist, was ich tue.«
In meinem Inneren tobte ein Kampf. Ein Kampf zwischen mir selbst und meinem gebrochenen Herzen. Ich wollte ihm glauben, ihm vergeben und ihn in die Arme schließen, aber ich konnte es nicht. Immer wieder drängte sich das Bild von ihm und Nathalia in mein Gedächtnis. Küssend. Knutschend. Miteinander schlafend. Eine zarte Hand legte sich in meine und verschränkte unsere Finger miteinander. Er versuchte, sich aufzusetzen, doch er war zu schwach. Er schaffte es nicht, seinen Oberkörper aufzurichten. Warmes Blut tropfte von unseren Fingerspitzen und eine Gänsehaut bildete sich auf meinen Armen, während ich unsere Hände immer noch gegen die Wunde drückte. Tränen liefen über meine erhitzten Wangen und ich zerbiss meine Unterlippe, die dank der Kälte unaufhörlich zitterte. Wann war es so kalt geworden? Ein Kloß bildete sich in meinem Hals, obwohl ich gerne etwas gesagt hätte. Aber was hätte ich groß sagen sollen? Dass ich ihn liebte? Dafür war ich zu verletzt. Vielleicht, dass ich ihm vergab? Auch das stimmte derzeit nicht. Oder sollte ich einfach gestehen, dass ich ihm dankbar war, dass er mich nicht getötet hatte? Schließlich entsprach das wenigstens der Wahrheit.
»Prinzessin?«, hauchte Hunter und versuchte seinen kraftlosen Körper an meinen zu pressen. Obwohl ich am liebsten ein Stück weggerutscht wäre, um mehr Distanz zwischen uns zu bringen, tat ich es nicht. Ich brauchte ihn jetzt. Mehr denn je. Er gab mir Halt. Trotz der vergangenen Ereignisse war Hunter mein Ruhepol. Er war da und das Universum stand für mich still. Unwillkürlich musste ich daran denken, was meine Ziehmutter gesagt hatte, als ihr Mann, der einzige Vater, den ich gekannt hatte, sie verlassen hatte. Hoffnung war trügerisch. Sie schlich sich in das Herz der Menschen. Ob man wollte oder nicht. Man hatte keine Wahl. Sie war ein ständiger Begleiter, genau wie der Glauben, denn wenn sich die Hoffnung bewahrheitet, bekommt man trotzdem nicht, was man will. Ich wollte die Schüler beschützen und überleben, aber das hatte ich nicht gewollt. Mein Herz drohte zu zerspringen

und in tausend Stücke zertreten zu werden, als Hunters Hand meine ein letztes Mal drückte, bevor ein Husten seinen Körper weiter schwächte und seine Finger aus meinen rutschten. Tränen verschleierten meine Sicht, doch ich brauchte nichts zu sehen, um mitzubekommen, dass in unserer Umgebung die Hölle losbrach, nachdem Rabiana einsah, dass sie ihre Taktik ändern musste.
»Ach wie süß. Ich glaube, dass ist genug Blut«, zischte Nathalia erzürnt und sah ihre Chefin auffordernd an, die das Zepter gen Himmel streckte, woraufhin nacheinander Blitze nur Millimeter von uns entfernt einschlugen. Donner grollte und ein Schauder lief über meinen Rücken, als die Temperatur noch mal abnahm. Meine rechte Hand versuchte immer noch die Blutung zu stillen, aus der ständig neue Flüssigkeit lief, aber Hunter bewegte sich kaum noch und seine Atmung war flach.
»Geh! Vertrau mir! Lass mich hier und verschwinde! Nimm die anderen mit und lauft, so schnell ihr könnt!«, flüsterte Hunter schwach und ich wollte bereits zu einem Gegenargument ansetzen, als er den Kopf schüttelte und erneut anfing zu sprechen: »Du verstehst das nicht, Read. Ich weiß, was sie vorhaben. Wenn ihr nicht geht, werdet ihr alle sterben. Ihr könnt nicht gewinnen. Bitte, geh!«
Aber es war zu spät, Mel. Doch das wurde Hunter erst klar, als die Erde unter uns sich wölbte und ich das Gefühl hatte, als würde die Welt auseinanderbrechen. Plötzlich verengten sich die Augen der Raben zu Schlitzen und glühten rot auf. Ein schriller Schrei zerriss die Stille und ich sah mich nach Alex um, vor der sich ein riesiger Rabe aufgebaut hatte. Sein schwarzes Gefieder leuchtete im Licht und er spannte seine Flügel zu voller Größe. Als würde er die Arme ausbreiten und Alex umarmen wollen, doch seine Krallen waren ausgefahren und nur mehr wenige Meter von Alexandras zarter Haut entfernt. Plötzlich veränderte sich das Bild. Der Rabe streckte seine Federn, die immer länger und länger wurden, bis sie Gliedmaßen glichen und sich aus den Knochen des Vogels menschliche Hände formten. Auch der Rest des Körpers begann sich zu verformen, bis statt der Krähe ein ausgewachsener Junge

mit krallenartigen Nägeln Alex bedrohte. Aber er war nicht der Einzige. Um uns herum verwandelten sich die Raben in Menschen und mir drehte sich der Magen um. Was passierte hier? Keuchend und schnaufend fielen Federn zu Boden und verwandelten sich in Hautschuppen.

»Kommt zu mir, liebe Kinder, und tötet, wer sich unserem Plan in den Weg stellt«, hörte ich Rabianas Stimme und kalter Angstschweiß brach mir aus. Sie hatte diese DINGER beschworen und ich hatte keine Ahnung, wie ich sie aufhalten sollte. Sie waren schnell und stark. Unfassbar stark. Ich dachte immer, dass die größte Kraft aus Verzweiflung, unverheilten Narben und den Schatten der Vergangenheit resultierte. Aber dann müsste ich stark wie Hulk sein. Doch in Wirklichkeit waren diese Tiere diejenigen, die nichts aufhalten konnte. Diese Wesen hatten keine Angst vor dem Tod oder vor Schmerzen. Im Gegensatz zu mir, die immer noch Hunter festhielt, der angestrengt Luft holte und versuchte nicht einzuschlafen.

Alexandra schrie wieder und ihre Pflanzen versuchten sich um die Beine des Rabenmenschen zu wickeln, doch das hielt das Tier nicht auf. Oder waren es wirklich Menschen? Schritt für Schritt kam er Alex näher und somit auch meinem Bruder, der die Hände in seinem T-Shirt vergraben hatte, sodass sein Schlüsselbein nackt war. Unter anderen Umständen hätte ich ihm jetzt gesagt, dass er einen Schal bei der Kälte anziehen soll, aber jetzt konnte ich nicht anders, als die Brandmale zu betrachten, die sich über den ganzen Knochen zogen. Sie strahlten hell und schienen zu fließen, fast wie Deine es getan hatten, aber die Bewegungen waren härter. Schneller und abgehackter. Und noch während ich mich fragte, was das zu bedeuten hatte, schoss erneut ein Blitz vom Himmel und landete in Eriks Handfläche, die er gegen den Raben gerichtet hatte, der daraufhin einen Stromschlag bekam und zu Boden ging. Erstaunt riss ich die Augen auf und wollte vor Erleichterung die Schultern hängen lassen, als das Monster sich wieder erhob und nur noch wenige Zentimeter entfernt von Alex, die von ihrer Rose gesprungen war, stand. Ich hielt den Atem an. Mein Herz hämmerte gegen meine Brust und meine Unterlippe bebte vor Angst um die Schauspielerin. Doch auch diesmal erreichte Rabianas Sklave die Millionärstochter nicht, ohne aufgehalten zu werden. Ohne nennenswerten Grund blieb er plötzlich stehen und formte mit seinem linken Arm einen Henkel, indem er die Hand in die Hüfte stemmte und mit dem rechten Arm einen Schnabel, als wäre er eine Teekanne. Als ein zweiter Rabenmensch sich daneben auf den Boden setzte und einen Kreis mithilfe seines Körpers formte, als wäre er eine Tasse, hatte ich die Befürchtung den Verstand zu verlieren. Hatte ich eine posttraumatische Belastungsstörung oder litt ich an Halluzinationen? Doch dann hörte ich es. Das eiskalte, arrogante und wundervolle Lachen von Nicole. Sie stand wenige Meter von uns entfernt und kam mit einer Geschwindigkeit, die Forrest Gump Konkurrenz gemacht hätte, auf uns zu. Sie zog Tara hinter sich her, die zwar Verbände um die Handgelenke gebunden hatte, aber wild entschlossen aussah. Grimmig waren ihre Gesichtszüge verzogen und ihre Lippen war zu einem dünnen Strich zusammengepresst. Sie versuchte mit Nicole mitzuhalten, trotzdem fiel sie ein wenig zurück, weil die Eisprinzessin zu beschäftigt war, die Monster auszuschalten, statt auf ihre Umgebung zu achten. Zu meiner Überraschung kam hinter den beiden Jona zum Vorschein, der sich vor Jaimie positionierte, als die Kolonne stehen blieb und alle sich das Schlachtfeld ansahen. Was sie wohl dachten?

»Hat hier jemand die Kavallerie bestellt?«, fragte Nicole und lächelte siegessicher, als einige der *Menschen* anfingen, wie bei einem Heavy-Metal-Konzert zu headbangen und andere grölend Songs zum Besten gaben. Kurz durchzuckte mich die Sorge, dass sie nicht so viel Magie einsetzen sollte, wenn sie vor wenigen Minuten aus dem Krankenbett entlassen worden war. Oder wurde sie gar nicht entlassen? Es wäre ein interessanter Zufall, wenn sie gerade jetzt wieder gesund gewesen wäre. Und noch interessanter war, dass auch Tara plötzlich wieder auf den Beinen war. Ich würde meine linke Hand darauf verwetten, dass sie ohne Erlaubnis der Heilerinnen getürmt waren, um mir zu helfen. Mir wurde

warm ums Herz, aber noch in der gleichen Sekunde wurde ich wieder daran erinnert, wo wir uns befanden.
»Tötet sie! Tötet sie alle!«, brüllte Nathalia, doch die Raben kamen nicht weit. Taranee ließ einen Sturm entstehen, gegen den die schwarzen Flügel der Tötungsmaschinen keine Chance hatten. Doch damit waren nur die fliegenden Biester ausgeschaltet und einige der menschlichen Krähen, die unter Nicoles Kräften litten und somit ebenfalls keine Gefahr mehr darstellten. Die anderen griffen weiter an und diesmal war es Jeremy, der fünf Gegnern das Licht ausknipste. Er wartete, bis sie nah genug bei ihm waren und alle gleichzeitig auf ihn losstürmten. Die Dinger waren zwar furchterregend, aber anscheinend nicht besonders intelligent. Bevor einer der Angreifer ihn zu fassen bekam, löste Jeremy sich in einer Rauchwolke auf und verschwand vor ihren Augen, sodass die fünf gegeneinander liefen und ohnmächtig auf dem Boden liegen blieben. Na ja, zumindest glaubte ich, dass sie ohnmächtig waren. Vielleicht waren sie auch endlich ganz tot. Wünschenswert wäre es. Anschließend tauchte Jeremy wieder im schwarzen Nebel auf und stand lächelnd inmitten der fünf regungslosen Körper. Doch die kleine Anzahl, die von meinen Freunden besiegt wurde, war nichts im Vergleich zu der Masse, die auf Hunter und mich zukam. Geistesgegenwärtig kreiste ich uns mit meinem Feuer ein, aber das hielt nur die richtigen Menschen fern, während die fliegenden Mutanten einfach durch die Flammen liefen, als wären sie gar nicht da. Zwar wurden sie teilweise flambiert und verkohlten, sodass ihnen bald Arme und Beine fehlten, aber sie gingen einfach weiter, als wäre nichts passiert. Die schwarz gekleideten Männer nahmen meine Freunde in Beschlag, die alle Hände voll zu tun hatten, sich selbst zu verteidigen. Ich sah, wie Lora ihre geliebten Tiere zu Hilfe rief, die normalerweise harmonisch waren und sich streicheln ließen. Doch jetzt merkten sie, dass Gefahr drohte und sie unterstützten uns nach Leibeskräften. Vögel in den verschiedensten Farben hackten auf die Raben ein, Hirsche spießten mit ihren Geweihen Angreifer auf, die gepeinigt und durchlöchert zu Boden gingen, und Katzen sprangen unseren

Gegnern ins Gesicht, um ihnen die Augen auszukratzen. Von meinen Freunden konnten wir keine Hilfe erwarten.

»Ihr müsst hier weg«, flehte Hunter, aber wir beide wussten, dass ich ihn nicht hier allein zurücklassen würde. Zwischen uns war viel passiert, aber er war immer noch mein Gemahl und er hatte es geschafft, den Trank abzuschütteln, als es um mein Leben ging. Ich konnte ihn nicht einfach sterben lassen, genauso wie er mich nicht einfach töten konnte.

»Nein, Read! Ihr müsst hier weg! Bitte! Tue mir das nicht an. Du MUSST leben!«, murmelte er panisch und musste aufgrund der Anstrengung husten. Seine Lippen beben zu sehen tat wahnsinnig weh und kurz flackerte die Frage, wie ich weitermachen würde, wenn Hunter starb, in meinem Kopf auf. Doch ich schob den Gedanken weg. Das durfte nicht passieren. Eine Bewegung hinter mir warf mich aus meinen Überlegungen und ließ mich zusammenzucken. Es war ein Mädchen mit braunen langen Haaren und feuerroten Augen. Blut klebte an ihrem Mund und in ihren Haaren waren Federn zu entdecken. Sie hielt das Beil in den Händen, an dem noch der Lebenssaft von Enyo Terrent klebte und hob es über ihren Kopf, um auszuholen. Mit rasender Geschwindigkeit ließ sie die Klinge auf uns herabsausen und ich lehnte mich schützend über Hunters Körper, obwohl ich so die Wunde meines Gemahls loslassen musste, die daraufhin noch stärker blutete. Der Schwarzhaarige versuchte, mich wegzustoßen, aber er war zu schwach. Das nutzte ich zu meinem Vorteil. Mit etwas Glück würde die Axt nur mich durchstoßen und Hunter verfehlen, sodass nur ich starb und meine Freunde mit Hunter entkommen konnten, während die Ratsvorsitzende ihren Triumph feierte. Obwohl Ratsvorsitzende wahrscheinlich die falsche Bezeichnung war. Der Rat war tot, also brauchte es auch keine Vorsitzende mehr.

Ich hörte Rabiana in der Ferne lachen und Nathalia, die kurz kicherte, doch das Geräusch blieb ihr im Hals stecken, als das Beil wenige Millimeter vor meinem Hals in der Luft stehen blieb. Ich spürte das kalte Metall in meinem Nacken, das meine aufgestellten

Härchen spaltete, und ich fühlte den Luftzug, den die Bewegung des Beils verursacht hatte. Aber ich spürte noch etwas anderes. Kälte. Eisige Kälte, die mir einen Schauer über den Rücken laufen ließ. War die Temperatur schon wieder gefallen? Bald würden wir nicht mehr kämpfen können, weil wir zu Eiszapfen erstarrten. Aber dann müssten wir wenigstens nur noch gegen den Kälteschock und den Gefrierbrand kämpfen.

Verwirrt von der plötzlichen Stille, die sich über den Platz legte, drehte ich mich auf Hunters Körper um und sah meiner Angreiferin entgegen, die während ihres Mordversuchs vollständig eingefroren war. Von Kopf bis Fuß wurde sie von einer dicken Eisschicht umhüllt, die sich an ihre Haut schmiegte und ihr jegliche Bewegungsfreiheit nahm. Es raubte mir den Atem. Sie sah aus wie eine Eisskulptur. Aber sie war nicht das Einzige, das mich in Staunen versetzte. Viel wichtiger war die Person, die hinter ihr stand, Mel. Sie hatte langes, blondes Haar, aber ihre seidigen Strähnen, die mit Dreck durchzogen waren, waren deutlich heller und in ihrer Kleidung steckten dutzende Federn, die zu Boden schwebten. Ihre blauen Tätowierungen waren durch das zerrissene T-Shirt gut zu sehen, doch anstatt über ihre Haut zu fließen, standen sie still. Rote Augen sahen mir entgegen und ich wusste, dass irgendwo unter dem schrecklichen Rotton die schönsten blauen Augen dieser Welt waren. Deine Augen, Mel. Du warst am Leben oder zumindest das, was von Dir übrig war. Dreck überzog Deinen Körper und in Deinem Gesicht fehlte das verschlagene Lächeln. Du sahst miserabel aus. Farblos. Kalt. Tot.

»Mel«, hauchte ich mit tränenerstickter Stimme und öffnete den Mund, um noch mehr zu sagen. Aber mir war plötzlich so schwindelig, Mel. Alles drehte sich und schwarze Flecken verschleierten meine Sicht. Sanft fuhren Deine kühlen, bleichen Finger über meine Wange, um mir eine Träne aus dem Gesicht zu wischen, die sich von meinem Augenwinkel gelöst hatte, und das war der Moment, in dem meine Kräfte mich verließen und ich ohnmächtig wurde.

Deine Read

Epilog

Liebe Mel!
Mir war eiskalt, obwohl ich nicht mehr auf der Wiese neben Hunter lag, dessen Herz ums Überleben kämpfte. Kleine Wassertropfen benetzten meine nackten Beine, die keine Verletzungen aufwiesen, und ich trug keine Schuhe, sodass ich die farbigen Blumen unter meinen Fußsohlen spüren konnte. Irgendwo in der Nähe miaute eine Katze und ich fühlte mich sofort wie zuhause. Die Unruhe, die Angst, der Schmerz – alles fiel von mir ab und nur ein zufriedenes Gefühl, das sich in meiner Brust ausbreitete, blieb zurück. Am Himmel leuchtete mir der Vollmond entgegen, sodass ich den umliegenden Wald beobachten konnte, aus dem die verschiedensten Tiere mich zu beobachten schienen. Die Geräusche der Wildnis waren wie Salbe für meine Seele und mein Puls begann gleichmäßig zu schlagen.
Es roch himmlisch nach Kiefern, in denen sich mein knielanges schwarzes Kleid immer wieder verhedderte. Aber das beachtete ich gar nicht. Wichtig war nur die Göttin, die vor ihrem steinernen Brunnen stand und mich traurig ansah. War sie enttäuscht? War ich tot und hatte es nicht geschafft zu überleben? Ob Hunter mit mir gestorben war?

In ihren silbernen Haaren war eine Krone eingeflochten und sie trug ebenfalls ein schwarzes Kleid, doch ihres berührte knapp den Boden. War das eine Vorbereitung auf meine Beerdigung? Sonst war ich von der Göttin prachtvolle Farben gewohnt, die zu dem machtvollen Glanz ihrer Augen passten, sodass sie trotz ihrer gezackten Narbe wunderschön aussah. Doch heute fehlte dieses Schimmern in ihren Iriden. Sie wirkte farblos und ihre Pupillen waren geweitet.
»Willkommen zurück, Read«, begrüßte mich die Göttin und ein sanftes Lächeln legte sich auf ihre Lippen, während sie Tauris, der auf ihrem Unterarm lag und freudig schnurrte, streichelte.
»Diana«, entgegnete ich und versuchte mich auch an einem Lächeln. Jedoch scheiterte ich kläglich, als ich mir wieder das Schicksal meiner Freunde ins Gedächtnis rief.
»Was passiert jetzt?«, fragte ich kleinlaut und spielte mit meinen Fingern.
»Es geht ihnen gut. Es war ein harter Kampf, Read, aber es geht ihnen gut. Ganz im Gegensatz zu dir. Weißt du, was passiert ist?«, wollte sie wissen und ich konnte sie nur verwirrt anstarren. Ich wusste absolut nichts mehr. Aber woher wusste sie es? Und warum legte sich ein trauriger Blick über ihre Züge? Ob sie mich anlog? War doch jemand gestorben und sie sagte es mir nicht?
»Du wurdest ohnmächtig, Read. Deine Freunde konnten es nicht verhindern, auch wenn sie alles getan haben, was in ihrer Macht stand. Mel hat die Fäden des Bösen und die Raben, die daraufhin vom Himmel gefallen sind, eingefroren. Auch die meisten von Rabianas Geschöpfen konnten ihrem Eis nicht entfliehen, doch der Vorgang des Sterbens und Wiederbelebens hat sie viel Kraft gekostet und es hat nicht gereicht, um dich zu retten.«
Wieder ein trauriger Blick.
»Also war sie wirklich tot? Warum ist sie dann dieses mutierte Ding? Und warum haben ihre Augen diese Farbe?«
»Ich weiß, dass du viele Fragen hast, Read. Aber wir haben keine Zeit, um alles zu klären. Deine Freunde brauchen deine Hilfe und du brauchst ihre. Ab jetzt könnt ihr euch keine Lügen mehr leisten. Ihr müsst einander unterstützen, um zu siegen. Ich will dich nicht belügen,

Read. Es wird ein langer, steiniger Weg und du wirst viel verlieren. Du darfst nicht allen blind vertrauen. Folge deinem Herzen und deinem Verstand. Nur so kannst du gewinnen und am Ende bekommst du mehr, als du verloren hast. Aber jetzt musst du wieder zurück. Rabiana wartet bereits auf dich.«

»Heißt das, ich bin noch nicht tot?«

»Es heißt, dass du im Kerker von Rabiana auf dein Schicksal wartest, Read. Und das ist viel schlimmer als der Tod.«

Deine Read

…Fortsetzung folgt …

Danksagung

Liebe Leserinnen und Leser!
»Lebe deinen Traum« ist eine Phrase, die gut klingen, aber unheimlich schwer umzusetzen ist. Zumindest wenn man auf sich allein gestellt ist. Ich habe großes Glück jede Menge Hilfe zu bekommen, die es mir ermöglicht, Reads Geschichte zu schreiben und damit meinen Traum zu verwirklichen. Zuallererst möchte ich mich an dieser Stelle bei meiner Familie bedanken, die mich abends nie zu Gesicht bekommt, weil mich die Geschichte ruft. Ohne euer Verständnis (und Mamas Begeisterung für die Geschichte) würde ich kaum die Motivation aufbringen, um mich täglich vor den Laptop zu setzten, der übrigens immer noch fantastisch funktioniert (Danke, Papa!).
Aber auch meine Engeln Lisa, Louisa und Jessica haben ein dickes Dankeschön verdient. Ihr seid die besten Testleserinnen, die eine Autorin sich wünschen kann und bei Band 2 seid ihr allein für das Ende verantwortlich, das ursprünglich ganz anders geplant war. Auch meinen Betaleserinnen möchte ich für ihr großartiges Feedback danken. Anna und Franziska, ihr seid wunderbar und ohne eure Zustimmung würde ich mich nie trauen, das Manuskript zum Verlag zu schicken.
Mein besonderer Dank gilt außerdem Tobias Eisermann, dessen Unterstützung mich zu Tränen rührt. Ich wüsste nicht, ob ihr Band 2 ohne ihn je zu lesen bekommen hättet. Es hat lange gedauert und ob sich die Warterei gelohnt hat, müsst ihr am Ende selbst entscheiden. Auch danke ich dem ganzen Team vom XOXO Verlag und meinen Korrektoren Holger und Valeska. Es tut mir leid, dass an meinen Worten so viel gefeilt werden muss, aber ich LIEBE Schachtelsätze einfach.
Zum Schluss gebührt mein Dank euch. Danke, dass ihr Band 2 gelesen habt. Danke, dass ihr mit mir der Veröffentlichung von Band 3 entgegenfiebert und danke, dass ihr Read und ihre Freunde unterstützt. Ohne euch hätten diese Bücher keinen Sinn und dafür

kann ich mich gar nicht genug bedanken. Hoffentlich lesen wir uns im nächsten Teil wieder.
Bis dahin
Eure Lisa